Foreign Trade Act

대외무역법

머리말

1997년 8월에 대외무역법의 초판을 출간한 후 제15개정판을 출간하기에 이르렀다. 2016년 7월 28일의 「대외무역법」 및 2019년 1월 29일의 「대외무역법 시행령」의 개정에 따른 대외무역관리규정, 수출입공고, 통합공고, 전략물자수출입고시 등이 개정됨에 따라, 또한 독자들의 성원에 힘입어 그 개정이 불가피하게 되었다.

이 책의 제15개정판은 대외무역법, 동법 시행령 및 관리규정, 수출입공고, 통합공고 및 전략물자수출입고시의 최근 개정을 반영하고, 대외무역법령의 조항별로 그 내용을 작성하되 그 조항에 따른 법리를 분석하고 이해의 명확화를 위하여 그림, 도표 및 해설을 많이 사용하였다는 점을 특징으로 들 수 있다. 특히 최근의 대외무역법령의 조항이 다음과 같이 새롭게 정비된 것을 개정하였다는 점이다.

즉, 2014년 1월과 7월의 「대외무역법」 및 「대외무역법시행령」에서는 "전문무역상사의 목적, 지정 및 취소, 지원근거 등의 규정"과 "정부간 수출계약에 관한 규정"을 신설하였으며, 2016년 7월의 「대외무역법」에서는 수출입 제한 또는 금지 사유를 구체적으로 명시하고, 전략물자등의 환적 허가 기준을 신설하고, 특정국 물품에 대한 특별수입수량 제한조치 규정을 삭제하였다. 또한, 2019년 1월 대외무역법시행령」에서는 중소기업 및 중견기업의 수출확대를 지원하기 위하여 무역거래자 중에서 지정하는 전문무역상사의 지원업무 수행능력을 더욱 면밀하게 확인하기 위하여 무역거래자의 신용등급 기준을 전문무역상사의 지정요건으로 추가하였다. 한편, 2018년 7월 대외무역관리규정에서는 중소·중견기업 수출 확대를 위하여 전문무역상사 지정 기준을 확대 및 완화하고자 하였다. 즉, 전자상거래 업체 지정 기준, 해외 조달 기업을 전문무역상사로 지정하기 위한 요건 신설, 재외동포기업을 전문무역상사로 지정하기 위한 요건 신설 등의 개정이 행해졌다.

이 책은 크게 9개 장과 부록으로 구성되었으며, 대외무역법령집이 별책으로 발간된다.

제1장과 제2장에서는 무역관리제도와 관련기관, 무역거래자, 통상의 진흥과 무역업무의 과학화를 다루었다.

제3장과 제4장에서는 수출입의 일반적 관리로서, 수출입의 원칙과 제한, 수출입실적, 수출입품목관리 등의 수출입거래총칙, 그리고 수출입승인 및 수출입승인면제 등의 수출입승인과 요건확인제도를 다루었다.

제5장에서 9장까지는 수출입의 특별관리로서, 특정거래형태의 수출입, 외화획득용 원료·기재, 전략물자의 수출입과 플랜트의 수출, 물품의 원산지증명 및 원산지제도, 수출입의 질서유지와 행정벌을 다루었다.

제10장에서는 무역거래자가 대외무역법상의 규정을 명확히 이해할 수 있도록 대외무역법의 규정에 관한 질의응답을 추가하였다.

부록에서는 대외무역법과 연습문제를 수록하고, 별책으로 제작된 대외무역법령집에서는 대외무역법, 대외무역법 시행령 및 그 별표, 대외무역관리규정 및 그 별표와 별지서식, 수출입공고, 통합공고를 수록하고, 법률, 시행령 및 관리규정은 상호 비교를 위하여 3단으로 편집하였다.

필자는 누구든지 대외무역법을 쉽게 이해하고 접근할 수 있는 대외무역법의 지침서를 제공하겠다는 마음으로 집필을 시작하였지만 당초의 의도와 달리 부족한 점이 많을 것으로 생각한다. 이 책의 제15개정판의 출간 이후에도 부족한 부분을 계속해서 보완해 나갈 것이며 대외무역법령의 변화를 즉시 수용하여 반영할 것을 약속하는 바이다. 아무쪼록 이 제15개정판이 대학의 무역 및 국제통상학과 학생들뿐만 아니라 일선의 무역실무가에게 조금이라도 도움이 되어 무역실무(무역상무)분야의 학문적 발전과 무역거래의 원활한 진행에 일조할 수 있기를 희망하는 바이다.

그 동안 학문발전에 아낌없는 조언과 많은 질책을 해 주신 필자의 지도교수이며 건국대학교의 국제무역학과를 정년퇴임하신 최의목 교수님과 학부과정의 무역실무과목을 시작으로 대학원 석·박사과정에 이르기까지 무역실무분야의 학문발전에 영향을 주시고 건국대학교를 정년퇴임하신 김용복 교수님께도 깊이 감사드리며 아울러 이 책을 기꺼이 출판해 주신 한올출판사의 임순재 사장님 그리고 편집부 관계자 여러분께도 깊이 감사드리는 바이다.

2019년 2월
저자 전순환

Chapter **1**

무역관리의 기초

제1절 **무역관리제도** ··· 2

1. 무역관리의 의의 및 체계 ·· 2
   (1) 무역관리의 의의 ··· 2
   (2) 무역관리의 체계 ··· 2
2. 무역관리의 기본법규 ·· 3
   (1) 대외무역법 ·· 3
   (2) 외국환거래법 ·· 7
   (3) 관세법 ·· 9
3. 기타 무역관계법규 ·· 11
   (1) 무역보험법 ·· 11
   (2) 자유무역지역의 지정 및 운영 등에 관한 법률 ·· 11
   (3) 외국인투자촉진법 ·· 12
   (4) 중재법 ·· 12
   (5) 전자무역촉진에 관한 법률 ·· 12
   (6) 무역거래기반 조성에 관한 법률 ·· 12
   (7) 불공정무역행위조사 및 산업피해구제에 관한 법률 ········ 12
   (8) 기타 ·· 12
4. 대외무역법과 타법률과의 관계 ·· 13
   (1) 대외무역법과 국제법규와의 관계 ·· 13
   (2) 대외무역법과 국내법규와의 관계 ·· 13

제2절 **대외무역의 관리기관** ··· 14

1. 무역에 관한 중앙행정관청 ·· 14
   (1) 주무중앙행정관청 ·· 14
   (2) 협조중앙행정관청 ·· 15
2. 산업통상자원부장관의 권한위임·위탁에 의한 대외무역 관리기관 ····· 15
   (1) 권한위임·위탁의 개념 ·· 15
   (2) 권한위임·위탁기관 ·· 16
   (3) 권한위임·위탁기관의 업무처리기준 및 절차 ·· 24
   (4) 위임·위탁사무의 처리결과 보고 ·· 24
   (5) 권한의 위임·위탁에 따른 과징금 또는 과태료 부과 ········ 26
   (6) 권한의 위임·위탁에 따른 시정조치 ·· 28

CONTENTS

제3절 무역거래자 등에 대한 관리 ······················ 28

1. 무역거래자의 의의 ································· 28
   (1) 무역업자 ······································ 28
   (2) 무역대리업자 ································· 29
   (3) 무역대행위탁자와 대행업자 ··········· 30

2. 무역거래 관련 계약 ······························ 31
   (1) 본인 대 본인 무역계약 ·················· 31
   (2) 대리점계약 ································· 31

3. 무역업고유번호제도 ····························· 36
   (1) 무역업고유번호의 부여대상 ··········· 37
   (2) 무역업고유번호의 부여신청 및 부여 ··· 38
   (3) 기재사항의 변동 ·························· 39
   (4) 지위의 변동 ······························· 39
   (5) 무역업고유번호의 관리 ·················· 39
   (6) 무역거래자의 의무 ······················ 39

4. 전문무역상사 ·································· 40
   (1) 전문무역상사의 의의 ···················· 40
   (2) 전문무역상사의 지정, 지원 및 협조 요청 ··· 40
   (3) 전문무역상사의 지정절차 ·············· 41

Chapter 2 통상의 진흥과 무역업무 과학화

제1절 무역진흥과 무역에 관한 제한 ···················· 50

1. 자유 · 공정무역의 원칙 ······················· 50

2. 무역진흥을 위한 조치 ························· 50
   (1) 무역진흥을 위한 조치 ···················· 50
   (2) 무역진흥의 지원대상 ···················· 51
   (3) 무역관련시설의 지정 ···················· 52

3. 무역에 관한 제한 등 특별조치 ··············· 53
   (1) 특별조치(Special Measures)의 대상 ··· 53
   (2) 특별조치를 위한 조사 및 협의절차 ····· 55
   (3) 특별조치의 위반에 따른 벌칙 ·········· 55

4. 무역에 관한 법령 등의 협의 ································ 56

제2절 **통상진흥정책** ································ **56**
1. 통상진흥시책의 수립 ································ 56
  (1) 통상진흥시책의 수립 및 협조 ································ 56
  (2) 통상진흥시책의 내용 ································ 57
  (3) 교역상대국의 통상관련 제도조사 ································ 58
  (4) 중앙정부와 지방자치단체와의 협조 ································ 59
2. 민간협력활동의 지원 ································ 59
  (1) 민간협력활동의 지원절차 ································ 59
  (2) 무역·통상관련 정보의 수집·분석 ································ 60
  (3) 해외진출지원센터의 설치 ································ 61
3. 무역에 관한 조약의 이행을 위한 자료제출 ································ 63
  (1) 무역에 관한 조약의 이행을 위한 자료제출 요구 ································ 63
  (2) 자료의 타인제공·누설 또는 용도외 사용금지 ································ 63
  (3) 자료의 타인제공·누설 또는 용도외 사용자에 대한 벌칙 ······ 63

제3절 **무역업무의 과학화** ································ **64**
1. 무역업무 과학화의 의의 ································ 64
2. 전산관리체제의 구축·운영 ································ 65
  (1) 과학적 무역업무의 처리기반 구축 ································ 65
  (2) 전산관리체제의 개발·운영 ································ 66
3. 관련정보의 수집·분석 및 관리 ································ 67
  (1) 관세청장으로부터 수집되는 정보 ································ 67
  (2) 정보의 통합관리 ································ 68
  (3) 정보제공의 요청 및 협조 ································ 68

Chapter 3

수출입거래 총칙

제1절 **수출입의 원칙과 제한** ································ **70**
1. 수출입의 원칙(Principles of Export or Import) ································ 70
2. 수출입의 제한(Restrictions on Export and Import) ································ 71
  (1) 물품등의 제한 ································ 71

CONTENTS

(2) 지역등의 제한 ·· 72

제2절 **수출과 수입의 개념** **73**

1. 물품등의 정의 ··· 73
   (1) 물품의 범위 ··· 73
   (2) 용역의 범위 ··· 74
   (3) 전자적 형태의 무체물의 범위 ···················· 75
2. 수출의 정의 ··· 75
3. 수입의 정의 ··· 81
4. 물품과 무체물의 수출입 차이 ····················· 83

제3절 **수출과 수입실적** **84**

1. 수출입실적의 개요 ··· 84
2. 수출실적 ·· 86
   (1) 수출실적의 의의 ··· 86
   (2) 수출실적의 인정범위 ·································· 86
   (3) 수출실적의 인정금액 ·································· 87
   (4) 수출실적의 인정시점 ·································· 88
   (5) 수출실적의 인정범위, 금액 및 시점의 종합 ·· 89
3. 수입실적 ·· 98
   (1) 수입실적의 의의 ··· 98
   (2) 수입실적의 인정범위 ·································· 98
   (3) 수입실적의 인정금액 ·································· 98
   (4) 수입실적의 인정시점 ·································· 98
   (5) 수입실적의 인정범위, 금액 및 시점의 종합 ·· 99
4. 수출·수입실적의 확인 및 증명발급기관 ········· 100
   (1) 수출·수입실적의 확인 및 증명발급기관 ······ 100
5. 물품의 수출·수입실적확인 및 증명발급절차 ··· 103
   (1) 수출·수입실적의 확인 및 증명발급 ············ 103
   (2) 수출·수입실적의 확인 및 증명서 발급대장의 비치 ·· 104
6. 용역 또는 전자적 형태의 무체물의 수출·수입확인 및 증명발급절차 · 104
   (1) 용역 및 전자적 형태의 무체물의 수출·수입확인 및 증명발급 ·· 105
   (2) 용역 및 전자적 형태의 무체물의 발급심사 및 현황 ·· 106
   (3) 수출·수입실적의 확인 및 증명서 발급대장의 비치 ······ 106

CONTENTS

제4절 수출입품목의 관리 ··· 108

1. 수출입품목의 관리체계 ··· 108

2. 수출입공고와 기타 관련공고의 관계 ····························· 109

   (1) 수출입공고의 의의 ·· 109

   (2) 전략물자 수출입고시 ··· 110

   (3) 통합공고(Consolidated Public Notice)의 의의 ········ 110

   (4) 수출입공고와 통합공고의 관계 ······························ 111

3. 수출입공고상의 품목분류방법 ·· 112

   (1) SITC ·· 112

   (2) CCCN ··· 113

   (3) HS ··· 113

4. 수출입공고상의 품목표시방법 ·· 115

   (1) 허용품목 표시제(Positive List System) ·················· 116

   (2) 불허품목 표시제(Negative List System) ················· 116

5. 수출입공고상의 품목관리 ·· 116

   (1) 수출금지품목 ·· 118

   (2) 수출제한품목 ·· 118

   (3) 수입제한품목 ·· 119

Chapter 4

수출입승인과 요건확인 제도

제1절 수출입승인 ··· 128

1. 수출입승인(Export or Import Approval)의 의의 ·············· 128

2. 수출입승인의 신청 ·· 129

   (1) 수출입승인대상물품 ·· 129

   (2) 수출입승인기관 ·· 132

   (3) 수출입승인 신청서류 ··· 135

   (4) 수출입승인요건 확인 및 수출입승인서 발급 ·············· 135

   (5) 2이상의 승인 ·· 135

   (6) 기타 수출승인 ··· 136

3. 수출입승인의 유효기간 ··· 136

4. 무역대금결제방법의 결정시 사전 협의 ····························· 137

CONTENTS

5. 수출입승인사항의 변경 ·· 139
  (1) 수출입승인사항변경의 의의 ······································· 139
  (2) 수출입승인사항의 변경대상 ······································· 140
  (3) 수출입승인사항의 변경승인기관 ································· 140
  (4) 수출입승인사항의 변경승인신청 ································· 141
  (5) 수출입승인사항의 변경승인 요건 및 확인 ················ 141
  (6) 기타 ·· 142
6. 수출입승인의 위반에 따른 벌칙 ······································ 143

제2절 수출입승인의 면제 ··· 143
1. 수출입승인의 면제의 취지 ·· 143
2. 수출승인의 면제대상 ·· 145
  (1) 외교관 기타 산업통상자원부장관이 정하는 자의 특정물품등 ··· 145
  (2) 긴급을 요하는 물품등 ·· 146
  (3) 무역거래를 원활히 하기 위하여 수출하는 물품등 ········ 146
  (4) 주된 사업목적 달성을 위하여 수출하는 물품등 ·········· 147
  (5) 무상으로 수출하는 물품등 ·· 148
  (6) 특정지역에 대하여 수출하는 물품등 ···························· 148
  (7) 공공성을 가지는 물품 등 ·· 149
  (8) 기타 상행위 이외의 목적으로 수출하는 물품등 ·········· 150
  (9) 해외이주자의 해외이주시 반출하는 물품등 ················ 150
3. 수입승인의 면제대상 ·· 150
  (1) 외교관 기타 산업통상자원부장관이 정하는 자의 특정물품등 ··· 150
  (2) 긴급을 요하는 물품등 ·· 151
  (3) 무역거래를 원활히 하기 위하여 수입하는 물품등 ········ 152
  (4) 주된 사업목적 달성을 위하여 수입하는 물품등 ·········· 153
  (5) 무상으로 수입하는 물품등 ·· 153
  (6) 특정지역으로부터 수입하는 물품등 ···························· 155
  (7) 공공성을 가지는 물품등 ·· 155
  (8) 기타 상행위 이외의 목적으로 수입하는 물품등 ·········· 156
  (9) 외국환거래가 수반되지 아니하는 물품등 ···················· 158
4. 수입승인면제의 확인 ·· 158

CONTENTS

제3절　수출입요건확인 ·· 158

　1. 수출입요건확인의 개요 ··· 158

　　(1) 수출입요건확인의 의의 ·· 159

　　(2) 수출입요건의 확인기관 및 면제확인기관 ····················· 160

　　(3) 요건확인의 신청 ·· 160

　2. 수출입의 요건면제 ·· 160

　　(1) 요건면제수출입의 요건면제 ······································ 160

　　(2) 요건면제수입확인의 신청 ··· 161

　　(3) 요건면제수입확인서의 발급 ······································ 161

Chapter 5 특정거래형태의 수출입

제1절　특정거래형태의 수출입의 의의 ······································· 170

　1. 위탁판매수출 ·· 171

　　(1) 개념 ·· 171

　　(2) 유사한 거래형태 ·· 171

　2. 수탁판매수입 ·· 174

　3. 위탁가공무역 ·· 174

　4. 수탁가공무역 ·· 176

　5. 임대수출 ··· 176

　6. 임차수입 ··· 177

　7. 연계무역 ··· 177

　　(1) 개념 ·· 177

　　(2) 구상무역시 사용되는 특수신용장 ······························ 181

　8. 중계무역 ··· 182

　　(1) 개념 ·· 182

　　(2) 유사한 거래형태 ·· 185

　9. 외국인수수입 ·· 186

　　(1) 개념 ·· 186

　　(2) 외국인수수입과 중계무역 ·· 187

　10. 외국인도수출 ·· 188

CONTENTS

(1) 개념 ·· 188

(2) 외국인도수출과 중계무역 ···················· 188

11. 무환수출입 ·· 189

제2절 특정거래형태의 수출입인정 ················ 190

Chapter 6 **외화획득용 원료·기재**

제1절 일반원칙 ·· 192

1. 제도의 취지 ·· 192

2. 외화획득용 원료·기재의 정의 ················ 193

3. 외화획득용 원료·기재에 대한 권한의 위임·위탁 ············· 194

(1) 대상 물품등을 관장하는 중앙행정기관의 장 ········ 194

(2) 기술표준원장 ·································· 195

(3) 국립산림과학원장 ····························· 195

(4) 시·도지사(특별시장·광역시장·특별자치시장·도지사 또는 특별자치도지사) ··· 195

(5) 자유무역지역관리원장 ······················· 196

(6) 관계 행정기관 또는 단체의 장 ·············· 196

(7) 외국환은행의 장 및 전자무역기반사업자 ··· 196

4. 외화획득의 범위와 대응수출의무 ············· 196

(1) 외화획득의 범위 ····························· 197

(2) 외화획득의 이행의무 ························· 198

(3) 외화획득의 이행기간 ························· 199

5. 외화획득용 원료·기재의 사용목적 변경 ········ 200

(1) 외화획득용 원료·기재의 목적외 사용 ······ 200

(2) 외화획득용 원료·기재의 사용목적변경승인 ····· 202

(3) 외화획득용 원료·기재의 양수도 승인 ······ 202

6. 외화획득용 원료·기재의 수입에 대한 사후관리 ······· 204

(1) 사후관리의 필요성 및 내용 ················· 204

(2) 외화획득용 원료·기재의 사후관리의 면제 ··· 206

제2절 외화획득용 원료의 수입 ······················ 206

1. 외화획득용 원료의 범위 ························ 206

CONTENTS

2. 외화획득용 원료의 수입 ──────────────── 208
 (1) 외화획득용 원료의 수입승인기관 ──────── 208
 (2) 외화획득용 원료의 수입승인 ─────────── 208
3. 외화획득용 원료의 수입승인시 확인 ────────── 210
4. 외화획득용 원료 또는 물품의 국내구매 ──────── 210
 (1) 구매확인서의 의의 ──────────────── 210
 (2) 구매확인서의 발급 ──────────────── 217
 (3) 수출실적 인정금액의 확인 및 증명 발급기관 ── 224
 (4) 구매확인서와 부가가치세 ────────────── 224
5. 외화획득용 원료와 제품에 대한 규제의 효력기간 ──── 228
6. 외화획득용 원료의 외화획득의무 ──────────── 228
 (1) 외화획득의 이행기간 ──────────────── 228
 (2) 외화획득 이행기간의 연장 ────────────── 229
 (3) 외화획득 이행기간의 연장사유 ────────── 229
 (4) 농림수산물의 외화획득 이행기간 ────────── 229
7. 외화획득용 원료등의 사후관리 ──────────── 230
 (1) 사후관리의 대상 ──────────────── 230
 (2) 사후관리의 면제대상 ──────────────── 230
 (3) 사후관리기관 ──────────────────── 231
 (4) 자율관리기업 ──────────────────── 231
 (5) 사후관리대상원료의 분류 ────────────── 232
 (6) 구매내역신고 ──────────────────── 233
 (7) 사후관리카드의 정리 ──────────────── 233
 (8) 외화획득이행신고 ──────────────── 233
 (9) 공급이행신고 ──────────────────── 234
8. 외화획득용 원료의 사용목적 변경 ──────────── 234
 (1) 외화획득용 원료의 사용목적 변경승인 ────── 234
 (2) 외화획득용 원료의 양도승인 ────────────── 235
9. 지도감독.보고 ──────────────────── 235
 (1) 지도감독 ──────────────────── 235
 (2) 불이행보고 ──────────────────── 236
 (3) 제재 ──────────────────────── 236

제3절 자율소요량계산서 ································· 237
  1. 자율소요량계산제도 ··························· 237
  2. 단위자율소요량의 책정방법 및 기준소요량의 고시 ·· 237
    (1) 관련용어의 정의 ························· 237
    (2) 기준 소요량의 책정방법 ·················· 238
    (3) 기준 소요량의 고시 ····················· 238
  3. 자율소요량계산서 작성 ······················ 241
  4. 세부절차 ································· 241
  5. 지도감독 ································· 241

제4절 외화획득용 제품의 수입 ························· 242
  1. 외화획득용 제품의 범위 ······················ 242
  2. 외화획득용 제품의 수입승인기관 ··············· 242
  3. 외화획득용 제품의 사후관리 ················· 243
    (1) 관광호텔용 물품의 사후관리 및 공급 ········ 243
    (2) 선용품의 사후관리 ······················ 244
    (3) 군납용 물품의 사후관리 ·················· 245
  4. 외화획득용 제품의 관리 ······················ 245
    (1) 관광호텔용 물품의 관리 ·················· 245
    (2) 선용품의 관리 ························· 245
    (3) 군납용물품의 관리 ······················ 245
  5. 외화획득용 제품의 용도외 사용금지 및 제재 ······ 246
    (1) 관광호텔용 물품 ························ 246
    (2) 선용품 ······························· 246
    (3) 군납용 물품 ··························· 247

Chapter 7

전략물자 수출입, 플랜트 수출 및 정부간 수출계약

제1절 전략물자의 수출입 ····························· 262
  1. 전략물자의 수출허가 및 상황허가 ··············· 262
    (1) 전략물자등의 의의 ····················· 262
    (2) 전략물자의 수출허가 및 대량파괴무기등의 상황허가의 기관 ······ 265

CONTENTS

(3) 전략물자의 수출허가 및 대량파괴무기등의 상황허가 ······ 267
(4) 전략물자의 수출허가 및 대량파괴무기등의 상황허가 면제 ··· 270
(5) 전략물자의 수출허가 및 대량파괴무기등의 상황허가절차 ··· 270
(6) 전략물자등의 수출허가 및 상황허가 위반에 따른 벌칙 ····· 273
2. 전략물자의 판정 등 ·· 274
(1) 전략물자의 판정신청 ·· 274
(2) 전략물자의 사전판정기관 ·· 275
(3) 전략물자의 판정 ·· 276
(4) 전략물자 판정의 유효기간 ·· 276
(5) 전략물자 또는 상황허가 대상인 물품등으로 판정된 물품등의 공고 ··· 276
3. 진략물자수입목적확인서의 발급 ·· 277
(1) 전략물자수입목적확인서의 정의 ·· 277
(2) 전략물자수입목적확인서의 발급신청 ·· 277
(3) 전략물자수입목적확인서의 발급 ·· 278
(4) 전략물자수입목적확인서의 발급의 유효기간 ··· 278
4. 전략물자등에 대한 이동중지명령과 이동중지조치 ·············· 278
(1) 전략물자등의 이동중지명령 ··· 278
(2) 전략물자등의 이동중지조치 ··· 278
(3) 공무원의 권한표시의 제시의무 ·· 279
(4) 전략물자등의 이동중지명령과 조치의 기간 및 방법 ··· 279
(5) 전략물자등의 이동중지명령의 위반에 따른 벌칙 ······· 279
5. 전략물자등의 경유 또는 환적의 허가 ·································· 280
(1) 전략물자등의 경유 또는 환적의 허가 ·······························280
(2) 전략물자등의 경유 또는 환적의 허가 ·······························281
(3) 전략물자등의 경유 또는 환적에 대한 협조요청 ··········282
(4) 전략물자등의 경유환적허가 위반에 따른 벌칙 ··········282
6. 전략물자등의 중개 ·· 283
(1) 전략물자등의 중개허가 및 면제 ·· 283
(2) 전략물자등의 중개허가절차 ··· 284
(3) 전략물자등의 중개허가기준 ··· 285
(4) 전략물자등의 중개허가 위반에 따른 벌칙 ······· 285
7. 전략물자등의 수출허가 등의 유효기간 ································ 286
(1) 전략물자등의 수출허가 등의 유효기간의 원칙 ··········· 286

(2) 전략물자등의 수출허가 등의 유효기간의 예외 ············· 287
(3) 전략물자등의 수출허가 유효기간의 설정에 관한 세부사항 ··· 287
8. 전략물자등과 관련된 서류의 보관기관과 허가의 취소 ············· 288
(1) 전략물자등과 관련된 서류의 보관기관 ············· 288
(2) 전략물자등의 수출허가 및 상황허가의 취소 ············· 288
9. 자율준수무역거래자 ············· 289
(1) 자율준수무역거래자의 지정 ············· 289
(2) 자율준수무역거래자의 자율관리업무의 범위 ············· 292
(3) 자율준수무역거래자의 보고 ············· 293
(4) 자율준수무역거래자의 지정취소 ············· 293
10. 전략물자 수출입고시 ············· 294
11. 전략물자 수출입통제입무관련 비밀준수 의무 ············· 295
(1) 비밀준수 의무 ············· 295
(2) 비밀준수 의무의 위반에 따른 벌칙 ············· 295
12. 전략물자수출입관리정보시스템의 구축·운영 ············· 296
(1) 전략물자수출입관리정보시스템의 의의 ············· 296
(2) 전략물자수출입관리정보시스템의 구축·운영 ············· 297
13. 전략물자관리원의 설립 등 ············· 297
(1) 전략물자관리원의 설립 ············· 297
(2) 전략물자관리원의 업무 ············· 297
(3) 전략물자관리원의 수수료 징수 ············· 298
(4) 전략물자관리원의 준용규정 ············· 298
(5) 전략물자관리원에 대한 출연 또는 지원 ············· 298
14. 전략물자수출입통제협의회 ············· 298
(1) 전략물자수출입통제협의회의 구성 ············· 298
(2) 전략물자수출입통제협의회의 회의 ············· 299
(3) 전략물자수출입통제협의회의 조사·지원 요청 ············· 300
(4) 전략물자등의 불법수출행위에 대한 조치 ············· 300
15. 전략물자등의 수출입제한 등 ············· 300
(1) 전략물자등의 수출입의 제한 ············· 300
(2) 전략물자의 규정위반자에 대한 통보 ············· 301
(3) 전략물자의 규정위반자의 명단 및 제한내용의 공고 ····· 301

CONTENTS

16. 전략물자등의 보고·검사 ·· 301
  (1) 전략물자등의 보고 ·· 301
  (2) 전략물자등의 검사 ·· 302
17. 전략물자 허가의무 위반자에 대한 교육명령 ····················· 303
18. 전략물자등과 관련된 벌칙 ·· 303
  (1) 7년 이하의 징역 또는 물품 가격의 5배 이상의 벌금 ····· 303
  (2) 5년 이하의 징역 또는 물품 가격의 3배 이상의 벌금 ····· 304
  (3) 5년 이하의 징역 또는 1억원 이하의 벌금 ····················· 304
  (4) 3년 이하의 징역 또는 3천만원 이하의 벌금 ·················· 304
  (4) 양벌규정 ·· 305
  (5) 1천만원 이하의 과태료 ·· 305
19. 전략물자기술자문단의 구성 및 운영 ································· 305

제2절 플랜트의 수출 ··· 306
1. 플랜트수출의 의의 ·· 306
  (1) 플랜트수출(Plant Export)의 개념 ································ 306
  (2) 플랜트수출의 특성 ·· 308
2. 플랜트수출의 승인 ·· 309
  (1) 플랜트수출의 승인 ·· 309
  (2) 플랜트수출의 승인 또는 변경승인기관 ·························· 309
  (3) 플랜트수출의 승인신청 ·· 310
  (4) 플랜트수출의 변경승인신청 ·· 311
  (5) 플랜트수출승인의 의견 및 동의요청 ····························· 311
  (6) 플랜트수출승인의 처리기간 및 통보 ····························· 312
  (7) 플랜트수출승인의 위반에 따른 벌칙 ····························· 312
3. 플랜트수출 촉진기관의 지정 ·· 313
  (1) 플랜트수출촉진기관의 지정 ·· 313
  (2) 플랜트수출촉진기관의 보고 ·· 313

제3절 정부간 수출계약 ··· 314
1. 정부간 수출계약의 의의 ·· 314
2. 정부간 수출계약의 보증 및 원칙 ·· 315
  (1) 정부간 수출계약 이행 등을 위한 보증사업 ···················· 315
  (2) 정부간 수출계약에 관한 정부의 면책 ··························· 316

CONTENTS

3. 정부간 수출계약의 전담기관 ······················· 316
   (1) 정부간 수출계약 전담기관의 정의 ············· 316
   (2) 정부간 수출계약 전담기관의 업무 ············· 316
   (3) 정부간 수출계약 전담기관의 권한과 책임 ······ 317
   (4) 정부간 수출계약 전담기관의 파견근무 요청 ···· 318
4. 정부간 수출계약의 심의위원회 ··················· 318
   (1) 정부간 수출계약 심의위원회의 설치 ··········· 318
   (2) 정부간 수출계약 심의위원회의 구성 ··········· 319
   (3) 정부간 수출계약 심의위원회의 심의 ··········· 320
   (4) 정부간 수출계약 심의위원회의 관련 서류 비공개 ··· 320
5. 국내기업의 책임 등 ····························· 320
   (1) 국내 기업의 정부간 수출계약의 성실이행 의무 ·· 320
   (2) 국내 기업의 계약 이행 보증 조치 의무 ········· 321
   (3) 국내 기업의 자료제출 요구의 수행 의무 ········ 321
   (4) 국내 기업의 의무위반에 따른 불이익 ··········· 321

Chapter 8

물품의 원산지증명 및 원산지제도

제1절 원산지제도의 개요 ····························· 326
1. 수출입물품의 원산지제도 ························· 326
   (1) 원산지제도의 의의 ························· 326
   (2) 원산지제도의 필요성 ······················· 328
   (3) 원산지제도의 관련법령 체계 ················· 328
   (4) 기관별 원산지제도 역할분담 ················· 329
2. 원산지규정의 적용범위 및 협의 ················· 330
   (1) 적용범위 ································· 330
   (2) 협의 ··································· 330
   (3) 원산지규정과 관련된 권한의 위임 또는 위탁 ···· 330
제2절 수출입물품의 원산지표시 ····················· 332
1. 원산지표시대상물품 및 면제대상물품 ············· 333
   (1) 원산지표시대상물품 ······················· 333
   (2) 원산지표시면제 대상물품 ··················· 337
2. 수출입물품의 원산지표시방법 ··················· 340

(1) 수출물품의 원산지표시방법 ································· 340
(2) 수입물품 자체에 대한 원산지표시방법의 일반원칙과 예외 ··· 340
(3) 기타 수입물품의 원산지표시방법 ····················· 343
(4) 수입물품 원산지표시방법의 세부사항 ················· 351

3. 수입물품 원산지표시방법의 확인 및 검사 ················· 351
(1) 수입물품 원산지표시방법의 확인 및 이의제기 ············ 351
(2) 원산지표시의 확인·검사 ··························· 353

4. 원산지표시 관련위반행위의 금지 및 벌칙 ················· 385
(1) 원산지표시 관련위반행위의 금지 ····················· 355
(2) 원산지표시 관련위반행위에 대한 시정명령 ············· 356
(3) 원산지표시 관련위반행위에 대한 과징금의 부과 ········· 357
(4) 원산지 표시의무 위반자에 대한 과징금 부과처분의 공표 ··· 358
(5) 원산지표시 관련위반행위에 대한 과징금의 납부절차 ··· 361
(6) 원산지표시 관련위반행위에 대한 과징금 납부기한의 연장 등 ··· 362
(7) 원산지표시 관련 위반에 따른 징역 또는 벌금형 ········· 364
(8) 원산지표시관련 위반에 따른 과태료 ················· 365

5. 원산지표시관련 규정에 따른 자료의 요청 ················· 367

제3절 수출입물품의 원산지판정 ····························· 367

1. 수입물품의 원산지 판정기준 ··························· 368
(1) 완전생산기준 ································· 369
(2) 실질적 변형의 기준 ····························· 373
(3) 단순한 가공활동의 기준 ·························· 381

2. 수출물품의 원산지 판정기준 ··························· 382

3. 수입원료를 사용한 국내생산물품등의 원산지판정기준 ········· 382
(1) 국내생산물품등의 원산지 판정기준 적용대상물품 ········· 384
(2) 국내생산물품등의 원산지 판정 및 표시방법 ············· 384

4. 원산지판정기준의 특례 ······························· 385

5. 원산지확인에 있어서의 직접운송원칙 ··················· 386

6. 원산지 판정절차 ································· 387
(1) 원산지 판정 ································· 387
(2) 원산지 판정에 대한 이의제기 ····················· 389

제4절 원산지의 확인 ································· 391

1. 원산지확인 대상물품 ····························· 391

2. 수출입물품의 원산지증명제도 ································· 392
  (1) 원산지증명서의 의의 ································· 392
  (2) 수입 물품의 원산지증명서의 제출 ················· 394
  (3) 수출 물품의 원산지증명서의 발급 ················· 397
3. 외국산을 국산 물품으로 가장하는 행위의 금지 ········· 399
  (1) 외국산을 국산 물품으로 가장하는 행위 금지 ······· 399
  (2) 외국산을 국산 물품으로 가장한 행위에 대한 벌칙 ······ 400

Chapter 9

수출입의 질서유지와 행정벌

제1절 수입제한조치 ································· 412
  1. 수입수량제한조치 ································· 412
    (1) 수입수량제한조치의 정의 ································· 412
    (2) 수입수량제한조치의 시행 ································· 413
    (3) 수입수량제한조치의 시행여부 및 내용의 결정 ········· 414
    (4) 수입수량제한조치와 관련된 협의 ················· 415
    (5) 수입수량제한조치와 관련된 자료의 협조 ··········· 415
    (6) 수입수량제한조치의 대상물품등의 공고 ··········· 415
    (7) 수입수량제한조치의 시행제한 ················· 415
  2. 수입수량제한조치의 내용변경 또는 연장 ············· 416

제2절 수출입의 질서유지 ································· 417
  1. 수출입물품등의 가격 조작 금지 ················· 418
    (1) 수출입물품등의 가격 조작 금지 의무 ················· 418
    (2) 수출입물품등의 가격 조작 금지 의무에 따른 벌칙 ······ 418
  2. 무역분쟁해결을 위한 조정 또는 중재의 권고 ········· 418
    (1) 무역거래자간 무역분쟁의 신속한 해결 ············· 419
    (2) 선적전검사와 관련한 분재조정 ················· 420
    (3) 분쟁조정절차 ································· 421
    (4) 조정비용 ································· 424
  3. 조정명령(Adjustment Orders) ················· 425
    (1) 조정명령의 기준 ································· 425
    (2) 조정명령의 고려사항 등 ················· 427

(3) 조정명령의 위반에 따른 벌칙 ·················· 428

(4) 수출입승인 또는 승인관련절차의 중지명령 ·············· 428

(5) 독점규제 및 공정거래에 관한 법률과의 관계 ············· 429

제3절 행정벌 ··· 429

1. 개요 ··· 429

2. 벌칙(Penalties)의 내용 ·································· 429

(1) 7년 이하의 징역 또는 물품가격 5배 이하의 벌금형 ····· 429

(2) 5년 이하의 징역 또는 물품가격 3배 이하의 벌금형 ···· 430

(3) 5년 이하의 징역 또는 1억원 이하의 벌금형 ··········· 432

(4) 3년 이하의 징역 또는 3천만원 이하의 벌금형 ········· 432

(5) 미수범(Attempted Crimes) ·························· 433

(6) 과실범(Negligent Crimes) ·························· 434

(7) 양벌규정(Joint Penal Provisions) ················ 435

(8) 벌칙 적용시의 공무원 의제 ························· 435

(9) 과태료(Fine for Negligence) ····················· 436

(10) 과태료부과의 협의 ······························· 438

(11) 과태료의 부과 ·································· 439

10 Chapter 질의응답

제1절 수출입실적 관련 질의응답 ····························· 442

제2절 수출입승인 및 요건확인 관련 질의응답 ················ 443

제3절 특정거래형태의 수출입 관련 질의응답 ················· 445

제4절 구매확인서 발급 관련 질의응답 ······················· 452

연습문제 / 459

무역관리의 기초

제 1 절 무역관리제도

1. 무역관리의 의의 및 체계

(1) 무역관리의 의의

무역관리(trade control)란 국가가 제도·기구 또는 법규에 의하여 무역거래에 대한 간섭·통제 또는 규제를 가하는 것으로서, 어느 나라를 막론하고 무역에 대한 최소한의 규제와 지원을 하기 위하여 각종 법규 및 제도로 이를 뒷받침하고 있다. 즉, 무역업무는 국민경제와 국민의 소비생활, 자국의 국제경쟁력 등에 막대한 영향을 미치므로 대부분의 국가는 물품 등의 수출과 수입, 결제방법, 거래형태, 수출입업자의 자격요건, 수입에 따른 국내산업보호 등과 연계시켜 자국내의 수출입절차를 규정하고 이러한 절차를 준수하도록 통제·관리함으로써 국민경제의 발전을 도모하고자 하는 것이다.

(2) 무역관리의 체계

우리나라는 수출입의 단계마다 해당되는 각종 법규에 의하여 제한과 금지 또는 우대조치를 취하기 위하여 「대외무역법」, 「외국환거래법」, 「관세법」 등의 무역관리의 3대 기본법규가 있다. 즉, 수출입절차는 기본적으로 물품 등의 이동과정과 이에 따른 대가의 지급 및 영수로 대별할 수 있는 바, 물품 등의 이동에 대하여는 「관세법」으로, 수출입대금의 결제방법 등에 대하여는 「외국환거래법」으로 관리하고 있으며, 물품 등의 이동과 대금결제를 총괄하는 수출입기본질서에 대하여는 「대외무역법」으로 관리하고 있다.

● 무역관리법규의 체계

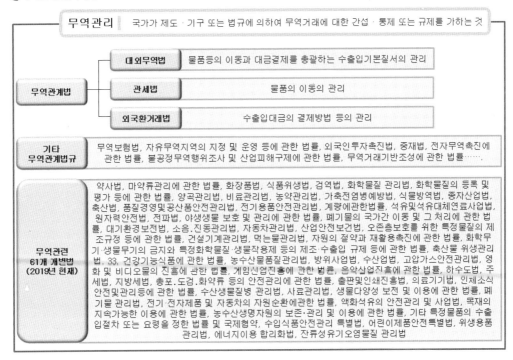

| 무역관리 | 국가가 제도·기구 또는 법규에 의하여 무역거래에 대한 간섭·통제 또는 규제를 가하는 것 |

무역관계법	대외무역법	물품등의 이동과 대금결제를 총괄하는 수출입기본질서의 관리
	관세법	물품의 이동의 관리
	외국환거래법	수출입대금의 결제방법 등의 관리

| 기타 무역관계법규 | 무역보험법, 자유무역지역의 지정 및 운영 등에 관한 법률, 외국인투자촉진법, 중재법, 전자무역촉진에 관한 법률, 불공정무역행위조사 및 산업피해구제에 관한 법률, 무역거래기반조성에 관한 법률…… |

| 무역관련 61개 개별법 (2019년 현재) | 약사법, 마약류관리에 관한 법률, 화장품법, 식품위생법, 검역법, 화학물질 관리법, 화학물질의 등록 및 평가 등에 관한 법률, 양곡관리법, 비료관리법, 농약관리법, 가축전염병예방법, 식물방역법, 종자산업법, 축산법, 품질경영및공산품안전관리법, 전기용품안전관리법, 계량에관한법률, 석유및석유대체연료사업법, 원자력안전법, 전파법, 야생생물 보호 및 관리에 관한 법률, 폐기물의 국가간 이동 및 그 처리에 관한 법률, 대기환경보전법, 소음·진동관리법, 자동차관리법, 산업안전보건법, 오존층보호를 위한 특정물질의 제조규정 등에 관한 법률, 건설기계관리법, 먹는물관리법, 자원의 절약과 재활용촉진에 관한 법률, 화학무기·생물무기의 금지와 특정화학물질·생물작용제 등의 제조·수출입 규제 등에 관한 법률, 축산물 위생관리법, 33, 건강기능식품에 관한 법률, 농수산물품질관리법, 방위사업법, 수산업법, 고압가스안전관리법, 영화 및 비디오물의 진흥에 관한 법률, 게임산업진흥에 관한 법률, 음악산업진흥에 관한 법률, 하수도법, 주세법, 지방세법, 총포·도검·화약류 등의 안전관리에 관한 법률, 출판및인쇄진흥법, 의료기기법, 인체조직안전및관리등에 관한 법률, 수산생물질병 관리법, 사료관리법, 생물다양성 보전 및 이용에 관한 법률, 폐기물 관리법, 전기·전자제품 및 자동차의 자원순환에관한 법률, 액화석유의 안전관리 및 사업법, 목재의 지속가능한 이용에 관한 법률, 농수산생명자원의 보존·관리 및 이용에 관한 법률, 기타 특정물품의 수출입절차 또는 요령을 정한 법률 및 국제협약, 수입식품안전관리 특별법, 어린이제품안전특별법, 위생용품 관리법, 에너지이용 합리화법, 잔류성유기오염물질 관리법 |

2. 무역관리의 기본법규

(1) 대외무역법

(가) 대외무역법의 개요

「대외무역법」은 수출입거래를 관리하는 기본법으로써 「무역거래법」이 1967년 1월부터 시행되어 오다가 폐지되고, 1986년 12월에 새로이 「대외무역법」이 제정되었는데 급변하는 대내외 무역환경 및 개방체제에 능동적으로 대응하고 민간주도의 자율성 제고와 질서 있는 수출로 대외신용을 제고시키고자 하는 것이 제정취지라 할 수 있다.

한편, 「대외무역법」은 1986년에 기존의 법규인 「무역거래법」을 대체하는 법률로 제정된 이후 여러 차례의 개정을 거쳐 현재의 법은 1996년에 전문이 대폭 개정된 후 2010년 4월에 개정된 것이다. 「대외무역법 시행령」은 1987년에 공포되어 2011년 10월에 개정되기까지 그 동안 10여차에 걸쳐 개정되었으며, 대외무역관리규정은 1987년에 공고된 이후 2016년 7월에 개정되기까지 50여회에 걸쳐 개정되었다.

(나) 대외무역법의 목적

이 법은 내외 무역을 진흥하고 공정한 거래 질서를 확립하여 국제 수지의 균형과 통상의 확대를 도모함으로써 국민 경제를 발전시키는 데 이바지함을 목적으로 한다(법 제1조).

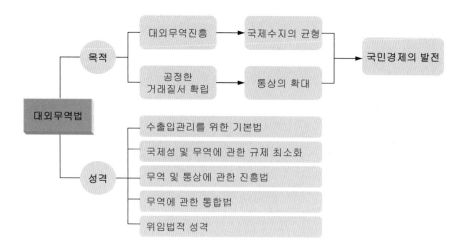

(다) 대외무역법의 성격 및 특성

① **수출입관리를 위한 기본법** :「대외무역법」은 대외무역관리에 관한 법, 즉 수출입관리를 위한 일반법이며 기본법이다.

② **국제성 및 무역에 관한 규제 최소화** :「대외무역법」은 대외무역거래를 관리하는 법이므로 국제성을 인정하여 국제상관습이나 국제조약을 준수하되, 국제법규나 국제협정에서 무역에 관한 제한규정이 있을 경우 최소한 범위내에서 운영토록 하고 있다.

③ **무역 및 통상에 관한 진흥법** :「대외무역법」은 무역 및 통상에 관한 진흥법적인 성격을 가지고 있다. 그 근거규정으로서, 제1조(목적)에서는 대외무역을 진흥한다는 규정이 있고, 제4조(무역의 진흥을 위한 조치)에서는 산업통상자원부장관이 무역의 진흥을 위하여 필요한 조치 및 지원을 할 수 있도록 규정하고 있으며, 제2장(통상의 진흥)에서는 산업통상자원부장관이 무역 및 통상진흥을 위하여 통상진흥시책을 수립하고 민간협력활동을 지원할 수 있도록 규정하고 있다.

④ **무역에 관한 통합법** :「대외무역법」은 무역에 관한 개별 행정법규를 연계한 통합법적인 성격을 가지고 있다. 그 근거규정으로서, 제6조 제2항(무역에 관한 법령 등의

협의 등)에서는 관계 행정기관의 장이 물품등의 수출·수입요령을 제정하거나 개정하려면 산업통상자원부장관과 미리 협의하여야 하고 이 경우 산업통상자원부장관이 관계 행정기관의 장에게 수출·수입요령의 조정을 요청할 수 있도록 규정하고 있다. 제12조(통합공고)에서는 관계 행정기관의 장이 수출·수입요령을 제정하거나 개정하는 경우에는 그 시행일 전에 공고될 수 있도록 이를 산업통상자원부장관에게 제출하여야 하며, 산업통상자원부장관은 이를 통합하여 공고하여야 한다고 규정하고 있다.

⑤ **위임법적 성격** : 무역거래의 규제대상은 유동적이고 규제방법은 추상적이고 복잡하기 때문에, 「대외무역법」에서는 원칙적인 사항만 규정해 놓고 시행에 관한 세부적 사항은 대통령이나 산업통상자원부장관이 제정하는 「대외무역법시행령」이나 대외무역관리규정에 위임하고 있다. 그리고 이들을 다시 보충하기 위해 법규 보충적 작용을 담당하는 고시, 공고, 유권해석, 예규, 통첩 능이 활용된다.

(라) 대외무역법령의 관리체계

「대외무역법 시행령」은 「대외무역법」에서 위임된 사항과 그 시행에 필요한 사항을 정함을 목적으로 하며, 대외무역관리규정은 「대외무역법」과 「대외무역법 시행령」에서 위임한 사항과 그 시행에 필요한 사항을 정함을 목적으로 한다(영 제1조 및 규정 제1조).

이하 본서에서는 「대외무역법」을 법, 「대외무역법 시행령」을 영, 「대외무역관리규정」을 규정으로 표기한다.

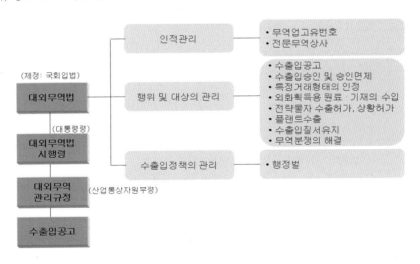

(마) 대외무역법의 주요 개정 경과

	주 요 내 용
제 정 (86.12.31)	• 무역거래법, 산업설비수출촉진법, 수출조합법을 통합하여 무역에 관한 기본법 제정
6차 개정 (94.12.31)	• 무역대리업의 신고제 전환 • 산업설비수출계약 수주계획 신고제와 산업설비수출기금 폐지 • 산업피해구제제도 보완
7차 개정 (96.12.30)	• 무역업의 신고제 전환 • 수출입승인제의 사실상 폐지 • 원산지 사전판정제 도입 • 선적전검사제 도입
8차 개정 (99.2.5)	• 수입국다변화제 폐지 • 수출입이행사항 확인 폐지 • 수출입관련 조합의 설립인가제 폐지 • 무역거래자에 대한 보고명령 폐지
9차 개정 (2000.12.29)	• 선사무역의 촉진 및 전자무역중개기관 도입 • 무역업 및 무역대리업 폐지 • 전자적 형태의 무체물 도입 • 원산지표시제도의 미비점 개선·보완 • 산업피해조사제도를 불공정무역행위조사 및 산업피해구제에 관한 법률로 이관함 (2001.2.3)
10차 개정 (2003.9.29)	• 용역의 수출의 지원(무역범위의 확대) • 구매확인서발급에 따른 사후관리제도의 도입 • 수입원료로 국내생산·유통·판매되는 물품의 원산지판정기준의 도입 • 수입수량제한조치제도의 도입 • 전략물자에 관한 보고 또는 관련 자료의 제출명령 도입
11차 개정 (2005.12.23)	• 전자무역의 개념, 전자무역의 촉진 및 관련규정 삭제
12차 개정 (2007.1.3)	• 전략물자의 범위 정비 • 전략물자의 국내유통 관리 도입 • 전략물자의 이동중지 및 중개허가 도입 • 전략물자관리원의 설립 도입
13차 개정 (2007.4.11)	• 법률의 한글화 • 어려운 법령 용어의 순화 • 한글맞춤법 등 어문 규범의 준수 • 정확하고 자연스러운 법 문장의 구성 • 체계 정비를 통한 간결화·명확화 등
14차 개정 (2008.12.26)	• 불공정수출입행위의 금지 규정 삭제 • 불공정수출입행위의 금지 관련 벌칙 규정 삭제 • 양벌규정의 정비

	주　　　요　　　내　　　용
15차 개정 (2009.4.22)	• 종합무역상사 및 전문무역상사제도의 폐지 • 해외진출지원센터의 설치규정 신설 • 무역에 관한 조약의 이행을 위한 자료제출 규정 신설 • 전략물자 수출허가의 면제 및 취소사유 신설 • 전략물자의 확인의무, 전략물자의 제조·수입자의 신고 및 통보의무 삭제 • 수출입승인 또는 변경승인대상의 미승인에 대한 벌칙 규정 신설
16차 개정 (2010.4.5)	• 전략물자와 관련된 규정 일부 수정 • 산업설비수출을 플랜트수출로 용어 변경 등 • 수입된 원산지표시대상물품에 단순 가공한 물품의 원산지 표시방법 신설 • 기존의 원산지규정과 관련된 벌칙을 별도의 조항으로 신설
17차 개정 (2013.3.23)	• 정부조직법 개편에 따른 정부조직 수정
18차 개정 (2013.7.30)	• 무역에 관한 제한 등 특별조치의 사유 추가 • 수출입승인관련규정 추가 • 전략물자와 관련된 규정 일부 수정 • 원산지표시 관련 규정의 수정 • 전략물자 및 원산지표시 관련 벌칙의 수정
19차 개정 (2014.1.21)	• 전문무역상사의 목적, 지정 및 취소, 지원근거 등 신설 • 정부간 수출계약에 관한 규정 신설
20차 개정 (2016.1.27)	• 수출입 제한 또는 금지 사유 구체적 명시 • 전략물자등의 환적 허가 기준 신설 • 특정국 물품에 대한 특별수입수량 제한조치 규정 삭제

(2) 외국환거래법

(가) 외국환거래법의 개요

「외국환거래법」은 우리 경제에 필요한 외자를 원활히 유치할 수 있도록 외국인의 국내 투자환경을 개선하고 금융기관과 기업의 국내외 외환거래를 단계적으로 전면 자유화함으로써 국가경쟁력을 강화하는 한편, 이에 따른 부작용을 최소화하기 위하여 외자를 취급하는 금융기관에 대한 건전성 감독을 강화하고, 평상시 외자유출입 현황의 지속적인 동향점검과 국내외 경제현황의 급격한 변동시에 효과적으로 대처할 수 있는 각종 안전장치를 강화하기 위하여 1998년 9월 16일자로 법률 제5,550호로 제정되었다.

「외국환거래법」은 전문 6장 32조로 구성되어 있으며, 1999년 4월 1일 「외국환거래법」의 시행과 동시에 종전의 「외국환관리법」은 폐지되었다. 현재 「외국환거래법」은 2017년 7월 18일 법률 제14525호로 개정되어 시행되고 있다.

(나) 외국환거래법의 목적

「외국환거래법」(Foreign Exchange Control Act)은 외국환거래와 그 밖의 대외거래의 자유를 보장하고 시장기능을 활성화하여 대외거래의 원활화 및 국제수지의 균형과 통화가치의 안정을 도모함으로써 국민경제의 건전한 발전에 이바지함을 목적으로 한다(외국환거래법 제1조).

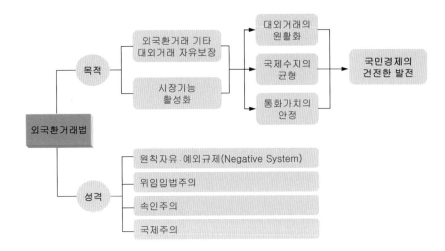

(다) 외국환거래법의 특성

① 원칙자유·예외규제(Negative Sysetm): 「외국환거래법」에서는 원칙자유·예외규제(Negative Sysetm)방식을 채택함으로써 대외거래에 수반하는 지급·영수를 원칙적으로 자유화하였다. 즉, 외국환거래의 확대를 도모하기 위하여 금지 또는 제한사항이 아닌 거래는 모두 자유화하였다.

② 위임입법주의: 기획재정부장관은 「외국환거래법」에 의한 권한의 일부를 대통령령이 정하는 바에 의하여 금융감독위원회·증권선물위원회·관계 행정기관의 장·한국은행총재·금융감독원장·외국환업무취급기관 등의 장, 기타 대통령령이 정하는 자(관세청장·금융감독위원회·한국은행총재·외국환업무취급기관의 장)에게 위임 또는 위탁할 수 있도록 규정하고 있다(외국환거래법 제23조 제1항 및 영 제37조).

③ 속인주의: 우리나라에 주된 사무소를 가지고 있는 법인 또는 자연인의 대리인 등이 외국에서 행하는 재산 또는 업무에 관한 행위에도 「외국환거래법」을 적용함으로써 속인주의를 채택하고 있다(외국환거래법 제2조).

④ 국제주의: 「외국환거래법」은 외국환거래라는 국제거래를 규제대상으로 하는 것

이므로, 국제관습을 존중하거나 국제조약을 준수함으로써 국제적으로 통용될 수 있어야 한다. 즉, 1995년의 WTO출범과 더불어 1996년에 우리나라가 OECD에 가입하였다. 이에 우리나라의 외환거래법이 자유화·개방화라고 하는 세계적인 흐름에 부응함으로써 외국환거래의 국제성을 인정하고 있는 것이다.

(라) 외국환거래법령의 관리체계

「외국환거래법시행령」은 「외국환거래법」에서 위임된 사항과 그 시행에 관하여 필요한 사항을 목적으로 하며, 외국환거래규정은 「외국환거래법」과 동법시행령에서 위임된 사항과 그 시행에 관하여 필요한 사항을 정함을 목적으로 한다. 또한, 외국환거래업무 취급세칙은 「외국환거래법시행령」 및 외국환거래규정에 따라 한국은행총재에게 위탁된 외국환거래업무에 관한 사항을 정함을 목적으로 하며, 외국환거래업무취급절차는 외국환거래업무 취급세칙 시행에 필요한 세부사항을 정함을 목적으로 한다(외국환거래법시행령 제1조·규정 제1-1조·세칙 제1-1조·절차 제1조).

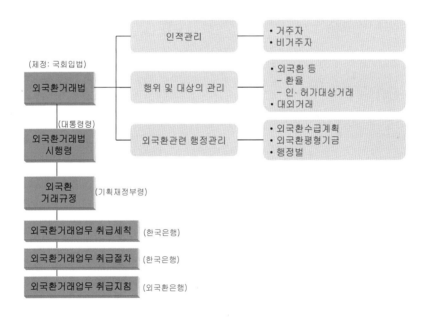

(3) 관세법

(가) 관세법의 개요

「관세법」은 수출입물품에 대한 관세징수 및 통관관리를 규제하는 법이다. 이 법은

1949년에 제정된 이후 여러 차례 개정되었으며, 현재 「관세법」은 2019년 1월 1일 법률 제16093호로 개정되었다.

(나) 관세법의 목적

「관세법」은 관세의 부과·징수 및 수출입물품의 통관을 적정하게 하고 관세수입을 확보함으로써 국민경제의 발전에 이바지함을 목적으로 한다(관세법 제1조). 「관세법」의 내용은 관세의 부과·징수, 수출입물품의 통관의 적정 및 관세수입의 확보를 기하도록 규정하고 있다.

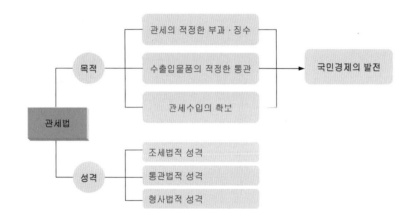

(다) 관세법령의 관리체계

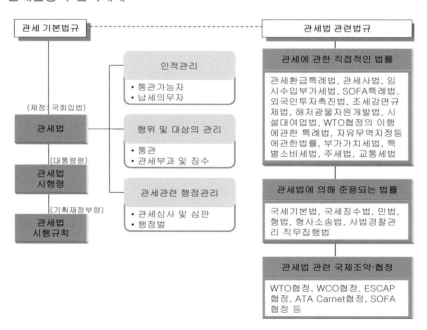

10

3. 기타 무역관계법규

우리나라의 대외무역관리는 「대외무역법」, 「외국환거래법」 및 「관세법」의 3대 기본법 이외에도 다음과 같은 무역관계법에 의해 관리되고 있으며, 특별법에 수출입규제에 관한 규정이 있을 경우에는 그 특별법 규정이 무역에 관한 일반법인 「대외무역법」보다 우선적으로 적용된다.

기타 무역관계법규	
무역보험법	무역이나 그 밖의 대외거래와 관련하여 발생하는 위험을 담보하기 위한 무역보험제도를 효율적으로 운영함으로써 무역과 해외투자를 촉진하여 국가경쟁력을 강화하고 국민경제의 발전에 이바지함을 목적으로 함
자유무역지역의 지정 및 운영 등에 관한 법률	자유로운 제조·물류·유통 및 무역활동 등이 보장되는 자유무역지역을 지정·운영함으로써 외국인투자의 유치, 무역의 진흥, 국제물류의 원활화 및 지역개발 등을 촉진하여 국민경제의 발전에 이바지함을 목적으로 함
외국인투자촉진법	외국인투자를 지원하고 외국인투자에 편의를 제공하여 외국인투자 유치를 촉진함으로써 국민경제의 건전한 발전에 이바지함을 목적으로 함
중재법	중재에 의하여 사법상의 분쟁을 적정·공평·신속하게 해결함을 목적으로 함
전자무역촉진에 관한 법률	전자무역의 기반을 조성하고 그 활용을 촉진하여 무역절차의 간소화와 무역정보의 신속한 유통을 실현하고 무역업무의 처리시간 및 비용을 절감함으로써 산업의 국제경쟁력을 높이고 국민경제의 발전에 이바지함을 목적으로 함
무역거래기반 조성에 관한 법률	무역거래의 기반을 효율적·체계적으로 조성하여 균형 있는 무역거래의 확대와 국민경제의 발전에 이바지함을 목적으로 함
불공정무역행위 조사 및 산업피해 구제에 관한 법률	불공정한 무역행위와 수입의 증가 등으로 인한 국내산업의 피해를 조사·구제하는 절차를 정함으로써 공정한 무역질서를 확립하고 국내산업을 보호하며, 「세계무역기구 설립을 위한 마라케쉬협정」 등 무역에 관한 국제협약을 이행하기 위하여 필요한 사항을 규정함을 목적으로 함

(1) 무역보험법

「무역보험법」은 무역이나 그 밖의 대외거래와 관련하여 발생하는 위험을 담보하기 위한 무역보험제도를 효율적으로 운영함으로써 무역과 해외투자를 촉진하여 국가경쟁력을 강화하고 국민경제의 발전에 이바지함을 목적으로 한다(무역보험법 제1조).

(2) 자유무역지역의 지정 및 운영 등에 관한 법률

「자유무역지역의 지정 및 운영 등에 관한 법률」은 자유로운 제조·물류·유통 및 무역활동 등이 보장되는 자유무역지역을 지정·운영함으로써 외국인투자의 유치, 무역의 진흥, 국제물류의 원활화 및 지역개발 등을 촉진하여 국민경제의 발전에 이바지함을 목적으로 한다(자유무역지역의지정및 운영등에관한법률 제1조).

(3) 외국인투자촉진법

「외국인투자촉진법」은 외국인투자를 지원하고 외국인투자에 편의를 제공하여 외국인투자 유치를 촉진함으로써 국민경제의 건전한 발전에 이바지함을 목적으로 한다(외국인투자 촉진법 제1조).

(4) 중재법

「중재법」은 중재에 의하여 사법(私法)상의 분쟁을 적정·공평·신속하게 해결함을 목적으로 한다(중재법 제1조).

(5) 전자무역촉진에 관한 법률

「전자무역촉진에 관한 법률」은 전자무역의 기반을 조성하고 그 활용을 촉진하여 무역절차의 간소화와 무역정보의 신속한 유통을 실현하고 무역업무의 처리시간 및 비용을 절감함으로써 산업의 국제경쟁력을 높이고 국민경제의 발전에 이바지함을 목적으로 한다(전자무역촉진에 관한법률 제1조).

(6) 무역거래기반 조성에 관한 법률

「무역거래기반 조성에 관한 법률」은 무역거래의 기반을 효율적·체계적으로 조성하여 균형 있는 무역거래의 확대와 국민경제의 발전에 이바지함을 목적으로 한다(무역거래기반조성 에관한법률 제1조).

(7) 불공정무역행위조사 및 산업피해구제에 관한 법률

「불공정무역행위조사 및 산업피해구제에 관한 법률」은 불공정한 무역행위와 수입의 증가 등으로 인한 국내산업의 피해를 조사·구제하는 절차를 정함으로써 공정한 무역질서를 확립하고 국내산업을 보호하며, 「세계무역기구 설립을 위한 마라케쉬협정」등 무역에 관한 국제협약을 이행하기 위하여 필요한 사항을 규정함을 목적으로 한다(불공정무역행위조사및산업 피해구제에관한법률 제1조).

(8) 기타

이외에도 「산업디자인진흥법」, 「수출용원재료에 대한 관세등 환급에 관한 특례법」

등과 함께 무역금융규정 등의 수출지원을 위한 규정들이 있다.

4. 대외무역법과 타법률과의 관계

(1) 대외무역법과 국제법규와의 관계

우리나라의 「헌법」 제6조 제1항에서는 "헌법에 의하여 체결·공포된 조약과 일반적으로 승인된 국제법규는 국내법과 같은 효력을 가진다"고 규정하고 있다. 따라서 「대외무역법」은 국회의 승인을 받아 체결·공포된 조약이나 일반적으로 승인된 국제법규와 동등한 효력을 가진다고 볼 수 있다.

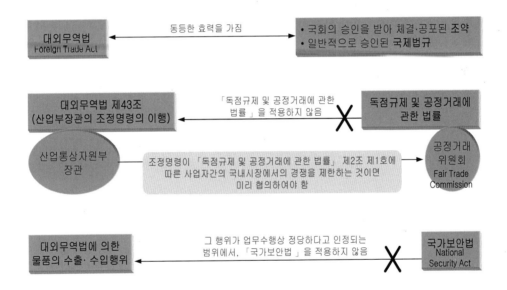

(2) 대외무역법과 국내법규와의 관계

(가) 독점규제 및 공정거래에 관한 법률과의 관계

제46조에 따른 산업통상자원부장관의 조정명령의 이행(enforcement of adjustment orders)에 대하여는 「독점규제 및 공정거래에 관한 법률」(Monopoly Regulation and Fair Trade Act)을 적용하지 아니한다(법 제50조 제1항).

산업통상자원부장관은 제46조에 따른 조정명령(adjustment orders)이 「독점규제 및 공정거래에 관한 법률」 제2조 제1호에 따른 사업자 간의 국내 시장(domestic market)에서의 경쟁을 제한하는 것이면 공정거래위원회(Fair Trade Commission)와 미리 협의하여야 한다$\binom{\text{법 제50조}}{\text{제2항}}$.

(나) 국가보안법과의 관계

이 법에 따른 물품등의 수출·수입행위에 대하여는 그 행위가 업무 수행상(within the scope of the conduct of business) 정당하다고 인정되는 범위에서 「국가보안법」(National Security Act)을 적용하지 아니한다$\binom{\text{법}}{\text{제51조}}$.

제 2 절 대외무역의 관리기관

1. 무역에 관한 중앙행정관청

(1) 주무중앙행정관청

「대외무역법」에 의한 무역관리는 국가행정기관을 통하여 이루어지며, 중앙행정기관을 통한 중앙집권적 관리라는 점이 특징이다. 이는 무역이 국민경제에 막대한 영향을 미치고 있으므로 무역정책의 일환으로서 중앙행정기관에 의한 통일적인 관리가 요청되기 때문이다.

우리나라의 대외무역관리에 관한 주무기관은 산업통상자원부(Ministry of Trade, Industry and Energy)이다. 대통령령으로 제정·공포된 산업통상자원부직제에서 산업통상자원부는 상업·무역·공업·통상, 통상교섭 및 통상교섭에 관한 총괄·조정, 외국인 투자, 산업기술 연구개발정책 및 에너지·지하자원에 관한 사무를 관장하도록 규정함으로써 산업통상자원부장관이 무역행정을 담당하는 중앙행정기관의 장이 된다. 따라서 산업통상자원부에는 운영지원과·무역투자실·산업정책실·산업기반실·통상정책국·통상협력국·통상교섭실 및 에너지자원실 등을 두어 각각 업무를 수행하고 있다.

그러나 무역행정의 신속화와 효율적인 운영을 위하여 산업통상자원부장관은 그 권한의 일부를 대통령령이 정하는 바에 따라 각 관리기관에 위임·위탁하여 관리하고 있다.

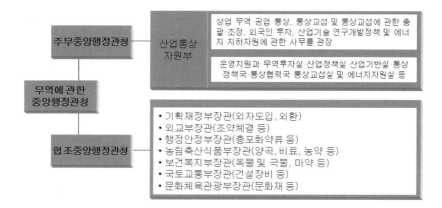

(2) 협조중앙행정관청

무역행정에 관한 주무 중앙행정관청인 산업통상자원부장관에 대하여 협조중앙행정관청, 즉 2013년 3월의 정부조직개편에 따른 명칭으로서, 기획재정부장관(Minister of Strategy and Finance, 외자도입·외환), 외교부장관(Minister of Foreign Affairs, 조약체결 등), 행정자치부장관(Minister of Security and Public Administration, 총포화약류 등), 농림축산식품부장관(Minister of Agriculture, Food and Rural Affairs, 양곡·비료·농약 등), 보건복지부장관(Minister of Health and Welfare, 독물 및 극물·마약 등), 국토교통부장관(Minister of Land, Infrastructure and Transport, 건설장비 등) 및 문화체육관광부장관(Minister of Culture, Sports and Tourism, 문화재 등) 등이 있는데, 이들 행정기관은 각기 소관사무에 관한 특별법을 관장하여 운영하고 있다.

2. 산업통상자원부장관의 권한위임·위탁에 의한 대외무역 관리기관

(1) 권한위임·위탁의 개념

권한의 위임(Delegation of Authorities or Power)이란 행정관청이 그의 권한의 일부를 다른 행정기관에 이전하여 수임기관의 권한으로 행사하도록 하는 것을 말한다. 권한의 위임에 있어서는 그 권한의 위임의 범위내에서 수임기관의 권한이 되며, 수임기관은 그것을 자기의 권한으로 그의 명의와 책임으로 행사하게 된다. 권한의 위임은 그 권한을 위임하는 행정관청의 하급행정청 또는 보조기관에 하는 것이 보통이다. 위임행정관청과 대등한 행정관청 기타 직접적인 지휘·감독하에 있지 않는 행정청이나, 공공단체·그 기관 또는 사인에 대해서도 할 수 있다. 또한 법령에서는 위임이라는 용어이외에 위탁이라는 용어도 사용되고 있는데, 전자는 상하관계에 있는 자 사이, 후자는 대등관계에 있는 자 사이에서의 위임관계를 말한다.[1]

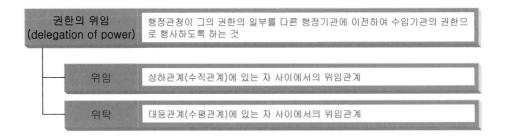

권한의 위임 (delegation of power)	행정관청이 그의 권한의 일부를 다른 행정기관에 이전하여 수임기관의 권한으로 행사하도록 하는 것
위임	상하관계(수직관계)에 있는 자 사이에서의 위임관계
위탁	대등관계(수평관계)에 있는 자 사이에서의 위임관계

(2) 권한위임 · 위탁기관

「대외무역법」은 수출입행정의 신속화와 효율적인 운영을 꾀하기 위하여 무역에 대한 주무행정기관인 산업통상자원부장관은 수출입과 관련된 권한을 위임 또는 위탁하도록 하고 있다. 즉, 「대외무역법」에 따른 산업통상자원부장관의 권한은 대통령령으로 정하는 바에 따라 그 일부(Some of the authority)를 소속기관의 장(heads of his or her subordinate organs), 시·도지사(Mayor/Do governors)에게 위임(delegate)하거나 관계 행정기관의 장(head of the Administrative Organ concerned), 세관장(head of customs office), 한국은행 총재(Governor of the Bank of Korea), 한국수출입은행장(President of the Export-Import Bank of Korea), 외국환은행의 장(president of any foreign exchange bank), 그 밖에 대통령령으로 정하는 법인(juristic persons) 또는 단체(organizations)에 위탁(mandate)할 수 있다(법 제52조 제1항).

---

1) 李尙圭, 新行政法論(下), p.66.

주무기관	위임·위탁에 따른 기관		위임·위탁의 내용
산업통상자원부	위임	국가기술표준원장	다음의 외화획득용 원료 기재와 관련된 업무(목재가구 제외) - 외화획득용 원료·기재의 기준소요량 결정(목재가구 제외) - 외화획득 이행 여부의 사후 관리 - 시·도지사, 관계 행정기관 또는 단체에 위임 또는 위탁된 사무의 지휘·감독 및 자료제출 요청
		시·도지사	- 외화획득이행기간의 연장 - 외화획득용 원료·기재의 사용목적 변경승인
		자유무역 지역관리원장	- 시·도지사에게 위임된 권한 중 자유무역지역관리원의 관할구역의 입주업체 - 자유무역지역관리원의 관할구역의 입주업체에 대한 관세양허를 받기 위한 원산지증명서 발급 업무에 관한 권한
	위탁	물품등을 관장하는 관계중앙행정기관의 장	- 외화획득용 원료·기재 관련 규정 - 수출입질서유지를 위한 조정명령 - 시·도지사에게 위임된 사무의 지휘·감독 및 자료제출 요청
		국립산림과학원장	- 목재가구에 대한 외화획득용 원료·기재의 기준소요량의 결정
		세관장	- 수출입승인면제의 확인 - 원산지표시의 확인 - 원산지증명서 제출명령, 원산지증명서 발급 등
		한국무역협회	- 전문무역상사의 지정 및 지정의 취소 - 무역업고유번호의 부여 및 관리 등 수출입통계 D/B구축을 위한 전산관리체제의 개발, 운영 - 수출입거래에 관한 정보의 수집, 분석 - 모든 용역(해운업, 관광사업 포함)의 수출입확인 - 전자적 형태의 무체물의 수출입확인
		한국선주협회	- 해운업의 용역의 수출입확인
		한국관광협회중앙회 및 업종별 관광협회	- 관광사업의 용역의 수출입확인
		한국소프트웨어산업협회	- 전자적 형태의 무체물의 수출입확인
		관세청장	- 원산지표시 관련업무
		관계 행정기관 또는 단체의 장	- 수출입승인대상물품등
		한국기계산업진흥회장	- 플랜트수출승인 관련업무
		한국수출입은행장	- 한국기계산업진흥회에 위탁한 권한 중 연불금융지원
		대한상사중재원	- 무역분쟁 관련업무
		대한상공회의소	- 원산지증명서 발급업무
		- 외국환은행장 - 전자무역기반사업자	- 구매확인서의 발급 및 사후관리
		전략물자관리원	- 전략물자의 판정 및 통보

(가) 관계중앙행정기관의 장

산업통상자원부장관은 산업통상자원부장관이 관장하는 물품등에 대한 권한을 제외하고, 다음의 권한을 그 대상 물품등의 품목에 따라 그 물품등을 관장하는 중앙 행정기관의 장에게 위탁한다(영 제91조 제1항).

① 외화획득용 원료·기재의 수입 제한에 관한 권한(영 제24조 제2항)

② 외화획득용 원료·기재의 기준 소요량 결정에 관한 권한(영 제25조)

③ 외화획득 이행기간의 결정 및 그 연장에 관한 권한(영 제27조)

④ 외화획득용 원료·기재 또는 그 원료·기재로 제조된 물품등(산업통상자원부장관이 정하여 고시하는 품목만 해당한다)에 대한 다음 각 목의 권한

   ㉮ 외화획득 이행 여부의 사후 관리에 관한 권한(영 제28조제1항)

   ㉯ 사용목적 변경승인에 관한 권한(법 제17조 제1항)

   ㉰ 양도·양수의 승인에 관한 권한(법 제17조 제2항)

⑤ 수출입질서유지를 위한 조정명령에 관한 권한(법 제46조제1항)

⑥ "시·도지사"(특별시장·광역시장·특별자치시장·도지사 또는 특별자치도지사)에게 위임된 사무(영 제3항 제2호)에 대한 지휘·감독 및 자료의 제출 요청에 관한 권한(법 제52조 제2항 및 제3항)

(나) 국가기술표준원장

국가기술표준원장에게는 산업통상자원부장관이 관장하는 품목의 물품등에 대한 다음의 권한을 위임한다(영 제91조 제2항 본문).

① 외화획득용 원료·기재(목재가구 제외)의 기준 소요량 결정에 관한 권한(영 제25조)

② 외화획득 이행 여부의 사후 관리에 관한 권한(영 제28조 제1항)

③ 시·도지사에게 위임된 사무에 대한 지휘·감독 및 자료의 제출요청에 관한 권한(법 제52조 제2항 및 제3항)

④ 산업통상자원부장관이 지정·고시한 관계 행정기관 또는 단체에 위탁된 사무(영 제7항 제2호 및 제3호)에 대한 지휘·감독 및 자료의 제출 요청에 관한 권한(법 제52조 제2항 및 제3항)

(다) 국립산림과학원장

국립산림과학원장에게는 산업통상자원부장관이 관장하는 품목의 물품등 중 목재가구

에 대한 외화획득용 원료·기재의 기준소요량의 결정에 관한 권한을 위탁한다(영 제91조
제2항 단서).

(라) 시·도지사(특별시장·광역시장·특별자치시장·도지사 또는 특별자치도지사)

시·도지사에게는 산업통상자원부장관이 관장하는 물품등에 대한 다음의 각 권한(자유무역지역관리원의 관할구역의 입주업체에 대한 권한 제외)을 위임한다(영 제91조
제3항 본문).

① 외화획득 이행기간의 연장에 관한 권한(영 제27조제2항 및 제3항)
② 외화획득용 원료·기재의 사용목적 변경승인에 관한 권한(법 제17조 제1항)

(마) 자유무역지역관리원장

산업통상자원부장관은 다음의 권한을 자유무역지역관리원장에게 위임한다(영 제91조 제3항
단서 및 제4항 단서).

① 상기의 시·도지사에게 위임된 권한 중 자유무역지역관리원의 관할구역의 입주업체에 대한 권한

② 하기의 세관장에게 위임된 "원산지증명서 발급 업무 중 관세양허(關稅讓許)를 받기 위한 원산지증명서 발급 업무에 관한 권한"(영 제66조 제2항 및 제3항) 중 자유무역지역관리원의 관할구역의 입주업체에 대한 권한

여기서 "자유무역지역(Free Trade Zone)"이란 「대외무역법」·「관세법」 등 관계 법률에 의한 규제를 완화하여 자유로운 제조·유통·무역활동 등이 보장되는 지역으로서 산업통상자원부장관에 의하여 지정된 지역을 말한다(자유무역지역의지정등에
관한법률 제2조 제1호). 자유무역지역은 1970년 1월 특별법인 「수출자유지역설치법」에 따라 생산중심의 "수출자유지역(Free Export Zone)"으로 운영되어 오다가 2000.7.13일 부터는 「자유무역지역의 지정 등에 관한 법률」에 따라 생산은 물론 무역·물류·유통·정보처리·서비스업 등의 새로운 기능이 추가된"자유무역지역(Free Trade Zone)"으로 확대 개편되어 운영되고 있으며[2], 이 법률은 2004년 3월 22일에 「자유무역지역의 지정 및 운영에 관한 법률」로 개칭되었다. 현재 산업통상자원부장관에 의하여 지정된 자유무역지역에는 마산, 군산, 대불, 율촌, 김제, 동해, 인천항, 인천국제공항, 평택·당진항, 부산항자유무역지역이 있다.

---

2) http://www.ftz.go.kr/kor/MsFreeTradeArea/FreeTradeArea/freeTradeArea.jsp

(바) 세관장

산업통상자원부장관은 다음의 권한을 세관장에게 위탁한다. 다만, "⑦"(제6호)의 권한 중 자유무역지역관리원의 관할구역의 입주업체에 대한 권한은 자유무역지역관리원장에게 위임한다(^{영 제91조}_{제4항}).

① 수출입 승인 면제의 확인에 관한 권한(법 제14조)

② 원산지 표시의 확인에 관한 권한(영 제57조 제4항)

③ 원산지표시와 관련된 규정을 위반하였는지를 확인하기 위하여 필요한 경우에 수입한 물품등과 관련 서류의 검사에 관한 권한(법 제33조 제5항)

④ "물품의 원산지표시와 관련된 행위"(법 제33조 제2항부터 제4항까지의 규정)를 위반한 자에게 판매중지·원상복구, 원산지 표시 등 대통령령으로 정하는 시정조치 명령에 관한 권한(법 제33조의2 제1항)

⑤ 원산지 표시관련 위반행위에 따른 과징금 부과 및 과징금 납부기한의 연장, 분할납부 및 그 결정의 취소에 관한 권한(법 제33조의2 제2항 및 영 제59조의2)

⑥ 원산지증명서의 제출 명령에 관한 권한(영 제65조)

⑦ 원산지증명서 발급 업무 중 관세양허(關稅讓許)를 받기 위한 원산지증명서 발급 업무에 관한 권한(영 제66조 제2항 및 제3항)

⑧ 수입물품에 대한 원산지표시의 검사를 거부·방해 또는 기피한 자(법 제59조 제2항 제3호의 권한에 따른 경우만 해당한다)에 대한 법 제59조 제3항에 따른 과태료의 부과·징수에 관한 권한

(사) 한국무역협회

산업통상자원부장관은 다음의 업무를 한국무역협회에 위탁한다(^{영 제91조}_{제5항}).

① 전문무역상사의 지정 및 지정의 취소(법 제8조의2 제1항 및 영 제12조의2 제2항·제3항, 법 제8조의2 제3항)

② 무역업고유번호의 부여 및 관리 등 수출입통계 데이터베이스를 구축하기 위한 전산관리체제의 개발·운영(영 제21조 제1항)

③ 수출입 거래에 관한 정보의 수집·분석(영 제22조 제2항)

④ 용역의 수출입 확인(영 제23조)

⑤ 용역 중 해운업의 수출입 확인(영 제23조)

⑥ 용역 중 관광사업의 수출입 확인(영 제23조)

⑦ 전자적 형태의 무체물의 수출입 확인(영 제23조)

(아) 한국선주협회

산업통상자원부장관은 "용역 중 해운업의 수출입 확인(영 제23조)"의 업무를 한국선주협회(「민법」 제32조에 따라 해양수산부장관의 허가를 받아 설립된 한국선주협회)에 위탁한다(영 제91조 제5항).

(자) 한국관광협회중앙회 및 업종별 관광협회

산업통상자원부장관은 "용역 중 관광사업의 수출입 확인"의 업무를 한국관광협회중앙회(「관광진흥법」 제41조제1항 및 같은 법 제45조제1항에 따른 한국관광협회중앙회) 및 업종별 관광협회에 위탁한다(영 제91조 제5항).

(차) 한국소프트웨어산업협회

산업통상자원부장관은 "전자적 형태의 무체물의 수출입 확인(영 제23조)"의 업무를 한국소프트웨어산업협회(「소프트웨어산업 진흥법」 제26조에 따른 한국소프트웨어산업협회)에 위탁한다(영 제91조 제5항).

(카) 관세청장

산업통상자원부장관은 다음의 권한을 관세청장에게 위탁한다(영 제91조 제6항).

① 산업통상자원부장관이 정하는 원산지 표시방법의 범위에서 그 표시방법에 관한 세부적인 사항을 정하는 권한(영 제56조 제3항 본문)
② 원산지 표시방법의 확인 및 이의제기에 대한 처리 권한(영 제57조 제1항 및 제2항)
③ 원산지의 판정 및 이의제기의 처리에 관한 권한(영 제62조 및 제63조)
④ 세관장에게 위탁된 사무(영 제9조 제4항)에 대한 지휘·감독 및 자료의 제출 요청에 관한 권한(법 제52조 제2항 및 제3항)

(타) 관계 행정기관 또는 단체의 장

산업통상자원부장관은 수출입승인 대상물품등에 대한 다음의 권한을 산업통상자원부장관이 지정하여 고시하는 관계 행정기관 또는 단체의 장에게 위탁한다(영 제91조 제7항).

① 수출 또는 수입의 승인, 승인의 유효기간 설정 및 연장, 변경승인 및 변경사항 신고의 수리에 관한 권한(법 제11조 제2항부터 제5항까지)
② 외화획득용 원료·기재의 수입승인에 관한 권한(영 제24조)

③ 산업통상자원부장관이 관장하는 외화획득용 원료·기재에 대한 사후 관리에 관한 권한(영 제28조)

이때, "산업통상자원부장관이 지정하여 고시하는 관계 행정기관 또는 단체의 장"은 수출입공고에서 산업통상자원부장관이 지정·고시한 기관·단체(이하 "승인기관"이라 한다)의 장을 말한다($\frac{규정}{제8조}$).

(파) 한국기계산업진흥회장

산업통상자원부장관은 연불금융 지원의 경우를 제외한 플랜트수출의 승인 및 변경승인(일괄수주방식에 의한 수출로서 국토교통부장관의 동의가 필요한 경우 제외)에 관한 권한을 한국기계산업진흥회(「산업발전법」 제38조[3])에 따라 산업통상자원부장관의 인가를 받아 설립된 한국기계산업진흥회)에 위탁한다($\frac{영 제91조}{제8항}$).

(하) 한국수출입은행

산업통상자원부장관은 한국기계산업진흥회에 위탁한 업무의 권한 중 연불금융 지원의 경우에는 한국수출입은행(「한국수출입은행법」에 따른 한국수출입은행)에 위탁한다($\frac{영 제91조}{제8항 단서}$).

(거) 대한상사중재원

산업통상자원부장관은 다음의 권한을 대한상사중재원에 위탁한다($\frac{영 제91조}{제9항}$).

① 무역분쟁에 대한 조정 또는 알선에 관한 권한(영 제75조 제2항)
② 선적전검사와 관련된 분쟁조정, 조정비용 부담 등에 관한 권한(영 제80조부터 제84조까지)

(너) 대한상공회의소의 장 또는 산업부장관이 지정하여 고시하는 법인

산업통상자원부장관은 원산지증명서 발급 업무(관세양허를 받기 위한 원산지증명서 발급 업무를 포함한다)에 관한 권한(영 제66조제2항 및 제3항)을 "대한상공회의소"(「상공회의소법」에 따라 설립된 대한상공회의소) 또는 "법인"(「민법」 제32조[4]의 규정에 따라 설립된 법인) 중 산업통상자원부장관이 지정하여 고시하는 법인에게 위탁한다($\frac{영 제91조}{제10항}$).

---

3) 산업발전법 제38조 제1항에서는 "사업자는 대통령령이 정하는 바에 의하여 산업통상자원부장관의 인가를 받아 업종별로 해당 업종의 사업자단체를 설립할 수 있다"고 규정하고 있다.
4) 민법 제32조에서는 "학술, 종교, 자선, 기예, 사교 기타 영리 아닌 사업을 목적으로 하는 사단 또는 재단은 주무관청의 허가를 얻어 이를 법인으로 할 수 있다"고 규정하고 있다.

상기의 위탁규정에 따라, 산업통상자원부고시인 「수출물품원산지증명 발급규정」 제1-7조 제1항 및 제2항에서는 일반수출물품 원산지증명서 및 관세양허대상 수출물품원산지증명서 발급기관은 "상공회의소법"에 의하여 설립된 상공회의소 및 대한상공회의소로 하되, 관세양허대상 수출물품원산지증명서 발급기관의 경우 마산 및 군산자유무역지역관리원의 관할구역안의 입주업체에 대하여는 해당 자유무역지역관리원장을 발급기관으로 한다고 규정하고 있다.

(더) 외국환은행의 장 및 전자무역기반사업자

산업통상자원부장관은 구매확인서의 발급 및 사후 관리에 관한 권한(영 제31조)을 외국환은행의 장 및 「전자무역 촉진에 관한 법률」 제6조에 따라 산업통상자원부장관이 지정한 전자무역기반사업자에게 위탁한다(영 제91조 제11항).

참고로, 외국환거래규정 제1-2조 제16호에서는 "외국환은행이란 영 제14조 제1호에 규정된 금융회사등(「은행법」에 따른 은행, 「농업협동조합법」에 따른 농협은행, 「수산업협동조합법」에 따른 수산업협동조합중앙회의 신용사업부문, 「한국산업은행법」에 따른 한국산업은행, 「한국수출입은행법」에 따른 한국수출입은행, 「중소기업은행법」에 따른 중소기업은행)의 외국환업무를 영위하는 국내영업소를 말한다"고 규정하고 있다.

● 외국환거래법령상의 외국환업무취급기관

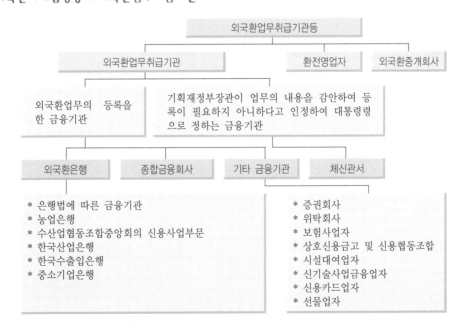

(러) 전략물자관리원

산업통상자원부장관은 전략물자의 판정 및 통부에 관한 권한(영 제36조 제2항)을 전략물자관리원(법 제29조에 따라 설립)에 위탁한다$\left(\substack{\text{영 제91조}\\\text{제12항}}\right)$.

(3) 권한위임·위탁기관의 업무처리기준 및 절차

산업통상자원부장관으로부터 권한을 위임 또는 위탁받은 자는 위임 또는 위탁받은 업무의 처리기준 및 절차를 제정·운용할 수 있다. 또한 위임 또는 위탁받은 업무처리기준 및 절차를 제정 또는 개정하려는 경우에는 산업통상자원부장관과 미리 협의하여야 한다$\left(\substack{\text{규정}\\\text{제107조}}\right)$.

그리고 산업통상자원부장관은 위임하거나 위탁한 사무(matters delegated or mandated)에 관하여 그 위임 또는 위탁을 받은 자(persons delegated or mandated)를 지휘(direct)·감독(supervise)하여, 위임하거나 위탁한 사무에 관하여 그 위임 또는 위탁을 받은 자(delegated or entrusted person)에게 필요한 자료(necessary materials)의 제출을 요청(request)할 수 있다$\left(\substack{\text{법 제52조}\\\text{제2항 및 제3항}}\right)$.

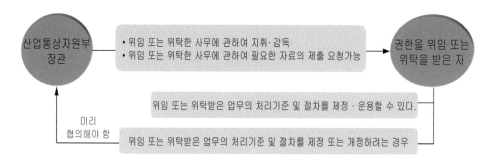

(4) 위임·위탁사무의 처리결과 보고

산업통상자원부장관의 권한을 위임받거나 위탁받은 자는 위임받거나 위탁받은 업무의 처리 결과를 산업통상자원부장관에게 보고하여야 한다. 보고시기, 보고방법 등에 관하여 필요한 사항은 산업통상자원부장관이 정한다$\left(\substack{\text{영 제92조}\\\text{제2항}}\right)$.

상기 규정에 따른 위임·위탁업무 처리결과의 보고시기는 다음의 어느 하나와 같다. 다만, 산업통상자원부장관이 필요하다고 인정하여 사안별로 요청하는 경우에는 그러하지 아니하다$\left(\substack{\text{규정 제108조}\\\text{제1항}}\right)$.

① 해당 분기가 끝난 후 30일 이내

　㉮ 세관장에게 위탁된 권한(영 제91조 제4항)

　㉯ 한국무역협회, 한국선주협회, 한국관광협회중앙회, 업종별 관광협회 및 한국소프트웨어산업협회에 위탁된 권한(영 제91조 제5항)

　㉰ 관세청장에게 위탁된 권한(영 제91조 제6항)

　㉱ 수출입승인 대상물품등에 대하여 산업통상자원부장관이 지정하여 고시하는 관계 행정기관 또는 단체의 장에게 위탁된 권한(영 제91조 제7항)

　㉲ 상공회의소 또는 산업통상자원부장관이 지정하여 고시하는 법인에게 위탁된 권한(영 제91조 제10항)

② 해당 반기가 끝난 후 45일 이내

　㉮ 국가기술표준원장에게 위임된 권한(영 제91조 제2항)

　㉯ 시·도지사에 위임된 권한 중 다음의 권한(영 제91조 제3항 제1호 및 제2호)

　　• 외화획득이행기간의 연장에 관한 권한

　　• 외화획득용 원료·기재의 사용목적 변경승인에 관한 권한

　㉰ 한국기계산업진흥회에 위탁된 권한(영 제91조 제8항)

　㉱ 대한상사중재원에 위탁된 권한(영 제91조 제9항)

　㉲ 외국환은행의 장 및 전자무역기반사업자에 위탁된 권한(영 제91조 제11항)

③ 그 대상 물품등의 품목에 따라 그 물품등을 관장하는 중앙 행정기관의 장에게 위탁된 권한에 관한 사항(영 제91조 제1항 제1호부터 제6호까지)은 해당 연도가 끝난 후 2개월 이내

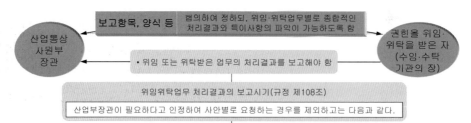

보고시기	위임.위탁업무의 대상	관련규정 (영 91조)
해당 분기가 끝난 후 30일 이내	① 삭제	
	② 세관장에게 위탁된 권한	제4항
	③ 한국무역협회, 한국선주협회, 한국관광협회중앙회, 업종별 관광협회 및 한국소프트웨어산업협회에 위탁된 권한	제5항
	④ 관세청장에게 위탁된 권한	제6항
	⑤ 수출입승인 대상물품등에 대하여 산업통상자원부장관이 지정하여 고시하는 관계 행정기관 또는 단체의 장에게 위탁된 권한	제7항
	⑥ 상공회의소 또는 산업통상지원부장관이 지정하여 고시하는 법인에게 위탁된 권한	제10항
해당 반기가 끝난 후 45일 이내	① 국가기술표준원장에게 위임된 권한	제2항
	② 시.도지사에게 위임된 권한 중 다음의 권한 ㉮ 외화획득이행기간의 연장에 관한 권한 ㉯ 외화획득용 원료.기재의 사용목적변경승인에 관한 권한	제3항 제1호 및 제2호
	③ 한국기계산업진흥회에 위탁된 권한	제8항
	④ 대한상사중재원에 위탁된 권한	제9항
	⑤ 외국환은행장 및 전자무역기반사업자에게 위탁된 권한	제11항
해당 연도가 끝난 후 2개월 이내	해당 물품등을 관장하는 중앙행정기관의 장에게 위탁된 권한	제1항 제1호~제6호

보고항목, 양식 등은 산업통상자원부장관과 수임·수탁기관의 장이 협의하여 정하되 영 제91조 각 항 각 호에 따른 위임·위탁업무별로 종합적인 처리결과와 특이사항의 파악이 가능하도록 한다(규정 제108조 제2항).

(5) 권한의 위임·위탁에 따른 과징금 또는 과태료 부과

(가) 과징금 및 과태료부과 협의대상기관

시·도지사 또는 세관장은 "원산지표시위반에 따른 과징금 부과 규정 및 원산지표시와 관련된 규정의 위반 여부를 확인하기 위하여 수입한 물품등과 관련 서류의 검사를 거부, 방해 또는 기피한 자에 대한 과태료 부과·징수 규정"[법 제33조의2 제2항, 법 제59조 제3항(법 제59조 제2항 제3호를 위반한 경우만 해당한다)] 또는 "산업통상자원부장관으로부터의 위임·위탁"의 규정[영 제91조 제4항 제4호의2 및 제7호)에 따라 과징금이나 과태료를 부과하려면 각각 세관장 또는 시·도지사와 미리 협의하여야 하는 바, 과징금 및 과태료부과 협의대상 기관은 다음과 같다(영 제92조 제1항 및 규정 제109조 제1항).

① 세관장이 적발하여 시·도지사(시·군·구)와 협의하려는 경우에는 위반업체의 주소지를 관할하는 시·도지사(시·군·구)

② 시·도지사(시·군·구)가 적발하여 세관장과 협의하려는 경우에는 해당 주소지를 관할하는 세관장

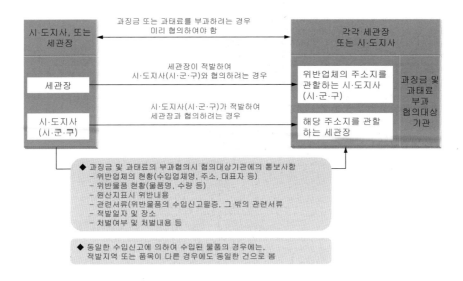

(나) 과징금 및 과태료부과 협의통보사항

과징금 및 과태료부과 협의를 할 경우 협의대상 기관에 통보할 사항은 다음과 같다(규정 제109조 제2항).

① 위반업체의 현황(수입업체명, 주소, 대표자 등)

② 위반물품 현황(물품명, 수량 등)

③ 원산지 표시 위반내용

④ 관련 서류(위반물품의 수입신고필증, 그 밖의 관련 서류)

⑤ 적발일자 및 장소

⑥ 처벌 여부 및 처벌 내용 등

(다) 동일한 수입물품의 해석

동일한 수입신고에 의하여 수입된 물품의 경우에는 적발지역 또는 품목이 다른 경우에

도 동일한 건으로 본다(규정 제109조 제3항).

(6) 권한의 위임·위탁에 따른 시정조치

산업통상자원부장관은 제91조에 따라 권한을 위임받거나 위탁받은 자가 법 또는 이 영을 위반하여 그 위임 또는 위탁받은 업무를 처리한 경우에는 시정조치 등 필요한 조치를 요구할 수 있으며, 시정조치 등을 요구받은 자는 지체 없이 그 업무를 시정하고 그 결과를 산업통상자원부장관에게 보고하여야 한다(영 제92조 제3항 및 제4항).

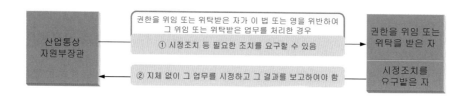

제 3 절 무역거래자 등에 대한 관리

1. 무역거래자의 의의

무역거래자란 수출 또는 수입을 하는 자, 외국의 수입자 또는 수출자에게서 위임을 받은 자 및 수출과 수입을 위임하는 자 등 물품등의 수출행위와 수입행위의 전부 또는 일부를 위임하거나 행하는 자를 말한다(법 제2조 제3호).

여기에서, 수출 또는 수입을 하는 자는 무역업자를 말하고, 외국의 수입자 또는 수출자의 위임을 받은 자는 무역대리업자를 말한다.

(1) 무역업자

무역업이란 무역을 업으로 영위하는 것을 말하고[5], 무역업자란 수출 또는 수입을 하

---

5) 종전의 대외무역법령상의 "무역업"에 대한 규정의 삭제는 무역업이 사라진 것을 의미하지 않는다.

는 자를 말한다. 즉, 영리를 목적으로 수출과 수입행위를 계속적으로 반복하여 행하는 것으로서 자기 명의로 자기책임하에 수출입업무를 영위하는 자를 말한다.

(2) 무역대리업자

종전의 대외무역법령에서는 "무역대리업"이란 외국의 수출업자 또는 수입업자의 위임을 받은 자(외국의 수출업자 또는 수입업자의 지사 또는 대리점을 포함한다)가 국내에서 수출물품을 구매하거나 수입물품을 수입함에 있어서 그 계약의 체결과 이에 부대되는 행위를 업으로 영위하는 것을 말한다.[6] 즉, 무역대리업이란 외국의 수출업자 또는 수입업자의 위임을 받은 자가 국내에서 수수료를 받고 수입물품의 판매계약 또는 수출물품의 구매계약 등 계약대리권을 행사하면서 수출입거래를 중개하는 행위를 업으로 영위하는 것을 말한다.

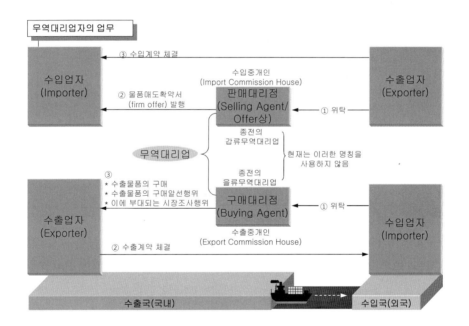

---

6) 종전의 대외무역법령에서는 무역대리업을 갑류무역대리업(offer agent, offer상, export agent 또는 commission agent)과 을류무역대리업((buying office 또는 buying agent)으로 구분하였지만, 이러한 명칭과 구분은 현재 폐지되었다. 그러나 종전의 대외무역법령상의 "무역대리업"에 대한 규정의 삭제는 무역대리업이 사라진 것을 의미하지 않는다.

무역대리업자는 외국의 수입자 또는 수출자의 위임을 받은 자를 말한다. 이러한 무역대리업자는 자기명의로 자기책임하에 소유권이전을 전제로 한 수출·수입 행위를 하지 않는다는 점에서 무역업자와 구별된다. 무역대리업자는 대리인으로서 계약대리권만 행사하므로 수출입 본거래에 대한 책임이 없다. 따라서 수출입거래에 대한 책임은 본권을 보유하고 있는 무역업자가 진다. 다음의 표는 종전의 「대외무역법」 상의 무역업과 무역대리업의 개념으로서, 그 차이를 살펴보면 다음과 같다.

	무 역 업	무 역 대 리 업
개 념*	자기명의로 자기책임하에 물품의 수출과 수입을 업으로 영위하는 것을 말한다. ① 대행수출, 대행수입의 위탁자는 무역업의 범주에 포함되지 않는다. ② 상품의 소유권이전을 전제로 한다는 의미에서 무역대리업과 구분된다.	외국의 수입업자 또는 수출업자의 위임을 받은 자가 국내에서 수출품의 구매 또는 수입계약의 체결과 이들에 부대되는 행위를 업으로 영위하는 것으로서 계약대리권만 행사한다. ① 자기명의로 소유권 이전을 전제로 한 수출입을 할 수 없다는 점에서 "무역업"과 구분된다. ② 물품매도확약서발행 및 수출품의 구매알선, 시장조사 등으로 영업범위가 한정된다는 점에서 무역중개업과 구분된다.
관리체계	고유번호제	-

* 이것은 종전의 「대외무역법」 상의 무역업 및 무역대리업에 대한 개념이다.

무역대리업자는 수출업자 또는 수입업자로부터 수수료를 받고 수출입을 중개·알선·보조한다. 따라서 무역대리업자는 수출입본거래시 자기명의를 사용하지 않고 수출입계약단계에 계약대리인(Agent)으로 개입하여 "계약대리권"만 행사한다. 그러므로 무역대리업자는 수출입 본거래의 이행과 관련하여 책임을 지지 않는다.

반면 무역업자는 수출입거래에 따른 제반사항에 대하여 거래상대방과 본인 대 본인 기준으로(Principal to Principal Basis) 수출입 본계약을 체결하며, 수출입 거래의 이행에 대하여 책임을 진다.

(3) 무역대행위탁자와 대행업자

무역대행업자는 무역업자가 대행위탁자와의 "대행계약"에 따라 일정한 수수료를 받고서 자기명의로 거래하는 것을 말한다. 무역대행업자는 자기명의로 거래한다는 점에서 무역대리업자와 구별된다. 따라서 무역대행업자는 「대외무역법」 및 금융(은행거래)상 무역업자로서의 책임을 부담한다.

2. 무역거래 관련 계약

(1) 본인 대 본인 무역계약

무역계약(trade contract)은 서로 다른 국가영역 내에 영업소를 가진 매매당사자(수출업자와 수입업자)간에 체결되는 국제물품매매계약(contracts for the international sale of goods)으로서, 수출업자인 매도인(seller)은 수입업자인 매수인(buyer)에게 물품을 인도(물품의 소유권 이전)하기로 약정하고, 매수인은 이를 수령하고 그 대금을 지급할 것을 약정하는 계약을 말한다. 이것은 매도인의 관점에서는 수출계약(export contract), 매수인의 관점에서는 수입계약(import contract)이 된다.

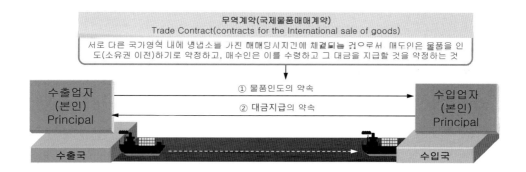

(2) 대리점계약

무역거래는 수출업자와 수입업자가 자신의 명의와 계산으로 본인으로서 직접 교섭하는 것이 일반적이지만, ① 수출업자가 해외의 매수인과 직접 교섭하지 않고 중개인(판매대리점)을 경유하여 판매하거나(판매대리점을 통한 수출), ② 수입업자가 해외의 기업(구매대리점)에 수입물품의 구매를 위탁하고, 그 수탁자가 이에 기초하여 구매한 물품을 수입하는 것(구매대리점에 의한 수입)이 있다. 즉, 대리점계약(agency agreement)에는 판매대리점계약(selling agency agreement)과 구매대리점계약(buying agency agreement)이 있다.

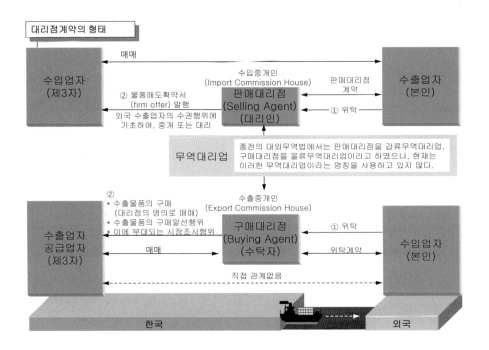

(가) 판매대리점계약

판매대리점계약(Selling Agency Agreement)[7]은 수출업자가 해외에서의 물품판매 및 각종 부대업무를 용이하게 수행하기 위하여 해외의 대리인과 계약을 체결하는 것을 말한다. 즉, 판매대리점은 해외의 수출업자의 대리인으로서 수출업자(본인; Principal)의 명의와 계산으로(in the name and account), 고객(수입업자)으로부터 주문을 받아 자신을 통하여 수출업자와 수입업자가 직접 계약을 체결하도록 서비스를 제공하고 이에 대하여 수수료를 수취한다. 즉, 계약서는 수출업자와 수입업자간에 교환되고 물품은 수입업자에게 직송된다. 원칙적으로 대금도 수출업자와 수입업자간에 직접 결제되고 신용장도 수입업자가 발행한다. 따라서, 선적한 물품에 대한 환어음도 수출업자가 수입업자를 지급인으로 하여 계약가액 전액의 환어음을 취결한다. 재고가 있는 대리점(stocking agent)의 경우에는 계약서의 교환 후 신속히 납품된다.

---

7) 판매대리점(Selling Agent)과 판매점(Distributor)을 구별하자면, 판매대리점의 경우에는 수출업자를 중개 또는 대리함으로써 판매대리점 자신의 명의와 계산으로 구매하지 않지만, 판매점의 경우에는 판매점 자신이 본인으로서 자신의 명의와 계산으로 구매하는 것이다. 협정서도 대리점의 경우에는 Agency Agreement이고, 판매점의 경우에는 Distributorship Agreement(Sales Agreement)가 교환된다.

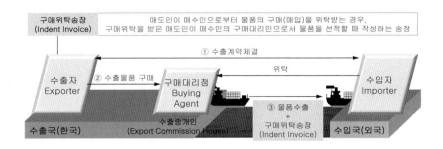

구매위탁송장 (Indent Invoice): 매도인이 매수인으로부터 물품의 구매(매입)을 위탁받는 경우, 구매위탁을 받은 매도인이 매수인의 구매대리인으로서 물품을 선적할 때 작성하는 송장

판매대리점을 통하여 수출하는 경우에 수출업자가 제공하는 가격(청약가격)은 CIF & C 이거나 FOB & C와 같이 대리점의 판매수수료(Selling Commission)를 포함한 가격이다. 판매대리점은 수출업자의 청약을 그대로 수입업자에게 제시하고 수입업자로부터는 수수료를 받지 않는 것이 보통이다. 판매대리점에 대한 수수료(Return Commission)는 3개월 또는 6개월마다 정리하여 송금한다. 만일 대리점이 신용장을 발행할 때에는 그 신용장면에 송장금액에서 수수료를 공제하여야 한나는 취지가 명기되고, 수수료를 공제한 금액의 신용장이 발행된 때에는 수출업자는 수수료포함가격으로 송장을 작성하고, 수수료를 공제한 것에 대한 어음을 취결한다.

수출업자가 판매대리점을 통하여 수출하는 경우에는 대리점에게 수수료를 지급하여야 하지만, 세계 전지역에 지점·영업소를 설치하는 것은 자금이 많이 들기 때문에 대리점을 이용하는 것이 오히려 경비가 적게 들고, 유능한 판매대리점을 확보하는 경우에는 판매가 증가하게 되고, 현지사정도 잘 알 수 있고, 분쟁이 발생한 때에도 교섭이 잘 진행된다는 장점이 있다.

● 판매점과 판매대리점

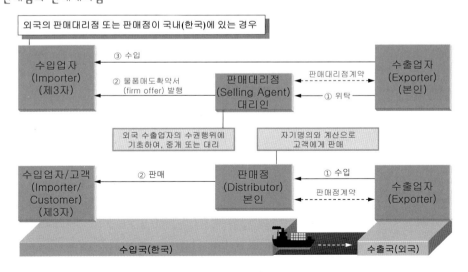

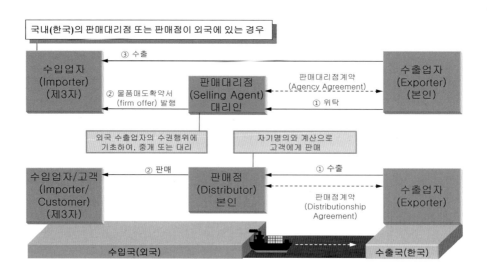

판매대리점은 그 독점성의 강도 여하에 따라 독점판매대리점(Exclusive Selling Agent; Sole Agent)과 비독점판매대리점(Non-Exclusive Selling Agent)으로 구분되는데, 독점판매대리점(Exclusive Selling Agent)은 이상적인 형태로서 협정지역 내(Territory)에 있어서 협정된 물품에 대하여는 다른 대리점을 설치하지 않는 것을 말하고, 비독점판매대리점(Non-Exclusive Selling Agent)은 하나의 지역에 수개의 회사를 설치함으로써 독점권이 제한되는 것을 말한다. 또한, 판매대리점은 대리권한에 따라 중개대리점(Brokering Agent)과 계약대리점(Contracting Agent)으로 구분되는데, 중개대리점(Brokering Agent)은 계약의 중개를 행하고 계약서의 작성 및 대리서명을 하지 않는 것을 말하고, 계약대리점(Contracting Agent)은 계약서에 대리서명까지 포함하는 계약의 체결권한이 부여되어 있는 것을 말한다. 이 차이는 본인에 대하여 수수료를 청구할 수 있는 시점과 수수료율이 다르다는 점에 있고, 많은 경우에는 후자에 상당한다. 또한 후자의 경우에는 판매촉진을 위한 자료나 견본을 가지고 있지만, 판매용 물품의 재고를 가지지 않은 것(Soliciting Agent)과 판매용 물품의 재고를 가지고 판매를 도모하는 것(Stocking Agent)으로 구분된다. 신용 있는 자만이 Stocking Agent로서 지명된다.[8]

수출업자가 해외시장에 진출하려고 하지만 자사 상품이나 기술을 거래할 수 있는 현지 판매법인을 설립할 수 없는 경우에는 본사를 대신하여 상품을 판매할 수 있는 해외의 업체를 선정하여 판매대리점계약을 체결하게 된다. 이 경우, 수출업자는 해외판매업체의 영업능력을 우선적으로 고려하여 선정하여야 하며, 계약의 유효기간은 1년 내지 3년 정

---

8) 浜谷源藏, 最新貿易實務, 同文館, 2003, p.310

도로 하되, 각 기간별로 일정한 금액의 영업목표를 정해 놓고 영업실적의 평가에 따라 계약의 해지 또는 연장이 가능하도록 계약을 체결하여야 한다.

(나) 구매대리점계약

구매대리점계약(Buying Agency Agreement)은 수출국내의 물품구매업자가 해외의 수입업자를 대신하여 수출국내에서의 물품의 구매 및 각종 부대업무를 수행하기로 해외의 수입업자와 구매위탁(indent)계약을 체결하는 것을 말한다. 즉, 구매대리점은 해외의 수입업자로부터 받은 위탁(구매위탁; 매입위탁; Indent)에 기초하여 물품을 구매하고 이를 선적한 후 그 서비스에 대한 보수로서 매입액에 대한 X%의 구매수수료(Buying Commission)를 받게 된다. 구매대리점이 그 수탁상품을 수출국내의 공급업자로부터 구매할 때에는 해외위탁자(수입업자)의 명의를 표시하지 않고 자신의 명의로 구매하고 대금도 자신이 지급한다. 수출국내의 공급업자가 해외로 수출되는 것을 알고 있더라도 누구에게 수출되는지를 알 수 없고, 알 필요도 없다. 수출국내의 공급업자와 해외위탁자간에는 직접적인 관계가 없다.[9]

● 구매대리점

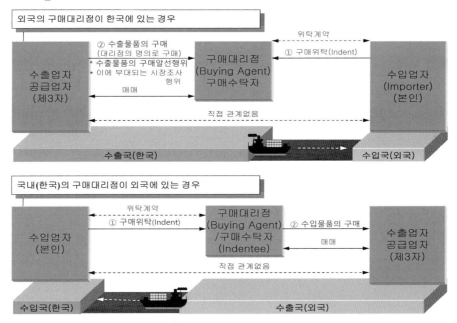

---

9) 구매대리점이 해외의 수입업자에게 물품을 선적할 때 작성하는 송장을 구매위탁송장 또는 매입위탁송장 (Indent Invoice)이라 한다. 즉, 구매위탁송장 또는 매입위탁송장은 수출국내의 구매대리점이 해외의 수입업자로부터 받은 위탁(구매위탁, Indent)에 기초하여 공급업자로부터 물품을 구매하고 이를 선적한 후 공급업자로부터의 구매원가, 인수비, 포장비, 운송비, 보험료, 구매수수료 등을 명기하고 작성한 송장을 말한다.

여기에서, 해외의 수입업자의 편의를 위하여 수출국내에서 물품을 구매하거나 가종 업무를 대리하는 자를 구매대리인(buying agent)이라 하고, 수입업자의 국내지사를 구매영업소(buying office)라 한다. 그러나 실무적으로는 이를 통칭하여 구매영업소(buying office)라 한다. 즉, 타인에게 구매를 위탁하는 자를 구매위탁자(Indentor), 위탁을 받는 자를 구매수탁자(Indentee)라 한다. 수입업자(구매위탁자; Indentor)가 수출국의 기업(구매수탁자; Indentee)에게 구매를 위탁할 때에는 구매가격을 지시하는 경우(with price limit)와 수탁자에게 이를 일임하는 경우(without price limit)가 있다. 그 어느 것에도 불문하고, 해당물품의 공급업자를 지정하는 특정구매위탁(Specific or Closed Indent)과 공급업자에 대하여 수탁자의 자유에 맡기는 개방구매위탁(Open Indent)이 있다. 위탁구매를 할 때에는 위탁자는 수탁자에게 구매위탁서(Indent; Indent Form)를 송부하고, 수탁자는 그 위탁품을 구매하였을 때에는 즉시 위탁자에게 구매보고서(Purchase Report)를 발송한다.

구매영업소(buying office)는 현지법인의 형태이므로 수입업자의 본사가 급여를 지급하거나 실적급여를 추기로 지급하는 경우를 취하고 있다. 반면, 구매대리인(buying agent)의 경우에는 ① 수입업자와의 사전약정에 의하여 수출완료 후 또는 정해진 기간마다 통상 3-5% 정도의 수수료를 수입업자로부터 수취하거나, 또는 ② 수입업자와의 사전약정에 의하여 청약가격에 일정 수수료를 가산한 금액으로 청약함으로써 수수료를 수출업자로부터 수취할 수 있다. 예를 들면, "CIF New York in USD 100/Y C5"의 경우에는, 수출업자가 CIF가격으로 수출하고 구매대리인(buying agent)에게는 100달러에 대한 5%의 구매수수료(Buying Commission)인 5달러를 지급하여야 한다는 것을 의미한다.

3. 무역업고유번호제도

2000년 1월 1일부터 규제완화의 차원에서 무역업 및 무역대리업 신고제를 폐지하고 무역업 신고제 대신에 무역통계작성을 목적으로 무역업고유번호를 부여하도록 개정하였다.

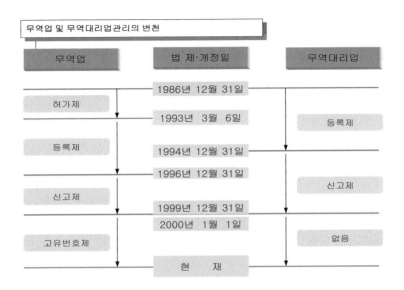

무역업 및 무역대리업관리의 변천

무역업	법 제·개정일	무역대리업
허가제	1986년 12월 31일	
	1993년 3월 6일	등록제
등록제	1994년 12월 31일	
	1996년 12월 31일	신고제
신고제	1999년 12월 31일	
	2000년 1월 1일	없음
고유번호제	현 재	

무역업고유번호를 부여하는 이유는 무역업신고제가 폐지되는 경우에 발생될 수 있는 문제로서, ① 지금까지 무역업 신고번호를 기초로 한 각종 무역통계의 작성이 사실상 곤란하여 기존통계와의 연속성이 사라진다는 점, ② 쿼터관리, 수출실적확인 등과 같은 업체별 통계관리 및 서비스 제공이 불가능하게 된다는 점, ③ 업종별·산업별 무역통계의 작성곤란으로 산업피해조사, 통상마찰대응 등 무역 및 산업정책의 수립에 애로가 발생한다는 점 등을 들 수 있다.

무역업고유번호제는 의무사항은 아니다. 즉, 무역업고유번호제는 무역업신고제와 달리 무역업고유번호를 부여받지 않고 무역업을 영위하더라도 이에 대한 벌칙규정이 없으므로 아무런 벌칙이 적용되지 않으며, 한국무역협회와 대한상사중재원에 회원으로 가입할 의무가 없다. 그러나 수출실적으로 인정받아 무역금융으로 수출자금을 조달하려는 경우나 수출입신고를 할 경우에는 무역업고유번호를 기재해야 하기 때문에 무역업자는 무역업고유번호를 부여받아야 할 것이다.

(1) 무역업고유번호의 부여대상

산업통상자원부장관은 전산관리체제의 개발·운영(영 제21조 및 제22조)을 위하여 무역거래자별 무역업고유번호를 부여할 수 있다($^{규정 \ 제24조}_{제1항}$).

무역업고유번호는 무역거래자로서 무역업을 영위하고자 하는 자에게 부여한다. 「대외무역법」 제2조 제3호에서는 "무역거래자란 수출 또는 수입을 하는 자, 외국의 수입자 또는 수출자에게서 위임을 받은 자 및 수출과 수입을 위임하는 자 등 물품등의 수출행위와 수입행위의 전부 또는 일부를 위임하거나 행하는 자를 말한다"고 규정하고 있기 때문에, 무역거래자에는 무역업자 및 무역대리업자가 포함된다.[10) 따라서, 위의 "무역거래자별 무역업고유번호를 부여할 수 있다"라고 하는 규정에 따라 해석하면 무역업자가 아닌 무역대리업자도 무역업고유번호를 부여받을 수 있는 것으로 오해될 소지가 충분히 있다. 그렇다고 하더라도, 무역업고유번호는 무역대리업자에게 부여하는 것이 아니라 무역업자에게 부여하는 것임은 명백하다. 즉, 무역업을 영위하고자 하는 자에게 무역업 고유번호를 부여해 주는 것이지, 무역대리업을 영위하고자 하는 자에게 무역업 고유번호를 부여해 주는 것은 아니다.

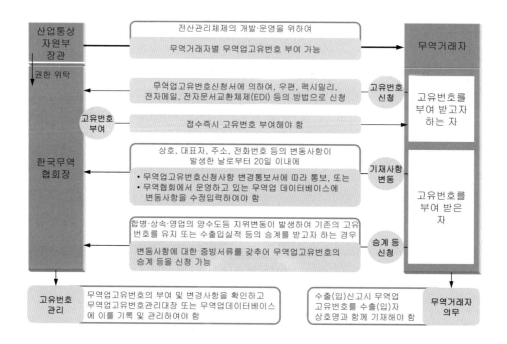

(2) 무역업고유번호의 부여신청 및 부여

영 제21조 및 제1항에 따른 무역업고유번호를 부여받으려는 자는 별지 제1호 서식에 의하여 우편, 팩시밀리, 전자우편, 전자문서교환체제(EDI) 등의 방법으로 한국무역협회장에게 신청하여야 하며, 한국무역협회장은 접수 즉시 신청자에게 고유번호를 부여하여야 한다$\binom{규정 제324조}{제2항}$. 즉, 무역업고유번호를 부여받고자 하는 자[11)는 무역업고유번호신청서 1부에 사

---

10) 여기에서 수출 또는 수입을 하는 자는 무역업자를 말하는 것이고, 수입자 또는 수출자의 위임을 받은 자는 무역대리업자를 말하는 것이다.

업자등록증 사본 1부를 구비하여 우편·팩시밀리·전자메일·전자문서교환체제(EDI) 등의 방법으로 한국무역협회장에게 신청하여야 하며, 한국무역협회의 회원가입은 강제되지 않는다. 따라서 무역업고유번호를 부여받기 위해서는 먼저 관할 세무서에 사업자등록을 하여야 한다.

(3) 기재사항의 변동

무역업고유번호를 부여받은 자가 상호, 대표자, 주소, 전화번호 등의 변동사항이 발생한 경우에는 "무역업고유번호신청사항 변경통보서(별지 제2호의 서식)"에 따라 변동사항이 발생한 날부터 20일 이내에 한국무역협회장에게 알리거나 한국무역협회에서 운영하고 있는 무역업 데이터베이스에 변동사항을 수정입력하여야 한다(규정 제24조 제3항).

(4) 지위의 변동

무역업고유번호를 부여받은 자가 합병, 상속, 영업의 양수도 등 지위의 변동이 발생하여 기존의 무역업고유번호를 유지 또는 수출입실적 등의 승계를 받으려는 경우에는 변동사항에 대한 증빙서류를 갖추어 무역업고유번호의 승계 등을 한국무역협회장에게 신청할 수 있다(규정 제24조 제4항).

(5) 무역업고유번호의 관리

한국무역협회장은 제2항부터 제4항까지의 규정에 따른 무역업고유번호의 부여 및 변경사항을 확인하고 무역업고유번호관리대장 또는 무역업데이터베이스에 이를 기록 및 관리하여야 한다(규정 제24조 제5항).

(6) 무역거래자의 의무

무역거래자는 「관세법」 제241조[12]에 따른 수출(입)신고시 제1항에 따른 무역업고유번호를 수출(입)자 상호명과 함께 기재하여야 한다(규정 제24조 제6항).

---

11) 무역업고유번호를 부여받기 위해서 신청하는 자는 무역업자이다.
12) 물품을 수출·수입 또는 반송하고자 하는 때에는 해당 물품의 품명·규격·수량 및 가격 기타 대통령령이 정하는 사항을 세관장에게 신고하여야 한다(「관세법」 제241조 제1항).

4. 전문무역상사

(1) 전문무역상사의 의의

22009년 4월 22일 개정 대외무역법에서 종합무역상사 지정제도를 폐지함에 따라, 민간기관인 한국무역협회가 자율적으로 수출을 진흥하기 위하여 중소기업의 수출을 일괄적으로 대행하는 전문무역상사제도를 도입하였다. 즉, 상당수 중소기업이 제품역량을 충분히 갖추고 있음에도 불구하고 해외시장 정보 및 무역인력 부족으로 수출실행에 큰 애로가 발생함에 따라 정부의 자금지원방식이 아닌 민간기업간 상호협력을 통한 자립적으로 지속 가능한 중소기업 수출지원체계를 구축할 필요성이 제기되었다. 이에 따라, 2009년 12월 15일에 지식경제부(현 산업통상자원부)와 한국무역협회가 공동으로 일정한 지정기준(전년도 연간 수출액이 100만불 이상이고, 타사가 제조한 제품의 수출대행 또는 완제품 구매수출 비중이 10% 이상)을 갖춘 업체를 전문무역상사(과거 종합무역상사를 포함한 무역상사 251개)로 지정·운영하여 왔다.[13]

이와 같이, 민간지정형태로 운영되던 전문무역상사의 지정·육성 제도를 2014년 1월 21일 대외무역법 개정에서는 대외무역법에 새롭게 규정하면서, 그 개정이유에서 직수출 역량이 부족한 중소기업의 수출 확대와 농수산식품, 서비스 등 다양한 분야의 수출 확대를 지원하기 위하여 전문무역상사를 지정한다고 규정하고 있다.

(2) 전문무역상사의 지정, 지원 및 협조 요청

(가) 전문무역상사의 지정 및 지원

산업통상자원부장관은 신시장 개척, 신제품 발굴 및 중소기업·중견기업의 수출확대를 위하여 수출실적 및 중소기업 제품 수출비중 등을 고려하여 무역거래자 중에서 전문무역상사를 지정하고 지원할 수 있는 바, 산업통상자원부장관은 전문무역상사를 통한 신시장의 개척, 신제품의 발굴 및 중소기업 또는 중견기업의 수출 확대 등을 위하여 필요하다고 인정되는 경우에는 법 제8조의2 제1항에 따라 전문무역상사의 국내외 홍보, 우수제품의 발굴, 해외 판로개척 등에 필요한 사항을 지원할 수 있다(법 제8조의2 제1항 및 영 제12조의3 제1항).

---

13) 지식경제부, FTA시장 전문무역상사가 뚫는다!, 보도자료, 2010.4.7.

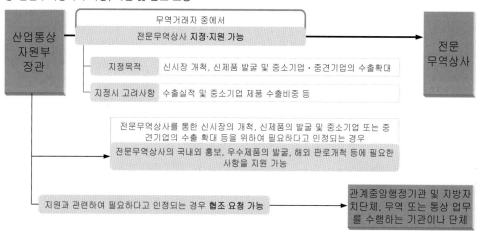

● 전문무역상사의 지정, 지원 및 협조 요청

(나) 전문무역상사의 지원에 필요한 협조 요청

산업통상자원부장관은 제1항에 따른 지원과 관련하여 필요하다고 인정되는 경우에는 관계 중앙행정기관 및 지방자치단체, 무역 또는 통상 업무를 수행하는 기관이나 단체에 협조를 요   있다(영 제12조의3 제2항).

(3)   상사의 지정절차

전문-   .의 지정의 기준 및 절차, 지원내용 등에 관하여 필요한 사항은 대통령령으로 정하며, 영 세12조의2 제1항부터 제3항까지에서 규정한 사항 외에 전문무역상사의 지정 절차 등에 관하여 필요한 세부 사항은 산업통상자원부장관이 정하여 고시한다(법 제8조의2 제2항 및 영 제12조의2 제4항).

산업부장관	→	전문무역상사 지정기준 (다음의 어느 하나에 해당하는 자)	→	전문무역상사

① 다음의 요건을 모두 갖춘 무역거래자
  ㉮ 전년도 수출실적 또는 직전 3개 연도의 연평균 수출실적이 미화 100만달러 이상의 범위에서 "산업통상자원부장관이 정하여 고시하는 금액 이상"일 것
    [즉, 전년도의 수출실적 또는 최근 3년간의 평균 수출실적이 미화 100만불 이상인 자]
  ㉯ 위의 ㉮에 따른 수출실적 중 다른 중소기업(「중소기업기본법」 제2조에 따른 중소기업)이나 중견기업(「중견기업 성장촉진 및 경쟁력 강화에 관한 특별법」 제2조제1호에 따른 중견기업)이 생산한 물품등의 수출실적 비율이 100분의 20 이상의 범위에서 "산업통상자원부장관이 정하여 고시하는 비율 이상"일 것
    [즉, 전체 수출실적 대비 타 중소·중견기업 생산 제품의 전년도 수출 비중 또는 최근 3년간 평균 수출 비중이 100분의 30 이상인 자]
② 신시장의 개척, 신제품의 발굴 및 중소기업 또는 중견기업에 대한 효과적인 수출 지원 등을 위하여 "산업부장관이 농업·어업·수산업 등 업종별 특성과 조합 등 법인의 조직 형태별 수출 특성을 고려하여 고시하는 기준을 갖춘 무역거래자"
  [즉, 농업·어업·수산업, 서비스업 등 수출시장 다변화를 위해 전략적 수출확대 지원이 필요한 분야에서, 다음의 어느 하나에 해당하여 주무 부처 장관의 추천을 받은 자 중 산업통상자원부 장관이 그 능력이 있다고 인정하는 자]
  ㉮ 협동조합기본법에 의한 협동조합, ㉯ 농어업경영체 육성 및 지원에 관한 법률에 따른 영농조합법인 또는 영어조합법인
  ㉰ 농업협동조합법에 따라 설립된 조합 및 조합공동사업법인, ㉱ 수산업협동조합법에 따라 설립된 조합
  ㉲ 중소기업협동조합법에 따라 설립된 협동조합, 사업협동조합 또는 협동조합연합회
  ㉳ 대중소기업 공동출자형 수출전문기업, ㉴ 업종별 협회·단체의 무역자회사
  ㉵ 공공기관(「공공기관의 운영에 관한 법률」 제4조에 따른 공공기관을 말한다)이 출자하여 설립한 무역상사
  ㉶ 기타 전문무역상사의 취지에 적합하다고 주무 부처 장관의 추천을 받아 신청한 수출조직
  [중소·중견 기업에 대한 효과적인 수출 지원을 위하여 다음의 어느 하나에 해당하여 산업통상자원부 장관이 그 능력이 있다고 인정하는 자로 한다]
  ㉮ 전년도 또는 최근 3년가 평균 수출 실적이 미화 1억불 이상인지로서 무역거래를 주로 영위하는 사
  ㉯ 유통산업발전법 제2조 3호에 따른 대규모 점포를 국외에서 3개 이상 운영하면서 직전년도 매출액이 500억원 이상인자
  ㉰ 국내·외에서 방송채널 및 사이버몰 등 전자상거래 수단을 1개 이상 직접 운영하면서 직전년도 매출액 또는 거래액이 미화 100만불 이상인 자
  ㉱ 최근 2년 내 해외정부 또는 국제기구에 대하여 직접 조달 납품한 실적이 미화 100만불 이상인 자
  ㉲ 재외동포의출입국과법적지위에관한법률 제2조에 따른 재외동포로서 직전년도 한국제품 구매실적이 미화 100만불 이상인 자
  ㉳ 중소벤처기업부장관이 추천하는 중소기업 수출지원 전문기업

※ 산업통상자원부장관은 전문무역상사의 지정 기준에 대하여 2014년 7월 22일을 기준으로 5년마다 (매 5년이 되는 해의 기준일과 같은 날 전까지) 그 타당성을 검토하여 개선 등의 조치를 하여야 한다.

(가) 전문무역상사의 지정기준

전문무역상사로 지정받을 수 있는 자는 다음의 어느 하나에 해당하는 자로서 신용등급이 산업통상자원부장관이 정하여 고시하는 기준을 충족하는 자로 한다(영 제12조의2 제1항 및 규정 제7조 제1항·제2항).

① 다음의 요건을 모두 갖춘 무역거래자

  ㉮ 전년도 수출실적 또는 직전 3개 연도의 연평균 수출실적이 미화 100만달러 이상의 범위에서 "산업통상자원부장관이 정하여 고시하는 금액 이상"일 것 [즉, 전년도의 수출실적 또는 최근 3년간의 평균 수출실적이 미화 100만불 이상인 자]

  ㉯ 위의 ㉮에 따른 수출실적 중 다른 중소기업(「중소기업기본법」 제2조에 따른 중소기업을 말한다. 이하 이 조 및 제12조의3에서 같다)이나 중견기업(「중견기업 성장촉진 및 경쟁력 강화에 관한 특별법」 제2조제1호에 따른 중견기업을 말한다. 이하 이 조 및 제12조의3에서 같다)이 생산한 물품등의 수출실적 비율이 100분의 20 이상의 범위에서 "산업통상자원부장관이 정하여 고시하는 비율 이상"일 것 [즉, 전체 수출실적 대비 타 중소·중견기업 생산 제품의 전년도 수출 비

중 또는 최근 3년간 평균 수출 비중이 100분의 30 이상인 자

② 신시장의 개척, 신제품의 발굴 및 중소기업 또는 중견기업에 대한 효과적인 수출 지원 등을 위하여 "산업통상자원부장관이 농업·어업·수산업 등 업종별 특성과 조합 등 법인의 조직 형태별 수출 특성을 고려하여 고시하는 기준을 갖춘 무역거래자"

[즉, 농업·어업·수산업, 서비스업 등 수출시장 다변화를 위해 전략적 수출확대 지원이 필요한 분야에서, 다음의 어느 하나에 해당하여 주무 부처 장관의 추천을 받은 자 중 산업통상자원부 장관이 그 능력이 있다고 인정하는 자]

㉮ 협동조합기본법에 의한 협동조합

㉯ 농어업경영체 육성 및 지원에 관한 법률에 따른 영농조합법인 또는 영어조합법인

㉰ 농업협동조합법에 따라 설립된 조합 및 조합공동사업법인

㉱ 수산업협동조합법에 따라 설립된 조합

㉲ 중소기업협동조합법에 따라 설립된 협동조합, 사업협동조합 또는 협동조합연합회

㉳ 대중소기업 공동출자형 수출전문기업

㉴ 업종별 협회·단체의 무역자회사

㉵ 공공기관(「공공기관의 운영에 관한 법률」 제4조에 따른 공공기관을 말한다)이 출자하여 설립한 무역상사

㉶ 기타 전문무역상사의 취지에 적합하다고 주무 부처 장관의 추천을 받아 신청한 수출조직

[중소·중견 기업에 대한 효과적인 수출 지원을 위하여 다음의 어느 하나에 해당하여 산업통상자원부 장관이 그 능력이 있다고 인정하는 자로 한다]

㉮ 전년도 또는 최근 3년간 평균 수출 실적이 미화 1억불 이상인자로서 무역거래를 주로 영위하는 자

㉯ 유통산업발전법 제2조 3호에 따른 대규모 점포를 국외에서 3개 이상 운영하면서 직전년도 매출액이 500억원 이상인자

㉰ 국내·외에서 방송채널 및 사이버몰 등 전자상거래 수단을 1개 이상 직접 운영하면서 직전년도 국외 매출액 또는 거래액이 미화 100만불 이상인 자

㉱ 최근 2년 내 해외정부 또는 국제기구에 대하여 직접 조달 납품한 실적이 미화 100만불 이상인 자

㉲ 재외동포의출입국과법적지위에관한법률 제2조에 따른 재외동포로서 직전년도

한국제품 구매실적이 미화 100만불 이상인 자

　　㉯ 중소벤처기업부장관이 추천하는 중소기업 수출지원 전문기업

한편, 산업통상자원부장관은 제12조의2제1항에 따른 전문무역상사의 지정 기준에 대하여 2014년 7월 22일을 기준으로 5년마다(매 5년이 되는 해의 기준일과 같은 날 전까지를 말한다) 그 타당성을 검토하여 개선 등의 조치를 하여야 한다(영 제93조의2).

(나) 전문무역상사의 지정신청

전문무역상사로 지정을 받으려는 자는 지정신청서에 "산업통상자원부장관이 정하여 고시하는 다음의 서류"를 갖추어 산업통상자원부장관(한국무역협회 회장에게 위탁)에게 제출하여 신청하여야 한다(영 제12조의2 제2항 및 규정 제7조의2 제1항).

① 전문무역상사 지정신청서

② 사업자등록증

③ 중소기업 수출지원 기여에 관한 사업계획서

④ 그 밖에 실적증명 및 활동계획서 등 전문무역상사 지정요건에 부합함을 증명하는 서류 등

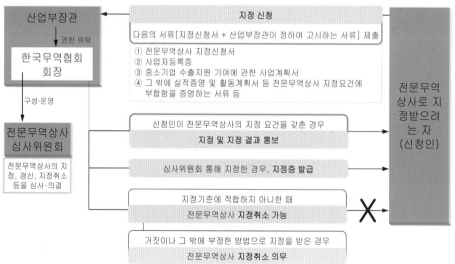

● 전문무역상사의 지정절차 및 지정취소

(다) 전문무역상사 심사위원회의 구성

한국무역협회 회장은 전문무역상사의 지정, 갱신, 지정취소 등을 심사의결하기 위하여 전문무역상사 심사위원회(이하 이 절에서 "심사위원회"라 한다)를 구성하여 운영한다. 심사위원회의 구성 및 운영에 필요한 세부사항은 별도로 정한다$\binom{규정\ 제7조의2}{제2항}$.

(라) 전문무역상사의 지정 및 결과통보

산업통상자원부장관(한국무역협회장에게 위탁)은 전문무역상사의 지정을 신청한 자가 전문무역상사의 지정 요건을 갖추었을 때에는 전문무역상사로 지정하고, 그 결과를 신청인에게 통보하여야 한다$\binom{영\ 제12조의2}{제3항}$.

따라서, 한국무역협회 회장은 심사위원회를 통해 전문무역상사를 지정한 경우에는 지정증을 발급하여야 한다$\binom{규정\ 제7조의2}{제3항}$.

(마) 전문무역상사의 지정 취소

산업통상자원부장관(한국무역협회장에게 위탁)은 제1항에 따라 지정을 받은 전문무역상사가 제2항에 따른 지정기준에 적합하지 아니하게 된 때에는 그 지정을 취소할 수 있다. 다만, 거짓이나 그 밖에 부정한 방법으로 지정을 받은 경우에는 그 지정을 취소하여야 한다$\binom{법\ 제8조의2}{제3항}$.

[별지 제1호 서식] 〈개정 2014.11.25.〉

무역업고유번호신청서

APPLICATION FOR TRADE BUSINESS CODE

	처리기간(Handling Time)
	즉 시(Immediately)

① 상 호 (Name of Company)			
② 주 소 (Address)			
③	전화번호 (Phone Number)	④ 이메일주소 (E-mail Address)	
	팩스번호 (Fax Number)	⑤ 사업자등록번호 (Business Registry Number)	
⑥ 대표자 성명 (Name of Rep.)			

「대외무역법 시행령」 제21조 제1항 및 대외무역관리규정 제24조에 따라 무역업고유번호를 위와 같이 신청합니다.

I hereby apply for the above-mentioned trade business code in accordance with Article 24 of the Foreign Trade Management Regulation.

신청일 :   년   월   일
Date of Application Year Month Day
신청인 :   (서명)
Applicant   Signature

사단법인 한국무역협회 회장
Chairman of Korea International Trade Association

유의사항 : 상호, 대표자, 주소, 전화번호 등 변동사항이 발생하는 경우 변동일부터 20일 이내에 통보하거나 무역업데이터베이스에 수정입력 하여야 함.

무역업고유번호신청사항 변경통보서

NOTIFICATION OF AMENDMENTS TO TRADE BUSINESS CODE

	처리기간(Handling Time)	
	즉　시(Immediately)	

① 상　　호 (Name of Company)		② 무역업고유번호 (Trade Business Code)	
③ 주　　소 (Address)			
④	전 화 번 호 (Phone Number)		⑤ 전자우편주소 (E-mail Address)	
	팩 스 번 호 (Fax Number)		⑥ 사업자등록번호 (Business Registry Number)	
⑦ 대표자성명 (Name of Rep.)			

변경내용(Contents of Amendment)	
변경 전(Before Amendment)	변경 후(After Amendment)

대외무역관리규정 제24조에 따라 무역업고유번호 신청사항의 변경내용을 위와 같이 통보합니다.

I hereby notify the above-mentioned amendment(s) to the trade business code in accordance with Article 24 of the Foreign Trade Management Regulation.

신청일 :　　　년　월　일
Date of Application　　Year　Month　Day
신청인 :　　　　　(서명)
Applicant　　　　　Signature

사단법인 한국무역협회 회장
Chairman of Korea International Trade Association

※ 첨부서류 : 변경사항 증빙서류

통상의 진흥과 무역업무 과학화

제 1 절 무역진흥과 무역에 관한 제한

1. 자유 · 공정무역의 원칙(Principle of Free and Fair Trade)

우리나라의 무역은 헌법에 따라 체결·공포된 무역에 관한 조약과 일반적으로 승인된 국제법규(generally accepted international rules)에서 정하는 바에 따라 자유롭고 공정한 무역을 조장함을 원칙으로 한다(법 제3조 제1항).

그러나 정부는 이 법이나 다른 법률 또는 헌법에 따라 체결·공포된 무역에 관한 조약과 일반적으로 승인된 국제 법규에 무역을 제한하는 규정이 있는 경우에는 그 제한하는 목적을 달성하기 위하여 필요한 최소한의 범위에서(within the minimum limits necessary) 이를 운영하여야 한다(법 제3조 제2항).

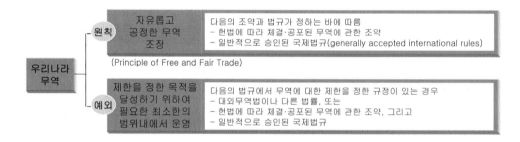

2. 무역진흥을 위한 조치

(1) 무역진흥을 위한 조치

산업통상자원부장관은 무역의 진흥(promotion of trade)을 위하여 필요하다고 인정되면 대통령령으로 정하는 바에 따라(in accordance with the Presidential Decree) 물품등의 수출과 수입을 지속적으로 증대하기 위한 조치를 할 수 있다(법 제4조 제1항).

따라서 산업통상자원부장관은 무역의 진흥을 위한 다음의 조치를 하거나 관계 행정기관의 장에게 필요한 조치를 하여 줄 것을 요청할 수 있다(영 제5조 제1항).

① 수출산업의 국제경쟁력을 높이기 위한 여건의 조성과 설비 투자의 촉진

② 외화가득률(外貨稼得率)을 높이기 위한 품질 향상과 국내에서 생산되는 외화획득용 원료·기재의 사용 촉진

③ 통상협력 증진을 위한 수출·수입에 대한 조정

④ 지역별 무역균형을 달성하기 위한 수출·수입의 연계

⑤ 민간의 통상활동 및 산업협력의 지원

⑥ 무역 관련 시설에 대한 조세 등의 감면

⑦ 과학적인 무역업무 처리기반을 효율적으로 구축·운영하기 위한 여건의 조성

⑧ 무역업계 등 유관기관의 과학적인 무역업무 처리기반 이용 촉진

⑨ 국내기업의 해외 진출 지원

⑩ 해외에 진출한 국내기업의 고충 사항의 조사와 그 해결을 위한 지원

⑪ 그 밖에 수출·수입을 지속적으로 증대하기 위하여 필요하다고 인정하는 조치

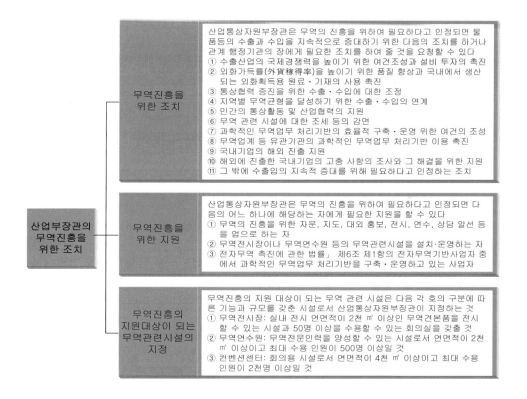

(2) 무역진흥의 지원대상

산업통상자원부장관은 무역의 진흥을 위하여 필요하다고 인정되면 대통령령으로 정

하는 바에 따라 다음의 어느 하나에 해당하는 자에게 필요한 지원을 할 수 있다$\binom{\text{법 제4조 제2항 및}}{\text{영 제5조 제3항}}$.

① 무역의 진흥을 위한 자문(advice), 지도(guidance), 대외 홍보(overseas advertisement), 전시(exhibition), 연수(training), 상담 알선(consulting and good offices) 등을 업(業)으로 하는 자

② 무역전시장(trade exhibition hall)이나 무역연수원(trade training center) 등의 무역 관련 시설을 설치·운영하는 자

③ 과학적인 무역업무 처리기반을 구축·운영하는 자, 즉 이는 「전자무역 촉진에 관한 법률」 제6조 제1항에 따른 전자무역기반사업자 중에서 과학적인 무역업무 처리기반을 구축·운영하고 있는 사업자를 말한다.

(3) 무역관련시설의 지정

무역진흥의 지원 대상이 되는 무역 관련 시설은 다음 각 호의 구분에 따른 기능과 규모를 갖춘 시설로서 산업동상사원부상관이 지정하는 것으로 한다$\binom{\text{영 제5조}}{\text{제2항}}$.

① 무역전시장 : 실내 전시 연면적이 2천 제곱미터 이상인 무역견본품을 전시할 수 있는 시설과 50명 이상을 수용할 수 있는 회의실을 갖출 것

② 무역연수원 : 무역전문인력을 양성할 수 있는 시설로서 연면적이 2천 제곱미터 이상이고 최대 수용 인원이 500명 이상일 것

③ 컨벤션센터 : 회의용 시설로서 연면적이 4천 제곱미터 이상이고 최대 수용 인원이 2천명 이상일 것

따라서, 무역 관련 시설로 지정받으려는 자는 다음의 서류를 첨부하여 산업통상자원부장관에게 신청하여야 한다$\binom{\text{규정}}{\text{제6조 제1항}}$.

① 사업계획서 1부

② 산업통상자원부 장관은 건축물 등기부등본, 건축물 관리대장 및 토지대장 등본 각 1부 또는 건축허가서 사본을 전자정부법 제36조제1항에 따른 행정정보의 공동이용을 통하여 확인하여야 한다.

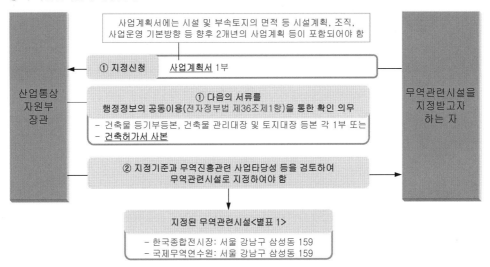

● 무역관련시설의 지정절차

사업계획서에는 시설 및 부속토지의 면적 등 시설계획, 조직, 사업운영 기본방향 등 향후 2개년의 사업계획 등이 포함되어야 함

① 지정신청 사업계획서 1부

산업통상
자원부
장관

무역관련시설을
지정받고자
하는 자

① 다음의 서류를
행정정보의 공동이용(전자정부법 제36조제1항)을 통한 확인 의무
- 건축물 등기부등본, 건축물 관리대장 및 토지대장 등본 각 1부 또는
- 건축허가서 사본

② 지정기준과 무역진흥관련 사업타당성 등을 검토하여
무역관련시설로 지정하여야 함

지정된 무역관련시설<별표 1>
- 한국종합전시장: 서울 강남구 삼성동 159
- 국제무역연수원: 서울 강남구 삼성동 159

그러나, 사업계획서에는 시설 및 부속토지의 면적 등 시설계획, 조직, 사업운영 기본방향 등 향후 2개년의 사업계획 등이 포함되어야 한다(규정 제6조 제2항).

그리고 산업통상자원부장관은 무역 관련 시설의 지정신청을 받은 경우 지정기준과 무역진흥 관련 사업타당성 등을 검토하여 무역 관련 시설로 지정하여야 하며, 지정된 무역 관련 시설은 별표 1과 같다(규정 제6조 제3항 및 제5항).

● [관리규정 별표 1] 무역관련 시설

시 설 명	소 재 지
한국종합전시장	서울 강남구 삼성동 159
국제무역연수원	서울 강남구 삼성동 159

3. 무역에 관한 제한 등 특별조치

(1) 특별조치(Special Measures)의 대상

산업통상자원부장관은 다음의 어느 하나에 해당하는 경우에는 대통령령으로 정하는 바에 따라 물품등의 수출과 수입을 제한하거나 금지할 수 있다(법 제5조).

① 우리나라 또는 "교역상대국"(trade partner; 우리나라의 무역 상대국)에 전쟁(war)·사

변 또는 천재지변(natural disaster)이 있을 경우

② 교역상대국이 조약과 일반적으로 승인된 국제법규에서 정한 우리나라의 권익(rights and benefits)을 인정하지 아니할 경우

③ 교역상대국이 우리나라의 무역에 대하여 부당하거나 차별적인 부담 또는 제한 (unfair or discriminatory burdens or restrictions)을 가할 경우

④ 헌법(Constitution)에 따라 체결·공포된 무역에 관한 조약과 일반적으로 승인된 국제 법규에서 정한 국제평화와 안전유지(maintenance of international peace and security) 등의 의무를 이행하기 위하여 필요할 경우

⑤ 국제평화와 안전유지를 위한 국제공조에 따른 교역 여건의 급변으로 교역상대국과 의 무역에 관한 중대한 차질이 생기거나 생길 우려가 있는 경우

⑥ 인간의 생명·건강 및 안전(life, health and safety of human beings), 동물과 식물의 생명 및 건강(life and health of animals or plants), 환경보전(preservation of the environment) 또는 국내 자원(domestic resources)보호를 위하여 필요할 경우

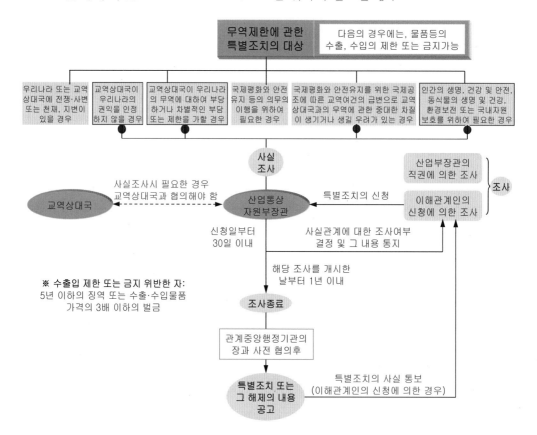

(2) 특별조치를 위한 조사 및 협의절차

(가) 직권에 의한 특별조치를 위한 조사

산업통상자원부장관은 위의 ②·③·⑤ 또는 ⑥에 해당하는 사유로 "특별조치"(교역상 대국에 대하여 물품등의 수출·수입의 제한 또는 금지에 관한 조치)를 하려면 미리 그 사실에 관하여 조사를 하여야 한다(영 제6조 제1항).

(나) 신청에 의한 특별조치를 위한 조사 여부와 통지

위의 ②·③·⑤ 또는 ⑥에 해당하는 사실에 대하여 이해관계가 있는 자는 산업통상자원부장관에게 특별조치를 하여 줄 것을 신청할 수 있으며, 산업통상자원부장관은 이러한 신청이 있으면 신청일부터 30일 이내에 그 사실관계에 대한 조사 여부를 결정하고 그 내용을 신청인에게 알려야 한다(영 제6조 제2항 및 제3항).

(다) 특별조치를 위한 사실 조사

산업통상자원부장관은 위의 ②·③·⑤ 또는 ⑥에 해당하는 사실에 대하여 조사를 할 때에 필요하다고 인정하면 미리 해당 교역상대국과 협의를 하여야 하며, 그 조사를 시작하면 지체 없이 그 사실을 공고하고, 조사를 시작한 날부터 1년 이내에 끝내야 한다(영 제6조 제4항 및 제5항).

(라) 특별조치의 공고 및 통지

산업통상자원부장관은 특별조치를 하려는 경우에는 미리 관계 중앙행정기관의 장과 협의하여야 한다. 또한, 특별조치를 하려는 경우에는 그 특별조치의 내용을 공고하고 그 특별조치가 이해관계인의 신청에 따른 것일 때에는 해당 신청인에게 그 사실을 알려야 한다. 그 특별조치를 해제할 경우에도 또한 같다(영 제4조 제6항 및 제7항).

(3) 특별조치의 위반에 따른 벌칙

"무역에 관한 제한등 특별조치"의 규정(법 제5조)에 따른 수출 또는 수입의 제한이나 금지조치를 위반한 자는 5년 이하의 징역 또는 수출·수입하는 물품등의 가격의 3배에 상당하는 금액 이하의 벌금에 처한다(법 제53조 제2항).

4. 무역에 관한 법령(Acts or Subordinate Statutes) 등의 협의

무역에 관하여는 이 법이 정하는 바에 따르며, 관계 행정기관의 징은 "수출·수입요령"(guidelines of export and import; 물품 등의 수출 또는 수입을 제한하는 법령이나 훈령(directives)·고시 (public notices) 등)을 제정하거나 개정하려면 미리 산업통상자원부장관과 협의(consult)하여야 한다. 이 경우 산업통상자원부장관은 관계 행정기관의 장(head of the administrative agency concerned)에게 그 수출·수입요령의 조정을 요청할 수 있다(법 제6조 제1항 및 제2항).

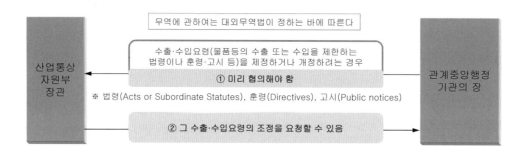

제 **2** 절 **통상진흥정책**

WTO체제의 출범이후 무역개방이 가속화됨에 따라 국경 없는 치열한 경쟁 속에서 기업의 대외판매, 투자 등의 활동에 애로가 없도록 여건을 조성하고 지원하는 정부의 기능이 더욱 강화될 필요가 있다.

1. 통상진흥시책의 수립(Establishment of Plans for Promotion of Commerce)

(1) 통상진흥시책의 수립 및 협조

산업통상자원부장관은 무역과 통상을 진흥하기 위하여 매년 다음 연도의 통상진흥 시책(Plans for the promotion of commerce)을 세워야 하는 바, 통상진흥 시책을 세우려면 다음의 기관이나 단체에 필요한 협조를 요청할 수 있다(법 제7조 제1항 및 영 제7조).

① 관계 행정기관

② 지방자치단체

③ "대한무역투자진흥공사(「대한무역투자진흥공사법」에 따른 대한무역투자진흥공사)

④ "한국무역협회"(「민법」 제32조에 따라 산업통상자원부장관의 허가를 받아 설립된 한국무역협회)

⑤ 그 밖에 무역·통상과 관련되는 기관 또는 단체

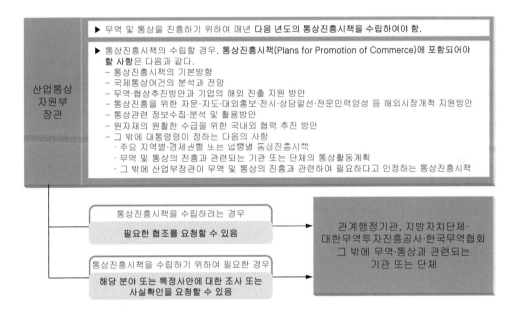

(2) 통상진흥시책의 내용

통상진흥 시책을 수립할 경우에 통상진흥시책에 포함되어야 할 사항은 다음과 같다 $\binom{\text{법 제7조 제2항}}{\text{및 영 제8조}}$.

① 통상진흥 시책의 기본 방향(Basic direction)

② 국제통상 여건의 분석과 전망(Analysis and forecast)

③ 무역·협상 추진 방안과 기업의 해외 진출 지원 방안

④ 통상진흥을 위한 자문(advice), 지도(guidance), 대외 홍보(overseas advertisement), 전시(exhibition), 상담 알선(consulting and good offices), 전문인력 양성(training of professional manpower) 등 해외시장 개척(exploration of foreign markets) 지원 방안

⑤ 통상 관련 정보수집(collection)·분석(analysis) 및 활용(use) 방안

⑥ 원자재의 원활한 수급을 위한 국내외 협력 추진 방안

⑦ 그 밖에 대통령령으로 정하는 사항(Other matters set forth in the Presidential Decree)

⑰ 주요 지역별, 경제권별 또는 업종별 통상진흥 시책

⑭ 무역·통상의 진흥과 관련되는 기관 또는 단체의 통상활동 계획

⑮ 그 밖에 산업통상자원부장관이 무역·통상의 진흥과 관련하여 필요하다고 인정하는 통상진흥 시책

(3) 교역상대국의 통상관련 제도조사

산업통상자원부장관은 통상진흥 시책의 수립을 위한 기초 자료(basic materials)를 수집하기 위하여 교역상대국의 통상 관련 제도(systems)·관행(practices) 등과 기업이 해외에서 겪는 고충 사항을 조사(investigate)할 수 있는 바, 산업통상자원부장관은 통상진흥 시책을 수립하기 위하여 필요한 경우에는, 관계 행정기관, 대한무역투자진흥공사, 한국무역협회, 그 밖에 무역·통상과 관련되는 기관 또는 단체(지방자치단체 제외)에 해당 분야나 특정 사안에 대한 조사 또는 사실 확인을 요청할 수 있다(법 제7조 제3항 및 영 제9조).

또한, 산업통상자원부장관은 해외에 진출한 기업에 통상진흥 시책의 수립에 필요한 자료를 요청(request)하고, 필요한 경우(if necessary) 지원할 수 있다(법 제7조 제4항).

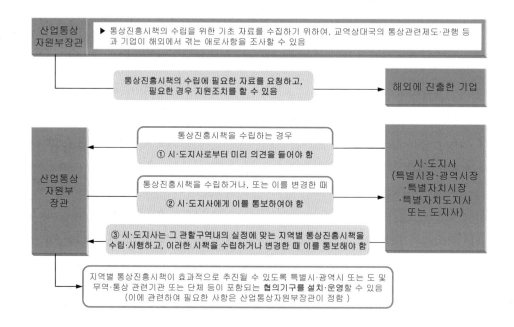

58

(4) 중앙정부와 지방자치단체와의 협조

산업통상자원부장관은 통상진흥 시책을 세우는 경우에는 미리(in advance) "시·도지사"[특별시장(Special Metropolitan City Mayor), 광역시장(Metropolitan City Mayors), 특별자치시장, 도지사 또는 특별자치도지사]의 의견을 들어야 하고, 통상진흥 시책을 수립한 때에는 이를 시·도지사에게 알려야 한다. 이를 변경한 경우에도 또한 같다(법 제7조/제5항).

그리고 통상진흥 시책을 통보받은 시·도지사(Mayor/Do governor)는 그 관할 구역(each jurisdictional area)의 실정에 맞는 지역별 통상진흥 시책을 수립·시행하여야 하며, 시·도지사는 이에 따라 지역별 통상진흥 시책을 수립한 때에는 이를 산업통상자원부장관에게 알려야 한다. 이를 변경한 때에도 또한 같다(The same shall also apply in case of changing the plans)(법 제7조/제6항 및 제7항).

또한, 산업통상자원부장관은 지역별 통상진흥 시책이 효과적으로 추진될 수 있도록 특별시·광역시·특별자치시·도 또는 특별자치도 및 무역·통상 관련 기관 또는 단체 등이 포함되는 협의기구를 설치·운영할 수 있으며, 협의기구의 구성 및 운영 등에 필요한 사항은 산업통상자원부장관이 정한다(영 제10조/제1항 및 제2항).

2. 민간협력활동의 지원(Assistance to Cooperative Activities by Private Sectors)

(1) 민간협력활동의 지원절차

산업통상자원부장관은 무역·통상 관련 기관 또는 단체(Administrative Organs or organizations)가 교역상대국의 정부(Government), 지방정부(local governments), 기관(organs) 또는 단체(organizations)와 통상(commerce), 산업(industry), 기술(technology), 에너지(energy) 등에서 협력활동을 추진하는 경우 대통령령으로 정하는 바에 따라 필요한 지원을 할 수 있다(법 제8조/제1항).

따라서 지원(assistance)을 받으려는 무역·통상 관련 기관 또는 단체는 신청서에 사업 내용과 사업 성과 등이 포함된 사업계획서를 첨부하여 산업통상자원부장관에게 제출하여야 하며, 산업통상자원부장관은 제출받은 사업계획서를 검토하여 통상, 산업, 기술, 에너지 등에서 협력 활동을 효율적으로 추진하기 위하여 필요하다고 인정되면 자금, 인력 및 정보 등을 지원할 수 있다(영 제11조/제1항 및 제2항).

그리고 지원 기준 등에 관하여 필요한 사항은 산업통상자원부장관이 정하며, 산업통상자원부장관은 지원과 관련하여 필요한 경우에는 관계 행정기관의 장에게 협조를 요청할 수 있다(영 제11조 제3항 및 제4항).

또한, 지원을 받은 관련 단체는 해당 지원 사업이 끝난 후 3개월 이내에 산업통상자원부장관에게 사업결과보고서를 제출하여야 한다(영 제11조 제5항).

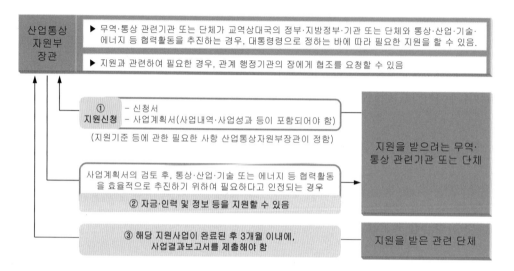

(2) 무역 · 통상관련 정보의 수집 · 분석

산업통상자원부장관은 기업의 해외 진출을 지원하기 위하여 무역·통상 관련 기관 또는 단체로부터 정보를 체계적으로(systematically) 수집하고 분석하여 지방자치단체(local governments)와 기업(companies)에 필요한 정보를 제공할 수 있으며, 이에 따른 정보의 수집·분석 및 제공을 위하여 필요한 경우 관계 중앙행정기관의 장, 시·도지사, 무역·통상 및 기업의 해외진출과 관련한 기관 또는 단체에 자료 및 통계의 제공을 요청할 수 있다(법 제8조 제2항 및 제3항).

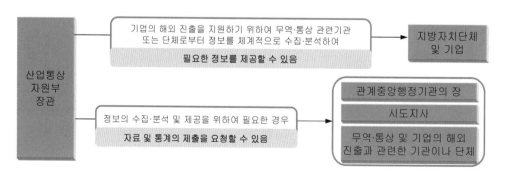

(3) 해외진출지원센터의 설치

산업통상자원부장관은 기업의 해외 진출과 관련된 상담·안내·홍보·조사와 그 밖에 기업의 해외 진출에 대한 지원 업무를 종합적으로 수행하기 위하여 「대한무역투자진흥공사법」에 따른 대한무역투자진흥공사에 해외진출지원센터를 두며, 해외진출지원센터의 구성·운영 및 감독 등에 필요한 사항은 대통령령으로 정한다(법 제8조 제4항 및 제5항).

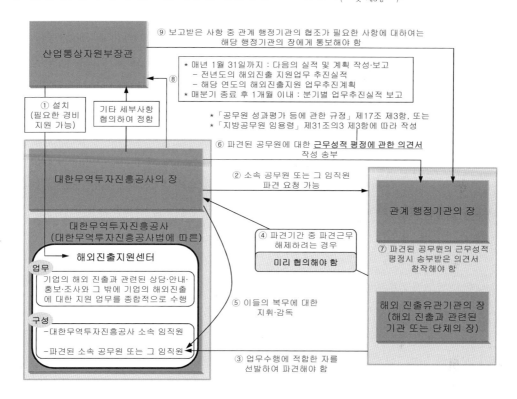

(가) 해외진출지원센터의 구성

"해외진출지원센터"(법 제8조 제4항에 따른 해외진출지원센터)는 대한무역투자진흥공사 소속 임직원과 제3항에 따른 파견자로 구성한다(영 제12조 제1항).

(나) 소속 공무원 또는 임직원의 파견

대한무역투자진흥공사의 장은 기업의 해외진출 지원업무를 수행하기 위하여 필요한 경우에는 관계 행정기관의 장 및 "해외진출 유관기관"(해외진출과 관련된 기관 또는 단체)의 장에게 소속 공무원 또는 그 임직원의 파견을 요청할 수 있다(영 제12조 제2항).

공무원 또는 임직원의 파견을 요청받은 관계 행정기관의 장 및 해외진출 유관기관의 장은 업무수행에 적합한 자를 선발하여 해외진출지원센터에 파견하여야 하며, 파견기간 중 파견 근무를 해제하려는 경우에는 대한무역투자진흥공사의 장과 미리 협의하여야 한다$\binom{영 \ 제12조}{제3항}$.

(다) 파견된 공무원 또는 임직원의 복무에 관한 지휘·감독

제3항에 따라 해외진출지원센터에 파견된 공무원 또는 임직원의 복무에 관해서는 대한무역투자진흥공사의 장의 지휘·감독을 받는다$\binom{영 \ 제12조}{제4항}$.

(라) 파견된 공무원의 근무성적의 평정

대한무역투자진흥공사의 장은 제3항에 따라 파견된 공무원에게는 「공무원 성과평가 등에 관한 규정」 제17조 제3항 또는 「지방공무원 임용령」 제31조의3 제3항에 따라 근무성적평정에 관한 의견서를 작성하여 그 공무원을 파견한 관계 행정기관의 장에게 이를 송부하여야 하며, 그 의견서를 송부받은 관계 행정기관의 상은 근무성적을 평정할 때 이를 참작하여야 한다$\binom{영 \ 제12조}{제5항}$.

(마) 업무추진실적 및 계획의 보고

대한무역투자진흥공사의 장은 매년 1월 31일까지 전년도의 해외진출 지원업무 추진실적 및 해당 연도의 해외진출지원 업무추진계획을 작성하여 산업통상자원부장관에게 보고하고, 매 분기 종료 후 1개월 이내에 분기별 업무추진실적을 산업통상자원부장관에게 보고하여야 한다. 이 경우 산업통상자원부장관은 보고받은 사항 중 관계 행정기관의 협조가 필요한 사항에 대하여는 해당 행정기관의 장에게 통보하여야 한다$\binom{영 \ 제12조}{제6항}$.

(바) 경비 지원

산업통상자원부장관은 해외진출지원센터의 운영에 필요한 경비를 지원할 수 있다$\binom{영 \ 제12조}{제7항}$.

(사) 세부 사항

제1항부터 제7항까지에서 규정한 사항 외에 해외진출지원센터의 구성·운영 등에 필요한 세부 사항은 대한무역투자진흥공사의 장이 산업통상자원부장관과 협의하여 정한다$\binom{영 \ 제12조}{제8항}$.

3. 무역에 관한 조약의 이행을 위한 자료제출

(1) 무역에 관한 조약의 이행을 위한 자료제출 요구

산업통상자원부장관은 우리나라가 체결한 무역에 관한 조약의 이행을 위하여 필요한 때에는 대통령령으로 정하는 바에 따라 관련 공공기관, 기업 및 단체 등으로부터 필요한 자료의 제출을 요구할 수 있는 바, 산업통상자원부장관은 자료제출을 요구하려면 제출대상 자료 및 제출기한 등을 적은 문서(전자문서를 포함한다)로 하여야 한다(법 제9조 제1항 및 영 제13조).

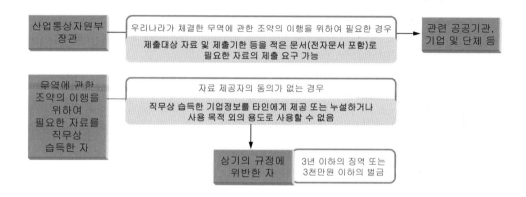

(2) 자료의 타인제공·누설 또는 용도외 사용금지

무역에 관한 조약의 이행을 위하여 필요한 자료를 직무상 습득한 자는 자료 제공자의 동의 없이 그 습득한 자료 중 기업의 영업비밀 등 비밀유지가 필요하다고 인정되는 기업 정보를 타인에게 제공 또는 누설(漏泄)하거나 사용 목적 외의 용도로 사용하여서는 아니 된다(법 제9조 제2항).

(3) 자료의 타인제공·누설 또는 용도외 사용자에 대한 벌칙

제9조 제2항에 위반하여 직무상 습득한 기업정보를 타인에게 제공 또는 누설하거나 사용 목적 외의 용도로 사용한 자는 3년 이하의 징역 또는 3천만원 이하의 벌금에 처한다(법 제54조 제1호).

제 3 절   무역업무의 과학화

1. 무역업무 과학화의 의의

정부는 1980년대 후반부터 절차적 비용절감을 통한 산업경쟁력 강화를 지원하기 위하여 무역자동화사업을 추진 중에 있다. 그런데 무역자동화사업은 다양한 관련자의 참여가 필요하고, 사회간접자본적 성격을 띠고 있어 중·장기적으로 추진하는 것이 필요하다고 보고 관련규정을 보강하고자 하는 것이다.

수출입승인대상을 극소수의 수출입공고에 의한 제한품목으로 한정하여 사실상 대부분의 수출입물품에 대하여 수출입승인제도를 폐지함에 따라 사전적으로 무역거래자의 수출입이행사항을 제한하거나 점검할 수 없게 되었다. 그러나 수출입거래가 질서 있고 효율적으로 이루어지는지 여부에 대하여 사후적으로 확인할 필요성이 있다. 이에 따라 전자문서교환체제등 과학적인 무역업무처리기반을 구축할 필요성이 대두하였다.

이 규정의 목적은 질서 있고 효율적인 수출입거래의 환경을 조성하고자 하는 것이다.

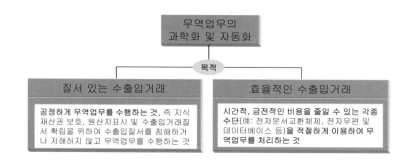

여기서 "질서 있는 수출입거래"란 지적소유권 보호, 원산지표시 및 수출입거래질서 확립을 위하여 수출입질서를 침해하거나 저해하지 않고, 공정하게 무역업무를 수행하는 것을 말한다. 그리고 "효율적인 수출입거래"란 전자문서교환체계, 전자우편 및 데이터베이스등 시간적·금전적인 비용을 줄일 수 있는 각종 수단을 적절하게 이용하여 무역업무를 처리하는 것을 말한다.

이와 같은 질서있고 효율적인 무역업무처리가 가능하도록 산업통상자원부장관은 다음과 같은 전산관리체제를 개발·유지하도록 하면서, 개발·유지에 필요한 경비의 일부를 이를 위하여 필요한 정보를 제공한 기관에 지원할 수 있도록 하고 있다.

먼저, 질서 있는 수출입거래를 위한 전산관리체제로서 이는 수출입거래질서를 확립하기 위한 전산체제와 수출입승인대상인지 여부를 불문하고 수출입이행사항 확인을 위한 전산관리체제로 구성된다.

다음, 효율적인 수출입거래를 위한 전산관리체제는 부문별 무역전산체제의 유기적 연계를 위한 전산관리체제와 무역관련기관의 필요에 따라 추가할 수 있는 전산관리체제로 구성된다.

이를 위하여 관세청장, 외국환은행의 장 및 수출입승인 위탁기관으로부터 수출입통관, 수출입대금결제 및 수출입승인사항의 이행과 관련한 전반적인 정보를 제공받아 이를 개별·통합관리함은 물론 이를 무역정책 수립의 근거로 활용한다.

2. 전산관리체제의 구축 · 운영

(1) 과학적 무역업무의 처리기반 구축(Establishment of System of Scientific Administration of Trade Affairs)

산업통상자원부장관은 물품등의 수출입 거래(export and import trade)가 질서 있고 효율적으로(systematically and efficiently) 이루어질 수 있도록 대외무역통계시스템 및 전자문서 교환체계(electronic data interchange system) 등 과학적 무역업무의 처리기반(system of scientific administration of trade affairs)을 구축하기 위하여 노력하여야 한다$\binom{\text{법 제15조}}{\text{제1항}}$.

또한, 산업통상자원부장관은 무역의 진흥을 위하여 필요하다고 인정되면 대통령령으로 정하는 바에 따라 "과학적인 무역업무 처리기반을 구축·운영하는 자"에게 필요한 지원을 할 수 있는 바, 산업통상자원부장관은 과학적인 무역업무 처리기반을 효율적으로 구축·운영하기 위한 여건의 조성 및 무역업계 등 유관기관의 과학적인 무역업무 처리기반 이용 촉진의 조치를 할 수 있다$\binom{\text{법 제4조 제2항제3호 및}}{\text{영 제5조 제1항 제7호·제8호}}$. 여기서 "과학적인 무역업무 처리기반을 구축·운영하는 자"란 「전자무역 촉진에 관한 법률」 제6조 제1항에 따른 전자무역기반사업자 중에서 과학적인 무역업무 처리기반을 구축·운영하고 있는 사업자를 말한다$\binom{\text{영 제5조}}{\text{제3항}}$.

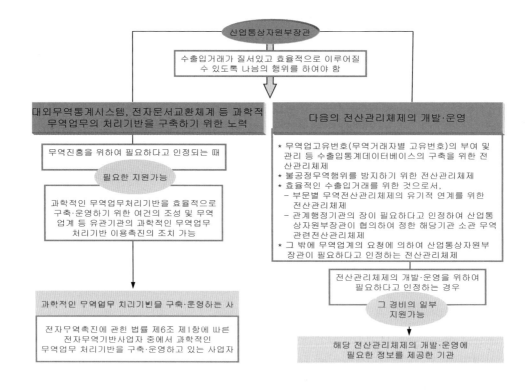

(2) 전산관리체제의 개발 · 운영

산업통상자원부장관은 수출입 거래가 질서 있고 효율적으로 이루어질 수 있도록 다음 각각의 전산관리체제를 개발 · 운영하여야 한다(영 제21조 제1항).

① "무역업고유번호"(무역거래자별 고유번호)의 부여 및 관리 등 수출입통계 데이터베이스를 구축하기 위한 전산관리체제

② 불공정무역행위(「불공정무역행위 조사 및 산업피해구제에 관한 법률」 제4조)를 방지하기 위한 전산관리체제

③ 효율적인 수출입 거래를 위한 것으로시,

    ㉮ 부문별 무역전산관리체제를 유기적으로 연계하기 위한 전산관리체제

    ㉯ 관계 행정기관의 장이 필요하다고 인정하여 산업통상자원부장관과 협의하여 정한 해당 기관 소관의 무역 관련 전산관리체제

④ 그 밖에 무역업계의 요청에 따라 산업통상자원부장관이 필요하다고 인정하는 전산관리체제

그리고 산업통상자원부장관은 전산관리체제를 개발 · 운영하기 위하여 필요하다고 인

정하면 그 경비의 일부를 해당 전산관리체제의 개발·운영에 필요한 정보를 제공한 기관에 지원할 수 있다$\left(\begin{smallmatrix}영 & 제21조 \\ & 제2항\end{smallmatrix}\right)$.

3. 관련정보의 수집·분석 및 관리

산업통상자원부장관은 과학적 무역업무의 처리기반을 구축하기 위하여 필요하다고 인정되면 관계 행정기관의 장에게 대통령령으로 정하는 바에 따라 통관기록(customs clearance records) 등 물품등의 수출입 거래에 관한 정보를 제공하도록 요청할 수 있다. 이 경우 관계 행정기관의 장(head of the administrative agency concerned)은 이에 협조하여야 한다$\left(\begin{smallmatrix}법 & 제15조 \\ & 제2항\end{smallmatrix}\right)$.

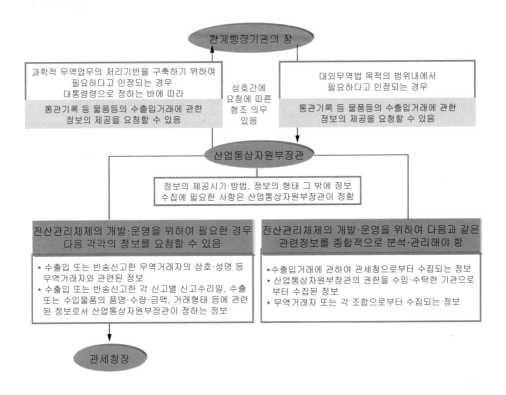

(1) 관세청장으로부터 수집되는 정보

산업통상자원부장관은 전산관리체제를 개발·운영하는 데에 필요하면 법 제15조 제2항에 따라 관세청장에게 다음의 정보를 요청할 수 있다$\left(\begin{smallmatrix}영 & 제22조 \\ & 제1항\end{smallmatrix}\right)$.

① 「관세법」제241조에 따라 신고한 무역거래자의 상호, 성명 등 무역거래자에 관련된 정보

② 「관세법」제241조에 따라 신고한 각 신고별 신고 수리일, 수출 또는 수입 물품의 품명·수량·금액, 거래 형태 등에 관련된 정보로서 산업통상자원부장관이 정하는 정보

(2) 정보의 통합관리

산업통상자원부장관은 영 제21조에 따른 전산관리체제를 개발·운영하기 위하여 다음에 따라 수집된 관련 정보를 종합적으로 분석·관리하여야 하며, 정보의 제공시기·방법, 정보의 형태 기타 정보수집에 관하여 필요한 사항은 산업통상자원부장관이 정한다$\binom{영\ 제22조}{제2항\ 및\ 제3항}$.

① "무역거래자에 관련된 정보", "수출입신고한 각 신고별 신고 수리일, 수출 또는 수입 물품의 품명·수량·금액, 거래 형태 등에 관련된 정보로서 산업부장관이 정하는 정보" 등 관세청으로부터 수집되는 정보(영 제22조 제1항)

② 산업통상자원부장관의 권한을 수임·수탁한 기관으로부터 수집된 정보(영 제92조 제2항)

③ 무역거래자 또는 각 조합으로 부터 수집되는 정보(법 제48조 제1항)

(3) 정보제공의 요청 및 협조

관계 행정기관의 장은 이 법의 목적의 범위에서 필요하다고 인정되면 산업통상자원부장관에게 제1항과 제2항에 따라 구축된 물품등의 수출입 거래에 관한 정보를 제공하도록 요청할 수 있다. 이 경우 산업통상자원부장관은 이에 협조하여야 한다$\binom{법\ 제15조}{제3항}$.

수출입거래 총칙

제 1 절 수출입의 원칙과 제한

1. 수출입의 원칙(Principles of Export or Import)

수출입의 원칙에 대한 「대외무역법」의 규정은 다음과 같다. 즉, 물품등의 수출입과 이에 따른 대금을 받거나 지급하는 것(collection and payment of the price)은 이 법의 목적의 범위에서 자유롭게 이루어져야 하며, 무역거래자(trader)는 대외신용도 확보(security of a certain level of overseas credit) 등 자유무역질서(good order in a free trade system)를 유지하기 위하여 자기 책임으로(under his or her own responsibility) 그 거래를 성실히 이행하여야 한다(법 제10조 제1항 및 제2항).

수출입행위의 제한규정은 "원칙적으로 자유로워야 하며 제한은 최소화"되어야 한다는 입법방향을 제시하고 있다. 결국 수출입업자에게는 원칙적으로 수출입행위에 따르는 자유를 보장하되 자유에 따르는 이행책임을 부과하여 필요한 경우 최소한의 국가관여 여지를 남겨두고 있다.

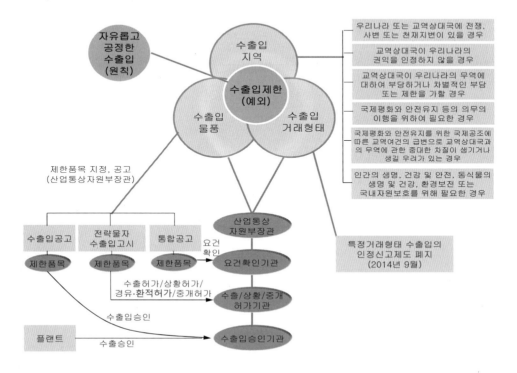

2. 수출입의 제한(Restrictions on Export and Import)

(1) 물품등의 제한

산업통상자원부장관은 다음 각 호의 어느 하나에 해당하는 이행 등을 위하여 필요하다고 인정하여 지정·고시하는 물품등의 수출 또는 수입을 제한하거나 금지할 수 있다$\left(\begin{smallmatrix}\text{법 제11조 제1항}\\\text{및 영 제16조}\end{smallmatrix}\right)$.

① 헌법에 따라 체결·공포된 조약과 일반적으로 승인된 국제법규에 따른 의무의 이행

② 생물자원의 보호

③ 교역상대국과의 경제협력 증진

④ 국방상 원활한 물자 수급

⑤ 과학기술의 발전

⑥ 그 밖에 통상·산업정책에 필요한 사항으로서 대통령령으로 정하는 사항, 즉 항공 관련 품목의 안전관리에 관한 사항

따라서 산업통상자원부장관은 긴급히 처리하여야 하는 물품등과 그 밖에 수출 또는 수입 절차를 간소화하기 위한 물품등으로서 대통령령으로 정하는 기준에 해당하는 물품등의 수출 또는 수입을 제외하고는, 상기의 ①~⑥(법 제11조 제1항)의 어느 하나에 해당하는 이행 등을 위하여 필요하다고 인정하여 지정·고시하는 물품등, 즉 산업통상자원부장관이 수출 또는 수입을 제한하거나 금지할 수 있는 다음의 물품등 중에서 수출 또는 수입승인 대상으로 지정·고시한 물품등을 수출하거나 수입하려는 자는 대통령령으로 정하는 바에 따라 산업통상자원부장관의 승인을 받아야 한다$\left(\begin{smallmatrix}\text{법 제11조 제2항}\\\text{및 영 제16조}\end{smallmatrix}\right)$.

① 헌법에 따라 체결·공포된 조약과 일반적으로 승인된 국제법규에 따른 의무의 이행을 위하여 산업통상자원부장관이 지정·고시하는 물품등

② 생물자원의 보호을 위하여 산업통상자원부장관이 지정·고시하는 물품등

③ 교역상대국과의 경제협력 증진을 위하여 산업통상자원부장관이 지정·고시하는 물품등

④ 국방상 원활한 물자 수급을 위하여 산업통상자원부장관이 지정·고시하는 물품등

⑤ 과학기술의 발전을 위하여 산업통상자원부장관이 지정·고시하는 물품등

⑥ 그 밖에 통상·산업정책에 필요한 사항으로서 대통령령으로 정하는 사항, 즉 항공 관련 품목의 안전관리에 관한 사항을 위하여 산업통상자원부장관이 지정·고시하는 물품등

(2) 지역등의 제한

산업통상자원부장관은 다음의 어느 하나에 해당하는 경우에는 대통령령으로 정하는 바에 따라 물품등의 수출과 수입을 제한하거나 금지할 수 있다(법 제5조).

① 우리나라 또는 "교역상대국"(trade partner; 우리나라의 무역 상대국)에 전쟁(war)·사변 또는 천재지변(natural disaster)이 있을 경우

② 교역상대국이 조약과 일반적으로 승인된 국제법규에서 정한 우리나라의 권익(rights and benefits)을 인정하지 아니할 경우

③ 교역상대국이 우리나라의 무역에 대하여 부당하거나 차별적인 부담 또는 제한 (unfair or discriminatory burdens or restrictions)을 가할 경우

④ 헌법(Constitution)에 따라 체결·공포된 무역에 관한 조약과 일반적으로 승인된 국제법규에서 정한 국제평화와 안전유지(maintenance of international peace and security) 등의 의무를 이행하기 위하여 필요할 경우

⑤ 국제평화와 안전유지를 위한 국제공조에 따른 교역 여건의 급변으로 교역상대국과의 무역에 관한 중대한 차질이 생기거나 생길 우려가 있는 경우

⑥ 인간의 생명·건강 및 안전(life, health and safety of human beings), 동물과 식물의 생명 및 건강(life and health of animals or plants), 환경보전(preservation of the environment) 또는 국내 자원(domestic resources)보호를 위하여 필요할 경우

제 2 절 수출과 수입의 개념

1. 물품등의 정의

"무역"이란 "물품등"(물품, 대통령령이 정하는 용역 또는 대통령령이 정하는 전자적 형태의 무체물)의 수출과 수입을 말한다(법 제2조 제1호).

즉, 한 국가의 경제주체가 외국에 대하여 물품등을 수출하거나 수입하는 것을 의미한다. 따라서 "물품등"이란 물품과 대통령령이 정하는 용역 또는 전자적 형태의 무체물을 말하는데, 그 정의를 살펴보면 다음과 같다.

● 무역의 대상

물품 (goods)	용역 (service)	전자적 형태의 무체물 (intangibles of electronic forms)
동산 (외국환거래법에서 정하는 지급수단, 증권 및 채권을 화체한 서류 제외)	■ 다음의 하나에 해당하는 업종의 사업을 영위하는 자가 제공하는 용역 - 경영상담업 - 법무관련 서비스업 - 회계 및 세무관련 서비스업 - 엔지니어링 서비스업 - 디자인 - 컴퓨터시스템 설계 및 자문업 - 문화산업에 해당하는 업종 - 관광사업에 해당하는 업종 - 운수업 - 지식기반용역 등 수출유망산업으로서 산업통상자원부장관이 정하여 고시하는 업종 (전기통신업, 금융 및 보험업, 임대업, 광고업, 사업시설 유지관리 서비스업, 교육 서비스업, 보건업, 연구개발업) ■ 국내의 법령 또는 대한민국이 당사자인 조약에 따라 보호되는 특허권·실용신안권·디자인권·상표권·저작권·저작인접권·프로그램저작권·반도체직접회로의배체설계권의 양도, 전용실시권의 설정 또는 통상실시권의 허락	■ 소프트웨어 ■ 부호·문자·음성·음향·이미지·영상 등을 디지털방식으로 제작하거나 처리한 자료 또는 정보 등으로서, 산업부장관이 정하여 고시하는 다음의 것 - 영상물(영화, 게임, 애니메이션, 만화, 캐릭터를 포함) - 음향·음성물 - 전자서적 - 데이터베이스 ■ 위의 집합체, 그 밖에 이와 유사한 전자적 형태의 무체물로서, 산업부장관이 정하여 고시하는 것

대외무역법 제2조

※ [인탠저블] 만질 수 없는, 무형의
[탠저블] 만질 수 있는, 유형의

(1) 물품의 범위

"물품"이란 다음의 것을 제외한 동산을 말한다(법 제2조 제2호).

① 「외국환거래법」에서 정하는 지급수단

② 「외국환거래법」에서 정하는 증권

③ 「외국환거래법」에서 정하는 채권을 화체(化体)한 서류

(2) 용역의 범위

"대통령령이 정하는 용역"이란 다음의 어느 하나에 해당하는 용역을 말한다($\binom{영\ 제3조\ 및}{규정\ 제3조\ 제3항}$).

① 다음의 어느 하나에 해당하는 업종의 사업을 영위하는 자가 제공하는 용역

    ㉮ 경영 상담업

    ㉯ 법무 관련 서비스업

    ㉰ 회계 및 세무 관련 서비스업

    ㉱ 엔지니어링 서비스업

    ㉲ 디자인

    ㉳ 컴퓨터시스템 설계 및 자문업

    ㉴ 「문화산업진흥 기본법」 제2조 제1호[1]에 따른 문화산업에 해당하는 업종

    ㉵ 운수업

    ㉶ "관광사업"(「관광진흥법」 제3조 제1항에 따른 관광사업)에 해당하는 업종

    ㉷ 그 밖에 지식기반용역 등 수출유망산업으로서 산업통상자원부장관이 정하여 고시하는 다음의 업종

        ㉠ 전기통신업

        ㉡ 금융 및 보험업

        ㉢ 임대업

        ㉣ 광고업

---

1) "문화산업"이란 문화상품의 기획·개발·제작·생산·유통·소비 등과 이에 관련된 서비스를 행하는 산업으로서 다음의 어느 하나에 해당하는 것을 포함한다.
  ① 영화와 관련된 산업
  ② 음반·비디오물·게임물과 관련된 산업
  ③ 출판·인쇄물·정기간행물과 관련된 산업
  ④ 방송영상물과 관련된 산업
  ⑤ 문화재와 관련된 산업
  ⑥ 예술성·창의성·오락성·여가성·대중성(이하 "문화적 요소"라 한다)이 체화되어 경제적 부가가치를 창출하는 캐릭터·애니메이션·디자인(산업디자인은 제외한다)·광고·공연·미술품·공예품과 관련된 산업
  ⑦ 디지털문화콘텐츠의 수립·가공·개발·제작·생산·저장·검색·유통 등과 이에 관련된 서비스를 행하는 산업
  ⑧ 그 밖에 전통의상·식품 등 대통령령으로 정하는 산업

ⓜ 사업시설 유지관리 서비스업

ⓗ 교육 서비스업

ⓢ 보건업

ⓞ 연구개발업

② 국내의 법령 또는 대한민국이 당사자인 조약에 따라 보호되는 특허권·실용신안권·디자인권·상표권·저작권·저작인접권·프로그램저작권·반도체집적회로의 배치설계권의 양도(讓渡), 전용실시권(專用實施權)의 설정 또는 통상실시권(通常實施權)의 허락

(3) 전자적 형태의 무체물의 범위

"대통령령이 정하는 전자적 형태의 무체물(intangibles of electronic forms)"이란 다음의 어느 하나에 해당하는 것을 말한다(영 제4조 및 규정 제4조).

① 소프트웨어(소프드웨어산업 진흥법 제2조 제1호[2])

② 부호·문자·음성·음향·이미지·영상 등을 디지털 방식으로 제작하거나 처리한 자료 또는 정보 등으로서 산업통상자원부장관이 정하여 고시하는 다음의 것

㉮ 영상물(영화, 게임, 애니메이션, 만화, 캐릭터를 포함)

㉯ 음향·음성물

㉰ 전자서적

㉱ 데이터베이스

③ 위의 ① 및 ②의 집합체와 그 밖에 이와 유사한 전자적 형태의 무체물로서 산업통상자원부장관이 정하여 고시하는 것

참고로, 소프트웨어 등과 같은 전자적 형태의 무체물이 CD, 디스켓, 음반 등의 형태로 거래되는 경우에는 전자적 형태의 무체물이 아니라 물품에 해당하는 것으로 본다.

2. 수출의 정의

수출(export)이란 통상 매매의 목적물인 물품등을 외국에 매각하는 것, 즉 국내거주자가 외국의 거래상대방에게 물품등을 공급하고 그에 상응하는 경제적 대가를 수취하는 것

---

2) "소프트웨어"란 컴퓨터·통신·자동화 등의 장치와 그 주변장치에 대하여 명령·제어·입력·처리·저장·출력·상호 작용이 가능하도록 하게 하는 지시·명령(음성이나 영상정보 등을 포함한다)의 집합과 이를 작성하기 위하여 사용된 기술서 기타 관련 자료를 말한다(소프트웨어산업 진흥법 제2조 제1호).

으로서, 대외무역법령에서는 수출의 정의를 다음의 어느 하나에 해당하는 것으로서 규정하고 있다(영 제2조 제3호 및 규정 제2조 제3호·제3조 제1항·제5조).

① 매매[3], 교환[4], 임대차[5], 사용대차(使用貸借)[6], 증여[7] 등을 원인으로 국내에서 외국[8]으로 물품이 이동하는 것[우리나라의 선박으로 외국에서 채취한 광물(鑛物) 또는 포획한 수산물을 외국에 매도(賣渡)하는 것을 포함한다]

② 「관세법」 제196조에 따른 보세판매장에서 외국인에게 국내에서 생산(제조·가공·조립·수리·재생 또는 개조하는 것을 말한다. 이하 같다)된 물품을 매도하는 것

③ 유상(有償)으로 외국에서 외국으로 물품을 인도(引渡)하는 것으로서 산업통상자원부장관이 정하여 고시하는 기준에 해당하는 것, 즉 중계무역에 의한 수출, 외국인도수출

④ "거주자"(「외국환거래법」 제3조 제1항 제14호에 따른 거주자)가 "비거주자"(「외국환거래법」 제3조 제1항 제15호에 따른 비거주자)에게 산업통상자원부장관이 정하여 고시하는 다음의 어느 하나의 방법으로 제3조에 따른 용역을 제공하는 것

㉮ 용역의 국경을 넘은 이동에 의한 제공

㉯ 비거주자의 국내에서의 소비에 의한 제공

㉰ 거주자의 상업적 해외주재에 의한 제공

㉱ 거주자의 외국으로의 이동에 의한 제공

⑤ 거주자가 비거주자에게 제4조에 따른 전자적 형태의 무체물(無體物)을 다음의 방법으로 인도하는 것

㉮ 정보통신망을 통한 전송

㉯ 그 밖에 산업통상자원부장관이 정하여 고시하는 방법으로 인도하는 것, 즉 컴퓨터 등 정보처리능력을 가진 장치에 저장한 상태로 반출한 후 인도하는 것

---

3) 매매란 당사자 일방이 재산권을 상대방에 이전할 것을 약정하고, 상대방이 그 대금을 지급할 것을 약정함으로써 성립하는 계약을 말한다.

4) 교환이란 당사자 쌍방이 서로 금전이외의 재산권을 이전할 것을 약정함으로써 성립하는 계약을 말한다.

5) 임대차란 당사자 일방(임대인)이 상대방(임차인)에게 목적물(임차물)을 사용·수익하게 할 것을 약정하고, 상대방이 이에 대하여 차임을 지급할 것을 약정함으로써 성립하는 계약을 말한다.

6) 사용대차란 당사자 일방(貸主)이 상대방(借主)에게 무상으로 사용·수익하게 하기 위하여 목적물을 인도할 것을 약정하고, 상대방은 이를 사용·수익한 후 그 물건을 반환할 것을 약정함으로써 성립하는 계약을 말한다.

7) 증여란 당사자일방이 무상으로 재산을 상대방에게 수여하는 의사를 표시하고, 상대방이 이를 승낙함으로써 성립하는 계약을 말한다.

8) 여기서 국내란 대한민국의 주권이 미치는 지역을 말하고, 외국이란 국내 이외의 지역을 말한다(영 제2조 제1호 및 제2호).

또한, "수탁가공무역"의 경우, 위탁자가 지정하는 자가 국내에 있음으로써 보세공장 및 자유무역지역에서 가공한 물품등을 외국으로 수출할 수 없는 경우 「관세법」에 따른 수탁자의 수출·반출은 이를 「대외무역법」에 따른 수출로 본다(규정 제2조 제7호).

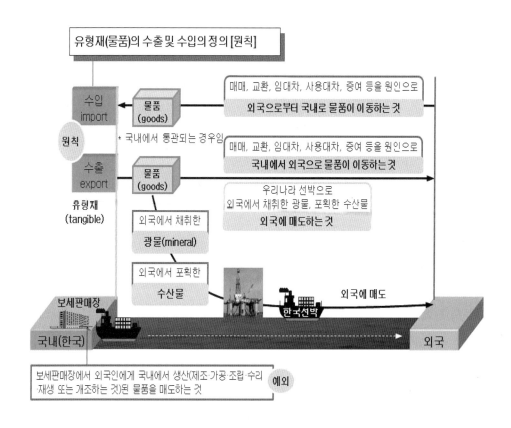

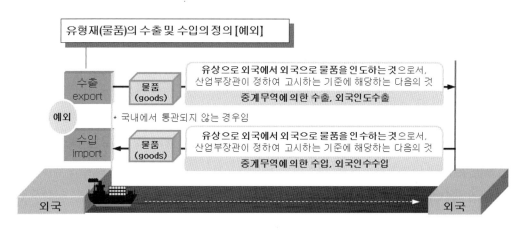

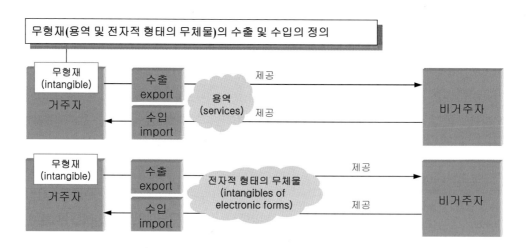

참고로, 2003년 9월 및 12월의 대외무역법령의 개정에서는 서비스(용역)의 제공방법에 대해 WTO 서비스 공급방법에 관한 4가지 유형을 준용하여 서비스의 수출입 방법에 대하여 정의하고 있다.[9]

구분	서비스의 수출입 방법
유형 1	서비스의 국경간 이동에 의한 공급 (사례 : 우리나라 SI업체가 온라인을 통해 해외업체에 컨설팅 제공)
유형 2	비거주자(거주자)의 국내(외국) 소비에 의한 공급 (사례 : 해외업체가 우리나라에 들어와서 우리나라 SI업체에게 컨설팅을 제공받음)
유형 3	거주자(비거주자)의 상업적 해외(국내)주재에 의한 공급(사례 : 우리나라 SI업체가 해외지점을 통해 해외업체에 컨설팅 제공)
유형 4	거주자(비거주자)의 외국(국내) 이동에 의한 공급 (사례 : 우리나라 SI업체 직원이 해외로 파견되어 해외업체에 컨설팅 제공)

---

9) 지식경제부, 보도자료, 2003.12.29.

● 거주자와 비거주자의 구분(「외국환거래법」 제3조 제1항 제14호·제15호 및 제2항, 시행령 제10조)

구분	거 주 자	비 거 주 자
원칙	• 대한민국에 주소 또는 거소를 둔 개인 • 대한민국에 주된 사무소를 둔 법인	• 거주자외의 개인 • 거주자외의 법인
대한민국의 국민	• 대한민국 재외공관에서 근무할 목적으로 외국에 파견되어 체재하고 있는 자 • 비거주자이었던 자로서 입국하여 3개월 이상 체재하고 있는 자 • 그 밖에 영업양태, 주요 체재지 등을 고려하여 거주자로 판단할 필요성이 인정되는 자로서 기획재정부장관이 정하는 자	• 외국에서 영업활동에 종사하고 있는 자 • 외국에 있는 국제기구에서 근무하고 있는 자 • 2년 이상 외국에 체재하고 있는 자. 이 경우 일시 귀국의 목적으로 귀국하여 3개월 이내의 기간동안 체재한 경우 그 체재기간은 2년에 포함되는 것으로 본다. • 그 밖에 영업양태, 주요 체재지 등을 고려하여 비거주자로 판단할 필요성이 인정되는 자로서 기획재정부장관이 정하는 자
외국인	• 국내에서 영업활동에 종사하고 있는 자 • 6개월 이상 국내에 체재하고 있는 자 • 거주자이었던 외국인으로서 출국 후 6개월 이내에 국내에 6개월 이상 체재할 목적으로 다시 입국하여 체재하고 있는 자(미합중국군대등과 우측의 첫 번째 및 두 번째 비거주자 제외)	• 국내에 있는 외국정부의 공관 또는 국제기구에서 근무하는 외교관·영사 또는 그 수행원이나 사용인 • 외국정부 또는 국제기구의 공무로 입국하는 자 • 거주자였던 외국인으로서 출국하여 외국에서 3개월 이상 체재 중인 자
법인· 단체등	• 대한민국 재외공관 • 국내에 주된 사무소가 있는 단체·기관, 그 밖에 이에 준하는 조직체 • 비거주자의 대한민국에 있는 지점·출장소, 그 밖의 사무소(법률상 대리권 유무 불문)	• 국내에 있는 외국정부의 공관과 국제기구 • "미합중국군대등", 미합중국군대등의 구성원·군속·초청계약자와 미합중국군대등의 비세출자금기관·군사우편국 및 군용은행시설 • 외국에 있는 국내법인 등의 영업소 및 그 밖의 사무소 • 외국에 있는 주된 사무소가 있는 단체·기관, 그 밖에 이에 준하는 조직체

거주자 또는 비거주자에 의하여 주로 생계를 유지하는 동거 가족은 해당 거주자 또는 비거주자의 구분에 따라 거주자 또는 비거주자로 구분한다.

용역(service)의 수출입의 4가지 유형

유형 1

거주자 / 국내

수출 export → 실례 우리나라 SI업체가 온라인을 통해 해외업체에 컨설팅 제공

용역의 국경을 넘은 이동에 의한 제공

수입 import ← 실례 우리나라 SI업체가 온라인을 통해 해외업체로부터 컨설팅 제공받음

비거주자 / 외국

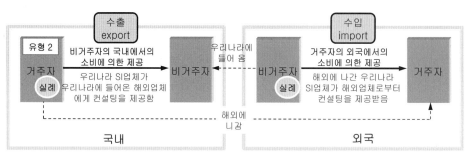

유형 2

수출 export — 비거주자의 국내에서의 소비에 의한 제공 — 비거주자
실례 우리나라 SI업체가 우리나라에 들어온 해외업체에게 컨설팅을 제공함
거주자 / 국내

우리나라에 들어 옴
해외에 나감

수입 import — 거주자의 외국에서의 소비에 의한 제공 — 거주자
실례 해외에 나간 우리나라 SI업체가 해외업체로부터 컨설팅을 제공받음
외국

※ SI (System integration; 시스템통합) : 기업이 필요로 하는 정보시스템에 관한 기획, 개발, 구축 및 운영의 모든 서비스를 제공하는 일.
※ 시스템통합 사업자(system Integrator)는 SI 서비스를 제공하는 사업자로서, 주로 컴퓨터 제조회사, 정보처리 서비스회사, 소프트웨어 개발회사, 부가가치통신망 사업자, 컨설턴트 회사 등을 말한다.

유형 3

수입 import — 비거주자의 상업적 국내주재에 의한 제공 — 비거주자 (국내지점)
실례 우리나라 SI업체가 해외업체의 국내지점을 통해 컨설팅 제공받음
거주자 / 국내

국내지점
해외지점

수출 export — 거주자의 상업적 해외주재에 의한 제공 — 비거주자
실례 우리나라 SI업체가 해외지점을 통해 해외업체에 컨설팅 제공함
거주자 (해외지점) / 외국

유형 4

수입 import — 비거주자의 국내로 이동에 의한 제공
실례 우리나라 SI업체가 국내로 파견된 해외업체 직원으로부터 컨설팅 제공받음
거주자 / 국내

직원 국내파견
직원 해외파견

수출 export — 거주자의 외국으로의 이동에 의한 제공 — 비거주자
실례 우리나라 SI업체 직원이 해외로 파견되어 해외업체에 컨설팅 제공함
외국

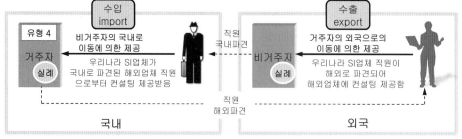

과거 무역거래법에서는 통관기준에 의한 직수출뿐만 아니라 국내에서의 외화획득행위까지 모두 수출의 범위에 포함시켰었으나, 1987년에 제정된 「대외무역법」에서는 그 범위를 축소하여 통관기준에 의한 직수출만 수출로 인정하고 있다. 수출의 범위를 이와 같이 축소시키는 것은 대외무역의 개념을 명확히 함은 물론 과다한 수출실적으로 통상압력을 회피하기 위해서이다. 또한, 2003년 개정에서는 수출입의 정의에 있어서 물품 및 전자적 형태의 무체물의 수출입에 용역의 공급을 추가하였다.

한편, 「관세법」에서의 수출이란 내국물품을 외국으로 반출하는 것으로서, 여기서 내국물품이란 다음의 하나에 해당되는 물품을 말한다(관세법 제2조 제2호 및 제4호).

① 우리나라에 있는 물품으로서 외국물품이 아닌 것
② 우리나라 선박 등에 의하여 공해에서 채집 또는 포획된 수산물 등
③ 입항전 수입신고가 수리된 물품
④ 수입신고수리전 반출승인을 얻어 반출된 물품
⑤ 수입신고수리전 즉시반출신고를 하고 반출된 물품

3. 수입의 정의

수입(import)이란 매매의 목적물인 물품등을 외국으로부터 구매하는 것, 즉 국내거주자가 외국으로부터 물품등을 수령하고 그에 상응하는 경제적 가치를 제공하는 것으로서 대외무역법령에서는 수입의 정의를 다음의 어느 하나에 해당하는 것으로서 규정하고 있다(영 제2조 제4호 및 규정 제2조 제3호·제3조 제1항·제5조).

① 매매, 교환, 임대차, 사용대차, 증여 등을 원인으로 외국으로부터 국내로 물품이 이동하는 것
② 유상으로 외국에서 외국으로 물품을 인수하는 것으로서 산업통상자원부장관이 정하여 고시하는 기준에 해당하는 중계무역에 의한 수입, 외국인수수입
③ 비거주자가 거주자에게 산업통상자원부장관이 정하여 고시하는 다음의 어느 하나의 방법으로 제3조에 따른 용역을 제공하는 것
　㉮ 용역의 국경을 넘은 이동에 의한 제공
　㉯ 거주자의 외국에서의 소비에 의한 제공
　㉰ 비거주자의 상업적 국내주재에 의한 제공

㈜ 비거주자의 국내로 이동에 의한 제공

④ 비거주자가 거주자에게 제4조에 따른 전자적 형태의 무체물(無體物)을 다음의 방법으로 인도하는 것

㉮ 정보통신망을 통한 전송

㉯ 그 밖에 산업통상자원부장관이 정하여 고시하는 방법으로 인도하는 것, 즉 컴퓨터 등 정보처리능력을 가진 장치에 저장한 상태로 반입한 후 인도하는 것

또한, "수탁가공무역"의 경우, 위탁자가 지정하는 자가 국내에 있음으로써 보세공장 및 자유무역지역에서 가공한 물품등을 외국으로 수출할 수 없는 경우 「관세법」에 따른 위탁자가 지정한 자의 수입·반입·사용은 이를 「대외무역법」에 따른 수입으로 본다(규정 제2조 제7호).

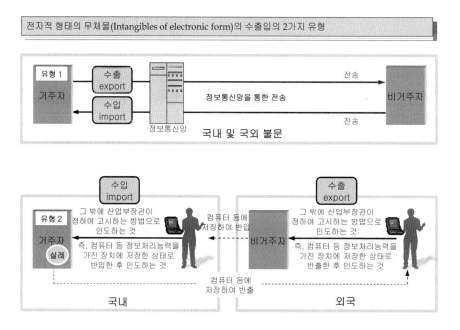

전자적 형태의 무체물(Intangibles of electronic form)의 수출입의 2가지 유형

한편, 「관세법」에서의 수입이란 "외국물품"(다음의 하나에 해당하는 물품)을 우리나라에 반입(보세구역을 경유하는 것은 보세구역으로부터 반입하는 것)하거나 우리나라에서 소비 또는 사용하는 것(우리나라의 운송수단안에서의 소비 또는 사용을 포함하며, 제239조[10] 각호의 하나에 해당하는 소비 또는 사용을 제한한다)을 말한다(관세법 제2조 제1호 및 제3호).

---

10) 외국물품의 소비 또는 사용이 다음의 하나에 해당하는 때에는 이를 수입으로 보지 아니한다(「관세법」 제239조).
　　① 선용품 또는 기용품을 운송수단안에서 그 용도에 따라 소비 또는 사용하는 경우
　　② 여행자가 휴대품을 운송수단 또는 관세통로에서 소비 또는 사용하는 경우

① 외국으로부터 우리나라에 도착된 물품(외국의 선박 등에 의하여 공해에서 채집 또는 포획된 수산물 등을 포함한다)으로서 수입신고가 수리되기 전의 것
② 수출신고가 수리된 물품

4. 물품과 무체물의 수출입 차이

물품의 수출입에는 국경의 개념을 사용하고 있으나, 전자적 형태의 무체물의 수출입에는 거래주체를 기준으로 수출입의 개념을 사용하고 있다.

※ 정보통신망을 통하지 않고 거주자가 비거주자에게 소프트웨어 등을 인도할 목적으로 노트북컴퓨터 등에 내장한 채 휴대반출하는 경우, 그 소프트웨어는 수출의 범위에 포함됨.

즉, 물품의 수출입은 국내(대한민국의 주권이 미치는 지역)와 외국(국내이외의 지역)간에 물품의 이동이 일어나는 거래로서 국경의 개념을 사용하고 있다. 그러나, 전자적 형태의 무체물의 수출입은 국경을 초월한 정보통신망을 통하여 거래되므로 「외국환거래법」 제3조 제14호 및 제15호에 따른 거주자와 비거주자간에 소프트웨어 등을 전송 및 인도·인수하는 것을 말한다. 즉 거래주체를 기준으로 수출입의 개념을 정의하고 있다.

국내에서 거주자와 비거주자간에 물품을 인도·인수하는 것은 주권이 미치는 영역내에서의 물품이동이므로 「대외무역법」에 의한 수출입의 범위에 포함되지 않지만, 국내에서 국내서버 등의 정보통신망을 통하여 전자적 형태의 무체물을 「외국환거래법」에 의한 거주자와 비거주자간에 인도·인수하는 것은 「대외무역법」에 의한 수출입의 범위에 포함된다.

또한, 정보통신망을 통하지 않고 국내거주자가 비거주자에게 소프트웨어 등을 인도할 목적으로 노트북컴퓨터 등에 내장한 채 휴대반출하는 경우에는 동 소프트웨어는 수출의 범위에 포함된다.[11]

---

③ 「관세법」의 규정에 의하여 인정된 바에 따라 소비 또는 사용하는 경우

제 3 절 수출과 수입실적

1. 수출입실적의 개요

2003년 9월 및 12월의 대외무역법령 개정에 따라 2004년부터 컨설팅, 엔지니어링, 컴퓨터 시스템 설계 등 서비스(용역)를 해외에 제공하는 경우에도 수출실적으로 인정받았다. 따라서, 서비스(용역)의 수출의 경우에도 무역금융·수출보험 등을 이용할 수 있게 되었다. 예를 들면, 우리나라 SI업체가 해외에 인력을 파견하여 외국기업의 ERP시스템을 구축하는 서비스를 제공하면 수출실적에 해당한다.

한편, 수출입실적은 다음에서 살펴보는 바와 같이 수출입의 개념과는 다소 차이가 있지만, 무역금융한도결정 및 자금지원, 해외시장개척기금의 지원, 무역의 날 포상, 자율관리기업의 지정 등과 같이 국가무역정책의 목표달성 및 원활한 무역거래의 촉진 등을 위한 기초 자료로 활용되고 있다.

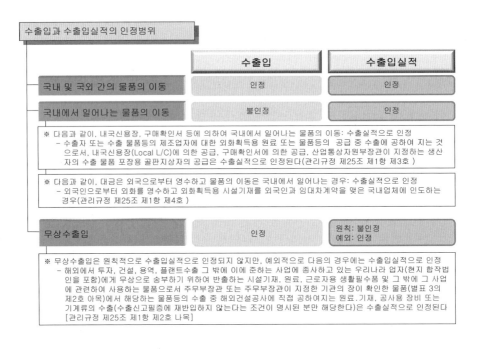

수출입과 수출입실적의 인정범위	수출입	수출입실적
국내 및 국외 간의 물품의 이동	인정	인정
국내에서 일어나는 물품의 이동	불인정	인정

※ 다음과 같이, 내국신용장, 구매확인서 등에 의하여 국내에서 일어나는 물품의 이동: 수출실적으로 인정
- 수출자 또는 수출 물품등의 제조업자에 대한 외화획득용 원료 또는 물품등의 공급 중 수출에 공하여 지는 것으로서, 내국신용장(Local L/C)에 의한 공급, 구매확인서에 의한 공급, 산업통상자원부장관이 지정하는 생산자의 수출 물품 포장용 골판지상자의 공급은 수출실적으로 인정된다(관리규정 제25조 제1항 제3호)

※ 다음과 같이, 대금은 외국으로부터 영수하고 물품의 이동은 국내에서 일어나는 경우: 수출실적으로 인정
- 외국인으로부터 외화를 영수하고 외화획득용 시설기재를 외국인과 임대차계약을 맺은 국내업체에 인도하는 경우(관리규정 제25조 제1항 제4호)

무상수출입	인정	원칙: 불인정 예외: 인정

※ 무상수출입은 원칙적으로 수출입실적으로 인정되지 않지만, 예외적으로 다음의 경우에는 수출입실적으로 인정
- 해외에서 투자, 건설, 용역, 플랜트수출 그 밖에 이에 준하는 사업에 종사하고 있는 우리나라 업자(현지 합작법인을 포함)에게 무상으로 송부하기 위하여 반출하는 시설기재, 원료, 근로자용 생활필수품 및 그 밖에 그 사업에 관련하여 사용하는 물품으로서 주무부장관 또는 주무부장관이 지정한 기관의 장이 확인한 물품(별표 3의 제2호 아목)에서 해당하는 물품등의 수출 중 해외건설공사에 직접 공하여지는 원료.기재, 공사용 장비 또는 기계류의 수출(수출신고필증에 재반입하지 않는다는 조건이 명시된 분만 해당한다)은 수출실적으로 인정된다
[관리규정 제25조 제1항 제2호 나목]

---

11) 이병학, 대외무역법규 주요 개정내용 해설, 지식경제부

첫째, 대외무역법상의 수출입은 국내에서 외국으로, 외국으로부터 국내로, 또는 외국에서 외국으로의 물품의 이동을 의미한다. 반면, 수출입실적은 국내외간의 물품이동 뿐만 아니라 국내에서 일어나는 물품의 이동도 수출실적으로 인정하고 있다.

즉, 내국신용장, 구매확인서 등에 의해 국내에서 일어나는 물품의 이동도 수출실적으로 인정하고 있다. 이와 관련된 규정으로서, 대외무역관리규정 제25조 제1항 제3호에서는 "수출자 또는 수출 물품등의 제조업자에 대한 외화획득용 원료 또는 물품등의 공급 중 수출에 공하여 지는 것으로서, 내국신용장(Local L/C)에 의한 공급, 구매확인서에 의한 공급, 산업통상자원부장관이 지정하는 생산자의 수출 물품 포장용 골판지상자의 공급은 수출실적으로 인정된다"고 규정하고 있다.

또한, 대금은 외국으로부터 영수하고 물품의 이동은 국내에서 일어나는 경우에도 외국에 본점을 두고 있는 해외법인과 해외법인의 국내지점간에 주로 발생하고 있는 거래인 점을 감안하여 수출실적으로 인정하고 있다. 이와 관련된 규정으로서, 대외무역관리규정 제25조 제1항 제4호에서는 "외국인으로부터 외화를 영수하고 외화획득용 시설기재를 외국인과 임대차계약을 맺은 국내업체에 인도하는 경우"라고 규정하고 있다.

둘째, 무상수출입은 수출입의 범위에는 포함되지만, 수출입실적으로는 인정되지 않는다.

즉, 「대외무역법」상의 수출입은 국내에서 외국으로, 외국으로부터 국내로, 또는 외국에서 외국으로의 물품의 이동을 의미하는 것으로서 수출입이 발생하는 원인에 대하여는 유상과 무상을 구분하지 않고 있기 때문에 유상과 무상 모두 수출입의 범위에 포함된다. 반면, 수출입실적의 경우에 무상수출입은 원칙적으로 수출입실적으로 인정되지 않는다. 다만, 국내업체가 해외건설공사를 수행하기 위해서 국내기자재를 반출하여 사용하는 것이 자주 발생하기 때문에 이 경우에는 효율적인 건설공사의 수행을 지원하기 위해서 수출실적으로 인정하고 있다.

이와 관련된 규정으로서, 대외무역관리규정 제25조 제1항 제2호 나목에서는 "해외에서 투자, 건설, 용역, 플랜트수출 그 밖에 이에 준하는 사업에 종사하고 있는 우리나라 업자(현지 합작법인을 포함한다)에게 무상으로 송부하기 위하여 반출하는 시설기재, 원료, 근로자용 생활필수품 및 그 밖에 그 사업에 관련하여 사용하는 물품으로서 주무부장관 또는 주무부장관이 지정한 기관의 장이 확인한 물품(별표 3의 제2호 아목)에서 해당하는 물품등의 수출 중 해외건설공사에 직접 공하여지는 원료·기재, 공사용 장비 또는 기계류의 수출(수출신고필증에 재반입하지 않는다는 조건이 명시된 분만 해당한다)은 수출실적으로 인정된다"고 규정하고 있다.

2. 수출실적

(1) 수출실적의 의의

"수출실적"이란 산업통상자원부장관이 정하여 고시하는 기준에 해당하는 수출통관액·입금액, 가득액(稼得額)과 수출에 제공되는 외화획득용 원료·기재의 국내공급액을 말한다($\frac{영\ 제2조}{제11호}$).

(2) 수출실적의 인정범위

수출실적의 인정범위는 다음과 같다($\frac{규정\ 제25조}{제1항}$).

① 수출의 정의(영 제2조 제3호) 중 유상으로 거래되는 수출(대북한 유상반출실적 포함)

② 수출승인이 면제되는 수출 중 다음의 어느 하나에 해당히는 수출

    ㉮ 외국에서 개최되는 박람회, 전람회, 견본시, 영회제 등에 출품하기 위하여 무상으로 반출하는 물품등(별표 3의 제2호 나목)의 수출로서 현지에서 매각된 것

    ㉯ 해외에서 투자, 건설, 용역, 플랜트수출 그 밖에 이에 준하는 사업에 종사하고 있는 우리나라 업자(현지 합작법인 포함)에게 무상으로 송부하기 위하여 반출하는 시설기재, 원료, 근로자용 생활필수품 및 그 밖에 그 사업에 관련하여 사용하는 물품으로서 주무부장관 또는 주무부장관이 지정한 기관의 장이 확인한 물품등[별표 3의 제2호 아목]의 수출 중 해외건설공사에 직접 공하여지는 원료·기재, 공사용 장비 또는 기계류의 수출[수출신고필증에 재반입하지 않는다는 조건이 명시된 분만 해당한다]

③ 수출자 또는 수출 물품등의 제조업자에 대한 외화획득용 원료 또는 물품등의 공급 중 수출에 공하여 지는 것으로 다음의 어느 하나에 해당하는 경우

    ㉮ 내국신용장(Local L/C)[12]에 의한 공급

    ㉯ 구매확인서[13]에 의한 공급

---

12) "내국신용장"이란 한국은행총재가 정하는 바에 따라 외국환은행의 장이 발급하여 국내에서 통용되는 신용장을 말한다(규정 제2조 제19호).

13) "구매확인서"란 외화획득용 원료·기재를 구매하려는 경우 또는 구매한 경우 외국환은행의 장 또는 "전자무역기반사업자"(「전자무역촉진에 관한 법률」 제6조에 따라 산업통상자원부장관이 지정한 전자무역기반사업자)가 내국신용장에 준하여 발급하는 증서(구매한 경우에는 구매확인서 신청인이 세금계산서를 발급받아 「부가가치세법 시행규칙」 제9조의2에서 정한 기한 내에 신청하여 발급받은 증서에 한한다)를 말한다(규정 제2조

㉲ 산업통상자원부장관이 지정하는 생산자의 수출 물품 포장용 골판지상자의 공급

④ 외국인으로부터 대금을 영수하고 외화획득용 시설기재를 외국인과 임대차계약을 맺은 국내업체에 인도하는 경우

⑤ 외국인으로부터 대금을 영수하고 "자유무역지역"(「자유무역지역의 지정 및 운영에 관한 법률」 제2조14))으로 반입신고한 물품등을 공급하는 경우

⑥ 외국인으로부터 대금을 영수하고 그가 지정하는 자가 국내에 있음으로써 물품등을 외국으로 수출할 수 없는 경우「관세법」 제154조에 따른 보세구역으로 물품등을 공급하는 경우

(3) 수출실적의 인정금액

수출실적의 인정금액은 다음의 경우를 제외하고는 수출통관액(FOB가격기준)으로 한다(규정 제26조 제1항~제3항).

① 중계무역에 의한 수출의 경우에는 수출금액(FOB가격)에서 수입금액(CIF가격)을 공제한 가득액

즉, 중계무역의 경우에는 수출·수입금액을 각각 수출입실적으로 인정하지 않고 가득액만을 수출금액으로 인정하고 있다. 왜냐하면 중계무역에 의한 수출·수입금액을 각각 수출입실적으로 인정한다면 외화가득금액에 비해 수출입실적이 과다하게 계상되는 등의 불합리한 점이 있기 때문이다.

② 외국인도수출의 경우에는 외국환은행의 입금액(단, 위탁가공된 물품을 외국에 판매하는 경우에는 판매액에서 원자재 수출금액 및 가공임을 공제한 가득액)

즉, 위탁가공된 물품을 외국인도수출하는 경우에는 판매액에서 원자재 수출금액 및 가공임을 공제한 가득액(기타 외국인도수출의 경우에는 외국환은행의 입금액)을 수출금액으로 인정하고 있다. 왜냐하면, 원자재 수출금액이나 가공임 해외지급액을 모두 수출실적으로 인정한다면 수출실적 중복의 문제가 발생하기 때문이다.

③ 외국에서 개최되는 박람회, 전람회, 견본시, 영화제 등에 출품하기 위하여 무상으로 반출하는 물품등(별표 3의 제2호 나목)의 수출로서 현지에서 매각된 것은 외국환은

18호).

14) "자유무역지역"이란 「관세법」·「대외무역법」 등 관계법률에 대한 특례와 지원을 통하여 자유로운 제조·물류·유통 및 무역활동 등을 보장하기 위한 지역으로서 제4조에 따라 지정된 지역을 말한다.

행의 입금액

④ 원양어로에 의한 수출 중 현지경비사용분은 외국환은행의 확인분

　　원양어로에 의한 수출 중 현지경비사용분은 주로 원양어로작업을 하기 위해 현지에서 사용한 유류비, 원양어선 유지수선비, 소모품비 등의 경비가 포함된다.

⑤ 용역 수출의 경우에는 용역의 수출·수입실적의 확인 및 증명 발급기관의 장이 외국환은행을 통하여 입금확인한 금액

⑥ 전자적 형태의 무체물의 수출의 경우에는 한국무역협회장 또는 한국소프트웨어산업협회장이 외국환은행을 통하여 입금확인한 금액

⑦ 수출자 또는 수출 물품등의 제조업자에 대한 외화획득용 원료 또는 물품등의 공급 중 수출에 공하여 지는 것으로서, 내국신용장(Local L/C)에 의한 공급, 구매확인서에 의한 공급, 산업통상자원부장관이 지정하는 생산자의 수출 물품 포장용 골판지상자의 공급에 의한 수출실적의 인정금액은 외국환은행의 결제액 또는 확인액

⑧ 외국인으로부터 대금을 영수하고 외화획득용 시설기재를 외국인과 임대차계약을 맺은 국내업체에 인도하는 경우의 수출실적의 인정금액은 외국환은행의 입금액으로 한다.

⑨ 외국인으로부터 대금을 영수하고 "자유무역지역"(자유무역지역의 지정 및 운영에 관한 법률 제2조)으로 반입신고한 물품등을 공급하는 경우의 수출실적의 인정금액은 외국환은행의 입금액으로 한다.

⑩ 외국인으로부터 대금을 영수하고 그가 지정하는 자가 국내에 있음으로써 물품등을 외국으로 수출할 수 없는 경우 「관세법」 제154조에 따른 보세구역으로 물품등을 공급하는 경우의 수출실적의 인정금액은 외국환은행의 입금액으로 한다.

(4) 수출실적의 인정시점

수출실적의 인정시점은 다음과 같다(규정 제27조 제1항 및 제2항).

① 다음의 수출실적의 인정시점은 수출신고수리일로 한다.

　　㉮ 수출의 정의(영 제2조 제3호에 의한 수출) 중 유상으로 거래되는 수출

　　㉯ 수출승인이 면제되는 물품등 중 해외에서 투자, 건설, 용역, 플랜트수출 그 밖에 이에 준하는 사업에 종사하고 있는 우리나라 업자(현지 합작법인을 포함한다)에게 무상으로 송부하기 위하여 반출하는 시설기재, 원료, 근로자용 생활필수품 및

그 밖에 그 사업에 관련하여 사용하는 물품으로서 주무부장관 또는 주무부장관이 지정한 기관의 장이 확인한 물품등[별표 3의 제2호 아목]의 수출 중 해외건설 공사에 직접 공하여지는 원료·기재, 공사용 장비 또는 기계류의 수출(수출신고 필증에 재반입하지 않는다는 조건이 명시된 분에 한한다)

② 다음의 수출실적의 인정시점은 입금일로 한다.

㉮ 수출의 정의(영 제2조 제3호에 의한 수출) 중 유상으로 거래되는 수출 중 용역 또는 전자적 형태의 무체물의 수출

㉯ 수출승인이 면제되는 물품등 중 외국에서 개최되는 박람회, 전람회, 견본시, 영화제 등에 출품하기 위하여 무상으로 반출하는 물품등(별표 3의 제2호 나목)의 수출로서 현지에서 매각된 것

㉰ 중계무역

㉱ 외국인도수출

㉲ 외국인으로부터 대금을 영수하고 외화획득용 시설기재를 외국인과 임대차계약을 맺은 국내업체에 인도하는 경우의 수출

㉳ 외국인으로부터 대금을 영수하고 "자유무역지역"(자유무역지역의 지정 및 운영에 관한 법률 제2조)으로 반입신고한 물품등을 공급하는 경우

㉴ 외국인으로부터 대금을 영수하고 그가 지정하는 자가 국내에 있음으로써 물품등을 외국으로 수출할 수 없는 경우「관세법」제154조에 따른 보세구역으로 물품등을 공급하는 경우

③ 수출자 또는 수출 물품등의 제조업자에 대한 외화획득용 원료 또는 물품등의 공급 중 수출에 공하여 지는 것으로서, 내국신용장(Local L/C)에 의한 공급, 구매확인서에 의한 공급, 산업통상자원부장관이 지정하는 생산자의 수출 물품 포장용 골판지상자의 공급에 의한 수출실적의 인정시점은 다음과 같다.

㉮ 외국환은행을 통하여 대금을 결제한 경우에는 결제일

㉯ 외국환은행을 통하여 대금을 결제하지 아니한 경우에는 당사자간의 대금 결제일

(5) 수출실적의 인정범위, 금액 및 시점의 종합

(가) 수출실적의 원칙적 적용

수출실적의 인정범위, 금액 및 시점은 원칙적으로 다음과 같다.

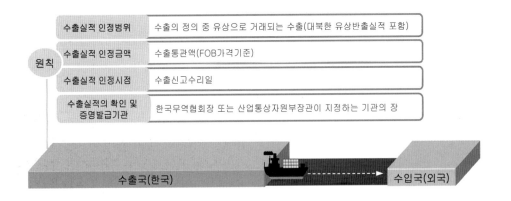

(나) 외국의 박람회 등에 출품된 물품의 수출실적

수출승인이 면제되는 수출 중 외국에서 개최되는 박람회, 전람회, 견본시, 영화제 등에 출품하기 위하여 무상으로 반출하는 물품(별표 3 제2호 나목)의 수출로서 현지에서 매각 된 것의 수출실적은 다음과 같다.

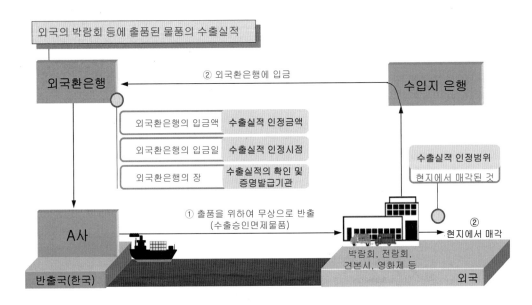

(다) 해외건설공사에 공하여지는 물품의 수출실적

수출승인이 면제되는 수출 중 해외에서 투자, 건설, 용역, 플랜트수출 기타 이에 준하는 사업에 종사하고 있는 우리나라 업자(현지 합작법인 포함)에게 무상으로 송부하기 위하여 반출하는 시설기재, 원료, 근로자용 생활필수품 및 기타 그 사업에 관련하여 사용한 물품 으로서 주무부장관 또는 주무부장관이 지정한 기관의 장이 확인한 물품(별표 3의 제2호 아목)의 수출중 해외건설공사에 직접 공하여지는 원료·기재, 공사용장비 또는 기계류의 수출(수출신고필증에 재반입하지 않는다는 조건이 명시된 분에 한한다)실적은 다음과 같다.

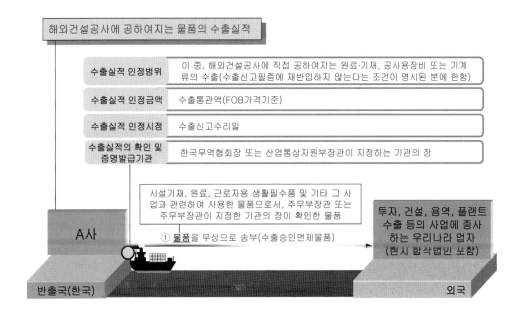

(라) 내국신용장, 구매확인서 등에 의한 물품공급의 수출실적

수출자 또는 수출 물품등의 제조업자에 대한 외화획득용 원료 또는 물품등의 공급 중 수출에 공하여 지는 것으로서, 내국신용장(Local L/C)에 의한 공급, 구매확인서에 의한 공급, 산업통상자원부장관이 지정하는 생산자의 수출 물품 포장용 골판지상자의 공급에 의한 수출실적은 다음과 같다.

① 내국신용장에 의한 물품공급의 수출실적

수출자 또는 수출 물품등의 제조업자에 대한 외화획득용 원료 또는 물품등의 공급 중 수출에 공하여 지는 것으로서, 내국신용장(Local L/C)에 의한 물품공급과 관련하여, 수출실적의 인정금액은 내국신용장에 의한 공급이고, 수출실적의 인정금액은 외국환은행의 결제액이고, 수출실적의 인정시점은 외국환은행의 결제일이고, 수출실적의 확인 및 증명 발급기관은 외국환은행의 장이다.

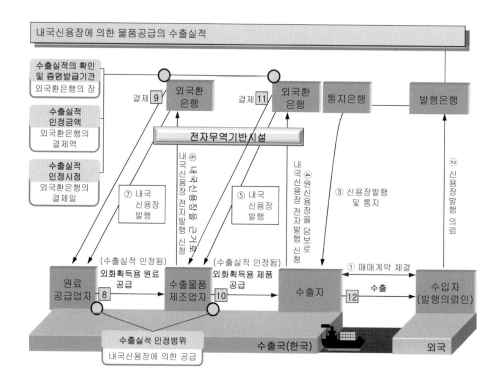

② 구매확인서에 의한 물품공급의 수출실적

수출자 또는 수출 물품등의 제조업자에 대한 외화획득용 원료 또는 물품등의 공급 중 수출에 공하여 지는 것으로서, 구매확인서에 의한 물품공급과 관련하여, 수출실적의 인정금액은 구매확인서에 의한 공급이고, 수출실적의 인정금액은 외국환은행의 확인액이고, 수출실적의 인정시점은 외국환은행의 결제일(외국환은행을 통하여 결제한 경우) 또는 당사자간의 대금결제일(외국환은행을 통하지 않고 결제한 경우)이고, 수출실적의 확인 및 증명발급기관은 원칙적으로는 대금을 영수한 외국환은행의 장이지만 예외적으로 당사자간에 대금을 결제한 경우에는 구매확인서를 발급한 외국환은행의 장 또는 전자무역기반사업자이다. 이 경우 외국환은행의 장 또는 전자무역기반사업자는 당사자간에 대금결제가 이루어졌음을 증빙하는 서류를 확인하여야 한다.

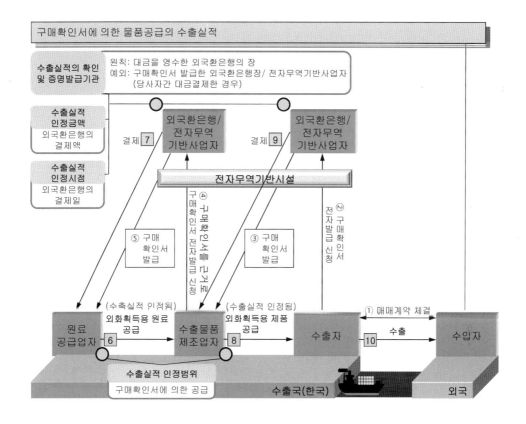

구매확인서에 의한 물품공급의 수출실적

| 수출실적의 확인 및 증명발급기관 | 원칙: 대금을 영수한 외국환은행의 장
예외: 구매확인서 발급한 외국환은행장/ 전자무역기반사업자
(당사자간 대금결제한 경우) |

수출실적 인정금액 — 외국환은행의 결제액

수출실적 인정시점 — 외국환은행의 결제일

외국환은행/ 전자무역 기반사업자 — 결제 7

외국환은행/ 전자무역 기반사업자 — 결제 9

전자무역기반시설

④ 구매확인서 전자발급 근거통보

⑤ 구매 확인서 발급

③ 구매 확인서 발급

② 구매 확인서 전자발급 신청

원료 공급업자

외화획득용 원료 공급 — 6

수출물품 제조업자

외화획득용 제품 공급 — 8

(수출실적 인정됨)

(수출실적 인정됨)

수출자

① 매매계약 체결

수출 10

수입자

수출실적 인정범위 — 구매확인서에 의한 공급

수출국(한국)

외국

③ 수출물품 포장용 골판지상자의 공급의 수출실적

수출자 또는 수출 물품등의 제조업자에 대한 외화획득용 원료 또는 물품등의 공급 중 수출에 공하여 지는 것으로서, 산업통상자원부장관이 지정하는 생산자의 수출 물품 포장용 골판지상자의 공급과 관련하여, 수출실적의 인정금액은 생산자의 수출 물품 포장용 골판지상자의 공급이고, 수출실적의 인정금액은 외국환은행의 결제액 또는 확인액이고, 수출실적의 인정시점은 외국환은행의 결제일(외국환은행을 통하여 결제한 경우) 또는 당사자간의 대금결제일(외국환은행을 통하지 않고 결제한 경우)이고, 수출실적의 확인 및 증명발급기관은 외국환은행의 장이다.

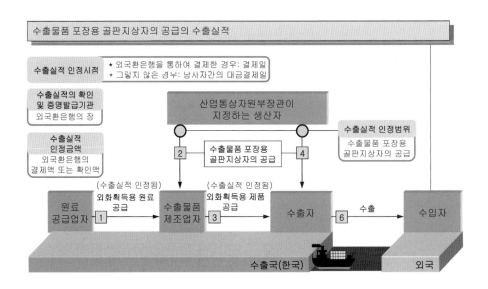

(마) 외국인과 임대차계약을 맺은 국내업체에 인도한 물품의 수출실적

외국인으로부터 대금을 영수하고 외화획득용 시설기재를 외국인과 임대차계약을 맺은 국내업체에 인도하는 경우의 수출실적은 다음과 같다.

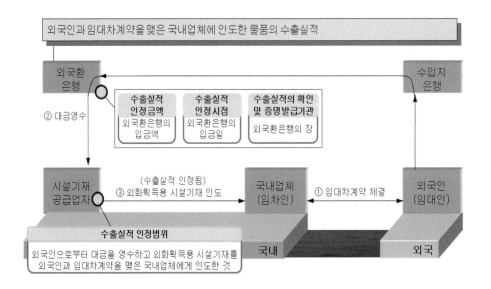

(바) 자유무역지역 등에 반입신고한 물품등을 공급한 경우의 수출실적

외국인으로부터 대금을 영수하고 자유무역지역으로 반입신고한 물품등을 공급하는 경우의 수출실적은 다음과 같다.

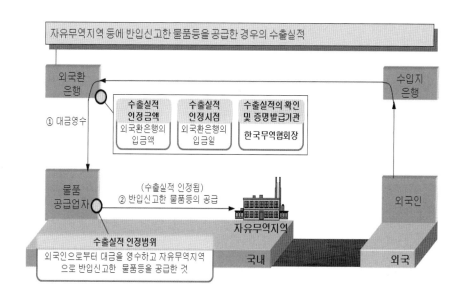

자유무역지역 등에 반입신고한 물품등을 공급한 경우의 수출실적

(사) 보세구역으로 물품등을 공급한 경우의 수출실적

외국인으로부터 대금을 영수하고 그가 지정하는 자가 국내에 있음으로써 물품등을 외국으로 수출할 수 없는 경우 「관세법」 제154조에 따른 보세구역으로 물품등을 공급하는 경우의 수출실적은 다음과 같다.

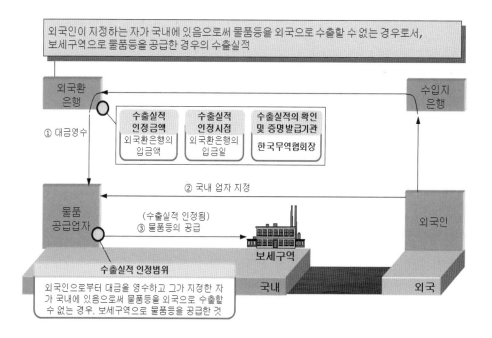

외국인이 지정하는 자가 국내에 있음으로써 물품등을 외국으로 수출할 수 없는 경우로서, 보세구역으로 물품등을 공급한 경우의 수출실적

(아) 중계무역의 경우 수출실적

중계무역은 수출할 것을 목적으로 물품등을 수입하여 보세구역 및 보세구역외장치의 허가를 받은 장소 또는 자유무역지역 이외의 국내에 반입하지 아니하고 수출하는 수출입으로서[15], 그 수출실적은 다음과 같다.

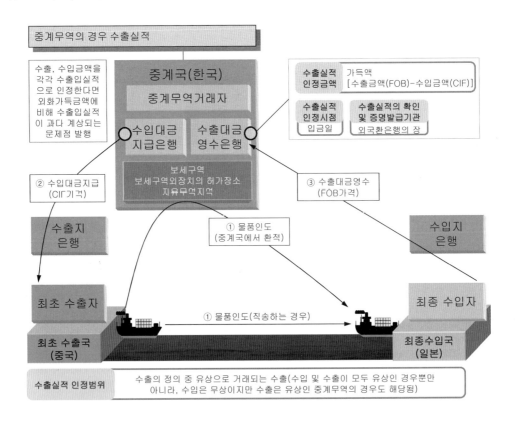

(자) 외국인도수출의 경우 수출실적

외국인도수출은 수출대금은 국내에서 영수하지만 국내에서 통관되지 아니한 수출물품등을 외국으로 인도하는 수출로서[16], 그 수출실적은 다음과 같다. 외국인도수출은 수출자의 해외현장 등에 있는 물품을 수출하는 단순한 거래형태의 외국인도수출과 위탁가공무역이 개입된 경우의 외국인도수출로 구분되어 있다.

---

15) 규정 제2조 제11호
16) 규정 제2조 제13호.

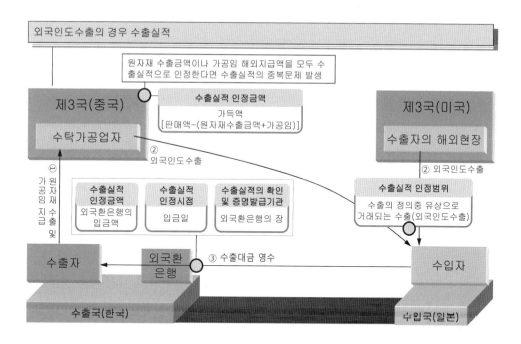

(차) 원양어로에 의한 수출실적

원양어로에 의한 수출 중 현지경비사용분에 대한 수출실적은 다음과 같다.

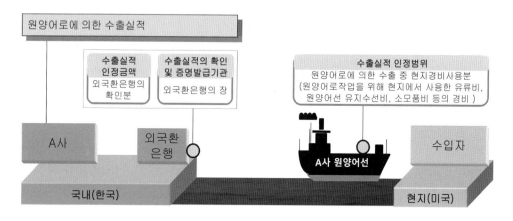

(카) 용역 또는 전자적 형태의 무체물의 수출실적

용역 또는 전자적 형태의 무체물의 수출실적은 다음과 같다.

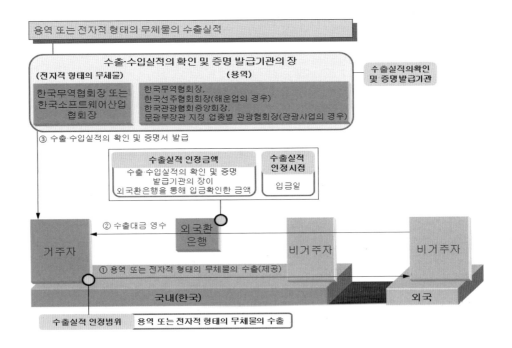

3. 수입실적

(1) 수입실적의 의의

수입실적이란 산업통상자원부장관이 정하여 고시하는 기준에 해당하는 수입통관액 및 지급액을 말한다$\left(\substack{\text{영} \ \text{제2조}\\\text{제12호}}\right)$.

(2) 수입실적의 인정범위

수입실적의 인정범위는 수입의 정의 중 유상으로 거래되는 수입으로 한다$\left(\substack{\text{규정} \ \text{제25조}\\\text{제2항}}\right)$.

(3) 수입실적의 인정금액

수입실적의 인정금액은 수입통관액(CIF가격기준)으로 한다. 다만, 외국인수수입과 용역 또는 전자적 형태의 무체물의 수입의 경우에는 외국환은행의 지급액으로 한다$\left(\substack{\text{규정} \ \text{제26조}\\\text{제4항}}\right)$.

(4) 수입실적의 인정시점

수입의 정의 중 유상으로 거래되는 수입의 경우에는 수입실적의 인정시점은 수입신고

수리일로 한다. 다만, 외국인수수입과 용역 또는 전자적 형태의 무체물의 수입의 경우에는 지급일로 한다$\binom{\text{규정 제27조}}{\text{제3항}}$.

(5) 수입실적의 인정범위, 금액 및 시점의 종합

(가) 수입실적의 원칙적 적용

수입실적의 인정범위, 금액 및 시점은 원칙적으로 다음과 같다.

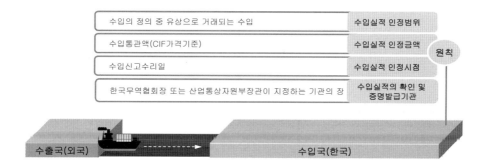

(나) 외국인수수입

외국인수수입은 수입대금은 국내에서 지급되지만 수입물품등은 외국에서 인수하는 수입으로서[17], 그 수입실적은 다음과 같다. 외국인수수입은 수입자자 자신의 해외현장 등에서 물품을 인수하는 단순한 거래형태의 외국인수수입과 위탁가공무역이 개입된 경우의 외국인수수입으로 구분되어 있다.

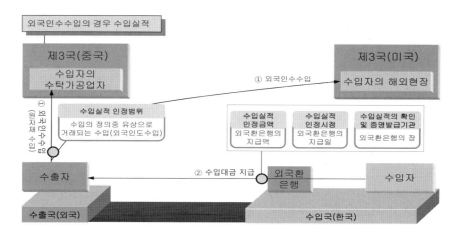

---

17) 규정 제2조 제12호.

(다) 용역 또는 전자적 형태의 무체물의 수입실적

용역 또는 전자적 형태의 무체물의 수입실적은 다음과 같다.

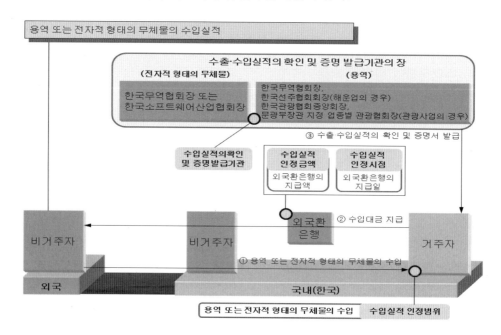

4. 수출·수입실적의 확인 및 증명발급기관

(1) 수출·수입실적의 확인 및 증명발급기관

(가) 확인 및 증명발급기관

　수출·수입 실적의 확인 및 증명 발급은 원칙적으로 한국무역협회장 또는 산업통상자원부장관이 지정하는 기관의 장이 행한다. 다만, 다음의 경우에는 다음의 규정에 따른다.

　첫째, 다음의 수출·수입에 해당되는 경우에는 한국무역협회장이 수출·수입실적을 확인하고 증명을 발급한다 $\left(\begin{smallmatrix} 규정 & 제28조 \\ 제1항 & 제1-1호 \end{smallmatrix}\right)$.

① 외국인으로부터 대금을 영수하고 「자유무역지역의 지정 및 운영에 관한 법률」 제2조의 자유무역지역으로 반입신고한 물품등을 공급하는 경우

② 외국인으로부터 대금을 영수하고 그가 지정하는 자가 국내에 있음으로써 물품등을 외국으로 수출할 수 없는 경우 「관세법」 제154조에 따른 보세구역으로 물품등을 공급하는 경우

둘째, 다음의 수출·수입에 해당되는 경우에는 외국환은행의 장이 수출·수입실적을 확인하고 증명을 발급한다(규정 제28조 제1항 제1호).

① 중계무역에 의한 수출

② 외국인도수출

③ 수출승인면제대상물품 중 외국에서 개최되는 박람회, 전람회, 견본시, 영화제 등에 출품하기 위하여 무상으로 반출하는 물품의 수출[18]

④ 원양어로에 의한 수출

⑤ 수출자 또는 수출 물품 등의 제조업자에 대한 외화획득용 원료 또는 물품의 공급 중 수출에 공하여 지는 것으로서, 산업통상자원부장관이 지정하는 생산자의 수출 물품 포장용 골판지상자의 공급

⑥ 외국인으로부터 대금을 영수하고 외화획득용 시설기재를 외국인과 임대차계약을 맺은 국내업체에 인도하는 경우

⑦ 외국인수수입

셋째, 수출자 또는 수출 물품등의 제조업자에 대한 외화획득용 원료 또는 물품등의 공급 중 수출에 공하여 지는 것으로 다음의 어느 하나에 해당하는 경우에는 외국환은행의 장 또는 전자무역기반사업자가 수출·수입실적을 확인하고 증명을 발급한다. 다만, 제25조 제1항 제3호 나목의 구매확인서에 의한 공급 중 당사자간에 대금을 결제한 경우에는 그 구매확인서의 발급기관이 당사자간에 대금 결제가 이루어졌음을 증빙하는 서류를 확인하여야 한다(규정 제28조 제1항 제1−2호).

① 내국신용장(Local L/C)에 의한 공급

② 구매확인서에 의한 공급

넷째, 용역의 수출 및 수입의 경우에는 "다음의 기관의 장"(관리규정 제30조 제1항 각 호)이 수출수입실적을 확인하고 증명을 발급한다(규정 제28조 제1항 제2호).

① 한국무역협회장

② 한국선주협회장(해운업의 경우만 해당)

---

18) 수출입 통관물품에 대한 수출입실적의 확인 및 증명발급기관은 원칙적으로 한국무역협회장 또는 산업통상자원부장관이 지정하는 기관의 장이다. 그러나 수출입통관물품이라 하더라도 이와 같이 외국에 무상으로 반출되어 현지에서 매각된 것은 세관에서 대금결제내용을 파악할 수 없기 때문에 외국환은행의 장을 실적확인 및 증명발급기관으로 정하고 있는 것이다.

③ 한국관광협회중앙회장 및 문화부장관이 지정하는 업종별 관광협회장(관광사업의 경우만 해당)

다섯째, 전자적 무체물의 수출 및 수입의 경우에는 "한국무역협회장 또는 한국소프트웨어산업협회장"(관리규정 제30조 제2항에 따른 기관의 장)이 수출수입실적을 확인하고 증명을 발급한다(규정 제28조 제1항 제3호).

참고로, 2003년 2월 개정에서는 은행을 통하여 대금을 결제한 경우에는 결제은행(공급자 거래은행)을 확인기관으로 지정하여 수출실적 중복인정의 가능성을 배제하고, 당사자간에 직접 대금을 결제한 경우에는 구매확인서 발급은행을 확인기관으로 지정함으로써 은행·업계의 혼돈을 방지하도록 하였다. 즉, 수출실적 확인기관이 단순히 외국환은행으로만 되어 있는 종전의 규정으로는 해석상 결제은행(대금이 지급되어지는 물품공급자 거래은행)이 아니더라도 전산 등으로 결제내역을 확인할 수 있는 은행이면 실적증명이 가능하였다. 이러한 경우 하나의 물품공급사실을 두고 한 업체가 여러 외국환은행으로부터 수출실적을 중복적으로 증명받을 수 있을 뿐만 아니라, 외국환은행을 통하지 않고 당사자간에 직접 대금을 결제하는 경우에는 실적증명기관이 어디인지 명확하지 않았다.

또한, 외국환은행의 장이 수출·수입실적의 확인 및 증명을 발급하는 상기의 ①부터 ⑦까지의 사항에 관한 것 중에서, "당사자간에 대금을 결제한 경우의 수출수입실적의 확인 및 증명발급기관은 그 구매확인서를 발급한 외국환은행의 장으로만 규정되어 있었으나, 2009년 11월 개정에서는 그 구매확인서를 발급한 전자무역기반사업자도 수출입실적의 확인 및 증명발급기관으로 추가함으로써 당사자간에 대금을 결제한 경우의 수출·수입실적의 확인 및 증명발급기관은 그 구매확인서를 발급한 외국환은행의 장 또는 전자무역기반사업자로 개정되었다.

한편, 2013년 9월 개정에서는 용역과 전자적 형태의 무체물의 수출입 확인 기관과 실적증명서 발급기관을 일원화하였다. 즉, 수출·수입실적의 확인 및 증명발급 신청인이 용역과 전자적 형태의 무체물의 수출입확인서를 발급받은 후 수출입실적증명서 발급기관을 방문하여야 했던 번거로움이 해소되었다.

(나) 확인 및 증명발급기관의 지정신청 및 지정

산업통상자원부장관으로부터 수출·수입실적의 확인 및 증명 발급기관으로 지정받으려는 자는 동 증명서 발급에 필요한 인력 및 시설 등을 갖추고 있음을 입증할 수 있는 서류를 첨부하여 산업통상자원부장관에게 신청하여야 하며, 동 신청을 받은 산업통상자원부장관은 필요한 인력 및 시설 등을 갖추고 있는지를 확인하여 수출·수입실적의 확인 및 증명 발급기관으로 지정하여야 한다(규정 제28조 제2항 및 제3항).

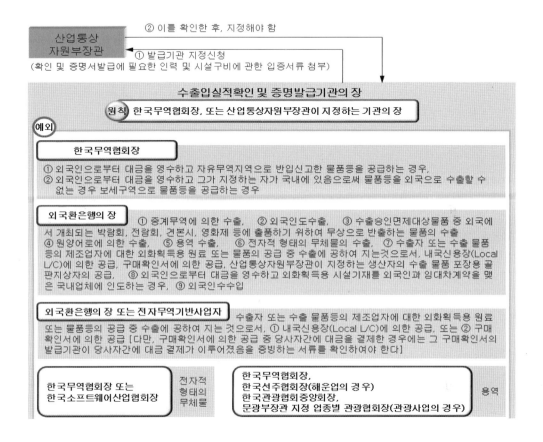

5. 물품의 수출·수입실적확인 및 증명발급절차

(1) 수출·수입실적의 확인 및 증명발급

물품의 수출·수입실적의 확인 및 증명 발급을 받으려는 자는 수출실적의 확인 및 증명 발급신청서(별지 제10호 서식) 또는 수입·실적의 확인 및 증명발급 신청서(별지 제11호 서식)에 필요한 서류를 첨부하여 발급기관(한국무역협회장 또는 외국환은행의 장)에 신청하여야 한다(규정 제29조 제1항).

외국인도수출의 경우에는 외국인도수출에 따른 외화가 입금된 외국환은행에 위탁가공계약서, 원자재수출액을 증명할 수 있는 수출신고필증 및 가공임을 지급한 외화매입증명서 등 입증서류를 제출하여 수출실적증명을 발급받을 수 있다.

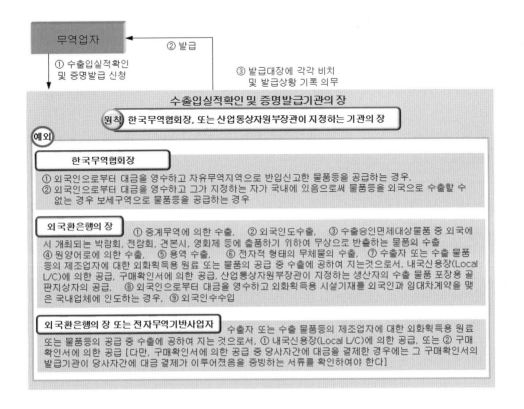

(2) 수출·수입실적의 확인 및 증명서 발급대장의 비치

발급기관은 수출·수입실적 확인 및 증명서를 발급한 때에는 발급대장을 각각 비치하고 발급상황을 기록하여야 한다(규정 제29조 제2항).

6. 용역 및 전자적 형태의 무체물의 수출·수입확인 및 증명발급절차

산업통상자원부장관은 용역이나 전자적 형태의 무체물을 수출입한 자가 수출입에 관한 지원을 받기 위하여 수출입 사실의 확인을 신청하면 수출입 확인을 할 수 있으며, 수출입 확인에 필요한 세부 절차 등은 산업통상자원부장관이 정하여 고시한다(영 제23조 제1항 및 제2항).

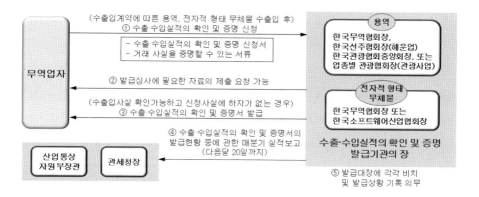

이 경우 수출입확인서는 무역금융 융자한도 산정기준, 신용보증한도 산정기준, 벤처기업 지정기준, 병역특례인정기준 등의 용도로 사용된다.

(1) 용역 및 전자적 형태의 무체물의 수출·수입확인 및 증명발급

(가) 용역의 수출·수입의 확인 및 증명발급

용역의 수출입 사실의 확인 및 실적증명 발급을 받으려는 자는 수출수입실적의 확인 및 증명발급 신청서(별지 제24호 서식)에 거래 사실을 증명할 수 있는 서류를 첨부하여 다음의 어느 하나에 해당하는 수출·수입실적의 확인 및 증명 발급기관의 장에게 신청하여야 한다. 이 경우 수출수입실적의 확인 및 증명 발급기관의 장은 수출입 사실의 확인이 가능하고 신청 사실에 하자가 없다고 인정하는 경우에만 수출수입실적의 확인 및 증명서(별지 제25호 서식)를 발급하여야 한다(규정 제30조 제1항).

① 한국무역협회장
② 한국선주협회장(해운업의 경우만 해당)
③ 한국관광협회중앙회장 및 문화부장관이 지정하는 업종별 관광협회장(관광사업의 경우만 해당)

(나) 전자적 형태의 무체물의 수출·수입실적의 확인 및 증명발급

전자적 형태의 무체물의 수출입 사실의 확인 및 실적증명 발급을 받으려는 자는 수출·수입실적의 확인 및 증명발급 신청서(별지 제26호 서식)에 거래 사실을 증명할 수 있는 서류를 첨부하여 한국무역협회장 또는 한국소프트웨어산업협회장에게 신청하여야 한다. 이 경우 한국무역협회장 또는 한국소프트웨어산업협회장은 수출입 사실의 확인이 가능하고 신청 사실에 하자가 없다고 인정하는 경우에만 수출수입실적의 확인 및 증명서(별지 제27호 서식)를 발급하여야 한다(규정 제30조 제2항).

전자적 형태의 무체물을 수출입하는 경우에도 물품의 수출입과 마찬가지로 수출입실적을 인정받기 위해서 수출입확인이 필요하게 된다. 일반적으로 물품의 수출입은 통관절차를 거치므로 용이하게 수출입의 사실을 확인할 수 있으며, 은행에서 수출입 대금을 영수·지급하는 경우에는 실제 수출입관련 대금여부를 용이하게 확인할 수 있게 된다. 그러나 전자적 형태의 무체물은 정보통신망을 통하여 거래가 이루어지므로 저장파일 검색 등 전문적인 기술능력을 갖추고 있는 자가 수출입의 사실을 확인할 수 있을 뿐만 아니라, 은행에서 수출입 대금을 영수·지급하는 경우에는 실제 수출입관련 대금여부를 확인하는 것은 매우 어려운 실정이다. 따라서 산업통상자원부는 전자적 형태의 무체물의 수출입확인업무 및 증명업무에 관한 권한을 그 확인 및 증명업무를 수행할 수 있는 기술능력을 갖추고 있는 한국무역협회와 한국소프트웨어산업협회에 위탁하여 시행하도록 하고 있다. 따라서, 무역거래자는 한국무역협회장 또는 한국소프트웨어산업협회장으로부터 수출수입실적의 확인 및 증명서를 발급받게 된다.

(2) 용역 및 전자적 형태의 무체물의 발급심사 및 현황

(가) 수출·수입실적의 확인 및 증명서 발급심사자료의 제출

용역 및 전자적 형태의 무체물의 수출·수입실적의 확인 및 증명 발급기관의 장은 신청인에게 수출수입실적의 확인 및 증명서의 발급심사를 위하여 필요한 자료의 제출을 요구할 수 있다(규정 제30조 제3항).

(나) 수출·수입실적의 확인 및 증명서 발급현황의 보고

용역 및 전자적 형태의 무체물의 수출수입실적의 확인 및 증명 발급기관의 장은 수출·수입실적의 확인 및 증명서의 발급현황 등에 관한 매분기 실적을 다음달 20일까지 산업통상자원부장관과 관세청장에게 보고하여야 한다(규정 제30조 제4항).

(3) 수출·수입실적의 확인 및 증명서 발급대장의 비치

발급기관은 수출·수입실적 확인 및 증명서를 발급한 때에는 발급대장을 각각 비치하고 발급상황을 기록하여야 한다(규정 제29조 제2항).

● 수출입실적 인정대상

			인정범위	인정금액	인정시점	실적확인·증명발급기관
수출실적	일반수출	유상으로 거래되는 수출	물품	수출통관액(FOB)	수출신고 수리일	한국무역협회 (아래와 동일)
			전자적 형태의 무체물	발급기관의 장이 외국환은행을 통해 입금확인한 금액	입금일	아래의 각주 참조
			용역			
		중계무역		가득액(수출통관액 - 수입통관액: FOB - CIF)	입금일	외국환은행
		외국인도수출		외국환은행의 입금액		
		외국인도수출 중 위탁가공된 물품을 외국에 판매하는 경우		가득액 = 판매액-(원자재 수출금액+가공임)		
		원양어로에 의한 수출중 현지경비사용분		외국환은행의 확인분		
	수출승인면제대상물품	외국에서 개최되는 박람회 등에 출품하기 위하여 반출된 물품 중 현지에서 매각된 것		외국환은행의 입금액	입금일	한국무역협회 (아래와 동일) / 외국환은행
		해외에서 투자 등 이에 준하는 사업에 종사하는 우리나라 업체에게 무상으로 반출하는 물품등의 수출 중 해외건설공사에 직접 공하여지는 원료, 기재, 공사용 장비 또는 기계류의 수출		수출통관액(FOB)	수출신고 수리일	한국무역협회 (또는 산업통상자원부장관이 지정하는 기관)
	외화획득용 원료의 공급	내국신용장 및 구매확인서에 의한 공급		외국환은행의 결제액 또는 확인액	①외국환은행을 통하여 대금 결제한 경우: 결제일	외국환은행장이나 전자무역기반사업자*
		산업통상자원부장관이 지정하는 수출물품 포장용 골판지상자의 공급			②외국환은행을 통하지 않은 경우: 당사자간의 대금결제일	외국환은행
	외국인으로부터 대금영수하고	외화획득용 시설기재를 외국인과 임대차계약을 맺은 국내업체에 공급하는 경우		외국환은행의 입금액	입금일	외국환은행
		자유무역지역으로 반입신고한 물품등을 공급하는 경우				한국무역협회
		그가 지정하는 자가 국내에 있음으로써 물품등을 외국으로 수출할 수 없어 보세구역으로 물품등을 공급하는 경우				
수입실적	유상으로 거래되는 수입	기타		수입통관액(CIF)	수입신고 수리일	한국무역협회 (위와 동일)
		전자적형태 무체물 수입		외국환은행의 지급액	지급일	
		용역 수입		외국환은행의 지급액		
		외국인수수입		외국환은행의 지급액	지급일	외국환은행

주) * 구매확인서에 의한 공급 중 당사자간에 대금을 결제한 경우에는 그 구매확인서의 발급기관이 당사자간에 대금 결제가 이루어졌음을 증빙하는 서류를 확인하여야 한다.

** 용역 수출에 대한 발급기관의 장은 한국무역협회장, 해운업의 경우 한국선주협회장, 관광사업의 경우 한국관광협회중앙회장 및 업종별 관광협회장이고, 전자적 형태의 무체물의 수출에 대한 발급기관의 장은 한국무역협회장 또는 한국소프트웨어산업협회장이다.

제 4 절 수출입품목의 관리

1. 수출입품목의 관리체계

수출입품목에 대한 관리는 수출 또는 수입에 대한 직접규제방식으로서 개별품목의 수출입제한여부에 대한 종합관리체제이다. 따라서 수출 또는 수입을 하고자 하는 자는 해당품목의 수출, 수입승인이전에 해당품목의 수출입이 규제되는지의 여부에 대하여 사전에 점검한 후 만일 동품목이 규제조치에 해당할 경우 이 규제를 해제할 수 있는 요건을 갖추어야 적법하게 수출입할 수 있다. 그러나 이 방식은 1995년 1월 세계무역기구(World Trade Organization; WTO)의 출범으로 근본적인 개편이나 완화조치가 필요하다.

수출입품목에 대한 관리는 수출입공고를 통하여 이루어진다. 수출입품목관리의 공고체계는 「대외무역법」에 근거한 수출입공고 및 전략물자 수출입고시, 그리고 61개 개별법에 의한 제한내용을 취합해서 공고하는 통합공고로 이루어져 있다.

물품등의 수출 또는 수입과 관련한 품목관리공고 중 「대외무역법」에 의한 수출입공고는 경제정책목표의 달성을 위한 규제라 할 수 있다. 그러나 통합공고는 경제외적 목적을 달성하기 위한 공고이므로, 통합공고상의 수입규제는 WTO규정에서도 용인된다.

● 품목관리체계

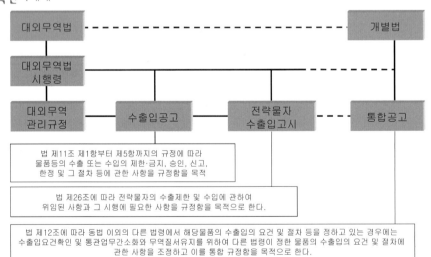

2. 수출입공고와 기타 관련공고의 관계

(1) 수출입공고의 의의

1987년 7월 1일 「대외무역법」을 제정·시행하면서 종전의 무역거래법 체계에서 한시적으로 운용하여 오던 수출입기별공고를 영속적인 효력을 갖는 수출입공고로 변경하였다. 즉, 실시간에 제한 없이 경제여건의 변화나 정책적인 결정에 따라 그 내용을 수시로 반영할 수 있게 하였다. 한편, 2002년 1월 1일부터는 수출입별도공고를 폐지하고 수출입별도공고상의 제한내용을 수출입공고로 통폐합하였다.

수출입공고란 수출입을 제한하고자 하는 경우 제한품목에 대한 수출입요령을 공고하는 것으로서, 수출입품목관리를 위한 기본공고라고 할 수 있으며, 산업통상자원부장관이 승인대상물품등의 품목별 수량·금액·규격 및 수출 또는 수입지역 등의 한정 등 물품등의 수출 또는 수입의 제한 및 절차 등을 정하여 공고하는 것을 말한다.

수출입공고 제1조에서는 "이 고시는 「대외무역법」 제11조 제1항 내지 제5항의 규정에 따라 물품등의 수출 또는 수입의 제한·금지, 승인, 신고, 한정 및 그 절차 등에 관한 사항을 규정함을 목적으로 한다"고 규정하고 있다. 따라서, 수출입공고에는 ㉮ 헌법에 의하여 체결·공포된 조약이나 일반적으로 승인된 국제법규상의 의무이행을 위하여 산업통상자원부장관이 지정·고시하는 물품등, ㉯ 생물자원보호를 위하여 산업통상자원부장관이 지정·고시하는 물품등, ㉰ 교역상대국과의 경제협력증진을 위하여 산업통상자원부장관이 지정·고시하는 물품등, ㉱ 방위산업용 원료·기재, 항공기 및 동 부분품 기타 원활한 물자수급·과학기술의 발전 및 통상·산업정책상 필요하다고 인정하여 산업통상자원부장관이 해당품목을 관장하는 관계 행정기관의 장과 협의를 거쳐 지정·고시하는 물품등이 포함되며, 이외에도 수출입승인면제대상물품, 수출입승인사항의 변경승인 또는 변경신고, 수출입승인대상물품등의 품목별 수량·금액·규격 및 수출 또는 수입지역 등의 한정 등이 포함된다.

그리고 수출입공고와 통합공고는 상호독립적이므로 수출입공고에서 제한품목이 아니라 할지라도 통합공고에서 수출입을 제한하고 있는 경우에는 이를 배제할 수 없다. 즉, 양 공고체계에 의한 제한내용을 동시에 충족해야 한다.

한편, 수출입공고 제8조에서는 "수출입공고 제5조의 규정에 의한 수출제한품목의 수출요령, 제6조의 규정에 의한 수입제한품목의 수입요령 및 제7조의 규정에 의한 수출절차 간소화를 위한 수출요령에서 정하는 승인기관의 장은 산업통상자원부장관의 합의(승인)를 얻어 동 세부승인요령을 공고하여야 한다. 다만, 단체의 경우에는 관계 행정기관의 장을 경유하여야 한다"고 규정하고 있나.

(2) 전략물자 수출입고시

산업통상자원부장관은 관계 행정기관의 장과 협의하여 제19조, 제20조, 제22조부터 제24조까지, 제24조의2, 제24조의3 및 제25조(전략물자의 고시 및 수출허가 등, 전략물자판정 등, 수입목적확인서의 발급, 전략물자등에 대한 이동중지명령 등, 전략물자의 중개, 서류의 보관, 수출허가 등의 취소, 자율준수무역거래자)에 관한 요령을 고시하여야 한다$\binom{\text{법 제26조}}{\text{제1항}}$.

전략물자 수출입고시란 산업통상자원부장관이 관계 행정기관과 협의를 거친 후 다음의 요령과 내용 등을 통합하여 고시하는 것을 말한다.

① "전략물자의 고시 및 수출허가 등, 전략물자의 판정 등, 수입목적확인서의 발급, 전략물자등에 대한 이동중지명령 등, 전략물자의 중개, 자율준수무역거래자" 등의 규정에 관한 요령

② "교육부장관이 관계 행정기관의 장과 협의하여 고시한 전략기술의 수출제한지역 및 거래 부적격자"에 관한 내용

한편, 관세청장은 전략물자등의 수출입 통관절차에 관한 사항을 고시하여야 한다$\binom{\text{법 제26조}}{\text{제2항}}$.

(3) 통합공고(Consolidated Public Notice)의 의의

관계 행정기관의 장은 수출·수입요령(guidelines of exports or imports)을 제정(enact)하거나 개정(revise)하는 경우에는 그 수출·수입요령이 그 시행일 전에(before the entry into force of the guidelines) 통합하여 공고될 수 있도록 이를 산업통상자원부장관에게 제출하여야 하며, 산업통상자원부장관은 제출받은 수출·수입요령을 통합하여 공고하여야 한다$\binom{\text{법}}{\text{제12조}}$.

통합공고란 산업통상자원부장관이 수출·수입요령의 제정 또는 개정내용을 관계 행정기관의 장으로부터 제출받아 그 수출·수입요령을 통합하여 공고하는 것으로서, 「대외무역법」 제12조에 따라 「대외무역법」 외의 다른 법령에 해당물품에 대한 수출입의 요건 및 절차 등을 정하고 있는 경우에 수출입요건 확인 및 통관업무의 간소화와 무역질서

유지를 위하여 다른 법령이 정한 물품의 수출 또는 수입의 요건 및 절차에 관한 사항을 조정하고 이를 통합하여 규정함을 목적으로 한다(통합공고 제1조). 통합공고에는 수입물량 규제보다는 품질검사, 형식승인 등 절차상의 요건확인을 통한 규제가 대부분이다.

수출입공고에서는 수출입을 제한하고 있지 않는 품목이라도 공중도덕보호, 국민보건 및 안전보호, 사회질서유지, 문화재보호, 환경보호 등을 위하여 해당품목을 관장하는 61개 개별법[19]에서 수출입을 제한하고 있는 경우에는 동 개별법상의 제한요건을 충족해야만 수출입할 수 있다. 즉, 통합공고상의 요건확인품목이라 하더라도, 수출입공고상의 제한품목이 아니면 수출입승인대상에 포함되지 않는다. 이러한 경우에는 해당 개별법에서 정하고 있는 요건확인을 받은 후 세관에 수출입신고하여 수출입을 이행하면 된다.

(4) 수출입공고와 통합공고의 관계

수출입공고에 따른 수출 또는 수입승인에도 불구하고 통합공고상에 수출 및 수입하고자 하는 물품의 수출·수입요령을 정하는 것이 있는 경우에는 동 요령의 요건을 충족하여야 한다(수출입공고 제2조).

또한, 통합공고에서 정한 요건확인의 내용과 수출입공고와 전략물자수출입고시의 제한내용이 동시에 적용될 경우에는 이 고시에서 정한 요건확인의 내용과 수출입공고의 제한내용이 모두 충족되어야만 수출 또는 수입할 수 있다. 또한 1개의 요건확인품목에 대해 2개 이상의 법령이 관련되어 별표 1, 2의 수출입요령에서 2개 이상의 요건확인을 받을 것

---

19) 통합공고상에서 해당물품의 수출입요건 및 절차 등을 통합하여 규정할 법령은 다음과 같다(통합공고 제3조). 약사법, 마약류관리에 관한 법률, 화장품법, 식품위생법, 검역법, 화학물질 관리법, 화학물질의 등록 및 평가 등에 관한 법률, 양곡관리법, 비료관리법, 농약관리법, 가축전염병예방법, 식물방역법, 종자산업법, 축산법, 품질경영및공산품안전관리법, 전기용품안전관리법, 계량에관한법률, 석유및석유대체연료사업법, 원자력안전법, 전파법, 야생생물 보호 및 관리에 관한 법률, 폐기물의 국가간 이동 및 그 처리에 관한 법률, 대기환경보전법, 소음·진동관리법, 자동차관리법, 산업안전보건법, 오존층보호를 위한 특정물질의 제조규정 등에 관한 법률, 건설기계관리법, 먹는물관리법, 자원의 절약과 재활용촉진에 관한 법률, 화학무기·생물무기의 금지와 특정화학물질·생물작용제 등의 제조·수출입 규제 등에 관한 법률, 축산물 위생관리법, 33. 건강기능식품에 관한 법률, 농수산물품질관리법, 방위사업법, 수산업법, 고압가스안전관리법, 영화 및 비디오물의 진흥에 관한 법률, 게임산업진흥에 관한 법률, 음악산업진흥에 관한 법률, 하수도법, 주세법, 지방세법, 총포·도검·화약류 등의 안전관리에 관한 법률, 출판및인쇄진흥법, 의료기기법, 인체조직안전및관리등에 관한 법률, 수산생물질병 관리법, 사료관리법, 생물다양성 보전 및 이용에 관한 법률, 폐기물 관리법, 전기·전자제품 및 자동차의 자원순환에관한 법률, 액화석유의 안전관리 및 사업법, 목재의 지속가능한 이용에 관한 법률, 농수산생명자원의 보존관리 및 이용에 관한 법률, 기타 특정물품의 수출입절차 또는 요령을 정한 법률 및 국제협약, 수입식품안전관리 특별법, 어린이제품안전특별법, 위생용품 관리법, 에너지이용 합리화법, 잔류성유기오염물질 관리법.

을 규정하고 있는 경우에는 해당 요건확인품목에 대한 해당 법령의 적용대상 물품이나 고시대상품목의 분류가 용도기준으로 된 물품이외에는 해당물품에 부과된 2개 이상의 요건을 이 고시가 정한 요건확인기관에서 확인받아야 한다(통합공고 제7조 제1항 및 제2항).

3. 수출입공고상의 품목분류방법

수출입공고의 품목분류는 HS(Harmonized Commodity Description and Coding System) 상품분류에 의하며, 동 분류된 품목의 세분류는 관세·통계통합 품목분류표(HSK)에 의한다(수출입공고 제3조).

수출입공고상의 품목분류는 1971년까지는 SITC(Standard International Trade Classification)방식이 사용되었으며, 1971년도 상반기부터 BTN (Brussels Tariff Nomenclature)방식이 사용되어 오다가, 1976년에 BTN의 명칭이 CCCN(Customs Cooperation Council Nomenclature)으로 변경됨으로써 1977년 상반기부터는 CCCN방식을 사용하였으나, 1983년에 HS협약이 채택되고 1987년에 HS협약이 발효됨에 따라, 1988년 1월 1일부터 현재까지 HS(Harmonized System) 방식을 채택·사용하고 있다.

(1) SITC

SITC(Standard International Trade Classification; 표준국제무역분류)는 무역상품을 분류하는

방법의 하나로 경제분석과 상품별 무역자료의 국제적 비교를 용이하게 하기 위하여 1950년 7월 UN경제사회이사회(ECOSOC)에서 제정하였다. 즉, 국제무역구조의 변화 및 다양화에 따라 세계 각 국의 국제기관 및 기구는 무역자료에 대한 정확한 분석의 필요성이 점점 커지게 되어 통계상의 무역상품분류의 통일을 꾀하고자 하는 분류방법이다. 현재의 SITC는 1974년에 2차 개정한 것으로서, 무역상품을 1914개 기본항목(Basic item)별로 구분하였다. 이 방법의 특징은 경제분석을 쉽게 할 수 있도록 상품이 분류되어 있으며, SITC는 CCCN과 달리 부 또는 류의 주가 없고 해설도 없다. 우리나라는 1971년 이전까지 이 방식을 사용하였었다.

(2) CCCN

CCCN(Customs Cooperation Council Nomenclature;관세협력이사회 상품분류표)은 세계 각국의 관세행정을 개선하고 통일화를 도모하고자 1952년에 설립된 국제기구인 관세협력이사회(CCC)가 상품분류의 국제적 통일을 기하기 위하여 쥬네브 관세품목표를 기조로 하여 1955년 7월에 작성한 전상품의 분류리스트다. CCCN은 1955년 11월 11일에 발효한 CCC의 품목분류에 관한 협약의 부속서로서 탄생하였으며, 1976년 6월 CCC총회에서 CCCN으로 명칭을 변경함에 따라 우리나라는 1977년 상반기부터 종전에 BTN이라 하던 것을 CCCN으로 명칭을 바꾸어 1987년까지 사용하였다. HS가 제정되어 시행되기 전에는 153개국 이상이 관세율표상의 품목을 CCCN방식으로 분류하고 있었는데, 이는 CCCN분류방식을 취함으로써, 관세율표상의 품목분류에 있어 공통형을 수립할 수 있고, 국제간 거래물품에 대한 각국의 규제와 세율의 비교가 용이하고, 통상 및 관세율에 관한 국제간의 교섭을 간소화하며, 각국의 물품분류에 있어 최대한의 통일성을 제공할 수 있기 때문에 132개국 이상이 CCCN방식을 관세율표로 채택하였었다. 우리나라는 1968년 7월 2일에 CCCN에 가맹하였고, 1979년 1월부터 CCCN을 개정관세율로 적용하였다. CCCN의 특징은 모든 상품을 21개부, 99류, 1010세번으로 분류하여 약60,000개의 구체적 상품을 표시한다.

(3) HS

HS(Harmonized Commodity Description and Coding System; Harmonized System; 국제통일상품분류제도; 조화제도)[20]는 CCCN에 비하여 무역통계의 수집·비교·분석을 용이

---

20) HS(Harmonized System)협약은 관세협력이사회(CCC)가 품목분류를 통일하여 국제무역을 증진시킬 목적으

하게 하고 국제교섭에 필요한 정확하고 비교 가능한 데이터수집을 용이하게 하여 원활한 국제무역을 증진시킬 수 있다고 인정되어 1988년부터 우리나라(1988년 1월 1일부터 이를 채택·시행)를 비롯한 세계의 주요 무역국가들이 이 분류방식을 채택·시행하고 있다. 즉, 우리나라는 1988년 1월 1일부터 HS제도를 도입하여 한국통일상품분류(HSR)를 제정·시행하고, 1992년 1월부터는 관세·통계 통합품목분류(HSK)[21]로 변경하여 사용하고 있다. HS는 1931년 제네바 품목분류표가 효시이며, 1988년 1월 1일 시행된 이후 5년마다 개정되고 있다.

● HS 개정 일정

HS상품분류체계 6단위까지는 세계적으로 통일된 분류체계로서 6단위까지는 첨기 또는 감축 등의 변경없이 그대로 사용해야 하고, 6단위 이하는 더 세분히여 사용할 수 있다. 10단위 품목수는 품목별 거래실적 등을 감안하여 수시로 조정하고 있다. 현재 21개부(Section), 97개류(Chapter), 1241개호(Heading)로 구성되어 있다.

CCCN이 순수하게 관세를 부과하는 목적이라면, HS는 관세, 무역, 통계, 운송, 보험 등의 전 분야에서 사용될 수 있도록 CCCN을 보완한 다국적 상품분류이다.

● 품목분류의 단위구분

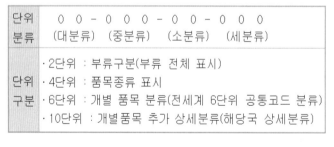

● 품목분류의 구성

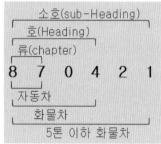

로 제정한 국제적인 통일품목분류체계로서 HS협약체약국 103개국을 포함한 전세계 170여개국이 사용 중이며, 우리나라는 현재 10단위 11,176개(6단위 5,113개)로 운영중이다.

21) HSK(Harmonized System of Korea)는 HS협약에 의한 HS품목분류표 6단위 코드를 국재적 필요에 의해 10단위로 세분화한 관세·통계통합품목분류표로서 산업부고시로 운용중이다.

● HS 품목분류체계

제1부	제1류~제5류	산 동물 및 동물성 생산품
제2부	제6류~제14류	식물성생산품
제3부	제15류	동식물성의 유지 및 이들의 분해생산물·조제식용지와 동물성의 납
제4부	제16류~제24류	조제식료품과 음료·알콜·식초 및 담배와 제조한 담배 대용물
제5부	제25류~제27류	광물성 생산품
제6부	제28류~제38류	화학공업 또는 연광공업의 생산품
제7부	제39류~제40류	플라스틱과 그 제품 및 고무와 그 제품
제8부	제41류~제43류	원피·가죽·모피 및 이들의 제품, 마구, 여행용구·핸드백 및 이와 유사한 용기와 동물 거트(누에의 거트를 제외한다)의 제품
제9부	제44류~제46류	목재와 그 제품, 코르크와 그 제품, 짚·에스파르토 또는 기타의 조물 재료의 제품, 농 세공물 및 지조 세공물
제10부	제47류~제49류	목재펄프 또는 기타 섬유질 셀룰로스 재료의 펄프 및 지 또는 판지, 웨이스트와 스크랩, 지와 판지 및 이들의 제품
제11부	제50류~제63류	방직용 섬유와 방직용 섬유의 제품
제12부	제64류~제67류	신발류·모자류·산류·지팡이·시트스틱·채찍 및 이들의 부분품 조제우모와 그 제품, 조화, 인조제품
제13부	제68류~제70류	석·플라스틱·시멘트·석면·운모 또는 이와 유사한 재료의 제품, 도자제품, 유리와 유리제품
제14부	제71류	천연 또는 양식진주·귀석 또는 반귀석·귀금속·귀금속을 입힌 금속 및 이들의 제품, 모조신변장식용품과 주화
제15부	제72류~제83류	비금속과 그 제품
제16부	제84류~제85류	기계류와 전기기기 및 이들의 부분품, 녹음기와 음성 재생기·텔레비젼의 영상 및 음향의 기록기와 재생기 및 이들의 부분품 부속품
제17부	제86류~제89류	차량·항공기·선박과 수송기기 관련품
제18부	제90류~제92류	광학기기·사진용 기기·영화용 기기·측정기기·검사기기·정밀기기와 의료용 기기 및 이들의 부분품과 부속품
제19부	제93류	무기·총포탄 및 이들의 부분품과 부속품
제20부	제94류~제96류	잡품
제21부	제97류	예술품·수집품과 골동품

4. 수출입공고상의 품목표시방법

우리나라는 GATT에 가입(1967년 4월)하면서 1967년 7월 25일부터 수출입품목관리체계를 허용품목 표시제(Positive List System)에서 불허품목 표시제(Nagative List System)로 전환하였다. 따라서 품목별로 수출입을 금지하거나 제한하고 있지 않으면 자유롭게 수출입할 수 있다.

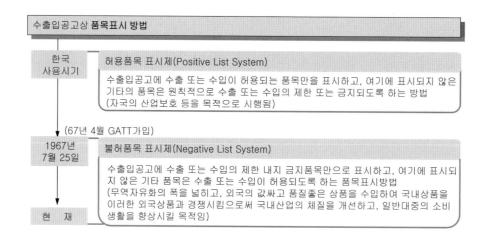

(1) 허용품목 표시제(Positive List System)

허용품목 표시제(Positive List System)는 수출입공고에 수출 또는 수입이 허용되는 품목만을 표시하고 여기에 표시되지 않은 기타의 품목은 원칙적으로 수출 또는 수입이 제한 또는 금지되도록 하는 수출입공고의 품목표시방법으로서, 이것은 자국의 산업보호 등을 목적으로 시행되고 있다.

(2) 불허품목 표시제(Negative List System)

불허품목 표시제(Negative List System)는 수출입공고에 수출 또는 수입의 제한 내지 금지품목만으로 표시하고 여기에 표시되지 않은 기타 품목은 수출 또는 수입이 허용되도록 하는 수출입공고의 품목표시방법이다. 이 방법은 무역자유화의 폭을 넓히고, 외국의 값싸고 품질좋은 상품을 수입하여 국내상품을 이러한 외국제품과 경쟁하게 함으로써 국내산업의 체질을 개선하고, 일반대중의 소비생활을 향상시키는데 그 목적을 두고 시행되고 있다.

5. 수출입공고상의 품목관리

2019년 현재 수출입공고상의 품목은 수출금지품목, 수출제한품목(수출승인품목) 및 수입제한품목(수입승인품목)으로 분류되어 있으며,[22] 수출금지품목은 별표 1에, 수출제한품목은 별표 2에, 수입제한품목은 별표 3에 각각 게기되어 있다. 이와 같이 수출입공고상의 별표 1에 게기된 수출금지품목에는 수출이 금지되는 고래고기, 화강암, 사암, 개의 생모피·모피·모피제품 등이 있으며, 별표 2에 게기된 수출제한품목에는 수출 승인을 받아야 수출이 가능한 규사, 자갈, 대리석, 철강제품(미국지역에 한정) 등의 수출 승인대상물품이 있다. 또한, 별표 3에 게기된 수입제한품목에는 항공기 및 동부분품 등의 수입승인대상물품이 있다.

한편, 종전의 별표 2에서 게기하고 있었던 "통상정책상 필요한 물품등의 수출입제한품 목"은 2003년 1월 1일부터 통합공고의 별표 3에서 규정함으로써 현행 수출입공고 상에는 없다.

● 수출입공고상의 수출입금지 및 제한품목(2019년 2월 현재)

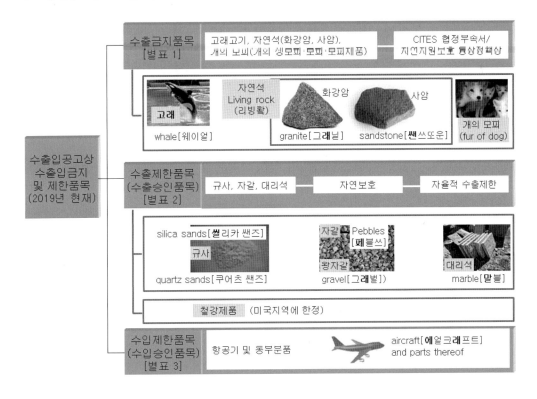

---

22) 금지품목(Prohibited Item)은 구체적인 금지문언이 있는 품목으로서 실질적인 금지품목을 말하고, 승인품목 (Approval Item)은 승인이라는 일정한 요건을 갖추어야 수출입이 가능한 품목을 말한다. 한편, 1997년 이전까 지의 수출입공고상의 품목은 금지품목(Prohibited Item), 제한승인품목(Restricted Approval Item), 자동승 인품목(Automatic Approval Item)으로 구분되어 있었으나, 자동승인품목에 해당하는 물품이 1997년 개정시 에 모두 수출입승인에서 제외됨으로써 자동승인품목이라는 명칭은 사용하지 않고 있다.

(1) 수출금지품목

수출금지품목이란 별표 1에 게기한 품목으로서, 별표 1에 게기한 품목은 수출이 금지된다($\binom{수출입공고}{제4조}$).

[수출입공고 별표 1] 수출금지품목

H S		품 목	수 출 요 령
0208		기타의 육과 식용설육(신선·냉장 또는 냉동한 것에 한한다)	다음의 것은 수출할 수 없음.
	40	고래, 돌고래류(고래목의 포유동물) 및 바다소(바다소목의 포유동물)의 것	① 고래고기
0210		육과 식용설육(염장·염수장·건조 또는 훈제한 것에 한한다) 및 육 또는 설육의 식용의 분과 조분	
	9	기타(육 또는 설육의 분과 조분을 포함)	
	92	고래, 돌고래류(고래목의 포유동물) 및 바다소(바다소목의 포유동물)의 것	다음의 것은 수출할 수 없음. ① 고래고기
2516		화강암·반암·현무암·사암과 기타 석비용 또는 건축용의 암석	
	1	화강암	
	11	조상의 것 또는 거칠게 다음은 것	
	12	톱질 또는 기타의 방법으로 단순히 절단하여 직사각형(정사각형을 포함한다)모양의 블록상 또는 슬랩상으로 한 것.	다음의 것은 수출할 수 없음 ① 자연석
2516.	2	사 암	
⋮ (생 략)		⋮ (생 략)	⋮ (생 략)

(2) 수출제한품목

수출제한품목이란 별표 2에 게기한 품목으로서, 별표2에 게기한 품목은 수출이 제한되며, 각 품목별 수출요령에 따라 승인을 받은 경우 수출할 수 있다. 다만 철강 제품에 대한 수출제한은 미국지역에 한정한다. 또한, 산업통상자원부장관은 수출절차의 간소화를 위하여 특히 필요한 경우 별표 2의 수출요령에도 불구하고 수출승인기관을 따로 정하여 승인하게 할 수 있다($\binom{수출입공고}{제5조 및 제7조}$).

수출입공고 별표 2의 수출제한품목인 경우에는 동 공고상의 수출요령에 따라 수출승인기관으로부터 승인을 받은 후 수출할 수 있다. 따라서 수출제한품목에 대하여 수출승인하는 기관은 본서 제4장 수출입승인제도의 수출승인기관과 관련하여 자세히 설명하고 있다.

[수출입공고 별표 2] 수출제한품목

H S	품 목	수 출 요 령
2505	천연모래(착색된 것인지의 여부를 불문하며, 제26류의 금속을 함유하는 모래를 제외한다)	
10	규 사	다음의 것은 한국골재협회의 승인을 받아 수출할 수 있음
90	기 타	① 규산분(SiO_2)이 90% 이하의 것
: (생 략)	: (생 략)	: (생 략)

(3) 수입제한품목

수입제한품목은 별표 3에 게기한 품목으로서, 별표 3에 게기한 품목은 각 품목별 수입요령에 따라 수입을 승인하여야 하며, 「대외무역법」 제16조에 따른 외화획득용 원료·기재를 수입하는 경우에는 수입제한품목이라 할지라도 별도의 제한 없이 수입승인할 수 있다.(수출입공고 제6조).

즉, 수출입공고 별표 3에 게기되어 있는 수입제한품목은 항공기 및 동 부분품의 수입으로서, 이들 품목은 한국항공우주산업진흥협회의 승인을 받아 수입할 수 있다.

[수출입공고 별표 3] 수입제한품목

H S	품 목	수 입 요 령
3920.99.1000	플라스틱제의 기타 판, 쉬트, 필름, 박 또는 스트립(셀룰라가 아닌 것으로서 기타 재료로 보강, 적층, 지지 또는 이와 유사하게 결합되지 아니하는 것) 중 항공기용의 것	한국항공우주산업진흥협회의 승인을 받아 수입할 수 있음
4011.30.0000	고무제의 공기타이어(신품) 중 항공기용의 것	
4012.13.0000	고무제의 공기타이어(재생품) 중 항공기용의 것	
4012.20.1000	고무제의 공기타이어(중고품) 중 항공기용의 것	
4011.90.1040	고무제의 공기타이어 플랩중 항공기용의 것	
: (생 략)	: (생 략)	: (생 략)

수출실적의확인 및 증명발급(신청)서

	처리기간
	즉 시

① 신청인(상호, 주소, 성명)	② 발급용도
(서명 또는 인)	

③수출(입금)일자	④매입번호	⑤품명	⑥수출실적	⑦비고

⑧ 증명발급번호

대외무역관리규정 제29조에 따라 위의 사실을 확인합니다.

년   월   일

증 명 권 자   (인)

2812-281-02411민
'98.1.12. 승인

210mm × 297mm
일반용지 60g/㎡

[별지 제11호 서식]

수입실적의확인 및 증명발급(신청)서

		처리기간
		즉　시

① 신청인(상호, 주소, 성명)	② 발급용도
(서명 또는 인)	

③수입(지급)일자	④품명	⑤수입실적	⑥수입용도	⑦비고

⑧ 증명발급번호

대외무역관리규정 제29조에 따라 위의 사실을 확인합니다.

년　　월　　일

증 명 권 자　　　　　(인)

2812-281-05211민
'98.1.12. 승인

210㎜ × 297㎜
일반용지 60g/㎡

수출·수입실적의 확인 및 증명발급 신청서

당사는 「대외무역법 시행령」 제23조에 따라 다음과 같이 용역에 대한 수출·수입실적의 확인 및 증명 발급을 신청합니다.

1. 회사 현황

회사개요	회사명		대표자명	
	주소		사업자등록번호	
기업형태	□개인 □법인	□대기업 □중소기업	□상장 □비상장	□S/W전업 □기타겸업
담당자명		전화번호		
무역업고유번호		E-mail		

2. 수출입확인 사항

수출입실적 확인기간		년 월 일 부터		년 월 일 까지		
발급용도						
구 분 (수출입)	용 역 명	거래형태 (L/C,T/T)	수출수입 금액 (외화표시/USD)	거래번호	대상국가 (계약자명)	입금일자	거래 외국환은행

* 거래번호는 외화입금에 대해 해당 외국환은행에서 부여한 번호(reference number)를 기입하시기 바랍니다.
* 확인 대상용역 2건 초과 시 [별지]의 자료를 이용하시기 바랍니다.

상기 수출입확인 신청사항 및 제출자료는 사실과 같으며 가격조작 등 부정사유가 발생하는 경우, 「대외무역법」에 따라 처벌을 받을 것을 서약합니다.

년   월   일

신청인 _____(인)

확인 및 증명기관의 장 귀하

첨부서류: 1. 수출입계약서 사본 1부.
      2. 사업자등록증사본 1부.
      3. 은행이 발급한 외화매입 증명서류(외화 타발송금확인서 등 송금인/수취인 명시 및 USD환산액 표기) 1부.
      4. 기타 거래 및 인수·인도사실 증명서류.

210mm × 297mm
일반용지 60g/㎡

수출·수입실적의 확인 및 증명서

「대외무역법 시행령」 제23조에 따라 아래와 같이 용역에 대한 수출입 사실을 확인하고 실적증명서를 발급합니다.

1. 회사개요

회사개요	회사명		대표자명	
	주 소		사업자등록번호	
	전화번호		무역업고유번호	

2. 확인사항

수출입실적 확인기간		년 월 일 부터 년 월 일 까지			
발급용도					
구 분 (수출입)	품 목 명	수출·수입 실적 (외화표시/USD)	대상국가 (계약자명)	입금일자	거래 외국환은행

년 월 일

확인 및 증명권자(인)

210㎜ × 297㎜
일반용지 60g/㎡

수출·수입실적의 확인 및 증명발급 신청서

당사는 「대외무역법 시행령」 제23조에 따라 다음과 같이 전자적 형태의 무체물에 대한 수출·수입실적의 확인 및 증명 발급을 신청합니다.

1. 회사 현황

회사개요	회사명		대표자명	
	주소		사업자등록번호	
기업형태	☐ 개인 ☐ 법인	☐ 대기업 ☐ 중소기업	☐ 상장 ☐ 비상장	☐ S/W전업 ☐ 기타겸업
담당자명		전화번호		
무역업고유번호		E-mail		

2. 수출입확인 사항

수출입실적 확인기간		년 월 일 부터		년 월 일 까지			
발급용도							
구 분 (수출입)	용 역 명	거래형태 (L/C,T/T)	수출·수입 금액 (외화표시/USD)	거래번호	대상국가 (계약자명)	입금일자	거래 외국환은행

* 거래번호는 외화입금에 대해 해당 외국환은행에서 부여한 번호(reference number)를 기입하시기 바랍니다.
* 확인 대상용역 2건 초과 시 [별지]의 자료를 이용하시기 바랍니다.

상기 수출입확인 신청사항 및 제출자료는 사실과 같으며 가격조작 등 부정사유가 발생하는 경우, 「대외무역법」에 따라 처벌을 받을 것을 서약합니다.

년 월 일

신청인 _____(인)

확인 및 증명기관의 장 귀하

첨부서류: 1. 수출입계약서 사본 1부.
2. 사업자등록증사본 1부.
3. 은행이 발급한 외화매입 증명서류(외화 타발송금확인서 등 송금인/수취인 명시 및 USD환산액 표기) 1부.
4. 기타 거래 및 인수인도사실 증명서류.

210mm × 297mm
일반용지 60g/㎡

[별지 제27호 서식] 〈개정 2014.11.25.〉

수출·수입실적의 확인 및 증명서

「대외무역법 시행령」 제23조에 따라 아래와 같이 전자적 형태의 무체물에 대한 수출입 사실을 확인하고 실적증명서를 발급합니다.

1. 회사개요

회사개요	회사명		대표자명	
	주 소		사업자등록번호	
	전화번호		무역업고유번호	

2. 확인사항

수출입실적 확인기간		년 월 일 부터 년 월 일 까지			
발급용도					
구 분 (수출입)	품 목 명	수출수입 실적 (외화표시/USD)	대상국가 (계약자명)	입금일자	거래 외국환은행

년 월 일

확인 및 증명권자(인)

210㎜ × 297㎜
일반용지 60g/㎡

Chapter

04

Foreign Trade Act

수출입승인과 요건확인 제도

제 1 절 수출입승인

1. 수출입승인(Export or Import Approval)의 의의

물품등의 수출입과 이에 따른 대금을 받거나 지급하는 것은 이 법의 목적의 범위에서 자유롭게 이루어져야 하며, 무역거래자는 대외신용도 확보 등 자유무역질서를 유지하기 위하여 자기 책임으로 그 거래를 성실히 이행하여야 한다(법 제10조 제1항 및 제2항).

그러나 산업통상자원부장관은 다음 각 호의 어느 하나에 해당하는 이행 등을 위하여 필요하다고 인정하여 지정·고시하는 물품등의 수출 또는 수입을 제한하거나 금지할 수 있다(법 제11조 제1항 및 영 제16조).

① 헌법에 따라 체결·공포된 조약과 일반적으로 승인된 국제법규에 따른 의무의 이행

② 생물자원의 보호

③ 교역상대국과의 경제협력 증진

④ 국방상 원활한 물자 수급

⑤ 과학기술의 발전

⑥ 그 밖에 통상·산업정책에 필요한 사항으로서 대통령령으로 정하는 사항, 즉 항공 관련 품목의 안전관리에 관한 사항

이 규정에 따라 산업통상자원부장관이 필요하다고 인정하는 경우를 제외하고는, 원칙적으로 모든 물품등의 수출입 및 수출입대금의 영수 또는 지급은 자유로우며, 무역거래자는 대외신용도 확보 등 자유무역질서의 유지를 위하여 자기 책임으로 성실히 무역거래를 이행하도록 하고 있다.

결과적으로 수출입이 제한 또는 금지되지 않는 대부분의 품목에 대하여는 사전에 승인을 받지 않고 무역거래자가 자기 책임으로 자유롭게 수출입을 이행한다. 그러나 산업통상자원부장관은 사후점검체제인 과학적인 무역업무처리기반을 구축함으로써 관세청 또는 외국환은행으로부터 수출입통관기록 또는 수출입대금결제기록 등 무역거래자의 수출입이행에 관한 정보를 제공받아 수출입거래가 질서있고 효율적으로 이행되었는지 여부를 사후에 점검한 후 자신의 책임을 이행하지 않은 무역거래자에 대하여는 과징금, 과태료 등 「대외무역법」에 따른 제반 벌칙을 부과하고 있다.

따라서, 수출입승인이란 대금결제사항이 제외된 상태로 수출입공고에 따라 수출입이 제한되는 물품등을 수출입이 가능하게 되도록 허가하여 주는 절차라고 할 수 있다. 즉, 수출입승인은 상대적 금지에서만 가능한 것이며 절대적 금지(국가의 기밀을 누설하는 물품, 유가증권 위조, 국헌을 문란하게 하는 물품 등)는 어떠한 경우에도 수출입승인을 할 수 없다.

한편, 수출입승인제도는 1997년부터 다음과 같이 변경되어 현재에 이르고 있다.

① 수출입승인대상의 관리체계를 Positive System(원칙규제·예외허용)에서 Negative System(원칙자유·예외규제)으로 전환함으로써 수출입공고상의 수출입승인품목과 외화획득용 원료·기재의 수입 및 플랜트수출물품에 대해서만 승인대상으로 하였다.

② 수출입대금의 영수 및 지급을 국가관리대상에서 사적 자치영역으로 이관하였다(수출입대금의 수급상황을 수출입승인 및 수출입승인에 대한 사후관리 대상에서 제외).

③ 우리나라의 무역규모의 확대 및 무역업계의 자율역량 확대상황을 법령에 적극 수용함으로써 무역절차의 원활화를 기하였다.

2. 수출입승인의 신청

(1) 수출입승인대상물품

산업통상자원부장관은 긴급히 처리하여야 하는 물품등과 그 밖에 수출 또는 수입 절차를 간소화하기 위한 물품등으로서 대통령령으로 정하는 기준에 해당하는 물품등의 수출 또는 수입을 제외하고는, 헌법에 따라 체결·공포된 조약과 일반적으로 승인된 국제법규에 따른 의무의 이행, 생물자원의 보호, 교역상대국과의 경제협력 증진, 국방상 원활한 물자 수급, 과학기술의 발전, 그 밖에 통상·산업정책에 필요한 사항으로서 대통령령으로 정하는 사항(항공 관련 품목의 안전관리에 관한 사항)의 어느 하나에 해당하는 이행 등을 위하여 필요하다고 인정하여 지정·고시하는 물품등, 즉 산업통상자원부장관이 수출 또는 수입을 제한하거나 금지할 수 있는 다음의 물품등 중에서 수출 또는 수입승인 대상으로 지정·고시한 물품등을 수출하거나 수입하려는 자는 대통령령으로 정하는 바에 따라 산업통상자원부장관의 승인을 받아야 한다. 여기에서, "산업통상자원부장관이 수출 또는 수입 승인대상물품등으로 지정·고시한 물품 등"이란 수출입공고에 정한 물품등(단, 중계무역 물품, 외국인수수입 물품, 외국인도수출 물품, 선용품1)은 제외)을 말한다(법 제11조 제2항, 영 제16조 및 규정 제9조).

① 헌법에 따라 체결·공포된 조약과 일반적으로 승인된 국제법규에 따른 의무의 이행

을 위하여 산업통상자원부장관이 지정·고시하는 물품등

② 생물자원의 보호를 위하여 산업통상자원부장관이 지정·고시하는 물품등

③ 교역상대국과의 경제협력 증진을 위하여 산업통상자원부장관이 지정·고시하는 물품등

④ 국방상 원활한 물자 수급을 위하여 산업통상자원부장관이 지정·고시하는 물품등

⑤ 과학기술의 발전을 위하여 산업통상자원부장관이 지정·고시하는 물품등

⑥ 그 밖에 통상·산업정책에 필요한 사항으로서 대통령령으로 정하는 사항, 즉 항공 관련 품목의 안전관리에 관한 사항을 위하여 산업통상자원부장관이 지정·고시하는 물품등

또한, 산업통상자원부장관은 필요하다고 인정하면 제1항과 제2항에 따른 승인 대상 물품등의 품목별(each item of goods, etc.)수량(quantity)·금액(price)·규격(standard) 및 수출 또는 수입지역(export or import area) 등을 한정(restrict)할 수 있으며, 제1항부터 제6항까지의 규정에 따른 제한·금지, 승인, 승인의 유효기간 설정 및 연장, 신고, 한정 및 그 절차 등을 정한 경우에는 이를 공고하여야 한다(법 제11조 제6항 및 제7항).

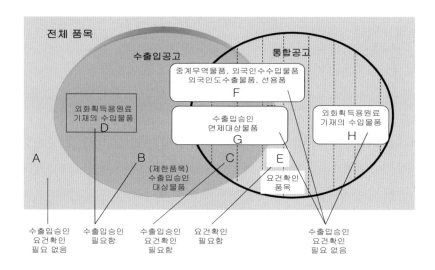

따라서, 수출입계약을 체결한 후 이를 이행하기 위하여 사전에 산업통상자원부장관으로부터 수출입승인을 받아야 하는 품목, 즉 수출입승인대상물품등은 중계무역 물품, 외

---

1) "선용품"이란 음료, 식품, 연료, 소모품, 밧줄, 수리용예비부분품 및 부속품, 집기 이와 유사한 물품으로서 해당 선박에서만 사용되는 것을 말하고, "기용품"이란 선용품에 준하는 물품으로서 해당 항공기에서만 사용되는 것을 말한다(「관세법」 제2조 제9호 및 제10호).

국인수수입 물품, 외국인도수출 물품, 선용품을 제외한 ① 수출입공고상의 제한품목, ② 수출입공고상의 제한품목을 외화획득용 원료·기재로 수입하는 물품등이다. 수출입승인 대상이 중계무역, 외국인수수입, 외국인도수출, 선용품은 해석상 당연히 수출입승인과는 관련이 없는 것으로 간주하여 별도의 승인면제규정을 두지 않았다. 그런데 이들에 대한 수출입승인면제규정이 없으므로 다른 거래형태와 마찬가지로 수출입승인을 받아야 하기 때문에 98년 2월 개정시에는 이를 수출입승인대상에서 명시적으로 제외하였다.

수출입공고상 제한품목	〈수출입승인대상물품〉	대외무역법 및 시행령	산업통상자원부장관은 다음 각 호의 어느 하나에 해당하는 이행 등을 위하여 필요하다고 인정하여 지정·고시하는 물품등의 수출 또는 수입을 제한하거나 금지할 수 있다(법 제11조 제1항 및 영 제16조). ① 헌법에 따라 체결·공포된 조약과 일반적으로 승인된 국제법규에 따른 의무의 이행 ② 생물자원의 보호 ③ 교역상대국과의 경제협력 증진 ④ 국방상 원활한 물자 수급 ⑤ 과학기술의 발전 ⑥ 그 밖에 통상·산업정책에 필요한 사항으로서 "대통령령으로 정하는 사항"(즉, 항공 관련 품목의 안전관리에 관한 사항)
			제1항에 따라 수출 또는 수입이 제한되는 물품등을 수출하거나 수입하려는 자는 산업통상자원부장관의 승인을 받아야 한다(법 제11조 제2항 전단).
			산업통상자원부장관은 필요하다고 인정하면 제1항과 제2항에 따른 승인 대상 물품등의 품목별 수량·금액·규격 및 수출 또는 수입지역 등을 한정할 수 있다(법 제11조 제6항).
		수출입공고	별표 2에 게기한 품목은 각 품목별 수출요령에 따라 수출승인하여야 한다. 산업통상자원부장관은 수출입절차의 간소화를 위해 특히 필요한 경우 별표2의 수출요령에도 불구하고 수출승인기관을 따로 정하여 승인하게 할 수 있다(수출입공고 제4조·제6조).
			별표 3에 게기한 품목은 각 품목별 수입요령에 따라 수입을 승인 하여야 하며, 외화획득용 원료·기재를 수입하는 경우에는 수입제한 품목이라 할지라도 별도의 제한없이 수입을 승인할 수 있다.(수출입공고 제6조)
수출입승인면제대상물품			다만, 긴급히 처리하여야 하는 물품등과 그 밖에 수출 또는 수입 절차를 간소화하기 위한 물품등으로서 대통령령으로 정하는 기준에 해당하는 물품등의 수출 또는 수입은 그렇지 아니하다(법 제11조 제2항 단서).
통합공고 〈요건확인대상품목〉			① 관계 행정기관의 장은 수출·수입요령을 제정하거나 개정하는 경우에는 그 수출·수입요령이 그 시행일 전에 제2항에 따라 공고될 수 있도록 이를 산업통상자원부장관에게 제출하여야 하며, 제출받은 수출·수입요령을 통합하여 공고하여야 한다(법 제12조).
전략물자 수출입고시			산업통상자원부장관은 관계 행정기관의 장과 협의하여 제19조, 제20조, 제22조부터 제24조까지, 제24조의2, 제24조의 3 및 제25조까지의 규정에 관한 요령을 고시하여야 한다(법 제26조 제1항). 관세청장은 전략물자등의 수출입 통관절차에 관한 사항을 고시하여야 한다(법 제26조 제2항).

참고로 플랜트수출 승인물품등 및 전략물자 수출입고시 대상물품등은 승인간주처리하고 별도관리하고 있다. 또한 통합공고 대상물품은 「대외무역법」상 수출입승인대상에서 제외하여 각 개별법에 의해서만 관리되도록 하고 있다. 즉, 「대외무역법」이외의

61개 개별법에 의한 수출입제한내용을 통합하여 고시하는 통합공고에 따라 요건확인 등을 받아야 하는 물품등은 수출입승인대상에 포함되지 않는다. 따라서 해당 개별법에서 정하고 있는 바에 따라 요건확인 등을 받은 후 곧바로 세관에 수출신고나 수입신고를 함으로써 수출입을 이행하면 된다.

다만, 통합공고에 의한 요건확인품목이라도 다음의 하나에 해당하는 경우에는 이 고시가 정한 요건 및 절차를 거치지 아니하고 수출입할 수 있다(통합공고 제12조).

① 외화획득용 원료·기재의 수입물품등
② 중계무역물품, 외국인수수입물품, 외국인도수출물품, 선(기)용품
③ 「대외무역법시행령」 제27조에 따른 사유에 해당하는 경우(즉, 수출입승인면제대상물품등)
④ 통합공고 제3조 제1항의 해당법령에서 요건확인 면제사유에 해당하는 경우

(2) 수출입승인기관

(가) 수출승인기관

산업통상자원부장관의 권한은 그 일부를 대통령령이 정하는 바에 따라 관련기관에 위임 또는 위탁할 수 있는 바(법 제52조 제1항), 산업통상자원부장관은 수출입승인 대상물품등에 대한 ① 수출 또는 수입의 승인, 변경승인 및 변경사항 신고의 수리에 관한 권한을 "산업통상자원부장관이 지정하여 고시하는 관계 행정기관 또는 단체의 장", 즉 수출입공고에서 산업통상자원부장관이 지정·고시한 기관·단체(이하 "승인기관"이라 한다)의 장에게 위탁한다(영 제91조 제7항 및 규정 제8조).

현행 수출입공고에 의한 수출승인기관은 한국골재협회와 한국철강협회이며, 수출제한품목을 HS류별로 분류해 볼 때 08류, 25류, 72류, 73류이다. 다만, 철강제품에 대한 수출승인은 미국지역에 한정한다.

● 수출승인기관(2019년 2월 현재)

수출제한품목(수출승인대상물품)			수 출 승 인 기 관
HS류별	품 목 코 드	품 목	
25류	2505, 2517	규사, 자갈, 대리석	한국골재협회
72류	7206~7229	잉곳, 철이나 비함금강의 반제품·평판압연제품·봉·형강·선, 스레인레스강, 스테인레스강의 평판압연제품·봉·형강·선, 그 밖의 합금강, 그 밖의 합금강의 평판압연제품·봉·형강·선,	한국철강협회 (미국지역에 한정)
73류	7301, 7302, 7304, 7305	철강으로 만든 널말뚝, 철강으로 만든 철도용이나 궤도용 선로의 건설재료, 철강으로 만든 관과 중공프로파일, 철강으로 만든 그 밖의 관, 철강으로 만든 그 밖의 관과 중공프로파일	

(나) 수입승인기관

현행 수출입공고상의 수입승인기관은 한국항공우주산업진흥협회이다. 수입제한품목은 항공기 및 동부분품(HS 39류, 40류, 70류, 84류, 85류, 88류, 90류 및 94류)이다.

● 수입승인기관(2019년 2월 현재)

수입제한품목(수입승인대상물품)			수 입 승 인 기 관
HS류별	품 목 코 드	품 목	
39류	3920	항공기 및 동부분품	한국항공우주산업진흥협회
40류	4011~4013, 4016		
70류	7007		
84류	8407, 8409, 8411~8414, 8421, 8466, 8483		
85류	8511, 8526, 8544		
88류	8801, 8802		
90류	9014, 9032		
94류	9401		

(다) 수출입승인실적등의 보고

수출입승인기관의 장은 연간 수출입승인실적을 별지서식에 의거하여 해당연도 경과 후 15일 이내에 산업통상자원부장관에게 보고하여야 한다(수출입공고 제9조).

● 수출입승인 및 승인의 유효기간

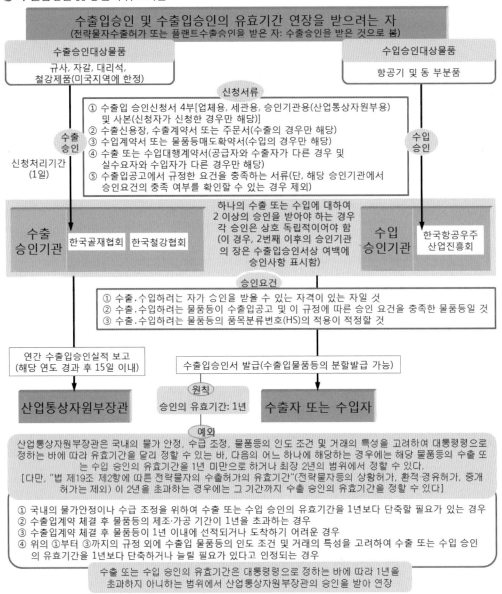

수출입승인 및 수출입승인의 유효기간 연장을 받으려는 자
(전략물자수출허가 또는 플랜트수출승인을 받은 자: 수출승인을 받은 것으로 봄)

수출승인대상물품
규사, 자갈, 대리석,
철강제품(미국지역에 한정)

수입승인대상물품
항공기 및 동 부분품

신청서류
① 수출입 승인신청서 4부[업체용, 세관용, 승인기관용(산업통상자원부용)
   및 사본(신청자가 신청한 경우만 해당)]
② 수출신용장, 수출계약서 또는 주문서(수출의 경우만 해당)
③ 수입계약서 또는 물품등매도확약서(수입의 경우만 해당)
④ 수출 또는 수입대행계약서(공급자와 수출자가 다른 경우 및
   실수요자와 수입자가 다른 경우만 해당)
⑤ 수출입공고에서 규정한 요건을 충족하는 서류(단, 해당 승인기관에서
   승인요건의 충족 여부를 확인할 수 있는 경우 제외)

수출승인
수입승인

신청처리기간
(1일)

수출승인기관
한국골재협회 한국철강협회

하나의 수출 또는 수입에 대하여
2 이상의 승인을 받아야 하는 경우
각 승인은 상호 독립적이어야 함
(이 경우, 2번째 이후의 승인기관
의 장은 수출입승인서상 여백에
승인사항 표시함)

수입승인기관
한국항공우주
산업진흥회

승인요건
① 수출·수입하려는 자가 승인을 받을 수 있는 자격이 있는 자일 것
② 수출·수입하려는 물품등이 수출입공고 및 이 규정에 따른 승인 요건을 충족한 물품등일 것
③ 수출·수입하려는 물품등의 품목분류번호(HS)의 적용이 적정할 것

연간 수출입승인실적 보고
(해당 연도 경과 후 15일 이내)

수출입승인서 발급(수출입물품등의 분할발급 가능)

산업통상자원부장관

원칙
승인의 유효기간: 1년

수출자 또는 수입자

예외
산업통상자원부장관은 국내의 물가 안정, 수급 조정, 물품등의 인도 조건 및 거래의 특성을 고려하여 대통령령으로
정하는 바에 따라 유효기간을 달리 정할 수 있는 바, 다음의 어느 하나에 해당하는 경우에는 해당 물품등의 수출 또
는 수입 승인의 유효기간을 1년 미만으로 하거나 최장 2년의 범위에서 정할 수 있다.
[다만, "법 제19조 제2항에 따른 전략물자의 수출허가의 유효기간"(전략물자등의 상황허가, 환적·경유허가, 중개
허가는 제외)이 2년을 초과하는 경우에는 그 기간까지 수출 승인의 유효기간을 정할 수 있다]

① 국내의 물가안정이나 수급 조정을 위하여 수출 또는 수입 승인의 유효기간을 1년보다 단축할 필요가 있는 경우
② 수출입계약 체결 후 물품등의 제조·가공 기간이 1년을 초과하는 경우
③ 수출계약 체결 후 물품등이 1년 이내에 선적되거나 도착하기 어려운 경우
④ 위의 ①부터 ③까지의 규정 외에 수출입 물품등의 인도 조건 및 거래의 특성을 고려하여 수출 또는 수입 승인
   의 유효기간을 1년보다 단축하거나 늘릴 필요가 있다고 인정되는 경우

수출 또는 수입 승인의 유효기간은 대통령령으로 정하는 바에 따라 1년을
초과하지 아니하는 범위에서 산업통상자원부장관의 승인을 받아 연장

※ 승인대상물품등을 승인 또는 변경승인을 받지 않거나 거짓, 그 밖의 부정한 방법으로 승인받은 수출자 또는
   수입자: 3년 이하의 징역 또는 3천만 원 이하의 벌금

(3) 수출입승인 신청서류

물품등의 수출 또는 수입의 승인을 신청하려는 자 및 법 제11조 제4항에 따라 수출 또는 수입 승인의 유효기간 연장을 받으려는 자는 다음의 구비서류를 첨부하여 수출입 승인기관의 장에게 신청하여야 한다(영 제18조 제1항 및 규정 제10조 제1항).

① 수출입 승인신청서(규정 별지 제3호~제5호 서식) 4부[업체용, 세관용, 승인기관용(산업통상자원부용) 및 사본(신청자가 신청한 경우만 해당)]
② 수출신용장, 수출계약서 또는 주문서(수출의 경우만 해당)
③ 수입계약서 또는 물품등매도확약서(수입의 경우만 해당)
④ 수출 또는 수입대행계약서(공급자와 수출자가 다른 경우 및 실수요자와 수입자가 다른 경우만 해당)
⑤ 수출입공고에서 규정한 요건을 충족하는 서류(단, 해당 승인기관에서 승인요건의 충족 여부를 확인할 수 있는 경우 제외)

(4) 수출입승인요건 확인 및 수출입승인서 발급

수출입승인기관의 장은 수출입의 승인신청이 다음의 수출입승인의 요건에 합당한 경우 수출입승인서(별지 제3호~제5호 서식)[업체용, 세관용, 승인기관용(산업통상자원부용) 및 사본(신청자가 신청한 경우만 해당)]를 발급하여야 한다. 다만, 수출입 물품 등을 분할하여 발급할 수 있다(규정 제10조 제2항 및 제11조).

① 수출·수입하려는 자가 승인을 받을 수 있는 자격이 있는 자일 것
② 수출·수입하려는 물품등이 수출입공고 및 이 규정에 따른 승인 요건을 충족한 물품 등일 것
③ 수출·수입하려는 물품등의 품목분류번호(HS)의 적용이 적정할 것

(5) 2이상의 승인

하나의 수출 또는 수입에 대하여 둘 이상의 승인을 받아야 하는 경우 각각의 승인은 상호 독립적으로 받아야 한다. 이 경우 두 번째 이후의 승인기관의 장은 수출입승인서상의 여백에 승인 사항을 표시한다(규정 제13조).

(6) 기타 수출승인

전략물자의 수출허가, 상황허가 또는 플랜트수출의 승인(법 제19조 또는 제32조)에 따라 수출허가 또는 상황허가를 받거나 수출승인을 받은 자(Any person who obtains an export permission or an export approval)는 수출승인을 받은 것으로 본다(shall be deemed to have obtained export approval)$\left(\begin{smallmatrix} 법 \\ 제11조 \ 제8항 \end{smallmatrix}\right)$.

3. 수출입승인의 유효기간

(가) 수출입승인의 유효기간

물품등의 수출 또는 수입 승인(제8항에 따라 수출승인을 받은 것으로 보는 전략물자의 수출허가, 상황허가 또는 플랜트수출승인의 경우를 포함한다)의 유효기간은 1년으로 한다. 다만, 산업통상자원부장관은 국내의 물가 안정, 수급 조정, 물품등의 인도 조건 및 거래의 특성을 고려하여 대통령령으로 정하는 바에 따라 유효기간을 달리 정할 수 있다$\left(\begin{smallmatrix} 법 \ 제11조 \\ 제3항 \end{smallmatrix}\right)$.

따라서, 다음의 어느 하나에 해당하는 경우에는 해당 물품등의 수출 또는 수입 승인의 유효기간을 1년 미만으로 하거나 최장 2년의 범위에서 정할 수 있다. 다만, "전략물자의 수출허가의 유효기간"(법 제19조 제2항에 따른 전략물자의 수출허가의 유효기간 및 영 제42조의2 제2항에 따른 전략물자의 수출허가의 유효기간)[2]이 2년을 초과하는 경우에는 그 기간까지 수출 승인의 유효기간을 정할 수 있다$\left(\begin{smallmatrix} 영 \ 제18조 \\ 제2항 \end{smallmatrix}\right)$.

① 국내의 물가안정이나 수급 조정을 위하여 수출 또는 수입 승인의 유효기간을 1년 보다 단축할 필요가 있는 경우

② 수출입계약 체결 후 물품등의 제조·가공 기간이 1년을 초과하는 경우

③ 수출입계약 체결 후 물품등이 1년 이내에 선적되거나 도착하기 어려운 경우

④ 위의 ①부터 ③까지의 규정 외에 수출입 물품등의 인도 조건 및 거래의 특성을 고려하여 수출 또는 수입 승인의 유효기간을 1년보다 단축하거나 늘릴 필요가 있다고 인정되는 경우

---

2) 다시 말하면, 2년을 초과하여 유효기간을 초과할 수 있는 경우는 전략물자의 수출허가만 해당되기 때문에, 전략물자등의 상황허가, 환적·경유허가 또는 중개허가는 2년을 초과하여 수출 승인의 유효기간을 정할 수 없다.

참고로 수출입승인신청의 처리기간은 1일을 원칙으로 하되 승인에 따른 심사 등의 특성상 필요한 경우는 승인기관별 "승인업무처리요령(개정전 추천요령)"에 정하는 바에 따라 처리기간을 따로 정한 경우는 그 처리기간내에 처리하도록 한다.

(나) 수출입승인의 유효기간의 연장승인

수출 또는 수입 승인의 유효기간은 대통령령으로 정하는 바에 따라 1년을 초과하지 아니하는 범위에서 산업통상자원부장관의 승인을 받아 연장할 수 있다(법 제11조 제4항).

따라서, 물품등의 수출 또는 수입의 승인을 신청하려는 자 및 법 제11조제4항에 따라 수출 또는 수입 승인의 유효기간 연장을 신청하려는 자는 신청서에 산업통상자원부장관이 정하는 서류를 첨부하여 산업통상자원부장관에게 제출하여야 한다. 변경승인을 받으려는 경우(법 제11조제2항 본문에 따라 승인을 받은 경우만 해당한다)에도 같다(영 제18조 세1항).

4. 무역대금결제방법의 결정시 사전 협의

기획재정부장관이 외국환 거래 관계 법령에 따라 무역대금 결제 방법(methods of settlement of trade account)을 정하려면 미리 산업통상자원부장관과 협의하여야 한다(법 제13조 제2항).

🔵 **무역대금결제방법의 결정시 사전 협의**

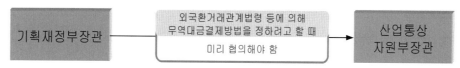

● 수출입승인

수출입승인 대상물품등	① 헌법에 따라 체결·공포된 조약과 일반적으로 승인된 국제법규에 따른 의무의 이행을 위하여 산업통상자원부장관이 지정·고시하는 물품등 ② 생물자원의 보호를 위하여 산업통상자원부장관이 지정·고시하는 물품등 ③ 교역상대국과의 경제협력 증진을 위하여 산업통상자원부장관이 지정·고시하는 물품등 ④ 국방상 원활한 물자 수급을 위하여 산업통상자원부장관이 지정·고시하는 물품등 ⑤ 과학기술의 발전을 위하여 산업통상자원부장관이 지정·고시하는 물품등 ⑥ 그 밖에 통상·산업정책에 필요한 사항으로서 대통령령으로 정하는 사항, 즉 항공관련 품목의 안전관리에 관한 사항을 위하여 산업통상자원부장관이 지정·고시하는 물품등	수출입 공고
수출입승인 기관	수출입공고에서 산업통상자원부장관이 지정·고시한 기관단체의 장	
수출입승인 신청서류	① 수출입승인신청서 4부[업체용, 세관용, 승인기관용(산업통상자원부용) 및 사본(신청자가 신청한 경우에 한한다)] ② 수출신용장·수출계약서 또는 주문서(수출의 경우) ③ 수입계약서 또는 물품등매도확약서(수입의 경우) ④ 수출이나 수입대행계약서(공급자와 수출자가 다른 경우, 실수요자와 수입자가 다른 경우) ⑤ 수출입공고에서 규정한 요건을 충족하는 서류(단, 해당 승인기관에서 승인요건의 충족여부를 확인할 수 있는 경우 제외)	
수출입승인 요건	수출입하려는 자	승인을 받을 수 있는 자격이 있는 자일 것
	수출입하려는 물품등	수출입공고 및 이 규정에 따른 승인요건을 충족한 물품등일 것
	수출입하려는 물품등의 품목 분류번호	목분류번호(HS)의 적용이 적정할
수출입승인 서 발급	수출입승인요건에 합당한 경우	수출입승인기관이 수출입승인서 발급(단, 수출입물품등을 분할하여 발급 가능)
기타 수출입승인	2이상의 수출입 승인	각각 독립적 승인을 받아야 함(두번째 이후 승인기관의 장은 수출입승인서상 여백에 승인사항 표시)
	전략물자의 수출허가 플랜트수출의 승인	전략물자수출허가, 상황허가 또는 플랜트수출승인을 받은 자는 수출승인을 받은 것으로 간주
수출입승인 유효기간	원칙	1년(대통령령으로 정하는 바에 따라 1년을 초과하지 않는 범위에서 산업부장관의 승인을 받아 연장 가능)
	예외	다음의 어느 하나에 해당하는 경우 해당 물품등의 수출이나 수입 승인의 유효기간을 1년 미만으로 하거나 최장 2년의 범위에서 설정 가능[다만, 전략물자의 수출허가의 유효기간이 2년을 초과하는 경우에는 그 기간까지 수출 승인의 유효기간을 정할 수 있다]
		① 국내의 물가안정이나 수급 조정을 위하여 수출 또는 수입 승인의 유효기간을 1년 보다 단축할 필요가 있는 경우 ② 수출입계약 체결 후 물품등의 제조·가공 기간이 1년을 초과하는 경우 ③ 수출입계약 체결 후 물품등이 1년 이내에 선적되거나 도착하기 어려운 경우 ④ 위의 ①부터 ③까지의 규정 외에 수출입 물품등의 인도 조건 및 거래의 특성을 고려하여 수출 또는 수입 승인의 유효기간을 1년보다 단축하거나 늘릴 필요가 있다고 인정되는 경우
수출입승인 위반	승인대상물품등을 승인 또는 변경승인을 받지 않거나 거짓이나 그 밖의 부정한 방법으로 승인 또는 변경승인을 받거나 그 승인 또는 변경승인을 면제받고 물품등을 수출 또는 수입한 자: 3년 이하의 징역 또는 3천만원 이하의 벌금		

5. 수출입승인사항의 변경

(1) 수출입승인사항변경의 의의

수출입승인은 원칙적으로 수출입에 제한이 있는 물품등을 예외적으로 허용해주는 것이기 때문에 물품등의 변경은 새로운 승인의 대상이며 변경승인의 대상이 되지 않는다. 그러나 물품등을 제외한 승인사항의 경우에는 승인사항의 경중에 따라 변경승인대상과 신고대상으로 나누어 각각 변경승인이나 신고를 하여야 한다.

참고로 개정법에서는 대금결제에 관한 사항을 승인내용에서 제외시킴에 따라 수출입승인 유효기간을 승인내용중 1가지로 축소·조정하여 이의 변경이 필요한 경우 개정전 법에 의한 유효기간 연장승인 대신 변경승인을 받도록 하였다.

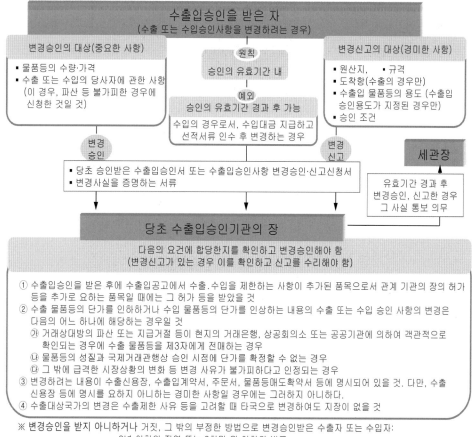

수출입승인을 받은 자
(수출 또는 수입승인사항을 변경하려는 경우)

변경승인의 대상(중요한 사항)
- 물품등의 수량·가격
- 수출 또는 수입의 당사자에 관한 사항 (이 경우, 파산 등 불가피한 경우에 신청한 것일 것)

원칙 승인의 유효기간 내
예외 승인의 유효기간 경과 후 가능
수입의 경우로서, 수입대금 지급하고 선적서류 인수 후 변경하는 경우

변경신고의 대상(경미한 사항)
- 원산지, · 규격
- 도착항(수출의 경우만)
- 수출입 물품등의 용도 (수출입 승인용도가 지정된 경우만)
- 승인 조건

변경승인 / **변경신고**
- 당초 승인받은 수출입승인서 또는 수출입승인사항 변경승인·신고신청서
- 변경사실을 증명하는 서류

세관장
유효기간 경과 후 변경승인, 신고한 경우 그 사실 통보 의무

당초 수출입승인기관의 장
다음의 요건에 합당한지를 확인하고 변경승인해야 함
(변경신고가 있는 경우 이를 확인하고 신고를 수리해야 함)

① 수출입승인을 받은 후에 수출입공고에서 수출.수입을 제한하는 사항이 추가된 품목으로서 관계 기관의 장의 허가 등을 추가로 요하는 품목일 때에는 그 허가 등을 받았을 것
② 수출 물품등의 단가를 인하하거나 수입 물품등의 단가를 인상하는 내용의 수출 또는 수입 승인 사항의 변경은 다음의 어느 하나에 해당하는 경우일 것
  ㉮ 거래상대방의 파산 또는 지급거절 등이 현지의 거래은행, 상공회의소 또는 공공기관에 의하여 객관적으로 확인되는 경우에 수출 물품등을 제3자에게 전매하는 경우
  ㉯ 물품등의 성질과 국제거래관행상 승인 시점에 단가를 확정할 수 없는 경우
  ㉰ 그 밖에 급격한 시장상황의 변화 등 변경 사유가 불가피하다고 인정되는 경우
③ 변경하려는 내용이 수출신용장, 수출입계약서, 주문서, 물품등매도확약서 등에 명시되어 있을 것. 다만, 수출신용장 등에 명시를 요하지 아니하는 경미한 사항일 경우에는 그러하지 아니하다.
④ 수출대상국가의 변경은 수출제한 사유 등을 고려할 때 타국으로 변경하여도 지장이 없을 것

※ 변경승인을 받지 아니하거나 거짓, 그 밖의 부정한 방법으로 변경승인받은 수출자 또는 수입자: 3년 이하의 징역 또는 3천만 원 이하의 벌금

(2) 수출입승인사항의 변경대상

승인을 받은 자가 승인을 받은 사항 중 대통령령으로 정하는 중요한 사항(important matters)을 변경하려면 산업통상자원부장관의 변경승인(approval of changes)을 받아야 하고, 그 밖의 경미한 사항(minor matters)을 변경하려면 산업통상자원부장관에게 신고(notify)하여야 한다.$\binom{\text{법 제11조}}{\text{제5항}}$.

(가) 변경승인대상

수출입의 승인을 받은 자는 승인된 방법에 따라 수출 또는 수입을 이행하여야 하나, 승인을 받은 사항 중 대통령령으로 정하는 다음의 "중요한 사항"을 변경하려는 자는 당초 승인기관의 변경승인을 받아야 한다$\binom{\text{법 제11조 제5항, 영 제18조}}{\text{제3항, 규정 제17조 제4항}}$.

① 물품등의 수량·가격
② 수출 또는 수입의 당사자에 관한 사항(당사자의 변경은 파산 등 불가피한 경우에 신청한 것일 것)

(나) 변경신고대상

다음의 어느 하나에 해당하는 사항에 대하여는 당초 승인한 기관의 장에게 변경신고를 하여야 한다$\binom{\text{규정}}{\text{제16조}}$. 그러나 기타의 사항에 대하여는 별도의 조치가 필요없다.

① 원산지
② 도착항(다만, 수출의 경우에만 해당)
③ 규격
④ 수출입 물품등의 용도(다만, 수출입승인 용도가 지정된 경우에만 해당)
⑤ 승인 조건

(3) 수출입승인사항의 변경승인기관

수출입승인 사항의 변경은 당초 승인한 기관의 장이 승인한다$\binom{\text{규정}}{\text{제15조}}$. 즉, 수출입승인기관의 변경승인기관은 당초 승인한 기관의 장이 된다.

(4) 수출입승인사항의 변경승인신청

(가) 변경승인의 신청 또는 변경신고

물품등의 수출·수입승인사항을 변경하려는 자(법 제11조 제2항 본문에 따라 수출 또는 수입승인을 받은 경우만 해당한다)는 다음의 구비서류를 첨부하여 수출입승인사항의 변경승인기관의 장(당초 수출입승인한 기관의 장)에게 신청하여야 한다(영 제18조 제1항 및 규정 제17조 제1항).

① "당초 승인을 받은 수출입승인서" 또는 "수출입승인 사항 변경승인·신고신청서(별지 제9호서식)"
② 변경사실을 증명하는 서류

(나) 변경승인신청 또는 변경신고의 기간

수출·수입승인 사항의 변경은 수출·수입승인의 유효기간 내에 신청하여야 한다. 다만, 수입의 경우로서 수입대금을 지급하고 선적서류를 인수한 후에 수입승인 사항을 변경하려는 경우에는 수입승인의 유효기간 경과 후에도 변경승인·신고를 신청할 수 있으며, 수입승인의 유효기간 경과 후에 승인기관의 장이 변경승인·신고수리한 때에는 그 변경승인·신고사실을 해당 세관장에게 알려야 한다(규정 제17조 제2항~및 제3항).

(5) 수출입승인사항의 변경승인 요건 및 확인

수출입승인 사항의 변경승인기관의 장은 수출·수입승인 사항을 변경하려는 경우에는 다음의 요건에 합당한지를 확인하여야 하고, 수출·수입승인 사항에 관하여 변경신고가 있는 경우 이를 확인한 후 신고를 수리하여야 한다(규정 제18조 제1항 및 제2항).

① 수출입승인을 받은 후에 수출입공고에서 수출·수입을 제한하는 사항이 추가된 품목으로서 관계 기관의 장의 허가 등을 추가로 요하는 품목일 때에는 그 허가 등을 받았을 것
② 수출 물품등의 단가를 인하하거나 수입 물품등의 단가를 인상하는 내용의 수출 또는 수입 승인 사항의 변경은 다음 각 목의 어느 하나에 해당하는 경우일 것
　㉮ 거래상대방의 파산 또는 지급거절 등이 현지의 거래은행, 상공회의소 또는 공공기관에 의하여 객관적으로 확인되는 경우에 수출 물품등을 제3자에게 전매하는 경우
　㉯ 물품등의 성질과 국제거래관행상 승인 시점에 단가를 확정할 수 없는 경우
　㉰ 그 밖에 급격한 시장상황의 변화 등 변경 사유가 불가피하다고 인정되는 경우
③ 변경하려는 내용이 수출신용장, 수출입계약서, 주문서, 물품등매도확약서 등에 명시되어 있을 것. 다만, 수출신용장 등에 명시를 요하지 아니하는 경미한 사항일 경우

에는 그러하지 아니하다.

④ 수출대상국가의 변경은 수출제한 사유 등을 고려할 때 타국으로 변경하여도 지장이 없을 것

● 수출입 승인사항의 변경

변경승인대상	중요한 사항	• 물품등의 수량·가격 • 수출입당사자에 관한 사항(당사자의 변경은 파산 등 불가피한 경우에 신청한 것일 것)
변경신고대상	경미한 사항	• 원산지·도착항(수출의 경우)·규격 • 수출입 물품등의 용도(승인용도가 지정된 경우) • 승인조건
변경승인기관	당초 승인한 기관의 장	
변경승인 신청기간	원 칙	수출입승인의 유효기간내
	예 외	수입의 경우 수입대금을 지급하고 선적서류를 인수한 후 수입승인사항의 변경은 유효기간경과후에도 가능
변경승인 신청서류	① 당초 승인을 받은 수출입승인서 또는 수출입승인사항변경승인·신고신청서 ② 변경사실을 증명하는 서류	
변경승인요건	① 수출입승인을 받은 후에 수출입공고에서 수출·수입을 제한하는 사항이 추가된 품목으로서 관계기관의 장의 허가 등을 추가로 요하는 품목일 때에는 그 허가 등을 받았을 것 ② 수출물품등의 단가를 인하하거나 수입물품등의 단가를 인상하는 내용의 수출 또는 수입 승인사항의 변경은 다음의 어느 하나에 해당하는 경우일 것 　㉮ 거래상대방의 파산 또는 지급거절 등이 현지의 거래은행, 상공회의소 또는 공공기관에 의하여 객관적으로 확인되는 경우에 수출물품등을 제3자에게 전매하는 경우 　㉯ 물품등의 성질과 국제거래관행상 승인시점에 단가를 확정할 수 없는 경우 　㉰ 그밖에 급격한 시장상황의 변화등 변경사유가 불가피하다고 인정되는 경우 ③ 변경하려는 내용이 수출신용장, 수출입계약서, 주문서, 물품등매도확약서 등에 명시되어 있을 것. 다만, 수출신용장 등에 명시를 요하지 아니하는 경미한 사항일 경우에는 그러하지 아니하다. ④ 수출대상국가의 변경은 수출제한 사유 등을 고려할 때 타국으로 변경하여도 지장이 없을 것	

(6) 기타

수출대금의 영수 및 수입대금의 지급의무를 폐지함으로써 수출입승인을 받아 물품등을 수출·수입한 자는 승인을 받은대로 수출입승인 유효기간 내에 해당 수출대금을 영수하거나 수입대금을 지급하여야 한다.

그러나 유효기간 내에 수출입 대금의 영수 또는 지급을 할 수 없을 경우에는 유효기간 내에 미회수대금, 미지급대금, 초과영수대금의 처리에 관한 사항 또는 유효기간 연장에 대하여 산업통상자원부장관의 승인을 받아야 한다.

6. 수출입승인의 위반에 따른 벌칙

수출입승인대상물품등을 승인 또는 변경승인을 받지 아니하거나 또는 거짓이나 그 밖의 부정한 방법으로 수출입의 승인 또는 변경승인을 받거나 그 승인 또는 변경승인을 면제받고 물품등을 수출하거나 수입한 자는 3년 이하의 징역 또는 3천만원 이하의 벌금에 처한다(법 제54조 제2호 및 제3호).

제 **2** 절 **수출입승인의 면제**

1. 수출입승인의 면제(Exemption from Export or Import Approval)의 취지

물품을 수출입하려는 자는 원칙적으로 수출 또는 수입의 승인을 받을 필요없이 수출입을 할 수 있다. 하지만 수출입공고에서 수출입의 제한을 받는 경우에는 수출 또는 수입의 승인을 받아야 한다. 그러나 수출 또는 수입의 승인을 받아야 하는 경우라 하더라도, 소액거래품, 거래의 성질, 외교상의 이유, 출입국인의 휴대물품 등의 특수성 때문에 수출입절차의 간편, 신속과 편의를 도모해 주기 위하여 무역관리의 완화 내지 그 적용상의 특례를 인정할 필요가 있다. 이것은 상거래가 아니고 국민경제에 미치는 영향이 적으므로 수출입승인을 면제한다. 즉, 「대외무역법」은 이러한 특수한 경우에 대하여는 무역관리의 기본적인 목적을 벗어나지 않는 범위에서 수출입거래에 대한 일반적인 관리에 대한 예외로서 수출입승인제도의 면제제도를 인정하고 있다.

따라서, 수출·수입승인 면제대상거래는 수출입승인대상물품이라 할지라도 수출입통관시 수출·수입승인서 대신 사유서에 승인면제대상에 해당하는지 여부를 입증할 수 있는 증빙을 제출하면 세관장의 확인만으로 통관이 허용된다. 이와 함께 61개 개별법에 의해 통합공고에 고시된 품목은 승인대상에 포함되지 않으나, 수출입승인면제대상에 해당할 경우 통합공고 제12조[3])에 따라 통합공고에서 정하고 있는 별도의 요건을 충족하지 않고 수출

---

3) 통합공고에 의한 요건확인품목이라도 다음의 하나에 해당하는 경우에는 이 고시가 정한 요건 및 절차를 거치지 아니하고 수출입할 수 있다(통합공고 제12조).
　① 외화획득용 원료·기재의 수입물품

입할 수 있다. 즉, 「대외무역법」에 의한 수출입공고에서는 전체 품목 중에서 극히 일부에 불과한 물품만을 수출승인대상물품으로 지정·고시하고 있으므로 그 일부의 수출승인대상 물품에 대해 특정한 경우 승인을 면제한다는 규정은 큰 의미가 없다고 할 수 있다. 그러나 「대외무역법」 이외의 61개의 개별법에 의한 통합공고에서는 전체 품목 중에서 상당수의 요 건확인품목을 지정·고시하고 있으므로 상당수에 해당하는 요건확인품목에 대해 수출입승인 면제대상에 해당하는 경우 그 요건확인을 면제한다는 점에서 그 의미를 찾을 수 있는 것이다.

결국, 수출입승인대상물품등을 수출입하려는 자는 원칙적으로 수출입승인기관으로부터 수출입승인을 받아야만 수출입 할 수 있다. 그러나 긴급히 처리하여야 하는 물품등과 그 밖 에 수출 또는 수입 절차를 간소화하기 위한 물품등으로서 대통령령으로 정하는 기준에 해당 하는 물품등의 수출 또는 수입은 수출입승인을 받지 않고 수출입할 수 있다(법 제11조 제2항 단서 및 영 제19조). 위 규정에 따라 수출·수입의 승인이 면제되는 수출·수입의 범위는 별표 3 및 별표 4와 같다 (규정 제19조). 이깃을 수출과 수입승인의 면제대상으로 나누어 살펴보면 나음과 같다.

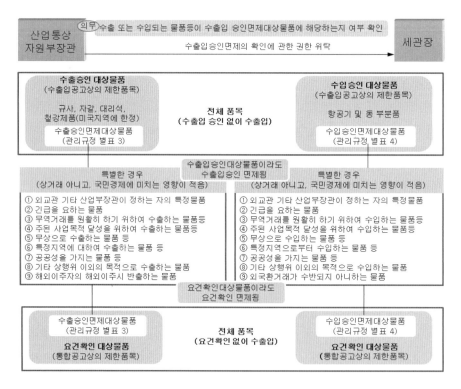

---

② 중계무역물품, 외국인수수입물품, 외국인도수출물품, 선(기)용품
③ 대외무역법시행령 제27조의 규정에 의한 사유에 해당하는 경우(즉, 수출입승인면제대상물품)
④ 통합공고 제3조 제1항의 해당법령에서 요건확인 면제사유에 해당하는 경우

● 수출입승인의 면제대상물품

수출승인 면제대상물품	① 외교관 기타 산업통상자원부장관이 정하는 자의 특정물품 ② 긴급을 요하는 물품 ③ 무역거래를 원활히 하기 위하여 수출하는 물품등 ④ 주된 사업목적 달성을 위하여 수출하는 물품등 ⑤ 무상으로 수출하는 물품 등 ⑥ 특정지역에 대하여 수출하는 물품 등 ⑦ 공공성을 가지는 물품 등 ⑧ 기타 상행위 이외의 목적으로 수출하는 물품 ⑨ 해외이주자의 해외이주시 반출하는 물품
수입승인 면제대상물품	① 외교관 기타 산업통상자원부장관이 정하는 자의 특정물품 ② 긴급을 요하는 물품 ③ 무역거래를 원활히 하기 위하여 수입하는 물품등 ④ 주된 사업목적 달성을 위하여 수입하는 물품등 ⑤ 무상으로 수입하는 물품 등 ⑥ 특정지역으로부터 수입하는 물품 등 ⑦ 공공성을 가지는 물품 등 ⑧ 기타 상행위 이외의 목적으로 수입하는 물품 ⑨ 외국환거래가 수반되지 아니하는 물품

2. 수출승인의 면제대상

(1) 외교관 기타 산업통상자원부장관이 정하는 자의 특정물품등

산업통상자원부장관이 정하여 고시하는 물품등으로서 외교관이나 그 밖에 산업통상자원부장관이 징하는 자가 출국하는 경우에 휴대하거나 세관에 신고하고 송부하는 물품등의 수출승인의 면제대상은 다음과 같다(영 제19조 제1호 및 규정 별표 3 제1호).

① 일시적으로 출국하는 자 또는 일시적으로 입국하여 다시 출국하는 자(선박 또는 항공기에 승무하여 출국하는 승무원을 제외한다)가 출국할 때에 휴대하여 반출하는 물품 또는 별송으로 반출하는 물품으로서 출국의 목적, 여행의 기간, 출국자의 직업 그 밖의 사유에 의하여 세관장이 타당하다고 인정하는 물품

② 외국에 주거를 이주할 목적으로 출국하는 자(외국에서 2년 이상 체류할 예정으로 출국하는 자와 1년 이상 체류할 예정으로 출국하는 자 중 가족을 동반한 자를 말하며 일시적으로 입국하여 출국하는 자는 제외한다)가 출국할 때에 휴대하여 반출하는 이사물품이나 별송으로 반출하는 이사물품으로서 그 출국의 사유 등에 의하여 세관

장이 타당하다고 인정하는 물품

③ 우리나라와 외국간을 왕래하는 선박 또는 항공기의 승무원이 해당 선박 또는 항공기에 승무하여 출국할 때에 휴대하여 반출하는 개인용품으로서 세관장이 타당하다고 인정하는 물품

④ 우리나라에 온 외국의 원수와 그 가족 및 수행원에 속하는 물품으로서 출국시에 반출하는 물품

⑤ 외국정부의 초청으로 파견된 고문관·기술단원 그 밖에 이에 준하는 자에게 속하는 물품으로서 주무부장관이 확인한 물품

⑥ 「해외이주법」에 의한 해외이주자가 해외이주를 위하여 반출하는 시설기재 및 원료 등의 물품으로서 외교부장관 또는 외교부장관이 지정하는 기관의 장이 타당하다고 인정하는 물품

(2) 긴급을 요하는 물품등

긴급히 처리하여야 하는 물품등으로서 정상적인 수출절차를 밟아 수출하기에 적합하지 아니한 물품등 중 산업통상자원부장관이 관계 행정기관의 장과의 협의를 거쳐 고시하는 물품등은 수입승인이 면제된다(영 제19조 제2호 가목). 그러나 이 물품에 대해서는 대외무역관리규정의 별표 3에 열거되어 있지 않다.

(3) 무역거래를 원활히 하기 위하여 수출하는 물품등

무역거래를 원활하게 하기 위하여 주된 수출에 부수된 거래로서 수출하는 물품등 중 산업통상자원부장관이 관계 행정기관의 장과의 협의를 거쳐 고시하는 물품등의 수출승인의 면제대상은 다음과 같다(영 제19조 제2호 나목 및 규정 별표 3 제2호).

① 반출하는 상품의 견품 및 광고용 물품으로서 세관장이 타당하다고 인정하는 물품. 다만, 유상으로 반출하는 경우 미화 5만 달러 상당액(신고가격 기준) 이하의 물품

② 외국에서 개최되는 박람회, 전람회, 견본시, 영화제 등에 출품하기 위하여 무상으로 반출하는 물품

③ 수출된 물품이나 수입된 물품이 계약조건과 상이하거나, 하자보증이행 또는 용도변경 등의 부득이한 사유로 대체 또는 반송을 위하여 반출하는 물품 또는 수출된 물품의 누락이나 부족품에 대하여 보충을 위하여 반출하는 물품

④ 수출물품의 성능보장기간 내에 해당 물품의 수리 또는 검사를 위하여 반출하는 물품

⑤ 「외국환거래법」에 따른 허가를 받고 주무부장관의 허가 또는 추천을 받아 반입한 나용선 또는 임차항공기의 반입을 위한 반출물품

⑥ 무환수탁가공무역에 의하여 수입된 원료의 잔량분 또는 수탁판매수입에 의하여 수입된 물품의 판매되지 아니한 잔량분으로서 무상으로 반출하는 물품

⑦ 「외국인투자촉진법」 및 「외국환거래법」에 따라 기술도입계약신고를 한 자가 신고된 내용에 따라 기술대가를 현물로 지급하기 위하여 반출하는 물품

⑧ 해외에서 투자, 건설, 용역, 플랜트수출 그 밖에 이에 준하는 사업에 종사하고 있는 우리나라 업자(현지 합작법인을 포함한다)에게 무상으로 송부하기 위하여 반출하는 시설기재, 원료, 근로자용 생활필수품 및 그 밖에 그 사업에 관련하여 사용하는 물품으로서 주무부장관 또는 주무부장관이 지정한 기관의 장이 확인한 물품

⑨ 「수산업법」 제41조 및 제42조에 따라 농수산식품부장관 또는 농수산식품부장관이 지정한 기관의 장이 허가를 받은 자가 원양어선에 무상으로 송부하기 위하여 반출하는 물품으로서 농수산식품부장관 또는 농수산식품부장관이 지정한 기관의 장이 확인한 물품

⑩ 외국정부와의 사업계약을 수행하기 위하여 계약자가 계약조건에 따라 반출하는 업무용품으로서 주무부장관이 확인한 물품

⑪ 우리나라 정부와의 사업계약을 수행하기 위하여 외국의 계약자가 계약조건에 따라 반입한 물품으로서 다시 반출하는 물품

⑫ 우리나라와 외국 간을 왕래하는 선박 또는 항공기 안에서 직접 그 선박 또는 항공기용으로 사용될 물품으로서 세관장이 타당하다고 인정하는 물품

⑬ 외국업자의 주문으로 제작되어 해당 수출물품의 생산에 사용된 후 반출하고자 하는 금형

⑭ 그 밖에 무역거래를 원활히 하기 위하여 무상으로 반출하는 물품으로서 산업통상자원부장관이 타당하다고 인정하는 물품

(4) 주된 사업목적 달성을 위하여 수출하는 물품등

주된 사업 목적을 달성하기 위하여 부수적으로 수출하는 물품등 중 산업통상자원부장관이 관계 행정기관의 장과의 협의를 거쳐 고시하는 물품등은 수출승인이 면제된다 (영 제19조 제2호 다목 및 규정 별표 3 제3호).

(5) 무상으로 수출하는 물품등

무상(無償)으로 수입하여 무상으로 수출하거나, 무상으로 수입할 목적으로 수출하는 것으로서 사업 목적을 달성하기 위하여 부득이하다고 인정되는 물품등 중 산업통상자원부장관이 관계 행정기관의 장과의 협의를 거쳐 고시하는 물품등의 수출승인의 면제대상은 다음과 같다(영 제19조 제2호 라목 및 규정 별표 3 제3호).

① 무상으로 반입하여 다시 무상으로 반출하는 물품으로서 다음에 열거하는 물품
  ㉮ 금속제실린더, 컨테이너, 권사구 등 물품의 운송을 위하여 반복 사용될 용기 또는 기구
  ㉯ 우리나라에서 영화를 촬영하기 위하여 입국하는 영화제작자가 반입하는 영화촬영용 기계 및 기구
  ㉰ 우리나라에 입국한 순회 흥행업자의 흥행용 물품
  ㉱ 텔레비전 방송국이 텔레비전 방송을 목적으로 반입한 영화필름
  ㉲ 공사용(수리용을 포함한다)이나 시험용의 기계 또는 기구
  ㉳ 우리나라에서 개최된 박람회 등의 종료 후 반출되는 물품
  ㉴ 항공기(부분품을 포함한다) 또는 선박
  ㉵ 플랜트수출의 이행에 필요하여 반입한 기계 및 장치
  ㉶ 대학 및 연구기관이 외국으로부터 품질이나 성능검사 등을 위탁받아 반입한 검사의뢰 물품 및 검사장비
② 무상으로 반입할 예정으로 무상으로 반출하는 물품으로서 다음에 열거하는 물품
  ㉮ 금속제 실린더, 컨테이너, 권사구 등 물품의 운송을 위하여 반복 사용될 용기 또는 기구
  ㉯ 항공기(부분품을 포함한다) 또는 선박
  ㉰ 외국에서 영화(뉴스 포함)를 촬영하기 위하여 제작자가 반출하는 영화촬영에 사용되는 기계·기구로서, 해당 영화촬영을 위하여 필요하다고 세관장이 인정하는 물품
③ 외국에서 수리 또는 검사를 받을 목적으로 반출하는 물품이나 국내에서 수리 또는 검사를 받을 목적으로 반입하는 물품으로서 다시 반출하는 물품

(6) 특정지역에 대하여 수출하는 물품등

산업통상자원부장관이 정하여 고시하는 지역에 수출하는 물품등 중 산업통상자원부장관이 관계 행정기관의 장과의 협의를 거쳐 고시하는 물품등의 수출승인의 면제대상은

다음과 같다$\left(\substack{\text{영 제19조 제2호 마목}\\\text{및 규정 별표 3 제4호}}\right)$.

① 외국에서 물품을 보세구역에 무상으로 반입하여 가공을 하지 아니하고 다시 무상으로 반출하는 물품

② 「외국인투자촉진법」에 따라 외국인투자의 인가를 받은 기업체가 「관세법」에 따른 보세공장에서 무상 또는 계정간의 이체방식에 의하여 유상으로 수입한 원료를 가공하여 무상 또는 계정간의 이체방식에 의하여 유상으로 수출하는 물품 및 동 시설 보완용 부분품, 소모성 기자재 또는 시설재.(단, 산업통상자원부장관이 지정한 기관의 장이 인정하는 경우에만 해당한다)

(7) 공공성을 가지는 물품 등

공공성을 가지는 물품등이거나 이에 준하는 용도로 사용하기 위한 물품등으로서 따로 수출을 관리할 필요가 없는 물품등 중 산업통상자원부장관이 관계 행정기관의 장과의 협의를 거쳐 고시하는 물품등의 수출승인의 면제대상은 다음과 같다$\left(\substack{\text{영 제19조 제2호 바목}\\\text{및 규정 별표 3 제5호}}\right)$.

① 우리나라 재외공관(대한무역투자진흥공사의 해외무역관을 포함한다) 또는 외교사절 등에 송부하기 위하여 반출하는 공용물품

② 외국에 있는 자에게 증여하기 위하여 반출하는 훈장, 기장 그 밖에 이에 준하는 물품

③ 해외에 파견된 우리나라 군대에 송부하기 위하여 반출하는 군공용물품

④ 우리나라의 공공기관이 외국의 공공기관에게 우호의 목적으로 기증하기 위하여 반출하는 물품

⑤ 국제운동경기대회에 참가하는 우리나라 선수단에 송부하기 위하여 반출하는 경기용 물품 및 이에 준하는 물품

⑥ 무상으로 반출하는 구호품

⑦ 산업통상자원부가 해외에 반출하는 국내우표와 산업통상자원부의 해외우표 판매허가를 받은 자가 산업통상자원부의 추천을 받아 반출하는 국내우표

⑧ 우리나라에 있는 외국의 대사관, 공사관, 영사관, 통상대표공관 그 밖에 이에 준하는 기관에서 반출하는 공용물품 또는 그 기관에 소속된 외무공무원 및 그 가족이 반출하는 자용물품

⑨ 국제협약 등에 의한 조사단 또는 사찰단이 협약 등에 의한 조사 또는 사찰을 위하여 반출하는 장비, 물품 및 그 구성원의 자용물품

(8) 기타 상행위 이외의 목적으로 수출하는 물품등

그 밖에 상행위 이외의 목적으로 수출하는 물품등 중 산업통상자원부장관이 관계 행정기관의 장과의 협의를 거쳐 고시하는 물품등의 수출승인의 면제대상은 다음과 같다(영 제19조 제2호 사목 및 규정 별표 3 제6호).

① 무상으로 송부하기 위하여 반출하는 기록문서와 그 밖의 서류(사진 및 마이크로필름을 포함한다.)

② 뉴스를 취재한 필름이나 녹음테이프 등으로서 우리나라의 신문사, 통신사, 방송국 또는 우리나라에 있는 외국의 신문사, 통신사, 방송국의 특파원이 있는 본사, 지사 또는 주재원 등 앞으로 송부하기 위하여 반출하는 물품

③ 유골(유체를 포함한다)

④ 「외국환거래법」에 따라 인정된 용역계약에 따라 문화체육관광부장관의 추천을 받아 무상으로 반출하는 국산영화

⑤ 외국환은행으로부터 수입물품을 담보로 자금을 융자받은 무역업자의 파산, 해산, 행방불명 등으로 인하여 그 무역업자에 의한 통관이 불가능한 경우에 해당 외국환은행이 담보권 행사를 위하여 보세구역 내에서 반출하는 물품

⑥ 국제공동연구를 위하여 반출하는 연구용 기자재·원료 또는 국제공동연구의 결과물로서 산업통상자원부장관이 추천한 물품

⑦ 그 밖에 무상으로 반출하는 물품 중 반출의 목적·사유 등에 의하여 세관장이 타당하다고 인정하는 물품

(9) 해외이주자의 해외이주시 반출하는 물품등

「해외이주법」에 따른 해외이주자가 해외이주를 위하여 반출하는 원자재, 시설재 및 장비로서 외교부장관이나 외교부장관이 지정하는 기관의 장이 인정하는 물품등(영 제19조 제4호).

3. 수입승인의 면제대상

(1) 외교관 기타 산업통상자원부장관이 정하는 자의 특정물품등

산업통상자원부장관이 정하여 고시하는 물품등으로서 외교관이나 그 밖에 산업통상자원부장관이 정하는 자가 입국하는 경우에 휴대하거나 세관에 신고하고 송부하는 물품

등의 수입승인의 면제대상은 다음과 같다$\left(\begin{smallmatrix}\text{영 제19조 제1호}\\\text{및 규정 별표 4 제1호}\end{smallmatrix}\right)$.

① 일시적으로 입국하는 자 또는 일시적으로 출국하여 다시 입국하는 자(선박 또는 항공기에 승무하여 입국하는 승무원을 제외한다)가 입국할 때에 휴대하여 반입하는 물품이나 별송으로 반입하는 물품으로서 그 입국의 목적, 체류의 기간, 입국자의 직업 등의 사유에 의하여 세관장이 타당하다고 인정하는 물품

② 우리나라로 주거를 이전할 목적으로 입국하는 자(우리나라에서 1년 이상 체류할 예정으로 입국하는 자를 말하며 일시적으로 출국하여 다시 입국하는 자를 제외한다)가 입국할 때에 휴대하여 반입하거나 별송으로 반입하는 이사물품으로서 그 입국의 사유 등에 의하여 세관장이 타당하다고 인정하는 물품

③ 우리나라와 외국 간을 왕래하는 선박 또는 항공기의 승무원이 해당 선박 또는 항공기에 승무하여 입국할 때에 반입하는 개인용품으로서 세관장이 타당하다고 인정하는 물품

④ 우리나라에 온 외국의 원수와 그 가족 및 수행원에 속하는 물품으로서 입국시에 반입하는 물품

⑤ 정부와의 사업계약을 수행하기 위하여 외국의 계약자가 계약조건에 의하여 반입하는 업무용품으로서 주무부장관이 확인을 받아 반입하는 물품

⑥ 정부의 초빙이나 국제연합 또는 외국의 정부로부터 우리나라에 파견된 고문관, 사절단원의 업무용 물품

(2) 긴급을 요하는 물품등

긴급히 처리하여야 하는 물품등으로서 정상적인 수입 절차를 밟아 수입하기에 적합하지 아니한 물품등 중 산업통상자원부장관이 관계 행정기관의 장과의 협의를 거쳐 고시하는 물품등의 수입승인의 면제대상은 다음과 같다$\left(\begin{smallmatrix}\text{영 제19조 제2호 가목}\\\text{및 규정 별표 4 제2호}\end{smallmatrix}\right)$.

① 조난선박의 수리 또는 구호에 필요한 비용과 해당 선박이 항해를 계속하는 데에 필요한 비용을 조달하기 위하여 매각하는 그 선박의 적재물품으로서 세관장이 부득이하다고 인정하여 반입하는 물품

② 긴급을 요하는 항공기의 부분품(항공용 유류 및 비상구급용품을 포함한다), 공항 내에서 항공기에 전용되는 지원장비의 부분품, 수리용품 및 수리용 원료를 구매 또는 임차함에 있어서 그 구매절차에 의하여는 적기에 공급이 불가능하다고 국토교통부장관 또는 국토교통부장관이 지정한 항공관계 전문기관의 장이 인정하여 반입하는

물품. 다만, 「항공법」 제112조에 따라 면허를 받아 정기항공운송사업을 영위하는 자가 구매 또는 임차하는 경우에는 세관장이 인정하여 반입하는 물품

③ 긴급을 요하는 국제통신시설의 수리용 부품과 기기를 구매 또는 임차함에 있어서 일반적인 절차에 의하여서는 적기에 공급이 불가능하다고 방송통신위원장이 인정하여 반입하는 물품

④ 긴급을 요하는 해난구조용품으로서 일반적인 절차에 의하여는 적기 공급이 불가능하다고 국토교통부장관 또는 국토교통부장관이 지정한 해난관계 전문기관의 장이 인정하여 반입하는 물품

⑤ 긴급을 요하는 견품으로서 일반적인 절차에 의하여는 적기 공급이 불가능하다고 세관장이 인정하는 물품

(3) 무역거래를 원활히 하기 위하여 수입하는 물품등

무역거래를 원활하게 하기 위하여 주된 수입에 부수된 거래로서 수입하는 물품등 중 산업통상자원부장관이 관계 행정기관의 장과의 협의를 거쳐 고시하는 물품등의 수입승인의 면제대상은 다음과 같다(영 제19조 제2호 나목 및 규정 별표 4 제3호).

① 반입하는 상품의 견품 또는 광고용 물품으로서 세관장이 타당하다고 인정하는 물품. 다만, 유상으로 반입하는 경우 미화 5만 달러 상당액(과세가격 기준) 이하의 물품

② 상품의 견품 또는 광고용 물품 제조용 원료로서 세관장이 타당하다고 인정하는 물품

③ 우리나라에서 수출된 물품으로서 수출할 때의 성질 및 형상을 변경하지 아니하고 다시 반입하는 물품

④ 수입된 물품이나 수출된 물품이 계약조건과 상이하거나, 하자보증이행 또는 용도변경 등의 부득이한 사유로 대체를 위하여 반입하는 물품 또는 수입된 물품의 누락이나 부족품에 대하여 보충을 위하여 반입하는 물품

⑤ 수입물품의 하자보증기간 내에 동 물품의 유지보수 및 성능보장을 위하여 해당 물품의 수출자가 무상으로 공급하는 물품

⑥ 수출물품의 성능보장기간 내에 해당 물품의 수리 또는 검사를 위하여 반출한 물품으로 다시 반입하는 물품

⑦ 수출물품의 제조 가공에 공할 일부 외화획득용 원료로서 세관장이 해당 수출계약 이행에 필요하다고 인정하여 무상으로 반입하는 물품

⑧ 무상으로 반입하는 라벨(LABEL), 택(TAG) 등 부자재

⑨ 「외국환거래법」에 따른 허가를 받고 주무부장관의 허가 또는 추천을 받아 반입하는 나용선과 산업통상자원부장관의 추천을 받아 반입하는 임차항공기. 다만, 장래 소유권이 이전되는 국적취득조건부의 것을 제외한다.

⑩ 위탁가공무역에 의하여 수출된 원료의 잔량분으로서 무상으로 반입하는 물품

⑪ 해외에서 투자, 건설, 용역, 플랜트수출 그 밖에 이에 준하는 사업을 행하고 있는 우리나라 업자가 현지에서 사용한 후 무상으로 반입하는 물품으로서 주무부장관 또는 주무부장관이 지정한 기관의 장이 확인한 물품

⑫ 우리나라의 법령에 의하여 설치의 허가나 인가 등을 받은 외국상사의 지사나 출장소 등에 무상으로 송부된 사무용품, 소모품 그 밖에 이에 준하는 물품으로서 세관장이 타당하다고 인정하여 반입하는 물품

⑬ 건설용역 그 밖에 이에 준하는 업무에 종사하기 위하여 우리나라에 체류하는 외국인의 자용품으로서 세관장이 타당하다고 인정하여 반입하는 물품

⑭ 우리나라에서 외국 간을 왕래하는 선박 또는 항공기 안에서 직접 그 선박 또는 항공기용으로 사용될 물품으로서 해당 운항사항업을 행하는 자(해당 사업의 대리인을 포함한다)에게 무상으로 송부되어 오는 물품

⑮ 수출계약의 이행을 위하여 무상으로 반입하는 소모성 자재 또는 시료로서 해당 수출 물품의 성능, 시험검사를 위하여 필요하다고 세관장이 인정하는 물품

⑯ 항공산업용으로 도입하는 중고 치공구

⑰ 그 밖에 무역거래를 원활히 하기 위하여 무상으로 반입하는 물품으로서 산업통상자원부장관이 타당하다고 인정하는 물품

(4) 주된 사업목적 달성을 위하여 수입하는 물품등

주된 사업 목적을 달성하기 위하여 부수적으로 수입하는 물품등 중 산업통상자원부장관이 관계 행정기관의 장과의 협의를 거쳐 고시하는 물품등은 수입승인이 면제된다(영 제19조 제2호 다목 및 규정 별표 4 제4호).

(5) 무상으로 수입하는 물품등

무상(無償)으로 수출하여 무상으로 수입하거나, 무상으로 수출할 목적으로 수입하는 것으로서 사업 목적을 달성하기 위하여 부득이하다고 인정되는 물품등 중 산업통상자원

부장관이 관계 행정기관의 장과의 협의를 거쳐 고시하는 물품등의 수입승인의 면제대상은 다음과 같다(영 제19조 제2호 라목 및 규정 별표 4 제4호).

① 무상으로 반출할 예정으로 무상으로 반입하는 물품 중 다음에 열거하는 물품

㉮ 외국의 신문사, 통신사 또는 방송국의 특파원으로서 우리나라에 파견된 자가 뉴스의 취재용으로 반입하는 필름 또는 녹음테이프

㉯ 금속제 실린더, 컨테이너, 권사구 등 물품의 운송을 위하여 반복 사용되는 용기 또는 기구

㉰ 우리나라에서 영화를 촬영하기 위하여 입국하는 영화제작자가 반입하는 영화 촬영용 기계·기구로서 해당 영화촬영을 위하여 필요하다고 세관장이 인정하는 물품

㉱ 우리나라에 입국하는 순회 흥행업자의 흥행용 물품

㉲ 텔레비젼 방송국이 텔레비젼 방송을 목저으로 반입한 영화필름

㉳ 공사용(수리용을 포함한다)이나 시험용의 기계 또는 기구

㉴ 우리나라에서 개최한 박람회, 전시회, 견본시, 영화제 등에 출품하기 위한 물품

㉵ 항공기(부분품을 포함한다) 또는 선박

㉶ 플랜트수출의 이행에 필요하여 반입하는 기계 또는 장치로서 한국기계산업진흥 회장이 추천하는 물품

㉷ 대학 및 연구기관에 외국으로부터 품질이나 성능검사 등을 위탁받아 반입하는 검사의뢰 물품 및 검사장비

② 무상으로 반출된 물품을 다시 무상으로 반입하는 물품으로서 다음에 열거하는 물품

㉮ 금속제 실린더, 컨테이너, 권사구 등 물품의 운송을 위하여 반복 사용되는 용기 또는 기구

㉯ 항공기(부분품을 포함한다) 또는 선박

㉰ 외국에서 영화(뉴스필름을 포함한다)를 촬영하기 위하여 영화제작자가 반출한 영화촬영용의 기계·기구

㉱ 외국에서 개최된 박람회, 전시회, 견본시, 영화제 등에 출품된 물품으로서 반송되어 온 물품

㉲ 해외에서 투자, 건설, 용역, 플랜트수출 그 밖에 이에 준하는 사업에 종사하고 있는 우리나라 업자(현지합작법인을 포함한다)에게 무상으로 송부하기 위하여 반출한 시설기재, 원료, 근로자용 생활필수품, 그 밖에 그 사업에 관련하여 사용한 물품

⑭ 「수산업법」 제41조 및 제42조에 따라 농수산식품부장관 또는 농수산식품부장관이 지정한 기관의 장의 허가를 받은 자가 원양어선에 무상으로 송부하기 위하여 반출한 물품

③ 외국에서 수리 또는 검사를 받을 목적으로 반출한 물품을 반입하거나 국내에서 수리 또는 검사를 받을 목적으로 외국으로부터 반입하는 물품

(6) 특정지역으로부터 수입하는 물품등

산업통상자원부장관이 정하여 고시하는 지역으로부터 수입하는 물품등 중 산업통상자원부장관이 관계 행정기관의 장과의 협의를 거쳐 고시하는 물품등의 수입승인의 면제대상은 다음과 같다(영 제19조 제2호 마목 및 규정 별표 4 제5호).

① 「외국인투자촉진법」에 따라 외국인투자의 인가를 받은 기업체가 「관세법」에 따른 보세공장에서 가공할 것을 목적으로 무상 또는 계정간의 이체방식에 의하여 유상으로 수입하는 원료 및 동 시설보완용 부분품, 소모성 기자재 또는 시설재(단, 산업통상자원부장관이 지정한 기관의 장이 인정하는 경우에 한함)

② 「관세법」에 따라 보세판매장 설영특허를 받은 자의 판매용 물품으로서 관세청장이 산업통상자원부장관과 협의하여 지정하는 물품

(7) 공공성을 가지는 물품등

공공성을 가지는 물품등이거나 이에 준하는 용도로 사용하기 위한 물품등으로서 따로 수출·수입을 관리할 필요가 없는 물품등 중 산업통상자원부장관이 관계 행정기관의 장과의 협의를 거쳐 고시하는 물품등의 수입승인의 면제대상은 다음과 같다(영 제19조 제2호 바목 및 규정 별표 4 제6호).

① 국가원수에게 반입되는 물품

② 우리나라에 있는 자에게 증여하기 위하여 반입되는 훈장, 기장 그 밖에 이에 준하는 물품

③ 외국에 있는 우리나라의 군대, 군함 또는 공관으로부터 반입되는 공용물품

④ 사원, 교회 등에 기증된 식전용품 및 예배용품으로서 세관장이 타당하다고 인정하여 반입되는 물품

⑤ 자선 또는 구호의 목적으로 기증된 급영품 및 「관세법」 제91조 제2호에 따른 산업

부령에 의하여 지정된 구호시설과 사회복지시설에 기증되어 직접 사회복지용에 공하는 물품으로서 세관장이 타당하다고 인정하여 반입하는 물품

⑥ 학교, 박물관, 물품진열소 그 밖에 「관세법」 제90조 제1항 제2호 및 제4호에 따라 지정한 시설에 표본, 참고품, 학술연구 또는 교육용에 직접 공하는 세관장이 타당하다고 인정하여 반입되는 물품

⑦ 외국의 공공기관으로부터 우리나라 공공기관에 우호의 목적으로 기증되어 반입되는 물품

⑧ 정부 또는 지방자치단체에 기증된 물품으로서 해당 기관이 직접 사용하는 물품과 해당 기관에서 실시하는 공공사업에 공하기 위하여 반입되는 물품

⑨ 국제연합교육과학문화기구(유네스코)에서 발행하는 유네스코구폰과 교환으로 송부되어 반입하는 물품

⑩ 우리나라에 있는 외국의 대사관, 공사관, 영사관, 통상대표기관 그 밖에 이에 준하는 기관에서 반입하는 공영물품 ㄱ 밖에 그 기관에 소속 되는 외국공무원 및 그 가족이 반입하는 자용품

⑪ 「박물관 및 미술관진흥법」에 따라 등록된 박물관 또는 미술관(설립자가 법인인 박물관 또는 미술관에만 해당한다)이 같은 박물관 또는 미술관에 전시할 목적으로 수입하는 물품으로서 문화체육관광부장관의 추천을 받은 물품

⑫ 국제공동경기에 참가한 우리나라 선수단의 경기용 물품 및 이에 준하는 물품으로 반출하였다가 다시 반입하는 물품

⑬ 국제협약 등에 따른 조사단 또는 사찰단이 협약 등에 따른 조사 또는 사찰을 위하여 반입하는 장비, 물품 및 그 구성원의 자용물품

(8) 기타 상행위 이외의 목적으로 수입하는 물품등

그 밖에 상행위 이외의 목적으로 수입하는 물품등 중 산업통상자원부장관이 관계 행정기관의 장과의 협의를 거쳐 고시하는 물품등의 수입승인의 면제대상은 다음과 같다(영 제19조 제2호 사목 및 규정 별표 4 제7호).

① 무상으로 반입하는 간행물, 기록문서와 그 밖의 서류(사진 및 마이크로필름을 포함한다)

② 해상사고로 인하여 우리나라 선박이 침몰 또는 폐선된 경우에 그 외국가해자로부터

현물배상으로서 제공받아 해외공관장의 확인을 받아 반입하는 선박

③ 우리나라의 선박 또는 항공기가 조난으로 인하여 해체된 경우에 반입하는 해체물품 및 장비품

④ 우리나라에서 출항한 선박 또는 항공기로 반출한 물품으로서 해당 선박 또는 항공기의 사고로 인하여 다시 반입하는 물품

⑤ 우리나라의 선박 또는 항공기가 국외에서 고장으로 인하여 분리된 부분품(현지 수리 후 반입하는 것을 말한다)

⑥ 「관세법」 제144조에 따라 선박 또는 항공기의 전환이 있는 경우에 해당 선박 또는 항공기에 적재되어 있는 선박용 또는 항공기용품으로서 세관장이 타당하다고 인정하는 물품

⑦ 유골(유체를 포함한다)

⑧ 외국환은행으로부터 수입물품을 담보로 자금을 융자받은 수출입업자의 파산, 해산, 행방불명 등으로 인하여 그 수출입업자에 의한 통관이 불능한 경우에 해당 외국환은행이 담보권 행사를 위하여 보세구역으로부터 다른 지역으로 반입하는 물품

⑨ 「외국환거래법」 제18조에 따라 기획재정부관이 정하는 바에 따라 지급을 인정하는 것으로서 다음에 열거된 물품

㉮ 외항운송업자가 경상운항경비로 구입하여 그 선박 또는 항공기용으로 사용된 식용품 및 서비스용품

㉯ 자기치료를 위한 미화 2천 달러 이하의 의약품으로서 식품의약품안전처장이 추천한 물품. 다만, 일정한 치료주기가 필요한 물품에 한하여 최소 치료주기에 대한 소요량을 명기한 경우와 각 개인에 대한 진단서를 첨부하여 2인 이상에 필요한 의약품을 수입하는 경우 2천 달러 이상의 경우라도 추천할 수 있다.

㉰ 운송사업자가 외국항공기에 공급하기 위하여 반입하는 식용품 및 「관세법」 제2조 제10호에 따른 기용품

⑩ 국제공동연구를 위하여 반입하는 연구기자재 또는 국제공동연구 결과물로서 산업통상자원부장관이 수입 추천하는 물품

⑪ 시험·연구를 위하여 반입하는 물품으로서 산업통상자원부장관이 추천한 물품

⑫ 신문사, 통신사 또는 방송국의 해외자사에서 구입·사용 후 내용년한이 경과된 방송·촬영장비중 무상으로 반입하는 것으로, 반입목적 등의 사유에 의하여 그 타당성이 인정되어 산업통상자원부장관이 주무부장관과 협의하여 수입추천하는 물품

⑬ 국내거주자가 자가사용을 위하여 정보통신망 등을 이용하여 구매신청 후 대금을 지급하는 거래에 의하여 외국으로부터 우편 등으로 반입하는 물품으로서, 가격 및 수량 등 그 반입의 목석·사유에 의하여 세관장이 타당하다고 인정하는 경우

(9) 외국환거래가 수반되지 아니하는 물품등

외국환 거래 없이 수입하는 물품등으로서 산업통상자원부장관이 정하여 고시하는 기준에 해당하는 물품등, 즉 그 반입의 목적, 사유 등에 의하여 세관장이 타당하다고 인정하는 물품등을 말한다. 이 경우 세관장은 과세가격이 500만원을 초과하는 수입에 대하여 수입승인서의 제출을 요구할 수 있다(영 제19조 제3호 및 규정 제20조).

즉, 외국환거래가 수반되지 않는 물품의 수입의 경우에 과세가격 500만원 이하는 반입목적 및 사유 등만 검토하고 통관하고, 과세가격 500만원 이상은 수출입공고 및 통합공고상의 제한내용 충족여부도 심사한다.

4. 수입승인면제의 확인

산업통상자원부장관은 승인을 받지 아니하고 수출되거나 수입되는 물품등(제11조 제2항의 본문에 해당하는 물품등만을 말한다)이 "수출입승인면제대상물품등"(제11조 제2항 단서에 따른 물품등)에 해당하는지를 확인하여야 한다(법 제14조).

제 **3** 절 수출입요건확인

1. 수출입요건확인의 개요

수출입업자는 물품을 수출 또는 수입하기 전에 그 수출입대상물품이 통합공고에 따른 요건확인품목인 경우에는 요건확인기관에 수출입요건확인을 신청하여 요건확인을 받아

야 한다. 그러나 요건확인품목인 아닌 경우에는 요건확인을 받을 필요가 없으므로 요건확인은 필요한 경우에만 받게 되어 있다.

(1) 수출입요건확인의 의의

요건확인은 통합공고에 의하여 수출입이 제한되는 물품등을 수출입이 가능하게 되도록 허가하여 주는 절차로서, 수출입요건확인기관이 통합공고상의 61개 개별법에 의하여 수출입이 제한되는 물품인 요건확인품목에 대하여 수출입 통관전후에 허가, 추천, 신고, 검사, 검정, 시험방법, 형식승인 등을 행하는 것을 말한다.

㈎ 수출입요건확인의 대상품목

수출입요건확인의 대상은 통합공고상의 별표 1(수출요령)과 별표 2(수입요령)에서 제한되는 품목인 수출입요건확인품목과 별도규정품목이다.
① 요건확인품목: 수출입요령에서 주무부처의 장 또는 관련단체의 장으로부터 허가, 추천, 신고, 검사, 검정, 시험방법, 형식승인 등을 받도록 한 물품을 말한다.
② 별도규정품목: 통합공고 별표 1, 2의 수출입요령에 게기되지 않은 경우라도 수출입의 요건확인이 필요한 품목으로서, 통합공고 제8조에 규정되어 있는 마약 및 향정신성의약품, 대마, 마약류의 원료물질, 식품류, 검역물품, 통관제한품목, 보호문화재, 방산물자, 농약 또는 원제, 화학물질(화학물질확인내역서제출대상, 유해성심사대상, 유해성심사면제대상), 유독물 및 관찰물질, 취급제한·금지물질, 이식대상 수산물, 축산물류, 중국 및 베트남에 수출하려는 수산물, 건강기능식품 등이다.

㈏ 수출입요건확인의 면제대상품목

수출입요건확인의 면제대상은 통합공고상의 요건면제물품이다. 즉, "요건면제물품"이란 수출입시 이 고시 또는 통합공고상의 61개 개별법에 따라 수출입 요건 및 절차의 적용이 면제되는 물품을 말한다.

㈐ 수출입요건확인의 불필요품목

통합공고 제6조 제1항에 의하면, 통합공고상의 별표 1, 2에서 요건확인품목으로 게기되지 아니한 물품 또는 대상품목의 지정이 용도기준으로 된 경우에 해당용도 이외의 물품은 제8조에 별도로 정한 물품, 대외무역관리규정 및 수출입공고 등에서 다른 규정이 없는 한 요건확인의 절차를 거치지 아니한다. 다만, 요건확인 대상물품의 지정이 용도기준인지 여부가 불명확한 경우에는 산업통상자원부장관이 주무부처의 장 및 관세청장과 협의하여 결정한다.

(2) 수출입요건의 확인기관 및 면제확인기관

㈎ 수출입요건확인기관

통합공고 제2조의 규정에 의하면, "수출입요건확인기관"이란 수출입 통관전후에 허가, 추천, 신고, 검사, 검정, 시험방법, 형식승인 등의 수출입을 위한 요건 확인서를 발급하는 주무부처 또는 관련단체를 말한다.

㈏ 수출입요건면제확인기관

통합공고 제2조의 규정에 의하면, "요건면제확인기관"이란 이 고시 및 제3조제1항의 법령에 의하여 관계행정기관의 장이 별표 2에 규정된 수입요령의 적용면제를 확인하도록 지정한 기관을 말한다. 다만, 요건면제확인기관이 별도로 지정되지 아니한 경우에는 해당물품의 요건확인기관을 요건면제확인기관으로 본다.

(3) 요건확인의 신청

통합공고 제11조의 규정에 따라, 이 고시가 정한 요건확인품목의 수출입을 위해 요건확인기관에 제출해야 할 구비서류는 다음과 같다. 다만, 무역정책상 필요에 의해 전부 또는 일부를 전자문서로 제출할 수 있으며, 일부를 추가하거나 생략할 수 있다.

공 통 구 비 서 류	관 련 법 령 에 따 른 서 류
1. 수출입 요건확인신청서 또는 표준통관예정보고서 각 3부 2. 수입계약서 또는 물품매도확약서 사본1부(수입의 경우) 3. 수출신용장 또는 수출계약서 사본1부(수출의 경우) 4. 수출입 대행계약서 사본 1부(수출입대행시에 한함)	1. 해당품목에 적용되는 법령 및 이 고시의 품목별 수출입요령에 게기된 요건 및 절차에 관련된 서류 등

2. 수출입의 요건면제

(1) 요건면제수출입의 요건면제

이 고시에 따른 요건확인 품목이라도 ① 외화획득용 원료·기재의 수입물품, ② 중계무역물품, 외국인수수입물품, 외국인도수출물품, 선(기)용품, ③ 「대외무역법 시행령」 제19조에 따른 사유에 해당하는 경우, ④ 통합공고상의 61개 개별법에서 요건확인 면제사유에 해당하는 경우의 하나에 해당하는 경우에는 이 고시가 정한 요건 및 절차를 거치지 아니하고 수출입할 수 있다.[4]

(2) 요건면제수입확인의 신청

㈎ 수출용 요건면제물품의 수입신청

통합공고 제13조의 규정에 따라, 요건면제조건이 수출용인 물품을 수입하려는 자는 별지 제1호 서식에 따른 요건면제수입확인신청서[업체용, 요건면제확인기관용, 세관용 및 사본(신청자가 신청한 경우에 한함)]에 요건면제확인기관의 장의 확인을 받아야 한다.

㈏ 수출용 이외의 요건면제물품의 수입신청

수출용 이외의 요건면제물품을 수입하려는 자는 요건 면제수입확인신청서[업체용, 요건확인기관용, 세관용 및 사본(신청자가 신청한 경우에 한함)]에 다음의 서류를 첨부하여 요건면제확인기관의 장에게 신청하여야 한다.
  ① 수입계약서 또는 물품매도확약서
  ② 요건면제사유에 해당함을 증명할 수 있는 서류

(3) 요건면제수입확인서의 발급

요건면제확인기관의 장은 요건면제수입확인 신청이 요건면제사유에 해당하는 경우 요건면제수입확인서를 발급하여야 하는 바, 수입물품을 분할하여 통관하려는 경우에는 세관용 요건면제수입확인서를 분할하여 발급할 수 있으며, 수출용 원자재의 것으로 동일회사, 동일제품 등을 반복적으로 수입하는 경우에는 요건면제수입확인서를 일괄

---

4) 다만, 마약 및 향정신성의약품, 대마, 마약류의 원료물질, 식품류, 검역물품, 통관제한품목, 보호문화재, 방산물자, 농약 또는 원제, 화학물질(화학물질확인명세서제출대상화학물질, 등록대상화학물질, 등록면제대상화학물질), 유독물질, 제한·금지물질, 이식용 수산생물 검역물품, 축산물류, 중국·베트남·유럽연합 및 러시아 등지로 수출하고자 하는 수산물, 건강기능식품, 수입금지물건 및 수산생물 검역물품, 미국에 수출하고자 하는 패류, 식물 검역대상물품, 국제적 멸종위기종, 위생용품, 잔류성오염물질의 적용을 받는 물품은 그러하지 아니한다; 요건 면제 대하여는 통합공고 제12조에 규정되어 있다.

적으로 발급할 수 있다.

[별표 1 수출요령]

세 번		품 명	수 출 요 령	관련법령
0101	21	번식용의 것	1. 통합공고별표5에게기된품목의것으로서야생생물보호및 관리에관한법률에의거적법하게포획한것(인공사육및수 출된것포함)은시장·군수·구청장의허가를받아수출할수 있음. 2. 통합공고별표6에게기된CITES규제대상품목은유역환경청 장또는지방환경청장의허가를받아수출할수있음.	야생생물 보호및관 리에관한 법률
0101	29	기타	1. 통합공고별표5에게기된품목의것으로서야생생물보호및 관리에관한법률에의거적법하게포획한것(인공사육및수 출된것포함)은시장·군수·구청장의허가를받아수출할수 있음. 2. 통힙공고별표6에세기뇐CITES규제대상품목은유역환경청 장또는지방환경청장의허가를받아수출할수있음.	야생생물 보호및관 리에관한 법률
			3. 가축전염병예방법에 의거 지정검역물은 농림축산검역 본부장의 검역을 받아 수출할 수 있음	가축전염 병예방법
0101	30	당나귀	1. 통합공고별표5에게기된품목의것으로서야생생물보호및 관리에관한법률에의거적법하게포획한것(인공사육및수 출된것포함)은시장·군수·구청장의허가를받아수출할수 있음. 2. 통합공고별표6에게기된CITES규제대상품목은유역환경청 장또는지방환경청장의허가를받아수출할수있음.	야생생물 보호및관 리에관한 법률
0101	90	기타	1. 통합공고별표5에게기된품목의것으로서야생생물보호및 관리에관한법률에의거적법하게포획한것(인공사육및수 출된것포함)은시장·군수·구청장의허가를받아수출할수 있음. 2. 통합공고별표6에게기된CITES규제대상품목은유역환경청 장또는지방환경청장의허가를받아수출할수있음.	야생생물 보호및관 리에관한 법률
0102	21	소(번식 용의 것)	1. 다음의 것은 한국종축개량협회의 장에게 신고를 필한 후 수출할 수 있음	축산법
			① 한우	축산법
			2. 기타의 것은 동 개별법상 수출요건확인 없이 수출할 수 있음	축산법
		〈생략〉 :	〈생략〉 :	〈생략〉 :

[별표 2 수입요령]

	세	번		품 명	수 입 요 령	관 련 법 령
0101	21	10	00	농가사육용의것	1. 통합공고 별표5에 게기된 품목의 것으로서 야생생물보호및관리에관한법률에 의거 적법하게 포획한 것(인공사육 및 수입된 것 포함)은 시장·군수·구청장의 허가를 받아 수입할 수 있음.	야생생물보호 및 관리에관한법률
					2. 통합공고 별표6에 게기된 CITES 규제대상품목은 유역환경청장 또는 지방환경청장의 허가를 받아 수입할 수 있음.	야생생물보호 및 관리에관한법률
					3. 농림축산검역본부장에게 신고하고 검역을 받아야 한다.(가축전염병예방법 제32조의 규정에 의한 수입금지지역에서 생산 또는 발송되었거나 그 지역을 경유한 지정검역물은 수입할 수 없음)	가축전염병예방법
0101	21	90	00	기타	1. 통합공고 별표5에 게기된 품목의 것으로서 야생생물보호및관리에관한법률에 의거 적법하게 포획한 것(인공사육 및 수입된 것 포함)은 시장·군수·구청장의 허가를 받아 수입할 수 있음	야생생물보호 및 관리에관한법률
					2. 통합공고 별표6에 게기된 CITES 규제대상품목은 유역환경청장 또는 지방환경청장의 허가를 받아 수입할 수 있음	야생생물보호 및 관리에관한법률
					3. 농림축산검역본부장에게 신고하고 검역을 받아야 한다.(가축전염병예방법 제32조의 규정에 의한 수입금지지역에서 생산 또는 발송되었거나 그 지역을 경유한 지정검역물은 수입할 수 없음)	가축전염병예방법
0101	29	10	00	경주말	1. 통합공고 별표5에 게기된 품목의 것으로서 야생생물보호및관리에관한법률에 의거 적법하게 포획한 것(인공사육 및 수입된 것 포함)은 시장·군수·구청장의 허가를 받아 수입할 수 있음	야생생물보호 및 관리에관한법률
					2. 통합공고 별표6에 게기된 CITES 규제대상품목은 유역환경청장 또는 지방환경청장의 허가를 받아 수입할 수 있음	야생생물보호 및 관리에관한법률
					3. 농림축산검역본부장에게 신고하고 검역을 받아야 한다.(가축전염병예방법 제32조의 규정에 의한 수입금지지역에서 생산 또는 발송되었거나 그 지역을 경유한 지정검역물은 수입할 수 없음)	가축전염병예방법
0101	29	90	00	기타	1. 통합공고 별표5에 게기된 품목의 것으로서 야생생물보호및관리에관한법률에 의거 적법하게 포획한 것(인공사육 및 수입된 것 포함)은 시장·군수·구청장의 허가를 받아 수입할 수 있음	야생생물보호 및 관리에관한법률
					2. 통합공고 별표6에 게기된 CITES 규제대상품목은 유역환경청장 또는 지방환경청장의 허가를 받아 수입할 수 있음	야생생물보호및관리에관한법률

세 번				품 명	수 입 요 령	관 련 법 령
					3. 농림축산검역본부장에게 신고하고 검역을 받아야 한다.(가축전염병예방법 제32조의 규정에 의한 수입금지지역에서 생산 또는 발송되었거나 그 지역을 경유한 지정검역물은 수입할 수 없음)	가축전염병예방법
0101	30	10	00	번식용의 것	1. 통합공고 별표5에 게기된 품목의 것으로서 야생생물보호및관리에관한법률에 의거 적법하게 포획한 것(인공사육 및 수입된 것 포함)은 시장·군수·구청장의 허가를 받아 수입할 수 있음	야생생물보호및관리에관한법률
					2. 통합공고 별표6에 게기된 CITES 규제대상품목은 유역환경청장 또는 지방환경청장의 허가를 받아 수입할 수 있음	야생생물보호및관리에관한법률
					3. 농림축산검역본부장에게 신고하고 검역을 받아야 한다.(가축전염병예방법 제32조의 규정에 의한 수입금지지역에서 생산 또는 발송되었거나 그 지역을 경유한 지정검역물은 수입할 수 없음)	가축전염병예방법
0101	30	90	00	기타	1. 통합공고 별표5에 게기된 품목의 것으로서 야생생물보호및관리에관한법률에 의거 적법하게 포획한 것(인공사육 및 수입된 것 포함)은 시장·군수·구청장의 허가를 받아 수입할 수 있음	야생생물보호및관리에관한법률
					2. 통합공고 별표6에 게기된 CITES 규제대상품목은 유역환경청장 또는 지방환경청장의 허가를 받아 수입할 수 있음	야생생물보호및관리에관한법률
					3. 농림축산검역본부장에게 신고하고 검역을 받아야 한다.(가축전염병예방법 제32조의 규정에 의한 수입금지지역에서 생산 또는 발송되었거나 그 지역을 경유한 지정검역물은 수입할 수 없음)	가축전염병예방법
0101	90	00	00	기타	1. 통합공고 별표5에 게기된 품목의 것으로서 야생생물보호및관리에관한법률에 의거 적법하게 포획한 것(인공사육 및 수입된 것 포함)은 시장·군수·구청장의 허가를 받아 수입할 수 있음	야생생물보호및관리에관한법률
					2. 통합공고 별표6에 게기된 CITES 규제대상품목은 유역환경청장 또는 지방환경청장의 허가를 받아 수입할 수 있음	야생생물보호및관리에관한법률
					3. 농림축산검역본부장에게 신고하고 검역을 받아야 한다.(가축전염병예방법 제32조의 규정에 의한 수입금지지역에서 생산 또는 발송되었거나 그 지역을 경유한 지정검역물은 수입할 수 없음)	가축전염병예방법
0102	21	10	00	젖소 (축우, 번식용의 것)	1. 농림축산검역본부장에게 신고하고 검역을 받아야 한다.(가축전염병예방법 제32조의 규정에 의한 수입금지지역에서 생산 또는 발송되었거나 그 지역을 경유한 지정검역물은 수입할 수 없음)	가축전염병예방법
					2. 한국종축개량협회장에게 신고를 필한 후 수입할 수 있음	축산법

수출승인(신청)서

Export License(Application)

	처리기간 : 1일 Handling Time : 1 Day

① 수출자　무역업고유번호 (Exporter) (Trade Business Code) 상호,주소,성명 (Name of Firm, Address, Name of Rep.) (서명 또는 인) (Signature)	④ 구매자 또는 계약당사자 (Buyer or Principal of Contract)
	⑤ 신용장 또는 계약서 번호(L/C or Contract No.)
② 위탁자　사업자등록번호 (Requester) (Business No.) 상호,주소,성명 (Name of Firm, Address, Name of Rep.) (서명 또는 인) (Signature)	⑥ 금액(Total Amount)
	⑦ 결제기간(Period of Payment)
	⑧ 가격조건(Terms of Payment)
③ 원산지(Origin)	⑨ 도착항 (Port of Dispatch)

⑩ HS 부호 (HS Code)	⑪ 품명 및 규격 (Description/Size)	⑫ 단위 및 수량 (Unit / Quantity)	⑬ 단 가 (Unit Price)	⑭ 금　액 (Amount)

⑮ 승인기관 기재란(Remarks to be filled out by an Approval Agency)

⑯ 유효기간(Period of Approval)

⑰ 승인번호(Approval No.)

⑱ 승인기관 관리번호(No. of an Approval Agency)

⑲ 위의 신청사항을 「대외무역법」 제11조제2항 및 동법 시행령 제18조제1항에 따라 승인합니다.
(The undersigned hereby approves the above-mentioned goods in accordance with Article 11(2) of the Foreign Trade Act and Article 18(1) of the Enforcement Decree of the said Act.)

　　　　　　　　　　　　　　　　　　　　　　　년　　　월　　　일

　　　　　　　　　　　승인권자　　　　　　　　(인)

※ 승인기관이 둘 이상인 경우 ⑮ - ⑱의 기재사항은 이면에 기재하도록 합니다.
※ 이 서식에 의한 승인과는 별도로 대금결제에 관한 사항에 대하여는 외국환거래법령이 정하는 바에 따라야 합니다.

2812-281-01611민
'98.1.12. 승인

210㎜ × 297㎜
일반용지 60g/㎡

수입승인(신청)서

Import License(Application)

처리기간 : 1일
Handling Time : 1 Day

① 수입자　　　무역업고유번호 (Importer) (Trade Business Code) 상호,주소,성명 (Name of Firm, Address, Name of Rep.) (서명 또는 인) (Signature)	⑤ 송하인(Consignor) 상호,주소,성명 (Name of Firm, Address, Name of Rep.)
② 위탁자　　　사업자등록번호 (Requester)　(Business No.) 상호,주소,성명 (Name of Firm, Address, Name of Rep.) (서명 또는 인) (Signature)	⑥ 금액(Total Amount)
	⑦ 결제기간(Period of Payment)
	⑧ 가격조건(Terms of Payment)
③ 원산지(Origin)	④ 선적항(Port of Loading)

⑨ HS부호 (HS Code)	⑩ 품명 및 규격 (Description/Size)	⑪ 단위 및 수량 (Unit/Quantity)	⑫ 단 가 (Unit Price)	⑬ 금 액 (Amount)

⑭ 승인기관 기재란(Remarks to be filled out by an Approval Agency)

⑮ 유효기간(Period of Approval)

⑯ 승인번호(Approval No.)

⑰ 승인기관 관리번호(No. of an Approval Agency)

⑱ 위의 신청사항을 「대외무역법」 제11조제2항 및 동법 시행령 제18조제1항에 따라 승인합니다.
(The undersigned hereby approves the above-mentioned goods in accordance with Article 11(2) of the Foreign Trade Act and Article 18(1) of the Enforcement Decree of the said Act.)

년　　월　　일

승인권자　　　　　　(인)

※ 승인기관이 둘 이상인 경우 ⑭ - ⑰의 기재사항은 이면에 기재하도록 합니다.
※ 이 서식에 의한 승인과는 별도로 대금결제에 관한 사항에 대하여는 외국환거래법령이 정하는 바에 따라야 합니다.

2812-281-01711민
'98.1.12. 승인

210mm × 297mm
일반용지 60g/㎡

수출입승인(신청)서
Export-Import License(Application)

처리기간 : 1일
Handling Time : 1 Day

① 수출입자 무역업고유번호 (Ex-Importer) (Trade Business Code) 상호,주소,성명 (Name of Firm, Address, Name of Rep.) (서명 또는 인) (Signature)			⑥ 신용장 또는 계약서번호 (L/C or Contract No.)		
② 위탁자 사업자등록번호 (Requester) (Business No.) 상호,주소,성명 (Name of Firm, Address, Name of Rep.) (서명 또는 인) (Signature)			수 출 (Export)	⑦ 금 액 (Total Amount)	
				⑧ 결제기간 (Period of Payment)	
	수 출 (Export)	수 입 (Import)		⑨ 가격조건 (Terms of Payment)	
③ 원산지 (Origin)			수 입 (Import)	⑩ 금 액 (Total Amount)	
④ 선적항 (Port of Loading)				⑪ 결제기간 (Period of Payment)	
⑤ 도착항 (Port of Dispatch)				⑫ 가격조건 (Terms of Payment)	

수출물품의 명세

⑬ HS부호 (HS Code)	⑭ 품명 및 규격 (Description/Size)	⑮ 단위 및 수량 (Unit/Quantity)	⑯ 단 가 (Unit Price)	⑰ 금 액 (Amount)

수입물품의 명세

⑱ HS부호 (HS Code)	⑲ 품명 및 규격 (Description/Size)	⑳ 단위 및 수량 (Unit/Quantity)	㉑ 단가 (Unit Price)	㉒ 금 액 (Amount)

㉓ 승인기관 기재란(Remarks to be filled out by an Approval Agency)
㉔ 유효기간(Period of Approval)
㉕ 승인번호(Approval No.)
㉖ 승인기관 관리번호(No. of an Approval Agency)
㉗ 위의 신청사항을 「대외무역법」 제11조제2항 및 동법 시행령 제18조제1항에 따라 승인합니다. (The undersigned hereby approves the above-mentioned goods in accordance with Article 11(2) of the Foreign Trade Act and Article 18(1) of the Enforcement Decree of the said Act.) 　　　　　　　　　　　　　　　　　　　　　　　　　년　　　월　　　일 　　　　　　　　　　　　　　　　승인권자　　　　　　　　　　(인)

※ 승인기관이 둘 이상인 경우 ㉓ - ㉖의 기재사항은 이면에 기재하도록 합니다.
※ 이 서식에 의한 승인과는 별도로 대금결제에 관한 사항에 대하여는 외국환거래법령이 정하는 바에 따라야 합니다.

2812-281-01811민
'98.1.12. 승인

210㎜ × 297㎜
일반용지 60g/㎡

수출입승인사항변경승인 · 신고(신청)서

	처리기간
	1 일

① 신청인 무역업고유번호 (상호,주소,성명)		② 변경전승인일자
		③ 변경전승인번호
	(서명 또는 인)	④ 사후관리기관 · 단체명

⑤ 변경내용(변경을 요하는 사항만을 기입하십시오)

변 경 전	변 경 후

⑥ 승인기관기재란
⑦ 유효기간
⑧ 승인(신고수리)번호
⑨ 승인기관 관리번호

위의 신청사항을 「대외무역법」 제11조제3항 및 동법 시행령 제18조에 따라 승인(신고수리)합니다.

년 월 일

승 인 권 자 (인)

특정거래형태의 수출입

제 1 절 특정거래형태의 수출입의 의의

특정거래형태(Specific Form of Transactions)의 수출입이란 산업통상자원부장관이 물품 등의 수출 또는 수입이 원활(facilitate)히 이루어질 수 있도록 해당 거래의 전부 또는 일부 가 ① 수출 또는 수입의 제한(법 제11조)을 회피할 우려가 있는 거래, ② 산업보호에 지장을 초래할 우려가 있는 거래, ③ 외국에서 외국으로 물품등의 이동이 있고, 그 대금의 지 급이나 영수가 국내에서 이루어지는 거래로서 대금 결제 상황의 확인이 곤란하다고 인정 되는 거래, ④ 대금 결제 없이 물품등의 이동만 이루어지는 거래로서, 산업통상자원부장관 이 정하여 고시하는 기준에 해당하는 ㉮ 위탁판매수출, ㉯ 수탁판매수입, ㉰ 위탁가공무역, ㉱ 수탁가공무역, ㉲ 임대수출, ㉳ 임차수입, ㉴ 연계무역, ㉵ 중계무역, ㉶ 외국인수수입, ㉷ 외국인도수출, ㉸ 무환수출입의 11가지 거래형태를 말한다$\left(\begin{smallmatrix}\text{법 제13조 제1항, 영 제20조 제1항}\\\text{및 규정 제21조 제1항}\end{smallmatrix}\right)$.

이는 거래의 특성상 보다 엄격하게 관리하여야만 국익손상을 방지할 수 있다는 정책목 적에 따라 특정거래형태 중에서 5만 달러 이상의 무환수출과 같은 은행을 통하지 않는 중 계무역의 경우에만 인정신고를 하여야만 수출입이 가능하게 하였었다. 하지만, 2014년 9 월 대외무역관리규정의 개정시에 신고제도로 운영되고 있는 특정거래형태에 대한 인정 제도를 폐지하였다. 즉, 대외무역관리규정에서는 미신고시 벌칙규정이 없고 광범위한 예 외규정으로 인하여 그 사례가 매우 희소하다는 점 등 불필요한 규제 개선을 위하여 특정 거래형태에 대한 인정제도를 폐지하였다.

● 특정거래형태의 정의 및 인정대상

특정거래형태			
정의	해당 거래의 전부 또는 일부가 다음의 어느 하나 에 해당하는 수출입 거래 형태로서 <u>산업통상자원 부장관이 정하여 고시하는 기준에 해당하는 거래</u> ① 수출 또는 수입의 제한을 회피할 우려가 있는 거래 ② 산업 보호에 지장을 초래할 우려가 있는 거래 ③ 외국에서 외국으로 물품등의 이동이 있고, 그 대금의 지급이나 영수가 국내에서 이루어지는 거래로서 대금 결제 상황의 확인이 곤란하다고 인정되는 거래 ③ 대금 결제 없이 물품등의 이동만 이루어지는 거래	산업통상자원부장관이 고시하는 기준에 해당하는 거래	
		① 위탁판매수출 ② 수탁판매수입 ③ 위탁가공무역 ④ 수탁가공무역 ⑤ 임대수출 ⑥ 임차수입	⑦ 연계무역 ⑧ 중계무역 ⑨ 외국인수수입 ⑩ 외국인도수출 ⑪ 무환수출입

1. 위탁판매수출

(1) 개념

"위탁판매수출"이란 물품등을 무환으로 수출하여 해당 물품이 판매된 범위안에서 대금을 결제하는 계약에 의한 수출을 말한다($\binom{규정}{제2조 제4호}$). 즉, 물품등을 무환으로 수출하여 해당 물품이 판매된 범위내에서 대금을 결제하고 판매잔량을 수출국으로 송부하는 방식의 수출을 말한다.

위탁자는 매매계약을 체결하지 않고 자신의 계산과 위험부담으로 외국의 수탁자에게 물품을 송부하지만 소유권은 위탁자에게 있으며 수탁자는 물품을 판매한 후 판매대금에서 경비와 수수료를 공제한 금액을 위탁자에게 송금한다. 수탁자의 입장에서는 시간과 노력의 절감은 물론 자금이나 위험부담없이 물품의 관리책임만 있으나, 위탁자는 거의 전적인 부담을 지면서 적극적으로 새로운 수출시장을 개척하고자 할 때 사용된다.

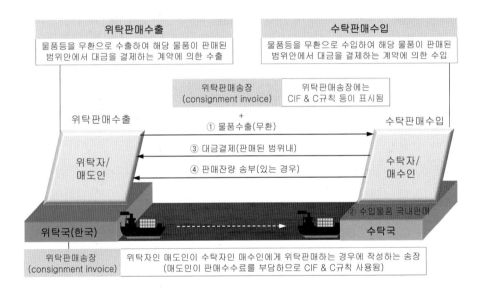

(2) 유사한 거래형태

(가) BWT(Bonded Warehouse Transaction)방식

보세창고도거래(Bonded Warehouse Transaction; BWT)는 수출업자가 자신의 책임하에 수입지의 보세창고(bonded warehouse)에 물품을 반입시켜 보관해 둔 상태에서 수입업자의 요청시 즉시 물품을 판매하는 거래형태[1]를 말한다. 즉, 수출업자가 본인의 책임하에 수입국내에 관리인(지사 또는 별도의 제3대리인)을 지정하고, 사전에 매매계약이 체결되지 않은 채 물품을 수입국내 보세창고에 무환으로 반입한 후 현지에서 매매계약이 성립되어 판매하는 일종의 위탁판매방식의 거래를 말한다.

보세창고도거래에서, 수출업자는 보세창고에 물품을 보관하면서 시장상황에 따라 적당한 시기에 판매할 수 있을 뿐만 아니라 수입국 현지에서 현품을 직접 수입업자에게 확인시킴으로써 거래성립의 촉진 및 물품인도기일을 단축시킬 수 있다는 장점이 있지만, 수출업자가 보세창고에 물품을 보관하는 동안 시황이 불리하여 본국으로 물품을 반송할 경우 각종 비용이 발생한다는 단점이 있다. 반면, 수입업자는 보세창고에서 현품을 확인하고 수입할 수 있기 때문에 일반수입에 비해 시간이나 비용 등을 절감할 수 있고 수입시차에 따른 손실을 최대한 줄일 수 있다는 장점이 있다. 이 방식은 수입업자가 원거리의 수출업자와 건별로 원자재를 수입한 후 제조·가공하여 수출하는 경우에는 많은 시간이 소요되기 때문에 이 방식은 수출용 원자재를 적기에 공급받기 위하여 주로 사용된다. 즉, 이는 통상 인도기일이 짧은 범용성 원자재나 선용품, 회전이 빠른 물품, 납기가 중요한 물품, 수요가 많은 물품 등의 거래에 활용되며, 적극적인 판매활동으로 수출증대를 도모한다. 우리나라는 로테르담(Rotterdam)과 파나마의 콜롱(Colon)에 이러한 보세창고를 설치·운영하고 있다.

이 방식은 수출업자와 수입업자간에 사전에 매매계약이 체결되는 일반적인 수출입형태와 달리, 수입업자가 정해지지 않은 상태에서 수출업자의 책임하에 수입지의 보세창고에 물품을 반입한 후 거래를 진행한다. 즉, 수입업자는 수입지의 보세창고에서 물품을 직접 점검한 후 매매계약을 체결하고, 보세창고로부터 물품을 인도받기 위하여 자국의 정부에 수입허가 등을 받은 다음 수입통관절차를 이행한다. 따라서, 이 방식은 물품이 보세창고에 반입된 상태에서 무역계약이 체결되고 거래가 진행된다는 점을 제외하고는 일반수출입절차와 동일하다.

그러나, 이 방식으로 거래할 때에는 다음의 점에 유의하여야 한다. 즉, ① 매매계약을 체결할 때에는 물품의 인도장소가 수입지의 보세창고이고 수입통관 및 관세를 매수인이 부담하기 때문에 가격조건은 통상적으로 국경인도(DAF)조건으로 한다는 것, ② 신용장

---

[1] 매도인은 수입항에서 양륙된 물품을 수입통관 등의 수입절차를 이행하지 않은 상태로 부두의 보세창고(boned warehouse)에 반입한 후, 이 보세창고에서 매수인에게 물품을 인도할 때까지의 모든 위험과 비용을 부담한다.

에 의하여 대금을 지급하는 경우에는, 서류제시기일이 선적 후 21일을 초과할 가능성이 있기 때문에, 신용장상에 "Documents presented later than 21 days after the date of shipment Acceptable(선적일 후 21일이 경과한 후 제시되는 서류 수리가능)", "Stale B/L Acceptable (기한경과선화증권 수리가능)", 또는 "선적 후 21일이 경과한 후 xx일 이내에 서류제시" 등의 문언을 표시하여야 한다는 것, ③ 보세창고에 물품이 반입될 때에는, 창고업자가 보관되는 물품에 대하여 창고증권(Warrant; Warehouse receipt)[2]을 발행한다는 것, ④ 다수의 수입업자와 거래가 이루어질 때에는 보세창고로부터 물품을 반출할 때 현지세관에 B/L을 분할신고하여야 한다는 것, ⑤ 사후 업무처리의 복잡함을 제거하기 위하여 운송서류상의 수화인을 수출업자 또는 수입지의 보세창고로 지정하여야 한다는 것 등이다.

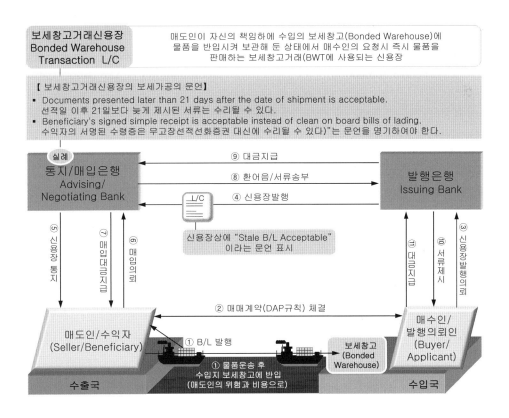

---

2) 창고증권(Warrant; Warehouse receipt)은 창고업자(warehouseman)가 보관을 위하여 물품을 수령한 후 이를 입증하기 위하여 발행하는 유가증권으로서, 재산권을 표창하고 창고업자에 대한 임치인의 임치물반환청구권을 표상하는 증권이다. 따라서, 권리의 이전이나 행사에는 증권의 점유가 필요하다.

(나) CTS(Central Terminal Station)방식

CTS(Central Terminal Station)방식은 수출업자가 교역상대국의 인가를 받아 해외에 현지법인을 설립하여 그 법인 앞으로 물품을 위탁·수출, 즉 그 법인은 자신의 명의로 수입하여 현지에서 직접 판매하고 판매된 범위내에서 대금을 결제하는 거래를 말한다. 이는 해외시장개척을 위해 주로 이용된다. 우리나라는 네덜란드의 로테르담(Rotterdam)에 CTS(Central Terminal Station) 시설을 운영하고 있다.

2. 수탁판매수입

"수탁판매수입"이란 물품등을 무환으로 수입하여 해당 물품이 판매된 범위안에서 대금을 결제하는 계약에 의한 수입을 말한다(규정 제2조 제5호). 즉, 물품 등을 외국에서 무환으로 수입하여 해당 물품이 판매된 범위내에서 수입대금을 결제하고 일정기간후 판매잔량은 재수출하는 조건의 거래방식을 말한다.

이 거래방식은 자금이나 위험은 물품의 소유권을 가진 위탁자(수출자)가 부담하므로 수탁자(수입자)는 위탁자가 지정한 조건에 따라 상품을 판매한 후 판매잔량은 위탁자에게 반환하고, 그 판매대금에서 경비와 수수료를 공제한 나머지를 위탁자에게 송금한다. 따라서 수입자는 아무런 위험부담이나 자금부담없이 손쉽게 수입할 수 있으므로 무분별한 수입이 조장될 우려가 있다.

3. 위탁가공무역

"위탁가공무역"이란 가공임을 지급하는 조건으로 외국에서 가공(제조, 조립, 재생, 개조를 포함한다. 이하 같다)할 원료의 전부 또는 일부를 거래 상대방에게 수출하거나 외국에서 조달하여 이를 가공한 후 가공물품등을 수입하거나 외국으로 인도하는 수출입을 말한다(규정 제2조 제6호).

여기에서 가공의 범위, 즉 위탁가공할 원자재의 범위는 원자재·부자재·부품 및 구성품은 물론 재생, 개조를 위한 완제품도 포함되며, 원자재의 수출은 유환 또는 무환의 구별 없이 일부 또는 전부도 가능하다. 그러나, 전부 유환수출인 경우에는 위탁가공계약서상에 가공임이 별도로 명기되어야 한다. 또한 국내의 위탁자가 위탁가공을 위한 원료를 외국에서 조달하는 외국인수수입은 물론, 위탁가공무역에 의하여 생산된 제품을 외국에 판매하는 외국인도수출도 가능하다. 따라서 위탁가공국 또는 제3국에서 원자재를 조달하여 가공한 후 가공된 물품을 위탁가공국 또는 제3국에 판매하는 경우에도 위탁가공무역이 성립된다. 그러나 씨앗, 경작비 등을 제공하여 성장, 번식 또는 사육한 후 최종 수확물을 수입하는 거래형태는 위탁농업활동이므로 위탁가공의 대상이 되지 않는다.

위탁가공무역은 외국의 저렴한 노동력을 활용하거나 외국의 고도 기술을 이용하고자 하는 경우에 이용되는 거래로서, 중국, 베트남 등 동남아국가와의 거래에서 많이 활용되고 있으며, 향후 북한과의 교역시 활용도가 높을 것으로 보이는 거래형태이다.

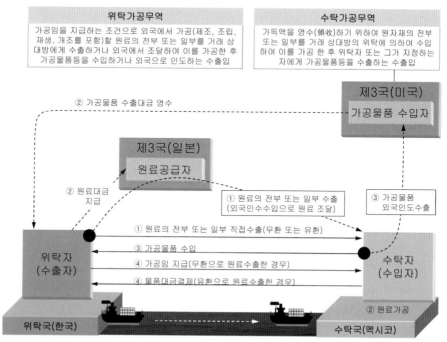

4. 수탁가공무역

"수탁가공무역"이란 가득액을 영수(領收)하기 위하여 원자재의 전부 또는 일부를 거래 상대방의 위탁에 의하여 수입하여 이를 가공 한 후 위탁자 또는 그가 지정하는 자에게 가공물품등을 수출하는 수출입을 말한다. 다만, 위탁자가 지정하는 자가 국내에 있음으로써 보세공장 및 자유무역지역에서 가공한 물품등을 외국으로 수출할 수 없는 경우 「관세법」에 따른 수탁자의 수출·반출과 위탁자가 지정한 자의 수입·반입·사용은 이를 「대외무역법」에 따른 수출·수입으로 본다$\left(\begin{smallmatrix} 규정 \\ 제2조 \ 제7호 \end{smallmatrix}\right)$. 즉, 가득액을 가득하기 위하여 거래상대방의 위탁에 따라 원자재를 수입하여 이를 가공한 후 위탁자 또는 그가 지정하는 자에게 가공물품등을 수출하는 방식을 말한다. 따라서, 원자재의 전부가 수입절차없이 국내에서 조달되는 경우에는 수탁가공무역이 아니다. 수탁가공무역이 되기 위해서는 원자재의 일부는 반드시 거래상대방으로부터 수입하여야 한다.

외국의 무역업자가 우리나라의 숙련된 노동력 또는 고도의 기술을 이용하고자 하는 경우의 거래형태로서 수출과 수입이 하나의 계약에 따라 연결되어 이루어진다. 원자재의 조달에 있어서 유상·무상의 여부에 따라 유환수탁가공무역과 무환수탁가공무역으로 구분되나, 일반적으로 무환수탁가공무역방식을 택하고 있다.

5. 임대수출

"임대수출"이란 임대(사용대차를 포함) 계약에 의하여 물품등을 수출하여 일정기간 후 다시 수입하거나 그 기간의 만료 전 또는 만료 후 해당 물품등의 소유권을 이전하는 수출을 말한다$\left(\begin{smallmatrix} 규정 \\ 제2조 \ 제8호 \end{smallmatrix}\right)$.

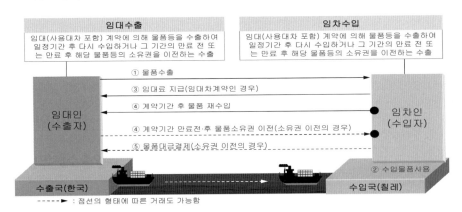

6. 임차수입

"임차수입"이란 임차(사용대차를 포함한다. 이하 같다) 계약에 의하여 물품등을 수입하여 일정기간 후 다시 수출하거나 그 기간의 만료 전 또는 만료 후 해당 물품의 소유권을 이전받는 수입을 말한다(규정 제2조 제9호).

이 방식은 주로 영세한 중소기업이나 외자도입업체가 추가 생산시설을 수입할 때 이용하고 있으며 임차한 시설을 사용하여 생산한 제품을 임대인에게 수출하는 조건으로 거래하는 경우가 많다.

7. 연계무역

(1) 개념

"연계무역"이란 물물교환(Barter Trade), 구상무역(Compensation trade), 대응구매(Counter purchase), 제품환매(Buy Back) 등의 형태에 의하여 수출·수입이 연계되어 이루어지는 수출입을 말한다(규정 제2조 제10호). 즉, 동일한 거래당사자간에 수출과 수입이 연계된 무역거래로서 거래당사국간의 수출입의 균형을 유지하거나 통상협력의 수단으로 이용될 수 있다.

(가) 물물교환

물물교환(Barter trade)은 수출·수입거래가 하나의 계약서에 의해 작성되고 환거래의 발생 없이 물품을 1대1로 교환하는 무역을 말한다.

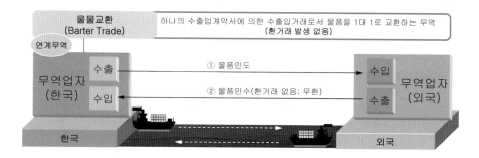

(나) 구상무역

구상무역(Compensation trade)은 환거래가 발생하고 대응수입의무를 제3국에 전가할 수 있는 거래를 말한다. 이는 원칙적으로 수출·수입거래를 하나의 계약서에 의해 작성되고, Back to Back L/C, Tomas L/C, Escrow L/C 등 특수신용장을 사용하여 거래하고, 대응수입이행기간은 통상 3년 이내이다. 한편 수입의무를 제3국으로 전가시키는 경우의 구상무역을 삼각구상무역(Triangular compensation trade)이라 한다.

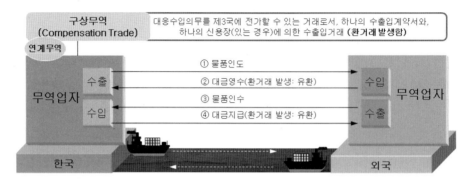

(다) 대응구매

대응구매(Counter purchase)는 한 건의 거래가 이루어질 때 수출액의 일정비율에 상당하는 물품을 일정기간내에 대응수입해야 한다는 점에서는 구상무역과 비슷하나 사실상 독립된 두 개의 거래라는 점에서는 구상무역과 다르다. 서방국가와 동구권 국가와의 동서교역에서 주로 이용되던 방식으로서, 서방국가의 수출업자가 동구권 국가에 물품을 수출하면서 일정기간내에 동구권 국가로부터 물품을 수입하겠다는 계약을 체결한다.

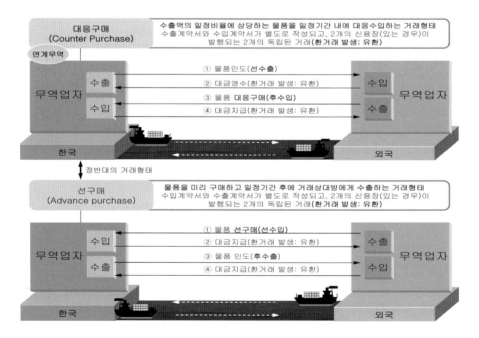

따라서, 수출·수입거래시 각각 별도의 계약서에 의해 거래되고, 두 개의 일반신용장이 개설되고, 형식상 완전히 분리된 두 개의 일반무역거래(two-way trade)의 형태이고, 환거래가 발생하여 상호간에 합의된 통화로 결제되고, 대응수입의무를 제3국으로 전가시킬 수 있다.

① 대응구매와 선구매

선구매(Advance purchase)는 대응구매와 정반대의 거래형태로서, 수출업자가 수출하기전에 수입업자로부터 미리 제품을 구매하고 일정기간이 지난 후 수입업자로 하여금 수출업자의 제품을 수입하도록 약속하는 거래형태를 말한다.

② 대응구매와 절충교역거래

절충교역거래(Off set)는 대응구매의 변형된 형태로서 방위산업분야나 항공기산업에서 주로 이용된다. 이는 군수장비, 상업용항공기, 고속전철차량 등 고도기술 제품을 구매할 경우에 거래상대방에게 이들 제품에 소요될 부품의 일부를 동제품의 수입국으로부터 구매하여 사용하게 하거나 기술이전 등을 요구하는 거래형태를 말한다.

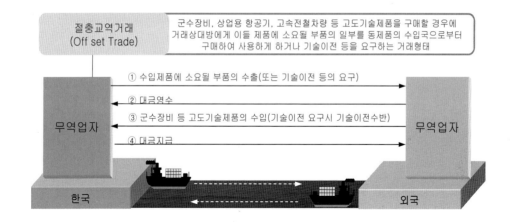

(라) 제품환매

제품환매(Buy Back)는 플랜트(plant)나 기술 등의 수출에 대응하여 그 설비나 기술로 생산되는 제품을 수입하는 형태로서, 플랜트나 기술을 수출한 수출업자는 제공한 플랜트나 기술에서 직접 파생되는 제품 또는 이를 이용하여 생산된 제품으로 수출대금을 회수한다. 이 거래방식은 단순한 간이 생산기기의 수출에 따른 제품환매에서 첨단기술의 이전을 수반하는 거래에까지 그 범위가 광범위하다. 이 중에서 특히 기술이전을 수반하는 형태를 산업협력(Industrial Cooperation)이라고 한다.

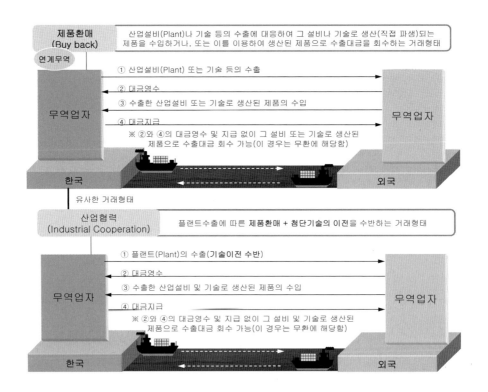

연계무역의 비교

	물물교환	구상무역	대응구매	제품환매
계약서	수출·수입거래를 하나의 계약서로 작성	수출·수입거래를 하나의 계약서로 작성	수출·수입거래를 각각 별도의 계약서로 작성	수출·수입거래를 각각 별도의 계약서로 작성
환의 유무	환거래가 발생하지 않음	환거래가 발생함	환거래가 발생함	환거래가 발생함
신용장	-	통상 특수신용장 (Back to Back, Escrow, Tomas L/C) 이용	두 개의 일반신용장 개설	-
상계방법	물품에 의한 상계	합의된 결제통화로 상계	합의된 결제통화로 상계	합의된 결제통화로 상계
대응수입비율	100%	합의에 의해 결정 (20-100%)	합의에 의해 결정 (20-100%)	합의에 의해 결정 (100% 초과가능)
대응수입기간	통상 1년이내(대부분 거의 동시에 교환됨)	통상 3년이내	통상 5년이내	통상 3-25년이내(대응수입이 1회에 한하지 않고 계속됨)
수입의무의 제3국 전가 여부	불가	가능	가능	가능

(2) 구상무역시 사용되는 특수신용장

(가) 동시발행신용장(Back to Back L/C)

동시발행신용장(Back to Back L/C)은 수출입의 거래당사자중 일방이 일정액의 수입신용장을 발행하는 경우에 거래상대방이 동액의 수입신용장을 동시에 발행할 경우에만 발행한 신용장이 유효하도록 하는 조건의 신용장을 말한다.

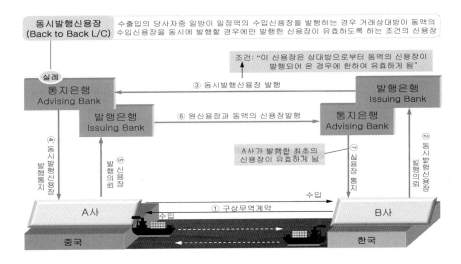

(나) 토마스신용장(Tomas L/C)

토마스신용장(Tomas L/C)은 수출입 쌍방이 동시에 동액의 신용장을 발행하는 것이 아니라 한쪽은 신용장을 발행하고 상대방은 일정기간 후에 동액의 신용장을 발행하겠다는 보증서를 발행해야만 내도된 신용장이 유효하도록 하는 조건의 신용장을 말한다.

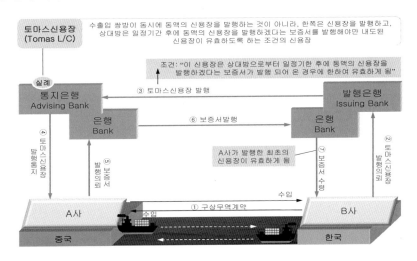

(다) 기탁신용장(Escrow L/C)

기탁신용장(Escrow L/C)은 수입업자가 수입신용장을 발행하는 경우에 신용장의 한 조건으로 그 신용장에 의하여 발행되는 어음의 매입대금이 수익자에게 직접 지급되지 않고 수익자 명의로 매입은행, 발행은행 또는 제3국의 환거래은행 기탁계정에 기탁하여 두었다가 수익자가 원신용장 발행국으로부터 수입하는 물품의 대금결제에만 사용하도록 하는 조건의 신용장을 말한다.

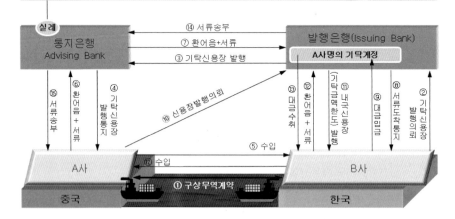

8. 중계무역

(1) 개념

"중계무역"이란 수출할 것을 목적으로 물품등을 수입하여 "보세구역"(「관세법」 제154조[3]) 및 "보세구역외 장치의 허가를 받은 장소"(「관세법」 제156조[4]) 또는 "자유무역

---

3) 보세구역은 지정보세구역·특허보세구역 및 종합보세구역으로 구분하고, 지정보세구역은 지정장치장 및 세관검사장으로 구분하며, 특허보세구역은 보세창고·보세공장·보세전시장·보세건설장 및 보세판매장으로 구분한다(관세법 제154조).

4) 크기나 무게의 과다 기타의 사유로 보세구역에 장치하기 곤란하거나 부적당한 물품을 보세구역이 아닌 장소에 장

지역"(「자유무역지역의 지정 및 운영 등에 관한 법률」 제4조[5]) 이외의 국내에 반입하지 아니하고 수출하는 수출입을 말한다(규정 제2조 제11호). 즉, 수출할 목적으로 물품등을 수입하여 원상태를 변경시키지 않은 상태로 수출하여 수입대금과 지급액과의 차액, 즉 중계수수료 (FOB-CIF에 해당하는 가득액)를 취하는 거래를 중계무역(Intermediate Trade)이라고 한다.

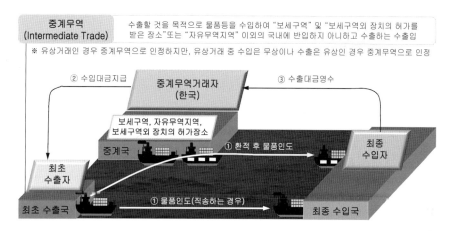

이 거래방식은 중계국상품의 공급능력에 한계가 있는 경우 부족한 상품을 제3국으로부터 수입하여 수출함으로써 지속적인 해외시장을 확보할 수 있지만, 최종수입국이 최초 수출국으로부터의 수입을 제한하고 있는 경우에는 최종수입국의 무역정책에 혼란을 야기하여 중계국의 일반 수출에 악영향을 미칠 수도 있다는 사실을 간과해서는 안된다.

중계무역은 수출입 주체가 「외국환거래법」상 거주자인 경우, 즉 거주자의 책임하에 수입하여 수출하고, 수출입대금결제도 거주자의 책임하에 이루어지는 경우를 의미하기 때문에 거주자가 수출입의 주체가 되지 않고 단순히 중개수수료만 취득하는 단순중개의 경우에는 「대외무역법」상의 중계무역에는 해당되지 않는다.

종전에는 A국에서 A국으로 물품이 이동하는 것과 같이 수출입물품이 거래국 내에서만 이동하는 거래는 중계무역에 해당되지 않았지만, 99년 개정부터는 중계무역의 개념을 확대하여 이러한 경우에도 중계무역으로 인정하고 있다. 한편, 북한과 제3국간의 중계무역

치하고자 하는 자는 세관장의 허가를 받아야 하며, 세관장은 외국물품에 대하여 보세구역이 아닌 장소에 장치허가를 하고자 하는 때에는 그 물품의 관세에 상당하는 담보의 제공, 필요한 시절의 설치 등을 명할 수 있다(「관세법」 제156조 제1항 및 제2항).
5) 중앙행정기관의 장이나 시·도지사는 산업통상자원부장관에게 자유무역지역의 지정을 요청할 수 있다. 이 경우 지정을 요청하는 중항행정기관의 장 또는 시·도지사는 미리 국토교통부장관 등 관계 행정기관의 장과 협의하여 야 한다. 산업통상자원부장관은 지역의 실정, 지정필요성 및 지정요건을 검토한 후 자유무역지역위원회의 심의를 거쳐 자유무역지역을 지정한다(자유무역지역의 지정 및 운영 등에 관한 법률 제4조 제1항 및 제2항).

의 경우에는 "남북교류협력에 관한 법률"에 의거 "반출입승인을 받아야 한다.

한편 유상거래에 한하여 중계무역이 가능하도록 되어 있지만, 유상거래중 수입은 무상이나 수출은 유상인 경우에는 중계무역에 해당하는 것으로 간주한다. 왜냐하면 우리 수출물품의 부족분을 제3국으로부터 수입하여 수출하는 것으로써 해외시장을 지속적으로 관리하는 경우나 중계차액을 남기는 것에 중계무역을 인정하는 실익이 있기 때문이다. 또한 수출금액이 수입금액보다 적은 중계무역의 경우에는 본래 "중계무역"이 가득액을 획득하기 위하여 물품을 수입하여 수출하는데 의의가 있다고 보아야 하므로 소극적으로 해석하여야 할 것이다. 다만, 급격한 국내외 가격변동, 거래선과의 신용유지 등 거래특성상 불가피하게 수입가격을 수출가격보다 높게 할 경우도 있을 것이므로, 이 경우 은행은 대금 지급·영수시 해당 거래가 「대외무역법」 제40조(수출입 물품가격의 조작금지)를 위반한 거래인지 여부에 특히 유의(위법사실이 의심될 경우 관련서류를 징구하여 확인)하여야 한다.[6]

참고로, 중계무역신용장(Intermediate Trade L/C)은 최초의 수출국의 수출자로부터 물품을 수입한 중계인(매도인, 즉 신용장상의 수익자)이 최종 수입국의 매수인(발행의뢰인)에게 수출하는 중계무역의 경우에 운송서류상의 송화인이 신용장상의 수익자(중계인)가 아닌 최초의 수출자로 기재되는 것을 허용하는 신용장을 말한다. 이와 같이, 중계무역신용장에서 제시되는 운송서류는 최종 수입자인 발행의뢰인의 입장에서 볼 때 신용장상의 수익자가 아닌 최초의 수출자인 제3자가 송화인으로 기재되는 제3자 운송서류(third party transport document)인데, 이 제3자 운송서류는 UCP 600 제14조 k항에 따라 수리된다.

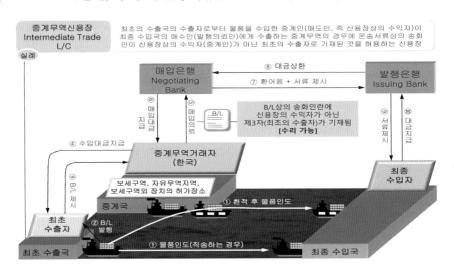

6) http://www.mocie.go.kr//data/PO1/무역정책98-5.HTM

(2) 유사한 거래형태

(가) 중개무역(Merchandising Trade)

중개무역이란 수출입 양당사자간의 거래상품이 제3국의 중개업자의 중개로 거래되는 경우에 제3국의 입장에서 본 무역형태로서, 대금결제는 수출입당사자간에 행해지고 중개인은 수수료를 취득하는 거래를 말한다. 중계무역인 경우에는 중간상인이 매매차익을 목적으로 계약의 당사자로서, 중개무역의 경우에는 중간상인이 중개수수료를 목적으로 최종수입업자나 최초수출업자의 대리인으로서 수출입거래에 개입하게 된다. 중계무역과 중개무역의 구분은 물품의 인도방법, 즉 물품이 중계지를 경유하는지 여부를 기준으로 하는 것이 아니라 중간상이 계약의 당사자인지의 여부에 의한다.

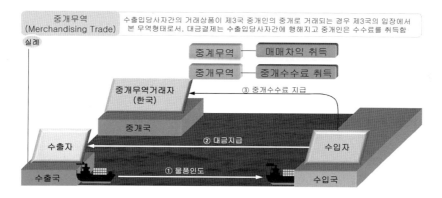

(나) 통과무역(Passing or Transit Trade)

통과무역이란 거래상품이 수출국으로부터 수입국에 직접 송부되지 않고 제3국을 통과하여 수입국에 송부되는 경우에 제3국(통과국)의 입장에서 본 것으로서, 물품이 수출국으로부터 수출될 때 수입국을 미리 정하여 제3국을 통과하는 것이다. 반면, 중계무역은 수출국으로부터 수출될 때 실제 수입국이 결정되지 않은 채 중계항에서 양륙된 후에 최종목적지가 정해지는 경우가 있다.

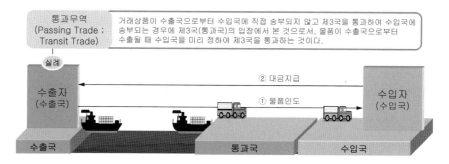

(다) 스위치무역(Switch Trade)

스위치무역이란 수출업자와 수입업자간에 직접 매매계약이 체결되고 상품도 수입국으로 직접 이동되는데, 대금결제는 제3국의 무역업자(Switcher)를 개입시켜 행하거나 제3국의 결제통화나 계정을 사용하는 거래를 말한다. 이 경우 제3국에서 결제를 위하여 개입된 자를 Switcher라고 하며, Switchcer는 거래가 성사되는 경우 수수료(Switch Commission)를 받는다. 이는 외환관리상의 편의나 금융수단의 채용을 필요로 하는 경우에 주로 이용된다. 즉, 수입국이 특정거래에서 수입물품의 대금을 특정외화로 지급해야 하지만 해당 특정외화의 여유가 없기 때문에 해당 특정외화를 갖고 있는 제3국을 개입시켜 물품대금을 지급하고자 하는 경우, 또는 무역수지불균형에 따라 제3국의 결제통화 또는 계정을 사용, 전환하여 지급하는 경우에도 행해질 수 있다.

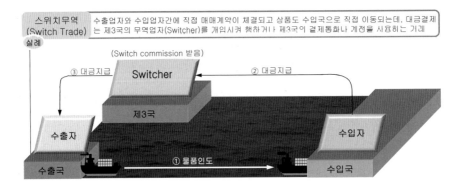

9. 외국인수수입

(1) 개념

"외국인수수입"이란 수입대금은 국내에서 지급되지만 수입 물품등은 외국에서 인수하거나 제공받는 수입을 말한다(규정 제2조 제12호).

외국인수수입은 다음의 경우에 주로 이용되는 거래형태로서, 해외에서 기자재나 원자재를 수입하여 다시 외국으로 수출하기 위한 절차를 밟는다면 시간이나 경비의 지출이 예상되므로, 소요되는 시간이나 경비를 절감하기 위하여 인정되는 거래형태이다. 즉, 플랜트수출, 해외건설, 해외투자, 위탁가공무역 등에 필요한 기재·자재 및 원자재를 외국에서 수입할 필요가 있을 때 운송시간과 경비를 절감하기 위하여 수입대금은 국내에서 지급하고 물품은 해외현장으로 직접 송부되는 경우에 이용되는 거래방식이다.

① 플랜트수출, 해외건설, 해외투자 등 해외사업현장에서 필요한 기자재 등을 수입대금은 국내에서 지급하고 해외현장에 직접 송부하는 경우

② 위탁가공무역방식에 의하여 외국의 수탁자가 필요로 하는 원자재를 수입대금은 국내에서 지급하고 수탁자의 공장에 직접 송부하는 경우

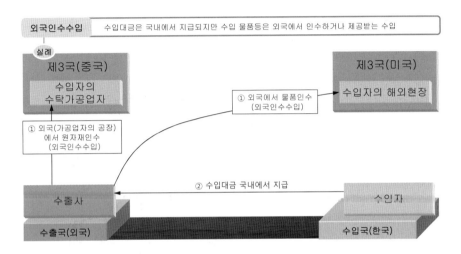

(2) 외국인수수입과 중계무역

외국인수수입과 중계무역은 물품이 외국에서 외국으로 이동한다는 점에서는 동일하다. 그러나 중계무역은 수입, 수출 2건의 거래가 각각 발생하지만, 외국인수수입은 1건의 수입행위만이 존재한다. 또한 중계무역은 수입후 수출함으로써 소유권이 제3자에게 이전되지만, 외국인수수입은 외국에서 각종 사업에 필요한 기자재를 수입하여 사용함을 목적으로 하기 때문에 소유권이 수입자, 즉 국내에서 수입대금을 지급하는 자에게 있다.

플랜트수출, 해외건설공사의 경우 외국인수수입에 의하여 수입된 물품이 해당 사업에 공해진 후 최종적으로 소유권이 해당 사업이 시행되는 국가에 이전된다는 점에서 중계무역과 동일하다고 볼 수 있으나, 이는 플랜트수출 및 해외건설공사가 도급계약에 의해 이루어지고, 해당 사업이 완성될 때까지는 수입된 물품의 소유권이 도급자에게 있으므로, 수입·수출이 동시에 이루어져 수출입 물품의 소유권이 변경되는 중계무역과 다르다. 기타 요건의 경우에도 외국인수수입후 해당 물품의 처리를 위하여 국내반입 또는 외국인도수출 등 별도의 원인행위가 필요한 점에서 중계무역과 다르다.[7]

---

7) http://www.mocie.go.kr//data/PO1/무역정책98-5.HTM.

10. 외국인도수출

(1) 개념

"외국인도수출"이란 수출대금은 국내에서 영수하지만 국내에서 통관되지 아니한 수출물품등을 외국으로 인도하거나 제공하는 수출을 말한다(규정 제2조 제13호).

외국인도수출은 다음의 경우에 주로 이용되는 거래형태로서, 해외에서 기자재나 선박또는 위탁가공물품을 국내로 반입한 후 다시 수출절차를 밟는다면 시간이나 경비의 지출이 예상되므로, 소요되는 시간이나 경비를 절감하기 위하여 인정되는 거래형태이다.

① 해외에서 항해 중이거나 어로작업 중인 선박을 현지에 매각하는 경우
② 플랜트수출, 해외건설, 해외투자 등 해외사업현장에서 필요한 기자재 등을 외국인수수입형태로 구매하여 사용한 후 국내로 반입하지 않고 다시 매각하는 경우
③ 위탁가공무역방식에 의하여 외국의 수탁자에 의하여 가공된 물품을 국내로 반입하지 않고 외국에 수출하는 경우

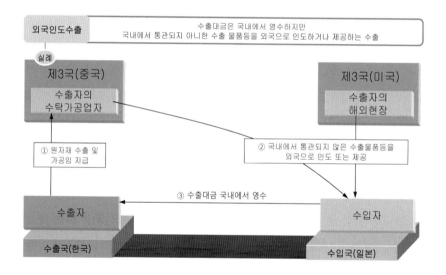

(2) 외국인도수출과 중계무역

외국인도수출과 중계무역은 물품이 외국에서 외국으로 이동한다는 점에서는 동일하다. 그러나 중계무역은 수입과 수출이라는 2건의 거래가 각각 발생하지만, 외국인도수출은 1건의 수출행위만이 존재한다.

11. 무환수출입

"무환수출입"이란 외국환 거래가 수반되지 아니하는 물품등의 수출·수입을 말한다 (규정 제2조 제14호).

무환수출입은 외국환거래가 수반되지 아니하는 물품등의 수출입 또는 대금결제가 수 반되지 아니하고 물품등의 이동만 이루어지는 거래를 의미하며, 여기에는 대가를 지급하 지 아니하는 물품등의 수출·수입인 무상수출입도 해당된다. 무환수출입은 증여, 상속, 유증 등의 무상무환과 위·수탁판매무역, 위·수탁가공무역시 원자재 수출입, 임대차수 출입, 무환상계결제(연계무역중 물물교환) 등의 유상무환으로 구분된다.

국내의 수출자가 유상으로 외국에서 외국으로 물품을 거래하는 경우에는 「대외무역 법」상 수출에 해당되지만, 무상으로 외국에서 외국으로 물품을 거래하는 경우에는 「대 외무역법」상 수출에 해당되지 않는다. 즉, 국내의 수출자가 무상으로 외국에서 외국으로 물품을 거래하는 무상무환수출은 「대외무역법」상 수출의 범위에 포함되지 않지만, 유상 으로 외국에서 외국으로 물품을 거래하는 유상무환수출은 「대외무역법」상 수출의 범위 에 포함된다. 이것은 국내의 수출자가 국내외간에 환거래가 발생하지 않으면서 그 대가 를 국내에서 받는 경우에는 유상무환수출을 한 것이므로 「대외무역법」상 수출의 범위에 포함되는 것이다.

참고로, 무환수출이 발생할 수 있는 거래형태는 다음과 같다.

① 기증, 증여 등을 원인으로 하여 국내에서 외국으로 물품이 이동하는 무환수출

② 위탁판매수출을 위한 무환수출(위탁판매수출은 물품을 무환으로 수출하여 해당물 품이 판매된 범위 안에서 대금을 결제하는 계약에 의한 수출을 말한다.)

③ 위탁가공무역을 위한 무환수출(위탁가공무역은 가공임을 지급하는 조건으로 외국 에서 가공할 원료의 전부 또는 일부를 거래상대방에게 수출하거나 외국에서 조달하 여 이를 가공한 후 가공물품등을 수입하거나 외국으로 인도하는 수출입을 말한다.)

④ 임대수출을 위한 무환수출(임대수출은 임대계약에 의하여 물품등을 수출하여 일정 기간 후 다시 수입하거나 그 기간의 만료 전 또는 만료 후 해당 물품등의 소유권을 이 전하는 수출을 말한다.)

⑤ 연계무역을 위한 무환수출(연계무역 중 물물교환은 수출·수입거래가 하나의 계약 서에 의해 작성되고 환거래의 발생 없이 상품을 1대 1로 교환하는 무역을 말한다.)

⑥ 외국에서 외국으로 물품이 이동하는 것으로서 외국인도수출과 결합되어 이루어지는 무환수출(외국인도수출은 수출대금은 국내에서 영수하지만 국내에서 통관되지 아니한 수출물품등을 외국으로 인노하는 수출을 말한다.)

⑦ 외국으로부터 물품을 수입하여 다른 제3국에 무환수출하는 경우(이 방법은 중계무역과 유사하더라도 중계무역은 아니다. 왜냐하면 중계무역은 유상거래에 한정되기 때문이다. 단, 유상거래중 수입은 무상이나 수출은 유상인 경우에는 중계무역에 해당된다.)

제 2 절 특정거래형태의 수출입인정

특정거래 형태의 인정 절차, 인정의 유효기간, 그 밖에 필요한 사항은 산업통상자원부장관이 정하여 고시한다(영 제20조 제2항). 또한 산업통상자원부장관은 특정거래 형태를 인정할 때에 새로운 거래 형태의 파악 등을 위하여 필요한 경우에는 관계 행정기관의 장에게 협조를 요청할 수 있다(영 제20조 제3항).

외화획득용 원료·기재

제 1 절 일반원칙

1. 제도의 취지

수출입승인대상품목에 대하여 국가에서 통제·관리하기 위한 수출입승인제도와는 달리, 외화획득용 원료·기재의 수입승인제도는 수출을 포함한 광의의 외화획득행위를 대상으로 이에 합당한 제반 지원제도를 시행하여 외화획득을 진흥하기 위한 것이다. 이는 외화획득용 원료·기재가 수입된 후 국내에서 소비·사용되거나 또는 국내에서 소비·사용될 제품을 제조·가공하는 것이 아니고 제조·가공되어 다시 수출 등의 외화획득용으로 사용하거나 수출, 군납, 관광 등이 외화획득용물품을 제조·가공하는데 사용되는 것이므로 일반물품과는 달리 그 수입의 촉진은 곧 외화획득에 이바지하게 된다.

따라서 산업통상자원부장관은 국산 원료·기재의 사용(use of raw materials or equipments made in Korea)을 촉진하기 위하여 필요한 경우를 제외하고, "원료·기재"(원료, 시설, 기재 등 외화획득을 위하여 사용되는 물품등)의 수입에 대하여는 제11조 제6항(수출입승인대상물품 및 수출입지역 등의 한정)을 적용하지 아니할 수 있다($^{법\ 제16조}_{제1항}$). 즉, 외화획득용 원료·기재의 수입시에는 수출입공고에서 수입이 제한되는 품목에 대하여도 수입을 허용하며, 외화획득용 원료의 수입에 대하여는 수량제한을 받지 않는다. 그러므로 자율소요량계산서나 대응수출 신용장 또는 수출계약서를 첨부하지 않고 수입승인을 받게 된다.

이외에도 외화획득용 원료·기재의 수입에 대하여는 수입부담금의 면제, 연지급수입대상품목 및 연지급기간 차등적용, 수입통관시 원산지표시의 면제 및 무역금융규정에 의한 수입자금의 지원, 관세환급 등의 금융·세제상의 우대조치를 부여하고 있다.

1997년 이전에는 외화획득용으로 수입하는 모든 품목의 수출입 물품을 승인대상으로 하여 외국환은행의 장이 승인하도록 하였으나, 개정 후에는 수입승인품목(제한품목)을 외화획득용으로 수입하는 경우에만 승인대상으로 하여 각 승인대상품목(제한품목)의 승인기관의 장이 승인을 하도록 개정되었다.

2. 외화획득용 원료·기재의 정의

"외화획득용 원료·기재(Raw Materials or Equipments for Obtaining Foreign Exchange)"란 원료, 시설, 기재 등 외화획득을 위하여 사용되는 물품등으로서, 외화획득용 원료, 외화획득용 시설기재, 외화획득용 제품, 외화획득용 용역 및 외화획득용 전자적 형태의 무체물을 말한다$\left(\substack{\text{법 제16조 제1항} \\ \text{및 영 제2조 제5호}}\right)$.

첫째, "외화획득용 원료(Raw Materials for Obtaining Foreign Exchange)"란 외화획득에 제공되는 "물품등"(물품과 제3조에 따른 용역 및 제4조에 따른 전자적 형태의 무체물)을 생산(제조·가공·조립·수리·재생 또는 개조하는 것을 말한다. 이하 같다)하는 데에 필요한 원자재·부자재·부품 및 구성품을 말한다$\left(\substack{\text{영 제2조} \\ \text{제6호}}\right)$.

둘째, "외화획득용 시설기재(Facilities or Equipments for Obtaining Foreign Exchange)"란 외화획득에 제공되는 물품등을 생산하는 데에 사용되는 시설·기계·장치·부품 및 구성품[물품등의 하자(瑕疵)를 보수하거나 물품등을 유지·보수하는 데에 필요한 부품 및 구성품을 포함한다]을 말한다$\left(\substack{\text{영 제2조} \\ \text{제7호}}\right)$.

셋째, "외화획득용 제품(Products for Obtaining Foreign Exchange)"이란 수입한 후 생산과정을 거치지 아니한 상태로 외화획득에 제공되는 물품등을 말한다$\left(\substack{\text{영 제2조} \\ \text{제8호}}\right)$.

넷째, "외화획득용 용역(Services for Obtaining Foreign Exchange)"이란 외화획득에 제공되는 물품등을 생산하는 데에 필요한 제3조에 따른 용역을 말한다$\left(\substack{\text{영 제2조} \\ \text{제9호}}\right)$.

다섯째, "외화획득용 전자적 형태의 무체물(intangibles of electronic forms for Obtaining Foreign Exchange)"이란 외화획득에 제공되는 물품등을 생산하는 데에 필요한 제4조에 따른 전자적 형태의 무체물을 말한다$\left(\substack{\text{영 제2조} \\ \text{제10호}}\right)$.

외화획득용 원료·기재 (Raw Materials for Obtaining Foreign Exchange)	
외화획득용 **원료** (Raw Materials for ~)	외화획득에 제공되는 물품등을 생산(제조·가공·조립·수리·재생 또는 개조하는 것)하는데 필요한 원자재·부자재·부품 및 구성품
외화획득용 **시설기재** (Facilities or Equipments for ~)	외화획득에 제공되는 물품등을 생산하는데 사용되는 시설·기계·장치·부품 및 구성품(하자 및 유지보수에 필요한 부품 및 구성품 포함)
외화획득용 **제품** (Products for ~)	수입한 후 생산과정을 거치지 아니하는 상태로 외화획득에 제공되는 물품
외화획득용 **용역** (Services for ~)	외화획득에 제공되는 물품등을 생산하는 데에 필요한 제3조에 따른 용역
외화획득용 **전자적 형태의 무체물** (Intangibles of electronic forms~)	외화획득에 제공되는 물품등을 생산하는 데에 필요한 제4조에 따른 전자적 형태의 무체물

3. 외화획득용 원료·기재에 대한 권한의 위임·위탁

외화획득용 원료·기재와 관련된 산업통상자원부장관의 권한에 대한 위임 또는 위탁만을 정리하면 다음과 같다.

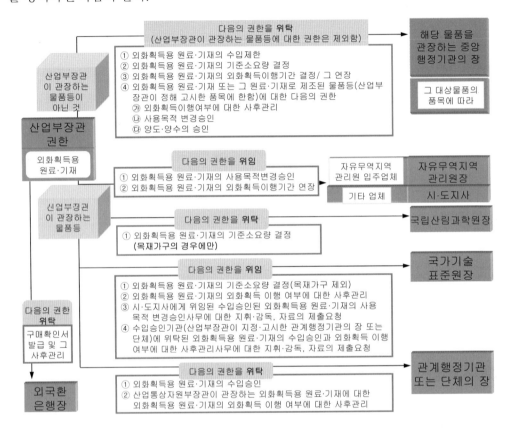

(1) 대상 물품등을 관장하는 중앙행정기관의 장

산업통상자원부장관은 산업통상자원부장관이 관장하는 물품등에 대한 권한을 제외하고, 다음의 권한을 그 대상 물품등의 품목에 따라 그 물품등을 관장하는 중앙 행정기관의 장에게 위탁한다(영 제91조 제1항).

① 외화획득용 원료·기재의 수입 제한에 관한 권한(영 제24조 제2항)

② 외화획득용 원료·기재의 기준 소요량 결정에 관한 권한(영 제25조)

③ 외화획득 이행기간의 결정 및 그 연장에 관한 권한(영 제27조)

④ 외화획득용 원료·기재 또는 그 원료·기재로 제조된 물품등(산업통상자원부장관이

정하여 고시하는 품목만 해당한다)에 대한 다음의 권한

㉮ 외화획득 이행 여부의 사후 관리에 관한 권한(영 제28조 제1항)

㉯ 사용목적 변경승인에 관한 권한(법 제17조 제1항)

㉰ 양도·양수의 승인에 관한 권한(법 제17조 제2항)

⑤ "시·도지사"(특별시장·광역시장·특별자치시장·도지사 또는 특별자치도지사)에게 위임된 사무(영 제3항 제2호)에 대한 지휘·감독 및 자료의 제출 요청에 관한 권한(법 제52조 제2항 및 제3항)

(2) 국가기술표준원장

국가기술표준원장에게는 산업통상자원부장관이 관장하는 품목의 물품등에 대한 다음의 권한을 위임한다(영 제91조 제2항 본문).

① 외화획득용 원료·기재(목재가구 제외)의 기준 소요량 결정에 관한 권한(영 제25조)

② 외화획득 이행 여부의 사후 관리에 관한 권한(영 제28조 제1항)

③ 시·도지사에게 위임된 사무에 대한 지휘·감독 및 자료의 제출요청에 관한 권한(법 제52조 제2항 및 제3항)

④ 산업통상자원부장관이 지정·고시한 관계 행정기관 또는 단체에 위탁된 사무(영 제7항 제2호 및 제3호)에 대한 지휘·감독 및 자료의 제출 요청에 관한 권한(법 제52조 제2항 및 제3항)

(3) 국립산림과학원장

국립산림과학원장에게는 산업통상자원부장관이 관장하는 품목의 물품등 중 목재가구에 대한 외화획득용 원료·기재의 기준소요량의 결정에 관한 권한을 위탁한다(영 제91조 제2항 단서).

(4) 시·도지사(특별시장·광역시장·특별자치시장·도지사 또는 특별자치도지사)

시·도지사에게는 산업통상자원부장관이 관장하는 물품등에 대한 다음의 각 권한(자유무역지역관리원의 관할구역의 입주업체에 대한 권한 제외)을 위임한다(영 제91조 제3항 본문).

① 외화획득 이행기간의 연장에 관한 권한(영 제27조제2항 및 제3항)

② 외화획득용 원료·기재의 사용목적 변경승인에 관한 권한(법 제17조 제1항)

(5) 자유무역지역관리원장

자유무역지역관리원장에게는 산업통상자원부장관이 관장하는 물품등으로서, 위의 시·도지사에게 위임된 권한 중 자유무역지역관리원의 관할구역의 입주업체에 대한 권한을 위임한다(영 제91조 제3항 단서).

(6) 관계 행정기관 또는 단체의 장

산업통상자원부장관은 수출입승인 대상물품등에 대한 다음의 권한을 산업통상자원부장관이 지정하여 고시하는 관계 행정기관 또는 단체의 장에게 위탁한다(영 제91조 제7항).

① 외화획득용 원료·기재의 수입승인에 관한 권한(영 제24조)

② 산업통상자원부장관이 관장하는 외화획득용 원료·기재에 대한 사후 관리에 관한 권한(영 제28조)

이때, "산업통상자원부장관이 지정하여 고시하는 관계 행정기관 또는 단체의 장"은 수출입공고에서 산업통상자원부장관이 지정·고시한 기관·단체(이하 "승인기관"이라 한다)의 장을 말한다(규정 제8조).

(7) 외국환은행의 장 및 전자무역기반사업자

산업통상자원부장관은 구매확인서의 발급 및 사후 관리에 관한 권한(영 제31조)을 외국환은행의 장 및 「전자무역 촉진에 관한 법률」 제6조에 따라 산업통상자원부장관이 지정한 전자무역기반사업자에게 위탁한다(영 제91조 제11항).

4. 외화획득의 범위와 대응수출의무

산업통상자원부장관은 외화획득용 원료·기재의 범위(categories), 품목(items) 및 수량(quantity)을 정하여 공고(publicly announce)할 수 있으며, 외화획득의 범위(extent), 이행기간(period), 확인방법(verification method), 그 밖에 필요한 사항(other necessary matters)은 대통령령으로 정한다(법 제16조 제2항 및 제4항).

(1) 외화획득의 범위

외화획득의 범위는 다음의 어느 하나에 해당하는 방법에 따라 외화를 획득하는 것으로 한다$\binom{\text{영 제26조 제1항}}{\text{및 규정 제31조}}$.

① 수출

② 주한 국제연합군이나 그 밖의 외국군 기관에 대한 물품등의 매도

③ 관광

④ 용역 및 건설의 해외 진출

⑤ 국내에서 물품등을 매도하는 것으로서 산업통상자원부장관이 정하여 고시하는 다음의 어느 하나에 해당하는 거래

㉮ 외국인으로부터 외화를 받고 국내의 보세지역에 물품등을 공급하는 경우

㉯ 외국인으로부터 외화를 받고 공장건설에 필요한 물품등을 국내에서 공급하는 경우

㉰ 외국인으로부터 외화를 받고 외화획득용 시설·기재를 외국인과 임대차계약을 맺은 국내업체에 인도하는 경우

㉱ 정부·지방자치단체 또는 정부투자기관이 외국으로부터 받은 차관자금에 의한 국제경쟁입찰에 의하여 국내에서 유상으로 물품등을 공급하는 경우(대금 결제 통화의 종류를 불문한다)

㉲ 외화를 받고 외항선박(항공기)에 선(기)용품을 공급하거나 급유하는 경우

㉳ 절충교역거래(off set)[1]의 보완거래로서 외국으로부터 외화를 받고 국내에서 제조된 물품등을 국가기관에 공급하는 경우

한편, 무역거래자가 외국의 수입업자로부터 수수료를 받고 행한 수출알선은 외화획득 행위에 준하는 외화획득행위로 본다$\binom{\text{영 제26조}}{\text{제2항}}$.

---

1) 절충교역거래(off set)란 군수장비, 상업용항공기, 고속전철차량 등 고도기술 제품을 구매할 경우에 거래상대방에게 이들 제품에 소요될 부품의 일부를 동제품의 수입국으로부터 구매하여 사용하게 하거나 기술이전 등을 요구하는 거래형태를 말한다. 이는 대응구매의 변형된 형태로서 방위산업분야나 항공기산업에서 주로 이용된다. 참고로 군사절충교역이란 국방부장관이 해외로부터 군용물자를 획득할 때에 방위산업의 발전을 위하여 해외계약상대자로부터 해당 군용물자와 관련된 기술을 이전받거나 해당 군용물자의 부품을 수출하는등 일정한 반대급부를 제공받을 것을 조건으로 하는 것이라고 방위산업에 관한 특별조치법 제21조의 2에서 규정하고 있다.

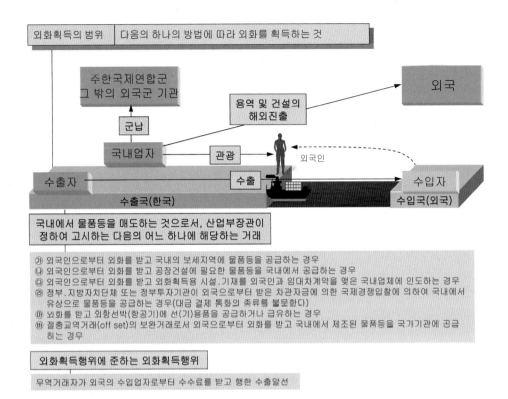

| 외화획득의 범위 | 다음의 하나의 방법에 따라 외화를 획득하는 것 |

주한국제연합군
그 밖의 외국군 기관

외국

용역 및 건설의
해외진출

군납

국내업자 ─ 관광 ─ 외국인

수출자 ─ 수출 ─ 수입자

수출국(한국) 수입국(외국)

국내에서 물품등을 매도하는 것으로서, 산업부장관이
정하여 고시하는 다음의 어느 하나에 해당하는 거래

㉮ 외국인으로부터 외화를 받고 국내의 보세지역에 물품등을 공급하는 경우
㉯ 외국인으로부터 외화를 받고 공장건설에 필요한 물품등을 국내에서 공급하는 경우
㉰ 외국인으로부터 외화를 받고 외화획득용 시설.기재를 외국인과 임대차계약을 맺은 국내업체에 인도하는 경우
㉱ 정부.지방자치단체 또는 정부투자기관이 외국으로부터 받은 차관자금에 의한 국제경쟁입찰에 의하여 국내에서
   유상으로 물품등을 공급하는 경우(대금 결제 통화의 종류를 불문한다)
㉲ 외화를 받고 외항선박(항공기)에 선(기)용품을 공급하거나 급유하는 경우
㉳ 절충교역거래(off set)의 보완거래로서 외국으로부터 외화를 받고 국내에서 제조된 물품등을 국가기관에 공급
   하는 경우

외화획득행위에 준하는 외화획득행위

무역거래자가 외국의 수입업자로부터 수수료를 받고 행한 수출알선

(2) 외화획득의 이행의무

(가) 외화획득 이행의무자

외화획득용 원료·기재의 수입과 관련하여 다음의 행위를 한 자는 산업통상자원부장관
으로부터 외화획득용 원료·기재의 목적외 사용의 승인을 얻은 경우를 제외하고, 그 수입
에 대응하는 외화획득을 하여야 한다$\binom{\text{법 제16조 제3항 및}}{\text{제17조 제3항}}$.

① 외화획득용 원료·기재를 수입한 자

② 외화획득용 원료·기재의 수입을 위탁한 자

③ 외화획득용 원료·기재 또는 그 원료·기재로 제조된 물품등을 양수한 자

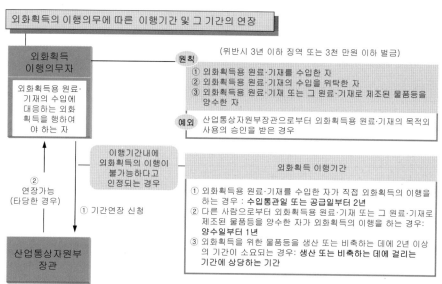

(나) 외화획득 이행의무의 위반에 따른 벌칙

"외화획득의 이행의무"의 규정(법 제16조 제3항 본문 및 제17조 제3항)에 따른 수입에 대응하는 외화획득을 하지 아니한 자는 3년 이하의 징역 또는 3천만원 이하의 벌금에 처한다$\binom{법}{제54조}$.

이 경우, 법인의 대표자나 법인 또는 개인의 대리인, 사용인, 그 밖의 종업원이 그 법인 또는 개인의 업무에 관하여 상기의 "벌칙"의 규정(법 제53조, 제53조의2 또는 제54조부터 제56조까지)의 어느 하나에 해당하는 위반행위를 하면 그 행위자를 벌하는 외에 그 법인 또는 개인에게도 해당 조문의 벌금형을 과(科)한다. 다만, 법인 또는 개인이 그 위반행위를 방지하기 위하여 해당 업무에 관하여 상당한 주의와 감독을 게을리하지 아니한 경우에는 그러하지 아니하다$\binom{법}{제57조}$.

(3) 외화획득의 이행기간

외화획득의 이행기간은 다음의 구분에 따른 기간의 범위에서 산업통상자원부장관이 정하여 고시하는 기간으로 한다$\binom{영\ 제27조}{제1항}$.

① 외화획득용 원료·기재를 수입한 자가 직접 외화획득의 이행을 하는 경우: 수입통관일 또는 공급일부터 2년

② 다른 사람으로부터 외화획득용 원료·기재 또는 그 원료·기재로 제조된 물품등을 양수한 자가 외화획득의 이행을 하는 경우: 양수일부터 1년

③ 외화획득을 위한 물품등을 생산 또는 비축하는 데에 2년 이상의 기간이 소요되는 경우: 생산 또는 비축하는 데에 걸리는 기간에 상당하는 기간

④ 수출이 완료된 기계류의 하자 및 유지 보수를 위한 외화획득용 원료·기재인 경우: 하자 및 유지 보수 완료일부터 2년

따라서 외화획득 이행의무자는 이와 같은 기간 내에 외화획득의 이행을 할 수 없다고 인정되면 산업통상자원부장관이 정하는 서류를 갖추어 산업통상자원부장관에게 그 기간의 연장을 신청하여야 하며, 산업통상자원부장관은 그 신청을 받은 경우 그 신청이 타당하다고 인정할 때에는 외화획득의 이행기간을 연장할 수 있다(영 제27조 제2항 및 제3항).

5. 외화획득용 원료·기재의 사용목적 변경

(1) 외화획득용 원료·기재의 목적외 사용

(가) 외화획득용 원료·기재의 목적외 사용승인 사유

외화획득용 원료·기재를 수입한 자(person who imports raw materials or equipments)는 그 수입한 원료·기재 또는 그 원료·기재로 제조된 물품등을 다음의 어느 하나에 해당하는 부득이한 사유로 인하여(due to any unavoidable cause) 당초의 목적 외의 용도로 사용하려면 대통령령으로 정하는 바에 따라 산업통상자원부장관의 승인을 받아야 한다(법 제17조 제1항 본문, 영 제30조 제2항 및 규정 제49조 제2항).

① 우리나라나 교역상대국의 전쟁·사변, 천재지변 또는 제도 변경으로 인하여 외화획득의 이행을 할 수 없게 된 경우

② 외화획득용 원료·기재로 생산된 물품등으로서 그 물품등을 생산하는 데에 고도의 기술이 필요하여 외화획득의 이행에 앞서 시험제품을 생산할 필요가 있는 경우

③ 외화획득 이행의무자의 책임이 없는 사유로 외화획득의 이행을 할 수 없게 된 경우

④ 그 밖에 산업통상자원부장관이 불가항력으로 외화획득의 이행을 할 수 없다고 인정하는 다음의 어느 하나에 해당하는 경우

㉮ 화재나 천재지변으로 인하여 외화획득 이행이 불가능하게 된 경우

㉯ 기술혁신이나 유행의 경과로 새로운 제품이 개발되어 수입된 원료등으로는 외화
획득 이행물품 등의 생산에 사용할 수 없는 경우

㉰ 수입된 원료가 형질이 변화되어 외화획득 이행물품의 생산에 사용할 수 없게 된 경우

㉱ 그 밖에 수입 또는 구매한 자에게 책임을 돌릴 사유가 없이 외화획득을 이행할 수
없는 경우로서 사용목적 변경승인기관의 장이 인정하는 경우

```
외화획득용 원료·기재의 목적외 사용승인

외화획득용 원료          신청    - 외화획득용원료사용목적변경승인(신청서)
기재를 수입한 자          서류    - 산업통상자원부장관이 정하는 서류

㉤ 사용목적 변경승인 신청

다음 어느 하나의 부득이한 사유(unavoidable cause)가 있는 경우, 목적외 사용승인을 받은 후,
당초의 목적외의 용도로 사용가능

① 우리나라 교역상대국의 전쟁.사변, 천재지변 또는 제도 변경으로 인하여 외화획득의 이행을 할 수
   없게 된 경우
② 외화획득용 원료.기재로 생산된 물품등으로서 그 물품등을 생산하는 데에 고도의 기술이 필요하여
   외화획득의 이행에 앞서 시험제품을 생산할 필요가 있는 경우
③ 위하활동 이행의무자에 책임을 없는 사유로 외화획득의 이행을 할 수 없게 된 경우
④ 그 밖에 산업통상자원부장관이 불가항력으로 외화획득의 이행을 할 수 없다고 인정하는
   다음의 어느 하나에 해당하는 경우
   ㉮ 화재나 천재지변으로 인하여 외화획득 이행이 불가능하게 된 경우
   ㉯ 기술혁신이나 유행의 경과로 새로운 제품이 개발되어 수입된 원료등으로는 외화획득 이행물품
      등의 생산에 사용할 수 없는 경우
   ㉰ 수입된 원료가 형질이 변화되어 외화획득 이행물품의 생산에 사용할 수 없게 된 경우
   ㉱ 그 밖에 수입 또는 구매한 자에게 책임을 돌릴 사유가 없이 외화획득을 이행할 수 없는 경우로서
      사용목적 변경승인기관의 장이 인정하는 경우

목적외 사용승인 면제대상(승인 없이 목적외로 사용 가능)

(처리기간 : 7일)        ① 평균손모량에 해당하는 외화획득용 원료.기재 또는 그 원료.기재로
                           생산한 물품등
시도지사              ② 해당 품목이 수입승인 대상에서 제외됨으로써 그 수입에 대응하는 외화획득
자유무역지역관리원장        의 이행을 할 필요가 없는 경우 등 산업통상자원부장관이 사후관리를 할
관계중앙행정기관의 장       필요성이 없어진 것으로 인정하는 경우에 해당하는 외화획득용 원료.기재

※ 위반시 3년이하 징역 또는 3천만원 이하 벌금(행위자와 그 법인 또는 개인에게도 벌금형 부과, 다만, 법인이나
   개인이 그 위반행위의 방지를 위해 해당업무에 관해 상당한 주의와 감독을 게을리하지 않은 경우 그렇지 않음)
```

(나) 외화획득용 원료·기재의 목적외 사용승인 면제대상

다만, 대통령령으로 정하는 다음의 어느 하나에 해당하는 원료·기재 또는 그 원료·기재로 제조된 물품등에 대하여는 승인을 요하지 아니한다(법 제17조 제1항 단서 및 영 제30조 제3항).

① 평균손모량에 해당하는 외화획득용 원료·기재 또는 그 원료·기재로 생산한 물품등
(영 제25조 제2항)

② 해당 품목이 수입승인 대상에서 제외됨으로써 그 수입에 대응하는 외화획득의 이행을 할 필요가 없는 경우 등 산업통상자원부장관이 사후관리를 할 필요성이 없어진 것으로 인정하는 경우에 해당하는 외화획득용 원료·기재(영 제29조 제4호)

(다) 외화획득용 원료·기재의 목적외 사용승인의 위반에 따른 벌칙

외화획득용 원료·기재의 목적외 사용승인을 받지 아니하고 목적외의 용도로 원료·기재 또는 그 원료·기재로 제조된 물품등을 사용한 자(법 제17조 제1항 본문)는 3년 이하의 징역 또는 3천만원 이하의 벌금에 처한다(법 제54조).

이 경우, 법인의 대표자나 법인 또는 개인의 대리인, 사용인, 그 밖의 종업원이 그 법인 또는 개인의 업무에 관하여 상기의 "벌칙"의 규정(법 제53조, 제53조의2 또는 제54조부터 제56조까지)의 어느 하나에 해당하는 위반행위를 하면 그 행위자를 벌하는 외에 그 법인 또는 개인에게도 해당 조문의 벌금형을 과(科)한다. 다만, 법인 또는 개인이 그 위반행위를 방지하기 위하여 해당 업무에 관하여 상당한 주의와 감독을 게을리하지 아니한 경우에는 그러하지 아니하다(법 제57조).

(2) 외화획득용 원료·기재의 사용목직변경승인

외화획득용 원료·기재 또는 그 원료·기재로 제조된 물품등의 사용 목적변경승인을 받으려는 자는 신청서에 산업통상자원부장관이 정하는 서류를 첨부하여 산업통상자원부장관(자유무역지역관리원장, 시·도지사 및 중앙행정기관의 장에게 위임 또는 위탁)에게 제출하여야 한다(법 제17조 제1항 및 영 제30조 제1항).

즉, 외화획득용 원료·기재의 사용 목적변경승인에 대한 산업통상자원부장관의 권한은 다음의 자에게 위임 또는 위탁되어 있다.
① 위임: 산업통상자원부장관이 관장하는 물품등에 대한 권한으로서, 자유무역지역관리원 입주업체에 대하여는 자유무역관리원장, 기타 업체에 대하여는 시·도지사
② 위탁: 산업통상자원부장관이 관장하는 물품등에 대한 권한을 제외하고, 산업부장관이 정해 고시한 품목에 한하여 그 대상물품의 품목에 따라 해당 물품을 관장하는 중앙행정기관의 장

(3) 외화획득용 원료·기재의 양수도 승인

(가) 외화획득용 원료·기재의 양수도 승인

수입한 외화획득용 원료·기재(raw materials or equipments imported) 또는 그 원료·기재로 제조된 물품등(products made of such raw materials or made by such equipments)을 당

초의 목적과 같은 용도로 사용하거나 수출하려는 자에게 양도(transfer)하려는 때에는 양도하려는 자와 양수하려는 자가 함께 산업통상자원부장관의 승인을 받아야 하는 바, 외화획득용 원료·기재 또는 그 원료·기재로 제조된 물품등의 양도·양수 승인을 받으려는 자는 신청서에 산업통상자원부장관이 정하는 서류를 첨부하여 산업통상자원부장관(해당 물품을 관장하는 중앙행정기관의 장에게 위탁)에게 제출하여야 한다(법 제17조 제2항 및 영 제30조 제4항).

즉, 외화획득용 원료·기재의 양수도 승인에 대한 산업통상자원부장관의 권한은 "산업통상자원부장관이 관장하는 물품등에 대한 권한을 제외하고, 산업부장관이 정해 고시한 품목에 한하여 그 대상물품의 품목에 따라 해당 물품을 관장하는 중앙행정기관의 장"에게 위탁되어 있다.

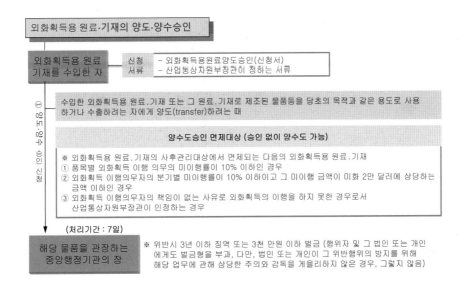

(나) 외화획득용 원료·기재의 양수도 승인면제

다만, "대통령령으로 정하는 원료·기재 또는 그 원료·기재로 제조된 물품등", 즉 다음과 같이 외화획득용 원료·기재의 사후관리대상에서 면제되는 외화획득용 원료·기재(영 제29조 각 호)에 대하여는 승인을 요하지 아니한다(법 제17조 제2항 단서 및 영 제30조 제5항).

① 품목별 외화획득 이행 의무의 미이행률이 10% 이하인 경우
② 외화획득 이행의무자의 분기별 미이행률이 10% 이하이고 그 미이행 금액이 미화 2만 달러에 상당하는 금액 이하인 경우
③ 외화획득 이행의무자의 책임이 없는 사유로 외화획득의 이행을 하지 못한 경우로서

산업통상자원부장관이 인정하는 경우

④ 해당 품목이 수입승인 대상에서 제외됨으로써 그 수입에 대응하는 외화획득의 이행을 할 필요가 없는 경우 등 산업통상사원부장관이 사후관리를 할 필요성이 없어진 것으로 인정하는 경우

(다) 외화획득용 원료·기재의 양수도 승인의 위반에 따른 벌칙

외화획득용 원료·기재의 양도·양수승인을 받지 아니하고 원료·기재 또는 그 원료·기재로 제조된 물품등을 양도한 자(법 제17조 제2항)는 3년 이하의 징역 또는 3천만원 이하의 벌금에 처한다(법 제54조).

이 경우, 법인의 대표자나 법인 또는 개인의 대리인, 사용인, 그 밖의 종업원이 그 법인 또는 개인의 업무에 관하여 상기의 "벌칙"의 규정(법 제53조, 제53조의2 또는 제54조부터 제56조까지)의 어느 하나에 해당하는 위반행위를 하면 그 행위자를 벌하는 외에 그 법인 또는 개인에게도 해당 조문의 벌금형을 과(科)한다. 다만, 법인 또는 개인이 그 위반행위를 방지하기 위하여 해당 업무에 관하여 상당한 주의와 감독을 게을리하지 아니한 경우에는 그러하지 아니하다(법 제57조).

6. 외화획득용 원료·기재의 수입에 대한 사후관리

(1) 사후관리의 필요성 및 내용

(가) 사후관리의 필요성 및 의무

외화획득용 원료·기재의 수입에 대하여는 일반수입과 차별하여 여러 가지의 우대조치 및 혜택을 부여하고 있다. 이는 외화획득용으로 수입된 원자재를 제조·가공하여 일정한 기간내에 합법적인 절차에 따라 타용도에 사용하지 말고 수입승인받은 대로 외화획득에 사용하도록 혜택을 부여하는 것이므로 외화획득용 원료·기재를 수입한 자가 이러한 조건을 성실히 이행하였는지의 여부를 관리할 필요가 있다.

따라서, 산업통상자원부장관(해당 물품을 관장하는 중앙행정기관의 장, 국가기술표준원장, 관계 행정기관 또는 단체의 장에게 위임 또는 위탁)은 외화획득용 원료·기재의 수입승인을 받아 수입한 외화획득용 원료·기재 및 그 원료·기재로 제조된 물품등에 대하여는 외화획득 이행의무자의 외화획득 이행 여부를 사후 관리하여야 한다(영 제28조 제1항).

즉, 외화획득 이행의무자의 외화획득 이행 여부에 대한 산업통상자원부장관의 사후관리의 권한은 다음의 자에게 위임 또는 위탁되어 있다.

① 위임: 국가기술표준원장
② 위탁: 산업통상자원부장관이 관장하는 외화획득용 원료·기재에 대하여는 산업통상자원부장관이 지정하여 고시하는 관계 행정기관 또는 단체의 장(수입승인기관을 의미함)
③ 위탁: 산업통상자원부장관이 관장하는 물품등에 대한 권한을 제외하고, 산업부장관이 정해 고시함 품목에 한하여 그 대상물품의 품목에 따라 해당 물품을 관장하는 중앙행정기관의 장

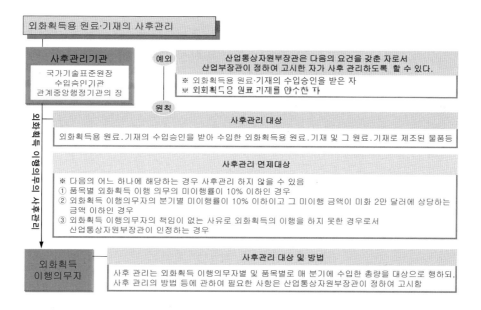

(나) 사후관리의 지시

산업통상자원부장관은 산업통상자원부장관이 정하여 고시한 요건을 갖춘 자가 수입승인(법 제14조 제2항에 따른 수입승인)을 받아 수입한 외화획득용 원료·기재에 대하여는 산업통상자원부장관이 사후관리를 해야 함에도 불구하고, 수입승인을 받은 자 또는 외화획득용 원료·기재를 양수한 자로서 산업통상자원부장관이 정하여 고시한 요건을 갖춘 자가 사후 관리하도록 할 수 있다(영 제28조 제2항).

(다) 사후관리의 대상 및 방법

외화획득용 원료·기재의 사후 관리는 외화획득 이행의무자별 및 품목별로 매 분기에

수입한 총량을 대상으로 행하되, 사후 관리의 방법 등에 관하여 필요한 사항은 산업통상자원부장관이 정하여 고시한다(영 제28조 제3항).

(2) 외화획득용 원료·기재의 사후관리의 면제

산업통상자원부장관은 승인을 받아 수입한 외화획득용 원료·기재 및 그 원료·기재로 제조된 물품등에 대하여는 외화획득 이행의무자의 외화획득의 이행 여부에 대한 사후관리를 하여야 한다. 그러나 다음의 어느 하나에 해당하는 경우에는 사후 관리를 하지 아니할 수 있다(영 제29조).

① 품목별 외화획득 이행 의무의 미이행률이 10% 이하인 경우

② 외화획득 이행의무자의 분기별 미이행률이 10% 이하이고 그 미이행 금액이 미화 2만 달러에 상당하는 금액 이하인 경우

③ 외화획득 이행의무자의 책임이 없는 사유로 외화획득의 이행을 하지 못한 경우로서 산업통상자원부장관이 인정하는 경우

④ 해당 품목이 수입승인 대상에서 제외됨으로써 그 수입에 대응하는 외화획득의 이행을 할 필요가 없는 경우 등 산업통상자원부장관이 사후관리를 할 필요성이 없어진 것으로 인정하는 경우

제 2 절 외화획득용 원료의 수입

1. 외화획득용 원료의 범위

"외화획득용 원료"란 외화획득에 제공되는 물품등(물품과 용역 및 전자적 형태의 무체물)을 생산(제조·가공·조립·수리·재생 또는 개조하는 것을 말한다)하는 데에 필요한 원자재·부자재·부품 및 구성품을 말하는 것으로서, 그 범위는 다음과 같다(영 제2조 제6호 및 규정 제32조).

① 수출실적으로 인정되는 수출 물품등을 생산하는 데에 소요되는 원료(포장재, 1회용 파렛트를 포함한다)

② 외화가득률[2](외화획득액에서 외화획득용 원료의 수입금액을 공제한 금액이 외화획득액에서 차지하는 비율을 말한다)이 30% 이상인 군납용 물품등을 생산하는 데에 소요되는 원료

③ 해외에서의 건설 및 용역사업용 원료

④ 국내에서 물품등을 매도하는 것으로서 산업통상자원부장관이 정하여 고시하는 다음의 어느 하나에 해당하는 거래(규정 제31조 각 호)에 따른 외화획득용 물품등을 생산하는 데에 소요되는 원료

㉮ 외국인으로부터 외화를 받고 국내의 보세지역에 물품등을 공급하는 경우

㉯ 외국인으로부터 외화를 받고 공장건설에 필요한 물품등을 국내에서 공급하는 경우

㉰ 외국인으로부터 외화를 받고 외화획득용 시설·기재를 외국인과 임대차계약을 맺은 국내업체에 인도하는 경우

㉱ 정부·지방자치단체 또는 정부투자기관이 외국으로부터 받은 차관자금에 의한 국제경쟁입찰에 의하여 국내에서 유상으로 물품등을 공급하는 경우(대금 결제 통화의 종류를 불문한다)

㉲ 외화를 받고 외항선박(항공기)에 선(기)용품을 공급하거나 급유하는 경우

㉳ 절충교역거래(off set)[3]의 보완거래로서 외국으로부터 외화를 받고 국내에서 제조된 물품등을 국가기관에 공급하는 경우

⑤ 위의 4가지에 해당되는 원료로 생산되어 외화획득이 완료된 물품등의 하자 및 유지보수용 원료

---

[2] 외화가득률(%)= $\dfrac{\text{수출금액(FOB기준) - 외화획득용 원료 수입금액(CIF기준)}}{\text{수출금액(FOB기준)}} \times 100\%$

[3] 절충교역거래(off set)란 군수장비, 상업용항공기, 고속전철차량 등 고도기술 제품을 구매할 경우에 거래상대방에게 이들 제품에 소요될 부품의 일부를 동제품의 수입국으로부터 구매하여 사용하게 하거나 기술이전 등을 요구하는 거래형태를 말한다. 이는 대응구매의 변형된 형태로서 방위산업분야나 항공기산업에서 주로 이용된다. 참고로 군사절충교역이란 국방부장관이 해외로부터 군용물자를 획득할 때에 방위산업의 발전을 위하여 해외계약상대자로부터 해당 군용물자와 관련된 기술을 이전받거나 해당 군용물자의 부품을 수출하는등 일정한 반대급부를 제공받을 것을 조건으로 하는 것이라고 방위산업에 관한 특별조치법 제21조의 2에서 규정하고 있다.

```
┌─ 외화획득용 원료의 범위 ─────────────────────────────────────────┐
│                                                                   │
│ ① 수출실적으로 인정되는 수출 물품등을 생산하는 데에 소요되는 원료    │
│    (포장재, 1회용 파렛트 포함)                                       │
│                                                                   │
│ ② 외화가득률(외화획득액에서 외화획득용 원료의 수입금액을 공제한 금액이 외화획득액에서 │
│    차지하는 비율)이 30% 이상인 군납용 물품등을 생산하는 데에 소요되는 원료  │
│    ※ 외화가득률(%) = 수출금액(FOB기준) - 외화획득용 원료 수입금액(CIF기준) × 100%  │
│                           수출금액(FOB기준)                          │
│                                                                   │
│ ③ 해외에서의 건설 및 용역사업용 원료                                │
│                                                                   │
│ ④ 국내에서 물품등을 매도하는 것으로서 산업부장관이 정하여 고시하는 다음의 어느 하나에  │
│    해당하는 거래(규정 제31조 각 호)에 따른 외화획득용 물품등을 생산하는 데에 소요되는 원료  │
│    ㉮ 외국인으로부터 외화를 받고 국내의 보세지역에 물품등을 공급하는 경우   │
│    ㉯ 외국인으로부터 외화를 받고 공장건설에 필요한 물품등을 국내에서 공급하는 경우  │
│    ㉰ 외국인으로부터 외화를 받고 외화획득용 시설·기재를 외국인과 임대차계약을 맺은 국내업체에 인도하는 경우  │
│    ㉱ 정부·지방자치단체 또는 정부투자기관이 외국으로부터 받은 차관자금에 의한 국제경쟁입찰에 의하여  │
│       국내에서 유상으로 물품등을 공급하는 경우(대금 결제 통화의 종류를 불문한다)  │
│    ㉲ 외화를 받고 외항선박(항공기)에 선(기)용품을 공급하거나 급유하는 경우  │
│    ㉳ 절충교역거래(off set)의 보완거래로서 외국으로부터 외화를 받고 국내에서 제조된 물품등을 국가기관에  │
│       공급하는 경우                                                 │
│                                                                   │
│ ⑤ 위의 4가지에 해당되는 원료로 생산되어 외화획득이 완료된 물품등의 하자 및 유지보수용원료  │
└───────────────────────────────────────────────────────────────┘
```

2. 외화획득용 원료의 수입

(1) 외화획득용 원료의 수입승인기관

산업통상자원부장관은 수출입승인대상물품등에 대한 권한 중 ① 외화획득용 원료·기재의 수입승인에 관한 권한 및 ② 산업통상자원부장관이 관장하는 외화획득용 원료·기재에 대한 사후관리에 관한 권한을 산업통상자원부장관이 지정하여 고시하는 관계 행정기관 또는 단체의 장에게 위탁한다(영 제91조 제7항). 따라서 "외화획득용 원료의 승인기관"은 외화획득용 원료의 수입승인에 관한 권한을 위임·위탁받은 기관·단체의 장이 된다(규정 제33조 제1항).

(2) 외화획득용 원료의 수입승인

수입승인을 받아야 하는 물품등을 외화획득용 원료·기재로 수입하려는 자는 산업통상자원부장관이 정하여 고시하는 기준에 따라 산업통상자원부장관의 승인을 받아야 하는 바, "외화획득용 원료의 승인기관"의 장은 외화획득용 원료의 수입에 대하여는 수량제한을 받지 아니하고 승인할 수 있다(영 제24조 제1항 및 규정 제33조 제1항).

다만, 산업통상자원부장관은 국산의 원료·기재의 사용을 촉진하기 위하여 외화획득용 원료·기재의 수입을 제한하려는 경우에는 그 제한하려는 품목 및 수입에 필요한 절차를 따로 정하여 고시하여야 하는 바, "외화획득용 원료의 승인기관"의 장(외화획득용 원료의 수입승인에 관한 권한을 위임 · 위탁받은 기관 · 단체)은 국산원료의 사용을 촉진하기 위하여 외화획득용 원료의 수입을 제한하려는 품목, 즉 농림수산물의 경우에는 해당 품목을 관장하는 중앙행정기관의 장 또는 그 중앙행정기관의 장이 지정하는 기관의 장이 정하는 수입승인요령에 따라 승인을 받아야 수입할 수 있다(영 제24조 제2항 및 규정 제33조 제2항 · 제34조).

그리고 외화획득용 원료의 승인기관의 장은 유통업자[4]가 구매확인서 또는 내국신용장을 근거로 수출품생산자에게 직접 공급하기 위하여 외화획득용 원료를 수입하려는 경우에도 상기의 "외화획득용 원료의 수입승인"과 동일하게 그 수입을 승인할 수 있다(규정 제33조 제2항).

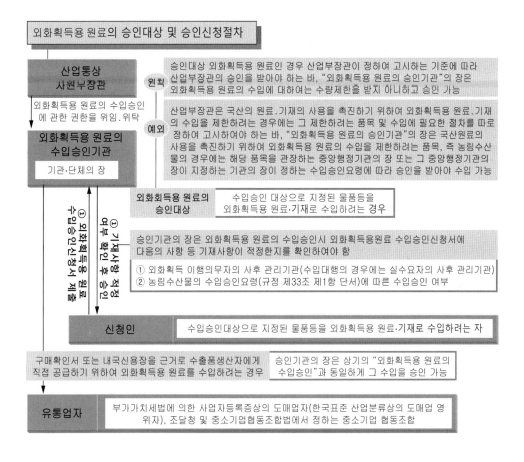

---

4) "유통업자"란 부가가치세법에 의한 사업자등록증상의 도매업자(한국표준 산업분류상의 도매업 영위자), 조달청 및 중소기업협동조합법에서 정하는 중소기업 협동조합을 말한다(규정 제1-0-2조 제28호).

3. 외화획득용 원료의 수입승인시 확인

외화획득용 원료의 승인기관의 장은 외화획득용 원료의 수입승인을 할 때에는 외화획득용원료 수입승인신청서(규정 별지 제12호 서식)에 다음의 사항 등 기재사항이 적정한지를 확인하여야 한다($\frac{규정}{제35조}$).

① 외화획득 이행의무자의 사후 관리기관(수입대행의 경우에는 실수요자의 사후 관리기관)

② 농림수산물의 수입승인요령(규정 제33조 제1항 단서)에 따른 수입승인 여부

4. 외화획득용 원료 또는 물품의 국내구매

(1) 구매확인서의 의의

(가) 구매확인서의 정의

"구매확인서"란 외화획득용 원료·기재를 구매하려는 경우 또는 구매한 경우 외국환은행의 장 또는 "전자무역기반사업자"(「전자무역촉진에 관한 법률」 제6조에 따라 산업통상자원부장관이 지정한 전자무역기반사업자)가 내국신용장에 준하여 발급하는 증서(구매한 경우에는 구매확인서 신청인이 세금계산서를 발급받아 「부가가치세법 시행규칙」 제9조의2[5])에서 정한 기한 내에 신청하여 발급받은 증서에 한한다)를 말한다($\frac{규정}{제2조 제18호}$).

즉, 구매확인서란 수출용 물품 등의 외화획득용 원료·기재(원자재, 부품, 완제품)를 구매하려거나 구매한 자의 전자적 발급신청에 의하여 외국환은행의 장 또는 전자무역기반사업자(KTNET)가 이러한 원료·기재가 국내에서 조달되었음을 확인하고 내국신용장에 의하여 준하여 발급하는 서류로서, 발급신청은 외화획득용 원료·기재를 구매하기 전(사전발급)이거나 또는 외화획득용 원료·기재를 구매한 후 세금계산서를 발급받아 행해져야 한다.

---

5) 구매확인서란 「대외무역법 시행령」 제31조 및 제91조 제11항에 따라 외국환은행의 장이나 전자무역기반사업자가 제1호의 내국신용장에 준하여 재화나 용역의 공급시기가 속하는 과세기간이 끝난 후 25일(그 날이 공휴일 또는 토요일인 경우에는 바로 다음 영업일을 말한다) 이내에 발급하는 확인서를 말한다(부가가치세법 시행규칙 제21조 제2호). 참고로, 대외무역관리규정 제2조 제18호에서 "...「부가가치세법 시행규칙」 제9조의2에서 정한 기한 내에..."라는 규정은 "...「부가가치세법 시행규칙」 제21조 제2호에서 정한 기한 내에..."라는 규정으로 개정되어야 하지만, 대외무역관리규정 2017년 11월 10일 개정에서 "구매확인서 사후발급 기한"을 삭제하였기 때문에 발급 기한에 관한 규정 자체를 삭제하여야 할 것이다. 대외무역관리규정에서는 "구매확인서 사후발급 기한"을 삭제하였는데, 「부가가치세법 시행규칙」에서는 "발급 기한"에 관한 규정이 있어 양 규정이 서로 상충되고 있다.

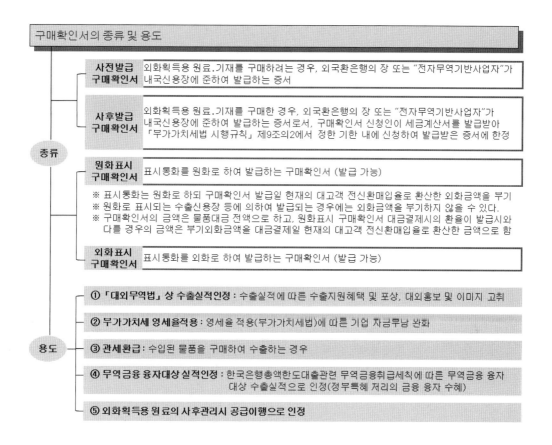

구매확인서의 종류 및 용도

종류

사전발급 구매확인서
외화획득용 원료.기재를 구매하려는 경우, 외국환은행의 장 또는 "전자무역기반사업자"가 내국신용장에 준하여 발급하는 증서

사후발급 구매확인서
외화획득용 원료.기재를 구매한 경우, 외국환은행의 장 또는 "전자무역기반사업자"가 내국신용장에 준하여 발급하는 증서로서, 구매확인서 신청인이 세금계산서를 발급받아 「부가가치세법 시행규칙」 제9조의2에서 정한 기한 내에 신청하여 발급받은 증서에 한정

원화표시 구매확인서
표시통화를 원화로 하여 발급하는 구매확인서 (발급 가능)

※ 표시통화는 원화로 하되 구매확인서 발급일 현재의 대고객 전신환매입율로 환산한 외화금액을 부기
※ 원화로 표시되는 수출신용장 등에 의하여 발급되는 경우에는 외화금액을 부기하지 않을 수 있다.
※ 구매확인서의 금액은 물품대금 전액으로 하고, 원화표시 구매확인서 대금결제시의 환율이 발급시와 다를 경우의 금액은 부기외화금액을 대금결제일 현재의 대고객 전신환매입율로 환산한 금액으로 함

외화표시 구매확인서
표시통화를 외화로 하여 발급하는 구매확인서 (발급 가능)

용도

① 「대외무역법」상 수출실적인정 : 수출실적에 따른 수출지원혜택 및 포상, 대외홍보 및 이미지 고취

② 부가가치세 영세율적용 : 영세율 적용(부가가치세법)에 따른 기업 자금부담 완화

③ 관세환급 : 수입된 물품을 구매하여 수출하는 경우

④ 무역금융 융자대상 실적인정 : 한국은행총액한도대출관련 무역금융취급세칙에 따른 무역금융 융자 대상 수출실적으로 인정(정부특혜 저리의 금융 융자 수혜)

⑤ 외화획득용 원료의 사후관리시 공급이행으로 인정

(나) 구매확인서의 용도

구매확인서는 다음의 용도를 목적으로 사용되며, 실무적으로는 구매확인서보다 용도가 더 다양하고 혜택이 많은 내국신용장을 이용하고 있으나 내국신용장 개설한도가 부족하여 내국신용장을 개설할 수 없는 경우에 구매확인서를 주로 이용하고 있다.

① 「대외무역법」상 수출실적인정: 수출실적에 따른 수출지원혜택 및 포상, 대외홍보 및 이미지 고취

② 부가가치세 영세율적용: 영세율 적용(부가가치세법)에 따른 기업 자금부담 완화

③ 관세환급(수입된 물품을 구매하여 수출하는 경우)

④ 무역금융 융자대상 실적인정: 한국은행총액한도대출관련 무역금융취급세칙에 따른 무역금융 융자대상 수출실적으로 인정(정부특혜 저리의 금융 융자 수혜)

⑤ 외화획득용 원료의 사후관리시 공급이행으로 인정

즉, 구매확인서제도는 내국신용장을 개설할 수 없는 경우 외화획득용 원료·기재의 구매

를 원활하게 하려는 데 목적이 있다. 수출 등을 통한 외화획득에 사용되는 외화획득용 원료·기재가 국내에서 생산되었는지 또는 외국에서 수입되었는지에 관계없이 이러한 원료·기재를 국내에서 구매하려거나 또는 구매한 경우에는 이를 구매하려거나 구매한 자는 외국환은행 또는 전자무역기반사업자에게 구매확인서의 발급을 전자적으로 신청하여 발급받음으로써 부가가치세 영세율 적용, 관세환급 등의 혜택을 받을 수 있다.

● 내국신용장과 구매확인서의 비교

구분			내국신용장	구매확인서
차이점	관련법규		무역금융관련규정(한국은행 총액한도 대출관련 무역금융 취급세칙 및 절차)	「대외무역법」 및 「전자무역촉진에 관한 법률」
	지급보증		발급은행의 지급보증	발급은행의 지급보증 없음
	발급기관		외국환은행	외국환은행 및 전자무역기반사업자
	발행(발급)조건		보유 신용장 또는 무역금융 융자한도 내에서 개설 (무역금융수혜대상)	업체의 거래증빙서류 보유 범위내에서 제한 없이 발급(발급근거 확인) (무역금융수혜대상 아님)
	발행(발급)근거	신용장 기준	① 수출신용장 ② 수출계약서 ③ 외화표시물품공급계약서 ④ 외화표시건설용역공급계약서 ⑤ 다른 내국신용장 ⑥ 실적기준금융 수혜업체의 과거 수출실적에 의한 금융한도	① 수출신용장 ② 수출계약서(D/P, D/A) ③ 외화매입(예치)증명서(외화획득 이행 관련 대금임이 관계서류에 의해 확인되는 경우에 한함) ④ 내국신용장 ⑤ 구매확인서 ⑥ 수출신고필증(외화획득용 원료·기재를 구매한 자가 신청한 경우, 즉 사후발급에만 해당한다) ⑦ 외화획득에 제공되는 물품등을 생산하기 위한 경우임을 입증할 수 있는 서류
		실적 기준	융자대상 수출실적	
	거래대상물품 및 용도		수출용 원자재 또는 완제품의 국내구매에 사용	외화획득용 원료·기재의 국내구매에 사용
	공급실적의 수출실적 인정		무역금융규정 및 대외무역관리규정상의 공급자의 수출실적으로 인정	대외무역관리규정상의 공급자의 수출실적으로 인정
유사점	발행(발급)회수		차수 제한 없이 발급 가능	
	부가가치세		영세율(zero tax rate) 적용	
	용도		외화획득용 원료·기재(수출용 원자재 및 완제품)의 국내 구매에 사용	
	관세환급		관세환급 가능	

(다) 구매확인서에 의한 공급대금의 표시통화

구매확인서에 의한 공급대금의 표시통화에 관한 내용은 다음과 같다.

① 표시통화는 원화로 하되 구매확인서 발급일 현재의 대고객 전신환매입율로 환산한 외화금액을 부기한다.

② 외화표시 구매확인서의 경우에는 표시통화를 외화로 하여 발급할 수 있다.

③ 원화로 표시되는 수출신용장 등에 의하여 발급되는 경우에는 외화금액을 부기하지 않을 수 있다.

④ 구매확인서의 금액은 물품대금 전액으로 하고, 원화표시 구매확인서 대금결제시의 환율이 발급시와 다를 경우의 금액은 부기외화금액을 대금결제일 현재의 대고객 전신환매입율로 환산한 금액으로 한다.

(라) 구매확인서상의 물품의 인도기일

구매확인서상의 물품의 인도·인수기일은 대응수출 또는 물품공급이 원활히 이행되는 데 지장이 없는 범위내이어야 한다.

(마) 구매확인서의 유효기일

구매확인서의 유효기일은 구매확인서상의 물품의 인도기일에 10일을 가산한 기간 이내로 하되, 건별 소요량에 의한 구매인 경우에는 수출신용장 등의 선적 또는 인도기일 이전이어야 한다.

(바) 구매확인서의 전자발급과 온라인 신청방법

산업통상자원부가 2011년 1월 3일에 구매확인서의 은행창구를 통한 발급(off-line)을 폐지하고 구매확인서의 전자발급을 의무화하는 구매확인서 전자(on-line)발급의 전면시행을 위한 「대외무역관리규정」을 개정·고시함에 따라, 외국환은행의 창구발급과 전자무역기반사업자의 전자(on-line)발급으로 이원화되어 있었던 구매확인서의 발급은 6개월의 유예기간을 거쳐 2011년 7월 1일부터 전자발급으로 단일화되었다. 따라서 2011년 7월 1일부터 구매확인서는 uTradeHub(전자무역기반사업자인 KTNET이 운영하는 국가 전자무역시스템) 또는 각 사업자가 발급기관과 직접 연계한 내부전산시스템(ERP) 등을 통하여 전자적(on-line)으로만 발급되고 있다. 그러나 구매확인서를 발급받으려는 자가 전산설비를 갖추지 못하였거나 기타 부득이한 사유로 전자문서를 작성하지 못하는 경우를 위하여 구매확인서 발급신청인이 전자무역기반사업자에게 위탁하여 신청할 수 있도록 대외무역관리규정 제38조에서 규정하고 있다.

구매확인서의 신청·발급에서부터 국세청에 증빙자료를 제출하기까지의 일련의 절차가 모두 전자적으로 처리됨으로써 다음과 같은 장점이 있다고 볼 수 있다.

① 외화획득용 원료·기재의 공급업자로부터 이를 구매하려는 자 또는 구매한 자가 은행창구를 직접 방문할 필요가 없이 구매확인서를 전자적으로 신청하여 신속하게 발급받기 때문에 은행창구의 방문이나 은행창구를 통한 구매확인서의 발급 및 보관에 필요한 인력, 시간 및 비용의 낭비를 줄일 수 있다.

② 구매확인서의 발급시스템을 운영하는 전자무역기반사업자인 KTNET이 발급내역(외국환은행 발급내역 포함)을 국세청에 일괄하여 제출하기 때문에 구매확인서를 발급받은 자는 분기별 부가가치세 신고시 발급명세서[6]만 제출하면 된다. 따라서 분기별 부가가치세 신고시 영세율 증빙자료로 제출하던 구매확인서 사본을 제출할 의무가 없어졌다.

③ 발급받은 구매확인서가 전자무역기반사업자(KTNET) 전자문서보관소에 5년간 보관되어 있을 뿐만 아니라 외화획득용 원료·기재의 공급자 및 구매자가 언제든지 조회 또는 출력할 수 있기 때문에 구매자는 구매확인서를 공급자에게 인편이나 우편으로 전달할 필요가 없어졌다.

④ 구매확인서 발급수수료는 건당 1만원에서 건당 6,000~8,000원(기본 5,000원 + 전송료) 수준으로 낮아진다.[7]

한편, 구매확인서 온라인 신청방법에는 ① 국가전자무역포털인 uTradeHub(www.utradehub.or.kr)에 접속하여 회원가입, 로그인 후 구매확인서 메뉴를 이용하면 되며, 신청서 입력시 구매 아이템과 수출근거서류의 정보를 입력하여(실제 서류 첨부는 불필요) 발급기관을 거래은행과 KTNET 중에 선택하여 신청하는 방법[8]과 ② 내부전산시스템(ERP)과 연계하거나 전자무역용 전문 S/W를 구매하는 등 자사시스템(ERP 등)을 통하여 구매확인서를 신청하는 방법이 있다. 무역포털인 국가전자무역시스템(uTradeHub)은 전자무역시스

---

6) 「부가가치세법 시행령」 제64조 제3항에서는 "부가가치세 영세율이 적용되는 경우에는 부가가치세예정신고서에 내국신용장 또는 구매확인서가 「전자무역촉진에 관한 법률」 제12조 제1항 제3호 및 제5호에 따라 전자무역기반시설을 통하여 개설되거나 발급된 경우 기획재정부령으로 정하는 내국신용장·구매확인서 전자발급명세서를 첨부하여 제출하여야 한다"고 규정하고 있다.

7) http://www.egume.or.kr/board/gume1_3.do

8) 산업통상자원부 보도참고자료, 한결 편리해지는 「구매확인서 발급」 온라인 발급, 2011.6.28.

템의 개발이 부담스럽거나 발급건수가 많지 않은 중소기업이 주로 이용하고, 자사시스템(ERP 등)은 발급건수가 많은 중견기업이나 대기업 또는 보안 등의 이유로 전자구매확인서를 사용자 시스템에서 보관·관리하려는 기업이 주로 이용한다.

첫째, 국가전자무역시스템(uTradeHub)에서 발급기관을 KTNET로 지정하는 경우에는, 다음의 절차에 따라 구매확인서를 신청하고 발급받는다.

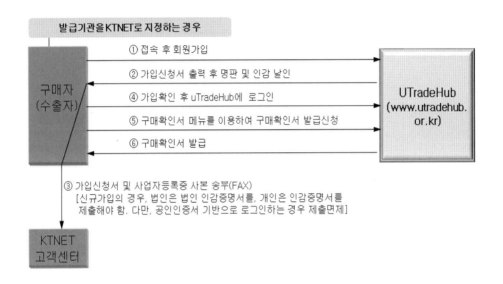

① 외화획득용 원료·기재의 구매자로서 구매확인서를 발급받으려는 자(신청인)는
   uTradeHub (www.utradehub.or.kr)에 접속하여 회원가입을 신청한다.
② 신청인은 가입신청서를 출력하여 명판 및 직인을 날인한다.
③ 신청인은 가입신청서와 사업자등록증 사본을 KTNET 고객센터로 Fax로 송부한다
   (신규 가입인 경우, 법인은 법인 인감증명서를, 개인은 인감증명서를 제출하여야 한
   다. 다만, 공인인증서 기반으로 로그인할 경우에는 그 제출이 면제된다)
④ 신청인은 가입확인 후 uTradeHub 로그인한다.
⑤ 신청인은 「구매확인서」 메뉴를 이용하여 구매확인서를 신청한다.
⑥ 신청인은 구매확인서를 발급받는다.

둘째, 국가전자무역시스템(uTradeHub)에서 발급기관을 외국환은행으로 지정하는 경우에는, 다음의 절차에 따라 구매확인서를 신청하고 발급받는다.

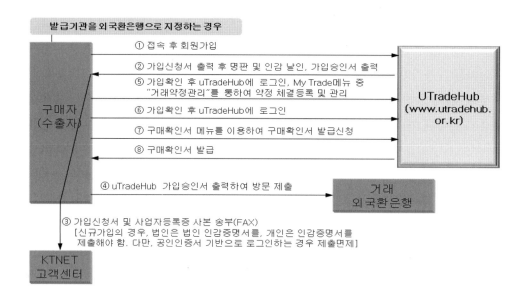

① 외화획득용 원료·기재의 구매자로서 구매확인서를 발급받으려는 자(신청인)는 uTradeHub (www.utradehub.or.kr)에 접속하여 회원가입을 신청한다.

② 신청인은 가입신청서를 출력하여 명판 및 직인을 날인한다.

③ 신청인은 가입신청서와 사업자등록증 사본을 KTNET 고객센터로 Fax로 송부한다 (신규 가입인 경우, 법인은 법인 인감증명서 및 법인등기부등본을, 개인은 인감증명서를 제출하여야 한다. 다만, 공인인증서 기반으로 로그인할 경우에는 그 제출이 면제된다).

④ 신청인은 거래은행과 EDI약정을 체결하기 위하여 uTradeHub 가입승인서를 출력한 후 이를 거래은행에 방문하여 제출하여야 한다.

⑤ 신청인은 uTradeHub에 로그인한 후, My Trade 메뉴 중 "거래약정관리"를 통하여 약정 체결등록 및 관리 한다.

⑥ 신청인은 가입확인 후 uTradeHub에 로그인한다.

⑦ 신청인은 「구매확인서」 메뉴를 이용하여 구매확인서를 신청한다.

⑧ 신청인은 구매확인서를 발급받는다.

셋째, 자사시스템(ERP 등)을 통하여 구매확인서를 신청하는 경우에는, ① "전자무역인프라 서비스" 가입신청서 제출(사업자등록증 사본 첨부), ② 가입승인서 수령(FAX 등), ③ "전자무역업무 이용약관" 체결 ("KTNET 가입승인서" 첨부), ④ S/W에 관련사항 등록과 같은 일련의 절차를 거친 후 서비스를 이용하면 된다.

(2) 구매확인서의 발급

구매확인서의 신청·발급절차 및 사후관리 등에 관하여 필요한 사항은 대통령령으로 정하는 바(법 제18조 제3항), 산업통상자원부장관은 제1항 및 제2항에서 규정한 것외에 구매확인서의 발급 등에 관하여 필요한 세부사항은 산업통상자원부장관이 정하여 고시한다(영 제31조 제3항).

산업통상자원부장관은 외화획득용 원료·기재를 구매하려는 자가 「부가가치세법」 제11조 제1항 제4호에 따른 영의 세율의 적용9)을 받기 위하여 확인을 신청하면 "구매확인서"(외화획득용 원료·기재를 구매하는 것임을 확인하는 서류)를 발급할 수 있다(법 18조 제1항).

따라서, "구매확인서의 발급등"(영 제31조)에 따라 국내에서 외화획득용 원료·기재를 구매하려는 자 또는 구매한 자는 외국환은행의 장 또는 전자무역기반사업자에게 구매확인서의 발급을 신청할 수 있다(규정 제37조 제1항).

이 조문에서 "구매하려는 자"라는 규정은 외화획득용 원료·기재를 구매하기 전에 구매확인서의 발급을 신청하는 사전발급을 의미하고, "구매한 자"라고 하는 규정은 외화획득용 원료·기재를 구매한 후에 구매확인서의 발급을 신청하는 사후발급을 의미한다. 즉, 구매확인서의 발급은 물품의 구매시점에 따라 사전발급과 사후발급으로 구분되는데, 사전발급은 물품을 구매하기 전에 발급신청하는 것이고, 사후발급은 물품을 구매한 후에 발급신청하는 것을 말한다.

(가) 구매확인서의 사전발급

구매확인서의 사전발급은 외화획득용 원료·기재를 "구매하려는 자"가 그 원료·기재를 구매하기 전에 외국환은행의 장 또는 전자무역기반사업자에게 구매확인서의 발급을 신청하여 발급받는 것을 말한다.

---

9) 다음의 재화 또는 용역의 공급에 대하여는 영의 세율을 적용한다(부가가치세법 제11조 제1항).
　① 수출하는 재화
　② 국외에서 제공하는 용역
　③ 선박 또는 항공기의 외국항행용역
　④ 위의 ① 내지 ③이외에 외화를 획득하는 재화 또는 용역으로서 대통령령이 정하는 것

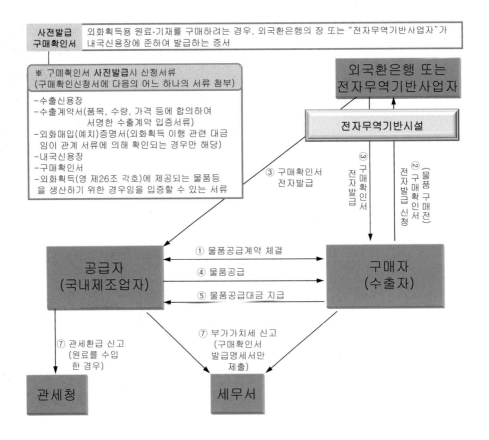

사전발급 구매확인서	외화획득용 원료·기재를 구매하려는 경우, 외국환은행의 장 또는 "전자무역기반사업자"가 내국신용장에 준하여 발급하는 증서

※ **구매확인서 사전발급시 신청서류**
(구매확인신청서에 다음의 어느 하나의 서류 첨부)

- 수출신용장
- 수출계약서(품목, 수량, 가격 등에 합의하여
   서명한 수출계약 입증서류)
- 외화매입(예치)증명서(외화획득 이행 관련 대금
   임이 관계 서류에 의해 확인되는 경우만 해당)
- 내국신용장
- 구매확인서
- 외화획득(영 제26조 각호)에 제공되는 물품등
   을 생산하기 위한 경우임을 입증할 수 있는 서류

외국환은행 또는
전자무역기반사업자

전자무역기반시설

③ 구매확인서
전자발급

③ 구매확인서
전자발급

② (물품 구매전)
구매확인서
전자발급
신청

공급자
(국내제조업자)

① 물품공급계약 체결
④ 물품공급
⑤ 물품공급대금 지급

구매자
(수출자)

⑦ 관세환급 신고
(원료를 수입
한 경우)

⑦ 부가가치세 신고
(구매확인서
발급명세서만
제출)

관세청

세무서

(나) 구매확인서의 사후발급

"구매확인서 사후발급 기한"을 삭제한 2017년 11월 10일 개정 대외무역무역관리규정에 따라 새롭게 구매확인서의 사후발급을 규정한다면, 구매확인서의 사후발급은 외화획득용 원료·기재를 "구매한 자"가 세금계산서를 발급받아 외국환은행의 장 또는 전자무역기반사업자에게 구매확인서의 발급을 신청하여 발급받는 것을 말한다.

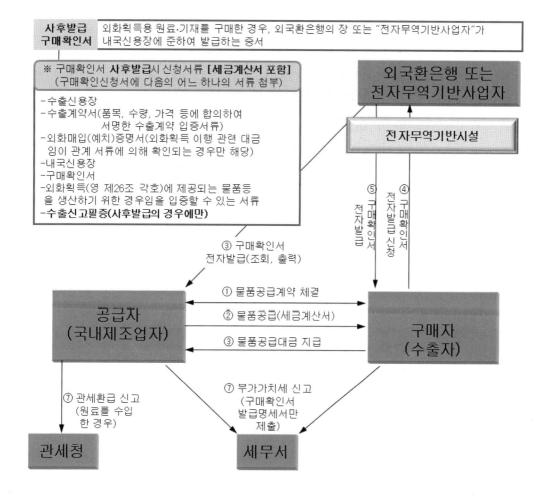

사후발급 구매확인서 | 외화획득용 원료·기재를 구매한 경우, 외국환은행의 장 또는 "전자무역기반사업자"가 내국신용장에 준하여 발급하는 증서

※ 구매확인서 **사후발급시 신청서류 [세금계산서 포함]**
(구매확인신청서에 다음의 어느 하나의 서류 첨부)

- 수출신용장
- 수출계약서(품목, 수량, 가격 등에 합의하여 서명한 수출계약 입증서류)
- 외화매입(예치)증명서(외화획득 이행 관련 대금 임이 관계 서류에 의해 확인되는 경우만 해당)
- 내국신용장
- 구매확인서
- 외화획득(영 제26조 각호)에 제공되는 물품등 을 생산하기 위한 경우임을 입증할 수 있는 서류
- **수출신고필증(사후발급의 경우에만)**

외국환은행 또는 전자무역기반사업자

전자무역기반시설

③ 구매확인서 전자발급(조회, 출력)

⑤ 구매확인서 전자발급
④ 구매확인서 발급신청

공급자 (국내제조업자)

① 물품공급계약 체결
② 물품공급(세금계산서)
③ 물품공급대금 지급

구매자 (수출자)

⑦ 관세환급 신고 (원료를 수입 한 경우)

⑦ 부가가치세 신고 (구매확인서 발급명세서만 제출)

관세청

세무서

(다) 구매확인서의 발급신청

구매확인서를 발급받으려는 자는 구매확인신청서에 **"다음의 ①, ② 및 ③서류"**를 첨부하여 산업통상자원부장관(외국환은행의 장 및 전자무역기반사업자에게 위탁)에게 제출하여야 한다(영 제31조 제1항). 따라서, 국내에서 외화획득용 원료·기재를 구매하려는 자 또는 구매한 자는 외국환은행의 장 또는 전자무역기반사업자에게 구매확인서의 발급을 신청할 수 있는 바, 구매확인서를 발급받으려는 자는 구매확인신청서를 「전자무역촉진에 관한 법률」 제12조에서 정하는 바에 따른 전자무역문서로 작성하여 외국환은행의 장 또는 전자무역기반사업자에게 제출하여야 하고, 다음의 ②(제36조 제2항 각호)의 어느 하나에 해당하는 서류를 동법(전자무역촉진에 관한 법률) 제19조에서 정하는 바에 따라 제출하여야 한다(규정 제37조 제1항 및 제2항).

① 구매자·공급자에 관한 서류

② 외화획득용 원료·기재의 가격·수량 등에 관한 서류

위의 ①과 ②에 규정한 서류는 구매확인서를 발급받으려는 자가 "구매확인신청서"(별지 제13호 서식에 의한 외화획득용원료·기재구매확인신청서)를 「전자무역촉진에 관한 법률」 제12호[10]에서 정하는 바에 따라 전자무역문서로 작성하여 외국환은행의 장 또는 전자무역기반사업자에게 제출하는 경우에는 구매자·공급자에 관한 서류 및 외화획득용 원료·기재의 가격·수량 등에 관한 서류가 첨부된 것으로 본다(규정 제36조 제1항). 따라서 이 서류는 구매확인신청서에 첨부된 것으로 보기 때문에 별도로 제출될 필요가 없다.

② 법 제16조 제1항에 따른 외화획득용 원료·기재라는 사실을 증명하는 서류로서 산업통상자원부장관이 정하여 고시하는 서류, 즉 다음의 하나의 서류(규정 제36조 제2항)

㉮ 수출신용장

㉯ 수출계약서(품목·수량·가격 등에 합의하여 서명한 수출계약 입증서류)

㉰ 외화매입(예치)증명서(외화획득 이행 관련 대금임이 관계서류에 의해 확인되는 경우만 해당)

㉱ 내국신용장

㉲ 구매확인서

㉳ 수출신고필증(외화획득용 원료·기재를 구매한 자가 신청한 경우, 즉 사후발급의 경우에만 해당한다)

㉴ "다음의 외화획득의 범위"(영 제26조 각 호)에 따른 외화획득에 제공되는 물품등을 생산하기 위한 경우임을 입증할 수 있는 서류

  ㉠ 수출

  ㉡ 주한 국제연합군이나 그 밖의 외국군 기관에 대한 물품등의 매도

  ㉢ 관광

  ㉣ 용역 및 건설의 해외진출

  ㉤ 국내에서 물품등을 매도하는 것으로서 산업통상자원부장관이 정하여 고시하는 기준에 해당하는 것(관리규정 제31조 참조)

---

10) 무역업자와 무역관계기관은 전자무역문서를 사용하여 무역업무를 하려는 경우에는 전자무역기반시설을 이용할 수 있다. 다만, 전자무역방식으로 「대외무역법 제18조」에 따른 구매확인서 발급업무를 하는 경우에는 전자무역기반시설을 통하여야 한다(「전자무역촉진에 관한 법률」 제12조 제1항).

참고로, 구매확인서의 발급 신청시에는 반드시 발급근거 서류가 있어야 하기 때문에 비축용으로 발급 신청할 수는 없다.

전자무역촉진에 관한 법률

제19조(신청등에 필요한 첨부서류에 관한 특례) ① 산업통상자원부장관은 무역관련법령등에서 정한 신청등에 필요한 첨부서류가 전자무역기반시설에 보관되어 있는 경우 첨부서류의 제출을 면제할 수 있으며, 전자무역기반시설에 보관되어 있지 아니한 경우에는 다음 각 호의 방법으로 첨부서류를 제출하게 할 수 있다.

1. 첨부서류가 제13조에 따라 표준화된 전자무역문서로 작성된 경우에는 「전자서명법」 제2조제3호에 따른 신청인의 공인전자서명을 하여 제출하는 방법
2. 첨부서류가 종이문서로 작성된 경우에는 해당 서류의 전자사본(대통령령으로 정하는 바에 따라 전자무역문서로 제작한 사본을 말한다)에 「전자서명법」 제2조제3호에 따른 신청인의 공인전자서명을 하여 제출하는 방법

② 산업통상자원부장관이 제1항에 따라 첨부서류의 제출을 면제할 때에는 먼저 관계 중앙행정기관의 장과 협의한 후 그 범위를 고시(인터넷에 게재하는 것을 포함한다)하여야 한다.

(라) 구매확인서의 발급과 사후관리

산업통상자원부장관(외국환은행의 장 및 전자무역기반사업자에게 위탁)은 제1항에 따른 신청을 받은 경우 신청인이 구매하려는 원료·기재가 제26조에 따른 "외화획득의 범위에 해당하는지를 확인"(여기에서 확인이란 외국환은행의 장 또는 전자무역기반사업자가 구매확인서 발급 신청인으로부터 제36조 제2항 각 호의 어느 하나에 해당하는 서류를 확인하는 것을 말한다)하여 발급 여부를 결정한 후 구매확인서를 발급하여야 한다(영 제31조 제2항 및 규정 제37조 제6항).

산업통상자원부장관(외국환은행의 장 및 전자무역기반사업자에게 위탁)은 구매확인서를 발급받은 자에 대하여는 외화획득용 원료·기재의 구매 여부를 사후 관리하여야 한다(법 18조 제2항).

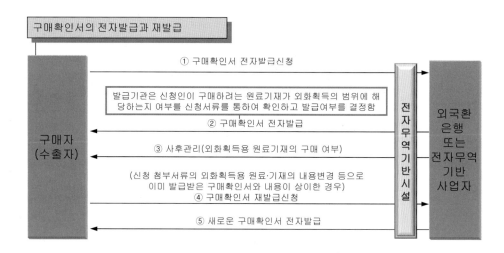

(마) 구매확인서의 재발급

구매확인서를 발급한 후 신청 첨부서류의 외화획득용 원료·기재의 내용 변경 등으로 이미 발급받은 구매확인서와 내용이 상이하여 재발급을 요청하는 경우에는 새로운 구매확인서를 발급할 수 있다($\genfrac{}{}{0pt}{}{규정}{제37조\ 제5항}$).

(바) 2차 구매확인서의 발급

외국환은행의 장 또는 전자무역기반사업자는 제1항에 따라 신청하여 발급된 구매확인서에 의하여 2차 구매확인서를 발급할 수 있으며 외화획득용 원료·기재의 제조·가공·유통(완제품의 유통 포함)과정이 여러 단계인 경우에는 각 단계별로 순차로 발급할 수 있다 ($\genfrac{}{}{0pt}{}{규정}{제37조\ 제4항}$).

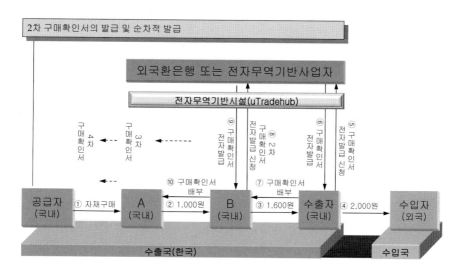

(사) 구매확인서 발급사실의 통지

외국환은행의 장 또는 전자무역기반사업자는 외화획득용원료·기재구매확인서(별지 제13-1호 서식)를 전자무역문서로 발급하고 신청한 자에게 발급 사실을 알릴 때 승인번호, 개설 및 통지일자, 발신기관 전자서명 등 최소한의 사항만 알릴 수 있다(규정 제37조 제3항).

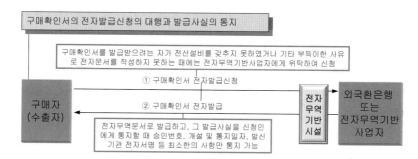

(아) 구매확인서 발급신청의 대행

구매확인서를 발급받으려는 자가 전산설비를 갖추지 못하였거나 기타 부득이한 사유로 전자문서를 작성하지 못하는 때에는 전자무역기반사업자에게 위탁하여 신청할 수 있다(규정 제38조).

즉, 전자무역기반사업자인 KTNET은 전산설비를 갖추지 못하였거나 기타 부득이한 사유로 전자문서를 작성하지 못하는 자를 대신하여 발급지원(입력대행) 서비스를 제공하는 구매확인서 발급업무 대행지원센터(Help Desk)를 설치·운영하고 있다. 따라서, 구매확인서를 전자무역기반사업자인 KTNET에 위탁하여 신청하려는 경우에는 구매확인서를 발급받으려는 자가 KTNET에 유선으로 연락한 후, 발급근거 서류를 제출(Fax 또는 e-mail)한다면, KTNET이 신청내용과 입금내역을 확인하고 구매확인서를 신청인에게 송부(e-mail 또는 Fax)한다.

(3) 수출실적 인정금액의 확인 및 증명 발급기관

구매확인서에 의한 공급에 대한 수출실적 인정금액의 확인 및 증명 발급기관은 대금을 영수한 외국환은행의 장으로 하며, 당사자간에 대금을 결제한 경우에는 그 구매확인서를 발급한 외국환은행의 장 또는 전자무역기반사업자로 하며, 이 경우 외국환은행의 장 또는 전자무역기반사업자는 당사자간에 대금결제가 이루어졌음을 증빙하는 서류를 확인하여야 한다 $\left(\begin{smallmatrix}규정\ 제28조\\제1항\ 제1호\ 단서\end{smallmatrix}\right)$.

(4) 구매확인서와 부가가치세

(가) 부가가치세의 정의

부가가치세란 예를 들면 어떤 기업이 원재료를 100원에 구매하여 제품을 만들어 200원에 파는 경우에는, 그 기업은 100원(200원-100원)의 부가가치를 창출하였다. 이 경우, 그 기업이 부가가치를 생성할 수 있도록 국가가 여러 가지로 도움을 주었기 때문에 그 부가가치 생성분에 대하여 국가가 세금을 징수하는 것이다. 부가가치세의 세율은 10% 단일세율로 구성되어 있다.

부가가치세는 소비지 과세원칙을 적용한다. 이 원칙은 국제적 이중과세를 방지하기 위하여 실제 소비가 이루어지는 장소에서 과세하는 것으로서, GATT(관세와 무역에 관한 일반협정)의 회원국에 통용된다. 예를 들면, 한국이 미국에 물품을 수출할 경우 그 물품의 소비지는 미국이므로 미국이 부가세를 징수하게 되며, 한국이 물품을 수입하는 경우에는 그 물품의 소비지는 한국이므로 한국정부가 부가세를 징수하게 된다. 이 경우, 부과세의 과세시점은 통관할 때이다. 따라서, 수입물품에 대하여는 통관할 때 관세뿐만 아니라 부가가치세도 과세대상으로 되어 수입업자에게 고지된다.

(나) 부가가치세의 적용대상

부가가치세는 ① 재화 또는 용역의 공급, 또는 ② 재화의 수입거래에 대하여 부과한다 $\left(\begin{smallmatrix}부가가치세법\\제1조\ 제1항\end{smallmatrix}\right)$.

또한, 부가가치세는 사업장마다 신고·납부하여야 하며, 사업자에게 2 이상의 사업장이 있는 경우로서 대통령령이 정하는 바에 따라 주된 사업장 관할세무서장에게 신청하여 그 승인을 얻은 때에는 대통령령이 정하는 바에 의하여 주된 사업장에서 총괄하여 납부할 수 있다(부가가치세법 제4조 제1항 및 제2항).

(다) 부가가치세의 납부

아래의 그림에서, A업자가 자재를 구매한 후 B업자에게 1,000원에 공급하면, B는 여기에 600원을 추가하여 C업자에게 판매하고, C업자는 소비자에게 400원을 추가하여 판매하게 된다. A업자는 B업자에게 판매할 때 100원의 부가가치세를 거래징수하여 세무서에 납부한다. B업자는 C업자에게 판매할 때 160원의 세금을 거래징수하여 세무서에 납부한다. C업자는 최종 소비자에게 판매할 때 200원을 거래징수하여 세무서에 납부한다.

이러한 경우에는, 이미 과세된 부분에 대하여 다시 과세되는 이중과세의 문제가 발생하기 때문에 현행 부가가치세법은 전단계 세액공제법을 채택하고 있다. 따라서, A업자는 부가가치세 100원을 납부하고, B업자는 160원(매출세액) - 100원(매입세액) = 60원(부가가치세)만 납부하고, C업자는 200원(매출세액) - 160원(매입세액) = 40원(부가가치세)만 납부한다. 그래서 각 단계사업자가 납부하는 세액의 합계는 최종소비자가 부담하는 금액과 일치하게 된다. 부가가치세는 최종소비자가 부담하는 것이 원칙이기 때문에 궁극적으로 모든 부가가치세는 소비자가 부담하는 것이다.

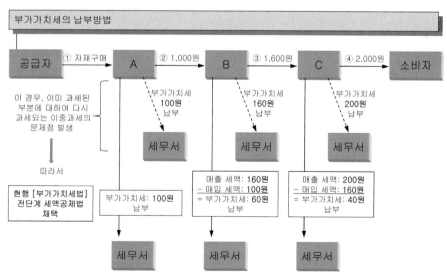

* 소비자 가격이 2,000원인 경우의 부가세 = 2,000 X 100/110 = 182원

(라) 부가가치세의 영세율 적용대상

다음의 재화 또는 용역의 공급에 대하여는 영의 세율을 적용한다(부가가치세법 제11조 제1항 및 영제24조 제1항).

① 수출하는 재화

② 국외에서 제공하는 용역

③ 선박 또는 항공기의 외국항행용역

④ 위의 ①부터 ③까지 외에 외화를 획득하는 재화 또는 용역으로서 대통령령이 정하는 것, 즉 영의 세율을 적용하는 수출하는 재화에서, 수출은 다음의 것으로 한다(영 제24조 제1항).

 ㉮ 내국물품(우리나라 선박에 의하여 채포된 수산물을 포함한다)을 외국으로 반출하는 것

 ㉯ 국내의 사업장에서 계약과 대가수령 등 거래가 이루어지는 것으로서 다음의 하나에 해당하는 것

  ㉠ 「대외무역법」에 의한 중계무역 방식의 수출

  ㉡ 「대외무역법」에 의한 위탁판매수출

  ㉢ 「대외무역법」에 의한 외국인도수출

  ㉣ 「대외무역법」에 의한 위탁가공무역 방식의 수출

또한, 영의 세율을 적용하는 수출하는 재화에는 다음의 재화가 포함되는 것으로 한다(부가가치세법시행령 제24조 제2항).

① 사업자가 기획재정부령이 정하는 내국신용장 또는 구매확인서에 의하여 공급하는 재화(금지금은 제외한다)

② 사업자가 「한국국제협력단법」에 의한 한국국제협력단에 공급하는 재화(한국국제협력단이 동법 제7조의 규정에 의한 사업을 위하여 해당 재화를 외국에 무상으로 반출하는 경우에 한한다)

③ 사업자가 「한국국제보건의료재단법」에 따른 한국국제보건의료재단에 공급하는 재화(한국국제보건의료재단이 같은 법 제7조에 따른 사업을 위하여 해당 재화를 외국에 무상으로 반출하는 경우만을 말한다)

④ 사업자가 다음 각목의 요건에 의하여 공급하는 재화

 ㉮ 국외의 비거주자 또는 외국법인(이하 이 조에서 "비거주자등"이라 한다)과 직접 계약에 의하여 공급할 것

 ㉯ 대금을 외국환은행에서 원화로 받을 것

㉲ 비거주자등이 지정하는 국내의 다른 사업자에게 인도할 것

㉳ 국내의 다른 사업자가 비거주자등과 계약에 의하여 인도받은 재화를 그대로 반출하거나 제조·가공 후 반출할 것

한편, 영의 세율을 적용하는 선박 또는 항공기의 외국항행용역, 기타 외화획득재화 및 용역등의 범위는 부가가치세법 시행령 제26조에 구체적으로 규정되어 있기 때문에 이 규정을 참조하면 된다. 본서에서는 이 규정을 생략하기로 한다.

(마) 구매확인서와 부가가치세의 영세율 적용

상기의 규정을 볼 때, 영세율 적용대상으로서 「대외무역법」의 규정과 관련된 규정으로서, 구매확인서에 의하여 공급하는 물품과 특정거래형태의 수출입 중에서 중계무역 방식의 수출, 위탁판매수출, 외국인도수출, 위탁가공무역 방식의 수출은 영세율 적용대상임을 알 수 있다. 따라서, 다음의 그림은 구매확인서가 발급되지 않는 경우에는 부가가치세를 납부해야 하지만, 구매확인서가 발급되어 제시된다면 납부해야 하는 부가가치세가 영의 세율을 적용받음으로써 부가가치세를 납부하지 않게 된다.

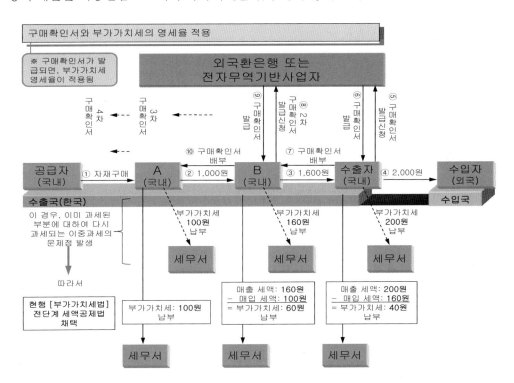

5. 외화획득용 원료와 제품에 대한 규제의 효력기간

다음의 사항은 2015년 12월 31일까지 효력을 가진다(규정
제112조).

① 제39조에 따른 외화획득의 이행기간

② 제45조에 따른 외화획득용 원료등의 구매내역 신고

③ 제47조에 따른 외화획득 이행신고

④ 제48조에 따른 공급이행 신고

⑤ 제49조에 따른 사용목적 변경승인

⑥ 제50조에 따른 양도승인

⑦ 제61조에 따른 관광호텔용 물품의 사후 관리

⑧ 제62조에 따른 관광호텔용 물품의 공급

⑨ 제63조에 따른 관광호텔용 물품의 관리 등

⑩ 제64조에 따른 관광호텔용 물품의 용도외 사용금지

⑪ 제65조에 따른 관광호텔용 물품의 사후 관리에 따른 제재

⑫ 제66조에 따른 선용품의 사후 관리

⑬ 제67조에 따른 선용품의 관리 등

⑭ 제68조에 따른 선용품의 사후 관리에 따른 제재

⑮ 제69조에 따른 군납용 물품의 사후 관리 등

6. 외화획득용 원료의 외화획득의무

(1) 외화획득의 이행기간

외화획득 이행의무자는 외화획득용 원료의 수입신고수리일, 용역 또는 전자적 형태의 무체물의 공급일, 수입된 외화획득용 원료 또는 해당 원료로 제조된 물품등(이하 "원료등"이라 한다)의 구매일 또는 양수일부터 다음의 기간이 경과한 날까지 외화획득의 이행을 하여야 한다(규정
제39조 제1항).

① 외화획득 행위의 경우에는 2년

② 국내공급(양도를 포함한다)인 경우에는 1년

③ 외화획득 물품의 선적기일이 2년 이상인 경우에는 그 기일까지의 기간

④ 수출이 완료된 기계류(HS 84류부터 90류까지의 규정에 해당하는 품목)의 하자 및 유지보수용 원료등인 경우에는 10년

(2) 외화획득 이행기간의 연장

외화획득의 이행기간 내에 외화획득의 이행을 할 수 없다고 인정되어 외화획득의 이행기간을 연장하려는 자는 그 기간 종료일 전에 다음의 구비서류를 첨부하여 관할 "시·도지사"(특별시장·광역시장·특별자치시장·도지사 또는 특별자치도지사)에게 신청하여야 한다(영 제27조 제2항 및 / 규정 제39조 제2항).

① 외화획득이행기간 연장신청서(규정 별지 / 제14호 서식) 3부

② "외화획득 이행기간의 연장사유"(제3항 각 호의 사실)의 사실을 인정할 수 있는 서류 1부

(3) 외화획득 이행기간의 연장사유

시·도지사는 다음의 어느 하나에 해당하는 경우 1년의 범위 내에서 외화획득이행기간을 연장할 수 있다(규정 / 제39조 제3항).

① 생산에 장기간이 소요되는 경우

② 제품생산을 위탁한 경우 그 공장의 도산 등으로 인하여 제품 생산이 지연되는 경우

③ 외화획득 이행의무자의 책임 있는 사유가 없음에도 신용장 또는 수출계약이 취소된 경우

④ 외화획득이 완료된 물품의 하자보수용 원료등으로서 장기간 보관이 불가피한 경우

⑤ 그 밖에 부득이한 사유로 외화획득 이행기간 내에 외화획득 이행이 불가능하다고 인정되는 경우

그리고 시·도지사가 외화획득 이행기간 연장을 승인한 때에는 그 사실을 신청자와 "외화획득용 원료의 사후관리기관"(외화획득용 원료에 대한 사후관리에 관한 권한을 위임·위탁받은 기관·단체)의 장에게 알려야 한다(규정 / 제39조 제4항).

(4) 농림수산물의 외화획득 이행기간

외화획득의 이행기간 및 이행기간연장의 규정(제39조)에도 불구하고, 제34조에 따라 농림수산물 중 해당 품목을 관장하는 중앙행정기관의 장 또는 그 중앙행정기관의 장이

지정하는 기관의 장으로부터 수입승인을 받은 원료등의 외화획득 이행기간 및 그 연장에 대하여는 제34조에 따른 중앙행정기관의 장이 정한다$\binom{규정}{제40조}$.

7. 외화획득용 원료등의 사후관리

(1) 사후관리의 대상

외화획득용 원료의 사후관리기관의 장(규정 제42조)은 수입승인을 받아 수입한 외화획득용 원료등에 대하여 사후 관리를 하여야 한다.$\binom{영\ 제24조\ 및\ 규정}{제41조\ 본문}$.

즉, 수입승인대상품목을 외화획득용 원료로 수입·사용하여 국내에서 제조가공한 물품에 대하여는 사후관리를 하여야 한다.

(2) 사후관리의 면제대상

산업통상자원부장관은 다음의 어느 하나에 해당하는 외화획득용 원료등에 대하여는 사후관리를 하지 아니할 수 있다$\binom{영\ 제29조\ 및\ 규정}{제41조\ 단서}$.

① 품목별 외화획득 이행 의무의 미이행률이 10% 이하인 경우

② 외화획득 이행의무자의 분기별 미이행률이 10% 이하이고 그 미이행 금액이 미화 2만 달러에 상당하는 금액 이하인 경우

③ 외화획득 이행의무자의 책임이 없는 사유로 외화획득의 이행을 하지 못한 경우로서 산업통상자원부장관이 인정하는 경우

④ 해당 품목이 수입승인대상에서 제외됨으로써 그 수입에 대응하는 외화획득의 이행을 할 필요가 없는 경우 등 산업통상자원부장관이 사후관리를 할 필요성이 없어진 것으로 인정하는 다음의 어느 하나에 해당하는 경우

㉠ 수입승인을 받아 수입한 품목이 수입승인 대상에서 제외되는 원료등

㉡ 외화획득의 이행을 위하여 보세공장 및 보세창고 또는 자유무역지역에 반입되는 원료 등

한편, 국가기술표준원장은 위의 사후관리면제대상 중 ①, ②, ④의 경우에는 사후관리를 자동면제하며, ③의 경우에는 제재심사위원회의 심의를 거쳐 사후관리를 면제할 수 있으며, 제재심사위원회의 구성 및 운영 등 필요한 사항은 국가기술표준원장이 정한다$\binom{규정\ 제53조}{제2항\ 및\ 제3항}$.

(3) 사후관리기관

외화획득용 원료의 사후관리기관은 다음과 같다$\left(\begin{smallmatrix}규정\\제42조\end{smallmatrix}\right)$.

① 외화획득용 원료 중 "농림수산물"(제34조에 따라 승인을 받도록 정한 품목)에 대한 사후 관리는 해당 품목을 관장하는 중앙행정기관의 장 또는 중앙행정기관의 장이 지정하는 기관의 장

② 농림수산물을 제외한 원료등의 사후 관리는 해당 외화획득 원료의 승인기관의 장

③ 농림수산물을 제외한 원료등 중 제43조에 따라 자율관리기업으로 선정된 자가 수입(국내구매 또는 양수를 포함한다)한 원료등의 사후 관리는 해당 자율관리기업의 장

(4) 자율관리기업

(가) 자율관리기업의 선정요건

산업통상자원부장관은 산업통상자원부장관이 정하여 고시한 요건을 갖춘 자가 수입승인을 받아 수입한 외화획득용 원료·기재에 대하여는 산업통상자원부장관이 사후관리를 해야 함에도 불구하고, 수입승인을 받은 자 또는 외화획득용 원료·기재를 양수한 자로서 산업통상자원부장관이 정하여 고시한 요건을 갖춘 자가 이를 사후 관리하도록 할 수 있다$\left(\begin{smallmatrix}영\ 제28조\\제2항\end{smallmatrix}\right)$. 따라서 산업통상자원부장관은 자율적으로 사후 관리를 할 수 있는 기업을 선정할 수 있는 바, 자율관리기업의 선정요건은 다음과 같다$\left(\begin{smallmatrix}규정\\제43조\ 제1항\end{smallmatrix}\right)$.

① 전년도 수출실적이 미화 50만 달러 상당액 이상인 업체, 수출 유공으로 포상(훈·포장 및 대통령표창을 말한다. 이하 같다)을 받은 업체(84년도 이후 포상받은 업체만 해당한다) 또는 중견수출기업

② 과거 2년간 미화 5천 달러 상당액 이상 외화획득 미이행으로 보고된 사실이 없는 업체

(나) 자율관리기업의 신청과 선정

자율관리기업은 국가기술표준원장이 수시로 해당 업체를 선정하며, 자율관리기업으로 선정받으려는 자는 다음의 서류를 첨부하여 국가기술표준원장에게 신청하여야 한다$\left(\begin{smallmatrix}규정\ 제43조\\제2항\ 및\ 제3항\end{smallmatrix}\right)$.

① 수출실적증명서

② 외화획득 원료의 승인기관의 장의 외화획득의무 성실이행확인서(과거 2년간 미화 5천

달러 상당액 이상 외화획득 미이행으로 보고된 사실이 없다는 사실 확인 내용을 포함)

③ 자율관리규정

④ 외화획득용 원료 등을 용도외에 사용하지 아니할 것임을 약속하는 각서

(다) 자율관리기업의 선정통보

국가기술표준원장이 자율관리기업을 선정한 때에는 산업통상자원부장관, 세관장에게 그 사실을 알려야 하고, 자율관리기업으로 선정받은 자는 자율관리규정에 따라 사후 관리를 하여야 한다(규정 제43조 제4항 및 제5항). 한편, 자율관리기업은 매반기 종료 다음 달 말일까지 대응 외화획득이행내역(별지 제28호 서식)을 국가기술표준원장에게 보고하여야 한다(규정 제43조 제6항).

(라) 자율관리기업의 선정취소

국가기술표준원장은 자율관리기업으로 선정받은 자가 다음의 어느 하나에 해당하는 경우에는 그 선정을 취소할 수 있다. 이때 취소된 기업은 취소한 날부터 3년 이내에는 재선정될 수 없다(규정 제43조 제7항).

① 외화획득용 원료 등을 타상사에 공급하고 공급이행내역을 통보하지 아니하거나 승인 없이 외화획득용 원료 등을 사용목적 이외의 용도에 사용하거나 양도 또는 양수한 때

② 파산 등으로 사후 관리가 불가능할 때

③ 법 또는 법에 의한 명령이나 처분을 위반한 때

(5) 사후관리대상원료의 분류

외화획득용 원료 등의 사후관리는 다음의 경우를 제외하고는 외화획득 이행의무자별로 외화획득용 원료 등의 품목분류번호(HS 10단위)별로 분기마다 수입 및 구매한 총량을 대상으로 한다(규정 제44조).

① 품목분류번호(HS 10단위)가 다르더라도 원료 등의 성질상 동일품목이거나 유사한 품목은 품명단위별로 분기마다 수입 및 구매한 총량을 대상으로 관리한다.

② 의류 및 가방 등의 부재료로 사용되는 지퍼는 품목분류번호(HS 10단위)별로 분기마다 수입 및 구매한 양의 총길이로 관리한다.

(6) 구매내역신고

사후 관리대상 품목을 구매한 자는 분기 중에 구매한 원료등의 건별내역을 "사후 관리대상 원료의 분류 등"(제44조)에 따라 품목분류하여 "외화획득용원료구매내역신고서"(별지 제15호 서식)에 작성하여 분기종료 후 다음 달 20일까지 외화획득용 원료등의 사후 관리기관의 장에게 신고하여야 한다(규정 제45조).

(7) 사후관리카드의 정리

외화획득용 원료의 사후 관리기관의 장은 "구매내역신고서"(제45조) 및 "신고받은 공급이행신고서"(제48조)를 외화획득 이행의무자별로 수입신고수리일 또는 원료등의 구매일 순으로 관리하여야 한다. 또한 외화획득용 원료의 사후 관리기관의 장은 제33조에 따라 수입승인된 원료등과 제1항에 따라 신고된 원료등에 대하여 품목분류번호(HS 10단위)별로 분기마다 수입 또는 구매한 총량과 금액 등을 "외화획득용 원료 사후관리이행 정리카드"(별지 제29호 서식)에 기재하여야 한다(규정 제46조).

(8) 외화획득이행신고

수입제한품목을 수입한 외화획득 이행의무자는 외화획득을 이행하고 다음의 구비서류를 첨부하여 수출선적일 또는 외화입금일부터 3개월 이내에 외화획득용 원료등의 사후 관리기관의 장에게 신고하여야 한다(규정 제47조 제1항).
① 외화획득이행신고서(규정 별지 제16호 서식)
② 수출신고필증(또는 외화입금증명서) 원본
③ 자율소요량계산서
그리고 외화획득 이행신고자와 수출신고필증의 명의가 상이한 경우에는 내국신용장, 구매확인서, 수출대행계약서 또는 물품등구매계약서 등 거래관계를 입증하는 서류를 제출하여야 한다(규정 제47조 제2항). 또한 외화획득용 원료의 사후 관리기관의 장은 외화획득의 이행신고가 있을 때에는 지체 없이 외화획득 이행신고서에 표시된 원료 등의 양을 "외화획득용 원료 사후 관리이행 정리카드"(별지 제29호 서식)에서 차감하여 정리하고 해당 수출신고필증 원본(또는 외화입금증명서 원본)의 뒷면에 사후관리 사실을 확인 표시하여야 한다(규정 제47조 제3항).

(9) 공급이행신고

사후 관리 대상 품목을 원료등으로 공급한 자는 다음의 구비서류를 첨부하여 공급일부터 3개월 이내에 외화획득용 원료의 사후 관리기관의 장에게 신고하여야 한다(규정 제48조 제1항).

① 인수자의 날인 또는 물품등수령증 등을 받은 외화획득용원료공급이행신고서(규정 별지 제17호 서식) 3부(공급자 외화획득용 원료의 사후 관리기관용, 인수자 외화획득용 원료의 사후 관리기관용 및 인수자용)

② 내국신용장 또는 구매확인서

③ 자율소요량계산서(공급자가 유통업자인 경우 면제)

그리고 공급자 외화획득용 원료의 사후 관리기관의 장은 공급이행정리하고 내국신용장 등의 원본서류 뒷면에 사후 관리 사실을 확인 표시하여야 한다(규정 제48조 제2항).

또한 공급자 외화획득용 원료의 사후 관리기관의 장은 외화획득용 원료 공급이행신고서에 확인날인한 후 1부는 인수자 외화획득용 원료의 사후 관리기관의 장, 1부는 인수자에게 통보하여야 한다(규정 제48조 제3항).

한편, 원료 등을 보세공장에 반입한 자는 세관장이 발행한 반입확인서를 외화획득용 원료의 사후 관리기관의 장에게 제출하여야 하며, 제출 받은 반입확인서를 외화획득용 원료의 사후 관리기관의 장은 공급이행정리를 하여야 한다(규정 제48조 제4항).

그리고 자율관리기업이 사후 관리 대상 기업에 원료 등을 공급한 경우에는 공급이행신고서 2부를 작성, 공급일부터 3개월 이내에 1부는 인수자 외화획득용 원료의 사후 관리기관의 장에게, 1부는 인수자에게 통보하여야 한다. 다만, 자율관리기업이 공급하는 경우에는 인수자에게만 알린다(규정 제48조 제5항).

8. 외화획득용 원료의 사용목적 변경

(1) 외화획득용 원료의 사용목적 변경승인

외화획득용 원료 등의 사용목적 변경승인을 받으려는 자는 다음의 구비서류를 첨부하여 외화획득 이행기간의 만기일 이전에 관할 시·도지사 또는 "외화획득용 원료의 사후관리기관의 장"(제42조 제1호에 따른 기관의 장)에게 신청을 하여야 한다(규정 제49조 제1항).

234

① 외화획득용원료 사용목적 변경승인 신청서$\left(\substack{규정 \ 별지\\제18호 \ 서식}\right)$ 4부

② 사용목적 변경신청사유서

③ 변경하려는 물량을 확인할 수 있는 서류

④ 변경신청하려는 사유를 인정할 수 있는 서류

⑤ 그 밖에 사용목적 변경승인기관의 장이 필요하다고 인정하는 서류

그리고 사용목적 변경승인을 한 기관의 장은 승인서를 신청자 외화획득용 원료의 사후 관리 기관의 장, 신청자의 관할세무서장에게 각각 알려야 한다$\left(\substack{규정\\제49조 \ 제3항}\right)$.

(2) 외화획득용 원료의 양도승인

외화획득용 원료에 대한 양도·양수의 승인을 받으려는 자는 다음의 구비서류를 첨부하여 양도인 또는 양수인의 외화획득용 원료등의 사후 관리기관의 장 또는 "외화획득용 원료의 사후 관리기관의 장"(제42조 제1호에 따른 기관의 장)에게 신청하여야 한다$\left(\substack{규정\\제50조 \ 제1항}\right)$.

① 외화획득용원료 양도승인 신청서$\left(\substack{규정 \ 별지\\제19호 \ 서식}\right)$ 3부

② 양수·도계약서

③ 수입신고필증 또는 기초원재료 납세증명서

그리고 자율관리기업이 다른 자율관리기업에 양도하려는 경우에는 양도인의 외화획득용 원료의 사후 관리기관의 장에게 신청하여야 하며, 양도인 및 양수인의 외화획득용 원료의 사후 관리기관의 장은 승인한 원료 등을 "공급이행신고의 규정"(제48조)에 준하여 처리하여야 한다$\left(\substack{규정 \ 제50조\\제2항 \ 및 \ 제3항}\right)$.

9. 지도감독·보고

(1) 지도감독

국가기술표준원장은 시·도지사, 외화획득용 원료의 사후 관리기관의 장 및 자율관리 기업의 장에 대하여 다음과 같은 지도 감독을 하여야 한다$\left(\substack{규정\\제51}\right)$.

① 사후관리업무담당자의 교육

② 사후관리대장 정리실태

③ 공급이행신고서 통보실태

④ 미이행 보고실태

⑤ 그 밖에 제규정 이행실태

(2) 불이행보고

외화획득용 원료의 사후 관리기관의 장은 원료등을 수입 또는 구매한 후 외화획득 이행 만기일까지 외화획득을 미이행한 자에 대하여 그 내역을 "대응외화획득 미이행내역"(별지 제30호 서식)에 따라 해당 만기일 경과 후 20일까지 미이행자에게 알려야 한다$\left(\text{규정}\atop\text{제52조 제1항}\right)$.

그리고 외화획득 미이행자에게 통보한 날부터 30일 이내에 외화획득 이행신고가 없는 경우 외화획득용 원료의 사후 관리기관의 장은 그 내역을 "대응외화획득 미이행내역"(별 지 제30호 서식)에 따라 국가기술표준원장에게 보고하여야 한다. 다만, 수입승인된 농림 수산물(규정 제34조)은 해당 중앙행정기관의 장에게 보고하여야 한다$\left(\text{규정}\atop\text{제52조 제2항}\right)$.

또한, 외화획득용 원료의 사후관리기관의 장은 정기보고 이외에 사후 관리 대상 업체 의 파산 등으로 사후 관리가 불가능하다고 판단되는 경우에는 즉시 그 내역을 국가기술 표준원장에게 보고하여야 한다. 다만, 외화획득용 원료로 수입승인된 농수산물(제34조) 의 보고는 해당 중앙행정기관의 장에게 보고하여야 한다$\left(\text{규정}\atop\text{제52조 제3항}\right)$.

(3) 제재

중앙행정기관의 장(외화획득용 원료로 수입승인된 농림수산물을 제외한 분은 국 가기술표준원장)은 "보고된 다음의 외화획득 미이행자"(제52조)에 대하여는 "3년 이 하의 징역 또는 3천만원 이하의 벌금"의 규정에 따른 제재에 필요한 조치를 하여야 한다$\left(\text{법 제54조 제4호－제6호}\atop\text{및 규정 제53조 제1항}\right)$.

① 수입에 대응하는 외화획득을 하지 아니한 자

② 승인을 받지 아니하고 목적외의 용도로 원료·기재 또는 그 원료·기재로 제조된 물 품 등을 사용한 자

③ 승인을 받지 아니하고 원료·기재 또는 그 원료·기재로 제조된 물품등을 양도한 자

제 3 절 자율소요량계산서

1. 자율소요량계산제도

소요량은 수출용 원자재수입 및 사후관리, 무역금융, 관세환급 등 수출로 인한 특혜가 발생하는 경우 그 기준으로서의 역할을 담당한다. 외화획득용 원료 조달시에는 금융·세제상의 여러 가지 혜택을 주고 있으므로 원료의 양을 정확히 산출해야 할 필요가 있다. 이러한 필요에 따라 도입된 제도가 소요량계산제도이다.

소요량은 수출입물량의 확대, 생산업체간의 시설 및 기술수준의 격차 등으로 인하여 정확한 산출과 저용이 어렵게 되어 실무상의 운용에 많은 문제점이 있어 최근에는 이를 보다 간소화, 완화하는 방법으로 개편하는 추세에 있다. 또한, 2000년 1월 1일부터는 관세청에서 별도로 정한 자율소요량 산정방법에 따라 산출한 소요량을 관세환급의 대상으로 하고 있다. 따라서 2001년 개정 대외무역법령에서는 기존의 소요량증명서 발급제도를 폐지하고 업체에서 외화획득용 물품의 생산에 사용되는 원자재의 양을 스스로 계산하는 자율소요량계산서로 전환하였다.

즉, 수입제한품목으로서 수입승인기관의 소요량관리가 부득이하게 필요한 품목은 종전과 같이 수입승인기관 또는 업체의 신청에 의하여 국가기술표준원장이 기준소요량을 고시하여 이를 기준으로 소요량을 산정토록 하고, 이 이외의 수입제한품목에 대하여는 업체에서 외화획득용 물품의 생산에 사용되는 원자재의 양을 스스로 계산하는 자율소요량계산서로 전환하였다.[11]

2. 단위자율소요량의 책정방법 및 기준소요량의 고시

(1) 관련용어의 정의

외화획득용 원료·기재의 수량은 외화획득을 위한 물품등의 1단위를 생산하기 위하여 제공되는 외화획득용 원료·기재의 기준 소요량을 말하고, 산업통상자원부장관은

---

11) 이병학, 대외무역법규 주요 개정내용 해설, 지식경제부

외화획득용 원료·기재의 기준소요량을 정하는 경우에는 해당 물품등을 생산하는 데에 필요한 실제 수량 외에 생산 공정에서 생기는 평균 손모량(損耗量)을 포함시킬 수 있다(영 제25조 제1항 및 제2항).

"자율소요량계산서"란 외화획득을 이행하는 데에 소요된 원자재의 양을 해당 기업이 자체 계산한 서류를 말한다(규정 제2조 제26호). 여기에서 사용되는 관련 용어를 정리해 보면 다음과 같다.

① "평균 손모량"이란 외화획득용 물품등을 생산하는 과정에서 생기는 원자재의 손모량(손실량 및 불량품 생산에 소요된 원자재의 양을 포함한다)의 평균량을 말한다(규정 제2조 제20호).

② "손모율"이란 평균 손모량을 백분율로 표시한 값을 말한다(규정 제2조 제21호).

③ "단위실량"이란 외화획득용 물품등 1단위를 형성하고 있는 원자재의 양을 말한다(규정 제2조 제22호).

④ "기준 소요량"이란 외화획득용 물품등의 1단위를 생산하는 데에 소요되는 원자재의 양을 고시하기 위한 것으로서 단위실량과 평균 손모량을 합한 양을 말한다(규정 제2조 제23호).

⑤ "단위자율소요량"이란 기준 소요량이 고시되지 아니한 품목에 대하여 외화획득용 물품등 1단위를 생산하는 데에 소요된 원자재의 양을 해당 기업이 자율적으로 산출한 것으로서 단위실량과 평균 손모량을 합한 양을 말한다(규정 제2조 제24호).

⑥ "소요량"이란 외화획득용 물품등의 전량을 생산하는 데에 소요된 원자재의 실량과 손모량을 합한 양을 말한다(규정 제2조 제25호).

용 어	정 의
자율소요량계산서	외화획득을 이행하는 데 소요된 원자재의 양을 해당기업이 자체 계산한 서류
평균손모량	외화획득용 물품등을 생산하는 과정에서 생기는 원자재의 손모량(손실량 및 불량품생산에 소요된 원자재의 양을 포함한다)의 평균량
손모율	평균손모량을 백분율로 표시한 값
단위실량	수출품 1단위를 형성하고 있는 원자재의 양
기준소요량	외화획득용 물품등 1단위를 생산하는데 소요된 원자재의 양으로서 단위실량과 평균손모량을 합한 양
단위자율소요량	기준소요량이 고시되지 아니한 품목에 대하여 외화획득용 물품등 1단위를 생산하는데 소요된 원자재의 양을 해당기업이 자율적으로 산출한 것으로서 단위실량과 평균손모량을 합한 양
소요량	외화획득용 물품등의 전량을 생산하는데 소요된 원자재의 실량과 손모량을 합한 양

(2) 기준 소요량의 책정방법

기준 소요량은 ① 현장조사, ② 문헌조사, ③ 실물 및 카다로그조사, ④ 신청자 제시자료에 의한 조사, ⑤ 유사품의 소요량 적용 중 하나의 방법에 따라 책정하며 「부가가치세법 시행령」 제69조 제1항, 「소득세법 시행령」 제144조 제1항 및 「법인세법 시행령」 제105조 제1항에 따른 생산수율을 감안하여 책정할 수 있다(규정 제54조 제1항).

그리고 기준 소요량을 책정할 때에는 ① 제조공정 및 공정도, ② 공정별 손모율·손모상태 및 그 발생원인, ③ 원료 등의 배합비율 중 필요한 최소한의 사항만을 조사하여야 한다(규정 제54조 제2항).

그런데 소요량은 평균개념임에 따라 업체별 생산기술 수준차 등으로 인하여 과부족이 발생하는 문제점이 발생할 수 있다. 즉, 기술수준이 등이 높은 경우에는 과다책정으로 원자재가 시중에 유출되거나 과다환급될 우려가 있으며, 기술수준이 낮은 경우에는 원자재 부족, 과소환급의 문제가 발생할 수 있다.

(3) 기준 소요량의 고시

(가) 기준 소요량의 고시기관

외화획득용 물품등의 생산을 관장하는 중앙행정기관의 장(산업통상자원부장관이 관장하는 품목 중 목재가구는 국립산림과학원장, 그 밖의 품목은 국가기술표준원장)은 소관 품목 중 제41조에 따른 사후 관리 대상 원료등에 대하여 제54조에 따라 책정한 기준 소요량을 고시할 수 있다(규정 제55조 제1항).

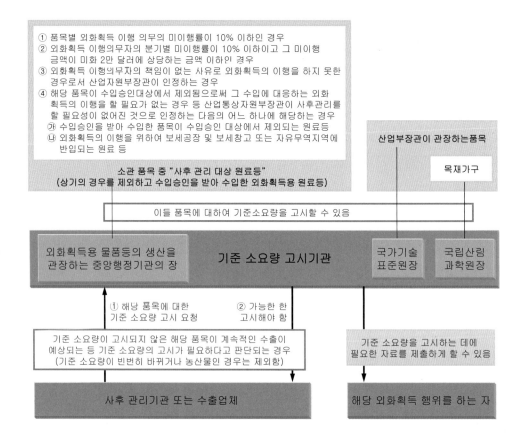

(나) 미고시 품목에 대한 고시의 요청

제42조에 따른 사후 관리기관 또는 수출업체는 기준 소요량이 고시되지 않은 해당 품목이 계속적인 수출이 예상되는 등 기준 소요량의 고시가 필요하다고 판단되는 때에는 해당 품목에 대하여 제54조에 따른 기준 소요량 책정자료를 첨부하여 고시기관에 기준 소요량 고시를 요청할 수 있으며 고시기관은 이를 가능한 한 고시하여야 한다. 다만, 기준 소요량이 빈번히 바뀌거나 농산물인 경우에는 그러하지 아니할 수 있다$\left(\substack{규정 \\ 제55조 제2항}\right)$.

(다) 고시에 필요한 자료의 요청

수출 물품등의 생산을 관장하는 중앙행정기관의 장(산업통상자원부장관이 관장하는 품목 중 목재가구는 국립산림과학원장, 그 밖의 품목은 국가기술표준원장)은 기준 소요량을 고시하는 데에 필요한 자료를 해당 외화획득 행위를 하는 자에게 제출하게 할 수 있다$\left(\substack{규정 \\ 제55조 제3항}\right)$.

3. 자율소요량계산서 작성

외화획득용 원료·기재의 품목별 소요량에 관한 계산서의 작성 기준 및 방법 등에 관하여 필요한 사항은 산업통상자원부장관이 정하여 고시한다(영 제25조 제3항).

① 영 제28조에 따른 사후 관리 대상 품목을 외화획득용 원료등으로 사용하거나 공급한 업체는 "자율소요량계산서"(별지 제20호의 서식)에 따라 해당 업체가 자율적으로 작성하며, 자율소요량계산서는 단위자율소요량 또는 기준 소요량에 외화획득용 물품 등의 수량을 곱한 물량으로 표시하며 단위자율소요량의 산출근거를 품목 및 규격별로 명확히 표시하여야 한다(규정 제56조 제1항 및 제2항).

② 기준소요량이 고시된 품목이라 하더라도 수출계약서 등의 관련서류에 소요원료의 품명·규격 및 수량 등이 표시된 경우에는 이에 따라 자율소요량계산서를 작성할 수 있다(규정 제56조 제3항).

4. 세부절차

기준 소요량 고시기관이 업무수행을 위하여 필요한 세부지침을 정하려는 경우에는 미리 산업통상자원부장관과 협의하여야 하며, 해당 외화획득용 물품등의 생산을 관장하는 중앙행정기관의 장이 분명하지 아니할 경우에는 산업통상자원부장관과 협의하여야 한다(규정 제57조 제1항 및 제2항).

5. 지도감독

국가기술표준원장은 자율소요량계산서의 작성 및 운용 등과 관련하여 다음의 사항을 지도·감독할 수 있다. 이 경우 필요한 때에는 기준 소요량을 고시한 중앙행정기관의 장과 합동으로 지도·감독할 수 있다(규정 제58조).

① 자율소요량계산서 작성업무에 대한 교육
② 자율소요량계산서의 작성 및 운용 실태 조사
③ 자율소요량계산서 제도와 관련한 제규정 이행실태

제4절 외화획득용 제품의 수입

1. 외화획득용 제품의 범위

"외화획득용 제품"이란 수입한 후 생산과정을 거치지 아니한 상태로 외화획득에 제공되는 물품등을 말하며, 그 범위는 다음과 같다(영 제2조 제8호 및 규정 제59조).

① "관관용품센타"(주식회사 한국관광용품센타)가 수입하는 식자재 및 부대용품, 즉 관광호텔용 물품

② "수입 물품 공급업자"(「항만운송사업법」에 따라 수입 물품 공급업의 등록을 하고 세관장에 등록한 사)가 수입하는 선용품

③ 군납업자가 수입하는 군납용 물품

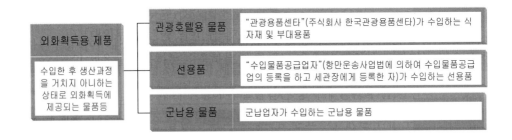

2. 외화획득용 제품의 수입승인기관

외화획득용 제품(단, 수출입공고에 의하여 제한되는 품목만 해당)의 승인기관은 다음과 같다(규정 제60조).

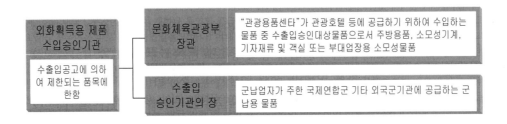

(가) 문화체육관광부장관

관광용품센타가 관광호텔 등에 공급하기 위하여 수입하는 물품 중 수입 승인 대상물품으로서 주방용품, 소모성기계, 기자재류 및 객실 또는 부대업장용 소모성물품

(나) 수입승인기관의 장

군납업자가 주한 국제연합군 그 밖에 외국군기관에 공급하는 군납용 물품

● 관리규정 별표 5 관광호텔용 식자재 및 부대용품

H S	품 명
0201, 0202	쇠고기
기타	법 제11조 제2항의 규정에 의한 승인대상물품으로서 주방용품, 소모성기계, 기자재류 및 객실 또는 부대업장용 소모성물품

● 관리규정 별표 6 수입물품공급업자의 선용품공급물품

H S	품 명
0201, 0202	쇠고기
기타	신조선 및 수리선박에 공급하기 위한 물품은 선용품공급계약을 맺고 관세청장의 추천을 받은 품목

3. 외화획득용 제품의 사후관리

(1) 관광호텔용 물품의 사후관리 및 공급

"관광호텔용 물품"(관광용품센타가 수입한 식자재 및 부대용품)은 승인권자의 사후 관리를 받아야 하며, 승인권자가 사후 관리에 필요한 세부지침을 정하려는 경우에는 산업통상자원부장관과 협의하여야 한다(규정 제61조).

한편, 관광용품센타는 관광호텔용 물품을 다음의 어느 하나에 해당하는 자에게만 공급할 수 있으며, 관광용품센타가 관광호텔용 물품을 공급하려는 경우에는 해당 구매자가 시설규모 및 식자재 구입실적 등을 감안하여 적정량을 공급하여야 한다(규정 제62조).

① 관광숙박업 중 「관광진흥법」에 따라 등록된 호텔업 및 명의이용허가를 득한 식음료업장

② 문화체육관광부장관의 허가를 받아 설립된 외신기자클럽, 서울클럽 및 한국언론회관 내 멤버스클럽과 기자클럽

③ 외화획득 및 관광진흥에 기여도가 높은 관광시설 중 문화체육관광부장관의 추천에 의하여 산업통상자원부장관이 지정한 별표 7에 게기한 시설

④ 「청소년기본법」에 따라 문화체육관광부장관에 신고된 서울올림픽파크텔

⑤ 올림픽, 아시안게임 등 대규모 국제대회의 선수촌, 기자촌, 프레스센터 등 관련 시설로서 산업통상자원부장관의 협의를 거쳐 문화체육관광부장관이 기간을 정하여 지정하는 급식장(다만, 문화체육관광부장관이 정하는 기간 이후의 잔여물량에 대하여는 관광용품센터 또는 판매대상업소에 같은 기간 종료 후부터 30일 이내에 양도하고 문화체육관광부장관에게 이를 보고하여야 한다)

⑥ 「관세법」에 따라 설영특허를 받은 외교관 면세매점

● 관리규정 별표 7 관광업소

업 소 명	주 소
철도그릴 및 열차식당	철도청장이 지정하는 철도그릴 및 열차식당
세종문화회관 및 그릴	서울특별시 종로구 세종로 81-2
한국무역협회 회원식당	서울특별시 강남구 삼성동 159-1
	부산광역시 중구 중앙동 4가 87-7
김포공항 국제그릴(4층)	서울특별시 강서구 공항동 150
김포국제공항식당(4층)	서울특별시 강서구 공항동 150
(주)조선호텔 공항외식사업부	서울특별시 강서구 방화동 712-1
코엑스 컨벤션센터내 (주)조선호텔 운영식당	서울특별시 강남구 삼성동 159
(주)세종호텔 공항외식사업부	서울특별시 강서구 방화동 712-1
전국경제인연합회관	서울특별시 영등포구 여의도동 28-1
대한생명 63빌딩(국제회의장 및 특급전문식당)	서울특별시 영등포구 여의도동 60
한국의 집	서울특별시 중구 필동 2가 80-2
관광식당	「관광진흥법」 제3조제1항제5호에 따라 관광편의시설의 일종으로서 문화체육관광부장관이 지정하는 관광식당

(2) 선용품의 사후관리

수입 물품 공급업자가 수입하는 선용품의 사후관리는 관세청장이 행한다(규정 제66조 제1항).

244

(3) 군납용 물품의 사후관리

군납업자는 수입되는 물품을 양도 또는 폐기하려면 미리 승인기관의 장의 승인을 받아야 한다(규정 제69조 제2항).

4. 외화획득용 제품의 관리

(1) 관광호텔용 물품의 관리(규정 제63조)

① 관광용품센타는 보관 중인 관광호텔용 물품에 대하여 연 2회 이상 정기재고조사를 실시하여야 하며, 그 결과를 승인권자에게 보고하여야 한다.

② 관광용품센타는 관광호텔용 물품의 운송, 보관 및 공급과정에서 파손 등으로 해당 물품의 용도에 사용하기 곤란한 물품은 손망실품대장에 기재하고 그 사실을 입증할 수 있는 서류 등을 첨부하여 보관하여야 한다.

③ 관광용품센타는 관광호텔용 물품의 수입, 재고 및 판매현황에 대한 대장을 비치하고 기록보관하여야 하며 관광용품센타로부터 관광호텔용 물품을 구매한 자는 구매 및 소비현황에 대한 대장을 비치하고 기록 보관하여야 한다.

④ 관광용품센타는 분기별 관광호텔용 물품의 수입 및 판매현황을 작성하여 분기종료 후 10일 이내에 승인권자에게 보고하여야 한다.

⑤ 관광용품센타로부터 관광호텔용 물품을 구매한 자는 월별 구입 및 소비현황을 다음 달 10일까지 관광용품센타에 제출하여야 한다.

(2) 선용품의 관리

수입 물품 공급업자는 선용품의 수입, 재고 및 공급현황에 대한 대장을 비치하고 기록·보관하여야 하며, 수입 물품 공급업자는 선용품의 수입, 공급(외화 및 국내통화 구분) 및 재고현황을 작성하여 매분기 종료 후 10일 이내에 관세청장에게 제출하여야 한다(규정 제67조).

(3) 군납용물품의 관리

수입된 군납용 물품에 의한 군납계약 이행 후 15일 이내에 외화획득 상황을 군납대금회수증명서를 첨부하여 승인기관의 장에게 보고하여야 한다(규정 제69조 제3항).

5. 외화획득용 제품의 용도외 사용금지 및 제재

(1) 관광호텔용 물품

(가) 관광호텔용 물품의 용도외 사용금지

관광용품센타로부터 관광호텔용 물품을 구매한 자는 해당 사업 이외의 용도에 사용하거나 유출하여서는 아니되며, 관광용품센타는 관광호텔용 물품을 용도 외에 사용하거나 유출한 자에 대하여는 문화체육관광부장관에게 이를 보고하여야 한다(규정 제64조 제1항 및 제2항).

(나) 관광호텔용 물품의 사후관리에 따른 제재

승인권자는 제64조에 위반한 자에 대하여는 "3년 이하의 징역 또는 3천만원 이하의 벌금에 처하도록 하는 제재"(법 제54조 제2호부터 제4호까지의 규정에 따른 제재)를 요청하거나 「관광진흥법」 제2장 제6절에 따른 행정처분을(또는 문화체육관광부장관에게 행정처분을 요청)하여야 한다(규정 제65조).

(2) 선용품

(가) 선용품의 해당자외 사용금지

수입 물품 공급업자는 수입선용품을 다음의 어느 하나에 해당하는 자 이외의 자에게 공급하거나 유출하여서는 아니된다(규정 제66조 제2항).
① 국내항에 정박 중인 외항선박(원양어선을 포함한다)
② 신조선박 및 수리선박

(나) 선용품의 사후관리에 따른 제재

관세청장은 수입선용품을 신조선박 및 수리선박이나 국내항에 정박 중인 외항선박 이외의 자에게 공급하거나 유출한 수입 물품 공급업자에게는 "3년 이하의 징역 또는 3천만원 이하의 벌금"에 처하도록 하는 제재를 요청하여야 한다(규정 제68조).

(3) 군납용 물품

(가) 군납용 물품의 용도외 사용금지

군납업자는 수입되는 물품을 군납외의 용도에 사용하거나 유출하여서는 아니된다
$\left(\substack{규정 \\ 제69조 \ 제1항}\right)$.

(나) 군납용물품의 사후관리에 따른 제재

승인기관의 장은 수입되는 물품을 군납외의 용도에 사용하거나 유출한 군납업자에게
는 "3년 이하의 징역 또는 3천만원 이하의 벌금"에 처하도록 하는 제재를 요청한다
$\left(\substack{규정 \\ 제69조 \ 제4항}\right)$.

외화획득용원료수입승인(신청)서
Import for Re-Export License(Application)

	처리기간 : 1일 Handling Time : 1 Day

① 수입자　　무역업고유번호 (Exporter) (Trade Business Code) 상호,주소,성명 (Name of Firm, Address, Name of Rep.) (서명 또는 인) (Signature)	⑥ 송하인 (Consignor) 　상호,주소,성명 　(Name of Firm, Address, Name of Rep.)
② 위탁자　　사업자등록번호 (Requester)　(Business No.) 상호,주소,성명 (Name of Firm, Address, Name of Rep.) (서명 또는 인) (Signature)	⑦ 금액 (Total Amount) ⑧ 결제기간(Period of Payment)

③ 원산지(Origin)	④ 선적항 (Port of Loading)	⑨ 가격조건(Terms of Payment)
⑤ 사후관리 기관명		

⑩ HS부호 (HS Code)	⑪ 품명 및 규격 (Description/Size)	⑫ 단위 및 수량 (Unit/Quantity)	⑬ 단가 (Unit Price)	⑭ 금　액 (Amount)

⑮ 승인기관 기재란(Remarks to be filled out by an Approval Agency)

⑯ 유효기간(Period of Approval)

⑰ 승인번호(Approval No.)

⑱ 승인기관 관리번호(No. of an Approval Agency)

위의 신청사항을 「대외무역법」 제11조제2항 및 동법 시행령 제24조제1항에 따라 승인합니다.
(The undersigned hereby approves the above-mentioned goods in accordance with Article 11(2) of the Foreign Trade Act and Article 24(1) of the Enforcement Decree of the said Act.)

년　　월　　일

승 인 권 자　　　　(인)

※ 이 서식에 의한 승인과는 별도로 대금결제에 관한 사항에 대하여는 외국환거래법령이 정하는 바에 따라야 합니다.

외화획득용원료·기재구매확인신청서

① 구매자   (상호)

                   (주소)

                   (성명)

                   (사업자등록번호)

② 공급자   (상호)

                   (주소)

                   (성명)

                   (사업자등록번호)

1. 구매원료·기재의 내용

③ HS부호	④ 품명 및 규격	⑤ 단위 및 수량	⑥ 구매일	⑦ 단가	⑧ 금액	⑨ 비고

2. 외화획득용 원료·기재라는 사실을 증명하는 서류

⑩ 서류명 및 번호	⑪ HS부호	⑫ 품명 및 규격	⑬ 금액	⑭ 선적기일	⑮ 발급기관명

3. 세금계산서(외화획득용 원료 · 기재를 구매한 자가 신청하는 경우에만 해당)

⑯ 세금계산서 번호	⑰ 작성일자	⑱ 공급가액	⑲ 세액	⑳ 품목	㉑ 규격	㉒ 수량

㉓ 구매원료·기재의 용도명세 : 원자재구매, 원자재 임가공위탁, 완제품 임가공위탁, 완제품구매, 수출대행 등 해당용도를 표시하되, 위탁가공무역에 소요되는 국산원자재를 구입하는 경우 "(위탁가공)" 문구를 추가표시

* 한국은행 총액한도대출관련 무역금융 취급절차상의 용도표시 준용

위의 사항을 대외무역법 제18조에 따라 신청합니다.

                               신청일자   년   월   일

                               신 청 자

                               전자서명

* ⑳ 내지㉒은 1.구매원료·기재의 내용과 금액이 다른 경우에는 반드시 기재하여야 합니다.

210mm × 297mm
일반용지 60g/㎡

외화획득용원료·기재구매확인서

※ 구매확인서번호 :

	(상호)
① 구매자	(주소)
	(성명)
	(사업자등록번호)
	(상호)
② 공급자	(주소)
	(성명)
	(사업자등록번호)

1. 구매원료·기재의 내용

③ HS부호	④ 품명 및 규격	⑤ 단위 및 수량	⑥ 구매일	⑦ 단가	⑧ 금액	⑨ 비고

2. 세금계산서(외화획득용 원료 · 기재를 구매한 자가 신청하는 경우에만 해당)

⑩ 세금계산서 번호	⑪ 작성일자	⑫ 공급가액	⑬ 세액	⑭ 품목	⑮ 규격	⑯ 수량

⑰ 구매원료·기재의 용도명세 : 원자재구매, 원자재 임가공위탁, 완제품 임가공위탁, 완제품구매, 수출
    대행 등 해당용도를 표시하되, 위탁가공무역에 소요되는 국산원자재를 구입하는 경우 "(위탁가공)"
    문구를 추가표시
* 한국은행 총액한도대출관련 무역금융 취급절차상의 용도표시 준용

 위의 사항을 대외무역법 제18조에 따라 확인합니다.

확인일자   년   월   일

확인기관

전자서명

이 전자무역문서는 「전자무역 촉진에 관한 법률」에 따라 전자문서교환방식으로 발행된 것으로서 출력하여 세관 또는 무역유관기관 등 제3자에게 제출하려는 경우 업체는 동 법률 시행규정 제12조제3항에 따라 적색고무인을 날인하여야 합니다.

210mm × 297mm
일반용지 60g/㎡

[별지 제14호 서식] 〈개정 2014.6.18〉

외화획득이행기간연장(신청)서

	처리기간
	7 일

① 신청인(상호, 주소, 성명)	② 사후관리기관·단체	③ 사유
(서명 또는 인)		

기간연장승인신청 내역

③HS부호	④품명 및 규격	⑤단위 및 수량	⑥금액	⑦당초만기일	⑧ 연장기간 및 연장 후 만기일

소요원자재 수입내역

⑨ HS부호	⑩ 품명 및 규격	⑪ 단위 및 수량	⑫ 금액	⑬ 수입신고세관	⑭ 수입신고일자 및 신고필증번호

대응수출 이행내역

⑮ HS부호	⑯ 품명 및 규격	⑰ 단위 및 수량	⑱ 금액	⑲ L/C번호	⑳ 수입신고일자

원자재 사용내역

㉑ HS부호	㉒ 품명 및 규격	㉓ 단위 및 수량	㉔ 금액		

㉕ 승인조건

㉖ 승인번호

위의 신청사항을 대외무역관리규정 제38조에 따라 승인합니다.

년   월   일

승 인 권 자   (인)

2812-281-02711민
'98.1.12. 승인

210mm × 297mm
일반용지 60g/㎡

외화획득용원료구매내역신고서

① HS(10단위)부호 및 원자재명						
② 구매근거번호	③ 구매일	④ 규격	⑤ 구매단위 및 수량		⑥ 금액	⑦ 비고

대외무역관리규정 제45조에 따라 신고합니다.

년 월 일

신고인 상호 :

주소 :

성명 :

외화획득용원료수입 사후관리기관의 장 귀하

2812-281-03111민
'98.1.12. 승인

210㎜ × 297㎜
일반용지 60g/㎡

외화획득이행신고서

외화획득용 원료(물품등) 수입 및 구매명세 (근거서류명 및 번호 :)						
①수입(구매)일	②HS부호	③품명 및 규격	④단위 및 수량	⑤단가	⑥금액	⑦비고

외화획득 이행 내역 (근거서류명 및 번호 :)						
⑧외화획득이행일	⑨HS부호	⑩품명 및 규격	⑪ 단위 및 수량	⑫ 단가	⑬ 금액	⑭ 비고

대외무역관리규정 제47조에 따라 신고합니다.

년   월   일

외화획득용원료수입 사후관리기관의 장   귀하

210㎜ × 297㎜
일반용지 60g/㎡

외화획득용원료공급이행신고서

① 신청인(상호, 주소, 성명)	② 인수자(상호, 주소, 성명)
(서명 또는 인)	(서명 또는 인)
③ 비고	④ 인수자 사후관리기관명

공급물품내역

⑤ 공급일자 (인수일자)	⑥ 내국신용장 등 번호	⑦ HS부호 및 수입제한구분	⑧ 품명 및 규격	⑨ 단위 및 수량	⑩ 금액

기초원료 소요내역

⑪ HS부호 및 수입제한구분	⑫ 품명 및 규격	⑬ 단위 및 수량	⑭ 금액	⑮ 비고

대외무역관리규정 제48조에 따라 위와 같이 외화획득용 원료의 공급이행사항을 신고합니다. 년 월 일 신고인　　　(서명 또는 인)	위의 사항을 확인합니다. 년 월 일 외화획득용원료수입 사후관리기관의 장 (인)

2812-281-03411민
'98.1.12. 승인

210mm × 297mm
일반용지 60g/㎡

254

[별지 제18호 서식]

외화획득용원료사용목적변경승인(신청)서

처리기간
7 일

① 신청인　　무역업고유번호 　(상호, 주소, 성명) 　　　　　　(서명　또는　인)	②사후관리기관·단체명
	③비고

사용목적 변경승인 신청내역

④HS부호	⑤품명 및 규격	⑥단위 및 수량	⑦금액	⑧수입승인일자 및 번호

소요원자재 수입내역

⑨HS부호	⑩품명 및 규격	⑪단위 및 수량	⑫금액	⑬수입신고세관	⑭ 수입신고일자 및 신고 필증번호

외화획득이행내역

⑮ HS부호	⑯ 품명 및 규격	⑰ 단위 및 수량	⑱ 금액	⑲ 수출일자	⑳ L/C번호

외화획득을 위한 원료사용내역

㉑ HS부호	㉒ 품명 및 규격	㉓ 단위 및 수량	㉔ 금액	㉕ 비고

㉖ 승인조건
㉗ 승인번호

위의 신청사항을 대외무역관리규정 제49조에 따라 승인합니다.

년　　월　　일

승 인 권 자　　　　　　(인)

2812-281-03511민
'98.1.12. 승인

210mm × 297mm
일반용지 60g/㎡

외화획득용원료양도승인(신청)서

처리기간
7   일

① 양도자(상호, 주소, 성명)	② 양수자(상호, 주소, 성명)
(서명 또는 인)	(서명 또는 인)
③ 양도자사후관리기관·단체명	④ 양수자사후관리기관·단체명

양도원료내역

⑤ HS부호 및 수입제한구분	⑥품명 및 규격	⑦ 단위 및 수량	⑧ 금액	⑨ 비고

원료수입내역

⑩ HS부호 및 수입제한구분	⑪품명 및 규격	⑫단위 및 수량	⑬금액	⑭수입신고일자 (구매일자)	⑮수입신고 번호	⑯ 수입승인일자 및 번호

⑰ 승인요건
⑱ 승인번호

위의 신청사항을 대외무역관리규정 제50조에 따라 승인합니다.

년   월   일

승인권자   (서명 또는 인)

2812-281-03611민
'98.1.12. 승인

210mm × 297mm
일반용지 60g/㎡

256

자율소요량계산서

외화획득이행 물품등 명세 (관련서류명 및 번호 :　　　　　　　　　　　　)					
① HS부호	② 품명 및 규격	③ 단위 및 수량	④ 가격조건 및 단가	⑤ 금액	⑥ 비고

자율소요량 명세					
⑦ HS부호(10단위)	⑧ 품명 및 규격	⑨ 단위당기준소요량, 단위자율소요량	⑩ 단위 및 수량	⑪ 자율소요량 (⑨X⑩)	⑫ 비고

자율소요량 계산근거 및 내역

대외무역관리규정 제56조에 따라 위와 같이 자율소요량계산서를 작성하여 제출합니다.

년　　월　　일

업체명 :
주　소 :

작성업체 대표　　　　　　(인)

수입승인 기관·단체의 장 귀하

210mm × 297mm
일반용지 60g/㎡

[별지 제28호 서식]

상 사 명 :
주   소 :
대표자명 :

(서명 또는 인)

대응외화획득 이행내역

HS부호 (10단위)	원자재 명	수 입 및 구 매 사 항					수 출 및 공 급 사 항				잔 량		비고 (미이행사유)
		외화획득 만기일 (수입분기 (구매분기))	전 수 수입 구매	수 량 수입 구매 계	금액	수출기간 공급기간	전 수 수출 공급	수 량 수출 공급 계	금액	수량 미이행율	금액	

2812-281-02911민
'98.1.12. 승인

353mm × 250mm
일반용지(특급) 100g/㎡

258

[별지 제29호 서식]

외화획득용원료 사후관리 이행 정리카드

HS(10단위) 부호 :
원자재명 :

상사명 :
주 소 :
대표자명 :

화인번호	수입신고 수리후 관리번호 (공급자사후 관리기관·단체)	수입 및 구매 사항						수출 및 공급 사항									미이행 사유	비고
		수입신고번호 (Local-L/C등 번호)	수입신고 수리일 (물품구매일)	외화획득 단가 기일	수량		금액 (US$)	이행신고 번호	이행신고 일자	수출신고번호 (Local-L/C등번호)	수출신고일자 (공급일자)	수량		공급	전량			
					수입	구매						수출	공급		수량	미이행	금액 (US$)		

* 수입위탁의 경우에는 비고란에 수입자의 상사명, 주소, 대표자명을 명기할 것

2812-281-03211인
'98.1.12. 승인

353mm × 250mm
일반용지(특지)100g/㎡

Chapter 06_외화획득용 원료·기재 **259**

[별지 제30호 서식](개정 2014.6.18)

사후관리기관·단체 :

대응외화획득 미이행내역

장 :

회 사

(인)

순위	회사			수입 및 구매 내역						미 이 행 량			임체별해당분기중수임금액	미이행사유	비고
	회사명 (개인·법인표시)	소재지 (전화번호)	대표자		HS 및 수입제한구분	수입 및 구매 내역			수 량		미 이 행 량				
			성명	생년월일	현주소		수입신고필증번호	수입신고수리 (또는물품구매)일자	외화획득만기일	단위 및 수량	금액 (US$)	수량	금액 (US$)	미이행율(%)	

* 수입위탁의 경우에는 비고란에 수입자의 상사명, 대표자명, 주소를 명기할 것
* 수입시차별 규격별로 가격이 상이한 경우 품목별 미이행금액의 산출은 평균가격에 미이행수량을 곱할 것
* 미이행 사유를 반드시 명기할 것(예 : 수출부진, 도산등)
* 도산업체의 경우 비고란에 도산일자를 기록할 것
* 임체별 해당분기 중 수임금액은 해당분기가 만기가 되는 품목의 중 수입금액을 기록할 것

2812-281-03711민
'98.1.12. 승인

353mm × 250mm
일반용지(특지)100g/㎡

전략물자 수출입, 플랜트 수출 및 정부간 수출계약

제 1 절 전략물자의 수출입

1. 전략물자의 수출허가 및 상황허가

(1) 전략물자등의 의의

"전략물자등"이란 전략물자나 상황허가 대상인 물품등을 말한다$\binom{법\ 제23조}{제1항}$.

(가) 전략물자의 의의

"전략물자(Strategic goods or materials)"란 산업통상자원부장관이 관계 행정기관의 장과 협의하여 "대통령령으로 정하는 다음의 국제수출통제체제"(이하 "국제수출통제체제"라 한다)의 원칙에 따라 국제평화 및 안전유지(maintenance of international peace and security)와 국가안보(national security)를 위하여 수출허가(export permission) 등 제한이 필요하여 지정·고시한(determined and publicly announced) 물품등(대통령령으로 정하는 기술 포함)을 말한다$\binom{법\ 제19조\ 제1항}{및\ 영\ 제32조}$.

① 바세나르체제(WA)

② 핵공급국그룹(NSG)

③ 미사일기술통제체제(MTCR)

④ 오스트레일리아그룹(AG)

⑤ 화학무기의 개발·생산·비축·사용 금지 및 폐기에 관한 협약(CWC)

⑥ 세균무기(생물무기) 및 독소무기의 개발·생산·비축 금지 및 폐기에 관한 협약 (BWC)

⑦ 무기거래조약(ATT)

여기에서 "대통령령으로 정하는 기술"이란 국제수출통제체제에서 정하는 물품의 제조·개발 또는 사용 등에 관한 기술로서 산업통상자원부장관이 관계 행정기관의 장과 협의하여 고시하는 기술을 말한다. 다만, 다음의 어느 하나에 해당하는 기술은 제외한다$\binom{영}{제32조의2}$.

① 일반에 공개된 기술

② 기초과학연구에 관한 기술

③ 특허 출원에 필요한 최소한의 기술

④ 법 제19조 제2항에 따라 전략물자 수출허가를 받은 물품등의 설치, 운용, 점검, 유지 및 보수에 필요한 최소한의 기술

즉, "전략물자"란 별표 2(이중용도품목) 및 별표 3(군용물자품목)에 해당하는 물품등(전략물자를 분리 가능한 부분품으로 포함하고 있는 물품등을 포함)을 말하고, "물품등"이란 물품(물질, 시설, 장비, 부품), 소프트웨어 등 전자적 형태의 무체물 및 기술을 말한다$\binom{전략물자수출입고시}{제2조\ 제1호\ 및\ 제2호}$.

● 전략물자의 정의

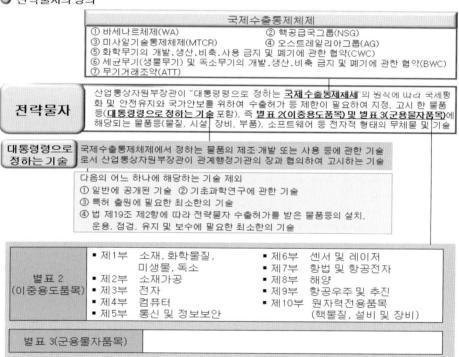

다시 말하면, 전략물자란 대량살상무기(WMD) 및 그 운반수단의 개발·제조에 직·간접적으로 사용될 수 있는 일반 산업용 물품 및 기술을 의미한다. 그러므로 일상생활에서 흔히 사용되는 밸브나 테니스 라켓도 재질에 따라 전략물자로 분류돼 수출통제 대상이 될 수 있다. 즉, 순수한 민간용도 물자 중에 무기에 쓰일 수 있는 물품이나 기술을 전략물자라고 한다. 국제체제에서 전략물자로 구분되는 품목, 기술 500여종은 통제대상 물자의 중분류이며 HSK(10단위) 전환 시 약 1,871개에 이르고 있다. 우리가 인지하고 있지 못하지만 대다수의

산업용도 물품은 전략물자로 분류되고 있는 실정이다. 이에 대한 예시는 다음과 같다.[1]

● 일반 산업용도 물품 및 전략물자와의 관계

물품명	일반 용도	전략물자 용도
동결건조기	인스턴트 커피 제조용	생물무기 제조장치
탄소섬유	테니스 라켓, 낚싯대	미사일 동체
트리에탄올아민	샴푸, 화장품	화학무기 원료

자료: 전략물자관리제도 및 수출통제의 현황과 향후 전망, 계간 관세사, 통권 제146호, 2007년 가을호

(나) 상황허가 대상물품

상황허가 대상물품이란 통제사양에 미달하여 전략물자에 해당되지 않더라도, "대량파괴무기등"(전략물자에는 해당되지 아니하나 대량파괴무기와 그 운반수단인 미사일)의 제조등(제조·개발·사용 또는 보관 등)에 전용될 우려가 의심되는 상황인 경우에 수출허가를 받아야 하는 물품등을 말한다.

상황허가 대상물품	통제사양에 미달하여 전략물자에 해당되지 않더라도, "대량파괴무기등"(전략물자에는 해당되지 않지만 대량파괴무기와 그 운반수단인 미사일)의 제조등(제조·개발·사용 또는 보관 등)에 전용될 우려가 의심되는 상황인 경우에 수출허가를 받아야 하는 다음의 어느 하나에 해당하는 물품등

- Know 요건(대량파괴무기등에 전용될 것을 인지한 경우)으로서, 전략물자수출입고시별표 6의 "가"지역수출의 경우

- Suspect 요건(이상징후로 대량파괴 무기등에 전용될 것이 의심되는 경우)으로서, 전략물자수출입고시 별표 6의 "나"지역수출의 경우만
  ① 수입자가 해당 물품등의 최종 용도에 관하여 필요한 정보 제공을 기피하는 경우
  ② 수출하려는 물품등이 최종 사용자의 사업 분야에 해당되지 아니하는 경우
  ③ 수출하려는 물품등이 수입국가의 기술수준과 현저한 격차가 있는 경우
  ④ 최종 사용자가 해당 물품등이 활용될 분야의 사업경력이 없는 경우
  ⑤ 최종 사용자가 해당 물품등에 대한 전문적 지식이 없으면서도 그 물품등의 수출을 요구하는 경우
  ⑥ 최종 사용자가 해당 물품등에 대한 설치·보수 또는 교육훈련 서비스를 거부하는 경우
  ⑦ 해당 물품등의 최종 수화인(受貨人)이 운송업자인 경우
  ⑧ 해당 물품등에 대한 가격 조건이나 지급 조건이 통상적인 범위를 벗어나는 경우
  ⑨ 특별한 이유 없이 해당 물품등의 납기일이 통상적인 기간을 벗어난 경우
  ⑩ 해당 물품등의 수송경로가 통상적인 경로를 벗어난 경우
  ⑪ 해당 물품등의 수입국 내 사용 또는 재수출 여부가 명백하지 아니한 경우
  ⑫ 해당 물품등에 대한 정보나 목적지 등에 대하여 통상적인 범위를 벗어나는 보안을 요구하는 경우

- Inform 요건(다음의 어느 하나에 해당하는 경우)
  ⑬ 그 밖에 국제정세의 변화 또는 국가안전보장을 해치는 사유의 발생 등으로 산업통상자원부장관이나 관계 행정기관의 장이 상황허가를 받도록 정하여 고시하는 경우. 즉 다음의 경우
  ㉮ 국제연합에서 지정되어 법 제28조에 따른 전략물자수출입관리정보시스템(www.yestrade.go.kr)에 게시된 우려거래자(구매자, 최종수화인 또는 최종사용자인 경우를 포함)에게 대량파괴무기관련물품등을 수출하려는 경우. 다만 '국제평화와 안전유지 의무이행을 위한 무역에 관한 특별조치'에 의한 우려거래자는 해당 특별조치에 따른다.
  ㉯ 전략물자수출입고시 별표 2의2에 해당되는 품목을 수출하는 경우

---

[1] 전략물자관리제도 및 수출통제의 현황과 향후 전망, 계간 관세사, 통권 제146호, 2007년 가을호.

상황허가 대상물품	통제사양에 미달하여 전략물자에 해당되지 않더라도, "대량파괴무기등"(전략물자에는 해당되지 않지만 대량파괴무기와 그 운반수단인 미사일)의 제조등(제조·개발·사용 또는 보관 등)에 **전용될 우려가 의심되는 상황**인 경우에 수출허가를 받아야 하는 다음의 어느 하나에 해당하는 물품등

Know 요건(대량파괴무기등에 전용될 것을 인지한 경우)으로서, 전략물자수출입고시별표 6의 "가"지역수출의 경우

Suspect 요건(이상징후로 대량파괴 무기등에 전용될 것이 의심되는 경우)으로서, 전략물자수출입고시 별표 6의 "나"지역수출의 경우만

① 수입자가 해당 물품등의 최종 용도에 관하여 필요한 정보 제공을 기피하는 경우
② 수출하려는 물품등이 최종 사용자의 사업 분야에 해당되지 아니하는 경우
③ 수출하려는 물품등이 수입국가의 기술수준과 현저한 격차가 있는 경우
④ 최종 사용자가 해당 물품등이 활용될 분야의 사업경력이 없는 경우
⑤ 최종 사용자가 해당 물품등에 대한 전문적 지식이 없으면서도 그 물품등의 수출을 요구하는 경우
⑥ 최종 사용자가 해당 물품등에 대한 설치·보수 또는 교육훈련 서비스를 거부하는 경우
⑦ 해당 물품등의 최종 수화인(受貨人)이 운송업자인 경우
⑧ 해당 물품등에 대한 가격 조건이나 지급 조건이 통상적인 범위를 벗어나는 경우
⑨ 특별한 이유 없이 해당 물품등의 납기일이 통상적인 기간을 벗어난 경우
⑩ 해당 물품등의 수송경로가 통상적인 경로를 벗어나는 경우
⑪ 해당 물품등의 수입국 내 사용 또는 재수출 여부가 명백하지 아니한 경우
⑫ 해당 물품등에 대한 정보나 목적지 등에 대하여 통상적인 범위를 벗어나는 보안을 요구하는 경우

Inform 요건(다음의 어느 하나에 해당하는 경우)

⑬그 밖에 국제정세의 변화 또는 국가안전보장을 해치는 사유의 발생 등으로 산업통상자원부장관 이나 관계 행정기관의 장이 상황허가를 받도록 정하여 고시하는 경우. 즉 다음의 경우
㉮ 국세연합에서 시행되어 법 제28조에 따른 전력물사+수출입관리정보시스템(www.yestrade.go.kr)에 게시된 우려거래자(구매자, 최종수화인 또는 최종사용자인 경우를 포함)에게 대량파괴무기관련물품등을 수출하려는 경우. 다만 '국제평화와 안전유지 의무이행을 위한 무역에 관한 특별조치'에 의한 우려거래자는 해당 특별조치에 따른다.
㉯ 전략물자수출입고시 별표 2의2에 해당되는 품목을 수출하는 경우

(2) 전략물자의 수출허가 및 대량파괴무기등의 상황허가의 기관

"전략물자의 수출허가" 또는 "대량파괴무기등의 제조등에 전용될 가능성이 높은 물품 등의 상황허가(Catch-all)"의 기관은 산업통상자원부장관 또는 관계 행정기관의 장이다. 이를 구체적으로 살펴보면 다음과 같다.

(가) 전략물자의 수출허가기관

별표 2 및 별표 3의 전략물자 허가기관은 다음과 같으며, 그 세부사항은 별표 5(허가 기관별 소관품목)에서 정한다(전략물자수출입 고시 제5조 제1항).

① 산업통상자원부장관 : 별표 2(이중용도품목)의 제1부부터 제9부까지에 해당 되는 물품등과 별표 3(군용물자품목) 중 「방위사업법 시행령」 제39조제2항 에 따른 일반방산물자 및 기술
② 원자력안전위원회 위원장 : 별표 2(이중용도품목) 제10부(원자력 전용품목) 에 해당되는 물품등

③ 방위사업청장 : 별표 3(군용물자품목)에 해당되는 물품등(「방위사업법 시행령」 제39조제2항에 따른 일반방산물자 및 기술 제외)와 별표 2(이중용도품목)에 해당되는 물품등 가운데 수입국 정부가 군사목적으로 사용할 경우

위의 ①의 규정에도 불구하고 기술이 전략물자와 함께 수출되는 경우에는 해당 전략물자의 수출허가기관이 수출허가를 한다(전략물자수출입 고시 제5조 제2항).

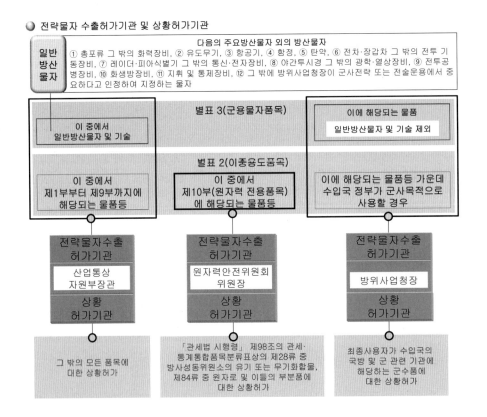

● 전략물자 수출허가기관 및 상황허가기관

다음의 주요방산물자 외의 방산물자

일반방산물자

① 총포류 그 밖의 화력장비, ② 유도무기, ③ 항공기, ④ 함정, ⑤ 탄약, ⑥ 전차·장갑차 그 밖의 전투 기동장비, ⑦ 레이더·피아식별기 그 밖의 통신·전자장비, ⑧ 야간투시경 그 밖의 광학·열상장비, ⑨ 전투공병장비, ⑩ 화생방장비, ⑪ 지휘 및 통제장비, ⑫ 그 밖에 방위사업청장이 군사전략 또는 전술운용에서 중요하다고 인정하여 지정하는 물자

별표 3(군용물자품목)

| 이 중에서 일반방산물자 및 기술 | | 이에 해당되는 물품 / 일반방산물자 및 기술 제외 |

별표 2(이중용도품목)

| 이 중에서 제1부부터 제9부까지에 해당되는 물품등 | 이 중에서 제10부(원자력 전용품목)에 해당되는 물품등 | 이에 해당되는 물품등 가운데 수입국 정부가 군사목적으로 사용할 경우 |

전략물자수출허가기관 / 산업통상자원부장관 / 상황허가기관

전략물자수출허가기관 / 원자력안전위원회 위원장 / 상황허가기관

전략물자수출허가기관 / 방위사업청장 / 상황허가기관

그 밖의 모든 품목에 대한 상황허가

「관세법 시행령」제98조의 관세·통계통합품목분류표상의 제28류 중 방사성동위원소의 유기 또는 무기화합물, 제84류 중 원자로 및 이들의 부분품에 대한 상황허가

최종사용자가 수입국의 국방 및 군 관련 기관에 해당하는 군수품에 대한 상황허가

(나) 대량파괴무기등의 상황허가기관

상황허가는 산업통상자원부장관이 한다. 다만, 「관세법 시행령」 제98조의 관세·통계통합품목분류표상의 제28류 중 방사성동위원소의 유기 또는 무기화합물, 제84류 중 원자로 및 이들의 부분품에 대한 상황허가는 원자력안전위원회 위원장이 하며, 최종사용자가 수입국의 국방 및 군 관련 기관에 해당하는 군수품에 대한 상황허가는 방위사업청장이 한다(전략물자수출입 고시 제5조 제3항).

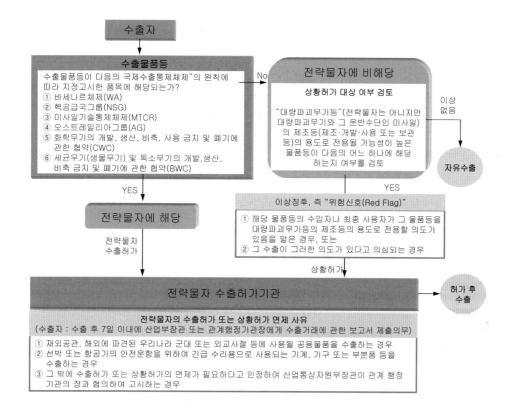

(3) 전략물자의 수출허가 및 대량파괴무기등의 상황허가

(가) 전략물자의 수출허가

전략물자를 수출(제1항에 따른 기술이 "다음의 어느 하나에 해당되는 경우"로서 대통령령으로 정하는 경우를 포함한다. 이하 제19조 제3항부터 제5항까지, 제20조, 제23조, 제24조, 제24조의 2, 제23조의 3, 제25조, 제28조, 제29조, 제31조, 제47조부터 제49조까지, 제53조제1항 및 제53조제2항 제2호부터 제4호까지에서 같다)하려는 자는 대통령령으로 정하는 바에 따라 "수출허가"(산업통상자원부장관 또는 관계 행정기관의 장의 허가)를 받아야 한다. 다만, 「방위사업법」 제57조 제2항에 따라 허가를 받은 방위산업물자 및 국방과학기술이 전략물자에 해당하는 경우에는 그러하지 아니하다(^{법 제19조}_{제2항}).

① 국내에서 국외로의 이전

② 국내 또는 국외에서 대한민국 국민(국내법에 따라 설립된 법인을 포함한다)으로부터 외국인(외국의 법률에 따라 설립된 법인을 포함한다)에게로의 이전

위의 법 제19조 2항 각 호 외의 부분 본문에서 "대통령령으로 정하는 경우"란 영 제32조의2 본문에 따라 고시하는 기술을 다음의 어느 하나에 해당하는 방법으로 이전하는 경우를 말한다(영 제32조의3).

① 전화, 팩스, 이메일 등 정보통신망을 통한 이전

② 지시, 교육, 훈련, 실연(實演) 등 구두나 행위를 통한 이전

③ 종이, 필름, 자기디스크, 광디스크, 반도체메모리 등 기록매체나 컴퓨터 등 정보처리
장치를 통한 이전

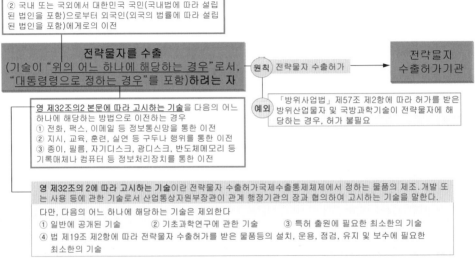

● 전략물자의 수출허가

① 국내에서 국외로의 이전
② 국내 또는 국외에서 대한민국 국민(국내법에 따라 설립된 법인을 포함)으로부터 외국인(외국의 법률에 따라 설립된 법인을 포함)에게로의 이전

전략물자를 수출
(기술이 "위의 어느 하나에 해당하는 경우"로서, "대통령령으로 정하는 경우"를 포함)하려는 자

원칙 전략물자 수출허가 → 전략물지 수출허가기관

예외 「방위사업법」 제57조 제2항에 따라 허가를 받은 방위산업물자 및 국방과학기술이 전략물자에 해당하는 경우, 허가 불필요

영 제32조의2 본문에 따라 고시하는 기술을 다음의 어느 하나에 해당하는 방법으로 이전하는 경우
① 전화, 팩스, 이메일 등 정보통신망을 통한 이전
② 지시, 교육, 훈련, 실연 등 구두나 행위를 통한 이전
③ 종이, 필름, 자기디스크, 광디스크, 반도체메모리 등 기록매체나 컴퓨터 등 정보처리장치를 통한 이전

영 제32의 2에 따라 고시하는 기술이란 전략물자 수출허가국제수출통제체제에서 정하는 물품의 제조.개발 또는 사용 등에 관한 기술로서 산업통상자원부장관이 관계 행정기관의 장과 협의하여 고시하는 기술을 말한다.
다만, 다음의 어느 하나에 해당하는 기술은 제외한다
① 일반에 공개된 기술   ② 기초과학연구에 관한 기술   ③ 특허 출원에 필요한 최소한의 기술
④ 법 제19조 제2항에 따라 전략물자 수출허가를 받은 물품등의 설치, 운용, 점검, 유지 및 보수에 필요한 최소한의 기술

(나) 대량파괴무기등의 상황허가

"대량파괴무기등"(전략물자에는 해당되지 아니하나 대량파괴무기와 그 운반수단인 미사일)의 제조·개발·사용 또는 보관 등의 용도로 전용될 가능성이 높은 물품등을 수출하려는 자는 해당 물품등의 수입자나 최종 사용자가 그 물품등을 대량파괴무기등의 제조·개발·사용 또는 보관 등의 용도로 전용할 의도가 있음을 알았거나 그 수출이 다음의 어느 하나에 해당되어 그러한 의도가 있다고 의심되면 대통령령으로 정하는 바에 따라 "상황허가"(산업통상자원부장관 또는 관계 행정기관의 장의 허가)를 받아야 한다(법 제19조 제3항).

① 수입자가 해당 물품등의 최종 용도에 관하여 필요한 정보 제공을 기피하는 경우

② 수출하려는 물품등이 최종 사용자[2]의 사업 분야에 해당되지 아니하는 경우

③ 수출하려는 물품등이 수입국가의 기술수준과 현저한 격차가 있는 경우

④ 최종 사용자가 해당 물품등이 활용될 분야의 사업경력이 없는 경우

⑤ 최종 사용자가 해당 물품등에 대한 전문적 지식이 없으면서도 그 물품등의 수출을 요구하는 경우

⑥ 최종 사용자가 해당 물품등에 대한 설치·보수 또는 교육훈련 서비스를 거부하는 경우

⑦ 해당 물품등의 최종 수화인(受貨人)[3]이 운송업자인 경우

⑧ 해당 물품등에 대한 가격 조건이나 지급 조건이 통상적인 범위를 벗어나는 경우

⑨ 특별한 이유 없이 해당 물품등의 납기일이 통상적인 기간을 벗어난 경우

⑩ 해당 물품등의 운송경로가 통상적인 경로를 벗어난 경우

⑪ 해당 물품등의 수입국 내 사용 또는 재수출[4] 여부가 명백하지 아니한 경우

⑫ 해당 물품등에 대한 정보나 목적지 등에 대하여 통상적인 범위를 벗어나는 보안을 요구하는 경우

⑬ 그 밖에 국제정세의 변화 또는 국가안전보장을 해치는 사유의 발생 등으로 산업통상자원부장관이나 관계 행정기관의 장이 상황허가를 받도록 정하여 고시하는 경우

따라서, "대량파괴무기관련물품등"을 별표 6의 "나"지역으로 수출하려는 자는 해당 물품등의 구매자, 최종수화인 또는 최종사용자가 그 물품등을 대량파괴무기등의 제조·개발·사용 또는 보관 등의 용도로 전용할 의도가 있음을 알았거나 그러한 의도가 의심되는 위의 ①부터 ⑫까지의 어느 하나에 해당하는 경우에는 허가기관의 장에게 상황허가를 신청하여야 한다(전략물자수출입고시 제50조 제1항).

또한, "대량파괴무기관련물품등"을 별표 6의 "가"지역으로 수출하려는 자는 해당 물품등의 구매자, 최종수화인 또는 최종사용자가 그 물품등을 대량파괴무기등의 제조·개발·사용 또는 보관 등의 용도로 전용할 의도가 있음을 사전에 인지한 경우에는 상황허가를 신청하여야한다(전략물자수출입고시 제50조 제2항).

제1항 및 제2항의 규정에도 불구하고 대량파괴무기관련물품등을 수출하려는 자는 다

---

2) "최종사용자"란 해당 물품등을 제3자에게 이전하지 아니 하고 직접 사용하는 자를 말한다(전략물자수출입고시 제2조 제11호).

3) "최종수화인"이란 해당 물품등을 최종적으로 인수하는 자를 말한다. 다만, 「대외무역관리규정」 제2조제7호에 따른 "수탁가공무역"일 경우에는 위탁자와 직접적인 계약을 체결한 당사자를 최종수하인으로 본다(전략물자수출입고시 제2조 제10호).

4) "재수출"이란 국내에서 수출한 물품등을 수입국에서 다른 제3국으로 원형대로 수출하는 것과 부품 또는 부분품으로 사용하여 제조가공한 물품등을 수출하는 것을 말한다(전략물자수출입고시 제2조 제12호).

음 각호의 어느 하나에 해당하는 경우 상황허가를 받아야 한다$\left(\begin{smallmatrix}전략물자수출입\\고시 제50조 제3항\end{smallmatrix}\right)$.

① 국제연합에서 지정되어 법 제28조에 따른 전략물자수출입관리정보시스템(www.yestrade.go.kr)에 게시된 우려거래자(구매자, 최종수화인 또는 최종사용자인 경우를 포함)에게 대량파괴무기관련물품등을 수출하려는 경우. 다만 '국제평화와 안전유지 의무이행을 위한 무역에 관한 특별조치'에 의한 우려거래자는 해당 특별조치에 따른다.

② 별표 2의2에 해당되는 품목을 수출하는 경우

제1항부터 제3항까지의 규정에도 불구하고 해당 물품등이 별표 2의3에서 정한 분류에 해당하는 경우에는 상황허가를 면제한다$\left(\begin{smallmatrix}전략물자수출입\\고시 제50조 제4항\end{smallmatrix}\right)$.

수출자는 수출하려는 물품등이 대량파괴무기관련물품등에 해당하는지 여부를 허가기관의 장에게 서면으로 질의할 수 있다$\left(\begin{smallmatrix}전략물자수출입\\고시 제50조 제5항\end{smallmatrix}\right)$.

(4) 전략물자의 수출허가 및 대량파괴무기등의 상황허가 면제

산업통상자원부장관 또는 관계 행정기관의 장은 재외공관에서 사용될 공용물품을 수출하는 등 대통령령으로 정하는 경우에는 수출허가 또는 상황허가를 면제할 수 있다$\left(\begin{smallmatrix}법 제19조\\제5항\end{smallmatrix}\right)$.

따라서, 다음의 어느 하나에 해당하는 경우에는 전략물자의 수출허가 또는 상황허가를 면제하되, 수출자는 수출 후 7일 이내에 산업통상자원부장관 또는 관계행정기관의 장에게 수출거래에 관한 보고서를 제출하여야 한다$\left(\begin{smallmatrix}영\\제35조\end{smallmatrix}\right)$.

① 재외공관, 해외에 파견된 우리나라 군대 또는 외교사절 등에 사용될 공용물품을 수출하는 경우

② 선박 또는 항공기의 안전운항을 위하여 긴급 수리용으로 사용되는 기계, 기구 또는 부분품 등을 수출하는 경우

③ 그 밖에 수출허가 또는 상황허가의 면제가 필요하다고 인정하여 산업통상자원부장관이 관계 행정기관의 장과 협의하여 고시하는 경우

(5) 전략물자의 수출허가 및 대량파괴무기등의 상황허가절차

(가) 전략물자의 수출허가 및 대량파괴무기등의 상황허가신청

전략물자 또는 "대량파괴무기등"(전략물자에는 해당되지 아니하나 대량파괴무기와 그

운반수단인 미사일)의 제조·개발·사용 또는 보관 등의 용도로 전용(轉用)될 가능성이 높은 물품등을 수출(법 제19조 제1항에 따른 기술이 법 제19조 제2항 각 호의 어느 하나에 해당하는 경우로서 영 제32조의3 각 호의 어느 하나에 해당하는 방법으로 이전되는 경우를 포함한다. 이하 이 조, 제34조부터 제36조까지, 제41조의2, 제42조, 제42조의2 및 제43조부터 제47조까지에서 같다)하려는 자는 다음의 서류를 첨부하여 산업통상자원부장관 또는 관계 행정기관의 장에게 제출하여야 한다($^{영\ 제33조}_{제1항}$).

① 전략물자수출허가신청서 또는 상황허가신청서

② 수출계약서, 수출가계약서(輸出假契約書) 또는 이에 준하는 서류

③ 수입국의 정부가 발행하는 수입목적확인서 또는 이에 준하는 서류

④ 수출하는 물품등의 용도와 성능을 표시하는 서류

⑤ 수출하는 물품등의 기술적 특성에 관한 서류

⑥ 수출하는 물품등의 용도 등에 관한 최종 사용자의 서약서

⑦ 그 밖에 수출허가 또는 상황허가에 필요한 서류로서 산업통상자원부장관이 정하여 고시하는 서류

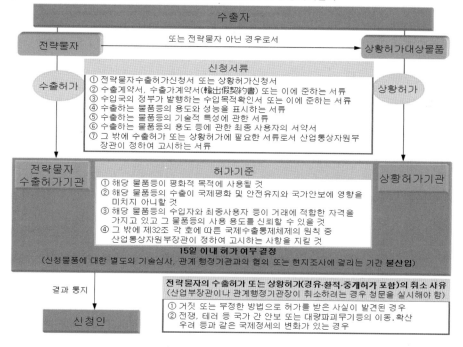

◯ 전략물자 수출허가 및 대량파괴무기등의 상황허가기관 및 상황허가절차

(나) 전략물자의 수출허가 및 상황허가의 기준

산업통상자원부장관 또는 관계 행정기관의 장은 수출허가 신청이나 상황허가 신청을 받으면 국제평화 및 안전유지와 국가안보 등 대통령령으로 정하는 다음의 기준에 따라 수출허가나 상황허가를 할 수 있다(법 제19조 제4항 및 영 제34조).

① 해당 물품등이 평화적 목적에 사용될 것

② 해당 물품등의 수출이 국제평화 및 안전유지와 국가안보에 영향을 미치지 아니할 것

③ 해당 물품등의 수입자와 최종사용자 등이 거래에 적합한 자격을 가지고 있고 그 물품의 사용 용도를 신뢰할 수 있을 것

④ 그 밖에 제32조 각 호에 따른 국제수출통제체제의 원칙 중 산업통상자원부장관이 정하여 고시하는 사항을 지킬 것

(다) 전략물자의 수출허가 및 상황허가

전략물자 수출허가신청이나 상황허가신청을 받은 산업통상자원부장관 또는 관계 행정기관의 장은 15일 이내에 수출허가나 상황허가의 여부를 결정하고 그 결과를 신청인에게 알려야 한다. 다만, 수출허가나 상황허가를 신청한 물품등에 대하여 별도의 기술 심사, 국내·국제관계기관과의 협의 또는 현지조사가 필요한 경우에는 그 협의나 현지조사를 하는 데에 걸리는 기간은 본문에 따른 기간에 산입하지 아니한다(영 제33조 제2항).

(라) 전략물자등의 수출허가 및 상황허가(또는 경유·환적·중개허가)의 취소

산업통상자원부장관 또는 관계 행정기관의 장은 수출허가 또는 상황허가, 제23조 제3항에 따른 경유 또는 환적허가, 제24조에 따른 중개허가를 한 후 다음의 어느 하나에 해당하는 경우에는 해당 허가를 취소할 수 있으며, 수출허가, 상황허가, 경유 또는 환적허가, 중개허가의 취소의 처분을 하려면 청문을 하여야 한다(법 제24조의3 및 제47조 제1호).

① 거짓 또는 부정한 방법으로 허가를 받은 사실이 발견된 경우

② 전쟁, 테러 등 국가 간 안보 또는 대량파괴무기등의 이동·확산 우려 등과 같은 국제정세의 변화가 있는 경우

(6) 전략물자등의 수출허가 및 상황허가 위반에 따른 벌칙

(가) 7년 이하의 징역 또는 물품가격 5배 이하의 벌금형

다음의 어느 하나에 해당하는 위반행위를 한 자는 7년 이하의 징역 또는 수출하는 물품등의 가격의 5배에 해당하는 금액 이하의 벌금에 처하며, 미수범은 본죄에 준하여 처벌한다$\left(\substack{\text{법 제53조 제1항}\\\text{제1호·제2호 및 제55조}}\right)$.

① 전략물자등의 국제적 확산을 꾀할 목적으로, 전략물자 수출허가를 받지 아니하고 전략물자를 수출한 자(제19조 제2항)

② 전략물자등의 국제적 확산을 꾀할 목적으로, 상황허가를 받지 아니하고 상황허가 대상인 물품등을 수출한 자(제19조 제3항)

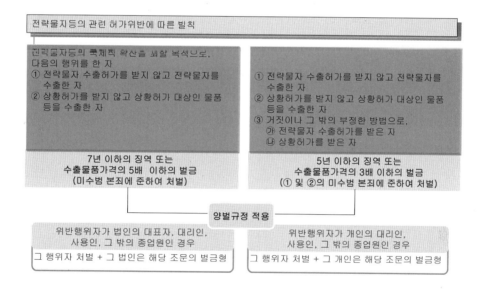

(나) 5년 이하의 징역 또는 물품가격 3배 이하의 벌금형

다음의 어느 하나에 해당하는 자는 5년 이하의 징역 또는 수출·수입하는 물품등의 가격의 3배에 상당하는 금액 이하의 벌금에 처하며, 다음의 ① 및 ③의 미수범은 본죄에 준하여 처벌한다$\left(\substack{\text{법 제53조 제2항}\\\text{제2호~제5호 및 제55조}}\right)$.

① 전략물자 수출허가를 받지 아니하고 전략물자를 수출한 자(제19조 제2항)

② 거짓이나 그 밖의 부정한 방법으로 전략물자 수출허가를 받은 자(제19조 제2항)

③ 상황허가를 받지 아니하고 상황허가 대상인 물품등을 수출한 자(제19조 제3항)

④ 거짓이나 그 밖의 부정한 방법으로 상황허가를 받은 자(제19조 제3항)

(다) 양벌규정

법인의 대표자나 법인 또는 개인의 대리인, 사용인, 그 밖의 종업원이 그 법인 또는 개인의 업무에 관하여 상기의 "벌칙"의 규정(법 제53조, 제53조의2 또는 제54조부터 제56조까지)의 어느 하나에 해당하는 위반행위를 하면 그 행위자를 벌하는 외에 그 법인 또는 개인에게도 해당 조문의 벌금형을 과(科)한다. 다만, 법인 또는 개인이 그 위반행위를 방지하기 위하여 해당 업무에 관하여 상당한 주의와 감독을 게을리하지 아니한 경우에는 그러하지 아니하다$\left(\substack{법 \\ 제57조}\right)$.

2. 전략물자의 판정 등

(1) 전략물자의 판정신청

물품등의 무역거래자(법 제19조 제2항에 따른 기술이전 행위의 전부 또는 일부를 위임하거나 기술이전 행위를 하는 자를 포함한다. 이하 제24조의2 및 제25조에서 같다)는 대통령령으로 정하는 바에 따라 산업통상자원부장관이나 관계 행정기관의 장에게 수출하려는 물품등이 전략물자 또는 "법 제19조 제3항 제13호"(그 밖에 국제정세의 변화 또는 국가안전보장을 해치는 사유의 발생 등으로 산업통상자원부장관이나 관계 행정기관의 장이 상황허가를 받도록 정하여 고시하는 경우)에 따른 상황허가 대상인 물품등에 해당하는지에 대한 판정을 신청할 수 있다. 이 경우 산업통상자원부장관이나 관계 행정기관의 장은 법 제29조에 따른 전략물자관리원장 또는 "대통령령으로 정하는 관련 전문기관(「원자력안전법」 제6조에 따른 한국원자력통제기술원)"에 판정을 위임하거나 위탁할 수 있는 바, 전략물자 또는 상황허가 대상인 물품등에 해당하는지에 대한 판정 또는 통보에 관한 권한을 전략물자관리원에 위탁한다$\left(\substack{법 \ 제20조 \ 제2항 \\ 및 \ 영 \ 제91조 \ 제12항}\right)$.

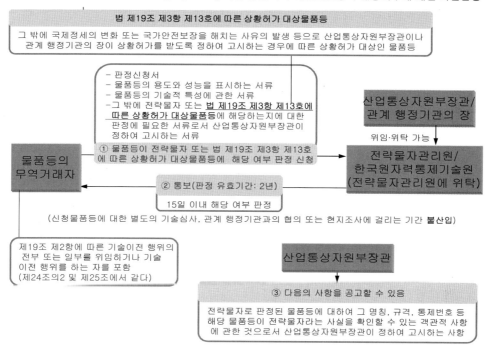

● 전략물자 또는 법 제19조 제3항 제13호에 따른 상황허가 대상물품등의 해당여부에 대한 사전판정

따라서, 해당 물품등이 전략물자 또는 제19조 제3항 제13호에 따른 상황허가 대상인 물품등에 해당하는지에 대하여 판정을 받으려는 자는 다음의 서류를 첨부하여 "산업통상자원부장관이나 관계 행정기관의 장"(전략물자관리원에 위탁함)에게 제출하여야 한다 $\left(\begin{smallmatrix}영\ 제36조\\제1항\end{smallmatrix}\right)$.

① 판정신청서

② 물품등의 용도와 성능을 표시하는 서류

③ 물품등의 기술적 특성에 관한 서류

④ 그 밖에 전략물자 또는 법 제19조 제3항 제13호에 따른 상황허가 대상인 물품등에 해당하는지에 대한 판정에 필요한 서류로서 산업통상자원부장관이 정하여 고시하는 서류

(2) 전략물자의 사전판정기관

전략물자·기술의 사전판정기관은 "전략물자의 수출허가(상황허가)기관"(제4조)과 같

다. 다만, 다만, 산업통상자원부장관은 대외무역법시행령 제91조 제12항 제1호에 따른 전략물자관리원에 전략물자의 사전판정업무를 위탁한다$\left(\substack{\text{전략물자수출입}\\\text{고시 제5조 제1항}}\right)$.

또한, 사전판정기관의 장은 제1항에 따른 사선판정업무를 수행하기 위하여 필요한 경우 「대외무역법 시행령」 제49조에 따라 전략물자기술자문단 등 전문기관에게 자문을 구할 수 있다$\left(\substack{\text{전략물자수출입}\\\text{고시 제5조 제2항}}\right)$.

그리고, 전략물자관리원장은 산업통상자원부장관이 정하는 바에 따라 전략물자 사전판정신청인으로부터 판정료를 청구할 수 있다$\left(\substack{\text{전략물자수출입}\\\text{고시 제5조 제3항}}\right)$.

(3) 전략물자의 판정

전략물자의 판정신청을 받은 "산업통상자원부장관이나 관계 행정기관의 장"(전략물자관리원에 위탁함)은 15일 이내에 신청한 물품등이 전략물자 또는 법 제19조 제3항 제13호에 따른 상황허가 대상인 물품등에 해당하는지를 판정하여 신청인에게 알려야 한다. 다만, 판정을 신청한 물품등에 대하여 별도의 기술 심사나 다른 관계 행정기관과의 협의가 필요한 경우 그 기술 심사나 협의를 하는 데에 필요한 기간은 본문에 따른 기간에 산입하지 아니한다$\left(\substack{\text{영 제36조}\\\text{제2항}}\right)$.

(4) 전략물자 판정의 유효기간

전략물자 또는 법 제19조 제3항 제13호에 따른 상황허가 대상인 물품등에 해당하는지에 대한 판정의 유효기간은 2년으로 한다$\left(\substack{\text{영 제36조}\\\text{제3항}}\right)$.

(5) 전략물자 또는 상황허가 대상인 물품등으로 판정된 물품등의 공고

산업통상자원부장관은 전략물자 수출입통제업무를 효율적으로 수행하기 위하여 필요한 경우 제2항에 따라 전략물자로 판정된 물품등에 대하여 그 명칭, 규격, 통제번호 등 해당 물품등이 전략물자라는 사실을 확인할 수 있는 객관적 사항에 관한 것으로서 산업통상자원부장관이 정하여 고시하는 사항을 공고할 수 있다$\left(\substack{\text{영 제36조}\\\text{제4항}}\right)$.

3. 전략물자수입목적확인서의 발급

(1) 전략물자수입목적확인서의 정의

"수입목적확인서"란 수입자가 해당 전략물자를 수입하여 사용하려는 목적과 그 전략물자를 제3국으로 전송, 환적 또는 수출하지 않을 것임을 서약한 사실을 정부가 확인해 주는 서류를 말한다$\binom{전략물자수출입}{고시\ 제2조\ 제8호}$.

● 전략물자 수입목적확인서의 발급

전략물자수입
목적확인서 : 수입자가 해당 전략물자를 수입하여 사용하려는 목적과 그 전략물자를 제3국으로 전송, 환적 또는 수출하지 않을 것임을 서약한 사실을 정부가 확인해 주는 서류(유효기간: 발급일부터 1년 이내)

(2) 전략물자수입목적확인서의 발급신청

전략물자를 수입하려는 자는 대통령령으로 정하는 바에 따라 산업통상자원부장관이나 관계 행정기관의 장에게 수입목적 등의 확인을 내용으로 하는 수입목적확인서의 발급을 신청할 수 있다$\binom{법\ 제22조}{전단}$.

따라서, 전략물자 수입목적확인서를 발급받으려는 자는 전략물자 수입목적확인서발급신청서에 그 전략물자의 최종사용자 및 사용 목적을 증명할 수 있는 서류 등 전략물자의 수입목적을 확인하는 데에 필요한 서류로서 산업통상자원부장관이나 관계 행정기관의 장이 정하여 고시하는 서류를 첨부하여 산업통상자원부장관이나 관계 행정기관의 장에게 제출하여야 한다$\binom{영\ 제40조}{제1항}$.

수입목적확인서 발급기관은 "전략물자의 수출허가(상황허가)기관"(제4조)과 같다

$\binom{\text{전략물자수출입}}{\text{고시 제8조}}$. 따라서, 전략물자수출허가기관은 전략물자, 상황허가대상물품등의 수출허가 또는 상황허가 뿐만 아니라 수입목적확인서를 발급한다.

(3) 전략물자수입목적확인서의 발급

산업통상자원부장관과 관계 행정기관의 장은 수입목적 등의 확인 신청 내용이 사실인지 확인한 후 수입목적확인서를 발급할 수 있는 바, 전략물자 수입목적확인서의 발급신청을 받은 산업통상자원부장관이나 관계 행정기관의 장은 7일 이내에 전략물자 수입목적확인서를 발급하여야 한다. 다만, 수입목적 확인을 신청한 물품등에 대하여 별도의 기술 심사나 관계 행정기관과의 협의가 필요한 경우 그 기술 심사나 협의를 하는 데에 필요한 기간은 본문에 따른 기간에 산입하지 아니한다$\binom{\text{법 제22조 후단}}{\text{및 영 제40조 제2항}}$.

(4) 전략물자수입목적확인서의 발급의 유효기간

제2항에 따라 발급한 전략물자 수입목적확인서의 유효기간은 1년으로 한다$\binom{\text{영 제40조}}{\text{제3항}}$.

4. 전략물자등에 대한 이동중지명령과 이동중지조치

(1) 전략물자등의 이동중지명령

산업통상자원부장관과 관계 행정기관의 장은 "전략물자등"(전략물자나 상황허가 대상인 물품등)이 "불법수출"(허가를 받지 아니하고 수출되거나 거짓이나 그 밖의 부정한 방법으로 허가를 받아 수출되는 것)되는 것을 막기 위하여 필요하면 적법한 수출이라는 사실이 확인될 때까지 전략물자등의 이동중지명령을 할 수 있다$\binom{\text{법 제23조}}{\text{제1항}}$.

(2) 전략물자등의 이동중지조치

(가) 전략물자등의 이동중지조치

제1항에도 불구하고 산업통상자원부장관과 관계 행정기관의 장은 전략물자등의 불법수출을 막기 위하여 긴급하게 그 이동을 제한할 필요가 있으면 적법한 수출이라는 사실이 확인될 때까지 직접 그 이동을 중지시킬 수 있다$\binom{\text{법 제23조}}{\text{제2항}}$.

(나) 전략물자등의 이동중지조치에 대한 협조요청

산업통상자원부장관 또는 관계 행정기관의 장은 제2항에 따른 이동중지조치나 제3항에 따른 경유 또는 환적의 허가를 하기가 적절하지 아니하면 다른 행정기관에 협조를 요청할 수 있다. 이 경우 협조를 요청받은 행정기관은 국내 또는 외국의 전략물자등의 국가 간 불법수출을 막을 수 있도록 협조하여야 한다$\left(\begin{smallmatrix}법 & 제23조 \\ & 제5항\end{smallmatrix}\right)$.

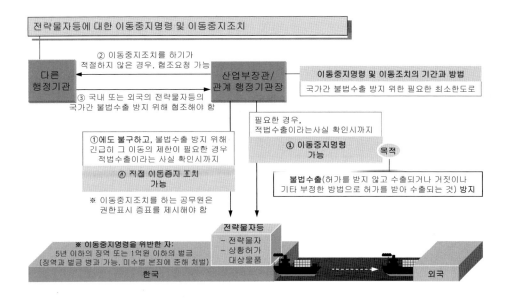

(3) 공무원의 권한표시의 제시의무

제2항 또는 제4항에 따라 이동중지조치를 하는 공무원은 그 권한을 표시하는 증표를 지니고 이를 관계인에게 내보여야 한다$\left(\begin{smallmatrix}법 & 제23조 \\ & 제6항\end{smallmatrix}\right)$.

(4) 전략물자등의 이동중지명령과 조치의 기간 및 방법

제1항·제2항 및 제4항에 따른 이동중지명령 및 이동중지조치의 기간과 방법은 전략물자등의 국가 간 불법수출을 막기 위하여 필요한 최소한도에 그쳐야 한다$\left(\begin{smallmatrix}법 & 제23조 \\ & 제7항\end{smallmatrix}\right)$.

(5) 전략물자등의 이동중지명령의 위반에 따른 벌칙

전략물자등의 불법수출에 따른 이동중지명령을 위반한 자(제23조제1항)는 5년 이하의 징역 또는 1억원 이하의 벌금에 처한다. 이 경우 징역과 벌금은 병과(倂科)할 수 있다$\left(\begin{smallmatrix}법 & 제53조의2 \\ & 제1호\end{smallmatrix}\right)$.

5. 전략물자등의 경유 또는 환적의 허가신청

(1) 전략물자등의 경유 또는 환적의 허가

전략물자등을 국내 항만이나 공항을 경유하거나 국내에서 환적(換積)하려는 자로서 대통령령으로 정하는 다음의 어느 하나에 해당하는 자는 대통령령으로 정하는 바에 따라 산업통상자원부장관이나 관계 행정기관의 장의 허가를 받아야 한다(법 제23조 제3항 및 영 제40조의2 제1항).

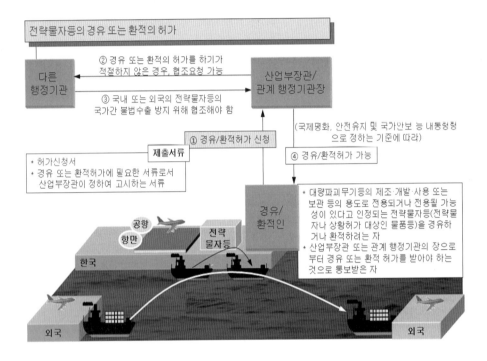

① 대량파괴무기등의 제조 · 개발 · 사용 또는 보관 등의 용도로 전용되거나 전용될 가 능성이 있다고 인정되는 "전략물자등"(전략물자나 상황허가 대상인 물품등)을 경 유하거나 환적하려는 자

② 산업통상자원부장관 또는 관계 행정기관의 장으로부터 법 제23조 제3항에 따른 경 유 또는 환적 허가를 받아야 하는 것으로 통보받은 자

따라서, 경유 또는 환적허가를 받으려는 자는 산업통상자원부장관이 고시하는 경유 또는 환적 허가 신청서에 다음 각 호의 서류를 첨부하여 산업통상자원부장관 또는 관계 행정기관의 장에게 제출하여야 한다(영 제40조의2 제2항).

① 거래계약서 또는 이에 준하는 서류

② 해당 경유 또는 환적에 관련된 수출자, 수입자, 최종 사용자 등에 관한 서류

③ 그 밖에 전략물자등의 경유 또는 환적 허가에 필요한 서류로서 산업통상자원부장관이 정하여 고시하는 서류

(2) 전략물자등의 경유 또는 환적의 허가

산업통상자원부장관과 관계 행정기관의 장은 제3항에 따른 경유 또는 환적 허가의 신청을 받은 경우 국제평화, 안전유지 및 국가안보 등 대통령령으로 정하는 기준에 따라 허가할 수 있다(법 제23조
제4항).

(가) 전략물자등의 경유 또는 환적허가의 기준

법 제23조 제4항에서 "국제평화, 안전유지 및 국가안보 등 대통령령으로 정하는 기준"이란 다음 각 호의 기준을 말한다(영
제40조의3).

① 해당 전략물자등이 평화적 목적에 사용될 것

② 해당 전략물자등의 경유 또는 환적이 국제평화 및 안전유지와 국가안보에 영향을 미치지 아니할 것

③ 해당 전략물자등의 수출자, 수입자, 최종 사용자 등이 거래에 적합한 자격을 가지고 있고 그 전략물자등의 사용 용도를 신뢰할 수 있을 것

④ 그 밖에 제32조 각 호에 따른 국제수출통제체제의 원칙 중 산업통상자원부장관이 정하여 고시하는 사항을 지킬 것

(나) 전략물자등의 경유 또는 환적허가 여부의 결과 통지

경유 또는 환적 허가 신청서를 제출받은 산업통상자원부장관이나 관계 행정기관의 장은 15일 이내에 경유 또는 환적 허가 여부를 결정하고 그 결과를 신청인에게 알려야 한다. 다만, 경유 또는 환적 허가를 신청한 전략물자등에 대하여 별도의 기술 심사, 국내·국제 관계기관과의 협의 또는 현지조사가 필요한 경우 이를 위하여 걸리는 기간은 본문에 따른 기간에 산입하지 아니한다(영 제40조의2
제3항).

(3) 전략물자등의 경유 또는 환적에 대한 협조요청

산업통상자원부장관 또는 관계 행정기관의 장은 제2항에 따른 이동중지조치나 제3항에 따른 경유 또는 환적의 허가를 하기가 적절하지 아니하면 다른 행정기관에 협조를 요청할 수 있다. 이 경우 협조를 요청받은 행정기관은 국내 또는 외국의 전략물자등의 국가 간 불법수출을 막을 수 있도록 협조하여야 한다(법 제23조 제5항).

(4) 전략물자등의 경유·환적허가 위반에 따른 벌칙

(가) 7년 이하의 징역 또는 물품가격 5배 이하의 벌금형

전략물자등의 국제적 확산을 꾀할 목적으로 경유 또는 환적허가를 받지 아니하고 전략물자등을 경유 또는 환적한 자(제23조 제3항)는 7년 이하의 징역 또는 경유·환적하는 물품등의 가격의 5배에 해당하는 금액 이하의 벌금에 처하며, 미수범은 본죄에 준하여 처벌한다(법 제53조 제1항 및 제55조).

(나) 5년 이하의 징역 또는 물품가격 3배 이하의 벌금형

다음의 어느 하나에 해당하는 자는 5년 이하의 징역 또는 경유·환적하는 물품등의 가격의 3배에 상당하는 금액 이하의 벌금에 처한다(법 제53조 제2항).

① 경유 또는 환적허가를 받지 아니하고 전략물자등을 경유 또는 환적한 자(제23조 제3항)
② 거짓이나 그 밖의 부정한 방법으로 경유 또는 환적허가를 받은 자(제23조 제3항)

(다) 양벌규정

법인의 대표자나 법인 또는 개인의 대리인, 사용인, 그 밖의 종업원이 그 법인 또는 개인의 업무에 관하여 상기의 "벌칙"의 규정(법 제53조, 제53조의2 또는 제54조부터 제56조까지)의 어느 하나에 해당하는 위반행위를 하면 그 행위자를 벌하는 외에 그 법인 또는 개인에게도 해당 조문의 벌금형을 과(科)한다. 다만, 법인 또는 개인이 그 위반행위를 방지하기 위하여 해당 업무에 관하여 상당한 주의와 감독을 게을리하지 아니한 경우에는 그러하지 아니하다(법 제57조).

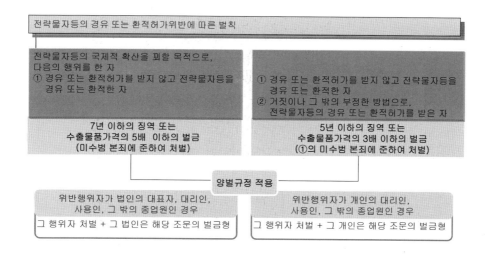

전략물자등의 경유 또는 환적허가위반에 따른 벌칙

전략물자등의 국제적 확산을 꾀할 목적으로, 다음의 행위를 한 자
① 경유 또는 환적허가를 받지 않고 전략물자등을 경유 또는 환적한 자

① 경유 또는 환적허가를 받지 않고 전략물자등을 경유 또는 환적한 자
② 거짓이나 그 밖의 부정한 방법으로, 전략물자등의 경유 또는 환적허가를 받은 자

7년 이하의 징역 또는 수출물품가격의 5배 이하의 벌금 (미수범 본죄에 준하여 처벌)

5년 이하의 징역 또는 수출물품가격의 3배 이하의 벌금 (①의 미수범 본죄에 준하여 처벌)

양벌규정 적용

위반행위자가 법인의 대표자, 대리인, 사용인, 그 밖의 종업원인 경우
그 행위자 처벌 + 그 법인은 해당 조문의 벌금형

위반행위자가 개인의 대리인, 사용인, 그 밖의 종업원인 경우
그 행위자 처벌 + 그 개인은 해당 조문의 벌금형

6. 전략물자등의 중개

(1) 전략물자등의 중개허가 및 면제

(가) 전략물자등의 중개허가

전략물자등을 제3국에서 다른 제3국으로 이전하거나 매매하기 위하여 중개5)하려는 자는 대통령령으로 정하는 바에 따라 산업통상자원부장관이나 관계 행정기관의 장의 허가를 받아야 한다(법 제24조 제1항 본문).

(나) 전략물자등의 중개허가의 면제

그 전략물자등의 이전·매매가 수출국으로부터 "국제수출통제체제의 원칙에 따른 수출허가를 받은 경우 등 대통령령으로 정하는 다음의 어느 하나에 해당하는 때"에는 중개허가를 받지 아니한다(법 제24조 제1항 단서 및 영 제41조의2).

① 국제수출통제체제의 원칙에 따라 수출국으로부터 수출허가를 받은 때

② 산업통상자원부장관이 고시하는 지역에서 중개에 따른 수출이나 수입이 이루어지는 때

---

5) "중개"란 수수료 그 밖의 대가를 받고 외국에서 다른 외국으로 물품등을 이전하는 거래(유·무상을 불문한다)를 주선하는 행위를 말한다(전략물자수출입고시 제2조 제5호).

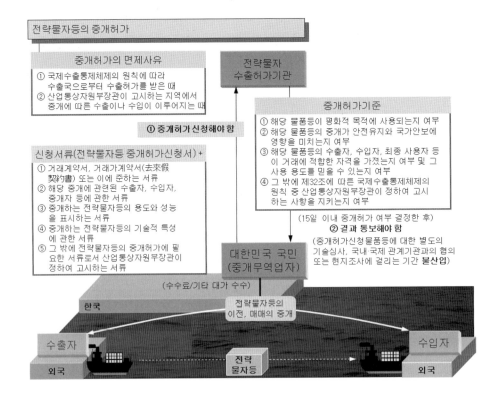

(2) 전략물자등의 중개허가절차

(가) 전략물자등의 중개허가신청

전략물자등을 중개하려는 자는 전략물자등 중개허가신청서에 다음의 서류를 첨부하여 산업통상자원부장관이나 관계 행정기관의 장에게 제출하여야 한다(영 제41조 제1항).

① 거래계약서, 거래가계약서(去來假契約書) 또는 이에 준하는 서류

② 해당 중개에 관련된 수출자, 수입자, 중개자 등에 관한 서류

③ 중개하는 전략물자등의 용도와 성능을 표시하는 서류

④ 중개하는 전략물자등의 기술적 특성에 관한 서류

⑤ 그 밖에 전략물자등의 중개허가에 필요한 서류로서 산업통상자원부장관이 정하여 고시하는 서류

(나) 전략물자등의 중개허가여부 및 결과의 통보

중개허가 신청을 받은 산업통상자원부장관이나 관계 행정기관의 장은 15일 이내에 중

개허가 여부를 결정하고 그 결과를 신청인에게 알려야 한다. 다만, 중개허가를 신청한 물품등에 대하여 별도의 기술 심사, 국내·국제 관계기관과의 협의 또는 현지조사가 필요한 경우 이를 위하여 걸리는 기간은 본문에 따른 기간에 산입하지 아니한다(영 제41조 제2항).

(3) 전략물자등의 중개허가기준

산업통상자원부장관과 관계 행정기관의 장은 중개허가의 신청을 받으면 국제평화 및 안전유지와 국가안보 등 대통령령으로 정하는 다음의 기준에 따라 중개허가를 할 수 있다(법 제24조 제2항 및 영 제42조).

① 해당 물품등이 평화적 목적에 사용될 것
② 해당 물품등의 중개가 국제평화 및 안전유지와 국가안보에 영향을 미치지 아니할 것
③ 해당 물품등의 수출자, 수입자, 최종 사용자 등이 거래에 적합한 자격을 가지고 있고 그 무품등의 사용용도 등을 신뢰할 수 있을 것
④ 그 밖에 제32조에 따른 국제수출통제체제의 원칙 중 산업통상자원부장관이 정하여 고시하는 사항을 지킬 것

(4) 전략물자등의 중개허가 위반에 따른 벌칙

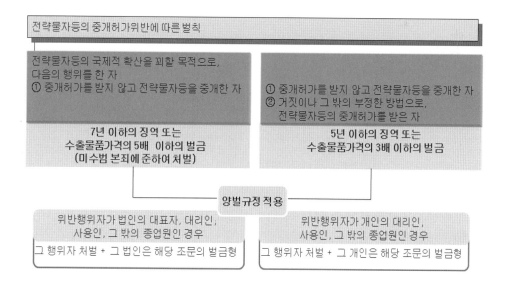

(가) 7년 이하의 징역 또는 물품가격 5배 이하의 벌금형

전략물자등의 국제적 확산을 꾀할 목적으로 중개허가를 받지 아니하고 전략물자등을 중개한 자(제24조)는 7년 이하의 징역 또는 중개하는 물품등의 가격의 5배에 해당하는 금액 이하의 벌금에 처하며, 미수범은 본죄에 준하여 처벌한다(법 제53조 제1항 및 제55조).

(나) 5년 이하의 징역 또는 물품가격 3배 이하의 벌금형

다음의 어느 하나에 해당하는 자는 5년 이하의 징역 또는 중개하는 물품등의 가격의 3배에 상당하는 금액 이하의 벌금에 처한다(법 제53조 제2항).

① 중개허가를 받지 아니하고 전략물자등을 중개한 자(제24조)
② 거짓이나 그 밖의 부정한 방법으로 전략물자등의 중개허가를 받은 자(제24조)

(다) 양벌규정

법인의 대표자나 법인 또는 개인의 대리인, 사용인, 그 밖의 종업원이 그 법인 또는 개인의 업무에 관하여 상기의 "벌칙"의 규정(법 제53조, 제53조의2 또는 제54조부터 제56조까지)의 어느 하나에 해당하는 위반행위를 하면 그 행위자를 벌하는 외에 그 법인 또는 개인에게도 해당 조문의 벌금형을 과(科)한다. 다만, 법인 또는 개인이 그 위반행위를 방지하기 위하여 해당 업무에 관하여 상당한 주의와 감독을 게을리하지 아니한 경우에는 그러하지 아니하다(법 제57조).

7. 전략물자등의 수출허가 등의 유효기간

(1) 전략물자등의 수출허가 등의 유효기간의 원칙

다음의 어느 하나에 해당하는 허가의 유효기간은 1년으로 한다(영 제42조의2 제1항).

① 전략물자의 수출허가(법 제19조 제2항)
② 전략물자등의 상황허가(법 제19조 제3항)
③ 전략물자등의 경유 또는 환적 허가(법 제23조제3항)
④ 전략물자등의 중개허가(법 제24조)

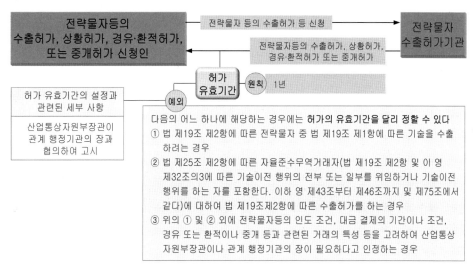

● 전략물자등의 수출허가 등의 유효기간

(2) 전략물자등의 수출허가 등의 유효기간의 예외

산업통상자원부장관 또는 관계 행정기관의 장은 다음의 어느 하나에 해당하는 경우에는 제1항 각 호에 따른 허가의 유효기간을 달리 정할 수 있다(영 제42조의2 제2항).

① 법 제19조 제2항에 따른 전략물자 중 법 제19조 제1항에 따른 기술을 수출하려는 경우

② 법 제25조 제2항에 따른 자율준수무역거래자(법 제19조 제2항 및 이 영 제32조의3에 따른 기술이전 행위의 전부 또는 일부를 위임하거나 기술이전 행위를 하는 자를 포함한다. 이하 영 제43조부터 제46조까지 및 제75조에서 같다)에 대하여 법 제19조제2항에 따른 수출허가를 하는 경우

③ 위의 ① 및 ② 외에 전략물자등의 인도 조건, 대금 결제의 기간이나 조건, 경유 또는 환적이나 중개 등과 관련된 거래의 특성 등을 고려하여 산업통상자원부장관이나 관계 행정기관의 장이 필요하다고 인정하는 경우

(3) 전략물자등의 수출허가 유효기간의 설정에 관한 세부사항

제2항에 따른 허가 유효기간의 설정과 관련된 세부적인 사항은 산업통상자원부장관이 관계 행정기관의 장과 협의하여 고시할 수 있다(영 제42조의2 제3항).

8. 전략물자등과 관련된 서류의 보관기간과 허가의 취소

(1) 전략물자등과 관련된 서류의 보관기간

무역거래자는 다음의 서류를 5년간 보관하여야 한다(법 제24조의2).

① 전략물자 또는 상황허가 대상인 물품등에 해당하는지에 대한 판정을 신청한 경우 그 판정에 관한 서류

② 전략물자등을 수출·경유·환적·중개한 자의 경우 그 수출허가·상황허가, 제23조 제3항에 따른 경유 또는 환적허가, 제24조에 따른 중개허가에 관한 서류

③ 그 밖에 산업통상자원부장관이나 관계 행정기관의 장이 정하여 고시하는 서류

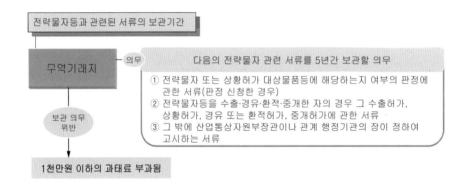

5년간 보관해야 하는 상기의 서류 보관의무를 위반한 무역거래자(제24조의2)에게는 1천만원 이하의 과태료를 부과한다(법 제59조 제2항 제1호).

(2) 전략물자등의 수출허가 및 상황허가(또는 경유·환적·중개허가)의 취소

산업통상자원부장관 또는 관계 행정기관의 장은 수출허가 또는 상황허가, 제23조 제3항에 따른 경유 또는 환적허가, 제24조에 따른 중개허가를 한 후 다음의 어느 하나에 해당하는 경우에는 해당 허가를 취소할 수 있으며, 수출허가, 상황허가, 경유 또는 환적허가, 중개허가의 취소의 처분을 하려면 청문을 하여야 한다(법 제24조의3 및 제47조 제1호).

① 거짓 또는 부정한 방법으로 허가를 받은 사실이 발견된 경우

② 전쟁, 테러 등 국가 간 안보 또는 대량파괴무기등의 이동·확산 우려 등과 같은 국제 정세의 변화가 있는 경우

9. 자율준수무역거래자

수출품목의 『최종 사용용도』 및 『최종 사용자』에 대한 우려용도로의 전용여부에 대한 판단이 필요한 상황허가(Catch-all) 제도가 9.11 이후 전세계적으로 시행됨에 따라, 기업 측에서의 행정절차의 간소화 및 수출선적의 적기실행의 용이성, 행정기관 측에서의 업무부담 절감에 따른 실질적 통제임무 수행의 용이성 등을 위하여 기업 또는 대통령령으로 정하는 대학 및 연구기관이 자율적으로 수출통제를 하는 전략물자 수출통제 수단 자율준수체제(CP, Compliance Program)[6]가 도입되었다. 이러한 제도의 도입에 따라 자율준수무역거래자로 지정(인증)된 자는 다음의 특례가 부여된다.[7]

① 자율준수무역거래자로 지정(인증)된 경우 일정기간(1~2년) 유효한 『포괄수출허가』를 신청할 수 있는 자격이 부여된다. 즉, 개별 수출허가시의 행정적 부담과 무역거래상의 번거로움을 해결할 수 있다.

② 전략물자 수출허가신청 첨부서류 중 상당부분을 수출 후 7일 이내 제출할 수 있다("나"지역), 여기에서 "나"지역은 전략물자 통합공고상 "가"지역인 29개국을 제외한 전국가를 말한다.

③ 자율준수무역거래자에 대하여는 전략물자 수출통제 관련법규 위반시 고의가 아닐 경우, 행정제재시 경감을 받을 수 있다.

(1) 자율준수무역거래자의 지정

"자율준수무역거래자"(법 제19조 제2항 및 이 영 제32조의3에 따른 기술이전 행위의 전부 또는 일부를 위임하거나 기술이전 행위를 하는 자를 포함한다. 이하 영 제43조부터 제46조까지 및 제75조에서 같다)란 대외무역법 제25조에 의하여 자율준수체제를 이행하는 업체가 신청하는 경우 일정한 심사를 거쳐 산업통상자원부장관이 지정하는 제도로서, 「전략물자 수출입고시」 제60조 3항을 갖춘 기업 또는 대통령령으로 정하는 대학 및 연구기관이 Yestrade를 통해 신청서류(신청서, 회사소개서, 조직도, 규정)를 산업통상자원

---

6) 자율준수체제(CP, Compliance Program)는 2005년에 도입된 제도로서, 무역거래자가 내부적으로 영업부서와는 별개의 독립적인 수출거래심사 및 통제시스템을 갖추고, 수출물품에 대해 전략물자 해당여부 및 법령상 수출가능 여부를 판단하여, 우려되는 수출거래를 거부하거나 정부 허가기관과 밀접하게 협력하여 수출허가 절차를 이행하는 제도를 말한다.

7) http://www.yestrade.go.kr/

부에 제출·지정신청한다.[8)]

산업통상자원부장관은 기업 또는 "대통령령으로 정하는 다음의 대학 및 연구기관"의 자율적인 전략물자 관리능력을 높이기 위하여 전략물자 여부에 대한 판정능력, 수입자 및 최종 사용자에 대한 분석능력 등 "대통령령으로 정하는 다음의 능력"을 갖춘 무역거래자를 "자율준수무역거래자"(법 제19조 제2항 및 이 영 제32조의3에 따른 기술이전 행위의 전부 또는 일부를 위임하거나 기술이전 행위를 하는 자를 포함한다. 이하 영 제43조부터 제46조까지 및 제75조에서 같다)로 지정할 수 있다$\binom{\text{법 제25조}}{\text{제1항}}$.

여기에서, "대통령령으로 정하는 대학 및 연구기관"이란 다음의 어느 하나에 해당하는 대학 및 연구기관을 말한다$\binom{\text{영 제43조}}{\text{제1항}}$.

① 「고등교육법」 제2조에 따른 대학, 산업대학, 전문대학 및 기술대학
② 「과학기술분야 정부출연연구기관 등의 설립·운영 및 육성에 관한 법률」 에 따라 설립된 과학기술분야 정부출연연구기관
③ 「기초연구진흥 및 기술개발지원에 관한 법률」 제14조의2제1항에 따라 인정받은 기업부설연구소
④ 「산업기술연구조합 육성법」 에 따른 산업기술연구조합
⑤ 국·공립 연구기관
⑥ 「특정연구기관 육성법」 제2조에 따른 특정연구기관
⑦ 「산업기술혁신 촉진법」 제42조에 따른 전문생산기술연구소

또한, "대통령령으로 정하는 능력"이란 다음의 능력을 말한다$\binom{\text{영 제43조}}{\text{제2항}}$.

① 전략물자 해당 여부에 대한 판정능력
② 수입자 및 최종 사용자에 대한 분석능력
③ 자율관리조직의 구축 및 운용 능력

---

8) 산업통상자원부 보도자료, 한전 UAE원전사업단 전략물자 CP지정, 2010.8.6.

290

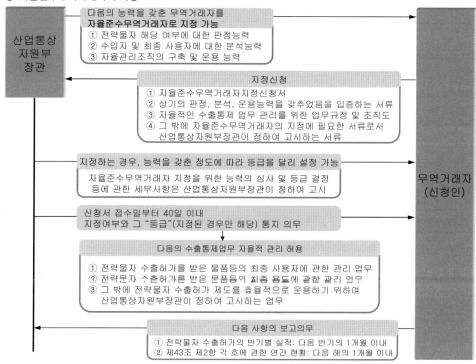

● 자율준수무역거래자의 지정

산업통상 자원부 장관	다음의 능력을 갖춘 무역거래자를 **자율준수무역거래자로 지정 가능** ① 전략물자 해당 여부에 대한 판정능력 ② 수입자 및 최종 사용자에 대한 분석능력 ③ 자율관리조직의 구축 및 운용 능력	무역거래자 (신청인)

지정신청
① 자율준수무역거래자지정신청서
② 상기의 판정, 분석, 운용능력을 갖추었음을 입증하는 서류
③ 자율적인 수출통제 업무 관리를 위한 업무규정 및 조직도
④ 그 밖에 자율준수무역거래자의 지정에 필요한 서류로서
   산업통상자원부장관이 정하여 고시하는 서류

지정하는 경우, 능력을 갖춘 정도에 따라 등급을 달리 설정 가능
자율준수무역거래자 지정을 위한 능력의 심사 및 등급 결정
등에 관한 세부사항은 산업통상자원부장관이 정하여 고시

신청서 접수일부터 40일 이내
지정여부와 그 "등급"(지정된 경우만 해당) 통지 의무

다음의 수출통제업무 자율적 관리 허용
① 전략물자 수출허가를 받은 물품등의 최종 사용자에 관한 관리 업무
② 전략물자 수출허가를 받은 물품등이 최종 용도에 관한 관리 업무
③ 그 밖에 전략물자 수출허가 제도를 효율적으로 운용하기 위하여
   산업통상자원부장관이 정하여 고시하는 업무

다음 사항의 보고의무
① 전략물자 수출허가의 반기별 실적: 다음 반기의 1개월 이내
② 제43조 제2항 각 호에 관한 연간 현황: 다음 해의 1개월 이내

(가) 자율준수무역거래자의 지정신청

자율준수무역거래자로 지정받으려는 자는 다음의 구비서류를 산업통상자원부장관에게 제출하여야 한다$\binom{영\ 제43조}{제3항}$.

① 자율준수무역거래자지정신청서

② 제2항 각 호의 능력을 갖추었음을 입증하는 서류

③ 자율적인 수출통제 업무 관리를 위한 업무규정 및 조직도

④ 그 밖에 자율준수무역거래자의 지정에 필요한 서류로서 산업통상자원부장관이 정하여 고시하는 서류

(나) 자율준수무역거래자의 등급 설정

산업통상자원부장관은 법 제25조 제1항에 따라 자율준수무역거래자를 지정하는 경우 제2항에 따른 능력을 갖춘 정도에 따라 자율준수무역거래자의 등급을 달리 정할 수 있다 $\binom{영\ 제43조}{제4항}$.

또한, 제2항에 따른 자율준수무역거래자 지정을 위한 능력의 심사 및 등급 결정 등에 관한 세부사항은 산업통상자원부장관이 정하여 고시한다(영 제43조 제6항).

(다) 자율준수무역거래자의 지정여부 통보

산업통상자원부장관은 자율준수무역거래자 지정신청을 받았을 때에는 신청서 접수일부터 40일 이내에 지정여부와 그 등급(자율준수무역거래자로 지정된 경우만 해당)을 신청인에게 알려야 한다(영 제43조 제5항).

참고로, 산업통상자원부는 자율준수무역거래자 지정 희망기업을 모집하여, 교육 지원을 통해 자율준수무역거래자로 육성하고 있는데, 2009년 12월 31일 기준으로 74개 사가 자율준수무역거래자로 지정되었다.[9]

● 자율준수무역거래자 지정 현황

> 캐논세미컨덕터엔지니어링코리아, 하이닉스반도체, 삼성전자, 삼성물산, 앰코테크놀러지코리아, 삼성SDI, 삼성전기, 주성엔지니어링, 텍사스인스트루먼트코리아, 씨씨아이, 매그나칩반도체, LG필립스LCD, 두산중공업, 동우화인켐, LG전자, 삼성정밀화학, 디아이, 케이씨텍, 피에스케이, BNF테크놀로지, 예스티, 씨그마알드리치코리아, 파인디앤씨, 국제엘렉트릭코리아, 글로벌스탠다드테크놀로지, 이오테크닉스, 인지디스플레이, 엑시콘, 덕인, LG상사, 에스에프에이는 2007년도에 지정받았으며, 2008년까지 총 64개 사가 지정되었으며, 2009년도에는 (주)램리서치, (주)페어차일드코리아, (주)풍산 발리녹스, 쉥커코리아, 상일캠테크, 요산ENG, 일진전기, 서경엔지니어링, 기흥기계, SK네트웍스 등이 추가로 지정되었으며, 싸이머코리아, 유진테크, 퀴네엔드나겔, DHL코리아, 서린상사, 세미테크, 동경엘렉트론코리아, 오씨아이상사, 제너럴테크, 제이엠플러스, 뉴텍엔터프라이즈, 한국전력공사, UAE원전사업단, 세종소재, 호산테크(총 89개 사, '10.12.31 현재)

(2) 자율준수무역거래자의 자율관리업무의 범위

산업통상자원부장관은 "자율준수무역거래자"(제1항에 따라 지정을 받은 자율준수무역거래자)에게 대통령령으로 정하는 바에 따라 전략물자에 대한 수출통제업무의 일부를 자율적으로 관리하게 할 수 있는 바, 산업통상자원부장관은 자율준수무역거래자에게 "전략

---

9) 전략물자관리시스템, 자율준수무역거래자 지정 현황(http://www.yestrade.go.kr)

물자의 수출허가"(법 제19조)에 관하여 다음의 수출통제업무를 자율적으로 관리하게 할 수 있다$\binom{\text{법 제25조 제2항}}{\text{및 영 제44조 제1항}}$.

① 법 제19조제2항에 따라 전략물자 수출허가를 받은 물품등의 최종 사용자에 관한 관리 업무

② 법 제19조 제2항에 따라 전략물자 수출허가를 받은 물품등의 최종 용도에 관한 관리 업무

③ 그 밖에 전략물자 수출허가 제도를 효율적으로 운용하기 위하여 산업통상자원부장관이 정하여 고시하는 업무

한편, 산업통상자원부장관은 제43조제4항의 등급에 따라 제1항에 따른 수출통제업무의 자율적인 관리 내용을 달리 정할 수 있다$\binom{\text{영 제44조}}{\text{제2항}}$.

(3) 자율준수무역거래자의 보고

자율준수무역거래자는 제2항에 따라 자율적으로 관리하는 전략물자의 수출실적 등을 대통령령으로 정하는 바에 따라 산업통상자원부장관에게 보고하여야 한다$\binom{\text{법 제25조}}{\text{제3항}}$.

따라서, 자율준수무역거래자는 다음의 사항별로 해당 기간 내에 그 현황이나 실적을 산업통상자원부장관에게 보고하여야 한다$\binom{\text{영}}{\text{제45조}}$.

① 법 제19조에 따른 전략물자 수출허가의 반기별 실적: 다음 반기의 1개월 이내

② "다음"(영 제43조 제2항 각 호)에 관한 연간 현황: 다음 해의 1개월 이내

　㉮ 전략물자 해당 여부에 대한 판정능력

　㉯ 수입자 및 최종 사용자에 대한 분석능력

　㉰ 자율관리조직의 구축 및 운용 능력

(4) 자율준수무역거래자의 지정취소

산업통상자원부장관은 다음의 어느 하나에 해당하는 경우에는 자율준수무역거래자의 지정을 취소할 수 있다$\binom{\text{법 제25조}}{\text{제4항}}$.

① 제1항에 따른 대통령령으로 정하는 능력을 유지하지 못하는 경우

② 고의 또는 중대한 과실로 "전략물자수출허가"(제19조 제2항)를 받지 아니하고 전략물자를 수출한 경우

③ 고의 또는 중대한 과실로 "상황허가"(제19조 제3항)를 받지 아니하고 상황허가 대상인 물품등을 수출한 경우

④ 고의 또는 중대한 과실로 무역거래자가 "서류의 보관의무"(제24조의2)를 이행하지 아니한 경우

⑤ 고의 또는 중대한 과실로 "전략물자등을 제3국에서 다른 제3국으로 이전하거나 매매를 하기 위하여 중개하려는 자가 받아야 하는 중개허가"(제24조)를 받지 아니하고 전략물자를 중개한 경우

⑥ "자율준수무역거래자가 자율적으로 관리하는 수출실적 등의 보고의무"(제3항)를 이행하지 아니한 경우

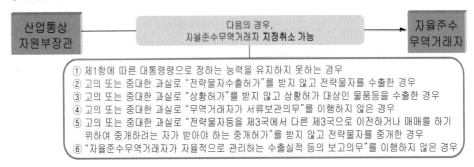

🔵 자율준수무역거래자의 지정취소 요건

10. 전략물자 수출입고시

산업통상자원부장관은 관계 행정기관의 장과 협의하여 제19조, 제20조, 제22조부터 제24조까지, 제24조의2, 제24조의3 및 제25조(전략물자의 고시 및 수출허가 등, 전략물자판정 등, 수입목적확인서의 발급, 전략물자등에 대한 이동중지명령 등, 전략물자의 중개, 서류의 보관, 수출허가 등의 취소, 자율준수무역거래자)에 관한 요령을 고시하여야 한다 _(법 제26조 제1항).

한편, 관세청장은 전략물자등의 수출입 통관절차에 관한 사항을 고시하여야 한다 _(법 제26조 제2항).

11. 전략물자 수출입통제업무관련 비밀준수 의무

(1) 비밀준수 의무

다음의 자는 전략물자 수출입통제업무의 수행과정에서 알게 된 영업상 비밀을 그 업체의 동의 없이 외부에 누설하여서는 아니 된다(법 제27조).

① 이 법에 따른 전략물자의 수출입통제업무와 관련된 공무원

② 전략물자관리원(제29조)의 임직원

③ 전략물자로 판정된 물품등에 대한 전략물자라는 사실의 판정 업무와 관련된 자(제29조 제5항 제1호)

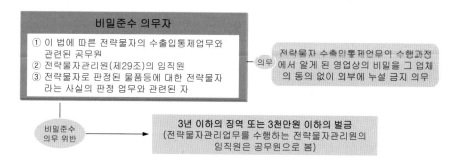

(2) 비밀준수 의무의 위반에 따른 벌칙

(가) 3년 이하의 징역 또는 3천만원 이하의 벌금

전략물자 수출입통제업무의 수행과정에서 알게 된 영업상 비밀 준수 의무를 위반한 다음의 자는 3년 이하의 징역 또는 3천만원 이하의 벌금에 처한다(법 제54조 제7호).

① 이 법에 따른 전략물자의 수출입통제업무와 관련된 공무원

② 전략물자관리원(제29조)의 임직원

③ 전략물자로 판정된 물품등에 대한 전략물자라는 사실의 사전확인 업무와 관련된 자(제29조 제5항 제1호)

(나) 벌칙 적용 시의 공무원 의제

한편, 전략물자관리업무(제29조 제5항의 업무)를 수행하는 전략물자관리원의 임직원은 「형법」 제129조부터 제132조까지의 벌칙을 적용할 때에는 공무원으로 본다(법 제58조).

12. 전략물자수출입관리정보시스템의 구축·운영

(1) 전략물자수출입관리정보시스템의 의의

"전략물자수출입관리정보시스템"이란 전략물자의 수출 또는 수입의 통제에 필요한 정보를 수집·분석하기 위한 전자문서의 작성, 송신·수신 또는 저장을 위하여 이용되는 정보처리능력을 가진 전자적 장치 또는 체계를 말한다.[10]

전략물자수출입관리정보시스템(www.sec.go.kr)은 UN안보리 결의 1540호에 따른 "대량파괴무기 관련물자(전략물자) 확산방지"를 위한 국가적 수출통제시스템 구축차원에서, 즉 우리기업이 전략물자 수출통제를 이행할 수 있는 여건을 조성하게 되어, 기업이 인터넷을 통해 관련정보를 파악하고 이행할 수 있도록 뒷받침하기 위하여 2005년 1월 17일부터 시작한 서비스로서, 그 시스템의 구축배경은 다음과 같다.[11]

첫째, 우리기업의 생산기술발달로 전략물자 생산, 공급능력을 갖추고 있으나, 국제수출통제체제에 무관심하여 불법수출, 위반사례가 발생하고 있다.

① 리비아 밸런싱머신 불법수출이 IAEA에 적발

② 이라크 후세인정권에 협력한 기업에 대한 듀얼퍼보고서에 우리기업 5개사가 연루됨

③ 중국, 태국, 말레이시아를 통한 시안화나트륨의 대북한 재수출

둘째, 우리기업이 불법수출로 국내처벌 뿐 아니라 국제적 무역제재를 당하지 않기 위해서는 제도의 숙지, 지금까지 무관심으로부터 "이제 지키지 않으면 안된다"는 인식전환이 요구된다.

셋째, 수출통제는 국제무역규범으로서 유엔안보리 결의 1540호(04.4.28)로 세계 각국이 이행, 국가적 통제시스템 구축 및 위반자에 대한 엄격한 처벌을 요구하고 있다.

① 국제안보를 위해 무역하는 모든 기업이 지켜야 할 국제안보를 위한 사회적 책임(Social Responsibility)이라는 것이 Global Standard이다.

② 철저한 수출통제 없이는 국제사회에서 우리 국가 이미지 실추와 불이행기업에 대한 무역에서 불이익 내지 무역제재 위험이 전망된다.

---

10) 종전의 시행령 제45조의2 제1항: 현재의 시행령에서는 이 조항이 삭제되었다.
11) 산업통상자원부 보도자료, 전략물자 수출입관리정보시스템 안내포탈 개통, 2005.1.18.

(2) 전략물자수출입관리정보시스템의 구축·운영

산업통상자원부장관은 다음 각 호의 업무를 수행하기 위하여 관계 행정기관의 장 및 제29조에 따른 전략물자관리원과 공동으로 전략물자 수출입관리 정보시스템을 구축·운영할 수 있으며, 전략물자 수출입관리 정보시스템의 구축·운영에 필요한 사항은 대통령령으로 정한다$\binom{법\ 제28조}{제1항\ 및\ 제2항}$.

① 수출허가, 상황허가, 제20조제2항에 따른 전략물자 해당 여부의 판정, 제22조에 따른 수입목적확인서의 발급 등에 관한 업무

② 전략물자의 수출입통제에 필요한 정보의 수집·분석 및 관리 업무

13. 전략물자관리원의 설립 등

(1) 전략물자관리원의 설립

전략물자의 수출입 업무와 관리 업무를 효율적으로 지원하기 위하여 전략물자관리원을 설립하며, 법인으로 한다. 또한, 전략물자관리원은 정관으로 정하는 바에 따라 임원과 직원을 두며, 그 주된 사무소의 소재지에서 설립등기를 함으로써 성립한다$\binom{법\ 제29조}{제1항\ -\ 제4항}$.

(2) 전략물자관리원의 업무

전략물자관리원은 정부의 전략물자 관리정책에 따라 다음의 업무를 수행한다$\binom{법\ 제29조\ 제5항}{및\ 영\ 제46조}$.

① 산업통상자원부장관이나 관계 행정기관의 장으로부터 위임 또는 위탁된 전략물자에 해당하는지에 대한 판정 업무(제20조 제2항 후단)

② 전략물자 수출입관리 정보시스템의 운영 업무(제28조 제1항)

③ 전략물자의 수출입자에 대한 교육 업무

④ 제5조 제4호(헌법에 따라 체결·공포된 무역에 관한 조약과 일반적으로 승인된 국제법규에서 정한 국제평화와 안전유지 등의 의무를 이행하기 위하여 필요한 경우) 및 제4호의2(국제평화와 안전유지를 위한 국제공조에 따른 교역여건의 급변으로 교역상대국과의 무역에 관한 중대한 차질이 생기거나 생길 우려가 있는 경우)에 따른 물품 등의 수출과 수입의 제한 또는 금지조치의 이행을 위한 정보제공 등 지원업무

⑤ 그 밖에 대통령령으로 정하는 다음의 업무

㉮ 전략물자 수출입관리에 관한 조사·연구 및 홍보 지원 업무

㉯ 전략물자 수출입통제와 관련된 국제협력 지원 업무

㉰ 전략물자 자율준수무역거래자의 지정 및 관리에 대한 지원 업무(법 제25조)

㉱ 전략물자의 판정 및 통보에 관하여 산업통상자원부장관이 위탁하는 업무

(3) 전략물자관리원의 수수료 징수

전략물자관리원의 장은 산업통상자원부장관의 승인을 받아 제5항 각 호의 업무에 관하여 관리원을 이용하는 자에게 일정한 수수료를 징수할 수 있다(법 제29조 제6항).

(4) 전략물자관리원의 준용규정

전략물자관리원에 관하여 이 법에서 정한 것 외에는 「민법」 중 재단법인에 관한 규정을 준용한다(법 제29조 제7항).

(5) 전략물자관리원에 대한 출연 또는 지원

정부는 전략물자관리원의 설립·운영에 필요한 경비를 예산의 범위에서 출연하거나 지원할 수 있다(법 제29조 제8항).

14. 전략물자수출입통제협의회

(1) 전략물자수출입통제협의회의 구성

산업통상자원부장관과 관계 행정기관의 장은 전략물자등의 수출입통제와 관련된 부처 간 협의를 위하여 공동으로 "협의회"(전략물자 수출입통제 협의회)를 구성할 수 있으며, 협의회의 구성과 운영에 필요한 사항은 대통령령으로 정한다(법 제30조 제1항 및 제5항).

(가) 전략물자수출입통제협의회의 위원장

"협의회"(전략물자 수출입통제 협의회)의 위원장은 다음의 사항별로 소관 행정기관의 장이 되고, 협의회의 위원장은 소관 사항별로 참석 행정기관의 범위를 정하여 협의회를 소집한다(영 제47조 제1항).

① 미래창조과학부: 과학기술 및 정보통신기술 중 전략물자등 관련 기술의 수출입통제에 관한 사항

② 외교부: 외교에 영향을 주는 사항 및 전략물자등의 수출입통제와 관련된 국제규범에 관한 사항

③ 통일부: 「남북교류협력에 관한 법률」에 따른 반출·반입 승인 대상 품목 중 전략물자등에 관한 사항 및 남북 교류·협력에 영향을 미치는 사항

④ 국방부: 「방위사업법」에 따른 방위산업물자·국방과학기술의 수출입통제에 관한 사항 및 국가안보에 영향을 미치는 사항

⑤ 산업통상자원부: 법 제19조 제2항에 따른 전략물자등(원자력 전용 품목은 제외한다)의 수출입통제 및 통상교섭에 영향을 주는 사항

⑥ 원자력안전위원회: 법 제19조 제2항에 따른 전략물자등 중 원자력 전용 품목의 수출입통제에 관한 사항

⑦ 관세청: 전략물자등 통관 및 통관과정 중 전략물자등 불법수출입에 관한 사항

⑧ 정보수사기관(법 제30조제3항에 따른 정보수사기관을 말한다): 국내외 전략물자등 관련 정보협력, 국가안보에 영향을 미치는 전략물자등 수출입, 불법수출입에 관한 사항

(나) 전략물자수출입통제협의회의 위원

협의회의 위원은 제1항에 따라 소집되는 행정기관의 고위공무원단에 속하는 공무원으로서 전략물자의 수출입통제 관련 업무를 담당하는 자로 한다(영 제47조 제2항).

(다) 실무협의회의 설치

협의회를 효율적으로 운영하기 위하여 필요하면 실무협의회를 둘 수 있다(영 제47조 제3항).

(라) 전략물자수출입통제협의회 및 실무협의회의 운영

협의회 및 실무협의회의 운영에 관하여 필요한 사항은 제1항에 따른 관계 행정기관의 장이 협의하여 정한다(영 제47조 제4항).

(2) 전략물자수출입통제협의회의 회의

협의회의 회의는 관계 행정기관의 소관 업무별로 그 소관 관계 행정기관의 장이 주재

한다$\left(\begin{smallmatrix}법 &제30조\\ &제2항\end{smallmatrix}\right)$.

(3) 전략물자수출입통제협의회의 조사·지원 요청

협의회의 구성원인 각 행정기관의 장은 전략물자등의 수출입통제에 필요하면 "대통령령으로 정하는 다음의 정보수사기관"의 장 또는 관세청장에게 조사·지원을 요청할 수 있다$\left(\begin{smallmatrix}법 &제30조 제3항\\ 및 영 &제47조 제5항\end{smallmatrix}\right)$.

① 국가정보원
② 검찰청
③ 경찰청
④ 해양경찰청
⑤ 국군기무사령부

(4) 전략물자등의 불법수출행위에 대한 조치

정보수사기관의 장 또는 관세청장은 전략물자등의 불법수출 행위를 인지한 경우에는 협의회의 각 행정기관의 장에게 통보하는 등 필요한 조치를 취할 수 있다$\left(\begin{smallmatrix}법 &제30조\\ &제4항\end{smallmatrix}\right)$.

15. 전략물자등의 수출입제한 등

(1) 전략물자등의 수출입의 제한

산업통상자원부장관 또는 관계 행정기관의 장은 다음의 어느 하나에 해당하는 자에게 3년 이내의 범위에서 일정 기간 동안 전략물자등의 전부 또는 일부의 수출이나 수입을 제한할 수 있다$\left(\begin{smallmatrix}법 &제31조\\ &제1항\end{smallmatrix}\right)$.

① 전략물자 수출허가를 받지 아니하고 전략물자를 수출한 자(제19조 제2항)
② 상황허가를 받지 아니하고 상황허가 대상인 물품등을 수출한 자(제21조 제3항)
③ 전략물자등의 수출 또는 수입에 관한 국제수출통제체제의 원칙을 위반한 자로서 대통령령으로 정하는 자

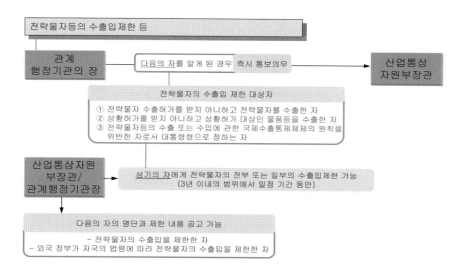

(2) 전략물자의 규정위반자에 대한 통보

관계 행정기관의 장은 제1항 각 호의 어느 하나에 해당하는 자가 있음을 알게 되면 즉시 산업통상자원부장관에게 통보하여야 한다$\left(\substack{\text{법 제31조}\\\text{제2항}}\right)$.

(3) 전략물자의 규정위반자의 명단 및 제한내용의 공고

산업통상자원부장관 또는 관계 행정기관의 장은 제1항에 따라 전략물자의 수출입을 제한한 자와 외국 정부가 자국의 법령에 따라 전략물자의 수출입을 제한한 자의 명단과 제한 내용을 공고할 수 있다$\left(\substack{\text{법 제31조}\\\text{제3항}}\right)$.

16. 전략물자등의 보고·검사

(1) 전략물자등의 보고

산업통상자원부장관 또는 관계 행정기관의 장은 "헌법에 따라 체결·공포된 무역에 관한 조약과 일반적으로 승인된 국제법규에서 정한 국제평화와 안전유지 등의 의무를 이행하기 위하여 필요할 경우"(제5조 제4호) 및 "국제평화와 안전유지를 위한 국제공조에 따른 교역여건의 급변으로 교역상대국과의 무역에 관한 중대한 차질이 생기거나 생길 우려가 있는 경우"(제5조 제4호의2)에 따라 수출이 제한되거나 금지된 물품등", 전략물자 또는 "상황허가 대상물품등"(제19조 제3항에 따른 물품등)에 대한 수출허가나 상황허가를 받은 자 또는 수출허가나 상황허가를 받지 아니하고 수출하거나 수출하려고 한 자에게 다음의 사항에 관한 보고 또는 자료의 제출을 명할 수 있다($\frac{법\ 제48조}{제1항}$).

① 수입국

② 수입자·최종사용자 또는 그의 위임을 받은 자 및 그 소재지, 사업 분야, 주요 거래자 및 사용 목적

③ 수입자와 최종사용자 또는 그의 위임을 받은 자를 확인하기 위한 수입국의 권한 있는 기관이 발급한 납세증명서 등 관련 자료 또는 대외 공표자료

④ 그 밖에 운송 수단, 환적국(換積國), 대금 결제방법 등 산업통상자원부장관이 정하여 고시하는 사항

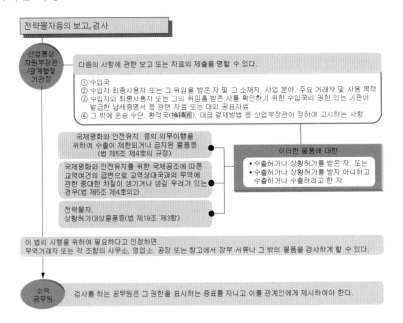

(2) 전략물자등의 검사

산업통상자원부장관 또는 관계 행정기관의 장은 이 법의 시행을 위하여 필요하다고 인정하면 그 소속 공무원(public officials)에게 제1항에 규정된 자의 사무소(offices), 영업소(places of business), 공장(factories) 또는 창고(warehouses) 등에서 장부(books)·서류(documents)나 그 밖의 물건(other materials)을 검사하게 할 수 있으며, 검사를 하는 공무원(official who conducts inspection)은 그 권한을 표시하는 증표(certificate showing his authority)를 지니고, 이를 관계인(person concerned)에게 내보여야 한다($\frac{법\ 제48조}{제2항\ 및\ 제3항}$).

17. 전략물자 허가의무 위반자에 대한 교육명령

산업통상자원부장관 또는 관계 행정기관의 장은 다음의 어느 하나에 해당하는 자에게 대통령령으로 정하는 바에 따라 교육명령을 부과할 수 있다(법 제49조).

① 전략물자의 수출허가 또는 상황허가를 받지 아니하고 수출한 자

② 거짓이나 그 밖의 부정한 방법으로 전략물자의 수출허가 또는 상황허가를 받은 자

③ 전략물자등의 경유 또는 환적 허가 및 전략물자등의 중개허가를 받지 아니하고 경유·환적·중개한 자

④ 거짓이나 그밖의 부정한 방법으로 전략물자등의 경유 또는 환적 허가 및 중개허가를 받은 자

따라서, "교육"(법 제49조에 따른 교육)시간은 8시간 이내로 하며, 산업통상자원부장관 또는 관계 행정기관의 장은 법 제29조에 따른 전략물자관리원, 제37조에 따른 한국원자력통제기술원, 그 밖에 산업통상자원부장관이 정하여 고시하는 기관에서 교육을 실시하도록 할 수 있으며, 제1항 및 제2항에서 규정한 사항 외에 교육에 필요한 사항은 산업통상자원부장관이 관계 행정기관의 장과 협의하여 정한다(영 제48조 제1항 – 제3항).

한편, 상기의 교육명령을 이행하지 아니한 자에게는 1천만원 이하의 과태료를 부과하며, 과태료는 대통령령으로 정하는 바에 따라 산업통상자원부장관이나 시·도지사 또는 관계행정기관의 장이 부과·징수한다(법 제59조 제2항 제4호 및 제3항).

18. 전략물자등과 관련된 벌칙

(1) 7년 이하의 징역 또는 물품 가격의 5배 이상의 벌금

전략물자등의 국제적 확산을 꾀할 목적으로 다음의 어느 하나에 해당하는 위반행위를 한 자는 7년 이하의 징역 또는 수출·경유·환적·중개하는 물품등의 가격의 5배에 해당하는 금액 이하의 벌금에 처하며, 미수범은 본죄에 준하여 처벌한다(법 제53조 제1항 및 제55조).

① 수출허가를 받지 아니하고 전략물자를 수출한 자(제19조 제2항)

② 상황허가를 받지 아니하고 상황허가 대상인 물품등을 수출한 자(제19조 제3항)

③ 경유 또는 환적허가를 받지 아니하고 전략물자등을 경유 또는 환적한 자(제23조 제3항)

④ 중개허가를 받지 아니하고 전략물자등을 중개한 자(제24조)

(2) 5년 이하의 징역 또는 물품 가격의 3배 이상의 벌금

다음의 어느 하나에 해당하는 자는 5년 이하의 징역 또는 수출·수입·경유·환적·중개하는 물품등의 가격의 3배에 해당하는 금액 이하의 벌금에 처하며, 다음의 ①, ③, ⑤ 및 ⑦의 미수범은 본죄에 준하여 처벌한다(법 제53조 제2항 및 제55조).

① 수출허가를 받지 아니하고 전략물자를 수출한 자(제19조 제2항)

② 거짓이나 그 밖의 부정한 방법으로 전략물자의 수출허가를 받은 자(제19조 제2항)

③ 상황허가를 받지 아니하고 상황허가 대상인 물품등을 수출한 자(제19조 제3항)

④ 거짓이나 그 밖의 부정한 방법으로 상황허가를 받은 자(제19조 제3항)

⑤ 경유 또는 환적허가를 받지 아니하고 전략물자등을 경유 또는 환적한 자(제23조 제3항)

⑥ 거짓이나 그밖의 부정한 방법으로 전략물자등의 경유 또는 환적허가를 받은 자(제23조 제3항)

⑦ 중개허가를 받지 아니하고 전략물자등을 중개한 자(제24조)

⑧ 거짓이나 그 밖의 부정한 방법으로 전략물자등의 중개허가를 받은 자(제24조)

(3) 5년 이하의 징역 또는 1억원 이하의 벌금

전략물자등의 불법수출에 따른 이동중지명령을 위반한 자(제23조 제1항)는 5년 이하의 징역 또는 1억원 이하의 벌금에 처한다. 이 경우 징역과 벌금을 병과(倂科)할 수 있다. 미수범은 본죄에 준하여 처벌한다(법 제53조의2 제1호 및 제55조).

(4) 3년 이하의 징역 또는 3천만원 이하의 벌금

전략물자 수출입통제업무의 수행과정에서 알게 된 영업상 비밀 준수 의무를 위반한 자는 3년 이하의 징역 또는 3천만원 이하의 벌금에 처하며, 전략물자관리업무(제29조 제5항의 업무)를 수행하는 전략물자관리원의 임직원은 「형법」 제129조부터 제132조까지의 벌칙을 적용할 때에는 공무원으로 본다(법 제54조 제7호 및 제58조).

① 이 법에 따른 전략물자의 수출입통제업무와 관련된 공무원

② 전략물자관리원(제29조)의 임직원

③ 전략물자로 판정된 물품등에 대한 전략물자라는 사실의 판정 업무와 관련된 자(제29조 제5항 제1호)

(4) 양벌규정

법인의 대표자나 법인 또는 개인의 대리인, 사용인, 그 밖의 종업원이 그 법인 또는 개인의 업무에 관하여 상기의 "벌칙"의 규정(법 제53조, 제53조의2 또는 제54조부터 제56조까지)의 어느 하나에 해당하는 위반행위를 하면 그 행위자를 벌하는 외에 그 법인 또는 개인에게도 해당 조문의 벌금형을 과(科)한다. 다만, 법인 또는 개인이 그 위반행위를 방지하기 위하여 해당 업무에 관하여 상당한 주의와 감독을 게을리하지 아니한 경우에는 그러하지 아니하다(법 제57조).

(5) 1천만원 이하의 과태료

(가) 전략물자와 관련된 서류의 보관기간 의무 위반에 따른 1천만원 이하 과태료

5년간 보관해야 하는 다음의 서류 보관의무를 위반한 무역거래자(제24조의2)에게는 1천만원 이하의 과태료를 부과한다(법 제59조 제2항 제1호).

① 전략물자 또는 상황허가 대상인 물품등 해당 여부의 판정에 관한 서류(제20조 제2항)

② 전략물자등을 수출·경유·환적·중개한 자의 경우 그 수출허가, 상황허가, 경유 또는 환적허가, 중개허가에 관한 서류

③ 그 밖에 산업통상자원부장관이나 관계 행정기관의 장이 정하여 고시하는 서류

(나) 교육명령이행의무 위반에 따른 1천만원 이하 과태료

교육명령을 이행하지 않은 자(제49조)에게는 1천만원 이하의 과태료를 부과하며, 과태료는 대통령령으로 정하는 바에 따라 산업통상자원부장관이나 시·도지사 또는 관계 행정기관의 장이 부과·징수한다(법 제59조 제2항 제4호 및 제3항).

19. 전략물자기술자문단의 구성 및 운영

산업통상자원부장관은 다음의 사항에 관한 자문을 하기 위하여 전략물자기술자문단을 구성하여 운영할 수 있으며, 전략물자기술자문단의 구성·운영 등에 필요한 사항은 산업통상자원부장관이 정하여 고시한다(영 제49조).

① 해당 물품등이 대량파괴무기등의 제조, 개발, 사용 또는 보관 등의 용도로 전용될 가능성에 관한 사항
② 국제수출통제체제의 통제대상 물품등에 내한 평가·분석에 관한 사항
③ 전략물자 해당 여부의 판정에 관한 사항

제 2 절 플랜트의 수출

1. 플랜트수출의 의의

(1) 플랜트수출(Plant Export)의 개념

플랜트수출(Plant Export)이란 일반적으로 각종 상품을 제조·가공하는데 필요한 기계·장치 등의 하드웨어와 그 설치에 필요한 엔지니어링·노우하우·건설시공 등의 소프트웨어가 결합된 생산단위체의 종합수출을 말한다.[12] 구체적으로 광의로는 화학, 석유정제, 제련, 자동차, 채광, 섬유공장 등 직접적인 플랜트 뿐만 아니라 교량, 도로, 댐, 항만시설 등 국토개발 플랜트와 학교, 병원, 주택, 도시건설 등 사회개발 플랜트까지 포함되며 협의로는 광업, 제조업, 전기, 가스업, 방송, 통신업을 영위하기 위하여 설치되는 기계 및 장치 등을 말한다.

이러한 플랜트수출이란 용어는 원래 산업설비촉진법을 제정하는 과정에서 플랜트(plant)란 외래어를 산업설비라고 해석하여 대외무역법에서도 계속하여 사용해 왔으나, 2010년 4월 5일 개정 대외무역법에서는 종전의 산업설비수출을 플랜트수출이라는 용어로 변경하면서 플랜트수출의 범위 내에 산업설비가 포함되는 것으로 규정하고 있다.

---

12) 강이수, 대외무역법, 무역경영사, 1993, p.258.

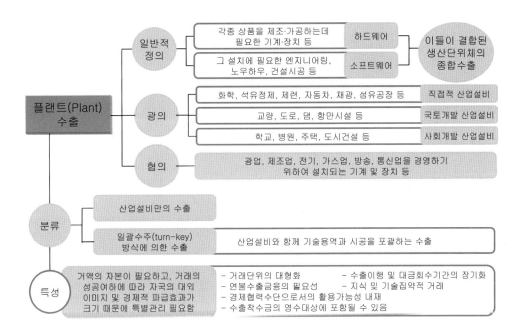

「대외무역법」에서 규정하는 플랜트수출이란 다음의 어느 하나에 해당하는 수출을 말한다(법 제32조 제1항, 영 제51조 및 규정 제70조).

① FOB가격으로 미화 50만 달러 상당액 이상인 산업설비 중 다음의 어느 하나에 해당하는 수출

㉮ 농업(business of agriculture)·임업(forestry)·어업(fishing)·광업(mining)·제조업(manufacture), 전기(electricity)·가스(gas)·수도사업(water supply), 운송(transportation)·창고업(ware-housing) 및 방송(broadcasting)·통신업(telecommunications)을 경영하기 위하여 설치하는 기재·장치(equipment and installation)

㉯ 해외건설공사와 함께 일괄수주방식에 의하여 수출되는 설비를 제외한 발전설비, 담수 설비 및 용수처리설비, 해양설비 및 수상구조설비, 석유 처리설비 및 석유화학설비, 정유설비 및 송유설비, 저장탱크 및 저장기지설비, 냉동 및 냉장설비, 제철·제강설비 및 철강재구조설비, 공해방지설비, 공기조화설비, 신에너지 및 재생에너지 설비, 정치식(定置式) 운반하역설비 및 정치식 건설용설비, 시험연구설비, 그 밖에 산업 활동을 위하여 필요한 설비

② "일괄수주방식에 의한 수출(turnkey contract exports)"[13], 즉 산업설비(plant)·기술용

---

13) turn-key방식이란 열쇠(key)를 돌리면(turn), 모든 설비가 가동하는 상태로 플랜트를 인도하는 계약방식으로서, 선진국이 개발도상국에 플랜트를 수출하는 경우에 많이 이용된다.

역(technical services) 및 시공(construction in package)을 포괄적으로 행하는 수출

여기서 "시공"이란 토목공사, 건축공사, 플랜트 설치공사를 수행하는 것을 말한다. 다만, 플랜트 설치공사 중 플랜트수출자나 수출용 기자재를 설계·제작하는 자기 제작한 기계 및 장치를 직접 설치하는 공사는 제외한다(영 제52조 제1항). 그러나 「해외건설촉진법 시행령」 제17조 제1항 제1호에 따른 해외공사실적을 인정받으려는 경우에만 산업통상자원부장관은 플랜트수출자나 수출용 기자재를 설계·제작하는 자가 제작한 기계 및 장치를 직접 설치하는 공사를 플랜트 설치공사로 인정할 수 있다(영 제52조 제2항).

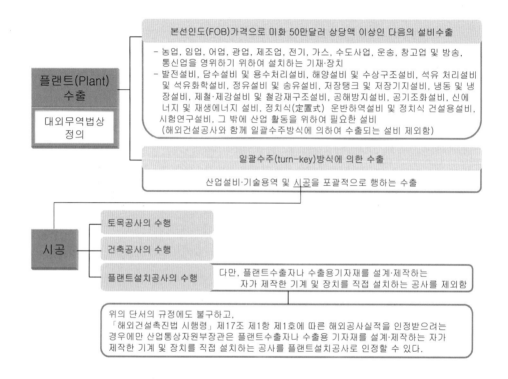

플랜트(Plant) 수출

대외무역법상 정의

본선인도(FOB)가격으로 미화 50만달러 상당액 이상인 다음의 설비수출

- 농업, 임업, 어업, 광업, 제조업, 전기, 가스, 수도사업, 운송, 창고업 및 방송, 통신업을 영위하기 위하여 설치하는 기재·장치
- 발전설비, 담수설비 및 용수처리설비, 해양설비 및 수상구조설비, 석유 처리설비 및 석유화학설비, 정유설비 및 송유설비, 저장탱크 및 저장기지설비, 냉동 및 냉장설비, 제철·제강설비 및 철강재구조설비, 공해방지설비, 공기조화설비, 신에너지 및 재생에너지 설비, 정치식(定置式) 운반하역설비 및 정치식 건설용설비, 시험연구설비, 그 밖에 산업 활동을 위하여 필요한 설비 (해외건설공사와 함께 일괄수주방식에 의하여 수출되는 설비 제외함)

일괄수주(turn-key)방식에 의한 수출

산업설비·기술용역 및 시공을 포괄적으로 행하는 수출

시공

토목공사의 수행

건축공사의 수행

플랜트설치공사의 수행

다만, 플랜트수출자나 수출용기자재를 설계·제작하는 자가 제작한 기계 및 장치를 직접 설치하는 공사를 제외함

위의 단서의 규정에도 불구하고, 「해외건설촉진법 시행령」 제17조 제1항 제1호에 따른 해외공사실적을 인정받으려는 경우에만 산업통상자원부장관은 플랜트수출자나 수출용 기자재를 설계·제작하는 자가 제작한 기계 및 장치를 직접 설치하는 공사를 플랜트설치공사로 인정할 수 있다.

(2) 플랜트수출의 특성

플랜트수출은 거액의 자본이 필요하고, 거래의 성공여하에 따라 자국의 대외 이미지 및 경제적 파급효과는 상당히 크기 때문에 일반 수출입과 달리 특별관리가 필요하다. 이러한 플랜트수출은 일반 수출입에 비하여 거래단위의 대형화, 수출이행 및 대금회수기간의 장기화, 연불수출금융의 필요성, 지식 및 기술집약적 거래, 경제협력수단으로서의 활용가능성 내재, 수출착수금의 영수대상에 포함될 수 있다는 특성을 가지고 있다.

2. 플랜트수출의 승인

(1) 플랜트수출의 승인

산업통상자원부장관은 플랜트수출을 하려는 자(person intending to export the plant)가 신청하는 경우에는 대통령령으로 정하는 바에 따라 그 플랜트수출을 승인(approval)할 수 있다. 승인한 사항을 변경할 때에도 또한 같다(The same shall also apply to the change of the approved matters)(법 제32조 제1항).

또한, 산업통상자원부장관은 일괄수주방식에 의한 수출(turnkey contract exports)로서 건설용역(construction services) 및 시공부문(civil engineering sectors)의 수출에 관하여는 「해외건설 촉진법(Overseas Construction Promotion Act)」에 따른 해외건설업자(contractors performing overseas construction)에 대하여만 이를 승인 또는 변경승인할 수 있다(법 제32조 제4항).

플랜트수출을 하려는 자는 본인의 판단에 따라 플랜트 수출승인여부를 선택적으로 결정한다.

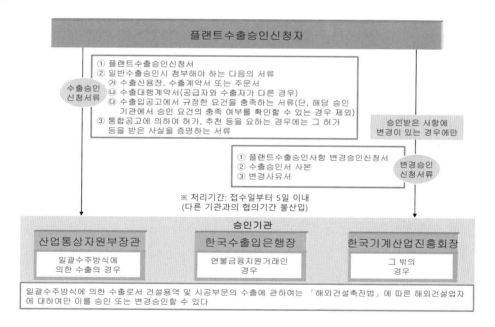

(2) 플랜트수출의 승인 또는 변경승인기관

산업통상자원부장관은 연불금융 지원의 경우를 제외한 플랜트수출의 승인 및 변경승인

(일괄수주방식에 의한 수출로서 국토교통부장관의 동의가 필요한 경우 제외)에 관한 권한을 한국기계산업진흥회(「산업발전법」 제38조[14])에 따라 산업통상자원부장관의 인가를 받아 설립된 한국기계산업진흥회)에 위탁한다. 다만, 연불금융 지원의 경우에는 한국수출입은행(「한국수출입은행법」에 따른 한국수출입은행)에 위탁한다$\left(\substack{\text{영 제91조}\\\text{제8항}}\right)$.

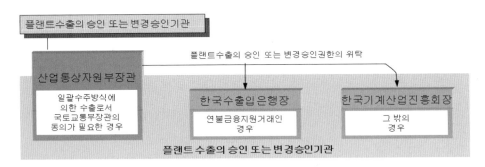

위의 규정에 따르면, 플랜트수출의 승인 또는 변경승인기관은 다음과 같다.
① 일괄수주방식에 의한 수출인 경우에는 산업통상자원부장관
② 연불금융지원거래인 경우에는 한국수출입은행장
③ 그 밖의 경우에는 한국기계산업진흥회의 장

(3) 플랜트수출의 승인신청

플랜트수출의 승인을 받으려는 자는 다음의 구비서류를 첨부하여 산업통상자원부장관에 신청하여야 한다$\left(\substack{\text{영 제50조 및}\\\text{규정 제71조 제1항}}\right)$.
① 플랜트수출승인신청서$\left(\substack{\text{규정 별지}\\\text{제21호 서식}}\right)$
② 일반수출승인시 첨부해야 하는 다음의 서류(관리규정 제10조 제1항 제1호, 제3호 및 제4호)
 ㉮ 수출신용장, 수출계약서 또는 주문서
 ㉯ 수출대행계약서(공급자와 수출자가 다른 경우)
 ㉰ 수출입공고에서 규정한 요건을 충족하는 서류(단, 해당 승인기관에서 승인 요건의 충족 여부를 확인할 수 있는 경우 제외)
③ 통합공고(법 제12조 제2항)에 의하여 허가, 추천 등을 요하는 경우에는 그 허가 등을 받은 사실을 증명하는 서류

---

14) 산업발전법 제38조 제1항에서는 "사업자는 대통령령이 정하는 바에 의하여 산업통상자원부장관의 인가를 받아 업종별로 해당 업종의 사업자단체를 설립할 수 있다"고 규정하고 있다.

(4) 플랜트수출의 변경승인신청

플랜트수출의 승인을 받은 사항의 변경승인을 받으려는 자는 다음의 구비서류를 첨부하여 산업통상자원부장관에게 신청하여야 한다(영 제50조 및 규정 제71조 제2항).

① 플랜트수출승인사항 변경승인신청서(규정 별지 제22호서식)

② 수출승인서 사본

③ 변경사유서

(5) 플랜트수출승인의 의견 및 동의요청

산업통상자원부장관은 플랜트수출의 승인 또는 변경승인을 하기 위하여 필요하면 플랜트수출의 타당성(appropriateness of plant exports)에 관하여 관계 행정기관의 장(head of the Administrative Organ concerned)의 의견을 들어야 한다. 이 경우 의견을 제시할 것을 요구받은 관계 행정기관의 장은 정당한 사유(justifiable reasons)가 없으면 지체 없이(without delay) 산업통상자원부장관에게 의견(opinions)을 제시하여야 한다(법 제32조 제2항).

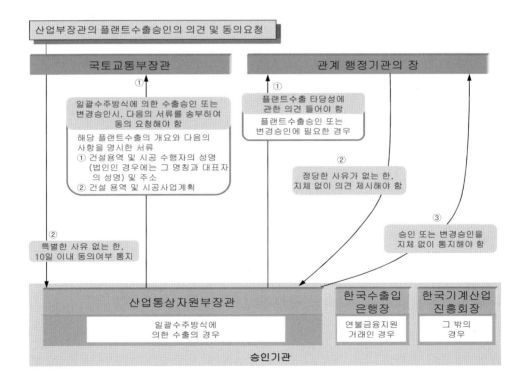

또한, 산업통상자원부장관(Minister of Knowledge and Economy)이 일괄수주방식에 의한 수출에 대하여 승인 또는 변경승인하려는 때에는 미리(in advance) 국토교통부장관(Minister of Land, Transport and maritime affairs)의 동의(consent)를 받아야 하는 바, 산업통상자원부장관이 그 동의를 받으려는 경우에는 해당 플랜트수출의 개요와 다음의 사항을 명시한 서류를 송부하여야 한다(법 제32조 3항 및 영 제53조 제1항).

① 건설용역 및 시공 수행자의 성명(법인인 경우에는 그 명칭과 대표자의 성명) 및 주소
② 건설 용역 및 시공사업계획

이 경우 동의 요청을 받은 국토교통부장관은 특별한 사유가 없으면 동의 요청을 받은 날부터 10일 이내에 동의 여부를 산업통상자원부장관에게 알려야 한다(영 제53조 제2항).

(6) 플랜트수출승인의 처리기간 및 통보

산업통상자원부장관은 플랜트수출승인 또는 변경승인 신청이 있는 경우 접수일부터 5일 이내에 이를 처리하여야 한다. 다만, 다른 기관과의 협의가 필요한 경우 그 협의기간은 처리기간에 산입하지 아니한다(규정 제71조 제3항).

또한, 산업통상자원부장관은 플랜트수출의 승인 또는 변경승인을 한 때에는 이를 관계 행정기관의 장에게 지체 없이 알려야 한다(법 제32조 제5항).

(7) 플랜트수출승인의 위반에 따른 벌칙

거짓이나 그 밖의 부정한 방법으로 플랜트수출의 승인 또는 변경승인을 받은 자(법 제32조)는 3년 이하의 징역 또는 3천만원 이하의 벌금에 처한다(법 제54조 제8호).

이 경우, 법인의 대표자나 법인 또는 개인의 대리인, 사용인, 그 밖의 종업원이 그 법인 또는 개인의 업무에 관하여 상기의 "벌칙"의 규정(법 제53조, 제53조의2 또는 제54조부터 제56조까지)의 어느 하나에 해당하는 위반행위를 하면 그 행위자를 벌하는 외에 그 법인 또는 개인에게도 해당 조문의 벌금형을 과(科)한다. 다만, 법인 또는 개인이 그 위반행위를 방지하기 위하여 해당 업무에 관하여 상당한 주의와 감독을 게을리하지 아니한 경우에는 그러하지 아니하다(법 제57조).

3. 플랜트수출 촉진기관의 지정

(1) 플랜트수출촉진기관의 지정

산업통상자원부장관은 플랜트수출을 촉진하기 위하여 그에 관한 제도개선, 시장조사(market research)·정보교류, 수주지원, 수주질서 유지, 전문인력의 양성, 금융지원, 우수기업의 육성 및 협동화사업(project for cooperative undertakings)을 추진할 수 있다. 이 경우 산업통상자원부장관은 플랜트수출 관련기관 또는 단체를 지정(designate)하여 이들 사업을 수행하게 할 수 있다(법 제32조 제6항).

따라서, 산업통상자원부장관은 "플랜트수출 촉진기관"(플랜트수출에 관한 시장조사 등의 사업을 촉진하기 위한 사업을 담당할 관련 기관 또는 단체)을 지정하려면 ① 플랜트수출자에 대한 대표성, ② 시장조사 등 사업계획을 종합적으로 검토하여 지정하여야 하는 바, 산업통상자원부장관은 플랜트수출촉진기관을 한국기계산업신흥회 및 한국플랜트산업협회로 지정하고 있다(영 제54조 제1항 및 규정 제72조).

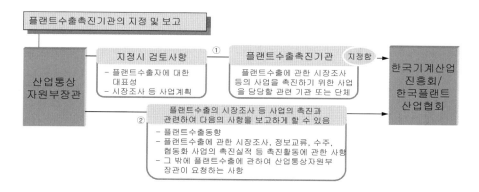

(2) 플랜트수출촉진기관의 보고

산업통상자원부장관은 지정된 플랜트수출촉진기관에 대하여 플랜트수출의 시장조사 등 사업의 촉진과 관련하여 다음의 사항을 보고하게 할 수 있다(영 제54조 제2항).

① 플랜트수출동향

② 플랜트수출에 관한 시장조사, 정보교류, 수주, 협동화사업의 촉진실적 등 촉진활동에 관한 사항

③ 그 밖에 플랜트수출에 관하여 산업통상자원부장관이 요청하는 사항

제 **3** 절 정부간 수출계약

1. 정부간 수출계약의 의의

"정부간 수출계약"이란 외국 정부의 요청이 있을 경우, 제32조의3 제1항에 따른 정부간 수출계약 전담기관이 '대통령령으로 정하는 다음의 절차'에 따라 국내 기업을 대신하여 또는 국내 기업과 함께 계약의 당사자가 되어 외국 정부에 물품등(「방위사업법」 제38조 제1항 제4호에 따른 방산물자등은 제외한다)을 유상(有償)으로 수출하기 위하여 외국 정부와 체결하는 수출계약을 말한다(법 제2조 제4호).

① 외국 정부의 물품등(「방위사업법」 제38조제1항제4호에 따른 방산물자등은 제외한다. 이하 이 조, 제54조의5 및 제54조의6에서 같다) 구매의사에 관한 법 제32조의3 제1항에 따른 정부간 수출계약 전담기관(이하 "전담기관"이라 한다)의 확인

② 국내 기업의 정부간 수출계약 이행능력에 관한 평가 및 추천. 다만, 외국 정부가 물품등을 수출할 국내 기업을 지정하는 경우에는 추천을 생략할 수 있다.

③ 전담기관과 국내 기업의 정부간 수출계약 이행에 관한 약정의 체결

④ 전담기관과 외국 정부와의 수출에 관한 계약의 체결(국내 기업과 함께 계약의 당사자가 되어 체결하는 경우를 포함한다)

정부간 수출계약과 관련된 규정은 2014년 1월 21일 대외무역법 개정시에 새롭게 도입된 규정으로서, 대외무역법 개정이유에서는 "최근 중남미 국가를 중심으로 거래의 투명성과 신뢰성이 인정되어 정부간 수출계약 시장이 중소기업의 유망 수출시장으로 부상함에 따라, 이에 대응한 국내 제도적 기반을 마련하기 위하여 정부간 수출계약의 개념을 명확히 하고 이에 따른 정부의 역할과 책임범위, 효과적인 지원체계 마련 등에 관한 입법 미비 상황을 개선하려는 것임"을 밝히고 있다.

● 정부간 수출계약의 정의 및 보증

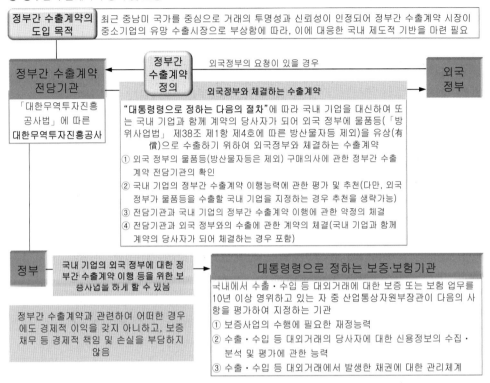

2. 정부간 수출계약의 보증 및 원칙

(1) 정부간 수출계약 이행 등을 위한 보증사업

정부는 국내 기업의 원활한 정부간 수출계약을 지원하기 위하여 "대통령령으로 정하는 보증·보험기관"으로 하여금 국내 기업의 외국 정부에 대한 정부간 수출계약 이행 등을 위한 보증사업을 하게 할 수 있는 바, 여기에서 "대통령령으로 정하는 보증·보험기관"이란 국내에서 수출·수입 등 대외거래에 대한 보증 또는 보험 업무를 10년 이상 영위하고 있는 자 중 산업통상자원부장관이 다음의 사항을 평가하여 지정하는 기관을 말한다 (법 제32조의2 제1항 및 영 제54조의2).

① 법 제32조의2 제1항에 따른 보증사업의 수행에 필요한 재정능력

② 수출·수입 등 대외거래의 당사자에 대한 신용정보의 수집·분석 및 평가에 관한 능력

③ 수출·수입 등 대외거래에서 발생한 채권에 대한 관리체계

(2) 정부간 수출계약에 관한 정부의 면책

정부는 정부간 수출계약과 관련하여 어떠한 경우에도 경제적 이익을 갖지 아니하고, 보증채무 등 경제적 책임 및 손실을 부담하지 아니한다(법 제32조의2 제2항).

3. 정부간 수출계약의 전담기관

(1) 정부간 수출계약 전담기관의 정의

법 제2조제4호의 "정부간 수출계약 전담기관"이란 「대한무역투자진흥공사법」에 따른 대한무역투자진흥공사(이하 "전담기관"이라 한다)를 말한다(법 제32조의3 제1항).

● 정부간 수출계약 전담기관의 정의, 업무 및 권한과 책임

(2) 정부간 수출계약 전담기관의 업무

정부간 수출계약 전담기관은 정부간 수출계약과 관련하여 다음 각 호의 업무를 수행한

다$\left(\substack{\text{법 제32조의3} \\ \text{제2항}}\right)$.

① 정부간 수출계약에서 당사자 지위 수행

② 외국 정부의 구매요구 사항을 이행할 국내 기업의 추천

③ 그 밖에 정부간 수출계약 업무의 수행을 위하여 산업통상자원부장관이 필요하다고 인정하는 업무

(3) 정부간 수출계약 전담기관의 권한과 책임

정부간 수출계약 전담기관의 권한과 책임은 다음 각 호와 같다$\left(\substack{\text{법 제32조의3 제3항 및} \\ \text{영 제54조의3·제54조의4}}\right)$.

① 전담기관은 정부간 수출계약이 체결된 경우 국내 기업으로 하여금 "보증·보험의 제공 등 대통령령으로 정하는 다음의 계약 이행 보증 조치"를 취하도록 하여야 한다. 다만, 외국 정부와 국내 기업이 합의한 경우에는 다음 각 호에 규정된 계약 이행 보증 조치의 일부를 생략할 수 있다.

  ㉮ 정부간 수출계약의 내용에 따른 선수금의 반환, 계약 내용의 이행, 하자의 보수 등에 대하여 「금융실명거래 및 비밀보장에 관한 법률」 제2조제1호에 따른 금융 회사등으로부터 보증을 받아 제공하는 것

  ㉯ 외국 정부에 대한 정부간 수출계약 이행 등에 대하여 법 제32조의2제1항에 따른 보증·보험기관으로부터 보증을 받아 제공하는 것

② 전담기관은 국내 기업의 계약 이행 상황을 확인하기 위하여 필요한 경우에는 국내 기업에 대하여 관련 자료의 제출을 요구할 수 있다.

③ 그 밖에 전담기관의 권한과 책임에 관하여는 "다음과 같이 대통령령으로 정한다."

  ㉮ 전담기관은 정부간 수출계약의 체결 및 이행을 위하여 필요한 경우에는 관계 행정기관의 장에게 협조를 요청할 수 있다.

  ㉯ 전담기관은 정부간 수출계약이 체결된 경우 다음의 구분에 따라 법 제32조의4 제1항에 따른 정부간 수출계약 심의위원회(이하 "위원회"라 한다)에 보고하여야 한다.

    ㉠ 국내 기업의 정부간 수출계약 이행 상황을 확인하여 반기별로 1회 이상 보고할 것

    ㉡ 영 제54조의5 제2호 단서에 따라 위원회의 심의 대상에서 제외되는 사항은 그 변경 등이 있은 날부터 2주 이내에 보고할 것

(4) 정부간 수출계약 전담기관의 파견근무 요청

정부간 수출계약 전담기관의 장은 정부간 수출계약 관련 업무를 수행하기 위하여 필요한 경우에는 관계 행정기관 및 관련 단체에 대하여 공무원 또는 임직원의 파견 근무를 요청할 수 있다. 다만, 공무원의 파견을 요청할 때에는 미리 주무부장관과 협의하여야 한다$\binom{법\ 제32조의3}{제4항}$.

4. 정부간 수출계약의 심의위원회

(1) 정부간 수출계약 심의위원회의 설치

"정부간 수출계약의 체결, 변경, 해지 등 대통령령으로 정하는 다음의 사항"을 심의·의결하기 위하여 전담기관에 정부간 수출계약 심의위원회(이하 이 절에서 "위원회"라 한다)를 둔다$\binom{법\ 제32조의4\ 제1항}{및\ 제54조의5}$.

① 외국 정부와 체결하려는 정부간 수출계약의 수용 여부, 국내 기업의 이행능력 평가, 법 제32조의3제3항제1호에 따라 국내 기업으로 하여금 조치하도록 할 계약 이행 보증 내용의 적정성 등에 관한 사항

② 계약기간·계약금액 등 정부간 수출계약의 변경에 관한 사항. 다만, 다음의 사항으로서 위원회에서 정하는 경미한 사항은 제외한다.

㉮ 물품등의 인도 횟수, 인도 장소의 변경

㉯ 부품·사양의 변경

㉰ 대금의 지급방법 및 지급횟수의 변경

㉱ 그 밖에 ㉮부터 ㉰까지의 사항에 준하는 사항

③ 법 제32조의5제2항에 따라 국내 기업이 조치를 한 계약 이행 보증 세부 사항의 적정성에 관한 사항

④ 국내 기업의 정부간 수출계약에 따른 물품등의 공급 의무 불이행, 인가·허가·면허 등의 취소·정지 등으로 인한 계약 이행능력의 상실, 부정한 방법에 의한 계약의 체결, 그 밖의 원인으로 인한 정부간 수출계약의 해지 또는 해제에 관한 사항

⑤ 그 밖에 위원회의 위원장이 정부간 수출계약과 관련하여 위원회의 심의·의결에 부치는 사항

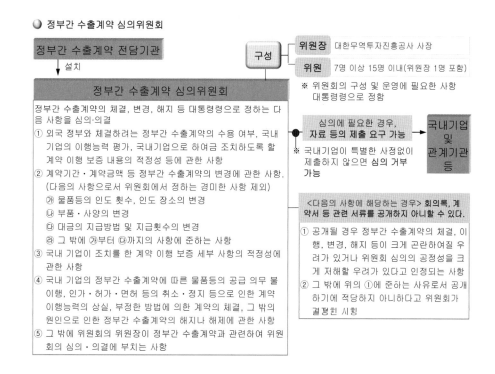

(2) 정부간 수출계약 심의위원회의 구성

위원회는 위원장 1명을 포함한 7명 이상 15명 이내의 위원으로 구성하고, 위원장은 대한무역투자진흥공사 사장이 되며, 위원회의 구성 및 운영에 필요한 사항은 대통령령으로 정한다(법 제32조의4 제2항 및 제3항).

따라서, 위원장을 제외한 위원회의 위원은 다음의 사람이 된다(영 제54조의6 제1항 및 제2항).

① 산업통상자원부 및 조달청의 고위공무원단에 속하는 공무원 중 소속 기관의 장이 지명하는 사람 각 1명

② 전담기관의 임원 중 전담기관의 장이 지명하는 사람 2명

③ 정부간 수출계약의 해당 물품등과 관련이 있다고 위원회의 위원장이 인정하는 중앙행정기관의 고위공무원단에 속하는 공무원 중에서 소속 기관의 장이 지명하는 사람

④ 제54조의2에 따른 보증·보험기관의 임원 중 해당 기관의 장의 추천으로 위원회의 위원장이 지명하는 사람

⑤ 정부간 수출계약과 관련된 분야에 학식과 경험이 풍부한 사람 중 7명 이내의 범위에서 위원장이 위촉하는 사람. 이 경우, 위촉위원의 임기는 2년으로 하되, 연임할 수 있다.

또한, 위원장은 위원회의 회의를 소집하고, 그 의장이 되며, 위원장이 부득이한 사유로 그 직무를 수행할 수 없을 때에는 위원장이 미리 지명한 위원이 그 직무를 대행한다(영 제54조의6 제3항 및 제4항).

그리고, 위원회의 회의는 재적위원 과반수의 출석으로 개의(開議)하고, 출석위원 3분의 2 이상의 찬성으로 의결하며, 위원회는 국내 기업의 이행능력 평가를 효율적으로 수행하기 위하여 소위원회를 구성·운영할 수 있다(영 제54조의6 제5항 및 제6항).

한편, 제1항부터 제6항까지에서 규정한 사항 외에 위원회의 구성 및 운영에 필요한 사항은 위원회의 의결을 거쳐 위원장이 정한다(영 제54조의6 제7항).

(3) 정부간 수출계약 심의위원회의 심의

위원회는 제1항에 따른 심의에 필요한 경우 국내 기업 및 관계 기관 등에 자료 등의 제출을 요구할 수 있다(법 제32조의4 제4항).

(4) 정부간 수출계약 심의위원회의 관련 서류 비공개

위원회는 다음의 사항에 해당하는 경우에는 회의록, 계약서 등 관련 서류를 공개하지 아니할 수 있다(법 제32조의4 제5항).

① 공개될 경우 정부간 수출계약의 체결, 이행, 변경, 해지 등이 크게 곤란하여질 우려가 있거나 위원회 심의의 공정성을 크게 저해할 우려가 있다고 인정되는 사항
② 그 밖에 위의 ①에 준하는 사유로서 공개하기에 적당하지 아니하다고 위원회가 결정한 사항

5. 국내기업의 책임 등

(1) 국내 기업의 정부간 수출계약의 성실이행 의무

국내 기업은 정부간 수출계약이 체결된 경우 그 계약 내용을 성실히 이행하여야 한다(법 제32조의5 제1항).

(2) 국내 기업의 계약 이행 보증 조치 의무

국내 기업은 "보증·보험의 제공 등 대통령령으로 정하는 계약 이행 보증 조치" 즉, 영 제54조의3에 따른 조치를 취하여야 한다(법 제32조의5 제2항 및 제54조의7).

● 정부간 수출계약의 경우, 국내 기업의 책임 등

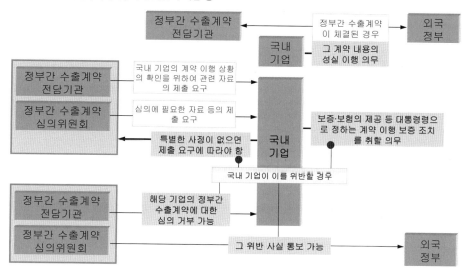

(3) 국내 기업의 자료제출 요구의 수행 의무

국내 기업은 "다음의 규정"에 따른 자료제출 요구가 있을 경우 특별한 사정이 없으면 이에 따라야 한다(법 제32조의5 제3항).

① 정부간 수출계약 전담기관은 국내 기업의 계약 이행 상황을 확인하기 위하여 필요한 경우에는 국내 기업에 대하여 관련 자료의 제출을 요구할 수 있다(법 제32조의3 제3항 제2호).

② 정부간 수출계약 심의위원회는 심의에 필요한 경우 국내 기업 및 관계 기관 등에 자료 등의 제출을 요구할 수 있다(법 제32조의4 제4항).

(4) 국내 기업의 의무위반에 따른 불이익

국내 기업이 제2항 또는 제3항을 위반할 경우 전담기관은 그 사실을 외국 정부에 통보할 수 있고, 위원회는 해당 기업의 정부간 수출계약에 대한 심의를 거부할 수 있다(법 제32조의5 제4항).

플랜트수출승인(신청)서

	처리기간	
	5 일	

(용)

① 신청인 무역업고유번호		③신용장 또는 계약서 번호	
(상호, 주소, 성명)		④수출승인유효기간	
(서명 또는 인)		⑤지급보증기관	
②구매자 또는 계약상대자		대금결제방식 및 수출승인 금액(계:)	
		⑥신용장	⑦송금환
		⑧기타	
⑨ 산업설비명		⑩설치장소	
⑪ 수출의 범위 (설계) (기자재) (설치) (건설) (운전) (일괄수출)			
⑫ 수출대금결제조건		⑬ 송출인력직종 및 인원	
		⑭ 기술용역수행자	
		⑮ 건설시공수행자	
⑯ 승인조건			
⑰ 승인번호			

위의 신청사항을 「대외무역법 시행령」 제50조에 따라 승인합니다.

년   월   일

승 인 권 자   (인)

2812-281-03911민
 '98.1.12. 승인

210mm × 297mm
 일반용지 60g/㎡

[별지 제22호 서식]

플랜트수출승인사항변경승인(신청)서

(용)

	처리기간
	5 일

①신청인 무역업고유번호 (상호, 주소, 성명)		②신용장 또는 계약서 번호
	(서명 또는 인)	③수출승인유효기간
		④변경전승인번호

변경내용

⑤변경 전	⑥변경 후

⑦변경승인조건

⑧승인번호

위의 신청사항을 「대외무역법 시행령」 제50조에 따라 승인합니다.

년   월   일

승 인 권 자   (인)

2812-281-04011민
'98.1.12. 승인

210mm × 297mm
일반용지 60g/㎡

Chapter

08

Foreign Trade Act

물품의 원산지증명 및
원산지제도

제 1 절 원산지제도의 개요

1. 수출입물품의 원산지제도

(1) 원산지제도의 의의

원산지제도는 수출입물품의 원산지규정(원산지의 판정·확인) 및 원산지표시에 관한 제반 규율체계로서, 1991년 7월 1일부터 「대외무역법」에 도입되어 시행되고 있다. 즉, 수출입물품의 원산지가 어느 국가인지를 판정·확인·표시하는 제도로서, 원산지규정(원산지의 판정과 확인)과 원산지표시제도로 구분할 수 있다.

「대외무역법」 1997년 개정부터는 국제규범에 적합한 원산지표시제도 운영을 위해 표시방법, 요건 등을 구체화하였으며, 통관단계에서의 검사제도가 물품검사에서 서류검사 등으로 간소화됨에 따라 사후관리를 강화하였다. 또한 일부 원산지표시방법의 미비사항을 보완하고, 원산지표시대상품목에 소비재를 추가함으로써 소비자권익을 증진시켰다.

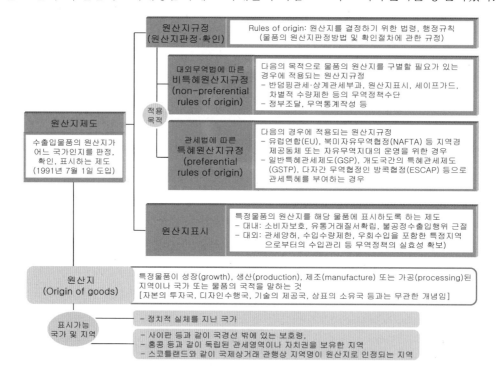

(가) 원산지의 의의

원산지(Origin of goods)란 특정물품이 성장(growth), 생산(production), 제조(manufacture) 또는 가공(processing)된 지역이나 국가 또는 물품의 국적(nationality of goods)을 말하는 것으로서, 자본의 투자국·디자인수행국·기술의 제공국·상표의 소유국 등과는 무관한 개념이다. 일반적으로 정치적 실체를 지닌 국가를 원산지로 할 수 있으며, 사이판 등과 같이 국경선 밖에 있는 보호령, 홍콩 등과 같이 독립된 관세영역이나 자치권을 보유한 지역, 스코틀랜드와 같이 국제상거래 관행상 지역명이 원산지로 인정되는 지역 등도 원산지가 될 수 있다.

(나) 원산지규정의 의의

원산지규정(Rules of Origin)이란 원산지 국가(물품의 국가)를 결정하기 위한 법령이나 행정규칙으로서, 물품의 원산지판정방법 및 확인절차에 관한 규정을 말한다. 현재 국제적으로 통일된 원산지규정이 없기 때문에 개별국가별로 원산지규정을 운영하고 있는 실정이다. 우리나라의 경우, 원산지규정은 적용목적에 따라 「대외무역법」에 따른 비특혜원산지규정과 「관세법」에 따른 특혜원산지규정으로 구분되는데, 그 정의를 살펴보면 다음과 같다.

비특혜원산지규정(non-preferential rules of origin)은 반덤핑관세·상계관세부과, 원산지표시, 세이프가드, 차별적 수량제한 등의 무역정책수단과 정부조달, 무역통계작성 등에 있어서 물품의 원산지를 구별할 필요가 있는 경우 적용되는 원산지 규정을 말하고, 특혜원산지규정(preferential rules of origin)은 유럽연합(EU), 북미자유무역협정(NAFTA) 등 지역경제공동체 또는 자유무역지대의 운영이나 일반특혜관세제도(GSP), 개도국간의 특혜관세제도(GSTP), 다자간 무역협정인 방콕협정(ESCAP), 각종 자유무역협정 등으로 관세특혜를 부여하는 경우에 적용되는 원산지규정을 말한다.[1]

(다) 원산지표시의 의의

원산지표시(Marks of Origin)란 특정물품의 원산지를 해당 물품에 표시하도록 하는 제도로서, 수출입물품에 원산지를 표시토록 함으로써 소비자에게 정확한 상품정보제공 등을 통하여 국내소비자보호 및 유통거래질서를 확립하고, 국제적으로 인정되는 원산지적용기준을 마련하여 수출 또는 수입하는 물품에 원산지표시를 명확히 함으로써 불공정수

---

[1] 산업통상자원부, 원산지 표시제도 주요내용, 2003.6.

출입행위를 근절하는데 주된 목적이 있다. 또한, 대외적으로는 관세의 양허, 수입수량의 제한, 우회수입을 포함한 특정지역으로부터의 수입관리 등 무역정책의 실효성을 확보하기 위한 것이다.

원산지표시는 제품가격이나 이미지와 직결되므로 소비자행동 및 기업의 마케팅전략에도 영향을 미치게 된다. 즉, 동일한 브랜드인 경우에도 원산지가 어디인지에 따라 가격에 차이가 있다.

(2) 원산지제도의 필요성

원산지제도는 다음과 같은 이유에서 그 필요성이 있다.[2]

① 소비자에게 정확한 상품정보(유명브랜드의 제3국 생산제품, OEM제품 등)를 제공함으로써 구매과정에서 발생할 수 있는 소비자의 피해를 방지한다.

② 특정지역의 생산품(예: 한국의 인삼·홍삼제품, 영국의 스카치 위스키)이 시장에서 차별화될 수 있는 기회를 제공함으로써 생산자를 보호한다.

③ 덤핑방지관세 부과, 긴급수입제한조치, 쿼터제도 등 각종 무역제한조치의 실효성을 확보하는 수단이다.

④ 현재 수출입통계는 해당물품의 선적항을 기준으로 하나, 원산지를 감안하면 보다 의미 있는 통계자료로 활용가능하다.

(3) 원산지제도의 관련법령 체계

원산지제도와 관련된 법령의 체계를 살펴보면 다음 그림과 같다.[3]

---

2) http://www.mocie.go.kr/korean/policy/trade/orgin/orgin1.asp
3) 농수산물의 원산지표시에 관한 법률은 국산물품에 대한 표시규정으로서 무역정책수단은 아니다.

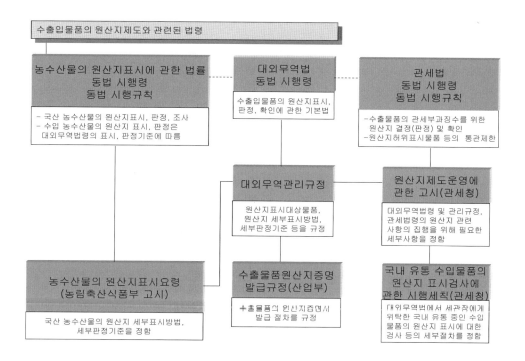

(4) 기관별 원산지제도 역할분담

원산지의 판정·발급·확인은 각각 별도의 기관에서 운영되고 있다. 원산지판정은 실체적 규정으로서 산업통상자원부가 「대외무역법」에 근거하여 운영하고 있다. 또한 원산지의 발급·확인은 절차적 규정으로서 원산지발급은 산업통상자원부가 「대외무역법」에 근거하여 운영하고 있으며, 원산지확인은 산업부가 「관세법」에 근거하여 운영하고 있다. 원산지의 발급과 확인은 동일한 절차적 규정이라 하더라도 세관의 규제마인드가 무역제한적으로 작용하는 것을 방지하기 위한 목적으로 이와 같이 별도기관이 운영하게 된다.

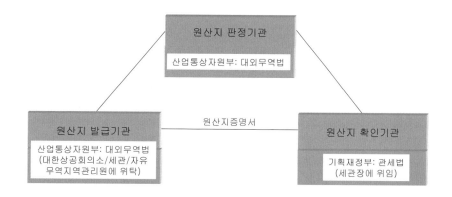

2. 원산지규정의 적용범위 및 협의

(1) 적용범위

대외무역관리규정 "제5장 원산지" 규정은 법 제12조, 제33조부터 제38조까지 및 제41조 등에 따라 원산지표시, 원산지 판정 및 확인 등이 필요한 물품에 대하여 적용한다(규정 제73조).

(2) 협의

대외무역관리규정 "제5장 원산지" 규정을 운용하기 위하여 필요한 경우 산업통상자원부장관은 관계 행정기관의 장 및 해당 사안과 관련된 공무원, 전문가 등과 협의하거나 의견을 들을 수 있으며, "제5장 원산지" 규정을 적용할 때에 해당 사안과 관련된 행정기관의 장, 무역거래자·판매업자 및 단순한 가공활동을 수행한 자, 그 밖의 이해관계인은 산업통상자원부장관에게 의견을 제출할 수 있다(규정 제74조 제1항 및 제2항).

(3) 원산지규정과 관련된 권한의 위임 또는 위탁

(가) 세관장

산업통상자원부장관은 다음의 권한을 세관장에게 위탁한다. 다만, "⑥"(제6호)의 권한 중 자유무역지역관리원의 관할구역의 입주업체에 대한 권한은 자유무역지역관리원장에게 위임한다(영 제91조 제4항).

① 원산지 표시의 확인에 관한 권한(영 제57조 제4항)

② 원산지표시와 관련된 규정을 위반하였는지를 확인하기 위하여 필요한 경우에 수입한 물품등과 관련 서류의 검사에 관한 권한(법 제33조 제5항)

③ "물품의 원산지표시와 관련된 행위"(법 제33조 제2항부터 제4항까지의 규정)를 위반한 자에게 판매중지·원상복구, 원산지 표시 등 대통령령으로 정하는 시정조치 명령에 관한 권한(법 제33조의2 제1항)

④ 원산지 표시관련 위반행위에 따른 과징금 부과 및 과징금 납부기한의 연장, 분할납부 및 그 결정의 취소에 관한 권한(법 제33조의2 제2항 및 영 제59조의2)

⑤ 원산지증명서의 제출 명령에 관한 권한(영 제65조)

⑥ 원산지증명서 발급 업무 중 관세양허(關稅讓許)를 받기 위한 원산지증명서 발급 업

무에 관한 권한(영 제66조 제2항 및 제3항)

⑦ 수입물품에 대한 원산지표시의 검사를 거부·방해 또는 기피한 자(법 제59조 제2항 제3호의 권한에 따른 경우만 해당한다)에 대한 법 제59조 제3항에 따른 과태료의 부과·징수에 관한 권한

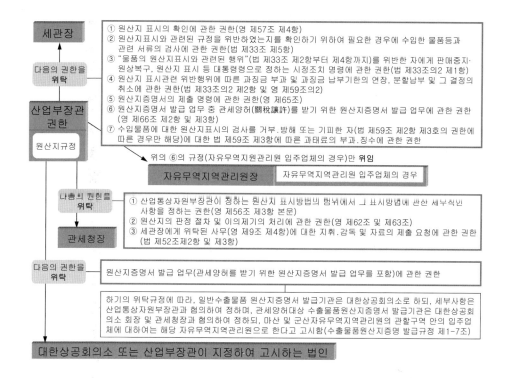

(나) 자유무역지역관리원장

산업통상자원부장관은 위의 세관장에게 위임된 "원산지증명서 발급 업무 중 관세양허(關稅讓許)를 받기 위한 원산지증명서 발급 업무에 관한 권한"(영 제66조 제2항 및 제3항) 중 자유무역지역관리원의 관할구역의 입주업체에 대한 권한을 자유무역지역관리원장에게 위임한다(영 제91조 제4항 단서).

(다) 관세청장

산업통상자원부장관은 다음의 권한을 관세청장에게 위탁한다(영 제91조 제6항).

① 산업통상자원부장관이 정하는 원산지 표시방법의 범위에서 그 표시방법에 관한 세부적인 사항을 정하는 권한(영 제56조 제3항 본문)

② 원산지 표시방법의 확인 및 이의제기에 대한 처리 권한(영 제57조 제1항 및 제2항)

③ 원산지의 판정 및 이의제기의 처리에 관한 권한(영 제62조 및 제63조)

④ 세관장에게 위탁된 사무(영 제9조 제4항)에 대한 지휘·감독 및 자료의 제출 요청에 관한 권한(법 제52조제2항 및 제3항)

(라) 대한상공회의소의 장 또는 산업부장관이 지정하여 고시하는 법인

산업통상자원부장관은 원산지증명서 발급 업무(관세양허를 받기 위한 원산지증명서 발급 업무를 포함한다)에 관한 권한(영 제66조제2항 및 제3항)을 "대한상공회의소"(「상공회의소법」에 따라 설립된 대한상공회의소) 또는 "법인"(「민법」 제32조[4]의 규정에 따라 설립된 법인) 중 산업통상자원부장관이 지정하여 고시하는 법인에게 위탁한다($^{영 \ 제91조}_{제10항}$).

상기의 위탁규정에 따라, 산업통상자원부고시인 「수출물품원산지증명 발급규정」 제1-7조 제1항 및 제2항에서는 일반수출물품 원산지증명서 발급기관은 대한상공회의소로 하되, 세부사항은 산업통상자원부장관과 협의하여 정하며, 관세양허대상 수출물품원산지증명서 발급기관은 대한상공회의소 회장 및 관세청장과 협의하여 정하되, 마산 및 군산자유무역지역관리원의 관할구역 안의 입주업체에 대하여는 해당 자유무역지역관리원으로 한다고 규정하고 있다.

제 2 절 수출입물품의 원산지표시

원산지표시는 원산지국가를 수출입물품에 인쇄, 라벨, 주조 등의 방법으로 보기 쉽고 견고하게 표시하는 것을 말한다. 이러한 원산지표시와 관련하여, 본 절에서 살펴보는 것과 같이 수출물품에 대한 원산지표시규정은 그 방법만 규정하고 있을 뿐, 대부분이 수입물품에 대한 원산지표시규정으로 이루어져 있다.

---

[4] 민법 제32조에서는 "학술, 종교, 자선, 기예, 사교 기타 영리 아닌 사업을 목적으로 하는 사단 또는 재단은 주무관청의 허가를 받아 이를 법인으로 할 수 있다"고 규정하고 있다.

1. 원산지표시대상물품 및 면제대상물품

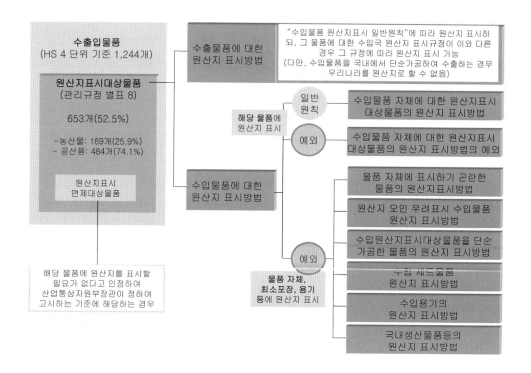

(1) 원산지표시대상물품

(가) 원산지표시대상물품

원산지표시대상물품(goods requiring the indication of origin)이란 산업통상자원부장관이 공정한 거래 질서(fair trade order)의 확립과 생산자 및 소비자 보호를 도모하기 위하여 원산지를 표시하여야 하는 대상으로 공고한 물품으로서, 별표 8에 게기된 수입 물품을 말한다. 따라서 원산지표시대상물품을 수출 또는 수입하려는 자는 그 물품에 대하여 원산지의 표시를 하여야 하는 바, 원산지표시대상물품으로 지정된 수입 물품에 원산지를 표시하여야 한다(법 제33조 제1항 및 규정 제75조 제1항).

2013년 현재 원산지표시대상물품은 일반 소비자가 직접, 구매 사용하는 품목으로서 HS4 단위를 기준으로 653개 품목(농산물 169개, 공산품 484개로 전체품목 1,244개의 52.5%)을 대상으로 하고 있다. 원산지표시를 할 범위는 해당 수입물품 및 재사용이 가능한 포장용품 또는 해당 수입품과 구분판매가 가능한 부속품 및 부분품 등 부장품까지 포함하고 있다.

● 원산지표시대상 품목비율

전체 품목 : 1,244 (HS 4단위 기준)	원산지 표시대상 품목 : 653 (52.5%)	농산물	169(25.9%)
		공산품	484(74.1%)

자료: 산업통상자원부

관리규정 [별표 8] 원산지표시대상물품

HS류별	품 목 코 드
01류	0102, 0106(자라에 한함)
02류	0201, 0202, 0203, 0204, 0205, 0206, 0207, 0208, 0209, 0210
03류	0301, 0302, 0303, 0304, 0305, 0306, 0307, 0308
04류	0401, 0402, 0403, 0404, 0405, 0406, 0407, 0408, 0409, 0410
05류	0504, 0506, 0507, 0510
06류	0601, 0602, 0603, 0604
07류	0701, 0702, 0703, 0704, 0705, 0706, 0707, 0708, 0709, 0710, 0711, 0712, 0713, 0714
08류	0801, 0802, 0803, 0804, 0805, 0806, 0807, 0808, 0809, 0810, 0811, 0812, 0813, 0814
09류	0901, 0902, 0903, 0904, 0906, 0907, 0908, 0910
10류	1001, 1002, 1003, 1004, 1005, 1006, 1007, 1008
11류	1101, 1102, 1103, 1104, 1105, 1106, 1107, 1108, 1109
12류	1201, 1202, 1203, 1204, 1205, 1206, 1207, 1208, 1209, 1211, 1212
13류	1302
15류	1501, 1502, 1503, 1504, 1507, 1508, 1509, 1510, 1511, 1512, 1513, 1514, 1515, 1516, 1517, 1520, 1521, 1522
16류	1601, 1602, 1603, 1604, 1605
17류	1701, 1702, 1703, 1704
18류	1801, 1802, 1803, 1804, 1805, 1806
19류	1901, 1902, 1903, 1904, 1905
20류	2001, 2002, 2003, 2004, 2005, 2006, 2007, 2008, 2009
21류	2101, 2102, 2103, 2104, 2105, 2106
22류	2201, 2202, 2203, 2204, 2205, 2206, 2207, 2208, 2209
23류	2301, 2303, 2308, 2309
24류	2401, 2402, 2403
25류	2501
28류	2815.11, 2853
30류	3003, 3004, 3005, 3006
31류	3101
32류	3201, 3202, 3203, 3204, 3205, 3206, 3207, 3208, 3209, 3210, 3211, 3212, 3213, 3214, 3215
33류	3301, 3302, 3303, 3304, 3305, 3306, 3307
34류	3401, 3402, 3403, 3404, 3405, 3406, 3407
35류	3504, 3505, 3506
36류	3604, 3605, 3606
37류	3702, 3703, 3704, 3707
38류	3808, 3814, 3820, 3824, 3826
39류	3916, 3917, 3918, 3919, 3920, 3921, 3922, 3923, 3924, 3925, 3926

HS류별	품 목 코 드
40류	4006, 4007, 4008, 4009, 4010, 4011, 4012, 4013, 4014, 4015, 4016, 4017
41류	4114, 4115
42류	4202, 4203, 4205, 4206
43류	4303, 4304
44류	4402, 4409, 4410, 4411, 4412, 4413, 4414, 4415, 4416, 4417, 4418, 4419, 4420, 4421
46류	4601, 4602
48류	4802, 4803, 4804, 4805, 4806, 4807, 4808, 4809, 4810, 4811, 4813, 4814, 4816, 4817, 4818, 4819, 4820, 4821, 4823
49류	4905, 4909
50류	5006, 5007
51류	5109, 5110, 5111, 5112, 5113
52류	5204, 5207, 5208, 5209, 5210, 5211, 5212
53류	5309, 5310, 5311
54류	5401, 5406, 5407, 5408
55류	5502, 5508, 5511, 5512, 5513, 5514, 5515, 5516
56류	5601, 5602, 5603, 5604
57류	5701, 5702, 5703, 5704, 5705
58류	5801, 5802, 5803, 5804, 5805, 5806, 5807, 5808, 5809, 5810, 5811
59류	5909(소방호스에 한함)
60류	6001, 6002
61류	6101, 6102, 6103, 6104, 6105, 6106, 6107, 6108, 6109, 6110, 6111, 6112, 6113, 6114, 6115, 6116, 6117
62류	6201, 6202, 6203, 6204, 6205, 6206, 6207, 6208, 6209, 6210, 6211, 6212, 6213, 6214, 6215, 6216, 6217
63류	6301, 6302, 6303, 6304, 6305, 6306, 6307, 6308, 6309, 6310
64류	6401, 6402, 6403, 6404, 6405, 6406
65류	6501, 6502, 6504, 6505, 6506, 6507
66류	6601, 6602, 6603
67류	6704
68류	6801, 6802, 6804, 6806, 6809, 6810, 6815
69류	6902, 6903, 6906, 6907, 6908, 6910, 6911, 6912, 6913, 6914
70류	7003, 7004, 7005, 7006, 7007, 7008, 7009, 7010, 7013, 7014, 7015, 7018, 7019, 7020
71류	7113, 7114, 7116, 7117
72류	7208, 7210(전기, 용융, 착색 아연도금강판에 한함), 7214, 7216, 7219, 7225, 7226, 7228
73류	7307(플랜지에 한함), 7311, 7315, 7317, 7318, 7319, 7320, 7321, 7322, 7323, 7324, 7325, 7326
74류	7415, 7418, 7419
75류	7508
76류	7607, 7612, 7613, 7615, 7616
78류	7806
79류	7907
80류	8007
82류	8201, 8202, 8203, 8204, 8205, 8206, 8207, 8208, 8209, 8210, 8211, 8212, 8213, 8214, 8215

HS류별	품 목 코 드
83류	8301, 8302, 8303, 8304, 8305, 8306
84류	8407, 8408, 8409, 8413, 8414, 8415, 8416, 8417, 8418, 8419, 8421, 8422, 8423, 8424, 8425, 8431, 8432, 8433, 8434, 8435, 8436, 8437, 8438, 8440, 8441, 8442, 8443, 8448, 8450, 8451, 8452, 8453, 8456, 8465, 8466, 8467, 8468, 8469, 8470, 8471, 8472, 8473, 8476, 8479, 8481, 8482, 8483, 8484, 8487
85류	8501, 8502, 8503, 8504, 8505, 8506, 8507, 8508, 8509, 8510, 8511, 8512, 8513, 8514, 8515, 8516, 8517, 8518, 8519, 8521, 8522, 8523, 8525, 8526, 8527, 8528, 8529, 8531, 8532, 8533, 8534, 8535, 8536, 8537, 8538, 8539, 8540, 8541, 8542, 8543, 8544, 8545, 8546, 8547, 8548
87류	8701, 8702, 8703, 8704, 8705, 8706, 8707, 8708, 8711, 8712, 8713 ,8715, 8716
89류	8903
90류	9001, 9002, 9003, 9004, 9005, 9006, 9010, 9011, 9012, 9013, 9015, 9016, 9017, 9018, 9019, 9021, 9024, 9025, 9026, 9027, 9028, 9029, 9031, 9032, 9033
91류	9101, 9102, 9103, 9104, 9105, 9106, 9107, 9108, 9109, 9110, 9111, 9112, 9113, 9114
92류	9201, 9202, 9205, 9206, 9207, 9208, 9209
94류	9401, 9402, 9403, 9404, 9405
95류	9503, 9504, 9505, 9506, 9507, 9508
96류	9603, 9604, 9605, 9607, 9608, 9609, 9610, 9611, 9612, 9613, 9614, 9615, 9616, 9617, 9618, 9619

(나) 원산지표시대상물품의 공고

"원산지표시대상물품의 원산지표시" 및 "수입된 원산지표시대상물품에 대하여 단순한 가공활동을 거침으로써 손상되거나 변형된 물품등의 원산지표시" 의무규정에 따른 원산지의 표시방법·확인(indication method and confirmation of origin), 그 밖의 표시에 필요한 사항(other necessary matters therefor)은 대통령령으로 정한다(^{법 제33조
제3항}). 그리고 산업통상자원부장관은 "원산지표시대상물품"(원산지를 표시하여야 할 물품)을 공고하려면 해당 물품을 관장하는 관계 행정기관의 장과 미리 협의하여야 한다(^{영 제55조
제1항}).

(다) 원산지표시대상물품에 대한 규제의 재검토

산업통상자원부장관은 원산지표시대상물품을 정한 제75조제1항 및 별표 8에 대하여 2015년 1월 1일을 기준으로 매 2년이 되는 시점(매 2년째의 12월 31일까지를 말한다)마다 그 타당성을 검토하여 개선 등의 조치를 하여야 한다(^{규정
제111조}).

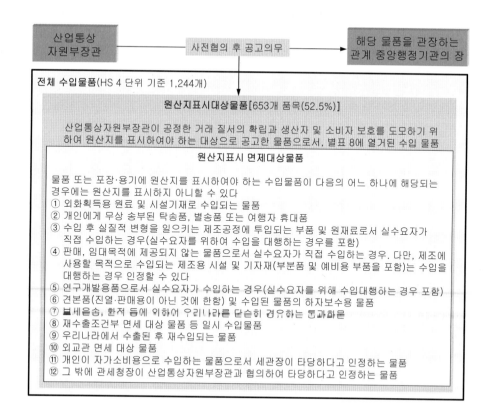

(2) 원산지표시면제 대상물품

원산지표시 면제대상은 원산지표시제도의 근본적인 목적이 최종소비자를 보호하는데 있다는 점에 착안하여 검토할 수 있다.

원산지표시대상물품에 대한 원산지 표시방법의 규정에 불구하고 해당 물품에 원산지를 표시할 필요가 없다고 인정하여 산업통상자원부장관이 정하여 고시하는 기준에 해당하는 경우에는 산업통상자원부장관이 정하여 고시하는 바에 따라 원산지표시를 생략할 수 있는 바, 물품 또는 포장·용기에 원산지를 표시하여야 하는 수입물품이 다음의 어느 하나에 해당되는 경우에는 원산지를 표시하지 아니할 수 있다(영 제56조 제2항 및 규정 제82조 제1항).

① 외화획득용 원료 및 시설기재로 수입되는 물품

② 개인에게 무상 송부된 탁송품, 별송품 또는 여행자 휴대품

③ 수입 후 실질적 변형을 일으키는 제조공정에 투입되는 부품 및 원재료로서 실수요자가 직접 수입하는 경우(실수요자를 위하여 수입을 대행하는 경우를 포함)

④ 판매 또는 임대목적에 제공되지 않는 물품으로서 실수요자가 직접 수입하는 경우. 다만, 제조에 사용할 목적으로 수입되는 제조용 시설 및 기자재(부분품 및 예비용 부품을 포함)는 수입을 대행하는 경우 인정할 수 있다.

⑤ 연구개발용품으로서 실수요자가 수입하는 경우(실수요자를 위하여 수입을 대행하는 경우를 포함)

⑥ 견본품(진열·판매용이 아닌 것에 한함) 및 수입된 물품의 하자보수용 물품

⑦ 보세운송, 환적 등에 의하여 우리나라를 단순히 경유하는 통과화물

⑧ 재수출조건부 면세 대상 물품 등 일시 수입물품

⑨ 우리나라에서 수출된 후 재수입되는 물품

⑩ 외교관 면세 대상 물품

⑪ 개인이 자가소비용으로 수입하는 물품으로서 세관장이 타당하다고 인정하는 물품5)

⑫ 그 밖에 관세청장이 산업통상자원부 장관과 협의하여 타당하다고 인정하는 물품

그리고 세관장은 원산지 표시가 면제되는 물품에 대하여 외화획득 이행 여부, 목적외 사용 등 원산지표시 면제의 적합여부를 사후 확인할 수 있다(규정 제82조 제2항).

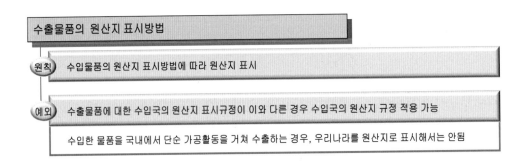

수출물품의 원산지 표시방법

원칙 | 수입물품의 원산지 표시방법에 따라 원산지 표시

예외 | 수출물품에 대한 수입국의 원산지 표시규정이 이와 다른 경우 수입국의 원산지 규정 적용 가능

수입한 물품을 국내에서 단순 가공활동을 거쳐 수출하는 경우, 우리나라를 원산지로 표시해서는 안됨

---

5) 2005년 1월 개정에서는 개인이 자가소비용으로 소량 수입할 경우에는 원산지표시의 실익이 없기 때문에 표시의무를 면제한다는 규정을 신설한 것이다.

수입물품 자체의 원산지 표시방법

원칙	원산지표시대상물품 (물품 자체에 표시)	수입물품의 자체에 대한 원산지표시 일반원칙

원산지표시대상물품 (물품 자체에 표시)

① 한글, 한문 또는 영문으로 표시할 것

② 최종구매자가 쉽게 판독할 수 있는 활자체로 표시할 것

③ 식별하기 쉬운 위치에 표시할 것

④ 표시된 원산지가 쉽게 지워지거나 떨어지지 않는 방법으로 표시할 것

수입물품의 자체에 대한 원산지표시 일반원칙

① 다음의 하나의 방식으로 한글, 한자 또는 영문으로 표시 가능
 ㉮ "원산지: 국명" 또는 "국명 산(産)"
 ㉯ "Made in 국명" 또는 "Product of 국명"
 ㉰ "made by 물품 제조자의 회사명, 주소, 국명"
 ㉱ "Country of Origin : 국명"
 ㉲ "수출입 물품의 원산지 판정기준"(영 제61조)의 원산지와 동일한 경우로서 국제상거래관행상 타당한 것으로 관세청장이 인정하는 방식

② 수입 물품의 원산지는 최종구매자가 해당 물품의 원산지를 쉽게 판독할 수 있는 크기의 활자체로 표시하여야 한다.

③ 수입 물품의 원산지는 최종 구매자가 정상적인 물품구매과정에서 원산지표시를 발견할 수 있도록 식별하기 용이한 곳에 표시하여야 한다

④ 표시된 원산지는 쉽게 지워지지 않으며 물품(또는 포장, 용기)에서 쉽게 떨어지지 않아야 한다.

⑤ 수입 물품의 원산지는 제조단계에서 인쇄(printing), 등사(stenciling), 낙인(branding), 주조(molding), 식각(etching), 박음질(stitching) 또는 이와 유사한 방식으로 원산지를 표시하는 것을 원칙으로 한다. 다만, 물품의 특성상 위와 같은 방식으로 표시하는 것이 부적합/곤란하거나 물품을 훼손할 우려가 있는 경우에는 날인(stamping), 라벨(label), 스티커(sticker), 꼬리표(tag)를 사용하여 표시 가능

⑥ 최종구매자가 수입 물품의 원산지를 오인할 우려가 없는 경우에는 통상적으로 널리 사용되고 있는 국가명이나 지역명 등을 사용하여 원산지를 표시 가능
 ㉮ United States of America를 "USA"로, ㉯ Switzerland를 "Swiss"로, ㉰ Netherlands를 Holland로, ㉱ United Kingdom of Great Britain and Northern Ireland를 UK 또는 GB로 ㉲ UK의 England, Scotland, Wales, Northern Ireland, ㉳ 그 밖에 관세청장이 산업통상자원부장관과 협의하여 타당하다고 인정하는 국가나 지역명

⑦ 「품질경영 및 공산품안전관리법」, 「식품위생법」 등 다른 법령에서 원산지 표시방법을 정하고 있는 경우에는 이를 적용할 수 있다.

예외 — 수입물품 자체에 대한 원산지표시의 예외

수입물품의 크기가 작은 경우
[수입물품의 크기가 작아 위의 "①의 ㉮ ~㉱의 방식"으로 해당 물품의 원산지를 표시할 수 없는 경우]

국명만을 표시 가능

물품별 제조공정상의 특성을 반영한 보조표시
[최종구매자가 수입물품의 원산지를 오인할 우려가 없도록 표시하는 전제하에 위의 "①의 ㉮ ~㉱의 방식"과 병기하여 물품별 제조공정상의 다양한 특성을 반영할 수 있도록 다음의 예시에 따라 보조표시 가능]

㉮ "Designed in 국명", "Fashioned in 국명", "Moded in 국명", "styled in 국명", "Licensed by 국명", "Finished in 국명"....
㉯ 그 밖에 관세청장이 위의 ㉮에 준하여 타당하다고 인정한 보조표시 방식

원산지를 특정하기 어려운 물품
[수출국에서의 주요 부분품의 단순 결합물품, 원재료의 단순 혼합물품, 중고물품으로 원산지를 특정하기 어려운 물품은 다음과 같이 원산지 표시 가능]

㉮ 단순 조립물품 : "Organized in 국명(부분품별 원산지 나열)"
㉯ 단순 혼합물품 : "Mixed in 국명(원재료별 원산지 나열)"
㉰ 중고물품 : "Imported from 국명"

2. 수출입물품의 원산지표시방법

(1) 수출물품의 원산지표시방법

수출물품에 대하여 원산지를 표시하는 경우에는 "수입 물품의 원산지표시방법"(영 제 56조 제1항 각호)에 따라 원산지를 표시하되, 그 물품에 대한 수입국의 원산지 표시규정 이 이와 다르게 표시하도록 되어 있으면 그 규정에 따라 원산지를 표시할 수 있다. 다만, 수입한 물품에 대하여 국내에서 단순한 가공활동을 거쳐 수출하는 경우에는 우리나라를 원산지로 표시하여서는 아니 된다(영 제56조 제5항).

(2) 수입물품 자체에 대한 원산지표시방법의 일반원칙과 예외

(가) 수입물품 자체에 대한 원산지표시빙법의 일빈원칙

원산지표시대상물품을 수입하려는 자는 다음의 방법에 따라 해당 물품에 원산지를 표 시하여야 한다(영 제56조 제1항 및 규정 제76조 제1항 – 제7항).

① 한글·한문 또는 영문으로 표시할 것

  ㉮ "원산지: 국명" 또는 "국명 산(産)"

  ㉯ "Made in 국명" 또는 "Product of 국명"

  ㉰ "made by 물품 제조자의 회사명, 주소, 국명"[6]

  ㉱ "Country of Origin : 국명"

  ㉲ "수출입 물품의 원산지 판정기준"(영 제61조)의 원산지와 동일한 경우로서 국제 상거래관행상 타당한 것으로 관세청장이 인정하는 방식

② 최종 구매자가 쉽게 판독할 수 있는 활자체로 표시할 것

  즉, 수입 물품의 원산지는 최종 구매자가 해당 물품의 원산지를 쉽게 판독할 수 있는 크기의 활자체로 표시하여야 한다.

③ 식별하기 쉬운 위치에 표시할 것

  즉, 수입 물품의 원산지는 최종 구매자가 정상적인 물품구매과정에서 원산지표시를

---

6) 2005년 1월 개정시에는 수출자나 판매자를 제조자인 것처럼 기재하여 원산지를 속이고자 하는 사례를 방지하고 원산지 파악을 용이하게 하기 위하여 "물품 제조자의 회사명, 주소, 국명" 앞에 "Made by"(메이드 바이) 또는 이 와 유사한 문구가 추가된 경우에만 적정한 원산지 표시로 인정하였다; 산업통상자원부 보도자료, 2005.1.14.

발견할 수 있도록 식별하기 용이한 곳에 표시하여야 한다.

④ 표시된 원산지가 쉽게 지워지거나 떨어지지 아니하는 방법으로 표시할 것 즉, 표시된 원산지는 쉽게 지워지지 않으며 물품(또는 포장·용기)에서 쉽게 떨어지지 않아야 한다.

⑤ 수입 물품의 원산지는 제조단계에서 인쇄(printing), 등사(stenciling), 낙인(branding), 주조(molding), 식각(etching), 박음질(stitching) 또는 이와 유사한 방식으로 원산지를 표시하는 것을 원칙으로 한다. 다만, 물품의 특성상 위와 같은 방식으로 표시하는 것이 부적합 또는 곤란하거나 물품을 훼손할 우려가 있는 경우에는 날인(stamping), 라벨(label), 스티커(sticker), 꼬리표(tag)를 사용하여 표시할 수 있다.[7]

⑥ 최종 구매자가 수입 물품의 원산지를 오인할 우려가 없는 경우에는 다음과 같이 통상적으로 널리 사용되고 있는 국가명이나 지역명 등을 사용하여 원산지를 표시할 수 있다.

㉮ United States of America를 "USA"로

㉯ Switzerland를 "Swiss"로

㉰ Netherlands를 Holland로

㉱ United Kingdom of Great Britain and Northern Ireland를 UK 또는 GB로

㉲ UK의 England, Scotland, Wales, Northern Ireland

㉳ 그 밖에 관세청장이 산업통상자원부장관과 협의하여 타당하다고 인정하는 국가나 지역명[8]

⑦ 「품질경영 및 공산품안전관리법」, 「식품위생법」 등 다른 법령에서 원산지표시방법 등을 정하고 있는 경우에는 이를 적용할 수 있다.

(나) 수입물품 자체에 대한 원산지표시방법의 예외

"수입물품 자체에 대한 원산지 표시방법의 일반원칙"(제1항)에 규정된 것외에 수입 물품의 원산지 표시방법에 관하여 필요한 사항은 산업통상자원부장관이 정하여 고시한다. 다만, 수입물품을 관장하는 중앙행정기관의 장은 소비자를 보호하기 위하여 필요한 경우에는 산업통상자원부장관과 협의하여 해당 물품의 원산지 표시에 관한 세부적인 사항을

---

7) printing[프린팅], stenciling[스텐썰링], branding[브랜딩], molding[모울딩], etching[에칭], stitching[스띠칭], stamping[스땜핑], label[레이블], sticker[스띠컬], tag[택]

8) "JPN"(일본), "PROC"(중국)는 허용되지 않는다.

따로 정하여 고시할 수 있다(영 제56조 제3항).

① 수입물품의 크기가 작은 경우

수입 물품의 크기가 작아 "다음의 방식"(제76조 제1항 제1호부터 제4호까지의 방식)으로 해당 물품의 원산지를 표시할 수 없을 경우에는 국명만을 표시할 수 있다(규정 제76조의2 제1항).

㉮ "원산지: 국명" 또는 "국명 산(産)"

㉯ "Made in 국명" 또는 "Product of 국명"

㉰ "made by 물품 제조자의 회사명, 주소, 국명"[9]

㉱ "Country of Origin : 국명"

② 물품별 제조공정상의 특성을 반영한 보조표시

최종구매자가 수입물품의 원산지를 오인할 우려가 없도록 표시하는 전제하에 "위의 원산지표시"(제76조 제1항 제1호부터 제4호까지의 원산지표시)와 병기하여 물품별 제조공정상의 다양한 특성을 반영할 수 있도록 다음의 예시에 따라 보조표시를 할 수 있다(규정 제76조의2 제2항).

㉮ "Designed in 국명", "Fashioned in 국명", "Moded in 국명", "styled in 국명", "Licensed by 국명", "Finished in 국명" … [10]

㉯ 그 밖에 관세청장이 위의 ㉮에 준하여 타당하다고 인정한 보조표시 방식

③ 원산지를 특정하기 어려운 물품

수출국에서의 주요 부분품의 단순 결합물품, 원재료의 단순 혼합물품, 중고물품으로 원산지를 특정하기 어려운 물품은 다음과 같이 원산지를 표시할 수 있다(규정 제76조의2 제3항).

㉮ 단순 조립물품 : "Organized in 국명(부분품별 원산지 나열)"

㉯ 단순 혼합물품 : "Mixed in 국명(원재료별 원산지 나열)"

㉰ 중고물품 : "Imported from 국명"[11]

---

9) 2005년 1월 개정시에는 수출자나 판매자를 제조자인 것처럼 기재하여 원산지를 속이고자 하는 사례를 방지하고 원산지 파악을 용이하게 하기 위하여 "물품 제조자의 회사명, 주소, 국명" 앞에 "Made by" 또는 이와 유사한 문구가 추가된 경우에만 적정한 원산지 표시로 인정하였다; 산업통상자원부 보도자료, 2005.1.14.

10) 번역은 다음과 같다: "Designed in~"(디자인드 인; ~에서 디자인된), "Fashioned in~"(패션드 인; ~에서 유행된), "Moded in~", "styled in~"(스따일드 인; ~에서 유행된), "Licensed by~"(라이쎈스트 인; ~에 의하여 허가된), "Finished in~"(피니쉬트 인; ~에서 완성된)

11) 번역은 다음과 같다: "Organized in~"(올거나이즈드 in; ~에서 디자인된), "Mixed in~"(믹스트 인; ~에서 유행된), "Imported from~"(임폴틷 프람; ~로부터 수입된)

(3) 기타 수입물품의 원산지표시방법

(가) 물품 자체에 표시하기 곤란한 물품의 원산지표시방법

원산지 표시단위는 최소 포장단위로 해당 수입물품의 현품에 표시하는 것이 원칙이다. 즉, 원산지표시대상물품에 대하여는 해당 물품에 원산지를 표시해야 하는 것이 원칙이지만, 이러한 원칙에도 불구하고, 해당 물품에 원산지를 표시하는 것이 곤란하다고 인정되는 다음의 어느 하나에 해당되는 경우에는 해당 물품에 원산지를 표시하지 않고 해당 물품의 최소포장, 용기 등에 수입물품의 원산지표시를 할 수 있다(영 제56조 제2항 및 규정 제75조 제2항).

① 해당 물품에 원산지를 표시하는 것이 불가능한 경우[12]

② 원산지표시로 인하여 해당 물품이 크게 훼손되는 경우

   (예: 당구공, 콘택즈렌즈, 포장하지 않은 집적회로 등)

③ 원산지표시로 인하여 해당 물품의 가치가 실질적으로 저하되는 경우[13]

④ 원산지 표시의 비용이 해당 물품의 수입을 막을 정도로 과도한 경우

   (예: 물품값보다 표시비용이 더 많이 드는 경우 등)

⑤ 상거래 관행상 최종 구매자에게 포장, 용기에 봉인되어 판매되는 물품 또는 봉인되지는 않았으나 포장, 용기를 뜯지 않고 판매되는 물품

   (예: 비누, 칫솔, VIDEO TAPE 등)

⑥ 실질적 변형을 일으키는 제조공정에 투입되는 부품 및 원재료를 수입 후 실수요자에게 직접 공급하는 경우

⑦ 물품의 외관상 원산지의 오인 가능성이 적은 경우

   (예 : 두리안, 오렌지, 바나나와 같은 과일·채소 등)

⑧ 관세청장이 산업통상자원부장관과 협의하여 타당하다고 인정하는 물품

---

12) 예: 냉동옥수수, 밀가루, 주류 등
13) 예: 귀걸이 등 패션상품(단, 라벨, 스티커 등 제품에 손상을 주지 않는 방법으로 표시가 가능한 경우 이와 같은 방법으로 표시)

기타 수입물품의 원산지표시방법

물품 자체에 표시하기 곤란한 물품의 원산지표시방법
[해당 물품에 원산지를 표시하는 것이 곤란하다고 인정되는 다음의 경우]

① 해당 물품에 원산지를 표시하는 것이 불가능한 경우
② 원산지표시로 인해 해당물품이 크게 훼손되는 경우(예: 당구공, 콘택즈렌즈,포장하지 않은 집적회로 등)
③ 원산지표시로 인하여 해당 물품의 가치가 실질적으로 저하되는 경우
④ 원산지 표시의 비용이 해당 물품의 수입을 막을 정도로 과도한 경우(예: 물품값보다 표시비용이 더 많이 드는 경우 등)
⑤ 상거래관행상 최종 구매자에게 포장·용기에 봉인되어 판매되는 물품 또는 봉인되지는 않았으나 포장·용기를 뜯지 않고 판매되는 물품(예: 비누,칫솔,VIDEO TAPE 등)
⑥ 실질적변형을 일으키는 제조공정에 투입되는 부품과 원재료를 수입후 실수요자에게 직접 공급하는 경우
⑦ 물품의 외관상 원산지의 오인 가능성이 적은 경우(예 : 두리안, 오렌지, 바나나와 같은 과일·채소 등)
⑧ 관세청장이 산업통상자원부장관과 협의하여 타당하다고 인정하는 물품

수입물품 자체의 원산지표시방법의 일반원칙에 따라, 해당 물품의 **최소포장 또는 용기 등**에 원산지 표시 가능

다음의 물품

– 원산지오인 우려수입물품
– 수입된 원산지표시대상물품을 단순 가공한 물품
– 수입 세드물품
– 수입용기
– 국내생산물품등

수입물품 자체의 원산지표시방법의 일반원칙 또는 기타의 방법에 따라, **해당 물품, 최소포장 또는 용기 등**에 원산지 표시 가능

(나) 원산지오인 우려 표시물품의 원산지표시방법

무역거래자 또는 물품등의 판매업자는 다음의 어느 하나에 해당하는 행위를 하여서는 아니된다(법 제33조 제4항).

① 원산지를 거짓으로 표시하거나 원산지를 오인(誤認)하게 하는 표시를 하는 행위

② 원산지의 표시를 손상하거나 변경하는 행위

③ 원산지표시대상물품에 대하여 원산지 표시를 하지 아니하는 행위(③의 경우는 무역거래자의 경우에만 해당)

④ 위의 ①에서 ③까지의 규정에 위반되는 원산지표시대상물품을 국내에서 거래하는 행위

원산지오인 우려표시물품	원산지표시대상물품이 다음의 어느 하나에 해당하는 물품 ① 주문자 상표부착(OEM)방식에 의해 생산된 수입 물품의 원산지와 주문자가 위치한 국명이 상이하여 최종 구매자가 해당 물품의 원산지를 오인할 우려가 있는 물품, 또는 ② 물품 또는 포장.용기에 현저하게 표시되어 있는 상호·상표·지역·국가 또는 언어명이 수입 물품의 원산지와 상이하여 최종 구매자가 해당 물품의 원산지를 오인할 우려가 있는 물품

원산지 표시방법

원칙 해당 물품 또는 포장, 용기의 전면에

수입물품 자체의 원산지표시의 일반원칙에 따라 원산지 표시

예외 물품의 특성상 전후면의 구별이 어렵거나 전면에 표시하기 어려운 경우 등

원산지 오인을 초래하는 표시와 가까운 곳에 원산지 표시
(다만, 해당물품에 원산지가 적합하게 표시되어 있고, 최종판매단계에서 진열된 물품 등을 통하여 최종구매자가 원산지 확인이 가능하며, 국제 상거래 관행상 통용되는 방법으로 원산지를 표시하는 경우 세관장은 산업통상자원부장관과 협의하여 포장·용기에 표시된 원산지가 원산지 오인을 초래하는 표시와 가깝지 않은 곳에 있어도 원산지 오인이 없는 것으로 볼 수 있다)

예외 물품의 판매자

판매 또는 진열시 소비자가 알아볼 수 있도록 상품에 표시된 원산지와는 별도로 스티커, 푯말 등을 이용하여 원산지 표시

원산지오인 우려 표시물품이란 원산지표시대상물품이 다음의 어느 하나에 해당하는 물품을 말한다(규정 제77조 제1항).

① 주문자 상표부착(OEM)방식에 의해 생산된 수입 물품의 원산지와 주문자가 위치한 국명이 상이하여 최종 구매자가 해당 물품의 원산지를 오인할 우려가 있는 물품, 또는

② 물품 또는 포장·용기에 현저하게 표시되어 있는 상호·상표·지역·국가 또는 언어명이 수입 물품의 원산지와 상이하여 최종 구매자가 해당 물품의 원산지를 오인할 우려가 있는 물품

이러한 원산지오인 우려 표시물품에 해당되는 수입 물품은 해당 물품 또는 포장·용기의 전면에 "수입 물품의 원산지표시의 일반원칙"(제76조)에 따라 원산지를 표시하여야 하며, 물품의 특성상 전후면의 구별이 어렵거나 전면에 표시하기 어려운 경우 등에는 원산지 오인을 초래하는 표시와 가까운 곳에 표시하여야 한다. 다만, 해당물품에 원산지가 적합하게 표시되어 있고, 최종판매단계에서 진열된 물품 등을 통하여 최종구매자가 원산지 확인이 가능하며, 국제 상거래 관행상 통용되는 방법으로 원산지를 표시하

는 경우 세관장은 산업통상자원부장관과 협의하여 포장·용기에 표시된 원산지가 원산지 오인을 초래하는 표시와 가깝지 않은 곳에 있어도 원산지 오인이 없는 것으로 볼 수 있다(규정 제77조 제2항).

한편, 원산지오인 우려 표시물품에 해당되는 수입 물품을 판매하는 자는 판매 또는 진열시 소비자가 알아볼 수 있도록 상품에 표시된 원산지와는 별도로 스티커, 푯말 등을 이용하여 원산지를 표시하여야 한다(규정 제77조 제3항).

(다) 원산지표시대상물품을 단순가공한 물품의 원산지표시방법

원산지표시대상물품을 수입한 후 단순한 가공활동을 수행하여 국산품으로 판매하는 것을 방지하기 위하여 단순가공물품에 대한 원산지표시의무를 부과하고 있다. 즉, 수입된 원산지표시대상물품에 대하여 대통령령으로 정하는 단순한 가공활동을 거침으로써 해당 물품의 원산지 표시를 손상하거나 변형한 자(무역거래자 또는 물품등의 판매업자에 대하여 제4항[14]이 적용되는 경우는 제외한다)는 그 단순 가공한 물품등에 당초의 원산지를 표시하여야 한다(법 제33조 제2항).

여기에서, "대통령령으로 정하는 단순한 가공활동"이란 판매목적의 물품포장 활동, 상품성 유지를 위한 단순한 작업 활동 등 물품의 본질적 특성을 부여하기에 부족한 가공활동을 말하며, 그 가공활동의 구체적인 범위는 관계 중앙행정기관의 장과 협의하여 산업통상자원부장관이 정하여 고시하며, 단순한 가공활동의 구체적인 사항은 대외무역관리규정 제85조 제8항 각호를 준용한다(영 제55조 제2항 및 규정 제75조 제3항).

---

14) 원산지의 거짓으로 표시하거나 또는 오인하게 하는 표시를 하는 행위, 원산지표시를 손상 또는 변경하는 행위, 원산지표시대상물품에 대하여 원산지표시를 하지 아니하는 행위를 한 무역거래자 또는 물품등의 판매업자에게는 이 규정이 적용되지 않는다.

수입된 원산지표시대상 물품을 단순가공한 물품	수입 물품의 원산지를 변경할 수 없을 정도의 단순한 가공활동의 수행 결과, 원산지 표시가 손상되거나 변형된 물품

원산지 표시 방법	수입된 원산지표시대상물품에 대하여 대통령령으로 정하는 단순한 가공활동을 거침으로써 해당 물품의 원산지 표시를 손상하거나 변형한 자
	원산지를 거짓 또는 오인하게 표시하는 행위, 원산지표시를 손상 또는 변경하는 행위, 원산지표시대상물품에 원산지표시를 하지 않은 행위를 한 무역거래자 또는 물품등의 판매업자에 대하여는 이 규정이 적용되지 않음

그 단순 가공한 물품등에 당초의 원산지를 표시

원산지표시대상물품이 수입된 후, 최종 구매자가 구매하기 이전에
국내에서 단순 제조, 가공처리되어 수입 물품의 원산지가 은폐, 제거되거나 은폐, 제거될 우려가 있는 물품

제조, 가공업자(수입자가 제조업자인 경우를 포함)는
완성 가공품에 수입 물품의 원산지가 분명하게 나타나도록 원산지를 표시

원산지표시대상물품이 대형 포장 형태로 수입된 후에 최종구매자가 구매하기 이전에
국내에서 소매단위로 재포장되어 판매되는 물품(예: 화장품 등)

재포장 판매업자(수입자가 판매업자인 경우 포함)는
재포장용기에 수입물품의 원산지가 분명하게 나타나도록 원산지 표시

원산지표시대상물품이 대형 포장 형태로 수입된 후에 최종구매자가 구매하기 이전에
국내에서 소매단위로 재포장되지 않고 낱개 또는 산물로 판매되는 경우(예: 농수산물 등)

재포장 판매업자(수입자가 판매업자인 경우 포함)는
물품 또는 판매용기, 판매장소에 스티커 부착, 푯말부착 등의 방법으로 수입품의 원산지 표시

원산지표시대상 물품이 수입된 후 최종구매자가 구매하기 전에
다른 물품과 결합되어 판매되는 경우(예: 바이올린과 바이올린케이스, 라이터와 라이터케이스)

제조, 가공업자(수입자가 제조업자인 경우 포함)는
수입된 해당 물품의 원산지가 분명하게 나타나도록 **"(해당 물품명)의 원산지: 국명"**의 형태로 원산지 표시

그 밖의 경우(다음의 규정을 준용함)

"수입 물품의 원산지표시대상물품등"(제75조), "수입물품 원산지표시의 일반원칙"(제76조),
"원산지오인 우려 표시물품의 원산지 표시"(제77조), "수입 세트물품의 원산지표시"(제79조),
"수입용기의 원산지 표시"(제80조) 및 "수입 물품 원산지 표시방법의 세부사항"(제81조)

따라서 단순한 가공활동을 거침으로써 원산지 표시가 손상되거나 변형된 물품의 원산지표시는 다음의 어느 하나의 방법에 따라 원산지를 표시하여야 한다(규정 제78조 제1항 본문).

① 원산지표시대상물품이 수입된 후, 최종 구매자가 구매하기 이전에 국내에서 단순 제조·가공처리되어 수입 물품의 원산지가 은폐·제거되거나 은폐·제거될 우려가 있는 물품의 경우에는 제조·가공업자(수입자가 제조업자인 경우를 포함한다)는 완성 가공품에 수입 물품의 원산지가 분명하게 나타나도록 원산지를 표시하여야 한다.

② 원산지표시대상물품이 대형 포장 형태로 수입된 후에 최종구매자가 구매하기 이전에 국내에서 소매단위로 재포장되어 판매되는 물품[15]인 경우에는 재포장 판매업자(수입자가 판매업자인 경우를 포함한다)는 재포장용기에 수입물품의 원산지가 분명하게 나타나도록 원산지를 표시하여야 한다. 재포장되지 않고 낱개 또는 산물로

---

15) 예: 화장품 등

판매되는 경우16)에도 물품 또는 판매용기·판매장소에 스티커 부착, 푯말부착 등의 방법으로 수입품의 원산지를 표시하여야 한다.

③ 원산지표시대상 물품이 수입된 후에 최종 구매자가 구매하기 이전에 다른 물품과 결합되어 판매되는 경우(예 : 바이올린과 바이올린케이스, 라이터와 라이트케이스 등)에는 제조·가공업자(수입자가 제조업자인 경우를 포함한다)는 수입된 해당 물품의 원산지가 분명하게 나타나도록 "(해당 물품명)의 원산지: 국명"의 형태로 원산지를 표시하여야 한다.17)

다만, 위의 ①, ②, ③의 규정에서 달리 규정하지 아니한 사항에 대하여는 "수입 물품의 원산지표시대상물품등"(제75조), "수입물품 원산지표시의 일반원칙"(제76조), "원산지오인 우려 표시물품의 원산지 표시"(제77조), "수입 세트물품의 원산지표시"(제79조), "수입 용기의 원산지 표시"(제80조) 및 "수입 물품 원산지 표시방법의 세부사항"(제81조)의 규정을 준용한다(규정 제78조 제1항 단서).

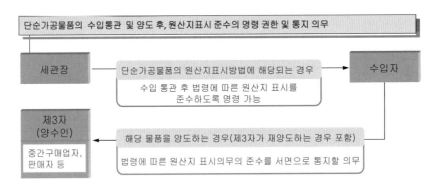

위의 ①, ② 및 ③에 해당되는 경우에는, 세관장이 수입자에게 수입 통관 후 법령에 따른 원산지 표시를 준수하도록 명할 수 있다(규정 제78조 제2항). 또한 위의 ①, ② 및 ③에 해당되는 물품을 수입하는 자가 그 물품을 제3자(중간 구매업자 또는 판매자 등)에게 양도(제3자가 재양도하는 경우 포함)하는 경우에는 양수인에게 서면으로 법령에 따른 원산지 표시의무를 준수하여야 할 것을 알려야 한다(규정 제78조 제3항).

(라) 수입 세트물품의 원산지표시방법
수입 세트물품에 대한 원산지표시방법은 97년 개정에서 신설된 규정이다.

---

16) 예: 농수산물 등
17) 라이터는 중국산, 라이터케이스는 일본산인 경우, 라이터케이스에는 "Case Made in Japan"과 같이 원산지를 표시한다.

수입 세트물품에 해당되는 원산지 표시대상은 관세청장이 정하는 바, 이러한 수입 세트물품의 경우 해당 세트물품을 구성하는 개별 물품들의 원산지가 동일하고 최종 구매자에게 세트물품으로 판매되는 경우에는 개별 물품에 원산지를 표시하지 아니하고 그 물품의 포장·용기에 원산지를 표시할 수 있다. 또한 수입 세트물품을 구성하는 개별 물품들의 원산지가 2개국 이상인 경우에는 개별 물품에 각각의 원산지를 표시하고, 해당 세트물품의 포장·용기에는 개별 물품의 원산지를 모두 나열·표시하여야 한다(예: Made in China, Taiwan, ...)$\binom{규정}{제79조}$.

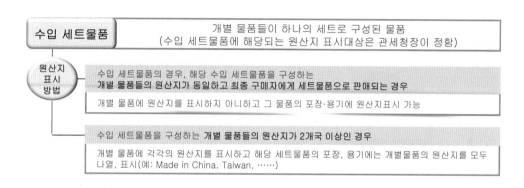

(마) 수입 용기의 원산지표시방법

관세율표에 따라 용기로 별도 분류되어 수입되는 물품의 경우에는 용기에 "(용기명)의 원산지: (국명)"에 상응하는 표시를 하여야 한다(예: "Bottle made in 국명"). 위 규정에도 불구하고 1회 사용으로 폐기되는 용기의 경우에는 최소 판매단위의 포장에 용기의 원산지를 표시할 수 있으며, 실수요자가 이들 물품을 수입하는 경우에는 용기의 원산지를 표시하지 않아도 무방하다$\binom{규정}{제80조}$.

● 수입용기의 원산지표시방법

	채워진 상태로 수입	빈 상태로 수입
재사용가능 용기	내용물품과 수입용기의 원산지를 용기에 각각 표시("Content made in 국명", "Bottle made in 국명")	해당 수입용기의 원산지를 용기에 표시("Bottle made in 국명")
1회용 용기	해당 내용물품의 원산지를 용기에 표시("Made in 국명")	해당 수입용기의 최소판매단위의 포장에 원산지 표시("Bottle made in 국명"). 다만, 실수요자가 수입하는 경우 표시 면제함

(바) 국내생산물품등의 원산지표시방법

국내생산물품등의 원산지를 우리나라로 볼 수 있는 경우에는 "제76조 제1항의 규정"
(수입 물품 원산지 표시의 일반원칙)을 준용하여 표시할 수 있다(규정 제86조 제4항).

그러나 법 제35조에 따른 수입원료를 사용한 국내생산물품 중 "제2항의 원산지규정을
충족하지 아니한 물품"(원산지를 우리나라로 볼 수 없는 물품)의 원산지 표시는 다음의
방법에 따라 표시할 수 있다(규정 제86조 제5항).

① 우리나라를 "가공국" 또는 "조립국" 등으로 표시하되 원료 또는 부품의 원산지를 동
   일한 크기와 방법으로 병행하여 표시[18]

② 위의 ①의 원료나 부품이 1개국의 생산품인 경우에는 "원료(또는 부품)의 원산지: 국
   명"을 표시

③ 위의 ①의 원료나 부품이 2개국 이상(우리나라를 포함)에서 생산된 경우에는 완성품

---

18) 예: "조립국 : 한국(부품의 원산지 : 중국)"

의 제조원가의 재료비에서 차지하는 구성비율이 높은 순으로 2개 이상의 원산지를 각각의 구성비율과 함께 표시(예: "원료 (또는 부품)의 원산지: 국명(○%), 국명(○%)")

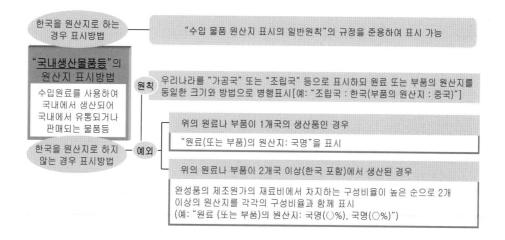

(4) 수입물품 원산지표시방법의 세부사항

관세청장은 산업통상자원부장관과의 사전협의를 거쳐 "원산지 표시방법"(제75조부터 제80조까지)에 따라 물품의 특성을 감안한 세부적인 표시방법을 정할 수 있으며, 관세청장은 수입 물품의 원산지 표시방법에 관한 세부사항을 정할 경우 이를 고시하여야 한다(규정 제81조 제1항 및 제2항).

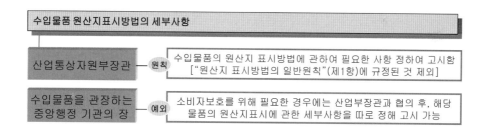

3. 수입물품 원산지표시방법의 확인 및 검사

(1) 수입물품 원산지표시방법의 확인 및 이의제기

원산지 표시방법에 대한 확인 요청과 확인 결과에 대한 이의제기에 필요한 사항은 산업통상자원부장관이 정하여 고시하며, 관세청장은 원산지표시 확인 및 이의제기에 필요한 사항을 산업통상자원부장관과 협의하여 별도로 정할 수 있다$\left(\begin{smallmatrix}\text{영 제57조 제3항 및}\\\text{규정 제84조 제3항}\end{smallmatrix}\right)$.

산업통상자원부장관의 원산지 표시의 확인에 관한 권한(영 제57조 제4항)은 세관장에게 위탁되어 있으며, 세관장에게 위탁된 사무(영 제9조 제4항)에 대한 지휘·감독 및 자료의 제출 요청에 관한 권한(법 제52조제2항 및 제3항)은 관세청장에게 위탁되어 있다.

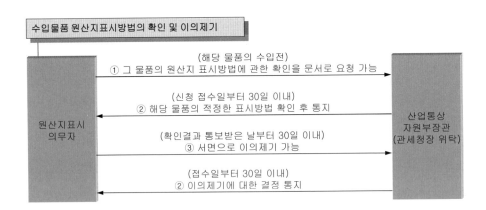

(가) 원산지 표시방법의 확인

수입물품의 원산지 표시방법에 따라 원산지를 표시하여야 하는 자는 해당 물품이 수입되기 전에 문서로 그 물품의 적정한 원산지 표시방법에 관한 확인을 산업통상자원부장관(관세청장에게 위탁)에게 요청할 수 있다$\left(\begin{smallmatrix}\text{영 제57조}\\\text{제1항}\end{smallmatrix}\right)$.

따라서, 관세청장은 적정한 원산지 표시방법에 관한 확인을 요청받은 경우에는 신청을 접수한 날부터 30일 이내에 "수입물품의 원산지표시방법"(영 제56조)에 따라 해당 물품의 적정한 표시방법을 확인하여 요청인에게 알려야 한다$\left(\begin{smallmatrix}\text{규정}\\\text{제84조 제1항}\end{smallmatrix}\right)$.

(나) 원산지 표시방법의 확인에 관한 이의제기 및 통보

산업통상자원부장관(관세청장에게 위탁)의 원산지 표시방법의 확인에 관하여 이의가 있는 자는 확인 결과를 통보받은 날부터 30일 이내에 서면으로 산업통상자원부장관(관세청장에게 위탁)에게 이의를 제기할 수 있다$\left(\begin{smallmatrix}\text{영 제57조}\\\text{제2항}\end{smallmatrix}\right)$. 따라서, 적정한 원산지 표시방법의 확인에 관한 통보내용에 대하여 이의제기를 접수한 관세청장은 접수한 날부터 30일 이내에 이의제기에 대하여 결정을 하고 이를 요청인에게 알려야 한다$\left(\begin{smallmatrix}\text{규정}\\\text{제84조 제2항}\end{smallmatrix}\right)$.

(2) 원산지표시의 확인 · 검사

(가) 원산지표시방법 및 표시 여부 등의 확인

산업통상자원부장관은 원산지 표시대상물품을 수입하는 자에 대하여 해당 물품이 통관될 때 "수입물품의 원산지표시방법"(영 제56조 제1항부터 제4항까지의 규정)에 따른 원산지의 표시방법 및 표시 여부 등을 확인할 수 있다. 이 경우 확인방법과 절차 등에 관하여는 산업통상자원부장관이 정하여 고시한다(영 제57조 제4항).

(나) 원산지표시의 확인

원산지표시대상물품(별표 8)을 수입하려는 자는 해당 물품의 통관시 원산지 표시 여부에 대하여 세관장의 확인을 받아야 한다(규정 제83조 제1항).

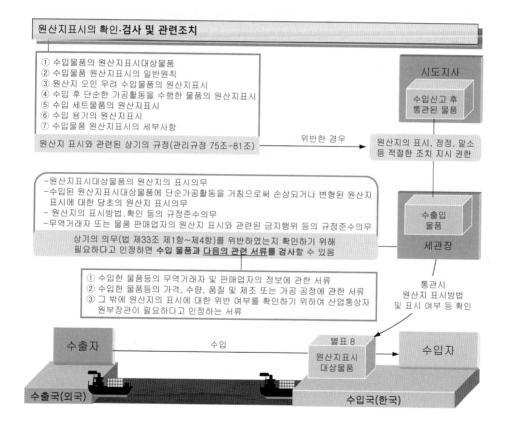

(다) 원산지표시의 검사

산업통상자원부장관 또는 시 · 도지사는(세관장에게 위탁)은 "원산지표시대상물품의 원산지의 표시의무, 수입된 원산지표시대상물품에 단순가공활동을 거침으로써 손상되거나 변형된 원산지 표시에 대한 당초의 원산지 표시의무, 원산지의 표시방법·확인 등의 규정준수의무, 무역거래자 또는 물품 판매업자의 원산지 표시와 관련된 금지행위 등의 규정준수의무"(제1항부터 제4항까지)를 위반하였는지 확인하기 위하여 필요하다고 인정하면 수입한 물품등(imported goods, etc.)과 대통령령으로 정하는 다음의 관련 서류(relevant documents)를 검사(inspect)할 수 있다(법 제33조 제5항 및 영 제57조의2).

① 수입한 물품등의 무역거래자 및 판매업자의 정보에 관한 서류

② 수입한 물품등의 가격, 수량, 품질 및 제조 또는 가공 공정에 관한 서류

③ 그 밖에 원산지의 표시에 대한 위반 여부를 확인하기 위하여 산업통상자원부장관이 필요하다고 인정하는 서류

이 경우, 검사를 하는 공무원의 증표는 별표 11과 같다(규정 제83조 제4항).

[관리규정 별표 11] 원산지검사공무원증

○ 앞면

> ### 원산지검사공무원증
>
> 소 속 :
> 성 명 :   (사 진)
> 직 급 :
>
> 위 사람은 「대외무역법」 제33조 제5항에 따라 원산지표시에 관한 사항을 검사·확인하는 공무원임을 증명합니다.
>
>   년   월   일
>
>
>   시·도지사(시·군·구청장)
>   세 관 장

○ 뒷면

1. 이 사람은 「대외무역법」 제33조 제5항에 따라 국내 유통 중인 수입물품의 원산지표시에 관한 사항을 검사할 권한이 있습니다.

2. 이 증은 다른 사람에게 대여 또는 양도할 수 없습니다.

(라) 원산지표시 관련조치

세관장은 수출·수입되는 물품이 "다음의 규정"(제75조부터 제81조까지의 규정)에 위반되는 것으로 인정되는 경우에는 원산지의 표시·정정·말소 등 적절한 조치를 지시할 수 있다(규정 제83조 제2항).

① 수입물품의 원산지표시대상물품

② 수입물품 자체의 원산지표시의 일반원칙

③ 원산지 오인 우려 수입물품의 원산지표시

④ 수입 후 단순한 가공활동을 수행한 물품의 원산지표시

⑤ 수입 세트물품의 원산지표시

⑥ 수입 용기의 원산지표시

⑦ 수입물품 원산지표시의 세부사항

또한, 관계 행정기관의 장, 시·도지사는 수입신고 후 통관된 물품이 "위의 ① 내지 ⑦의 규정"(제75조부터 제81조까지의 규정)에 위반되는 것으로 인정되는 경우에는 원산지의 표시·정정·말소 등 적절한 조치를 지시할 수 있다(규정 제83조 제3항).

4. 원산지표시 관련위반행위의 금지 및 벌칙

(1) 원산지표시 관련위반행위의 금지

무역거래자(trader) 또는 물품등의 판매업자(seller of goods, etc.)는 다음의 어느 하나에 해당하는 행위(act falling under any of the following subparagraphs)를 하여서는 아니 된다(법 제33조 제4항).

① 원산지를 거짓으로 표시하거나 원산지를 오인(誤認)하게 하는 표시를 하는 행위(Act of giving any false or misleading indication of origin)

② 원산지의 표시를 손상하거나 변경하는 행위(Act of damaging or modifying the indication of origin)

③ 원산지표시대상물품에 대하여 원산지 표시를 하지 아니하는 행위(무역거래자의 경우만 해당함)[Act of not indicating the origin on the goods requiring such indication(This shall apply only to traders)]

④ 위의 ①에서 ③까지의 규정에 위반되는 원산지표시대상물품을 국내에서 거래하는 행위

● 원산지표시 관련 위반행위의 금지

행 위	내 용
원산지 허위 및 오인표시행위	원산지는 표시히였으나, 원산지판정기준과 다르게 표시하였거나, 소비자에게 잘못된 정보를 줄 우려가 있는 경우 - 중국산 라이터 부품(HS 9613.90)을 베트남에서 조립(HS 9613.10)하여 원산지를 중국으로 표시한 경우((HS 6단위 변경이 발생하여 원산지는 베트남임) - 영어로 씌어진 폴로 T셔츠의 구석진 곳에 원산지는 태국으로 표시한 경우 (소비자에게 잘못된 정보를 줄 가능성이 있음)
원산지 손상·변경 행위	원산지 표시대상 물품을 통관하여 국내 유통단계에서 떼어내는 경우 - 중국산 의류를 국내 공장에서 표시를 떼어내고 한국산으로 표시하는 경우
원산지 미표시 행위	원산지 표시대상 물품이지만 원산지를 표시하지 않은 경우

자료: 산업통상자원부, 원산지표시제도 주요내용, 2003.6(내용정리 후 표로 작성함).

(2) 원산지표시 관련위반행위에 대한 시정명령

산업통상자원부장관 또는 시·도지사는 다음의 규정을 위반한 자에게 판매중지, 원상복구(restoration), 원산지표시 등 대통령령으로 정하는 시정조치(corrective measures)를 명할 수 있다$\binom{법 \ 제33조의2}{제1항}$.

① 단순가공물품에 대한 원산지표시관련 위반행위(수입된 원산지표시대상물품에 대한 단순가공을 거침으로써 원산지표시를 손상 또는 변형한 자가 그 단순 가공한 물품에 당초의 원산지를 표시하지 않는 위반행위)(법 제33조 제2항)

② 원산지표시방법 위반행위(act of violating the indication method of origin)(법 제33조 제3항)

③ 원산지표시관련 금지행위(원산지의 거짓 또는 오인하게 표시하는 행위, 원산지 표시를 손상하거나 원산지를 변경하는 행위, 원산지표시대상물품에 대하여 원산지 표시를 하지 아니하는 행위, 이러한 행위에 위반되는 원산지표시대상물품을 국내에서 거래하는 행위)(법 제33조 제4항)

따라서, 상기의 규정을 위반한 자에게 명할 수 있는 대통령령으로 정하는 시정조치의 내용은 다음과 같고, 그 시정조치 명령은 ㉮ 위반행위의 내용, ㉯ 시정조치 명령의 사유 및 내용, ㉰ 시정기한을 명시한 서면으로 하여야 한다$\binom{영}{제58조}$.

① 원산지표시의 원상 복구, 정정, 말소 또는 원산지 표시명령

② 위반물품의 거래 또는 판매 행위의 중지

(3) 원산지표시 관련위반행위에 대한 과징금의 부과

(가) 과징금의 부과

산업통상자원부장관 또는 시·도지사는 다음의 규정을 위반한 자에게 3억원 이하의(not exceeding three hundred million won) 과징금(penalty surcharge)을 부과할 수 있다(법 제33조의2 제2항).

① 단순가공물품에 대한 원산지표시관련 위반행위(수입된 원산지표시대상물품에 대한 단순가공을 거침으로써 원산지표시를 손상 또는 변형한 자가 그 단순 가공한 물품에 당초의 원산지를 표시하지 않는 위반행위)(법 제33조 제2항)

② 원산지표시방법 위반행위(act of violating the indication method of origin)(법 제33조 제3항)

③ 원산지표시관련 금지행위(원산지의 거짓 또는 오인하게 표시하는 행위, 원산지 표시를 손상하거나 원산지를 변경하는 행위, 원산지표시대상물품에 대하여 원산지 표시를 하지 아니하는 행위)(법 제33조 제4항 제1호부터 제3호까지)

다만, [법 제33조 제4항 제4호(원산지표시관련 금지행위에 위반되는 원산지표시대상물품을 국내에서 거래하는 행위)는 제외함]

(나) 과징금을 부과할 위반행위의 종류와 과징금의 금액

"원산지표시관련 위반행위"(법 제33조의2 제2항)에 따라 과징금을 부과하는 위반 행위의 종류와 정도(classification and gravity of violations)에 따른 과징금의 금액과 그 밖의 필요한 사항은 대통령령으로 정하는 바, 과징금을 부과하는 위반행위의 종류와 위반 정도에 따른 과징금의 금액은 별표 2와 같다(법 제33조의2 제3항 및 영 제60조 제1항).

이 경우, 산업통상자원부장관 또는 시·도지사는 해당 무역거래자 등의 수출입 규모, 위반 정도 및 위반 횟수 등을 고려하여 과징금 금액의 1/2의 범위에서 가중하거나 경감할 수 있다. 다만, 가중하는 경우에도 과징금의 총액은 3억원을 넘을 수 없다(영 제60조 제2항).

시행령 [별표 2] 위반행위의 종류와 과징금의 금액(제60조제1항 관련)(2014.1.28)

위반행위	근거 법조문	과징금 금액
1. 법 제33조제2항을 위반하여 단순한 가공활동을 거침으로써 해당 물품등의 원산지 표시를 손상하거나 변형한 자(무역거래자 또는 물품등의 판매업자에 대하여 법 제33조제4항이 적용되는 경우는 제외한다)가 그 단순 가공한 물품등에 당초의 원산지를 표시하지 아니하거나 다르게 표시한 행위	법 제33조의2 제2항	해당 위반물품등의 수출입 신고 금액(판매업자의 경우에는 판매한 물품등과 판매하지 아니한 물품등을 구분하여 판매한 물품등의 매출액과 판매하지 아니한 물품등의 매입가액을 합한 금액을 말한다)의 100분의 10에 해당하는 금액이나 1억원 중 적은 금액
2. 법 제33조제3항에 따른 원산지의 표시방법을 위반한 행위	법 제33조의2 제2항	해당 위반물품등의 수출입 신고 금액의 100분의 10에 해당하는 금액이나 2억원 중 적은 금액
3. 무역거래자 또는 물품등의 판매업자가 법 제33조제4항제1호를 위반하여 물품등의 원산지를 거짓으로 표시하거나 원산지를 오인(誤認)하게 하는 표시를 하는 행위	법 제33조의2 제2항	해당 위반물품등의 수출입 신고 금액(판매업자의 경우에는 판매한 물품등과 판매하지 아니한 물품등을 구분하여 판매한 물품등의 매출가액과 판매하지 아니한 물품등의 매입가액을 합한 금액을 말한다)의 100분의 10에 해당하는 금액이나 3억원 중 적은 금액
4. 무역거래자 또는 물품등의 판매업자가 법 제33조제4항제2호를 위반하여 물품등의 원산지 표시를 손상하거나 변경하는 행위	법 제33조의2 제2항	해당 위반물품등의 수출입 신고 금액(판매업자의 경우에는 판매한 물품등과 판매하지 아니한 물품등을 구분하여 판매한 물품등의 매출가액과 판매하지 아니한 물품등의 매입가액을 합한 금액을 말한다)의 100분의 10에 해당하는 금액이나 3억원 중 적은 금액
5. 무역거래자가 법 제33조제4항제3호를 위반하여 원산지표시 대상물품에 대하여 원산지 표시를 하지 아니하는 행위	법 제33조의2 제2항	해당 위반물품등의 수출입 신고 금액의 100분의 10에 해당하는 금액이나 2억원 중 적은 금액

(4) 원산지 표시의무 위반자에 대한 과징금 부과처분의 공표

산업통상자원부장관 또는 시·도지사는 과징금 부과처분이 확정된 자에 대하여는 대통령령으로 정하는 바에 따라 그 위반자 및 위반자의 소재지와 물품등의 명칭, 품목, 위반내용 등 처분과 관련된 사항을 공표할 수 있다(법 제33조의2 제5항).

단순가공물품에 대한 원산지표시 관련 위반행위 (수입된 원산지표시대상물품에 대하여 단순한 가공활동을 거침으로써 원산지 표시를 손상 또는 변형한 자가 단순가공물품에 당초의 원산지를 표시해야 하는 의무) (법 제33조 제2항)

원산지의 표시방법·확인, 그 밖의 표시에 관한 사항(법 제33조 제3항)

무역거래자 또는 물품등의 판매업자의 원산지표시 관련 다음의 위반행위의 금지(법 제33조 제4항)

① 원산지를 거짓으로 표시하거나 원산지를 오인(誤認)하게 하는 표시를 하는 행위
② 원산지의 표시를 손상하거나 변경하는 행위
③ 원산지표시대상물품에 대하여 원산지 표시를 하지 아니하는 행위(무역거래자의 경우만 해당함)
④ 위의 ①~③에 위반되는 원산지표시대상물품을 국내에서 거래하는 행위(과징금 부과의 경우는 제외)

과징금 부과처분의 공표대상자

"법 제33조의2 제2항에 따른 과징금 부과처분이 확정된 자"(위의 위반행위를 한 자)로서, 다음의 어느 하나에 해당하는 자

① 별표 2 각 호의 구분에 따른 해당 위반물품등의 수출입 신고 금액(판매업자의 경우에는 판매한 물품등과 판매하지 아니한 물품등을 구분하여 판매한 물품등의 매출가액과 판매하지 아니한 물품등의 매입가액을 합한 금액을 말하며, 이하 이 항에서 "원산지 표시 위반물품등의 가액"이라 한다)이 10억원(「관세법」 별표에 따른 품목 중 제1류부터 제24류까지의 품목 및 소금의 경우에는 5억원을 말한다) 이상인 자
② 「관세법」 별표에 따른 품목 중 제1류부터 제24류까지의 품목 및 소금에 대한 별표 2 제3호 또는 제4호에 해당하는 원산지 표시 위반물품등의 가액 중 다음의 위반행위로 인한 가액을 합산한 금액이 5천만원 이상인 자
　㉮ 원산지를 국내산으로 거짓 표시하거나 원산지를 국내산으로 오인하게 하는 표시를 하는 행위
　㉯ 원산지 표시를 국내산으로 변경하는 행위
③ 다음 각 목의 요건을 모두 갖춘 자
　㉮ 법 제33조의2 제2항에 따라 과징금 부과처분을 받은 날부터 과거 2년 이내의 기간(초일을 산입한다) 동안 법 제33조의2 제2항에 따라 과징금 부과처분을 받은 횟수가 3회 이상일 것
　㉯ 위의 ㉮에 따른 과징금 부과처분 중 확정된 처분이 3회 이상일 것
　㉰ 위의 ㉯에 따른 확정된 과징금 부과처분의 사유가 된 원산지 표시 위반물품등의 가액을 합산한 금액이 5천만원 이상일 것
④ 「관세법」 별표에 따른 품목 중 제1류부터 제24류까지의 품목 및 소금에 대한 원산지 표시의무를 위반한 경우로서 다음의 요건을 모두 갖춘 자
　㉮ 법 제33조의2 제2항에 따라 과징금 부과처분을 받은 날부터 과거 2년 이내의 기간(초일을 산입한다) 동안 법 제33조의2 제2항에 따라 과징금 부과처분을 받은 횟수가 3회 이상일 것
　㉯ 위의 ㉮에 따른 과징금 부과처분 중 확정된 처분이 3회 이상일 것

과징금 부과처분의 공표대상자

산업통상자원부장관 또는 시·도지사

산업부장관 또는 시도지사는 "과징금 부과처분이 확정된 자"에 대하여는 대통령령으로 정하는 바에 따라 그 위반자 및 위반자의 소재지와 물품등의 명칭, 품목, 위반내용 등 처분과 관련된 사항을 공표 가능

공표대상자에 대한 다음의 사항 공표

산업통상자원부 또는 시·도의 홈페이지

① "「대외무역법」에 따른 원산지 표시의무 위반사실의 공표"라는 표제
② 위반자의 성명 또는 명칭(법인의 경우에는 대표자의 성명을 포함한다) 및 주소(법인의 경우 주된 영업소의 주소와 원산지 표시의무 위반행위를 한 사업장 주소를 말한다)
③ 원산지 표시 위반물품등의 종류, 명칭 및 위반 내용
④ 원산지 표시 위반행위에 대한 처분권자, 처분일, 처분 내용

(가) 과징금 부과처분의 공표 대상자

과징금 부과처분의 공표의 대상자는 법 제33조의2 제2항에 따른 과징금 부과처분이 확정된 자로서 다음의 어느 하나에 해당하는 자로 한다(영 제60조의2 제1항).

① 별표 2 각 호의 구분에 따른 해당 위반물품등의 수출입 신고 금액(판매업자의 경

우에는 판매한 물품등과 판매하지 아니한 물품등을 구분하여 판매한 물품등의 매출가액과 판매하지 아니한 물품등의 매입가액을 합한 금액을 말하며, 이하 이 항에서 "원산지 표시 위반물품등의 가액"이라 한다)이 10억원(「관세법」 별표에 따른 품목 중 제1류부터 제24류까지의 품목 및 소금의 경우에는 5억원을 말한다) 이상인 자

② 「관세법」 별표에 따른 품목 중 제1류부터 제24류까지의 품목 및 소금에 대한 별표 2 제3호 또는 제4호에 해당하는 원산지 표시 위반물품등의 가액 중 다음의 위반행위로 인한 가액을 합산한 금액이 5천만원 이상인 자

㉮ 원산지를 국내산으로 거짓 표시하거나 원산지를 국내산으로 오인하게 하는 표시를 하는 행위

㉯ 원산지 표시를 국내산으로 변경하는 행위

③ 다음 각 목의 요건을 모두 갖춘 자

㉮ 법 제33조의2 제2항에 따라 과징금 부과처분을 받은 날부터 과거 2년 이내의 기간(초일을 산입한다) 동안 법 제33조의2 제2항에 따라 과징금 부과처분을 받은 횟수가 3회 이상일 것

㉯ 위의 ㉮에 따른 과징금 부과처분 중 확정된 처분이 3회 이상일 것

㉰ 위의 ㉯에 따른 확정된 과징금 부과처분의 사유가 된 원산지 표시 위반물품등의 가액을 합산한 금액이 5천만원 이상일 것

④ 「관세법」 별표에 따른 품목 중 제1류부터 제24류까지의 품목 및 소금에 대한 원산지 표시의무를 위반한 경우로서 다음의 요건을 모두 갖춘 자

㉮ 법 제33조의2 제2항에 따라 과징금 부과처분을 받은 날부터 과거 2년 이내의 기간(초일을 산입한다) 동안 법 제33조의2 제2항에 따라 과징금 부과처분을 받은 횟수가 3회 이상일 것

㉯ 위의 ㉮에 따른 과징금 부과처분 중 확정된 처분이 3회 이상일 것

(나) 과징금 부과처분의 공표 사항

산업통상자원부장관 또는 시·도지사는 제1항에 따른 공표 대상자에 대해서는 법 제33조의2 제5항에 따라 다음의 사항을 산업통상자원부 또는 시·도의 홈페이지에 공표하여야 한다(영 제60조의2 제2항).

① "「대외무역법」에 따른 원산지 표시의무 위반사실의 공표"라는 표제

② 위반자의 성명 또는 명칭(법인의 경우에는 대표자의 성명을 포함한다) 및 주소(법인의 경우 주된 영업소의 주소와 원산지 표시의무 위반행위를 한 사업장 주소를 말한다)

③ 원산지 표시 위반물품등의 종류, 명칭 및 위반내용

④ 원산지 표시 위반행위에 대한 처분권자, 처분일, 처분 내용

(5) 원산지표시 관련위반행위에 대한 과징금의 납부절차

(가) 과징금의 납부통보

산업통상자원부장관 또는 시·도지사는 "원산지의 표시의무의 규정을 위반한 자"에 대하여 법 제33조의2 제2항에 따라 과징금을 부과(imposition)하려면 그 위반 행위의 종류와 과징금의 금액(amount of penalty surcharge)을 명시하여 과징금을 낼 것을 서면으로 알려야 한다$\binom{영\ 제59조}{제1항}$.

(나) 과징금의 납부

과징금의 납부통보를 받은 자는 납부 통지일부터 20일 이내에 과징금을 산업통상자원부장관 또는 시·도지사가 정하는 수납기관에 내야 한다. 다만, 천재지변이나 그 밖의 부득이한 사유로 인하여 납부기한까지 과징금을 낼 수 없는 경우에는 그 사유가 없어진 날부터 7일 이내에 내야 한다$\binom{영\ 제59조}{제2항}$.

(다) 과징금의 영수증 발급 및 수납통보

과징금을 받은 수납기관은 과징금을 낸 자에게 영수증을 발급하여야 하며, 과징금의 수납기관은 과징금을 받으면 지체 없이 그 사실을 산업통상자원부장관 또는 시·도지사에게 알려야 한다$\binom{영\ 제59조}{제3항·제4항}$.

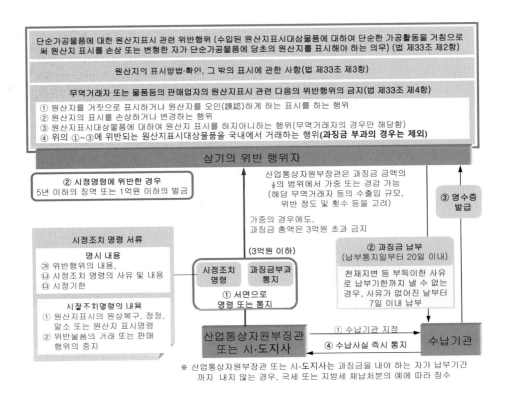

(6) 원산지표시 관련위반행위에 대한 과징금 납부기한의 연장 등

(가) 과징금 납부기한의 연장 또는 분할납부

산업통상자원부장관 또는 시·도지사는 "과징금납부의무자"(법 제33조의2 제2항에 따라 과징금을 부과받은 자)가 내야 할 과징금의 금액이 1억원 이상인 경우로서 다음의 어느 하나에 해당하는 사유로 인하여 과징금의 전액을 한꺼번에 내기 어렵다고 인정되는 경우에는 그 납부기한을 연장하거나 분할납부하게 할 수 있다. 이 경우 필요하다고 인정하는 때에는 담보를 제공하게 할 수 있다(영 제59조의2 제1항).

① 재해나 천재지변, 화재 등으로 재산에 현저한 손실을 입은 경우

② 경제 여건이나 사업 여건의 악화로 사업이 중대한 위기에 있는 경우

③ 과징금을 한꺼번에 내면 자금사정에 현저한 어려움이 예상되는 경우

④ 그 밖에 위의 ①부터 ③까지의 규정에 준하는 사유가 있는 경우

(나) 과징금 납부기한의 연장 또는 분할납부의 신청

제1항에 따른 과징금 납부기한의 연장 또는 분할납부를 하려는 자는 그 납부기한의 10

일 전까지 납부기한의 연장 또는 분할납부의 사유를 증명하는 서류를 첨부하여 산업통상
자원부장관 또는 시·도지사에게 신청하여야 한다$\left(\begin{smallmatrix}영 & 제59조의2\\ & 제2항\end{smallmatrix}\right)$.

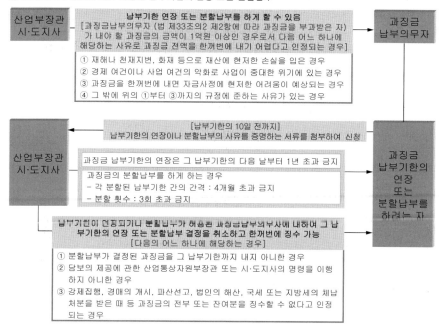

(다) 과징금 납부기한의 연장 또는 분할납부의 기한

제1항에 따른 과징금 납부기한의 연장은 그 납부기한의 다음 날부터 1년을 초과할 수
없다$\left(\begin{smallmatrix}영 & 제59조의2\\ & 제3항\end{smallmatrix}\right)$.

또한, 제1항에 따라 과징금의 분할납부를 하게 하는 경우 각 분할된 납부기한 간의 간격
은 4개월을 초과할 수 없으며, 분할 횟수는 3회를 초과할 수 없다$\left(\begin{smallmatrix}영 & 제59조의2\\ & 제4항\end{smallmatrix}\right)$.

(라) 과징금 납부기한의 연장 및 분할납부의 결정취소

산업통상자원부장관 또는 시·도지사는 다음의 어느 하나에 해당하는 경우에는 제1항
에 따라 납부기한이 연장되거나 분할납부가 허용된 과징금납부의무자에 대하여 그 납부
기한의 연장 또는 분할납부 결정을 취소하고 한꺼번에 징수할 수 있다$\left(\begin{smallmatrix}영 & 제59조의2\\ & 제5항\end{smallmatrix}\right)$.

① 분할납부가 결정된 과징금을 그 납부기한까지 내지 아니한 경우

② 담보의 제공에 관한 산업통상자원부장관 또는 시·도지사의 명령을 이행하지 아니
한 경우

③ 강제집행, 경매의 개시, 파산선고, 법인의 해산, 국세 또는 지방세의 체납처분을 받은 때 등 과징금의 전부 또는 잔여분을 징수할 수 없다고 인정되는 경우

(마) 납부기한을 경과한 과징금의 징수

산업통상자원부장관 또는 시·도지사는 과징금을 내야 하는 자가 납부기한까지(within the period of such payment) 내지 아니하면 국세 또는 지방세 체납처분의 예에 따라 징수한다(법 제33조의2 제4항).

(7) 원산지표시 관련 위반에 따른 징역 또는 벌금형

원산지표시 등과 관련하여, 다음의 어느 하나에 해당하는 자는 5년 이하의 징역 또는 1억원 이하의 벌금에 처한다. 다만, 다음의 ①·②·④의 미수범은 본죄에 준하여 처벌하며, 중대한 과실로 다음의 ① 또는 ②에 해당하는 행위를 한 사는 2천만원 이하의 벌금에 치한다(법 제53조의2 및 제55조·제56조).

① 원산지를 거짓으로 표시하거나 원산지를 오인하게 하는 표시를 하는 행위, 원산지표시를 손상하거나 변경하는 행위를 한 무역거래자 또는 물품등의 판매업자(법 제33조 제4항 제1호 또는 제2호)

② 원산지표시대상물품에 대하여 원산지 표시를 하지 아니한 무역거래자(법 제33조 제4항 제3호)

③ 다음의 행위가 있는 경우의 시정조치명령에 위반한 자(person who has failed to comply with such orders of corrective measures)(법 제33조의2 제1항)

㉮ 단순가공물품에 대한 원산지표시관련 위반행위(수입된 원산지표시대상물품에 대한 단순가공을 거침으로써 원산지표시를 손상 또는 변형한 자가 그 단순 가공한 물품에 당초의 원산지를 표시하지 않는 위반행위)(법 제33조 제2항)

㉯ 원산지표시방법 위반행위(act of violating the indication method of origin)(법 제33조 제3항)

㉰ 원산지표시관련 금지행위(원산지의 거짓 또는 오인하게 표시하는 행위, 원산지표시를 손상하거나 원산지를 변경하는 행위, 원산지표시대상물품에 대하여 원산지 표시를 하지 아니하는 행위, 이러한 행위에 위반되는 원산지표시대상물품을 국내에서 거래하는 행위)(법 제33조 제4항)

④ 외국산 물품등의 국산 물품등으로의 가장(假裝) 금지 의무를 위반한 자(법 제38조)

이 경우, 법인의 대표자나 법인 또는 개인의 대리인, 사용인, 그 밖의 종업원이 그 법인 또는 개인의 업무에 관하여 상기의 "벌칙"의 규정(법 제53조, 제53조의2 또는 제54조부터 제56조까지)의 어느 하나에 해당하는 위반행위를 하면 그 행위자를 벌하는 외에 그 법인 또는 개인에게도 해당 조문의 벌금형을 과(科)한다. 다만, 법인 또는 개인이 그 위반행위를 방지하기 위하여 해당 업무에 관하여 상당한 주의와 감독을 게을리하지 아니한 경우에는 그러하지 아니하다(법 제57조).

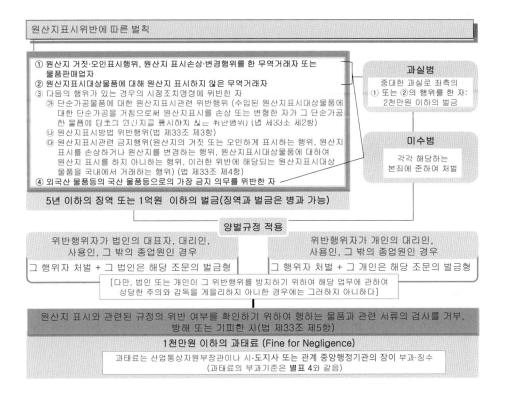

(8) 원산지표시관련 위반에 따른 과태료

제33조 제5항에 따른 원산지 표시와 관련된 규정의 위반 여부를 확인하기 위하여 행하는 물품과 관련 서류의 검사를 거부, 방해 또는 기피한 자는 1천만원 이하의 과태료를 부과한다. 이에 따른 과태료는 대통령령으로 정하는 바에 따라 산업통상자원부장관이나 시·도지사 또는 관계 중앙행정기관의 장이 부과·징수하는 바, 과태료의 부과기준은 별표 4와 같다(법 제59조 제2항 제3호, 제3항 및 영 제94조).

[별표 4] 과태료의 부과기준(영 제94조 관련) (개정 2014.1.28)

1. 일반기준

가. 위반행위의 횟수에 따른 과태료의 부과기준은 최근 5년간 같은 위반행위로 과태료를 부과받은 경우에 적용한다. 이 경우 위반행위에 대하여 과태료 부과처분을 한 날과 다시 동일한 위반행위를 적발한 날을 각각 기준으로 하여 위반횟수를 계산한다.

나. 제2호가목에 대한 과태료의 금액은 부과권자가 위반행위의 동기·내용 및 그 결과 등을 고려하여 과태료 금액의 2분의 1의 범위에서 감경할 수 있다.

다. 제2호다목에 대한 과태료의 금액은 1천만원을 넘지 못한다.

2. 개별기준

(단위 : 만원)

위반행위	과태료 금액기준		
	1차	2차	3차
가. 법 제24조의2에 따른 서류 보관의무를 위반한 경우 〈법 개정에 따라 조항 필자 수정〉	50	250	1,000
나. 삭제 〈2014.1.28.〉			
다. 법 제33조제5항에 따른 검사를 거부, 방해 또는 기피한 경우. 다만, 농산물 및 농산물가공품의 경우에는 「농산물품질관리법 시행령」, 수산물 및 수산가공품의 경우에는 「수산물품질관리법 시행령」에서 정한 과태료를 적용한다.	해당 물품의 판매장소 및 양도장소에서 원산지 표시를 하지 아니하고 유통시킨 물량(판매를 위한 창고 저장 물량과 이미 판매된 물량 중 확인 가능한 물량을 포함한다)에 현지의 실제거래가격을 곱한 금액이나 10만원 중 많은 금액	해당 물품의 판매장소 및 양도장소에서 원산지 표시를 하지 아니하고 유통시킨 물량(판매를 위한 창고 저장 물량과 이미 판매된 물량 중 확인 가능한 물량을 포함한다)에 현지의 실제거래가격을 곱한 금액이나 100만원 중 많은 금액	1,000
라. 법 제44조제2항을 위반하여 관련되는 서류를 제출하지 아니한 경우	50	500	2,000
마. 법 제44조제3항에 따른 사실조사를 거부, 방해 또는 기피한 경우	30	300	1,500
바. 법 제48조제1항에 따른 보고 등을 하지 아니한 경우	50	250	1,000
사. 법 제48조제2항에 따른 검사를 거부, 방해 또는 기피한 경우	50	500	1,500
아. 법 제49조에 따른 교육명령을 이행하지 아니한 경우	50	250	1,000

※ 법 개정(2013.7.30)에 따라 시행령이 개정(2014.1.28.)되었음에도, 수정되지 않은 내용이 있어 필자가 수정함.

366

5. 원산지표시관련 규정에 따른 자료의 요청

산업통상자원부장관은 "수출입 물품등의 원산지의 표시"(법 제33조) 및 "원산지의 표시 위반에 대한 시정명령 등"(제33조의2)에 따른 업무가 통일적이고 원활하게 집행되도록 하기 위하여 해당 업무에 대한 자료의 제출을 지방자치단체의 장에게 요청할 수 있다 $\left(\begin{smallmatrix} 영 \\ 제60조의3 \end{smallmatrix}\right)$.

● 원산지표시 관련규정에 따른 자료의 요청

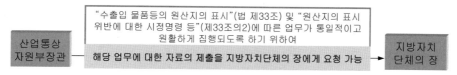

원산지판정은 A국이 생산한 물품을 C국이 수입하는 것과 같이 특정물품의 생산에 1개국이 관련된 경우이거나, 또는 A국이 B국으로부터 부품을 수입하여 생산한 물품을 C국이 수입하는 것과 같이 특정물품의 생산에 2개국이 관련된 경우, 이들 물품의 원산지가 어느 국가인지를 결정하는 것을 말한다.

산업통상자원부장관은 필요하다고 인정하면 수출 또는 수입 물품등의 원산지 판정을 할 수 있으며, 원산지 판정의 요청(request for ruling on origin), 이의 제기(raising of objection) 등 원산지 판정의 절차(procedures of ruling on origin)에 필요한 사항은 대통령령으로 정한다 $\left(\begin{smallmatrix} 법 제34조 \\ 제1항 제7항 \end{smallmatrix}\right)$.

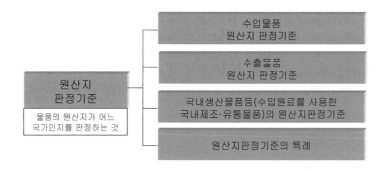

1. 수입물품의 원산지 판정기준

원산지 판정의 기준(standards for the ruling of origin)은 대통령령으로 정하는 바에 따라 산업통상자원부장관이 정하여 공고한다(shall be determined and publicly announced)(법 제34조 제2항).

따라서, 수입 물품에 대한 원산지 판정은 다음의 어느 하나의 기준에 따라야 하고, 이러한 완전생산물품, 실질적 변형, 단순한 가공활동의 기준 등 원산지 판정 기준에 관한 구체적인 사항은 관계 중앙행정기관의 장과 협의하여 산업통상자원부장관이 정하여 고시한다(영 제61조 제1항 및 제2항).

① "완전생산물품"(수입 물품의 전부가 하나의 국가에서 채취되거나 생산된 물품)인 경우에는 그 국가를 그 물품의 원산지로 할 것

② 수입 물품의 생산·제조·가공 과정에 둘 이상의 국가가 관련된 경우에는 "실질적 변형"(최종적으로 실질적 변형을 가하여 그 물품에 본질적 특성을 부여하는 활동)을 한 국가를 그 물품의 원산지로 할 것

③ 수입 물품의 생산·제조·가공 과정에 둘 이상의 국가가 관련된 경우 단순한 가공활동을 하는 국가를 원산지로 하지 아니할 것

참고로, "원산지기준"이란 해당 수출품의 수출국을 원산지국가로 인정할 것인지 여부를 결정하는 요건으로서 일반적으로 가공공정기준 및 부가가치기준으로 구분하고 있으며, 수출품의 원자재 전량이 수출국내에서 획득, 제조, 가공된 수출품은 당연히 수출국이 원산지 국가가 된다.[19] 원산지기준은 원료를 글로벌 소싱(global sourcing)하거나 글로벌 제품생산(global manufacture)이 이루어지는 경우에 그 의미를 가질 수 있다.

---

19) 수출물품원산지증명발급규정 제1-3조 제2항.

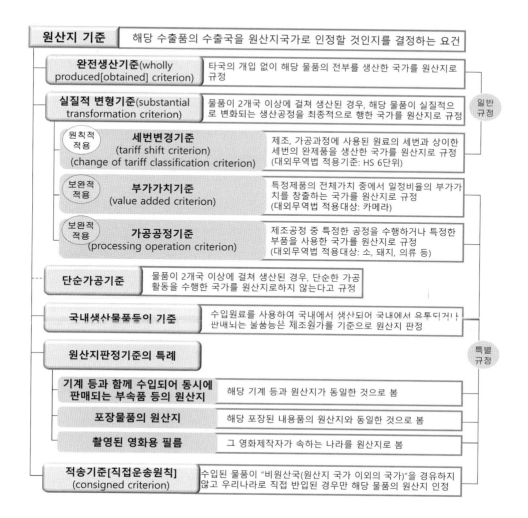

(1) 완전생산기준

(가) 완전생산기준의 정의

완전생산의 기준(wholly produced criterion)은 어떤 물품이 타국의 개입 없이 전적으로 한 나라 내에서만 획득·생산되는 경우와 같이 해당 물품의 전부를 생산한 국가를 원산지로 보는 기준이다.

즉, "완전생산물품"이란 수출입 물품의 전부가 하나의 국가에서 채취되거나 생산된 다음의 어느 하나에 해당하는 물품으로서, 그 국가를 그 물품의 원산지로 한다(영 제61조 제1항 및 규정 제85조 제1항).

① 해당국 영역에서 생산한 광산물, 농산물 및 식물성 생산물

② 해당국 영역에서 번식, 사육한 산동물과 이들로부터 채취한 물품

③ 해당국 영역에서 수렵, 어로로 채포한 물품

④ 해당국 선박에 의하여 해당국 이외 국가의 영해나 배타적 경제수역이 아닌 곳에서 채포한 어획물, 그 밖의 물품

⑤ 해당국에서 제조, 가공공정 중에 발생한 잔여물

⑥ 해당국 또는 해당국의 선박에서 위의 ①부터 ⑤까지의 물품을 원재료로 하여 제조·가공한 물품

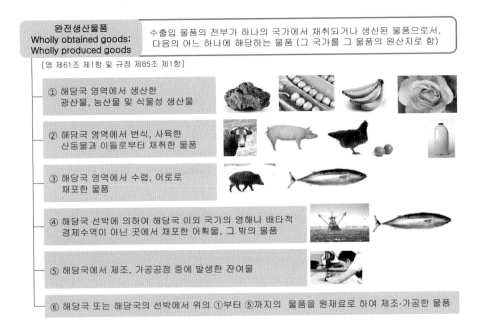

(나) 완전생산기준의 실례

완전생산물품은 농수산물, 동식물, 지하자원 등의 천연생산품이나 이들 천연생산품만을 원재료로 하여 한 나라에서 제조한 물품(예를 들면, 뉴질랜드에서 자란 양에서 양모를 채취하여 이를 원료로 하여 뉴질랜드에서 제조한 직물) 등을 말한다. 따라서, 완전생산기준은 수입원재료 또는 원산지불명의 원재료를 사용하여 제조·가공하거나, 또는 당초 생산국 이외의 국가에서 단순한 가공활동이 이루어진 경우에는 적용될 수 없다.

한편, 2010년 10월에 개정된 대외무역관리규정 상의 "해당국 선박에 의하여 해당국 이외 국가의 영해(Territorial sea; 연안해)나 배타적 경제수역(Exclusive Economic Zone; EEZ)이 아닌 곳에서 채포한 어획물, 그 밖의 물품은 완전생산물품에 해당되어 해당국을 원산지로 인정한다"는 규정과 관련하여 볼 때, 종전에는 해당국 선박이 어획물이나 그 밖의 물

품을 채포한 경우에는 이를 채포한 해역이 어느 해역인지에 관계없이 그 해당국을 원산지로 인정할 수 있었지만, 개정규정에서는 해당국 선박이 어획물이나 그 밖의 물품을 채포하였더라도 타국의 영해나 배타적 경제수역에서 채포한 경우에는 그 해당국을 원산지로 인정할 수 없게 되었다. 예를 들면, 중국 어선이 한국의 배타적 경제수역 내에서 조업을 하여 어획물을 채포한 경우에는 이러한 어획물은 중국을 원산지로 할 수 없다. 배타적 경제수역(EEZ)이 겹치는 인접국 간의 어업협정(Fisheries Agreement)에 따라 어떤 국가의 선박이 타국의 배타적 경제수역 내에서 조업을 할 수 있도록 허용되는 경우가 있기 때문에 이러한 규정이 필요하게 된 것이라 생각된다. 즉, 한중어업협정에 따라, 우리나라 어선은 남중국해에서 중국어선은 우리나라 배타적 경제수역(EEZ)에서 저인망 어선과 트롤어선의 조업을 허용하고 있지만, 양국의 배타적 경제수역(EEZ)에 진입할 수 있는 어선의 종류, 어획량 및 조업기간 등이 세부적으로 정해져 있기 때문에 허가를 받은 양국의 어선만이 어획량이나 조업기간의 범위 내에서 인접국의 배타적 경제수역(EEZ)에 진입하여 조업할 수 있다.

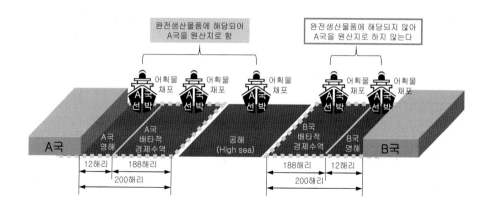

참고로, 우리나라의 영토(Territory)는 한반도와 그 부속 도서(총면적 22.1만 ㎢, 남한 : 9.9만 ㎢)를 말하고 영공(Territorial sky)은 영토와 영해의 상공을 말한다. 영해(Territorial sea; 연안해)는 한 나라의 주권(경제·군사·정치적 주권)이 미치는 해역이고, 배타적 경제수역(Exclusive Economic Zone; EEZ)은 한 나라의 경제적 주권(소유의 개념이 아니라 권리의 개념)만 미치는 해역으로서 그 나라가 모든 자원에 대한 독점적 권리를 행사할 수 있는 해역이다. 즉, 1982년 12월에 채택된(1994년 12월 발효) UN해양법은 배타적 경제수역의 경우 ① 어업자원 및 해저 광물자원, ② 해수·풍수를 이용한 에너지 생산권, ③ 에너지 탐사권, ④ 해양과학조사 및 관할권, ⑤ 해양환경 보호에 관한 관할권 등에 대하여 연안국의 배타적 권리를 인정하고 있다. 또한, 공해(High seas)는 어떠한 국가도 영유하거나 배타적

으로 지배해서는 아니되는 해역을 말한다. 영해는 통상기선 또는 직선기선에서 12해리 (12 Nautical miles×1,852m=약 22㎞)까지를, 배타적 경제수역은 통상기선 또는 직선기선에서 200해리(200 Nautical miles×1,852m=약 370㎞)까지를 말한다. 우리나라의 경우에는, 동해안과 제주도·울릉도·독도는 우리나라 영토와 이들 섬과의 거리가 멀기 때문에 통상기선(최저조위선, 즉 썰물 때의 해안선)을 기준으로, 황해안과 남해안은 섬이 많기 때문에 직선기선(최외곽의 섬을 연결하는 직선, 즉 가장 바깥쪽의 섬을 직선으로 이은 선)을 기준으로 영해와 배타적 경제수역을 정하고 있다.

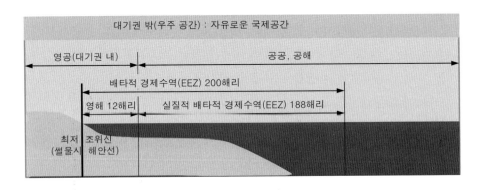

즉, 200해리의 배타적 경제수역 안에 12해리의 영해가 위치하기 때문에 영해는 배타적 경제수역의 일부이다. 즉, 기선으로부터 12해리까지는 영해, 영해로부터 188해리(약 348 ㎞)까지는 공해이면서 실질적 배타적 경제수역에 해당된다. 영해에서는 타국의 선박출입이 제한되지만, 공해에서는 타국의 선박이 자유롭다. 공해에 포함되지만, 영해와 공해의 중간적 법제도로서 영해도 공해도 아닌 제3의 특별수역에 해당되는 배타적 경제수역에서는 선박출입이나 해저전선 및 파이프라인 설치는 자유롭지만, 어업활동이나 광물채취 등의 경제적 수익활동은 제한되기 때문에 타국의 어선이 배타적 경제수역(EEZ) 안에서 조업을 하기 위하여는 연안국의 허가를 받아야 하며, 이를 위반한 경우에는 나포되어 처벌을 받는다.

우리나라는 1994년 12월 UN해양법이 발효됨에 따라, 1995년 12월 국회의 비준을 받아 배타적 경제수역에 관한 법률을 제정하였다. 그러나 동해·서해는 해역의 폭이 매우 협소하여 200해리를 충족시킬 수 없기 때문에 한·중·일 3국간에는 이해관계가 첨예하게 대립되었다. 이러한 문제를 이러한 문제를 해결하기 위하여 우리나라는 일본과 1998년 11월에 어업협정(Fisheries Agreement)을 체결하였으며, 이 협정은 2001년 1월에 발효되었다. 또한, 우리나라는 중국과 2000년 8월에 어업협정을 체결하였으며, 이 협정은 2001년 6월에 발효되었다. 한일어업협정에서는 겹치는 EEZ에서 발생하는 문제를 해결하기 위하여 독도는 통상기선으로부터 10해리까지를, 대한해협이 있는 곳은 대한해협을 기준으로 3 해리까지를 우리나라의 영해로 하고, 나머지 겹치는 부분은 공동으로 관리하는 중간수역으로 설정하였다.

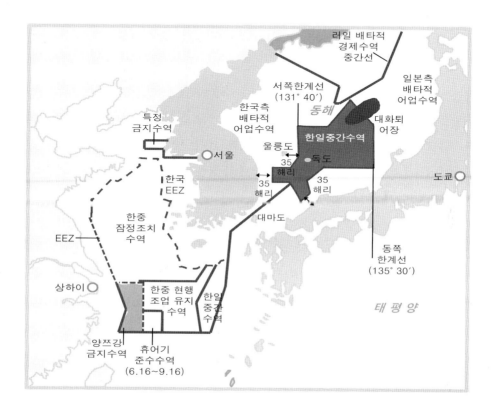

(2) 실질적 변형의 기준

실질적 변형의 기준(substantial transformation criterion)은 물품이 2개국 이상에 걸쳐 생산된 경우 해당 물품이 실질적으로 변화되는 생산공정을 최종적으로 행한 국가를 원산지로 보는 기준을 말한다. 즉 어떤 동물의 출생국과 사육국이 다른 경우, 또는 여러 나라의 부품을 사용하여 생산한 경우와 같이 생산에 2개국 이상이 관여하는 경우에는 실질적 변형기준을 적용하여 원산지를 결정한다.

이 기준은 보다 구체적이고 비교적 집행이 용이하도록 세번변경기준(change of tariff classification criterion; tariff shift criterion)과 부가가치기준(value added criterion), 가공공정기준(processing operation criterion) 등으로 운영되고 있다. 여기에서 세번변경기준과 가

공공정기준은 기술적인 기준이며, 부가가치기준은 경제적인 기준이라 할 수 있다. 예를 들면, 해외 위탁가공물품은 설령 원부자재를 모두 위탁국에서 공급하였다 하더라도 해당 물품이 실질적 변형을 일으키는 가공공정을 시행한 국가가 원산지가 된다.

"실질적 변형"이란 최종적으로 실질적 변형을 가하여 그 물품에 본질적 특성을 부여하는 활동으로서, 해당국에서의 제조·가공과정을 통하여 원재료의 세번과 상이한 세번(HS 6단위기준)의 제품을 생산하는 것을 말하는데, 수출입 물품의 생산·제조·가공 과정에 둘 이상의 국가가 관련된 경우에는 "실질적 변형"을 한 국가를 그 물품의 원산지로 한다(영 제61조 제1항 및 규정 제85조 제2항).

산업통상자원부장관은 관세율표상에 해당 물품과 그 원재료의 세번이 구분되어 있지 아니함으로 인하여 제조·가공 과정을 통하여 그 물품의 본질적 특성을 부여하는 활동을 가하더라도 세번(HS 6단위 기준)이 변경되지 아니하는 경우에는 관계기관의 의견을 들은 후 해당 물품 생산에서 발생한 부가가치와 주요 공정 등 종합적인 특성을 감안하여 실질적 변형에 대한 기준을 제시할 수 있다(규정 제85조 제3항).

또한, 이러한 "세번변경에 따른 실질적 변형"(제85조 제2항)의 규정에도 불구하고, 산업통상자원부장관이 별도로 정하는 물품(즉, 별표 9)에 대하여는 부가가치, 주요 부품 또는 주요 공정 등이 해당 물품의 원산지 판정기준이 된다(규정 제85조 제4항).

위의 규정에 따르면, 대외무역법령에서는 실질적 변형이 행해지는 경우, 원칙적으로 세번변경기준(HS 6단위변경)이 적용되고, 예외적으로 부가가치기준(카메라), 가공공정기준(주요부품 또는 주요공정기준; 소, 돼지, 기타 가축, 의류 등)이 보완적으로 적용되고 있다.

(가) 세번변경기준

① 세번변경기준의 정의

세번변경기준(change of tariff classification criterion; tariff shift criterion)은 제조·가공과정에 사용된 원료(input)의 세번과 상이한 세번(HS 6단위 기준)의 완제품(output)을 생산한 국가를 원산지로 보는 기준으로서, 누구든지 객관적인 HS 세번만 알면 판정이 가능한 기준이다. 이 기준은 세번의 변경이 실질적 변형을 반영할 수 있는 세번분류체계를 사용할 것을 전제로 하고 있는데, 현행의 HS제도는 대부분의 물품을 가공도 순서에 따라 배열하고 있기 때문에 세번의 변경이 실질적 변형을 반영할 수 있다. 즉, 이는 원산지판정에 있어서 정확성과 객관성을 확보하기 용이하다는 장점이 있기 때문에 가장 널리 채용되고 있다. 그러나 세번분류가 가공도 순서에 따라 배열되어 있지 않은 경우에는 이 기준을 사용할 수 없다는 단점이 있다.

현행 대외무역법령은 실질적 변형이 행해지는 경우 부가가치기준이나 주요공정기준이 적용되는 물품을 제외하고는 원칙적으로 세번변경기준을 적용하고 있다.

② 세번변경기준의 실례

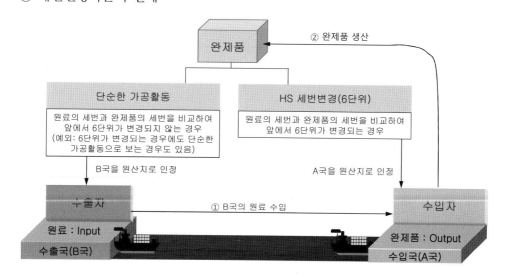

A국이 B국으로부터 유리섬유(HS 7019.00)를 수입하여 제조·가공과정을 통하여 직물(HS 4016.00)을 생산한 경우에는 B국을 원산지로 한다.

(나) 부가가치기준

① 부가가치기준의 정의

부가가치기준(value added criterion)[20]은 특정 제품의 전체가치 중에서 일정비율 이상의 부가가치를 창출하는 국가를 원산지로 보는 기준으로서, 세번변경이 실질적 변형을 반영하지 못하는 경우 또는 주요부품이나 주요공정을 특정하기 어려운 경우에 주로 사용된다. 이 경우, 일정비율 이상의 부가가치를 창출한 국가에서 실질적 변형이 일어난 것으로 본다. 이 기준은 상업송장에 의하여 수입원료의 가격을 확인할 수 있기 때문에 정확하고 간이하다는 장점을 가지고 있다.

즉, 이 기준은 가장 합리적인 기준이라 할 수 있으나, 정확한 부가가치율을 환산하기 어

---

20) "부가가치기준"이란 수출품의 제조과정에서 수출국이 부가한 가치의 정도에 따라 해당 제품의 수출국이 원산지 국가인지 여부를 결정하는 기준으로서, 적용하는 부가가치율은 각국에 따라 상이하다(수출물품원산지증명발급 규정 제1-3조 제4항).

렵고 세관이나 무역거래자에게 추가적 부담이 되는 등 적용하는 데 한계가 있어 사용하지 아니하나 불가피한 경우 예외적으로 사용하고 있다.[21]

부가가치의 비율은 해당 물품의 제조·생산에 사용된 원료 및 구성품의 원산지별 가격누계가 해당 물품의 수입가격(FOB가격 기준)에서 점하는 비율로 하며, 부가가치의 비율을 산정하는 경우 해당 물품의 제조·생산에 사용된 원료 및 구성품의 가격은 ㉮ 해당 제조·생산국에서 외국으로부터 수입조달한 원료 및 구성품의 가격은 각기 수입단위별 FOB가격, ㉯ 해당 제조·생산국에서 국내적으로 공급된 원료 및 구성품의 가격은 각기 구매단위별 공장도가격으로 한다$\binom{\text{규정 제85조}}{\text{제5항 및 제7항}}$.

② 부가가치기준의 적용되는 품목(카메라)의 실례

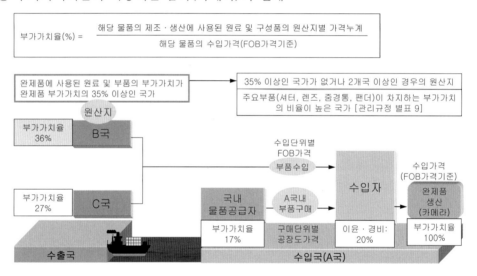

위의 그림에서 보는 것처럼, A국이 B, C국으로부터 부품을 수입하여 물품을 제조하는 경우, A국의 부가가치율이 17%, B국의 부가가치율이 36%, C국의 부가가치율이 27%, 수출국(A국)의 경비·이윤이 20%라면, B국을 원산지로 본다.

대외무역관리규정 별표 9에 의하면, 부가가치기준이 적용되는 품목은 다음 표에 나타나 있는 것처럼 카메라 1개 품목으로서, 완제품에 사용된 원료 및 부품의 부가가치가 완제품 부가가치의 35% 이상인 경우 해당 원료 및 부품을 생산 또는 최초로 공급한 국가를 원산지로 본다. 다만, 35% 이상인 국가가 없거나 2개국 이상인 경우는 주요부품(셔터, 렌즈, 줌경통, 파인더)이 차지하는 부가가치의 비율이 높은 국가를 원산지로 본다.

---

21) 산업통상자원부, 원산지 표시제도 주요내용, 2003.6.

[별표 9] 특정수입물품의 원산지

품 목 명	원산지판정기준
HS 9006.51 렌즈를 통하여 볼 수 있는 파인더(싱글렌즈레플렉스)를 갖춘 것 (폭이 35밀리미터 이하의 롤필름용인것에 한하며 특수용도사진기 또는 일회용 사진기는 제외) HS 9006.53 기타(폭이 35밀리미터의 롤필름용인 것에 한하며 특수용도 사진기 또는 일회용 사진기는 제외)	다음 각 호의 기준을 순차적으로 적용한다. 1. 해당 물품에 사용된 원료 및 부품의 부가가치가 완제품 부가가치의 35%이상인 경우 해당 원료 및 부품을 생산 또는 최초로 공급한 국가 2. 제1호의 국가가 없거나 2개국 이상인 경우는 주요부품(셔터, 렌즈, 줌경통, 파인더)이 차지하는 부가가치의 비율이 높은 국가

(다) 가공공정기준

① 가공공정기준의 정의

가공공정기준(processing operation criterion)[22]은 가장 객관적인 기준으로 제조공정 중 특정한 공정을 수행하거나 특정한 부품을 사용한 국가를 원산지로 하는 기준이다.[23] 즉, 이는 각 품목별로 기술적으로 중요한 제조·가공공정을 열거하여 해당공정이 수행된 국가를 원산지로 보는 기준이다. 이 기준은 정확하다는 장점은 있으나, 새로운 제품이 빠르게 생산되어 나오는 현실에 비추어 볼 때 이를 신속하게 반영할 수 있는 가공공정표를 유지하기가 상당히 어렵다는 단점이 있다.

즉, 주요 부품에 대하여는 다음의 국가를 원산지로 본다(규정 제85조 제6항).

㉮ 해당 주요 부품의 원료 및 구성품의 부가가치생산에 최대로 기여한 국가가 해당 완제품의 부가가치비율 기준 상위 2개국 중 어느 하나에 해당하는 경우는 해당 국가

㉯ 해당 주요 부품의 원료 및 구성품의 부가가치생산에 최대로 기여한 국가가 해당 완제품의 부가가치비율 기준 상위 2개국 중 어느 하나에 해당하지 아니하는 경우는 해당 완제품을 최종적으로 제조한 국가

② 가공공정기준의 실례

가공공정기준이 적용되는 예로서, 커피의 경우에는 볶음공정을 수행한 국가를 원산지로 보며, TV의 경우에는 브라운관(CRT)을 생산한 국가를 원산지로 본다. 현행 「대외무역

---

22) "가공공정기준"이란 부가가치적용품목이 35% 이상 생산한 국가가 하나도 없거나 35% 이상을 생산한 국가가 2개국 이상인 경우에 "주요부품"을 생산한 국가 또는 "주요공정"이 이루어진 국가를 원산지로 인정하는 기준으로서 부가가치기준을 보완하는 기준이다(수출물품원산지증명발급규정 제1-3조 제3항). 부가가치는 어떤 기업의 연간 생산액에서 그 생산에 소요된 원재료, 연료, 다른 기업이 납품한 부품 등 다른 기업의 생산물을 공제한 것을 말한다.
23) 산업통상자원부, 원산지 표시제도 주요내용, 2003.6.

법」은 재단한 직물을 봉제하여 완성한 의류의 경우 재단공정을 수행한 국가를 원산지로 인정하고 있다.

● 해당 완제품의 부가가치 기준 상위 2개국 중 하나에 해당하는 경우

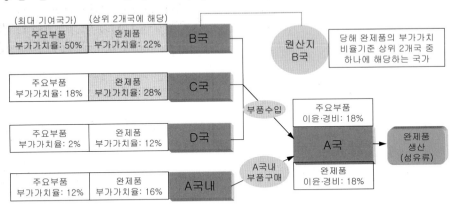

위의 그림에서 보는 것처럼, B국의 주요부품의 부가가치율이 50%이기 때문에 B국은 "해당 주요부품의 원료 및 구성품의 부가가치생산에 최대로 기여한 국가"에 해당되며, B국과 C국의 완제품의 부가가치율이 각각 22%, 28%이기 때문에 B국은 "해당 완제품의 부가가치비율 기준 상위 2개국 중 하나에 해당되는 국가"로 된다. 따라서, B국(주요부품의 부가가치생산에 최대로 기여한 국가)이 해당 완제품의 부가가치비율 기준 상위 2개국에 해당되므로 B국은 원산지로 된다.

● 해당 완제품의 부가가치 기준 상위 2개국 중 하나에 해당하지 않는 경우

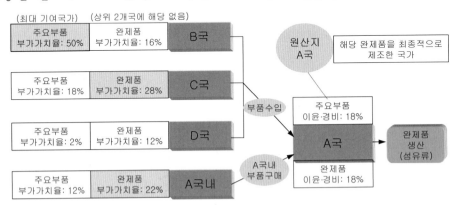

위의 그림에서 보는 것처럼, B국의 주요 부품의 부가가치율이 50%이기 때문에 B국은 "해당 주요 부품의 원료 및 구성품의 부가가치생산에 최대로 기여한 국가"에 해당되며, A

국과 C국의 완제품의 부가가치율이 각각 22%, 28%이기 때문에 B국은 "해당 완제품의 부가가치비율 기준 상위 2개국 중 하나에 해당되지 않는 국가"로 된다. 따라서 B국(주요 부품의 부가가치생산에 최대로 기여한 국가)이 해당 완제품의 부가가치비율 기준 상위 2개국에 해당되지 않으므로 B국은 원산지로 될 수 없고, 해당 완제품을 최종적으로 제조한 국가가 원산지로 된다.

③ 가공공정기준의 적용되는 품목

대외무역관리규정 별표 9의 하단에서는 주요공정기준이 적용되는 품목으로서 가축과 섬유류를 표시하고 있다. 예를 들면, 소, 돼지 및 기타 가축 등이 출생국과 사육국이 다를 때, 소가 6개월 이상, 돼지가 2개월 이상, 소와 돼지 이외의 기타 가축이 1개월 이상 사육된 경우에는 해당 사육국을 원산지로 하고, 각각 그 기간에 미달하는 경우에는 출생국을 원산지로 한다.

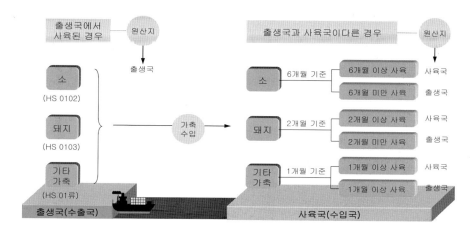

[별표 9] 특정수입물품의 원산지

품 목 명	원산지판정기준
HS 0102 소	출생국을 원산지로 한다. 다만, 출생국과 사육국이 다른 경우에는 다음 기준에 따른다. 해당 국가에서 6개월 이상 사육된 경우에는 해당 사육국을 원산지로 하고, 6개월 미만 사육된 경우에는 출생국을 원산지로 한다.
HS 0103 돼지	출생국을 원산지로 한다. 다만, 출생국과 사육국이 다른 경우에는 다음 기준에 따른다. 해당 국가에서 2개월 이상 사육된 경우에는 해당 사육국을 원산지로 하고, 2개월 미만 사육된 경우에는 출생국을 원산지로 한다.
소와 돼지 이외의 그밖의 가축으로서 HS 01류의 것	출생국을 원산지로 한다. 다만, 출생국과 사육국이 다른 경우에는 다음 기준에 따른다. 해당 국가에서 1개월 이상 사육된 경우에는 해당 사육국을 원산지로 하고, 1개월 미만 사육된 경우에는 출생국을 원산지로 한다.

품 목 명		원산지기준(안)
HS 6101-6117 (편직된 의류 및 그 부속품)	1) 제품형태로 편물(knit to shape)되는 물품 (부품과 부속품을 포함한다);6101-6117 의 것	편직공정 수행국 (knit shape)
	2) 부품형태로 편물된 부품을 봉제하여 생 산되는 물품 ; 6101-6115의 것	봉제공정 수행국
	3) 재단(cut to shape)된 부품을 봉제하여 생산되는 물품 ; 6101-6115의 것	봉제공정 수행국
	4) 자수된 편평제품 (손수건, 쇼울, 스카프, 머플러, 만틸라, 베일 및 이와 유사한 물품) ; 6117.10,6117.80의 것	편직공정 수행국. 단, 기포원단의 공장 도 가격의 50%를 초과하는 자수공정을 수행할 경우 자수공정 수행국
	5) 그 밖의 편평제품 (손수건, 쇼울, 스카 프, 머플러, 만틸라, 베일 및 이와 유사한 물품) ; 6117.10,6117.80의 것	편직공정 수행국
	6) 부품형태로 편물된 부품을 봉제하여 생 산되는 부속품(넥타이류, 장갑류 및 이 와 유사한 물품) ; 6116, 6117.20, 6117.80외 것	부품의 편직공정 수행국 (형태를 갖게 knit된 곳)
	7) 재단된 부품을 봉제하여 생산되는 부속 품(넥타이류, 장갑류 및 이와 유사한 물 품) ; 6116, 6117.20, 6117.80의 것	봉제공정 수행국
	8) 부품형태로 편물된 부품을 봉제하여 생 산된 부품 ; 6117.90의 것	부품 편직공정 수행국
	9) 재단된 부품을 봉제하여 생산되는 부품 ; 6117.90의 것	재단공정 수행국
	10) 자수되었으나 봉제되지 아니한 부품 ; 6101-6117의 것	편직공정 수행국. 단, 기포원단의 공장 도 가격의 50%를 초과하는 자수공정을 수행할 경우 자수공정 수행국
	11) 그 밖에 봉제되지 아니한 부품 ; 6101-6107의 것	편직공정 수행국
HS 6201-6217 (편직을 제외 한 의류 및 그 부속품)	1) 부품을 봉제하여 생산되는 물품(6209의 기저귀를 제외한다) ; 6201-6212	봉제공정 수행국
	2) 기저귀 ; 6209의 것	제직공정 수행국
	3) 자수된 편평제품(손수건, 쇼울, 스카프, 머플러, 만틸라, 베일 및 이와 유사한 물 품) ; 6213, 6214, 6217.10의 것	제직공정 수행국. 단, 기포원단의 공장 도 가격의 50%를 초과하는 자수공정을 수행할 경우 자수공정 수행국
	4) 그 밖의 편평제품(손수건, 쇼울, 스카프, 머플러, 만틸라, 베일 및 이와 유사한 물 품) ; 6213, 6214, 6217.10의 것	제직공정 수행국
	5) 부품을 봉제하여 생산된 부속품(넥타 이류, 장갑류 및 이와 유사한 물품) ; 6215, 6216, 6217.10의 것	봉제공정 수행국
	6) 봉제된 부품 ; 6217.90의 것	재단공정 수행국
	7) 자수된 부품 ; 6201-6217의 것	제직공정 수행국. 단 기포원단의 공장도 가격의 50%를 초과하는 자수공정을 수 행할 경우 자수공정 수행국
	8) 그 밖의 부품 ; 6201-6217의 것	제직공정 수행국

품 목 명		원산지 기준(안)
HS 6301-6308 (제품으로 된 방직용 섬유 제품)	1) 부품을 봉제하여 생산되는 물품 ; 6303, 6304, 6306, 6307.20	제단공정 수행국
	2) 자수된 물품 ; 6301-6308의 것 (6301.10 제외)	제직(또는 편직)공정 수행국. 단 기포원단의 공장도 가격의 50%를 초과하는 자수공정을 수행할 경우 자수공정 수행국
	3) 부분품으로 구성된 물품 ; 6308의 것	Set의 본질적 특성을 구성하는 물품 제조국
	4) 그 밖의 제품 ; 6301, 6302, 6305, 6307.10, 6307.90 (6301.10 제외)	제직(또는 편직)공정 수행국
HS 7411.22 구리-니켈 합금으로 만든 것(백동)이나 구리-니켈-아연 합금으로 만든 것(양백)		냉간인발공정(인발,열처리,확관) 수행국

(3) 단순한 가공활동의 기준

(가) 단순한 가공활동 기준의 정의

단순한 가공활동의 기준이란 수출입 물품의 생산·제조·가공과정에 둘 이상의 국가가 관련된 경우 "단순한 가공활동"을 수행하는 국가를 원산지로 하여서는 안된다는 것이다. 여기서 "단순한 가공활동"이란 다음의 어느 하나에 해당하는 것으로서, 단순한 가공활동을 수행하는 국가에는 원산지를 부여하지 아니한다(영 제61조 제1항 및 규정 제85조 제8항).

① 운송 또는 보관 목적으로 물품을 양호한 상태로 보존하기 위해 행하는 가공활동

② 선적 또는 운송을 용이하게 하기 위한 가공활동

③ 판매목적으로 물품의 포장등과 관련된 활동

④ 제조, 가공결과 HS 6단위가 변경되는 경우라도 다음의 어느 하나에 해당되는 가공과 이들이 결합되는 가공은 단순한 가공활동의 범위에 포함된다.

　㉮ 통풍

　㉯ 건조 또는 단순가열(볶거나 굽는 것 포함)

　㉰ 냉동, 냉장

　㉱ 손상부위의 제거, 이물질 제거, 세척

　㉲ 기름칠, 녹방지 또는 보호를 위한 도색, 도장

　㉳ 거르기 또는 선별(sifting or screening)

　㉴ 정리(sorting), 분류 또는 등급선정(classifying or grading)

　㉵ 시험 또는 측정

　㉶ 표시나 라벨의 수정 또는 선명화

㉥ 가수, 희석, 흡습, 가염, 가당, 전리(ionizing)

㉦ 각피(husking), 탈각(shelling or unshelling), 씨제거 및 신선 또는 냉장육류의 냉동, 단순 절단 및 단순혼합

㉧ 별표 9에서 정한 HS 01류의 가축을 수입하여 해당국에서 도축하는 경우 같은 별표에서 정한 품목별 사육기간 미만의 기간 동안 해당국에서 사육한 가축의 도축(slaughtering)

㉨ 펴기(spreading out), 압착(crushing)

㉩ 위의 ㉮부터 ㉨까지의 규정에 준하는 가공으로서 산업통상자원부장관이 별도로 판정하는 단순한 가공활동

(나) 단순한 가공활동 기준의 실례

고사리(HS 070900)가 건조되어 건고사리(HS 071290)로 되거나 해삼(HS 030791)이 냉동되어 냉동해삼(HS 030799)으로 되거나 또는 대구(HS 030250)가 절단되어 대구포(HS 030420)로 되는 경우 등은 제조·가공결과 세번(HS 6단위 기준)이 변경되더라도, 실질적인 변형이 일어난 것으로 보지 않고 단순한 가공활동으로 본다.

2. 수출물품의 원산지 판정기준

원산지 판정의 기준은 대통령령으로 정하는 바에 따라 산업통상자원부장관이 정하여 공고한다(법 제34조 제2항). 따라서, 수출 물품에 대한 원산지 판정은 "수입물품에 대한 원산지판정"(제1항 및 제2항)에 따른 기준을 준용하여 판정하되, 그 물품에 대한 원산지 판정기준이 수입국의 원산지 판정기준과 다른 경우에는 수입국의 원산지 판정기준에 따라 원산지를 판정할 수 있다(영 제61조 제3항).

3. 수입원료를 사용한 국내생산물품등의 원산지판정기준

산업통상자원부장관은 공정한 거래질서의 확립과 생산자 및 소비자 보호를 위하여 필요하다고 인정하면 "국내생산물품등"(수입원료를 사용하여 국내에서 생산되어 국내에서 유통되거나 판매되는 물품등)에 대한 원산지판정에 관한 기준을 관계 중앙행정기관의 장과 협의하여 정할 수 있다. 다만, 다른 법령에서 국내생산물품등에 대하여 다른 기준을

규정하고 있는 경우에는 그러하지 아니하다(법 제35조 제1항).

또한, 산업통상자원부장관은 제1항에 따라 국내생산물품등에 대한 원산지 판정에 관한 기준을 정하면 이를 공고하여야 한다(법 제35조 제2항).

참고로, 국내생산물품의 원산지기준이란 원료나 부품을 수입하여 국내에서 완제품을 생산할 경우 어떤 조건을 충족해야 한국산으로 표시할 수 있는지에 대한 품목별 기준을 말한다. 이는 수입원료나 부품을 국내에서 단순 가공·조립하여 "한국산"으로 유통됨으로 인한 소비자 피해를 예방하고 공정한 거래질서를 확립하기 위하여, 수입원료나 부품의 HS 세번 6단위와 다른 완제품을 생산(HS세번 6단위가 변경되는 실질적 변형)하고, 생산품의 제조원가 중 수입원료나 부품을 제외한 금액의 비중(국내 부가가치 생산 비중)이 51%를 넘을 경우에만 "한국산"으로 표시할 수 있도록 하였다. 즉, 국내생산품 원산지 기준을 충족한 제조업자에게 표시권을 부여하고, 그 기준을 충족하지 못한 경우에는 한국산 표시를 할 수 없는 것으로서, 이는 표시의무가 아니라 표시금지의무이므로 이를 위반할 경우에는 "표시광고법"의 부당한 표시행위에 해당하여 처벌 대상이 된다.[24]

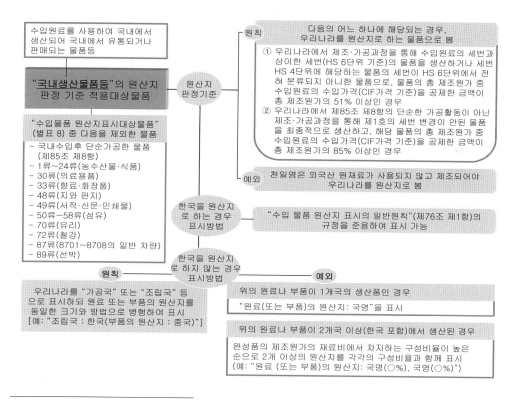

---

24) 지식경제부, 보도자료, 2005.1.14.

(1) 국내생산물품등의 원산지 판정기준 적용대상물품

수입원료를 사용한 국내생산물품등의 원산지 판정 기준 적용 대상물품은 "수입 물품 원산지표시대상물품"(별표 8) 중 다음의 물품에 해당되지 않는 물품이다$\left(\begin{smallmatrix}규정 & 제86조 \\ & 제1항\end{smallmatrix}\right)$.

① 국내수입 후 단순한 가공활동을 한 물품(제85조 제8항)

② 1류~24류(농수산물·식품), 30류(의료용품), 33류(향료·화장품), 48류(지와 판지), 49류(서적·신문·인쇄물), 50류~58류(섬유), 70류(유리), 72류(철강), 87류(8701-8708의 일반차량), 89류(선박)

(2) 국내생산물품등의 원산지 판정 및 표시방법

(가) 한국을 원산지로 하는 물품

수입원료를 사용한 국내생산물품등의 원산지 판정기준 적용대상물품이 다음의 어느 하나에 해당하는 경우 우리나라를 원산지로 하는 물품으로 본다$\left(\begin{smallmatrix}규정 & 제86조 \\ & 제2항\end{smallmatrix}\right)$.

① 우리나라에서 제조·가공과정을 통해 수입원료의 세번과 상이한 세번(HS 6단위 기준)의 물품을 생산하거나 세번 HS 4단위에 해당하는 물품의 세번이 HS 6단위에서 전혀 분류되지 아니한 물품으로, 해당 물품의 총 제조원가 중 수입원료의 수입가격(CIF가격 기준)을 공제한 금액이 총 제조원가의 51% 이상인 경우

② 우리나라에서 제85조 제8항의 단순한 가공활동이 아닌 제조·가공과정을 통해 제1호의 세번 변경이 안된 물품을 최종적으로 생산하고, 해당 물품의 총 제조원가 중 수입원료의 수입가격(CIF가격 기준)을 공제한 금액이 총 제조원가의 85% 이상인 경우

위의 규정에도 불구하고, 천일염[25]은 외국산 원재료가 사용되지 않고 제조되어야 우리나라를 원산지로 본다$\left(\begin{smallmatrix}규정 & 제86조 \\ & 제3항\end{smallmatrix}\right)$.

참고로, 천일염의 원산지위반(수입 천일염이 국산으로 둔갑)이 발생할 수 있지만, 수입 천일염의 경우 수출국에서 식용으로 인정하는 경우에만 국내에서는 식용으로 수입될 수 있으며, 식용으로 수입되는 천일염의 경우에는 식품위생법의 적용을 받게 된다. 따라서 식용천일염을 수입하려는 자는 식품위생법 제16조에 따라 식품의약품안전처장에게 신고해야 하고, 필요시 품질검사를 실시할 수 있도록 하고 벌칙적용이 강화됨으로써 원산지 위반행위의 근절 및 효율적인 원산지 관리가 가능해 질 것이라고 생각된다.

---

25) "천일(天日)염"이란 염전에서 바닷물을 자연 증발시켜 제조하는 염을 말한다(염관리법 제2조 제4호).

(나) 한국을 원산지로 하는 물품의 원산지 표시방법

국내생산물품등의 원산지를 우리나라로 볼 수 있는 경우에는 "제76조 제1항의 규정" (수입 물품 원산지 표시의 일반원칙)을 준용하여 표시할 수 있다(규정 제86조 제4항).

(다) 한국을 원산지로 하지 않는 물품의 원산지 표시방법

법 제35조에 따른 수입원료를 사용한 국내생산물품 중 제2항의 원산지규정을 충족하지 아니한 물품의 원산지 표시는 다음의 방법에 따라 표시할 수 있다(규정 제86조 제5항).

① 우리나라를 "가공국" 또는 "조립국" 등으로 표시하되 원료 또는 부품의 원산지를 동일한 크기와 방법으로 병행하여 표시[26]

② 위의 ①의 원료나 부품이 1개국의 생산품인 경우에는 "원료(또는 부품)의 원산지: 국명"을 표시

③ 위의 ①의 원료나 부품이 2개국 이상(우리나라를 포함)에서 생산된 경우에는 완성품의 제조원가의 재료비에서 차지하는 구성비율이 높은 순으로 2개 이상의 원산지를 각각의 구성비율과 함께 표시(예: "원료 (또는 부품)의 원산지: 국명(○%), 국명(○%)")

4. 원산지판정기준의 특례

원산지 판정 기준의 특례에 대한 규정은 다음과 같다(규정 제87조).

원산지판정기준의 특례	
기계 등과 함께 수입되어 동시에 판매되는 부속품 등의 원산지	해당 기계 등과 원산지가 동일한 것으로 봄
포장물품의 원산지	해당 포장된 내용품의 원산지와 동일한 것으로 봄
촬영된 영화용 필름	그 영화제작자가 속하는 나라를 원산지로 봄

① 기계·기구·장치 또는 차량에 사용되는 부속품·예비부분품 및 공구로서 기계 등과 함께 수입되어 동시에 판매되고 그 종류 및 수량으로 보아 정상적인 부속품, 예비부분품 및 공구라고 인정되는 물품의 원산지는 해당 기계·기구·장치 또는 차량의 원산지와 동일한 것으로 본다.

---

26) 예: "조립국 : 한국(부품의 원산지 : 중국)"

즉, 기계·기구·장치 또는 차량에 사용되는 부속품으로 해당 기계 등과 함께 수입되어 판매되는 표준부속품의 원산지는 해당 기계 등의 원산지와 동일한 것으로 본다.

② 포장용품의 원산지는 해당 포장된 내용품의 원산지와 동일한 것으로 본다. 다만, 법령에 따라 포장용품과 내용품을 각각 별개로 구분하여 수입신고하도록 규정된 경우에는 포장용품의 원산지는 내용품의 원산지와 구분하여 결정한다.

즉, 포장용품의 경우 내수용의 원산지와 동일한 것으로 보나 관세율표상 포장용품과 내용품이 각각 별개의 수입품으로 분류되는 품목은 별도의 원산지를 구분 적용한다.

③ 촬영된 영화용 필름은 그 영화제작자가 속하는 나라를 원산지로 한다.

즉, 촬영된 영화필름의 경우에 제3국에서 촬영된 것이라도 그 영화제작자가 속하는 국가를 원산지로 한다.

5. 원산지확인에 있어서의 직접운송원칙(Direct Transport Rule)

수입 물품의 원산지는 그 물품이 "비원산국"(원산지 국가 이외의 국가)을 경유하지 아니하고 원산지 국가로부터 직접 우리나라로 운송반입된 물품에만 해당 물품의 원산지를 인정한다(규정 제93조 제1항 본문).

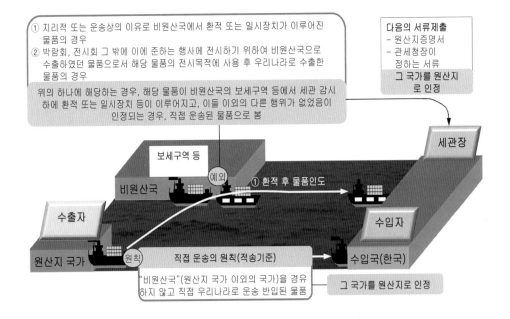

다만, 다음의 어느 하나에 해당하는 경우에는 해당 물품이 비원산국의 보세구역 등에서 세관 감시하에 환적 또는 일시장치 등이 이루어지고, 이들 이외의 다른 행위가 없었음이 인정되는 경우에만 이를 우리나라로 직접 운송된 물품으로 보며, 이러한 물품의 경우에는 관세청장이 정하는 서류를 원산지증명서와 함께 세관장에게 제출하여야 한다(규정 제93조 제1항 단서 및 제2항).

① 지리적 또는 운송상의 이유로 비원산국에서 환적 또는 일시장치가 이루어진 물품의 경우

② 박람회, 전시회 그 밖에 이에 준하는 행사에 전시하기 위하여 비원산국으로 수출하였던 물품으로서 해당 물품의 전시목적에 사용 후 우리나라로 수출한 물품의 경우

위와 같이 원산지증명서에 의한 원산지 인정은 해당 원산지 국에서 직접 우리나라로 운송, 반입된 물품에만 적용하며, 제3국을 경유한 때에는 이를 증명하는 별도의 서류를 제출하여 확인받아야 한다.

6. 원산지 판정절차

원산지판정제도 및 이의신청제도는 수입물품의 통관을 원활히 하고 수출자·수입자 또는 원산지 규정과 관련하여 정당한 사유를 가진 이해관계자의 요청이 있을 경우 특정상품에 대한 원산지 판정을 가능한 한 조속히 하고, 이에 대하여 이의신청이 있을 경우는 신속히 재검토될 수 있도록 하기 위하여 보완되었다.

한편, 산업통상자원부장관의 원산지의 판정 및 이의제기의 처리에 관한 권한(영 제62조 및 제63조)은 관세청장에게 위탁되어 있다(영 제91조 제6항 제2호).

(1) 원산지 판정

(가) 원산지 판정의 요청

무역거래자 또는 물품등의 판매업자 등은 수출 또는 수입 물품등의 원산지 판정을 산업통상자원부장관에게 요청할 수 있는 바(법 제34조 제3항), 수출 또는 수입물품의 원산지 판정을 받으려는 자는 다음의 구비서류를 첨부하여 산업통상자원부장관(관세청장에게 위탁)에게 제출하여야 한다(영 제62조 제1항).

① 대상 물품의 관세·통계통합품목분류표(「관세법 시행령」 제98조에 따른 관세·통

계통합품목분류표를 말한다)상의 품목번호·품목명(모델명을 포함한다), 요청사유, 요청자가 주장하는 원산지 등을 명시한 요청서

② 견본 1개(다만, 물품의 성질상 견본을 제출하기 곤란하거나 견본이 없어도 그 물품의 원산지 판정에 지장이 없다고 인정되는 경우에는 견본의 제출을 생략할 수 있다)

③ 그 밖에 원산지 판정에 필요한 자료

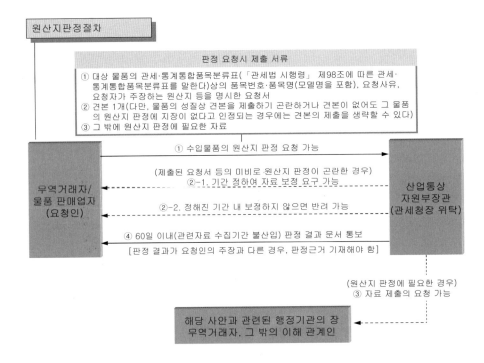

(나) 자료의 보정 요구

산업통상자원부장관(관세청장에게 위탁)은 제출된 요청서 등이 미비하여 수출 또는 수입 물품의 원산지를 판정하기 곤란한 경우에는 기간을 정하여 자료의 보정(補正)을 요구할 수 있으며, 그 기간 내에 보정을 하지 아니하면 요청서 등을 되돌려 보낼 수 있다($\frac{영\ 제62조}{제2항}$).

(다) 원산지 판정의 결과통보

산업통상자원부장관은 수출 또는 수입 물품의 원산지 판정의 요청을 받은 경우에는 해당(in question) 물품의 원산지 판정을 하여서 요청한 사람(requesting person)에게 알려야 하는 바($\frac{법\ 제34조}{제4항}$), 원산지 판정 요청을 받은 산업통상자원부장관(관세청장에게 위탁)은 60일 이내에 원산지 판정을 하고 그 결과를 요청한 사람에게 문서로 알려야 한다. 다만, 그

판정과 관련된 자료수집 등을 위하여 필요한 기간은 이에 산입하지 아니한다(영 제62조 제3항).

그리고 원산지 판정 결과가 요청인의 주장과 다른 경우에는 판정의 근거 등을 기재하여야 한다(영 제62조 제4항).

(라) 원산지 판정의 자료요청

원산지 판정의 요청 방법과 그 밖에 판정에 관하여 필요한 사항은 산업통상자원부장관이 정하여 고시하는 바(영 제62조 제5항), 관세청장은 원산지 판정을 위하여 필요한 경우 해당 사안과 관련된 행정기관의 장, 무역거래자 및 그 밖의 이해관계인에게 자료의 제출을 요청할 수 있다(규정 제88조).

(2) 원산지 판정에 대한 이의제기

원산지 판정에 대한 이의제기 절차 등에 관하여 필요한 세부적인 사항은 산업통상자원부장관이 정한다(영 제63조 제4항).

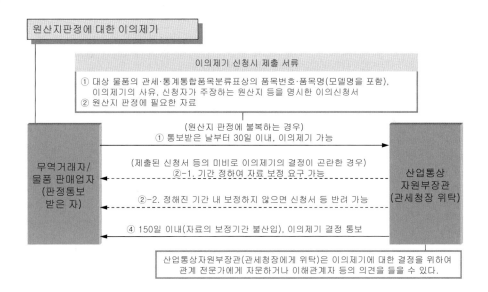

(가) 이의제기의 신청

산업통상자원부장관(관세청장에게 위탁)으로부터 물품의 원산지 판정의 통보를 받은 자(person who is informed)가 원산지 판정에 불복하는(is dissatisfied with the ruling on the origin) 경우에는 통보를 받은 날부터 30일 이내에(within 30 days after being so informed) 산

업통상자원부장관에게 이의를 제기(raise an objection)할 수 있는 바, 원산지 판정에 이의를 제기하려는 자는 다음의 구비서류를 첨부하여 산업통상자원부장관(관세청장에게 위탁)에게 제출하여야 한다(법 제34조 제5항 및 영 제63조 제1항).

① 대상 물품의 관세·통계통합품목분류표상의 품목번호·품목명(모델명을 포함한다), 이의제기의 사유, 신청자가 주장하는 원산지 등을 명시한 이의신청서

② 원산지 판정에 필요한 자료

(나) 원산지의 판정자료 보정기간

산업통상자원부장관(관세청장에게 위탁)은 원산지 판정의 이의제기에 따라 제출된 신청서 등이 미비하여 이의제기에 대한 결정을 하기 곤란한 경우에는 기간을 정하여 자료의 보정을 요구할 수 있으며, 그 기간 내에 보정하지 아니하면 신청서 등을 되돌려 보낼 수 있다. 이 경우의 자료의 보정기간은 이의제기 결정기간에 산입하지 아니한다(영 제63조 제2항 및 규정 제90조).

(다) 이의제기에 대한 결정 통보

산업통상자원부장관(관세청장에게 위탁)은 원산지 판정에 대한 이의를 제기받은 경우에는(Where an objection is raised), 이의 제기를 받은 날부터 150일 이내에 이의 제기에 대한 결정(decision on the objection)을 알려야 하는 바, 이의제기에 대한 결정을 하기 위하여 관계 전문가에게 자문하거나 이해관계자 등의 의견을 들을 수 있다(법 제34조 제6항 영 제63조 제3항).

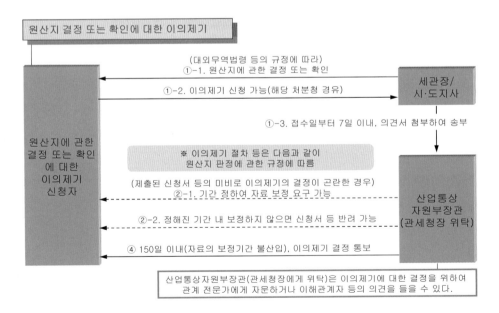

제4절 원산지의 확인

원산지확인은 통합공고에 의한 수입제한물품, 원산지표시 위반물품 등을 단속하기 위하여 원산지증명서 등 관련 자료의 제출을 받는 것을 말한다.

산업통상자원부장관은 다음의 권한을 세관장에게 위탁한다(영 제91조 제4항).

① 원산지 표시의 확인에 관한 권한(영 제57조 제4항)

② 원산지증명서의 제출 명령에 관한 권한(영 제65조)

③ 원산지증명서 발급 업무 중 관세양허(關稅讓許)를 받기 위한 원산지증명서 발급 업무에 관한 권한(영 제66조 제2항 및 제3항)

또한, 산업통상자원부장관의 원산지증명서 발급 업무(관세양허를 받기 위한 원산지증명서 발급 업무를 포함한다)에 관한 권한(영 제66조제2항 및 제3항)은 "대한상공회의소"(「상공회의소법」에 따라 설립된 대한상공회의소) 또는 "법인"(「민법」 제32조[27])의 규정에 따라 설립된 법인) 중 산업통상자원부장관이 지정하여 고시하는 법인에게 위탁한다(영 제91조 제10항).

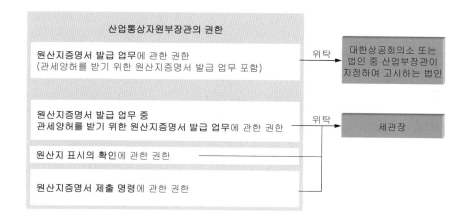

1. 원산지확인 대상물품

원산지확인물품은 우리나라 무역정책의 일환으로 품목별로 수입금지 또는 수입제한

---

27) 민법 제32조에서는 "학술, 종교, 자선, 기예, 사교 기타 영리 아닌 사업을 목적으로 하는 사단 또는 재단은 주무관청의 허가를 얻어 이를 법인으로 할 수 있다"고 규정하고 있다.

지역을 정하고 있는 경우가 해당된다. 즉, 원산지확인대상물품은 대외무역관리규정 제91조 제2항의 규정에 따라 다음과 같다.

① 통합공고에 의하여 특정지역으로부터 수입이 제한되는 물품(구체적으로는 식물방역법상의 수입금지식물, 식품위생법상의 우제류 동물의 것 등)

② 원산지 허위표시, 오인·혼동표시 등을 확인하기 위하여 세관장이 필요하다고 인정하는 물품(구체적으로는 수입승인서상의 원산지와 현품에 표시된 원산지가 상이한 물품, 국내 또는 해외 유명상표 제품, OEM방식 생산품 등 원산지를 오인할 가능성이 큰 물품 중 정밀심사할 필요성이 있는 물품, 원산지 허위표시에 대한 정보입수 등 우범성이 있다고 인정되는 물품 등)

③ 그 밖에 법령에 따라 원산지 확인이 필요한 물품(구체적으로는 남북교류협력에 관한 법률상의 북한반입물품, 「관세법」상의 각종 특혜관세대상물품)

2. 수출입물품의 원산지증명제도

(1) 원산지증명서의 의의

(가) 원산지증명서의 정의

원산지증명서(Certificate of Origin; C/O)란 수입통관 또는 수출대금의 결제시 구비서류의 하나로서 해당 물품이 해당국에서 생산, 제조 또는 가공되었다는 사실을 증명하는 서류이다. 원산지증명서는 ① 특정국가나 지역으로부터 수입을 금지 또는 제한하기 위한 정책적 목적, ② 호혜통상협정이 체결된 국가간의 수입물품에 대한 협정세율의 적용을 위한 관세의 감면혜택의 부여목적, ③ 선진국의 대개발도상국에 대한 특혜관세의 공여목적, ④ 기타 국별 수입통계의 목적으로 발급되는 경우 등이 있다.

(나) 원산지증명서의 종류 및 발급기관

원산지 증명서는 수출입의 품목에 따라 수출품 원산지증명서와 수입품의 원산지증명서로 구분된다.

수출물품 원산지증명서는 수출물품이 우리나라에서 재배, 사육, 제조 또는 가공된 것임을 증명하는 문서[28]로서, "일반수출물품 원산지증명서"와 "관세양허대상 수출물품 원산지증명서[일반특혜관세제도(GSP)[29], GATT 개발도상국간 관세양허협정, 아시아-태평

양 무역협정(APTA), 개발도상국간 특혜무역제도(GSTP)에 관한 협정, 자유무역협정(FTA) 등에 의한 수출품의 원산지증명서"로 구분된다. 다만, 자유무역협정(FTA)등에 의한 수출물품의 원산지증명서의 경우 「자유무역협정의 이행을 위한 관세법의 특례에 관한 법률」에 따른 규정을 우선하여 적용한다.[30]

수입물품 원산지증명서는 수입물품이 해당국에서 재배, 사육, 제조 또는 가공된 것임을 증명하는 문서를 말한다.

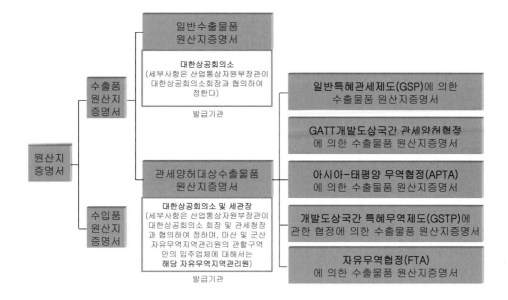

① 일반수출물품 원산지증명서

일반수출물품 원산지증명서는 관세양허대상이 아닌 유상 또는 무상으로 수출하는 모든 물품에 대하여 발급하는 원산지증명서를 말한다.

② 일반특혜관세(GSP) 원산지증명서

일반특혜관세(GSP) 원산지증명서는 각 일반특혜관세공여국에서 정한 일반특혜관세대상품목에 대하여 발급하는 원산지증명서를 말한다.

---

28) 수출물품원산지증명발급규정 제1-3조

29) 일반특혜관세제도(Generalized System of Preferences; GSP)란 선진국이 개발도상국의 수출증대 및 공업화의 촉진을 위해 개발도상국으로부터 수입되는 농수산물, 공산품의 제품 또는 반제품에 대하여 조건없이 일방적으로 무관세를 적용하거나 저율의 관세를 부과하는 관세상의 특혜를 말한다.

30) 수출물품원산지증명발급규정 제1-2조.

③ GATT 개발도상국간 관세양허수출물품의 원산지증명서

GATT 개발도상국간 관세양허수출품의 원산지증명서는 GATT 개발도상국간 관세양허협정의 협정국에서 정한 국별 관세양허품목에 대하여 발급하는 원산지증명서를 말한다.

④ 아시아-태평양 무역협정(Asia-Pacific Trade Agrement; APTA 협정)에 의한 관세양허대상 수출물품의 원산지증명서

아시아-태평양 무역협정(ASia-Pacific Trade Agreement; APTA 협정)에 의한 관세양허대상 수출물품의 원산지증명서는 "APTA 협정"의 협정국에서 정한 국별 관세양허대상품목에 대하여 발급하는 원산지증명서를 말한다.

⑤ 개발도상국간 특혜무역제도(GSTP)에 의한 관세양허수출물품의 원산지증명서

개발도상국간 특혜무역제도(GSTP)에 의한 관세양허수출물품의 원산지증명서은 개발도상국간 특혜무역제도(GSTP)에 관한 협정의 협정국에서 정한 관세양허대상품목에 대하여 발급하는 원산지증명서를 말한다.

⑥ 자유무역협정(FTA)에 의한 관세양허수출물품의 원산지증명서

자유무역협정(FTA)에 의한 관세양허 수출물품의 원산지증명서는 우리나라를 원산지로 하는 수출물품에 대하여 대한민국정부와 상대국정부간의 자유무역협정에서 양허한 품목에 대하여 발급하는 원산지증명서를 말한다.

(2) 수입 물품의 원산지증명서의 제출(Submission of Certificates of Origin of Imported goods)

(가) 수입 물품의 원산지증명서의 양식

수입자가 「관세법」 제232조, 「관세법시행령」 제230조 및 대외무역관리규정 제91조에 따라 제출하는 원산지증명서는 별표 1의 표준양식에 준하여 작성된 것이어야 하며, 원산지증명서는 한국어, 영어 또는 불어로 표기한 것이어야 한다(원산지제도운영에관한고시 제2-1조 제1항 및 제2항).

(나) 수입 물품의 원산지증명서의 제출 명령

산업통상자원부장관은 원산지를 확인하기 위하여 필요하다고 인정하면 물품을 수입하려는 자에게 그 물품의 원산지 국가 또는 물품을 선적(船積)한 국가의 정부 등이 발행하는 원산지증명서(certificates of origin)를 제출하도록 할 수 있으며, 원산지증명서의 제출

과 그 확인(submission of a certificate of origin or the confirmation thereof)에 필요한 사항은 대통령령으로 정한다(법 제36조 제1항 및 제2항).

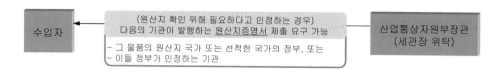

따라서, 산업통상자원부장관(세관장에게 위탁)은 산업통상자원부장관이 정하여 고시하는 지역으로부터 산업통상자원부장관이 정하여 고시하는 물품을 수입하려는 자에게 다음의 기관에서 발행하는 원산지증명서를 그 물품을 수입할 때에 제출하도록 할 수 있으며, 그 밖에 원산지증명서에 관하여 필요한 사항은 산업통상자원부장관이 정하여 고시한다(영 제65조).

① 그 물품의 원산지 국가의 정부
② 그 물품을 선적(船積)한 국가의 정부
③ 상기 ① 또는 ②의 정부가 인정하는 기관

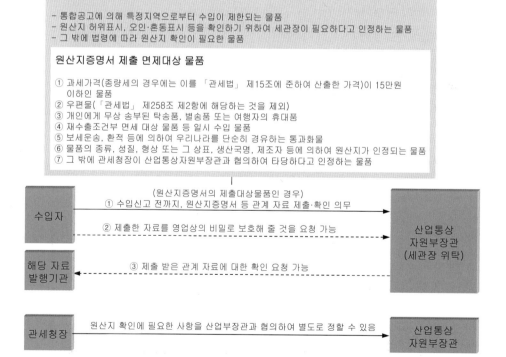

(다) 수입 물품의 원산지증명서 등의 제출대상 및 면제대상

수입시 원산지증명서를 제출하여야 하는 경우는 다음과 같다(규정 제91조 제1항 및 제2항).

① 통합공고에 의하여 특정지역으로부터 수입이 제한되는 물품

② 원산지 허위표시, 오인·혼동표시 등을 확인하기 위하여 세관장이 필요하다고 인정하는 물품

③ 그 밖에 법령에 따라 원산지 확인이 필요한 물품

원산지증명서 등 관계 자료를 제출하고 확인을 받아야 하는 경우라도, 다음의 어느 하나에 해당하는 물품은 원산지증명서 등의 제출을 면제한다(규정 제92조). 즉, 원산지 확인물품에 대하여는 수입시 원산지증명서를 제출하여야 하지만 다음의 경우는 예외로 한다.

① 과세가격(종량세의 경우에는 이를 「관세법」 제15조[31]의 규정에 준하여 산출한 가격)이 15만원 이하인 물품

② 우편물(「관세법」 제258조 제2항[32]에 해낭하는 것을 제외)

③ 개인에게 무상 송부된 탁송품, 별송품[33] 또는 여행자의 휴대품

④ 재수출조건부 면세 대상 물품 등 일시 수입 물품

⑤ 보세운송, 환적 등에 의하여 우리나라를 단순히 경유하는 통과화물

⑥ 물품의 종류, 성질, 형상 또는 그 상표, 생산국명, 제조자 등에 의하여 원산지가 인정되는 물품

⑦ 그 밖에 관세청장이 산업통상자원부장관과 협의하여 타당하다고 인정하는 물품

(라) 수입 물품의 원산지증명서의 제출

대외무역법령 등의 규정에 따라 원산지를 확인하여야 할 물품을 수입하는 자는 수입신고 전까지 원산지증명서 등 관계 자료를 제출하고 확인을 받아야 한다. 이 경우 원산지를 확인하기 위하여 관계 자료를 제출한 자는 자료제출기관에 제출한 자료를 영업상 비밀로 보호하여 줄 것을 요청할 수 있다(규정 제91조 제1항 및 제6항).

참고로, 「관세법 시행령」 제236조 제1항 제1호에 따라 수입신고시에 원산지증명서를

---

31) 관세의 과세표준은 수입물품의 가격 또는 수량으로 한다(「관세법」 제15조)

32) 우편물이 「대외무역법」 제14조의 규정에 의한 수출입의 승인을 얻은 것이거나 기타 대통령령이 정하는 기준에 해당하는 것인 때에는 해당 우편물의 수취인 또는 발송인은 제241조의 규정에 의한 신고를 하여야 한다(「관세법」 제258조 제2항).

33) 탁송품이란 외국의 친지 등이 송부하여 주는 물품을 말하고, 별송품이란 여행자가 외국에서 취득한 물품을 휴대하여 반입하지 않고 별도로 송부하는 물품을 말한다.

제출하여야 하는 자는 다음과 같다$\binom{\text{원산지제도운영에관한고시}}{\text{제2-1조 제3항}}$.

① 최빈개발도상국에 대한 특혜관세 공여규정 적용 대상물품 수입자

② 세계무역기구협정 등에 의한 양허관세규정 제3조의 세계무역기구협정개발도상국 간 양허관세 적용대상물품 수입자

③ 세계무역기구협정 등에 의한 양허관세규정 제4조의 방콕협정 양허관세 적용 대상 물품 수입자

④ 세계무역기구협정 등에 의한 양허관세규정 제5조의 유엔무역개발회의 개발도상국 간 양허관세적용 대상물품 수입자

(마) 제출된 관계자료의 확인 요청

관계 자료를 제출받은 세관장은 해당 자료의 발행기관에 이에 대한 확인을 요청할 수 있다$\binom{\text{규정 제91조}}{\text{제3항}}$.

(바) 원산지 확인에 필요한 사항의 협의

관세청장은 원산지 확인에 필요한 사항을 산업통상자원부장관과 협의하여 별도로 정할 수 있다$\binom{\text{규정 제91조}}{\text{제4항}}$.

(3) 수출 물품의 원산지증명서의 발급

헌법에 따라 체결·공포된 조약과 일반적으로 승인된 국제법규를 이행하기 위하여 또는 교역상대국 무역거래자의 요청으로 수출 물품의 원산지증명서를 발급받으려는 자는 산업통상자원부장관에게 원산지증명서의 발급을 신청하여야 한다. 이 경우 수수료를 내야 한다$\binom{\text{법 제37조}}{\text{제1항}}$.

또한, 원산지증명서의 발급기준·발급절차, 유효기간, 수수료와 그 밖에 발급에 필요한 사항은 대통령령으로 정한다$\binom{\text{법 제37조}}{\text{제2항}}$.

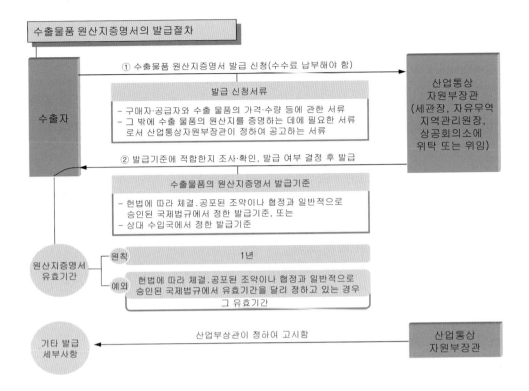

(가) 수출 물품의 원산지증명서 발급신청

수출 물품의 원산지증명서를 발급받으려는 자는 다음의 서류를 첨부하여 산업통상자원부장관(세관장, 자유무역지역관리원장, 대한상공회의소에게 위탁 또는 위임)에게 제출하여야 한다(영 제66조 제2항).

① 구매자·공급자와 수출 물품의 가격·수량 등에 관한 서류

② 그 밖에 수출 물품의 원산지를 증명하는 데에 필요한 서류로서 산업통상자원부장관이 정하여 공고하는 서류

(나) 수출 물품의 원산지증명서 발급수수료

수출 물품의 원산지증명서를 발급받으려는 자는 산업통상자원부장관이 정하여 고시하는 수수료를 내야 한다(영 제90조).

(다) 수출 물품의 원산지증명서 등의 발급기준

수출물품의 원산지증명서의 발급기준은 헌법에 따라 체결·공포된 조약이나 협정과 일

반적으로 승인된 국제법규 또는 상대 수입국에서 정한 원산지증명서 발급기준으로 한다$\left(\begin{smallmatrix}영 & 제66조 \\ & 제1항\end{smallmatrix}\right)$.

(라) 수출 물품의 원산지증명서 발급

산업통상자원부장관(세관장, 자유무역지역관리원장, 대한상공회의소에게 위탁 또는 위임)은 수출 물품의 원산지증명서 발급신청을 받은 경우 제1항에 따른 원산지증명서 발급기준에 적합한지를 조사·확인하여 발급 여부를 결정한 후 수출 물품의 원산지증명서를 발급하여야 한다$\left(\begin{smallmatrix}영 & 제66조 \\ & 제3항\end{smallmatrix}\right)$.

(마) 수출 물품의 원산지증명서의 유효기간

수출 물품의 원산지증명서의 유효기간은 1년으로 한다. 다만, 헌법에 따라 체결·공포된 조약이나 협정과 일반적으로 승인된 국제법규에서 그 유효기간을 다르게 정하고 있는 경우에는 그 유효기간으로 한다$\left(\begin{smallmatrix}영 & 제66조 \\ & 제4항\end{smallmatrix}\right)$.

(바) 수출 물품의 원산지증명서 발급세부사항

제1항부터 제4항까지에서 규정한 것외에 수출 물품의 원산지증명서의 발급 등에 필요한 세부 사항은 산업통상자원부장관이 정하여 고시한다$\left(\begin{smallmatrix}영 & 제66조 \\ & 제5항\end{smallmatrix}\right)$.

3. 외국산을 국산 물품으로 가장하는 행위의 금지

(1) 외국산을 국산 물품으로 가장하는 행위 금지

누구든지 원산지증명서를 위조 또는 변조하거나 거짓된 내용으로 원산지증명서를 발급받거나 물품등에 원산지를 거짓으로 표시하는 등의 방법으로 외국에서 생산된 물품등(외국에서 생산되어 국내에서 대통령령으로 정하는 단순한 가공활동을 거친 물품등을 포함한다)의 원산지가 우리나라인 것처럼 가장(假裝)하여 그 물품등을 수출하거나 외국에서 판매하여서는 아니 된다$\left(\begin{smallmatrix}법 \\ 제38조\end{smallmatrix}\right)$.

여기에서, "대통령령으로 정하는 단순한 가공활동"이란 제61조 제2항에 따라 고시된 단순한 가공활동의 기준에 따른 활동을 말한다$\left(\begin{smallmatrix}영 \\ 제67조\end{smallmatrix}\right)$.

따라서, "단순한 가공활동"에 대하여는 「대외무역 관리규정」 제85조 제7항에 규정되어 있다. 이에 대하여는 본서 "제3절 수출입물품의 원산지 판정, 1. 수입물품의 원산지 판정기준, ⑶ 단순한 가공활동의 기준"에서 이미 설명하였다.

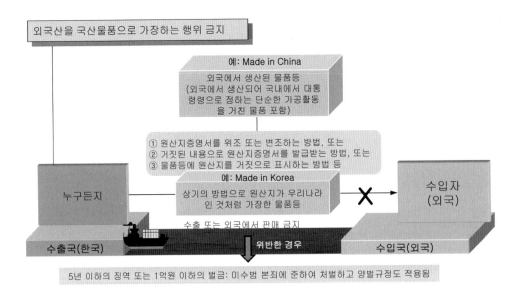

(2) 외국산을 국산 물품으로 가장한 행위에 대한 벌칙

외국산 물품등의 국산 물품으로의 가장(假裝) 금지 의무를 위반한 자에 대하여는 5년 이하의 징역 또는 1억원 이하의 벌금에 처하며, 이 경우 징역과 벌금은 병과할 수 있으며, 미수범은 본죄에 준하여 처벌한다(법 제53조의2 제4호 및 제55조).

또한, 법인의 대표자나 법인 또는 개인의 대리인, 사용인, 그 밖의 종업원이 그 법인 또는 개인의 업무에 관하여 상기의 "벌칙"의 규정(법 제53조, 제53조의2 또는 제54조부터 제56조까지)의 어느 하나에 해당하는 위반행위를 하면 그 행위자를 벌하는 외에 그 법인 또는 개인에게도 해당 조문의 벌금형을 과(科)한다. 다만, 법인 또는 개인이 그 위반행위를 방지하기 위하여 해당 업무에 관하여 상당한 주의와 감독을 게을리하지 아니한 경우에는 그러하지 아니하다(법 제57조).

수출물품원산지증명 발급규정

(산업통상자원부고시 제2009-311호: 2009.12.21)

[별표 1-1] 일반수출물품 원산지증명 발급신청서

1. Exporter (Name, address, country)	원산지증명 발급신청서 대한·서울상공회의소 귀중 상공회의소 무역관계증명서 발급 규정에 의하여 상기 물품의 원산지증명서 발급을 신청합니다.
2. Consignee (Name, address, country)	
	3. Country of Origin
4. Transport details	5. Remarks
6. Marks & numbers; number and kind of packages; description of goods	7. Quantity
8. 관련국(수출국) :	12. 신청자 관련사항
9. 특기사항 　♠ 발급자 실사인 (요청매수:　　　매) 　♠ 발급일자 소급 (요청일자 :　　월　　일) 　♠ 2매 이상의 원본(요청매수:　　　매) 　♠ 기　타 ※ 해당사항에 V 표시 하고 관련서류를 첨부하여야 합니다.	서명등록번호 : 　상　　　호 : 　주　　　소 : 　대　표　자 : 　　　　　　　　　　사용인감
10. 대행업체 및 서명번호(계산서 발행시) 업체명 :　　　　서명등록번호:	※ 신청담당자 :　　　(전화:　　　　)
11 첨부서류 : 1. 수출신고필증 사본 1부 　　　　　　 2. 특기사항 관련 서류	13. 발급번호:

원산지증명서 발급자 유의사항

1. 신청자는 원산지증명 등에 사용할 서명을 해당 상공회의소에 등록하여야 합니다.

2. 신청자는 발급된 원산지증명서의 증명번호가 날인된 원본을 복사하여 동 사본을 발급일로부터 2년 이상 보관하여야 합니다.

3. 신청자는 원산지증명서의 내용을 WP 또는 타자로 작성하고 오자(탈자) 등에 중복타자 했거나 칼로 긁은 것, 고무로 지운 것 또는 약물을 사용하여 지운 것은 신청접수를 받지 않으니 착오 없도록 작성하고, 시행문의 끝맺음을 정확히 마감선으로 마감하여야 합니다.

4. 발급된 증명서의 정정은 불가하오니 발급받은 증명서의 변경 및 수정사항이 발생하였을 경우에는 발급된 증명서는 폐기한 후 재발급 신청하여야 합니다.

5. 첨부서류
   ① 정상적으로 신청하는 경우 : 수출신고필증 사본
   ② 발급일자를 소급으로 신청하는 경우 : 정상신청시 첨부서류, NEGO 계산서 또는 관련 근거서류
   ③ 발급일자 실사인 및 2매 이상의 원본을 요청할 경우 : 정상신청시 첨부서류, 관련 근거서류 (L/C 또는 계약서 사본)

6. 4항(Transport details)은 운송에 따른 특기사항을 기재하여야 합니다.
   (기재사항 : 선적항, 도착항, 선명, 선적일자)

7. 기재내용이 많아 1장의 서식만으로 작성이 어려운 경우 둘째 장부터는 을지서식을 사용하여야 하며 이 경우 6항 하단부에 서식의 page번호를 다음 예와 같이 기재하여야 합니다.
   예) To be continued/page 1, To be continued/page 2, ………, End of page/page #

8. 8항에는 상공회의소에 등록된 신청업체 서명권자의 서명과 서명자의 영문성명을 기재하여야 합니다.

9. 9항은 상공회의소 인증란이므로 신청업체가 사용하거나 훼손이 되면 신청접수가 불가하오니 유의하시기 바랍니다.

※ 주 : 신청자가 신청서상의 내용을 허위로 기재하여 대외무역법상의 원산지 표시규정을 위반한 경우에는 대외무역법 제38조에 의거 5년이하의 징역 또는 수출입하는 물품 등의 가격의 3배에 해당하는 금액 이하의 벌금을 부과 받게 됩니다.

[별표 1-2] 일반수출물품 원산지증명서

1. Exporter (Name, address, country)	ORIGINAL
	CERTIFICATE OF ORIGIN issued by THE KOREA CHAMBER OF COMMERCE & INDUSTRY Seoul, Republic of Korea
2. Consignee (Name, address, country)	3. Country of Origin
4. Transport details	5. Remarks

6. Marks & numbers; number and kind of packages; description of goods	7. Quantity

| 8. Declaration by the Exporter
The undersigned, as an authorized signatory, hereby declares that the avove-mentioned goods were produced or manufactured in the country shown in box 3.

(Signature)

(Name) | 9. Certification
The undersigned authority hereby certifies that the goods described above originate in the country shown in box 3 to the best of its knowledge and belief.

Authorized Signatory
Certificate No. |

[별표 2-1] 일반특혜관세 원산지증명서(GSP)

1. Exporter(name, full address, country) Exportateur(nom, adresse, pays)	Reference No. **GENERALIZED SYSTEM OF PREFERENCES** **CERTIFICATE OF ORIGIN** (Combined declaration and certificate) **FORM A** THE REPUBLIC OF KOREA Issued in --- (country) see notes overleaf
2. Goods consigned to (consignee's name, address, country)	

3. Means of transport and route(as far as known)	4. For official use

5. Tariff Item number	6. Marks and numbers of packages	7. Number and kind of packages; description of goods	8. Origin criterion (see notes overleaf)	9. Gross weight or other quantity	10. Number and date of invoices

11. Certification It is hereby certified, on the basis of control carried out, that the declaration by the exporter is correct. -- Place and date, signature and stamp of certifying authority	12. Declaration by the exporter The undersigned hereby declares that the above details and statements are correct; that all the goods were **THE REPUBLIC OF KOREA** produced in ----------------------- (country) and that they comply with the origin requirements specified for those goods in the generalized system of preferences for goods exported to -- (importing country) -- Place and date, signature of authorized signatory

CERTIFICATE OF ORIGIN FOR EXPORTS TO NEW ZEALAND

Export		Status of Seller (delete terms inapplicable) Manufacturer Grower Producer Supplier
Sold to		This certificate relates to the commercial invoice/invoices numbered as follows:
		Country of Origin
Ship/Airline, etc.	Sea/Airport of loading	
Sea/Airport of discharge	Final destination of goods	
MARKS AND NUMBERS ON SHIPPING PACKAGES	NUMBER OF PACKAGES	DESCRIPTION OF GOODS
I, the undersigned, being the seller of the goods enumerated on the attached invoice/ invoices (or manager, chief clerk, or other responsible person in the sole employ of and authorized by the seller to make and sign this certificate) have the means of knowing and hereby certify that the goods described in this certificate qualify to be entered into New Zealand under Tariff preference IN ACCORDANCE WITH THE PROVISIONS OF THE NEW ZEALAND CUSTOMS REGULATIONS 1968, the relevant details of which are printed overleaf. FULL NAME STATUS SIGNATURE DATE		

ORIGIN INFORMATION

The New Zealand Customs Regulations 1968 provide for tariff preference to be allowed to goods of Developing Country origin under **one or other** of the following categories:

PRODUCTS WHOLLY OBTAINED	GOODS PARTLY MANUFACTURED

The following products are considered to be wholly obtained in a pre-ference receiving country:
(a) Mineral products extracted from its soil or from its sea bed;
(b) vegetable products harvested there;
(c) live animals born and raised there;
(d) products obtained therefrom live animals;
(e) products obtained by hunting or fishing conducted there;
(f) products of sea fishing and other products taken from the sea by its vessels;
(g) products made on board its factory ships exclusively from the products referred to in (f)
(h) used articles collected there fit only for the recovery of raw materials;
(i) waste and scrap resulting from operations conducted there
(j) products obtained there exclusively from products specified in (a) to (i)
	These are goods which do not qualify for preference under the fore-going category. such goods will nevertheless qualify for preference provided:
	(i) That the final process of manufacture has been performed in that country ; and
	
	(ii) That In respect of each article the expenditure
	   (A) In material that is the produce of one or more developing countries or of New Zealand ; or
	   (B) In other items of factory or works costs incurred in one or more developing countries or in New Zealand ; or
	   (C) Partly in such material and partly in such other items as aforesaid,
	
	is not less than half of the factory or works cost of the article in its finished state.

NOTES	
(i) Goods fail to qualify for preference should they enter the commerce of another country. (ii) in all cases preference qualification is dependent upon the goods being shipped directly from the preference receiving country concerned to New Zealand. Goods will however, retain preference qualification where shipment to New Zealand is made from any other preference receiving country.	

82277J-3,000/5/82 MK

[별표 3-1] GATT 개발도상국간 관세양허수출품의 원산지기준

국가명	부가가치기준 적용품목			HS변경기준 적용품목 (HS 4단위)	가공공정기준 적용품목
	HS	타국산한도	가격기준		
Brazil	8405, 8417, 8501, 8513	40%	FOB	9706, 8417, 8501, 8513	0805(완전생산) 1302,3301,7316,8405
Chile	최종조립가공품	50%	FAS	타기준 적용 제외 모든품목	2401,0707,3301
Egypt	모든품목	50%	EXW	–	
Greece	모든품목	75%	FOB	–	
India	모든품목	50%	EXW	–	
Israel	–	–	–	타기준제외 모든품목(X)	0704,0801,0803 1504
Mexico	최종조립가공품	50%	FAS	타기준제외 모든품목	0703
Pakistan	모든품목	50%	FOB	–	–
Spain	모든품목	70%	FOB	모든품목(X)	–
Tunisia	3105, 7403	50%	EXW	타기준제외 모든품목(X)	2938,3003,5505
	8205, 8401 8701, 9017	40%			
Turkey	모든품목	50%	FOB	–	–
Yugo Slavia	모든품목	50%	EXW	–	–

1. Goods consigned from(Exporter's business name, address, country)	Reference No.
	PREFERENTIAL ARRANGEMENTS AMONG DEVELOPING COUNTRIES NEGOTIATED IN GATT
2. Goods consigned to (Consignee's name, address, country)	**CERTIFICATE OF ORIGIN** (Combined declaration and certificate) THE REPBLIC OF KOREA Issued in --- (country) See Notes overleaf
3. Means of transport and route (as far as known)	4. For official use

5. Tariff Item No.	6. Marks and number of package	7. No. & kind of packages; description of goods	8. Origin criterion (see Instructions overleaf)	9. Gross weight or other quantity	10. Number and date of invoices

11. Certification	12. Declaration by the exporter
It is hereby certified, on the basis of control carried out, that the declaration by the exporter is correct.	The undersigned gerby declares that the above details and statements are correct; that all the goods were THE REPUBLIC OF KOREA produced in --- (Country) and that they comply with the origin requirements specified for those goods in the generalized system of preferences for goods exported to -- (importing country)
--- Place and date, signature and stamp of certifying authority	--- Place and date, signature of authorized signatory

Asia-Pacific Trade Agreement

(Combined declaration and certificate)

1. Goods consigned from: (Exporter's business name, address, country)	Reference No. **CERTIFICATE OF ORIGIN** THE REPUBLIC OF KOREA Issued in · (Country)
2. Goods consigned to (Consignee's name, address, country)	3. For official use
4. Means of transport and route:(as far as known)	

5. Tariff item number :	6. Marks and number of Packages:	7. Number and kind of packages / description of goods:	8. Origin criterion (see notes overleaf)	9. Gross weight or other quantity	10. Number and date of invoices:

11. Declaration by the exporter: The undersigned hereby declares that the above details and statements are correct: that all the goods were produced in **THE REPUBLIC OF KOREA** · (Country) and that they comply with the origin requirements specified for these goods in the Asia-Pacific Trade Agreement for goods exported to · (Importing Country) · Place and date, signature of authorized Signatory	12. Certificate It is hereby certified on the basis of control carried out, that the declaration by the exporter is correct. · Place and date, signature and Stamp of Certifying Authority

[별표 5-1] 개발도상국간 특혜무역제도 원산지증명서(GSTP)

1. Good consigned from(Exporter's business name, address, country)	Reference No. **GLOBAL SYSTEM OF TRADE PREFERENCES** Certificate of Origin (Combined declaration and certificate) THE REPUBLIC OF KOREA Issued in ························ (Country) See notes overleaf
2. Goods consigned to (Consignee's name, address, country)	

3. Means of transport and route(as for as known)	4. For official use

5. Tariff item number	6. Marks and numbers of packages	7. Number and kind of packages: description of goods	8. Origin criterion (see notes overleaf)	9. Gross weight or other quantity	10. Number and date of invoices

11. Declaration by the exporter	12. Certificate

the undersigned hereby declares that the above details and statements are correct: that all the goods were produced in THE REPUBLIC OF KOREA
 	
....
(country)
  and that they comply with the origin requirements specified for those goods in the Global System of Trade Preferences for goods exported to
....
....
(importing country)
....
....
Place and date, signature of authorized signatory
	It is hereby certified, on the basis of control carried out, that the declaration by the exporter is correct.
	
	....
	....
	  Place and date, signature and stamp of certifying authority

Chapter

09

Foreign Trade Act

수출입의 질서유지와 행정벌

제 1 절 수입제한조치

무역위원회는 WTO협정 등 국제기준에 부합하는 국내산업보호제도의 효율적인 운용을 위하여 「대외무역법」과 「관세법」에 혼재되어 있는 산업피해구제 관련조항을 정비하여 "불공정무역행위조사 및 산업피해구제에 관한 법률"을 새롭게 제정하였다. 따라서 2001년 개정 대외무역법령에서는 종전의 산업피해구제 및 조사절차에 관한 조항을 "불공정무역행위조사 및 산업피해구제에 관한 법률"로 이관하고, "섬유 및 의류에 대한 수입제한조치"의 규정은 그대로 남겨두었으며, 2003년 9월 개정에서는 수입수량제한조치의 규정을 신설하였다.

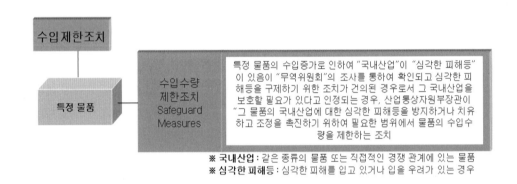

특정 물품의 수입증가로 인하여 "국내산업"이 "심각한 피해등"이 있음이 "무역위원회"의 조사를 통하여 확인되고 심각한 피해등을 구제하기 위한 조치가 건의된 경우로서 그 국내산업을 보호할 필요가 있다고 인정되는 경우, 산업통상자원부장관이 "그 물품의 국내산업에 대한 심각한 피해등을 방지하거나 치유하고 조정을 촉진하기 위하여 필요한 범위에서 물품의 수입수량을 제한하는 조치

※ **국내산업**: 같은 종류의 물품 또는 직접적인 경쟁 관계에 있는 물품
※ **심각한 피해등**: 심각한 피해를 입고 있거나 입을 우려가 있는 경우

1. 수입수량제한조치

(1) 수입수량제한조치의 정의

수입수량제한조치(Safeguard Measures)란 특정 물품의 수입증가로 인하여 "국내산업"[같은 종류의 물품(the same kind of goods) 또는 직접적인 경쟁 관계에 있는 물품(directly competitive goods)을 생산하는 국내산업]이 "심각한 피해등"[심각한 피해를 입고 있거나 입을 우려가 있는(cause or is likely to cause any serious damage) 경우]이 있음이 "무역위원회"[「불공정무역행위 조사 및 산업피해구제에 관한 법률(Investigation on Unfair Trade

Acts and Relief of Industrial Injuries Act)」 제27조에 따른 무역위원회]의 조사를 통하여 확인되고 심각한 피해등을 구제하기 위한 조치가 건의된 경우로서 그 국내산업을 보호할 필요가 있다고 인정되는 경우, 산업통상자원부장관이 "그 물품의 국내산업에 대한 심각한 피해등을 방지하거나 치유하고 조정을 촉진하기 위하여 필요한 범위에서 물품의 수입수량을 제한하는 조치"를 시행하는 것을 말한다.

(2) 수입수량제한조치의 시행

산업통상자원부장관은 특정 물품의 수입증가로 인하여 "국내산업"[같은 종류의 물품(the same kind of goods) 또는 직접적인 경쟁 관계에 있는 물품(directly competitive goods)을 생산하는 국내산업]이 "심각한 피해등"[심각한 피해를 입고 있거나 입을 우려가 있는(cause or is likely to cause any serious damage) 경우]이 있음이 "무역위원회"[「불공정무역행위 조사 및 산업피해구제에 관한 법률(Investigation on Unfair Trade Acts and Relief of Industrial Injuries Act)」 제27조에 따른 무역위원회]의 조사를 통하여 확인되고 심각한 피해등을 구제하기 위한 조치가 건의된 경우로서 그 국내산업을 보호할 필요가 있다고 인정되면 "수입수량제한조치"[safeguard measures(그 물품의 국내산업에 대한 심각한 피해등을 방지하거나 치유하고 조정을 촉진하기 위하여 필요한 범위에서 물품의 수입수량을 제한하는 조치)]를 시행할 수 있다($\binom{\text{법 제39조}}{\text{제1항}}$).

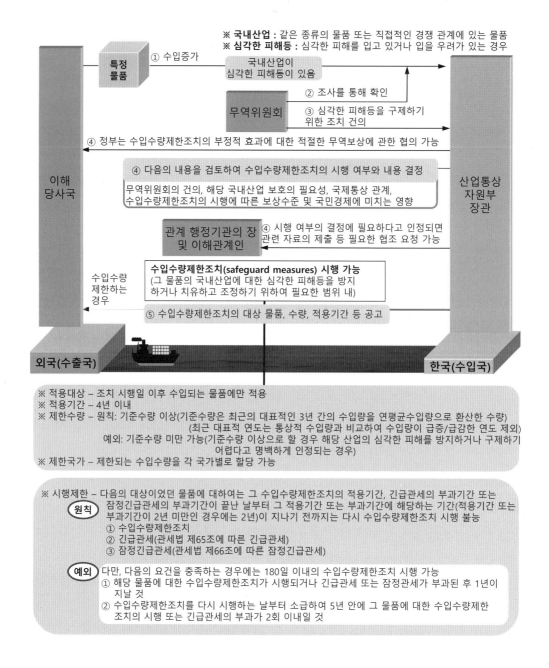

※ **국내산업** : 같은 종류의 물품 또는 직접적인 경쟁 관계에 있는 물품
※ **심각한 피해등** : 심각한 피해를 입고 있거나 입을 우려가 있는 경우

특정물품 ① 수입증가 → 국내산업이 심각한 피해등이 있음

② 조사를 통해 확인

무역위원회 ③ 심각한 피해등을 구제하기 위한 조치 건의

④ 정부는 수입수량제한조치의 부정적 효과에 대한 적절한 무역보상에 관한 협의 가능

④ 다음의 내용을 검토하여 수입수량제한조치의 시행 여부와 내용 결정
무역위원회의 건의, 해당 국내산업 보호의 필요성, 국제통상 관계, 수입수량제한조치의 시행에 따른 보상수준 및 국민경제에 미치는 영향

관계 행정기관의 장 및 이해관계인 ④ 시행 여부의 결정에 필요하다고 인정되면 관련 자료의 제출 등 필요한 협조 요청 가능

수입수량 제한하는 경우

수입수량제한조치(safeguard measures) 시행 가능
(그 물품의 국내산업에 대한 심각한 피해등을 방지하거나 치유하고 조정하기 위하여 필요한 범위 내)

⑤ 수입수량제한조치의 대상 물품, 수량, 적용기간 등 공고

이해당사국 **산업통상자원부 장관**

외국(수출국) **한국(수입국)**

※ 적용대상 – 조치 시행일 이후 수입되는 물품에만 적용
※ 적용기간 – 4년 이내
※ 제한수량 – 원칙: 기준수량 이상(기준수량은 최근의 대표적인 3년 간의 수입량을 연평균수입량으로 환산한 수량)
　　　　　　　　　　　　(최근 대표적 연도는 통상적 수입량과 비교하여 수입량이 급증/급감한 연도 제외)
　　　　　　　　예외: 기준수량 미만 가능(기준수량 이상으로 할 경우 해당 산업의 심각한 피해를 방지하거나 구제하기
　　　　　　　　　　　 어렵다고 명백하게 인정되는 경우)
※ 제한국가 – 제한되는 수입수량을 각 국가별로 할당 가능

※ 시행제한 – 다음의 대상이었던 물품에 대하여는 그 수입수량제한조치의 적용기간, 긴급관세의 부과기간 또는
　　　　　　　 잠정긴급관세의 부과기간이 끝난 날부터 그 적용기간 또는 부과기간에 해당하는 기간(적용기간 또는
(원칙)　　　 부과기간이 2년 미만인 경우에는 2년)이 지나기 전까지는 다시 수입수량제한조치 시행 불능
　　　　　　 ① 수입수량제한조치
　　　　　　 ② 긴급관세(관세법 제65조에 따른 긴급관세)
　　　　　　 ③ 잠정긴급관세(관세법 제66조에 따른 잠정긴급관세)

(예외) 다만, 다음의 요건을 충족하는 경우에는 180일 이내의 수입수량제한조치 시행 가능
　　　　 ① 해당 물품에 대한 수입수량제한조치가 시행되거나 긴급관세 또는 잠정관세가 부과된 후 1년이
　　　　　 지날 것
　　　　 ② 수입수량제한조치를 다시 시행하는 날부터 소급하여 5년 안에 그 물품에 대한 수입수량제한
　　　　　 조치의 시행 또는 긴급관세의 부과가 2회 이내일 것

(3) 수입수량제한조치의 시행여부 및 내용의 결정

산업통상자원부장관은 무역위원회의 건의, 해당 국내산업 보호의 필요성, 국제통상 관계, 수입수량제한조치의 시행에 따른 보상수준 및 국민경제에 미치는 영향 등을 검토하

여 수입수량제한조치의 시행 여부와 내용을 결정한다$\binom{법 \ 제39조}{제2항}$.

(4) 수입수량제한조치와 관련된 협의

정부는 수입수량제한조치를 시행하려면 이해 당사국과 수입수량제한조치의 부정적 효과에 대한 적절한 무역보상에 관하여 협의할 수 있다$\binom{법 \ 제39조}{제3항}$.

(5) 수입수량제한조치와 관련된 자료의 협조

산업통상자원부장관은 수입수량제한조치의 시행 여부를 결정하기 위하여 필요하다고 인정하면 관계 행정기관의 장 및 이해관계인 등에게 관련 자료의 제출 등 필요한 협조를 요청할 수 있다$\binom{법 \ 제39조}{제7항}$.

(6) 수입수량제한조치의 대상물품등의 공고

산업통상자원부장관은 수입수량제한조치의 대상 물품, 수량, 적용기간 등을 공고하여야 한다$\binom{법 \ 제39조}{제6항}$. 그 내용은 다음과 같다.

① 수입수량제한조치는 조치 시행일 이후 수입되는 물품에만 적용한다$\binom{법 \ 제39조}{제4항}$.

② 수입수량제한조치의 적용기간은 4년을 넘어서는 아니된다$\binom{법 \ 제39조}{제5항}$.

③ 산업통상자원부장관이 수입수량을 제한하는 경우 그 제한수량은 "기준수량"(최근의 대표적인 3년 간의 수입량을 연평균수입량으로 환산한 수량) 이상으로 하여야 한다. 이 경우 최근의 대표적인 연도를 정할 때에는 통상적인 수입량과 비교하여 수입량이 급증하거나 급감한 연도는 제외한다$\binom{영 \ 제68조}{제1항}$. 또한, 산업통상자원부장관은 기준수량 이상으로 수입수량 제한조치를 하는 경우 해당 산업의 심각한 피해를 방지하거나 구제하기 어렵다고 명백하게 인정되는 경우에는 제1항에도 불구하고 기준수량 미만으로 수입수량을 제한할 수 있으며, 산업통상자원부장관은 제1항 또는 제2항에 따라 제한되는 수입수량을 각 국가별로 할당할 수 있다$\binom{영 \ 제68조}{제2항 \ 및 \ 제3항}$.

(7) 수입수량제한조치의 시행제한

산업통상자원부장관은 수입수량제한조치의 대상이었거나 "긴급관세"(「관세법」 제

65조에 따른 긴급관세) 또는 "잠정긴급관세"(같은 법 제66조에 따른 잠정긴급관세)의 대상이었던 물품에 대하여는 그 수입수량제한조치의 적용기간, 긴급관세의 부과기간 또는 잠정긴급관세의 부과기간이 끝난 날부터 그 적용기간 또는 부과기간에 해당하는 기간(적용기간 또는 부과기간이 2년 미만인 경우에는 2년)이 지나기 전까지는 다시 수입수량제한조치를 시행할 수 없다. 다만, 다음의 요건을 충족하는 경우에는 180일 이내의 수입수량제한조치를 시행할 수 있다(^{법 제39조
제8항}).

① 해당 물품에 대한 수입수량제한조치가 시행되거나 긴급관세 또는 잠정긴급관세가 부과된 후 1년이 지날 것
② 수입수량제한조치를 다시 시행하는 날부터 소급하여 5년 안에 그 물품에 대한 수입수량제한조치의 시행 또는 긴급관세의 부과가 2회 이내일 것

2. 수입수량제한조치의 내용변경 또는 연장

산업통상자원부장관은 무역위원회의 건의가 있고 필요하다고 인정하면 수입수량제한조치의 내용을 변경하거나 적용기간을 연장할 수 있다. 이 경우 변경되는 조치 내용 및 연장되는 적용기간 이내에 변경되는 조치 내용은 최초의 조치 내용보다 완화되어야 한다(^{법 제40조
제1항}).

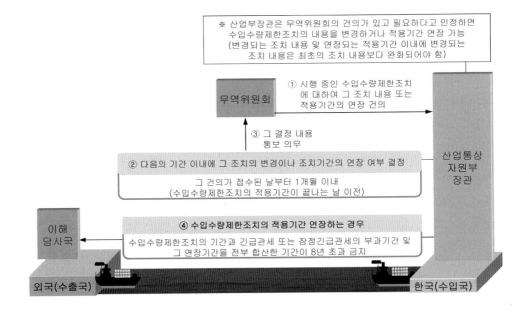

따라서, 산업통상자원부장관은 시행 중인 수입수량 제한조치에 대하여 무역위원회가 그 조치 내용의 변경 또는 적용기간의 연장을 건의하면 그 건의가 접수된 날부터 1개월 이내(연장의 경우 법 제39조 제1항에 따른 수입수량제한조치의 적용기간이 끝나는 날 이전)에 그 조치의 변경이나 조치기간의 연장 여부를 결정하고 그 내용을 무역위원회에 통보하여야 한다$\binom{영}{제69조}$.

또한, 수입수량제한조치의 적용기간을 연장하는 때에는 수입수량제한조치의 적용기간과 긴급관세 또는 잠정긴급관세의 부과기간 및 그 연장기간을 전부 합산한 기간이 8년을 넘어서는 아니된다$\binom{법\ 제40조}{제2항}$.

제 **2** 절 **수출입의 질서유지**

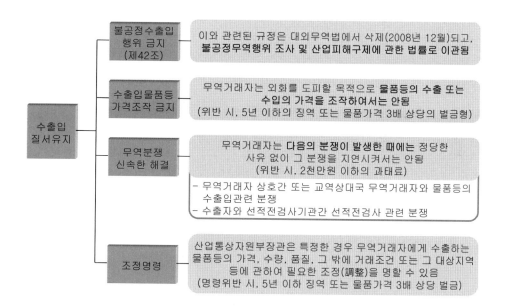

2008년 12월 개정시에 불공정수출입행위의 금지에 대한 규정은 「불공정무역행위 조사 및 산업피해구제에 관한 법률」로 이관됨으로써 「대외무역법」에서 삭제되었다.

1. 수출입물품등의 가격 조작 금지(Prohibition of Price Manipulation of Exported or Imported Goods, etc.)

(1) 수출입물품등의 가격 조작 금지 의무

무역거래자는 외화도피의 목적으로 물품등의 수출 또는 수입 가격을 조작(造作)하여서는 아니된다(Any trader shall not manipulate the import or export price of goods, etc. for the purpose of a flight of foreign currency)($\binom{법}{제43조}$).

(2) 수출입물품등의 가격 조작 금지 의무에 따른 벌칙

물품등이 수출과 수입이 가격을 조작한 무역거래자(제43조)는 5년 이하이 징역 또는 수출·수입하는 물품등의 가격의 3배에 상당하는 금액 이하의 벌금에 처한다($\binom{법\ \ 제53조}{제2항}$).

이 경우, 법인의 대표자나 법인 또는 개인의 대리인, 사용인, 그 밖의 종업원이 그 법인 또는 개인의 업무에 관하여 상기의 "벌칙"의 규정(법 제53조, 제53조의2 또는 제54조부터 제56조까지)의 어느 하나에 해당하는 위반행위를 하면 그 행위자를 벌하는 외에 그 법인 또는 개인에게도 해당 조문의 벌금형을 과(科)한다. 다만, 법인 또는 개인이 그 위반행위를 방지하기 위하여 해당 업무에 관하여 상당한 주의와 감독을 게을리하지 아니한 경우에는 그러하지 아니하다($\binom{법}{제57조}$).

2. 무역분쟁해결을 위한 조정 또는 중재의 권고

2001년 개정 대외무역법령에서는 종전의 선적전검사와 관련한 분쟁조정에 한정되어 있었던 분쟁조정의 범위를 확대하여 일반적인 무역관련 분쟁도 신속히 해결할 수 있도록 조정위원회 및 조정절차 등 관련조항을 새롭게 정비하였다.

한편, 산업통상자원부장관의 다음의 권한은 대한상사중재원에 위탁되어 있다($\binom{영\ \ 제91조}{제9항}$).

① 무역분쟁에 대한 조정 또는 알선에 관한 권한(영 제75조 제2항)

② 선적전검사와 관련된 분쟁조정, 조정비용 부담 등에 관한 권한(영 제77조부터 제84조까지)

(1) 무역거래자간 무역분쟁의 신속한 해결(Prompt Settlement of Trade Disputes between Traders)

(가) 무역분쟁의 해결의 신청

무역거래자는 그 상호 간이나 교역상대국의 무역거래자와 물품등의 수출·수입과 관련하여 분쟁(disputes)이 발생한 경우에는 정당한 사유 없이(without any justifiable reason) 그 분쟁의 해결을 지연시켜서는 아니되며(shall not delay settling disputes), 산업통상자원부장관은 물품등의 수출·수입과 관련하여 분쟁이 발생한 경우 무역거래자에게 분쟁의 해결에 관한 의견(views on the settlement of disputes)을 진술하게 하거나 그 분쟁과 관련되는 서류의 제출(submit documents)을 요구할 수 있다(법 제44조 제1항 및 제2항).

따라서 산업통상자원부장관으로부터 무역분쟁 관련 서류의 제출을 요구받은 무역거래자는 다음의 사항을 기재하여 이를 산업통상자원부장관에게 제출하여야 한다(규정 제94조).

① 무역분쟁의 당사자
② 무역분쟁의 발생경위 및 내용
③ 그 밖에 필요한 서류

(나) 무역분쟁의 해결을 위한 사실조사 및 중재계약체결의 권고

산업통상자원부장관은 서류를 제출받거나 의견을 들은 후에 필요하다고 인정하면 그 분쟁에 관하여 사실 조사를 할 수 있으며, 산업통상자원부장관은 분쟁을 신속하고 공정하게 처리하는 것(rapid and fair settlement of disputes)이 필요하다고 인정하거나 무역분쟁 당사자의 신청(application of the party to the trade disputes)을 받으면 대통령령으로 정하는 바에 따라 분쟁을 조정(conciliate)하거나 분쟁의 해결을 위한 중재(仲裁) 계약(arbitration agreement)의 체결을 권고(recommend)할 수 있다(법 제44조 제3항 및 제4항).

(다) 무역분쟁의 통지 및 그 해결을 위한 조정 또는 알선

대한민국재외공관의 장이 교역상대국의 무역거래자 및 무역분쟁해결기관의 장으로부터 무역분쟁 사실의 신고를 받거나 업무를 수행하면서 무역분쟁 사실을 알게 된 경우에는 지체 없이 그 사실을 산업통상자원부장관에게 알려야 한다. 대한무역투자진흥공사, 수출입조합, 그 밖에 수출·수입과 관련된 기관의 경우에도 또한 같다(영 제75조 제1항).

무역분쟁 사실의 통지를 받은 산업통상자원부장관은 그 분쟁을 신속하게 해결하기 위하여 필요하다고 인정할 때에는 조정(調停) 또는 알선을 할 수 있다(영 제75조 제2항).

(2) 선적전검사와 관련한 분재조정

(가) 선적전검사제도

선적전검사(Preshipment Inspection; PSI)란 수입국 정부로부터 위임받은 전문검사기관이 수출국에서 물품을 선적하기 직전에 수입국 정부나 수입업자를 대신하여 수입물품의 품질과 수량을 검사하고 수입물품의 거래가격이 원산지에서 일반적으로 통용되는 수출시장가격과 일치하는지 여부를 평가하는 활동을 말한다. 이는 주로 개도국의 정부나 기업들이 물품을 수입할 때 수입물품에 대하여 선적전에 전체적인 강제적 검사를 행하는 것으로서, 그 검사결과는 수입국에서의 수입통관 및 관세평가의 자료로 이용된다.

선적전검사제도는 무역거래에 있어서 민간검사기관에 의하여 행해지는 물품검사의 일종으로서, 수입시에 품질과 수량검사, 가격비교를 수행하는 것을 목적으로 한다. 즉, 수입물품에 대하여 선적전에 그 내용을 검사함으로써 수입물품의 품질과 수량이 당초의 수입허가내역과 일치하는지 여부를 사전에 확인할 수 있고, 수입가격이 수출국 현지 또는 국제시장에서 일반적으로 통용되는 수출가격과 일치하는지 여부를 확인함으로써 수출입 거래당사자간의 거래가격 조작으로 인한 외화도피나 관세평가의 왜곡을 방지할 수 있다.

선적전검사제도는 선적전검사기관이 행하는 가격판정, 수량판정, 관세율적용 등에 있어서 수출자가 불만이 있어 선적전검사기관에 이의신청을 할 경우에도 수입국정부의 기준이라는 이유로 책임을 회피하는 경우가 있어 분쟁이 빈발함으로써 양자의 입장을 중립적으로 판단할 수 있는 국내적 제도적 장치가 필요하였다.

(나) 선적전검사와 관련한 분쟁해결

"선적전검사기관"[수입국 정부(Government of an importing country)와의 계약 체결 또는 수입국 정부의 위임(delegation)을 받아 기업이 수출하는 물품등에 대하여 국내에서 선적 전에 검사를 실시하는 기관은 「세계무역기구 선전 적 검사에 관한 협정」(Agreement on Preshipment Inspection of the World Trade Organization)을 지켜야 한다. 이 경우 선적전검사기관(preshipment inspection agency)은 선적 전 검사가 기업의 수출에 대한 무역장벽(trade barriers)으로 작용하도록 하여서는 아니된다(법 제45조 제1항). 이 경우 선적전검사기관이 선적 전 검사를 하면서 「세계무역기구 선적 전 검사에 관한 협정」 제2조를 위반하여 수출 이행에 장애를 초래하였을 때에 그 선적 전 검사는 무역장벽으로 작용한 것으로 본다(영 제76조).

그리고 산업통상자원부장관은 선적 전 검사와 관련하여 수출자와 선적전검사기관 간에 분쟁이 발생하였을 경우에는 그 해결을 위하여 필요한 조정(調整)을 할 수 있다(법 제45조 제2항).

(다) 선적전검사중재기관

수출자와 선적전검사기관 간에 분쟁이 발생하였을 경우에 그 분쟁에 관한 중재(仲裁)를 담당(administer)할 수 있도록 대통령령으로 정하는 바에 따라 독립적인 중재기관(independent arbitral organ)을 설치할 수 있는 바, 중재기관은 "대한상사중재원"(「중재법」 제40조에 따라 산업통상자원부장관이 지정하는 사단법인)으로 하며, 중재에 대하여는 「중재법」을 적용한다(법 제45조 제3항 및 영 제85조 제1항·제2항).

(라) 세계무역기구협정상의 분쟁해결절차와의 관계

이 법에 따른 선적 전 검사와 관련한 분쟁의 해결절차는 세계무역기구협정상의 분쟁 해결절차를 방해하지 아니한다(영 제86조).

한편, 조정단계에서 분쟁이 해결되지 않을 경우는 중재법에 의한 중재절차, 민사소송 및 세계무역기구에의 제소 등에 의하여 문제를 해결할 수 있으며, 분쟁조정과 세계무역기구에의 제소는 동시에 진행될 수도 있다.

(3) 분쟁조정절차

산업통상자원부장관은 분쟁을 신속하고 공정하게 처리하는 것이 필요하다고 인정하거나 무역분쟁 당사자의 신청을 받으면 대통령령으로 정하는 바에 따라 분쟁을 조정하거나 분쟁의 해결을 위한 중재(仲裁) 계약의 체결을 권고할 수 있으며, 선적 전 검사와 관련하여 수출자와 선적전검사기관 간에 분쟁이 발생하였을 경우에는 그 해결을 위하여 필요한 조정(調整)을 할 수 있다(법 제44조 제4항 및 제45조 제2항).

위 규정에 따라, 무역거래 또는 선적 전 검사와 관련한 분쟁이 발생한 경우 당사자의 일방 또는 쌍방은 법 제44조제4항이나 법 제45조제2항에 따라 산업통상자원부장관(대한상사중재원장에게 위탁)에게 분쟁의 조정을 신청할 수 있으며, 신청절차 등 신청에 필요한 사항은 산업통상자원부장관(대한상사중재원에 위탁)이 따로 정하여 고시한다(영 제80조 제1항 및 제2항).

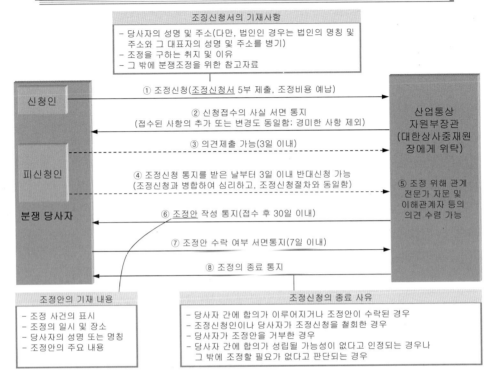

무역거래 또는 선적 전 검사와 관련한 분쟁이 발생한 경우의 분쟁조정 신청절차

조정신청서의 기재사항
- 당사자의 성명 및 주소(다만, 법인인 경우는 법인의 명칭 및 주소와 그 대표자의 성명 및 주소를 병기)
- 조정을 구하는 취지 및 이유
- 그 밖에 분쟁조정을 위한 참고자료

신청인

① 조정신청(조정신청서 5부 제출, 조정비용 예납)

② 신청접수의 사실 서면 통지
(접수된 사항의 추가 또는 변경도 동일함; 경미한 사항 제외)

③ 의견제출 가능(3일 이내)

피신청인

④ 조정신청 통지를 받은 날부터 3일 이내 반대신청 가능
(조정신청과 병합하여 심리하고, 조정신청절차와 동일함)

분쟁 당사자

⑥ 조정안 작성 통지(접수 후 30일 이내)

⑦ 조정안 수락 여부 서면통지(7일 이내)

⑧ 조정의 종료 통지

산업통상
자원부장관
(대한상사중재원
장에게 위탁)

⑤ 조정 위해 관계
전문가 자문 및
이해관계자 등의
의견 수령 가능

조정안의 기재 내용
- 조정 사건의 표시
- 조정의 일시 및 장소
- 당사자의 성명 또는 명칭
- 조정안의 주요 내용

조정신청의 종료 사유
- 당사자 간에 합의가 이루어지거나 조정안이 수락된 경우
- 조정신청인이나 당사자가 조정신청을 철회한 경우
- 당사자가 조정안을 거부한 경우
- 당사자 간에 합의가 성립될 가능성이 없다고 인정되는 경우나 그 밖에 조정할 필요가 없다고 판단되는 경우

(가) 조정신청

"신청인"(조정을 신청하려는 자)은 조정비용의 예납과 함께 다음의 사항을 기재한 조정신청서 5부를 중재원장에게 제출하여야 한다(규정 제98조 제1항).

① 당사자의 성명 및 주소(다만, 법인인 경우는 법인의 명칭 및 주소와 그 대표자의 성명 및 주소를 병기)

② 조정을 구하는 취지 및 이유

③ 그 밖에 분쟁조정을 위한 참고자료

(나) 조정신청의 통지

중재원장은 조정의 신청을 접수한 경우에는 이를 당사자에게 서면으로 알린다. 접수된 사항의 추가 또는 변경하려는 경우에도 또한 같다. 다만, 경미한 사항은 그러하지 아니하다(규정 제98조 제2항).

(다) 답변

"피신청인"(조정신청통지를 받은 조정의 피신청인)은 3일 이내에 "중재원"(대한상사중재원)에 서면으로 이에 대한 의견을 제출할 수 있다$\left(\begin{smallmatrix} 규정 \\ 제99조 \end{smallmatrix}\right)$.

(라) 반대신청

피신청인은 조정신청통지을 받은 날부터 3일 이내에 반대신청을 할 수 있다. 다만, 반대신청이 정상적인 조정절차를 방해한다고 인정되는 경우 중재원장은 직권으로 이를 허가하지 아니할 수 있다$\left(\begin{smallmatrix} 규정 \\ 제100조\ 제1항 \end{smallmatrix}\right)$.

이 경우, 피신청인의 반대신청은 신청인의 조정신청과 병합하여 심리하며, 반대신청에 관하여는 "조정신청의 접수 및 통지, 답변"의 규정(제98조 및 제99조)을 준용한다$\left(\begin{smallmatrix} 규정\ 제100조 \\ 제2항\ 및\ 제3항 \end{smallmatrix}\right)$.

(마) 조정의 자문 및 의견수렴

산업통상자원부장관(대한상사중재원에 위탁)은 조정을 위하여 관계 전문가에게 자문하거나 이해관계자 등의 의견을 들을 수 있다.$\left(\begin{smallmatrix} 영\ 제80조 \\ 제3항 \end{smallmatrix}\right)$.

(바) 조정안의 작성 및 통지

산업통상자원부장관(대한상사중재원에 위탁)은 30일 이내에 "다음의 사항이 포함된 조정안"을 작성하여 당사자에게 제시하도록 하여야 한다$\left(\begin{smallmatrix} 영\ 제81조 \\ 제1항\ 및\ 제2항 \end{smallmatrix}\right)$.

① 조정 사건의 표시
② 조정의 일시 및 장소
③ 당사자의 성명 또는 명칭
④ 조정안의 주요 내용

따라서, 조정안이 작성된 경우에는 산업통상자원부장관(대한상사중재원에 위탁)은 이를 당사자에게 알려야 한다$\left(\begin{smallmatrix} 영\ 제82조 \\ 제1항 \end{smallmatrix}\right)$.

(사) 조정안의 수락 여부 통지

조정안의 통지받은 분쟁 당사자는 7일 이내에 조정안에 대한 수락여부를 서면으로 산업통상자원부장관(대한상사중재원에 위탁)에게 알려야 한다$\left(\begin{smallmatrix} 영\ 제82조 \\ 제2항 \end{smallmatrix}\right)$.

(아) 조정종료의 통지

산업통상자원부장관(대한상사중재원에 위탁)은 다음의 어느 하나의 경우 해당 조정 사건을 끝낼 수 있으며, 조정이 끝난 경우에는 당사자에게 알려야 한다(영 제83조 제1항 및 제2항).

① 당사자 간에 합의가 이루어지거나 조정안이 수락된 경우

② 조정신청인이나 당사자가 조정신청을 철회한 경우

③ 당사자가 조정안을 거부한 경우

④ 당사자 간에 합의가 성립될 가능성이 없다고 인정되는 경우나 그 밖에 조정할 필요가 없다고 판단되는 경우

(4) 조정비용

산업통상자원부장관(대한상사중재원에 위탁)은 이 법에 따른 조정과 관련히여 당시지에게 조정비용을 부담하도록 할 수 있으며, 조정비용은 신청요금, 경비 및 수당으로 구분하며, 조정비용의 금액, 예납절차(豫納節次) 등에 관하여 필요한 사항은 산업통상자원부장관(대한상사중재원에 위탁)이 정하여 고시한다(영 제84조 제1항 및 제2항).

(가) 조정비용 기준

조정비용 기준은 별표 12와 같으며, 당사자의 신청에 의한 경우 조정위원 및 간사의 소요경비, 증인 또는 감정인의 소요경비, 검사 또는 조사경비, 통역 또는 번역경비 등 조정에 소요되는 일체의 경비는 해당 당사자가 부담한다. 다만, 그 경비가 중재원장의 요청에 의한 것일 경우에는 당사자 간에 따로 정함이 없는 경우 신청인이 부담한다(규정 제101조 제1항 및 제2항).

● 관리규정 별표 12 조정비용기준

구　분	수　수　료
조 정 사 건 당	50,000원
조 정 위 원 수 당 조정안 작 성 수 당	100,000원 50,000원

(나) 예납방법

조정신청을 하려는 신청인은 조정비용을 중재원에 예납하여야 하며, 예납액이 부족한

경우 중재원장은 신청인에게 추가예납을 요청할 수 있다$\left(\begin{smallmatrix} \text{규정 제102조} \\ \text{제1항 및 제2항} \end{smallmatrix}\right)$.

그리고 당사자가 "조정비용"(제101조 제2항) 및 "추가조정비용"(제102조 제2항)에 대한 조정비용의 예납요청을 받은 날부터 3일 이내에 이를 이행하지 않는 때에는 중재원장은 조정절차를 정지하거나 끝낼 수 있다. 다만, 일방의 당사자가 다른 당사자가 지급하여야 할 조정비용을 지급한 경우에는 그러하지 아니하며, 중재원장은 조정이 끝난 때에는 예납된 조정비용을 정산하고 잔액이 있는 경우는 이를 당사자에게 반환하여야 한다$\left(\begin{smallmatrix} \text{규정 제102조} \\ \text{제3항 및 제4항} \end{smallmatrix}\right)$.

3. 조정명령(Orders of Coordination)

(1) 조정명령의 기준

산업통상자원부장관은 다음의 어느 하나에 해당하는 경우에는 무역거래자에게 수출하는 물품등의 가격(price), 수량(quantity), 품질(quality), 그 밖에 거래조건(other transaction terms) 또는 그 대상지역(areas of exported goods) 등에 관하여 필요한 조정(adjust; 調整)을 명할 수 있으며, 조정을 명하는 절차 등에 필요한 사항은 대통령령으로 정하는 바, 다음의 ③에 따른 조정을 명할 수 있는 경우에 대한 기준을 정하여 고시할 수 있다. 이 경우 산업통상자원부장관은 미리 해당 품목을 관장하는 관계 중앙행정기관의 장의 의견을 들어야 한다$\left(\begin{smallmatrix} \text{법 제46조 제1항} \\ \text{영 제87조 및 규정 제103조} \end{smallmatrix}\right)$.

① 헌법에 따라 체결·공포된 조약과 일반적으로 승인된 국제법규에 따른 의무 이행을 위하여 필요한 경우

② 우리나라 또는 교역상대국의 관련 법령에 위반되는 경우

③ 그 밖에 물품등의 수출의 공정한 경쟁을 교란할 우려가 있거나 대외 신용을 손상하는 행위를 방지하기 위한 것으로서 다음의 어느 하나에 해당하는 경우

  ㉮ 물품등의 수출과 관련하여 부당하게 다른 무역거래자를 제외하는 경우, 즉 물품 등을 수출할 때에 정당한 이유 없이 그 수출에 소요되는 비용보다 낮은 가격으로 수출함으로써 다른 무역거래자를 제외시킬 우려가 있는 경우

  ㉯ 물품등의 수출과 관련하여 부당하게 다른 무역거래자의 상대방에 대하여 다른 무역거래자와 거래하지 아니하도록 유인하거나 강제하는 경우, 즉 정상적인 거래관행에 비추어 부당한 이익을 제공 또는 제공할 제의를 하여 다른 무역거래자의 상

대방을 자기와 거래하도록 유인하는 행위

㉑ 물품등의 수출과 관련하여 부당하게 다른 무역거래자의 해외에서의 사업활동을 방해하는 다음의 경우

㉠ 기술, 영업정보의 부당사용: 다른 무역거래자의 기술 또는 영업정보를 부당하게 이용하여 다른 무역거래자의 해외에서의 사업활동을 곤란하게 할 정도로 방해하는 행위

㉡ 인력의 부당유인·채용 : 다른 무역거래자의 인력을 부당하게 유인·채용하여 다른 무역거래자의 해외에서의 사업활동을 곤란하게 할 정도로 방해하는 행위

즉, 위의 ③의 경우에는 조정명령 발동요건을 구체화하여 행정쟁송 및 통상마찰가능성을 경감하고, 기업이 사전에 예측할 수 있도록 다음의 표와 같이 세부기준 마련한 것이다.[1]

대외무역법 내용	대외무역관리규정 세부기준
다른 무역거래자 배제	정당한 이유없이 수출 소요비용보다 낮은 가격으로 수출하는 경우 (사례 : A회사가 수주가격을 타회사의 가격에 비해 현저히 낮게 입찰하여 공정한 경쟁을 교란)
다른 무역거래자와 거래 하지 않도록 유인·강제	정상적인 거래관행에 비추어 부당한 이익을 제공 또는 제공할 제의를 하여 다른 무역거래자의 상대방을 자기와 거래하도록 유인하는 경우
다른 무역거래자의 해외 사업활동 방해	다른 무역거래자의 기술·영업정보의 부당한 사용 또는 다른 무역거래자의 인력을 부당유인·채용하는 경우

---

1) 산업통상자원부, 보도자료, 2003.12.29.

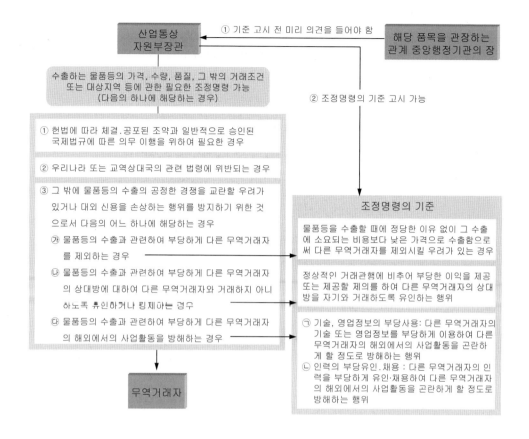

(2) 조정명령의 고려사항 등

(가) 조정명령의 고려사항

산업통상자원부장관은 조정을 명하는 경우에는 다음의 사항을 고려하여야 한다($^{법 제46조}_{제2항}$).

① 수출기반의 안정, 새로운 상품의 개발 또는 새로운 해외시장의 개척에 기여할 것

② 다른 무역거래자의 권익을 부당하게 침해하거나 차별하지 아니할 것

③ 물품등의 수출·수입의 질서 유지를 위한 목적에 필요한 정도를 넘지 아니할 것

(나) 조정명령의 자문 및 의견수렴

산업통상자원부장관(대한상사중재원에 위탁)은 조정을 명하기 위하여 관계 전문가에게 자문하거나 이해관계자 등의 의견을 들을 수 있다.($^{영 제88조}_{제1항}$).

(다) 조정명령의 청문

산업통상자원부장관은 조정명령을 하려는 경우 청문(Hearings)을 실시하여야 한다$\binom{법 \ 제47조}{제2호}$.

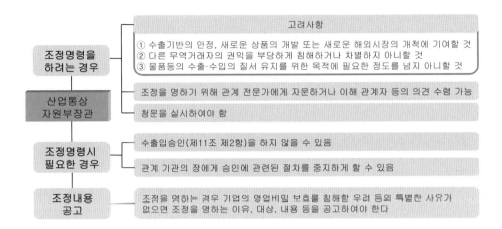

(라) 조정내용의 공고

산업통상자원부장관은 법 제46조에 따른 조정을 명하는 경우 기업의 영업비밀 보호를 침해할 우려 등의 특별한 사유가 없으면 조정을 명하는 이유, 대상, 내용 등을 공고하여야 한다$\binom{영 \ 제88조}{제2항}$.

(3) 조정명령의 위반에 따른 벌칙

조정명령을 위반한 자(제46조 제1항)는 5년 이하의 징역 또는 수출·수입·경유·환적·중재하는 물품등의 가격의 3배에 상당하는 금액 이하의 벌금에 처한다$\binom{법 \ 제53조}{제2항 \ 제10호}$.

(4) 수출입승인 또는 승인관련절차의 중지명령

산업통상자원부장관은 무역거래자에게 수출하는 물품등의 가격, 수량, 품질 그 밖에 거래조건 또는 그 대상지역 등에 관하여 필요한 조정을 명하는 경우에 필요하다고 인정하면 수출입승인(제11조 제2항)을 하지 아니하거나, 관계 기관의 장에게 승인에 관련된 절차(proceedings for an approval)를 중지(cease)하게 할 수 있다$\binom{법 \ 제46조}{제4항}$.

(5) 독점규제 및 공정거래에 관한 법률과의 관계

산업통상자원부장관의 조정명령의 이행에 대하여는 「독점규제 및 공정거래에 관한 법률」을 적용하지 아니하며, 조정명령이 「독점규제 및 공정거래에 관한 법률」 제2조 제1호의 규정에 의한 사업자 간의 국내 시장에서의 경쟁을 제한하는 것이면 공정거래위원회와 미리 협의하여야 한다(법 제50조 제1항 및 제2항).

제 3 절 행정벌

1. 개요

행정상의 목적을 실현하기 위하여 각종의 행정법규에서는 국민에게 여러 가지의 명령이나 금지를 하고, 이에 따른 의무를 부과하여 그 의무를 위반하였을 경우에는 일정한 제재를 가할 수 있도록 벌칙을 규정하고 있는데, 이와 같은 행정법령상의 의무위반에 대하여 과하는 제재를 행정벌이라 한다.[2]

2. 벌칙(Penalties)의 내용

(1) 7년 이하의 징역 또는 물품가격 5배 이하의 벌금형

전략물자등의 국제적 확산을 꾀할 목적으로 다음의 어느 하나에 해당하는 위반행위를 한 자(person who falls under any of the following subparagraphs)는 7년 이하의 징역 (imprisonment for not more than seven years) 또는 수출·경유·환적·중개하는 물품등의 가격의 5배에 해당하는 금액 이하의 벌금(fine not exceeding the amount equivalent to five times of the price)에 처한다(법 제53조 제1항).

---

2) 신동수, 대외무역법, 법경사, 1996, p.371.

① 전략물자 수출허가를 받지 아니하고 전략물자를 수출한 자(제19조 제2항)

② 상황허가를 받지 아니하고 상황허가 대상인 물품등을 수출한 자(제19조 제3항)

③ 경유 또는 환적허가를 받지 아니하고 전략물자등을 경유 또는 환적한 자(제23조 제3항)

④ 중개허가를 받지 아니하고 전략물자등을 중개한 자(제24조)

(2) 5년 이하의 징역 또는 물품가격 3배 이하의 벌금형

다음의 어느 하나에 해당하는 자는 5년 이하의 징역 또는 수출·수입·경유·환적·중개하는 물품등의 가격의 3배에 상당하는 금액 이하의 벌금에 처한다($^{법\ 제53조}_{제2항}$).

① "무역에 관한 제한등 특별조치"의 규정(법 제5조)에 따른 수출 또는 수입의 제한이나 금지조치를 위반한 자

② 수출허가를 받지 아니하고(without obtaining the export permission) 전략물자를 수출한 자(제19조 제2항)

③ 거짓이나 그 밖의 부정한 방법으로(by any falsehood or other unjustifiable means) 전략물자 수출허가를 받은 자(A person who has obtained the export permission of strategic materials)(제19조 제2항)

④ 상황허가를 받지 아니하고 상황허가 대상인 물품등을 수출한 자(제19조 제3항)

⑤ 거짓이나 그 밖의 부정한 방법으로 상황허가를 받은 자(제19조 제3항)

⑥ 경유 또는 환적허가를 받지 아니하고 전략물자등을 경유 또는 환적한 자(제23조 제3항)

⑦ 거짓이나 그밖의 부정한 방법으로 전략물자등의 경유 또는 환적허가를 받은 자(제23조 제3항)

⑧ 중개허가를 받지 아니하고 전략물자등을 중개한 자(제24조)

⑨ 거짓이나 그 밖의 부정한 방법으로 전략물자등의 중개허가를 받은 자(제24조)

⑩ 물품등의 수출과 수입의 가격을 조작한 자(A person who has manipulated export or import prices of goods, etc.)(제43조)

⑪ 조정명령을 위반한 자(A person who has violated such adjustment orders)(제46조 제1항)

5년 이하의 징역 또는 수출·수입·경유·환적·중개하는 물품가격의 3배 이하의 벌금

① "무역에 관한 제한등 특별조치"의 규정(법 제5조)에 따른 수출 또는 수입의 제한이나 금지조치를 위반한 자

② 수출허가를 받지 아니하고 전략물자를 수출한 자
④ 상황허가를 받지 아니하고 상황허가 대상인 물품등을 수출한 자
⑥ 경유 또는 환적허가를 받지 아니하고 전략물자등을 경유 또는 환적한 자
⑧ 중개허가를 받지 아니하고 전략물자등을 중개한 자

③ 거짓이나 그 밖의 부정한 방법으로 전략물자 수출허가를 받은 자
⑤ 거짓이나 그 밖의 부정한 방법으로 상황허가를 받은 자
⑦ 거짓이나 그 밖의 부정한 방법으로 전략물자 등의 경유 또는 환적을 받은 자
⑨ 거짓이나 그 밖의 부정한 방법으로 전략물자등의 중개허가를 받은 자
⑩ 물품등의 수출과 수입의 가격을 조작한 자
⑪ 조정명령을 위반한 자

7년 이하의 징역 또는 수출·중개물품가격의 5배 이하의 벌금

전략물자등의 국제적 확산을 꾀할 목적으로, 좌측의 ②, ④, ⑥, ⑧에 해당하는 위반행위를 한 자

미수범
각각 해당하는 본죄에 준하여 처벌

미수범
각각 해당하는 본죄에 준하여 처벌

과실범
중대한 과실로 좌측의 ① 또는 ②의 행위를 한 자: 2천만원 이하의 벌금

5년 이하의 징역 또는 1억원 이하의 벌금(징역과 벌금 병과)

① 전략물자등의 불법 수출에 따른 이동중지명령 위반한 자
② 원산지 거짓·오인표시행위, 원산지 표시손상·변경행위를 한 무역거래자 또는 물품판매업자
③ 원산지표시대상물품에 대해 원산지 표시하지 않은 무역거래자
④ 다음의 행위가 있는 경우의 시정조치명령에 위반한 자
　㉮ 수입된 원산지표시대상물품에 대한 단순가공을 거침으로써 원산지표시를 손상 또는 변형한 자가 그 단순가공한 물품에 당초의 원산지를 표시하지 않는 위반행위(법 제33조 제2항)
　㉯ 원산지표시방법 위반행위(법 제33조 제3항)
　㉰ 원산지표시관련 금지행위(원산지의 거짓 또는 오인하게 표시하는 행위, 원산지 표시를 손상하거나 원산지를 변경하는 행위, 원산지표시대상물품에 대하여 원산지 표시를 하지 아니하는 행위, 이들 규정에 위반되는 원산지표시대상물품에 대하여 원산지 표시를 하지 아니하는 행위)(법 제33조 제4항)
⑤ 외국산 물품등의 국산 물품등으로의 가장 금지 의무를 위반한 자

3년 이하의 징역 또는 3천만원 이하의 벌금

① 직무상 습득한 기업정보를 타인에게 제공 또는 누설하거나 사용 목적 외의 용도로 사용한 자(제9조제2항)
② 수출입승인 또는 변경승인을 받지 아니하고 수출 또는 수입 승인대상물품등을 수출하거나 수입한 자 (제11조제2항 또는 제5항)
③ 거짓이나 그 밖의 부정한 방법으로 수출입승인 또는 변경승인을 받거나 그 승인 또는 변경승인 면제받고 물품등을 수출수입한 자
④ "외화획득의 이행의무"의 규정에 따른 수입에 대응하는 외화획득을 하지 아니한 자
⑤ 외화획득용 원료·기재의 목적외 사용승인을 받지 아니하고 목적 외의 용도로 원료·기재나 이로 제조된 물품등을 사용한 자
⑥ 외화획득용원료·기재의 양수도승수인을 받지 않고 원료·기재 또는 그 원료·기재로 제조된 물품등을 양도한 자
⑦ 전략물자 수출입통제업무의 수행과정에서 알게 된 영업상 비밀 준수 의무를 위반한 자
⑧ 거짓, 부정한 방법으로 플랜트수출의 승인·변경승인 받은 자

양벌규정

법인의 대표자나 법인 또는 개인의 대리인, 사용인, 그 밖의 종업원이

그 법인 또는 개인의 업무에 관하여 **상기와 좌측의 어느 하나에 해당하는 위반행위를 하는 경우,**

그 행위자를 벌하는 외에 그 법인 또는 개인에게도 해당 조문의 벌금형을 과한다

[다만, 법인 또는 개인이 그 위반행위를 방지하기 위하여 해당 업무에 관하여 상당한 주의와 감독을 게을리하지 아니한 경우에는 그러하지 아니하다]

(3) 5년 이하의 징역 또는 1억원 이하의 벌금형

다음의 어느 하나에 해당하는 자는 5년 이하의 징역 또는 1억원 이하의 벌금에 처한다. 이 경우 징역과 벌금은 병과(倂科)할 수 있다(법 제53조의2).

① 전략물자등의 불법수출에 따른 이동중지명령을 위반한 자(제23조 제1항)

② 원산지의 거짓 또는 오인하게 표시하는 행위, 원산지 표시를 손상하거나 원산지를 변경하는 행위를 한 무역거래자 또는 물품등의 판매업자(법 제33조 제4항 제1호 또는 제2호)

③ 원산지표시대상물품에 대하여 원산지의 표시를 하지 아니한 무역거래자(trader who has failed to indicate the origin on the goods)(법 제33조 제4항 제3호)

④ 다음의 행위가 있는 경우의 시정조치명령에 위반한 자(person who has failed to comply with such orders of corrective measures)(법 제33조의2 제1항)

㉮ 단순가공물품에 대한 원산지표시관련 위반행위(수입된 원산지표시대상물품에 대한 단순가공을 거침으로써 원산지표시를 손상 또는 변형한 자가 그 단순 가공한 물품에 당초의 원산지를 표시하지 않는 위반행위, 이러한 규정에 위반되는 원산지표시대상물품을 국내에서 거래하는 행위)(법 제33조 제2항)

㉯ 원산지표시방법 위반행위(act of violating the indication method of origin)(법 제33조 제3항)

㉰ 원산지표시관련 금지행위(원산지의 거짓 또는 오인하게 표시하는 행위, 원산지 표시를 손상하거나 원산지를 변경하는 행위, 원산지표시대상물품에 대하여 원산지 표시를 하지 아니하는 행위, 이러한 규정에 위반되는 원산지표시대상물품을 국내에서 거래하는 행위)(법 제33조 제4항)

④ 외국산 물품등의 국산 물품등으로의 가장(假裝) 금지 의무를 위반한 자(법 제38조)

(4) 3년 이하의 징역 또는 3천만원 이하의 벌금형

다음의 어느 하나에 해당하는 자(A person who falls under any of the following subparagraphs)는 3년 이하의 징역(by imprisonment for not more than three years) 또는 3천만원 이하의 벌금(by a fine not exceeding thirty million won)에 처한다(shall be punished)(법 제54조).

① 무역에 관한 조약의 이행을 위하여 필요한 자료와 관련하여 자료 제공자의 동의 없이 직무상 습득한 기업정보를 타인에게 제공 또는 누설하거나 사용목적 외의 용도

로 사용한 자(법 제9조 제2항)

② 수출입승인 또는 변경승인을 받지 아니하고 수출 또는 수입승인 대상 물품등을 수출하거나 수입한 자(법 제11조 제2항 또는 제5항)

③ 거짓이나 그 밖의 부정한 방법으로(in false or other unlawful ways) 수출입승인 또는 변경승인을 받거나(person who has obtained an export or import approval or an approval of change), 그 승인 또는 변경승인을 면제받고(with the exemption from an approval or an approval of change which are obtained) 물품등을 수출하거나 수입한 자(person who has exported or imported goods)(법 제11조 제2항 또는 제5항)

④ "외화획득의 이행의무"의 규정(법 제16조 제3항 본문 및 제17조 제3항)에 따른 수입에 대응하는 외화획득을 하지 아니한 자(person who has not obtained foreign exchange corresponding to the import)

⑤ 외화획득용 원료·기재의 목적외 사용승인을 받지 아니하고(without obtaining an approval) 목적외의 용도로(for the purposes other than the original one) 원료·기재(materials, equipment) 또는 그 원료·기재로 제조된 물품등(manufactured goods made of the materials or made by the equipment)을 사용한 자(person who has used)(법 제17조 제1항 본문)

⑥ 외화획득용 원료·기재의 양도·양수승인을 받지 아니하고 원료·기재(materials, equipment) 또는 그 원료·기재로 제조된 물품등(manufactured goods made of the materials or made by the equipment)을 양도한 자(person who has transferred)(법 제17조 제2항)

⑦ 전략물자 수출입통제업무의 수행과정에서 알게 된 영업상 비밀 준수 의무를 위반한 자(법 제27조)

⑧ 거짓이나 그 밖의 부정한 방법으로(in false or other unlawful ways) 플랜트수출의 승인 또는 변경승인을 받은 자(person who has obtained an approval or an approval of changes)(법 제32조)

(5) 미수범(Attempted Crimes)

다음(법 제53조 제1항, 같은 조 제2항 제2호·제4호·제6호 및 제53조의2 제1호의2·제2호·제4호)의 미수범은 각각 해당하는 본죄에 준하여(according to those respective corresponding crime) 처벌한다(shall be punished)(법 제55조).

① 전략물자의 국제적 확산을 꾀할 목적으로, 수출허가를 받지 아니하고 전략물자를 수출한 자, 상황허가를 받지 아니하고 상황허가 대상인 물품등을 수출한 자, 경유 또는 환적허가를 받지 아니하고 전략물자등을 경유 또는 환적한 자, 중개허가를 받지 아니하고 전략물자등을 중개한 자: 7년 이하의 징역 또는 수출·경유·환적·중개하는 물품등의 가격의 5배에 해당하는 금액 이하의 벌금

② 수출허가를 받지 아니하고 전략물자를 수출한 자, 상황허가를 받지 아니하고 상황허가 대상인 물품등을 수출한 자, 경유 또는 환적허가를 받지 아니하고 전략물자등을 경유 또는 환적한 자, 중개허가를 받지 아니하고 전략물자등을 중개한 자: 5년 이하의 징역 또는 수출·수입·경유·환적·중개하는 물품등의 가격의 3배에 상당하는 금액 이하의 벌금

③ "전략불자능의 불법수출에 따른 이동중지명령을 위반한 자", "원산지의 거짓 또는 오인하게 표시하는 행위, 원산지 표시를 손상하거나 원산지를 변경하는 행위를 한 무역거래자 또는 물품등의 판매업자", "원산지표시대상물품에 대하여 원산지의 표시를 하지 아니한 무역거래자", "원산지표시관련 시정조치명령에 위반한 자", "외국산 물품등의 국산 물품등으로의 가장(假裝) 금지 의무를 위반한 자": 5년 이하의 징역 또는 1억원 이하의 벌금

(6) 과실범(Negligent Crimes)

중대한 과실로(by gross negligence) 다음의 하나에 해당하는 행위(법 제53조의2 제1호의2 또는 제2호)를 한 자는 2천만원 이하의 벌금(fine not exceeding twenty million won)에 처한다(법 제56조).

① 법 제33조 제4항 제1호의2 또는 제2호에 위반하여 원산지의 거짓 또는 오인하게 표시하는 행위, 원산지 표시를 손상하거나 원산지를 변경하는 행위를 한 무역거래자 또는 물품등의 판매업자(법 제53조의2 제1호의2)

② 법 제33조 제4항 제3호에 위반하여 원산지표시대상물품에 대하여 원산지의 표시를 하지 아니한 무역거래자(법 제53조의2 제2호)

(7) 양벌규정(Joint Penal Provisions)

법인의 대표자(representative of a juristic person)나 법인(juristic person) 또는 개인(individual)의 대리인(agent), 사용인(employee), 그 밖의 종업원(other employed person)이 그 법인 또는 개인의 업무에 관하여(in respect of business of the juristic person or the individual) 상기의 "벌칙"의 규정(법 제53조, 제53조의2 또는 제54조부터 제56조까지)의 어느 하나에 해당하는 위반행위를 하면 그 행위자(principal offender)를 벌하는 외에 그 법인 또는 개인에게도 해당 조문의 벌금형(fine)을 과(科)한다. 다만, 법인 또는 개인이 그 위반행위를 방지하기 위하여 해당 업무에 관하여 상당한 주의와 감독을 게을리하지 아니한 경우에는 그러하지 아니하다(법 제57조).

(8) 벌칙 적용시의 공무원 의제(Legal Fiction as Public Official in Application of Penal Provisions)

다음의 임직원은 「형법」(Criminal Act) 제129조부터 제132조까지의 벌칙을 적용할 때에는 공무원(public official)으로 본다(법 제58조 및 영 제93조).

① 전략물자관리업무(제29조 제5항의 업무)를 수행하는 전략물자관리원의 임직원

② 산업통상자원부장관이 "권한의 위임·위탁"의 규정(법 제53조)에 따라 위탁한 사무에 종사하는 다음의 임직원

  ㉮ 한국은행

  ㉯ 한국수출입은행

  ㉰ 외국환은행

  ㉱ 그 밖에 대통령령으로 정하는 다음의 법인 또는 단체

    ㉠ 한국무역협회

    ㉡ 한국소프트웨어산업협회

    ㉢ 한국선주협회

    ㉣ 한국관광협회중앙회 및 업종별 관광협회(「관광진흥법」 제41조 제1항·제45조 제1항)

    ㉤ 제91조 제7항(수출입승인에 관한 권한의 위탁)에 따라 지정된 단체

    ㉥ 한국기계산업진흥회

ⓈⒽ 대한상사중재원

ⓞ 대한상공회의소

ⓩ 영 제91조 제10항(원산지증명서 발급 업무에 관한 권한의 위탁)에 따라 지정된 법인

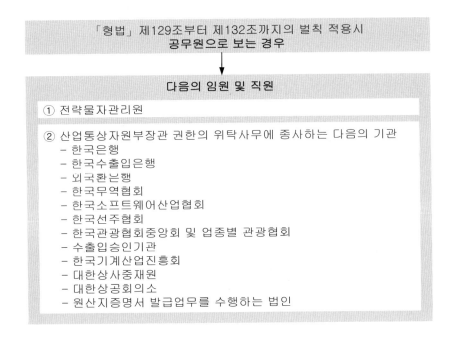

(9) 과태료(Administrative Fine)

(가) 2천만원 이하의 과태료(Administrative fine not exceeding twenty million won)

다음의 어느 하나에 해당하는 자(person who falls under any one of the following subparagraphs)에게는 2천만원 이하의 과태료를 부과한다(shall be punished)$\binom{법 제59조}{제1항}$.

① 무역분쟁의 해결에 관련되는 서류를 제출하지 아니한 자(person who has not submitted documents)(법 제44조 제2항)

② 무역분쟁에 관한 사실 조사를 거부, 방해 또는 기피한 자(person who has refused, obstructed, or avoided the investigation of facts)(법 제44조 제3항)

③ 보고 또는 자료의 제출을 하지 아니하거나 거짓으로 보고 또는 자료를 제출한 자 (person who has not reported or has made false reports)(법 제48조 제1항)

④ 소속공무원에 의한 장부·서류 기타 물건의 검사에 대하여 그 검사를 거부, 방해 또는 기피한 자(person who has refused, obstructed, or avoided the inspection)(법 제48조 제2항)

과태료 (Fine for Negligence)	
2천만원 이하 과태료	① 무역분쟁의 해결에 관련되는 서류를 제출하지 아니한 자(법 제44조 제2항) ② 무역분쟁에 관한 사실 조사를 거부, 방해 또는 기피한 자(법 제44조 제3항) ③ 보고 또는 자료의 제출을 하지 아니하거나 거짓으로 보고 또는 자료를 제출한 자(법 제48조 제1항) ④ 소속공무원에 의한 장부.서류 그 밖에 물건의 검사에 대하여 그 검사를 거부, 방해 또는 기피한 자 (법 제48조 제2항)
1천만원 이하 과태료	① 5년간 보관해야 하는 다음의 서류 보관의무를 위반한 무역거래자(제24조의2) ㉮ 전략물자 또는 상황허가 대상인 물품등의 해당 여부의 판정에 관한 서류(제20조 제2항) ㉯ 전략물자등을 수출·경유·환적·중개한 자의 경우 그 수출허가, 상황허가, 경유 또는 환적허가, 중개 허가에 관한 서류 ㉰ 그 밖에 산업통상자원부장관이나 관계 행정기관의 장이 정하여 고시하는 서류 ② 원산지 표시와 관련된 규정의 위반 여부를 확인하기 위하여 행하는 물품과 관련 서류의 검사를 거부, 방해 또는 기피한 자(법 제33조 제5항) ③ 전략물자의 수출허가 또는 상황허가를 받지 않거나 거짓이나 그 밖의 부정한 방법으로 동 허가를 받은 경우 이행해야 하는 교육명령을 이행하지 아니한 자(법 제49조)

(나) 1천만원 이하의 과태료(Administrative fine not exceeding ten million won)

다음의 하나에 해당하는 자(person who falls under any of the following subparagraphs)에게는 1천만원 이하의 과태료를 부과한다(법 제59조 제2항).

① 5년간 보관해야 하는 다음의 서류 보관의무를 위반한 무역거래자(제24조의2)

　㉮ 전략물자 또는 상황허가대상인물품등의 해당 여부의 판정에 관한 서류(제20조 제2항)

　㉯ 전략물자등을 수출·경유·환적·중개한 자의 경우 그 수출허가, 상황허가, 경유 또는 환적허가, 중개허가에 관한 서류

　㉰ 그 밖에 산업통상자원부장관이나 관계행정기관의 장이 정하여 고시하는 서류

② 원산지 표시와 관련된 규정의 위반 여부를 확인하기 위하여 행하는 물품과 관련 서류의 검사를 거부, 방해 또는 기피한 자(법 제33조 제5항)

③ 전략물자의 수출허가 또는 상황허가를 받지 않거나 거짓이나 그밖의 부정한 방법으로 동 허가를 받은 경우 이행해야 하는 교육명령을 이행하지 아니한 자(법 제49조)

(10) 과태료부과의 협의

(가) 과징금(Penalty Surcharge) 및 과태료(Administrative Fine)부과 협의대상기관

시·도지사 또는 세관장은 "산업통상자원부장관으로부터의 위임·위탁"의 규정(제91조 제3항 제4호·제5호, 같은 조 제4항 제4호 또는 제7호)에 따라 과징금이나 과태료를 부과하려면 각각 세관장 또는 시·도지사와 미리 협의하여야 하는 바, 과징금 및 과태료부과 협의대상 기관은 다음과 같다(영 제92조 제1항 및 규정 제109조 제1항).

① 세관장이 적발하여 시·도지사(시·군·구)와 협의하려는 경우에는 위반업체의 주소지를 관할하는 시·도지사(시·군·구)

② 시·도지사(시·군·구)가 적발하여 세관장과 협의하려는 경우에는 해당 주소지를 관할하는 세관장

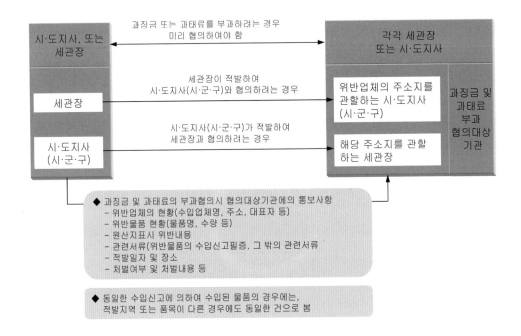

(나) 과징금 및 과태료부과 협의통보사항

과징금 및 과태료부과 협의를 할 경우 협의대상 기관에 통보할 사항은 다음과 같다(규정 제109조 제2항).

① 위반업체의 현황(수입업체명, 주소, 대표자 등)

② 위반물품 현황(물품명, 수량 등)

③ 원산지 표시 위반내용

④ 관련 서류(위반물품의 수입신고필증, 그 밖의 관련 서류)

⑤ 적발일자 및 장소

⑥ 처벌 여부 및 처벌 내용 등

(다) 동일한 수입물품의 해석

동일한 수입신고에 의하여 수입된 물품의 경우에는 적발지역 또는 품목이 다른 경우에도 동일한 건으로 본다$\binom{\text{규정 제109조}}{\text{제3항}}$.

(11) 과태료의 부과

과태료(Administrative Fine)는 대통령령으로 정하는 바에 따라 산업통상자원부장관이나 시·도지사 또는 관계 행정기관의 장이 부과·징수하는 바(shall impose and collect), 과태료의 부과기준은 별표 4와 같다$\binom{\text{법 제59조 제3항}}{\text{및 영 제94조}}$.

[별표 4] 과태료의 부과기준(영 제94조 관련) (개정 2014.1.28)

1. 일반기준

가. 위반행위의 횟수에 따른 과태료의 부과기준은 최근 5년간 같은 위반행위로 과태료를 부과받은 경우에 적용한다. 이 경우 위반행위에 대하여 과태료 부과처분을 한 날과 다시 동일한 위반행위를 적발한 날을 각각 기준으로 하여 위반횟수를 계산한다.

나. 제2호가목에 대한 과태료의 금액은 부과권자가 위반행위의 동기·내용 및 그 결과 등을 고려하여 과태료 금액의 2분의 1의 범위에서 감경할 수 있다.

다. 제2호다목에 대한 과태료의 금액은 1천만원을 넘지 못한다.

2. 개별기준

(단위 : 만원)

위반행위	과태료 금액기준		
	1차	2차	3차
가. 법 제24조의2에 따른 서류 보관의무를 위반한 경우 〈법 개정에 따라 조항 필자 수정〉	50	250	1,000
나. 삭제 〈2014.1.28.〉			
다. 법 제33조제5항에 따른 검사를 거부, 방해 또는 기피한 경우. 다만, 농산물 및 농산물가공품의 경우에는 「농산물품질관리법 시행령」, 수산물 및 수산가공품의 경우에는 「수산물품질관리법 시행령」에서 정한 과태료를 적용한다.	해당 물품의 판매장소 및 양도장소에서 원산지 표시를 하지 아니하고 유통시킨 물량(판매를 위한 창고 저장 물량과 이미 판매된 물량 중 확인 가능한 물량을 포함한다)에 현지의 실제거래가격을 곱한 금액이나 10만원 중 많은 금액	해당 물품의 판매장소 및 양도장소에서 원산지 표시를 하지 아니하고 유통시킨 물량(판매를 위한 창고 저장 물량과 이미 판매된 물량 중 확인 가능한 물량을 포함한다)에 현지의 실제거래가격을 곱한 금액이나 100만원 중 많은 금액	1,000
라. 법 제44조제2항을 위반하여 관련되는 서류를 제출하지 아니한 경우	50	500	2,000
마. 법 제44조제3항에 따른 사실조사를 거부, 방해 또는 기피한 경우	30	300	1,500
바. 법 제48조제1항에 따른 보고 등을 하지 아니한 경우	50	250	1,000
사. 법 제48조제2항에 따른 검사를 거부, 방해 또는 기피한 경우	50	500	1,500
아. 법 제49조에 따른 교육명령을 이행하지 아니한 경우	50	250	1,000

※ 법 개정(2013.7.30)에 따라 시행령이 개정(2014.1.28.)되었음에도, 수정되지 않은 내용이 있어 필자가 수정함.

질의응답

제 **1** 절 수출입실적 관련 질의응답

수출입실적은 수출입의 개념과는 다소 차이가 있지만, 무역금융한도결정 및 자금지원, 해외시장개척기금의 지원, 무역의 날 포상, 자율관리기업의 지정 등과 같이 국가무역정책의 목표달성 및 원활한 무역거래의 촉진 등을 위한 기초 자료로 활용되기 때문에, 무역업자들에게는 자신들이 거래한 물품등이 수출실적으로 인정받을 수 있는지에 관심이 많다.

■ **질의 1** 보세구역에 물품을 공급하는 경우 수출실적 인정여부

한국의 A가 국내의 보세구역(보세공장)에 물품을 공급하는 경우에는 수출실적으로 인정될 수 있는가?

응답 영 제2조 제3호에 따라 "수출이란 매매, 교환, 임대차, 사용대차, 증여 등을 원인으로 국내에서 외국으로 물품이 이동하는 것(우리나라의 선박으로 외국에서 채취한 광물을 또는 포획한 수산물을 외국에 매도하는 것을 포함한다)을 말하고, 이외에도 다른 수출의 정의도 있지만, 상기의 규정이 이 사례에 해당되는 수출의 정의에 해당된다.

이 수출의 정의에서 "국내란 대한민국의 주권이 미치는 지역을 말하고, 외국이란 국내외의 지역을 말한다"고 영 제2조 제1호 및 제2호에서 규정하고 있다.

따라서 국내의 보세구역은 대한민국의 주권이 미치는 지역이므로 국내에 해당되고 외국으로는 볼 수 없다. 이 사례에서는 물품이 국내에서 국내로 이동하였으므로 수출로 볼 수 없다.

■ **질의 2** 보세구역에 입주한 외국회사에 시설기재를 임대한 경우 수출실적 인정여부

한국의 A가 미국의 B로부터 외화로 영수하고 한국의 보세구역(보세공장)에 입주하고 있는 미국 B의 한국회사에 시설기재를 임대한 경우에 수출실적으로 인정받을 수 있는가?

응답 대외무역관리규정 제2조에서 "임대수출이란 임대(사용대차를 포함)계약에 의하여 물품등을 수출하여 일정기간 후 다시 수입하거나 그 기간의 만료 전 또는 만료 후 해당 물품등의 소유권을 이전하는 수출을 말한다"고 규정하고 있다.

442

대외무역관리규정 제25조 제1항에서는 "수출실적의 인정범위는 영 제2조 제3호에 따른 유상수출, 외국으로부터 외화를 영수하고 외화획득용 시설기재를 외국인과 임대차계약을 맺은 국내업체에 인도하는 경우 등으로 한다"고 규정하고 있다. 상기의 규정에 따라 정리해 보면 다음과 같다.

첫째, 국내에서 외국으로 물품이 이동하는 임대수출의 경우에는 수출실적으로 인정받을 수 있지만, 이 사례에서는 보세구역은 대한민국의 주권이 미치는 지역이므로 국내에 해당되어 외국으로 볼 수 없기 때문에 임대수출에 해당되지 않는다. 따라서 이 규정을 적용할 수 없으므로 이 규정에 따른 수출실적으로 인정은 받을 수 없다.

둘째, 외국으로부터 외화를 영수하고 외화획득용 시설기재를 외국인과 임대차계약을 맺은 국내업체에 인도하는 경우에는 수출실적으로 인정받을 수 있다. 그러나, 이 사례에서는 외국으로부터 외화를 영수한 것은 인정되지만, 외국인과 임대차계약을 맺은 국내업체가 아니라 보세구역에 입주하고 있는 외국의 한국회사라는 점에서 차이가 발생한다.

이들 경우에 있어서, 모두 국내에 위치하고 있는 업체라는 점에서는 동일하지만, 외국인과 임대차계약을 맺은 업체인지, 외국인의 한국회사인지의 차이가 존재한다. 따라서 관리규정의 조항내용을 살펴볼 때 수출실적으로 인정해 줄 법적 근거는 없다.

제2절 수출입승인 및 요건확인 관련 질의응답

■ 질의 3 수출승인면제대상물품의 해석기준

대외무역관리규정 별표 3(수출승인의 면제)의 제2호 가목에서는 "영 제19조 제2호 나목(무역거래를 원활하게 하기 위하여 주된 수출 또는 수입에 부수된 거래로서 수출·수입하는 물품등)에 따른 수출승인면제물품, 즉 반출하는 상품의 견품 및 광고용 물품으로서 세관장이 타당하다고 인정하는 물품. 다만, 유상으로 반출하는 경우 미화 5만 달러 상당액(신고가격 기준) 이하의 물품"은 수출승인면제대상물품이라고 규정하고 있다. 이 경우, 상품의 견품 및 광고용 물품이 미화 5만 달러 상당액 이하의 금액으로 유상으로 반출되는 경우에는 수출승인면제대상에 해당되고, 미화 5만 달러 상당액 이상의 금액으로 유상으로 반출되는 경우에는 수출승인면제대상에 해당되지 않는다. 그렇다면, 이러한 물품이 무상으로 반출되는 경우에는 어떠한가?

응답 수출승인대상물품을 견품 및 광고용 물품으로서 유상으로 반출하는 경우에는 그 물품이 미화 5만 달러 상당액(신고가격기준) 이하의 물품에 해당되면 수출승인을 면제받을 수 있는 반면, 그 물품(견품 또는 광고용 물품)이 무상으로 반출되는 경우에는 그 금액의 한도에 관계없이 세관장이 타당하다고 인정하면 수출승인을 면제받을 수 있을 것이다.

따라서, 견품 및 광고용 물품이 유상으로 반출되는 경우에는 미화 5만 달러 이하인 경우에만 수출승인이 면제된다. 그러나, 그 물품이 무상으로 반출되는 경우에는 그 금액의 한도와 관계없이 세관장이 타당하다고 인정하면 수출승인을 면제받을 수 있을 것이다. 그렇다고 하더라도 세관장은 그 타당성을 인정할 때 자의적으로 판단하는 것이 어려울 것이므로, 단서조항에 있는 것처럼 "미화 5만 달러 상당액 이상의 금액을 유상으로 반출하는 것을 기준"으로 타당성 여부를 인정하는 것이 합리적일 것이다. 결과적으로 세관장은 그 물품이 무상으로 반출되는 경우에도 미화 5만 달러 상당액(신고가격기준) 이하의 물품에 대하여만 그 타당성을 인정하여 수출승인이 면제되는 것으로 할 것이다.

■ 질의 4 요건확인대상 유무

다음의 밑줄 친 부분에 해당하는 "수입승인면제대상물품"을 수입하는 경우, 식품의약품안전처의 규정에 의한 요건확인이 필요한지 여부?

「대외무역법」 제11조 제2항 단서, 동법 시행령 제19조 제2호 나목 및 대외무역관리규정 별표 4 제3호 가목의 규정에 의하면, 수입승인대상물품이라 하더라도, "무역거래를 원활하게 하기 위하여 주된 수출 또는 수입에 부수된 거래로서 수출·수입하는 물품등 중 산업통상자원부장관이 관계 행정기관의 장과의 협의를 거쳐 고시하는 물품등, 즉 반입하는 상품의 견품 또는 광고용 물품으로 세관장이 타당하다고 인정하는 물품. 다만 유상으로 반입하는 경우 미화 5만 달러 상당액(과세가격 기준)이하의 물품은 수입승인이 면제된다"고 규정하고 있다.

응답 상기와 같은 수입승인면제대상물품은 요건확인 품목이라 하더라도, 통합공고 제12조 제1항 제3호에 따라 요건확인이 원칙적으로 면제되지만, 동 공고 제12조 제2항 제10호에 따라 약사법의 적용을 받는 물품의 경우에는 면제되지 않는다.

> ### 통합공고
>
> 제2조(요건면제) ① 이 고시에 의한 요건확인 품목이라도 다음 각호의 1에 해당하는
>   경우에는 이 고시가 정한 요건 및 절차를 거치지 아니하고 수출입할 수 있다.
>   1. 외화획득용 원료·기재의 수입물품
>   2. 중계무역물품, 외국인수수입물품, 외국인도수출물품, 선(기)용품
>   3. 「대외무역법시행령」 제27조의 규정에 의한 사유에 해당하는 경우
>   4. 제3조제1항의 해당법령에서 요건확인 면제 사유에 해당하는 경우
>   ② 제1항의 규정에도 불구하고 다음 각호 법령의 적용을 받는 물품은 그러하지
>   아니한다.
>   1~9(생략)
>   10. 「약사법」 (식품의약품안전처장이 지정하는 오·남용우려의약품에 한함. 다만,
>   자가치료 목적으로 처방전을 세관장에 제출하는 경우에는 그러하지 아니함)

이 고시에 의한 요건확인 품목이라도 「대외무역법시행령」 제27조(현행 제19조)
의 규정에 의한 사유에 해당하는 경우(수입승인면제대상물품), 이 고시가 정한
요건 및 절차를 거치지 아니하고 수출입할 수 있다. 이 규정에도 불구하고, 약사
법(식품의약품안전처장이 지정하는 오·남용우려의약품에 한함. 다만, 자가치료
목적으로 처방전을 세관장에 제출하는 경우에는 그러하지 아니함)의 적용을 받
는 물품을 그러하지 아니하다.

결론적으로, 수입승인대상물품은 요건확인이라도 요건확인을 받을 필요가 없지
만, 약사법에 의하여 식품의약품안전처장이 지정하는 오·남용우려의약품은 요건
확인을 받아야 한다. 다만, 식품의약품안전처장이 지정하는 오·남용우려의약품
이라 하더라도, 자가치료 목적으로 처방전을 세관장에 제출하는 경우에는 요건
확인을 받을 필요가 없다.

제 3 절 특정거래형태의 수출입 관련 질의응답

무역업자들은 특정거래형태의 수출입과 관련하여 자신들이 거래하는 물품이 수출물
품에 해당하는지, 아니면 중계무역방식의 수출, 위탁판매수출, 외국인도수출 또는 위탁

가공무역 방식의 수출에 해당하는지에 관하여 관심이 많다. 왜냐하면, 상기의 수출물품이나 특정거래형태의 수출에 해당된다면 다음의 부가가치세법 제11조 제1항에 따라 부가가치세 영세율의 적용을 받을 수 있기 때문이다.

부가가치세법 제11조 제1항 및 동법 시행령 제24조 제1항에 의하면, 다음의 재화 또는 용역의 공급에 대하여는 영의 세율을 적용한다.
① 수출하는 재화
② 국외에서 제공하는 용역
③ 선박 또는 항공기의 외국항행용역
④ 위의 ①부터 ③까지 외에 외화를 획득하는 재화 또는 용역으로서 대통령령이 정하는 것, 즉 영의 세율을 적용하는 수출하는 재화에서, 수출은 다음의 것으로 한다 ($\frac{영\ 제24조}{제1항}$).
  ㉮ 내국물품(우리나라 선박에 의하여 채포된 수산물을 포함한다)을 외국으로 반출하는 것
  ㉯ 국내의 사업장에서 계약과 대가수령 등 거래가 이루어지는 것으로서 다음의 하나에 해당하는 것
    ㉠ 「대외무역법」에 의한 중계무역 방식의 수출
    ㉡ 「대외무역법」에 의한 위탁판매수출
    ㉢ 「대외무역법」에 의한 외국인도수출
    ㉣ 「대외무역법」에 의한 위탁가공무역 방식의 수출

■ 질의 5 외국인도수출에 해당하는지 여부

국내의 A사가 국내의 B사에게 대금을 지급하고 물품을 구매한 후 외국의 수입자에게 물품을 인도하였는데, B사는 다시 외국의 수출자에게 대금을 지급하고 물품을 구매하여 A에게 인도하는 경우에는 어떤 거래에 해당되는가?

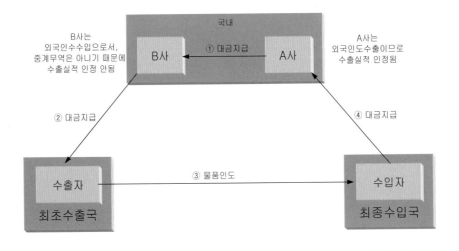

446

응답 B사는 외국의 수출자에게 대금을 지급하였지만 국내로 물품이 이동되어 들어오지 않고 외국에서 인수하였기 때문에 외국인수수입에 해당되고, A사는 국내의 B사에게 대금을 지급하고 수출국에서 물품을 인수하였으므로 외국인수수입에 해당되고, 이렇게 외국에서 인수한 물품을 수입자에게 수출국(외국)에서 수입국(외국)으로 이동시키고 수입자에게 대금지급을 받았기 때문에 외국인도수출에 해당된다.

■ **질의 6** 외국인도수출에 해당하는지 여부

국내 A사가 중국의 현지공장에 원부자재를 보내어 가공하여 물품을 생산하는 바, 국내 B사가 중국의 현지공장에 필요한 제품을 A사의 중국 공장으로부터 구매하고 대금은 한국에서 B사가 A사에 지급하는 경우, B사는 외국인도수출이 되고 A사는 외국인수수입이 되는 것인가?

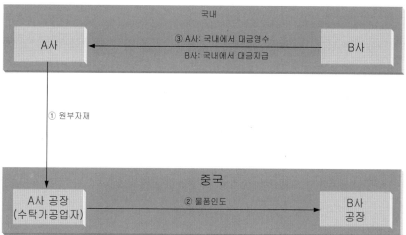

A사는
국내에서 통관되지 아니한 수출물품등을
중국에서 중국으로 인도하였지만,
수출대금이 중국으로부터 영수된 것이 아니라
국내(B사)로 부터 영수되었기 때문에
외국인도수출로 인정되지 않음
(위탁가공무역은 인정됨)

B사는
수입물품등은 중국에서 인수하였지만,
수입대금은 중국에 지급한 것이 아니라
국내(A사)에게 지급하였기 때문에
외국인수수입으로 인정되지 않음

국내

③ A사: 국내에서 대금영수
B사: 국내에서 대금지급

A사 ← B사

① 원부자재

중국

A사 공장 (수탁가공업자) → ② 물품인도 → B사 공장

응답 A사의 입장과 B사의 입장을 구분하여 설명하면 다음과 같다.

첫째, A사의 입장에서 보면 다음과 같다. 외국인도수출은 수출대금은 국내에서 영수하지만 국내에서 통관되지 아니한 수출물품등을 외국으로 인도하거나 제공하는 수출을 말한다. 즉, 국내의 수출업자가 소유권을 가지고 있는 물품이 외국에 있는 경우, 이 물품을 외국에서 외국으로 직접인도하고 그 수출대금은 해외에서 국내로 입금되는 수출거래를 말한다.

따라서, 이 사례에서는 물품의 이동은 외국에서 외국으로 이동되었지만, 수출대금은 국내에서 국내로 영수되었기 때문에 외국인도수출로 볼 수 없다. 한편, 국내의 A사는 중국의 수탁가공업자에게 가공임을 지급하는 조건으로 원부자재를 송부하였다면 위탁가공무역으로는 인정받을 수 있다.

둘째, B사의 입장에서 보면 다음과 같다. 이 사례에서 외국인수수입은 수입대금은 국내에서 지급되지만 수입물품등은 외국에서 외국으로 인수하거나 제공받는 수입을 말한다. 즉, 국내의 수입자가 수입물품등을 외국에서 외국으로 인수하거나 제공받고 수입대금은 국내에서 해외로 지급하는 수입거래를 말한다.

따라서, 이 사례에서는 물품의 이동은 외국에서 외국으로 이동되었지만, 수출대금은 국내에서 국내로 지급되었기 때문에 외국인수수입으로 볼 수 없다. 한편, 국내의 B사가 A사의 공장에서 물품을 구매하여 중국의 B사의 공장에 원부자재를 인도하고 가공임을 지급받는다면 위탁가공무역으로는 인정받을 수 있다.

결론적으로 A사와 B사는 위탁가공무역으로는 인정받을 수 있지만, 외국인도수출이나 외국인수수입으로는 인정받을 수 없게 된다.

■ 질의 7 외국인도수출에 해당하는지 여부

한국의 A사(수출자)는 캐나다의 C사(수입자)와 자켓의 수출계약을 체결하였다. 한국의 A사는 한국내의 B사에게 물품대금을 지급하고 B사가 캐나다의 C사에게 물품을 인도하도록 직접 인도하도록 지시하였는데, 국내의 B사는 중국에 있는 현지공장 B'에게 원자재와 가공임을 지급함으로써 위탁가공을 한 후, 이 물품을 캐나다의 C에게 인도하였다. 이 경우, A사와 B사는 모두 외국인도수출에 해당하는지 여부?

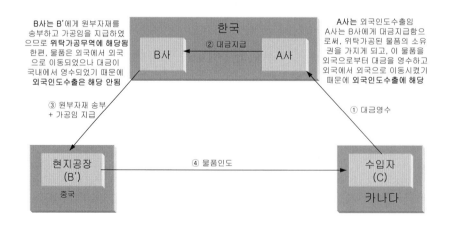

답변 A사의 입장과 B사의 입장을 구분하여 설명하면 다음과 같다.

첫째, A사의 입장에서 보면 다음과 같다. 외국인도수출은 수출대금은 국내에서 영수하지만 국내에서 통관되지 아니한 수출물품등을 외국으로 인도하거나 제공하는 수출을 말한다. 즉, 국내의 수출업자가 소유권을 가지고 있는 물품이 외국에 있는 경우, 이 물품을 외국에서 외국으로 직접인도하고 그 수출대금은 해외에서 국내로 입금되는 수출거래를 말한다.

따라서, 이 사례에서 B사는 국내로부터 수출대금을 영수하고 물품을 외국에서 외국으로 이동시켰기 때문에 외국인도수출로 인정받을 수 없다. 여기에서 B사는 B가 B'로부터 위탁가공한 물품을 B에게 대금을 지급하고 B로부터 구매하였기 때문에 위탁가공된 물품의 소유권의 A에게 있다고 볼 수 있다. 따라서, A는 자신에게 소유권이 있는 물품을 외국에서 외국으로 이동시키고 외국으로부터 대금지급을 받았기 때문에 외국인도수출로 인정받을 수 있다. 한편, A사는 위탁가공무역에는 해당되지 않는다.

A사가 물품을 수입하여 이를 수출하였다면 중계무역에 해당될 수 있지만, A사는 국내의 B사에게 대금을 지급하고 국내에서 물품을 구매하여 수출한 것이므로 중계무역에 해당되지 않는다.

둘째, B의 입장에서 보면 다음과 같다. 이 사례에서 B사의 입장에서 볼 때, 물품의 이동은 외국에서 외국으로 이동되었지만, 수출대금은 국내로부터 영수되었기 때문에 외국인도수출로 볼 수 없다. 한편, 국내의 B사가 중국의 현지공장(B')에게 원부자재를 송부하고 가공임을 지급하여 위탁가공한 것이므로 B사는 위탁가공무역으로는 인정받을 수 있다.

B사가 물품을 수입하여 이를 수출하였다면 중계무역에 해당될 수 있지만, B사는 물품을 수입하여 국내에 A사로부터 대금을 영수하고 국내의 A사에게 판매한 것이므로 중계무역에 해당되지 않는다.

■ **질의 8 외국인도수출에 해당하는지 여부**

일본기업의 한국법인(B사)이 한국기업(A사)과 계약을 체결하고 태국 소재 일본기업의 공장(B'사)에서 한국기업이 지정하는 중국 하얼빈으로 물품을 인도하고 물품대금은 국내에서 한국기업으로부터 달러로 받을 때 이런 거래 형태는 외국인도수출에 해당되는지?(단 태국과 하얼빈간 직항편이 없어서 인천에서 환적함)

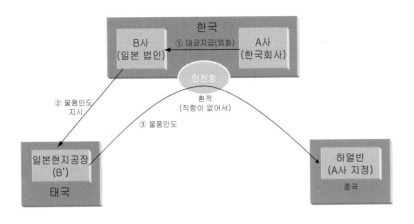

답변 A사의 입장과 B사의 입장을 구분하여 설명하면 다음과 같다.

첫째, B사의 입장에서 보면 다음과 같다. 외국인도수출은 수출대금은 국내에서 영수하지만 국내에서 통관되지 아니한 수출물품등을 외국으로 인도하거나 제공하는 수출을 말한다. 즉, 국내의 수출업자가 소유권을 가지고 있는 물품이 외국에 있는 경우, 이 물품을 외국에서 외국으로 직접인도하고 그 수출대금은 해외에서 국내로 입금되는 수출거래를 말한다.

따라서, 이 사례에서 B사는 국내로부터 수출대금을 영수하고 물품을 외국에서 외국으로 이동시켰기 때문에 외국인도수출로 인정받을 수 없다. 여기에서 B사는 외국(B'의 공장)에 있는 자신의 소유 물품을 외국(중국 하얼빈)으로 이동시켰지만 대금은 외국(중국의 하얼빈)이 아닌 국내의 A사로부터 영수되었기 때문에 외국인도수출로 볼 수 없다. 이 경우, B사가 중국의 하얼빈에 있는 어떤 회사와 계약을 체결하고 그 회사로부터 대금을 영수하였다면 외국인도수출로 인정될 수 있다. 참고로, 인천항에서 환적이 이루어진 것은 국내에서 통관되지 아니하였기 때문에 외국에서 외국으로 물품의 이동이 행해진 것으로 해석할 수 있다.

둘째, A사의 입장에서 보면 다음과 같다. 이 사례에서 외국인수수입은 수입대금은 국내에서 지급되지만 수입물품등은 외국에서 외국으로 인수하거나 제공받는 수입을 말한다. 즉, 국내의 수입자가 수입물품등을 외국에서 외국으로 인수하거나 제공받고 수입대금은 국내에서 해외로 지급하는 수입거래를 말한다.

따라서, 이 사례에서는 물품의 이동은 외국(태국)에서 외국(수입자인 한국A사가 지정한 중국의 하얼빈)으로 이동되었지만, 수입대금은 국내에서 국내로 지급되었기 때문에 외국인수수입으로 볼 수 없다.

결론적으로, B사와 A사는 각각 외국인도수출과 외국인수수입으로 인정받을 수 없다.

■ 질의 **9** 중계무역과 유사한 거래의 경우 수입 인정여부

한국의 A사가 싱가폴의 B사로부터 물품을 수입하여 중국의 C사에게 수출하는 경우로서, 싱가폴의 B사가 한국의 D사로 하여금 중국의 C사에게 물품을 인도하도록 지시한 경우에는 한국의 A사는 수입으로 인정받을 수 있는가?

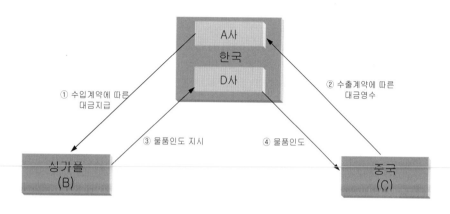

응답 한국의 A가 싱가폴의 B로부터 물품을 수입하여 중국의 C에게 수출하는 경우에는 물품이 직접 한국으로 수입되었다가 중국으로 다시 수출되는 경우뿐만 아니라 싱가폴에서 직접 중국으로 운송하는 경우에도 중계무역이 성립하여 물품의 수출과 수입이 동시에 발생한다. 그러나, 그림에서 보는 바와 같이, 한국의 A가 싱가폴의 B로부터 물품의 수입계약을 체결함으로써 싱가폴의 B가 중국의 C에게 수출하는 것으로 되어 있지만, 실제로는 싱가폴 B의 지시를 받은 한국의 D가 중국의 C에게 물품을 인도하고 있다. 이 경우에는 국내에서 외국으로 물품이 이동되었기 때문에 한국에서 중국으로 수출된 것은 인정되지만, 한국의 A가 싱가폴의 B로부터 물품을 수입한 것은 인정될 수 없을 것이다.

왜냐하면, 수입이란 원칙적으로 외국으로부터 국내로 물품이 이동하는 것이고, 예외적으로 유상으로 외국에서 외국으로 물품을 인수하는 것으로서 산업통상자원부장관이 고시하는 기준에 해당하는 중계무역, 외국인수수입, 무환수입을 말하는데, 이 거래형태는 중계무역이나 외국인수수입도 아니고 외국으로부터 국내로 물품이 이동한 사실도 없기 때문에 수입은 인정되지 않는다.

결론적으로 이 거래형태는 수출은 인정되지만 수입은 인정되지 않는다고 볼 수 있다.

중계무역과 외국인도수출의 차이점은 무엇인가?

응답 외국인도수출과 중계무역은 물품이 외국에서 외국으로 이동한다는 점에서는 동일하다. 그러나 중계무역은 수입, 수출 2건의 거래가 각각 발생하지만, 외국인도수출은 1건의 수출행위만이 존재한다. 즉, 중계무역은 중계업자(한국)의 입장에서 볼 때, 1건의 수입계약과 1건의 수출계약이 각각 체결되지만, 외국인도수출은 수출업자(한국)의 입장에서 볼 때, 1건의 수출계약만이 존재한다. 참고로, 「대외무역법」은 한국을 기준으로 한국이 대 외국과의 무역을 할 때 적용되는 법률이기 때문에 「대외무역법」상의 기준은 한국이 된다. 예를 들면 중계무역의 경우 중계업자는 한국의 무역거래자이다.

제 4 절 구매확인서 발급 관련 질의응답

국내의 물품공급업자들은 자신들이 직접 수출하지 않더라도 자신들이 공급하려거나 공급한 물품이 수출된다면, 즉 구매확인서의 발급대상에 해당되어 구매확인서가 발급된다면 다음의 부가가치세법 제11조 제1항에 따라 부가가치세 영세율의 적용을 받을 수 있기 때문에 「대외무역법」에 의한 구매확인서 발급대상인지 여부에 관심이 많다.

부가가치세법 제11조 제1항 및 동법 시행령 제24조 제1항 및 제2항에 의하면, 다음의 재화 또는 용역의 공급에 대하여는 영의 세율을 적용한다.
① 수출하는 재화
② 국외에서 제공하는 용역
③ 선박 또는 항공기의 외국항행용역
④ 위의 ①부터 ③까지 외에 외화를 획득하는 재화 또는 용역으로서 대통령령이 정하는 것, 즉 영의 세율을 적용하는 수출하는 재화에서, 수출은 다음의 것으로 한다.
㉮ 내국물품(우리나라 선박에 의하여 채포된 수산물을 포함한다)을 외국으로 반출하는 것
㉯ 국내의 사업장에서 계약과 대가수령 등 거래가 이루어지는 것으로서 다음의 하나에 해당하는 것
  ㉠ 「대외무역법」에 의한 중계무역 방식의 수출
  ㉡ 「대외무역법」에 의한 위탁판매수출

    ⓓ 「대외무역법」에 의한 위탁가공무역 방식의 수출

또한, 영의 세율을 적용하는 수출하는 재화에는 다음의 재화가 포함되는 것으로 한다.

① 사업자가 기획재정부령이 정하는 내국신용장 또는 구매확인서에 의하여 공급하는 재화(금지금은 제외한다)

② ~ ④ (생 략)

■ 질의 11 구매확인서 발급대상 여부

내국법인 조선회사 갑은 외국의 선주사로부터 석유탐사선의 공급계약을 체결한 후 석유시추선을 건조하여 완성된 시추선을 수출하고(약 3억달러), 내국법인 갑은 외국법인 을과 갑이 건조할 석유탐사선에 적재될 드릴링기자재의 납품계약(약 6천만 달러)을 체결한다. 그 후 외국법인 을은 국내에서 조달 할 기자재(6백만 달러)를 결정하고 내국법인에게 발주한다. 동 내국법인은 소위 국내 인도수출로 외국법인 을로 부터 외화로 대가를 받는다. 외국법인 을은 법인세법 및 부가가치세법에 따라 국내에 고정사업장을 갖게 되며 국내에서 조달한 기자재에 대하여 갑으로 부터 부가가치세를 거래징수하여야 한다.

외국환은행의 장이 내국법인 갑의 신청에 의하여 외국법인 을의 국내고정사업장을 통하여 국내에서 조달하여 내국법인 갑에게 공급하는 8백만 달러의 기자재에 대하여 부가가치세법의 영의 세율을 적용받기 위한 구매확인서를 발급할 수 있는지 여부?

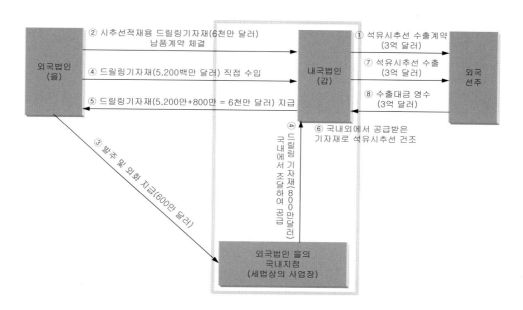

답변 구매확인서 발급대상인지 여부에 대하여, 거래방식, 외화획득용 원료인지의 여부, 구매확인서의 정의, 구매확인서의 발급대상 등을 살펴본 다음 그 결론을 보면 다음과 같다.

□ 사유

○ 거래방식

상기의 거래방식은 각각의 당사자별로 구분하여 보면 다음과 같다.

첫째, 외국법인(을)의 입장에서 본다면, 드릴링기자재(5,200만 달러)는 수출에 해당되며, 국내의 자신의 국내지점을 통하여 조달한 드릴링기자재(800만 달러)의 인도는 외국인 도수출에 해당된다.

둘째, 우리나라에 있는 내국법인(갑)의 입상에서 본다면, 해외의 외국법인(을)로부터 직접 공급받은 드릴링기자재(5,200만 달러)는 수입에 해당되고, 외국법인(을)의 국내지점으로부터 공급받은 드릴링기자재(800만 달러)에 대하여는 수입에 해당되지 않는다. 즉, 드릴링기자재(800만 달러)의 경우에는, 국내법인(갑)이 해외의 외국법인(을)로부터 대금을 영수하였지만 물품의 인도는 국내에서 국내로 이동되었기 때문에 수입으로 볼 수 없다.

> 「대외무역법시행령」 제2조 제4호에 의하면, 유형재의 경우에는 "수입이란 외국으로부터 국내로 물품이 이동하는 것 또는 유상으로 외국에서 외국으로 물품을 인수하는 것으로서 산업통상자원부장관이 고시하는 기준에 해당하는 것"이라고 규정되어 있음

○ 외화획득용 원료인지의 여부

내국법인(갑)이 외국법인(을)에게 6,000만 달러를 지급하고 그로부터 직접 인도받은 드릴링기자재(5,200만 달러) 및 외국법인(을)의 국내지점으로부터 인도받은 드릴링기자재(800만 달러)는 모두 석유시추선을 건조하는데 사용되었고, 그 석유시추선이 외국의 선주에게 수출되었기 때문에 이들 드릴링기자재는 모두 외화획득용 원료에 해당된다.

○ 구매확인서의 정의

구매확인서의 정의는 대외무역관리규정 제2조에 규정되어 있는데, 그 정의의 흐름을 살펴보면 다음과 같다.

첫째, 종전(2006년 4월 3일 이전)의 대외무역관리규정 제2조 제17호에서는 "구매확인서

란 국내에서 생산된 물품등이나 수입된 물품을 외화획득용 원료 또는 물품으로서 사용하기 위하여 구매하고자 하는 경우 외국환은행의 장이 내국신용장에 준하여 발급하는 증서를 말한다"고 규정하고 있었으며, 산업자원부 보도자료(2003년 2월 6일)에서는 "구매확인서는 국내에서 거래하는 물품이 수출 등 외화획득용으로 사용함을 외국환은행이 확인하는 증서로서 내국신용장에 준해서 발급한다"고 규정하였다.

둘째, 2006년 4월 3일 개정 고시되어 현행과 동일한 규정을 가지고 있는 대외무역관리규정 제2조 제18호에서는 "구매확인서란 물품등을 외화획득용 원료, 외화획득용 용역, 외화획득용 전자적 형태의 무체물 또는 물품으로 사용하기 위하여 국내에서 구매하려는 경우 외국환은행의 장이 내국신용장에 준하여 발급하는 증서를 말한다"고 규정하고 있으며, 그 개정고시의 주요골자에서는 "구매확인서는 수출용 물품의 제조, 생산에 필요한 부품, 원재료 등을 공급한 국내업자에게도 그 부가가치 생산가치를 인정, 공급량분만큼 수출실적으로 인정해 주기 위한 증빙서류"라고 규정하고 있다. 참고로, 2011년 10월 10일 개정 대외무역관리규정 제2조 제18호에서는 "구매확인서란 외화획득용 원료·기재를 구매하려는 경우 또는 구매한 경우 외국환은행의 장 또는 "전자무역기반사업자"(「전자무역촉진에 관한 법률」 제6조에 따라 산업통상자원부장관이 지정한 전자무역기반사업자)가 내국신용장에 준하여 발급하는 증서(구매한 경우에는 구매확인서 신청인이 세금계산서를 발급받아 「부가가치세법 시행규칙」 제9조의2에서 정한 기한 내, 즉 과세기간 종료 후 20일 이내에 신청하여 발급받은 증서에 한한다)를 말한다"고 규정하고 있다.

○ 구매확인서의 발급대상

대외무역관리규정 제36조에 따라, 구매확인서의 발급을 신청할 수 있는 자는 국내에서 외화획득용 원료등을 구매하려는 자 또는 구매한 자이다.

> 대외무역관리규정 제36조에 의하면, "영 제31조에 따라 국내에서 외화획득용 원료 또는 물품 등을 구매하려는 자는 외국환은행의 장에게 내국신용장의 개설을 의뢰하거나 외국환은행의 장 또는 전자무역기반사업자에게 구매확인서의 발급을 신청할 수 있다.(다만, 제2조 제18호에도 불구하고 국내에서 외화획득용 원료 또는 물품등을 구매한 자도 부가가치세법시행규칙 제9조의2에서 정한 기한 내, 즉 과세기간 종료 후 20일 이내에 세금계산서 사본을 제출하는 경우에는 구매확인서의 발급을 신청할 수 있다"고 규정하고 있다.

결론 구매확인서의 정의(대외무역관리규정 제2조 제18호) 및 구매확인서의 사전 및 사후발급신청 관련규정(대외무역관리규정 제36조)에서 언급된 것처럼, 구매확인서가 발급되기 위해서는 물품등이 수출 등 외화획득을 위하여 사용되어야 하며, 신청할 수 있는 자는 "국내에서 구매하려는 자" 또는 "국내에서 구매한 자"이어야 한다. 따라서 외국법인(을)의 국내지점으로부터 공급받은 드릴링기자재(800만 달러)는 석유시추선의 수출에 의한 외화획득에 사용되는 되는 물품으로서 사용되었으며, 물품이 국내에서 국내로 이동하였으므로 수입이 아닌 국내구매로 해석하여 구매확인서의 발급이 가능할 것이다.

참고로, 구매확인서의 발급을 위해서는 외화획득용으로 국내에서 구매하려거나 구매하였다는 사실만 있으면 되는 것이다. 따라서, 그 거래가 국내법인간 또는 거주자간의 계약이 있어야 하고 대금수수가 있어야만 구매확인서를 발급할 수 있다는 주장은 국내거래의 해석을 너무 제한적으로 해석한 것으로 볼 수 있다.

■ 질의 12

국내의 A사는 외국으로부터 원자재를 수입하여 국내의 B사에게 공급하고 대금지급을 받았으며, 이 국내의 B사는 구매확인서를 발급받고 이 원자재를 가공한 완제품을 국내의 A사와 동일한 회사인 국내의 C사에게 공급하고 대금지급을 받았으며, C사는 이 완제품을 외국에 수출하였다. 그런데, 국내의 B사는 A사로부터 원자재를 공급받고 대금지급한 사실을 근거로 구매확인서를 발급받을려고 은행에 구매확인서의 발급신청을 하였으나 은행은 중복발행이라는 이유로 이를 거절하였다. 이러한 경우 구매확인서의 발급대상이 되는지?

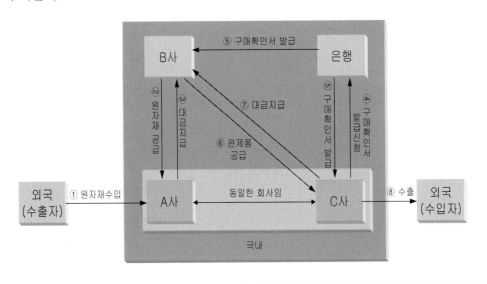

응답 이 사안은 수출에 의한 외화획득행위가 있었기 때문에 구매확인서의 발급대상이 될 수는 있다. 다만, A사가 C사와 동일한 회사가 아닐 경우에는 B사는 2차 구매확인서를 발급받아 A사에게 교부해 주어야 할 것이지만, A가 C사와 동일한 업체라는 점에서 2차 구매확인서의 발급대상인지의 문제가 발생한다.

즉, B사의 입장에서는 B사가 물품을 구매한 A사와 B사가 물품을 공급한 C사가 동일한 회사인지의 여부에 관계없이, ① 국내에서 물품을 구매하였다는 사실(국내의 A사로부터 구매)과 ② 외화획득행위를 하는 수출기업(국내의 C사)에게 물품을 공급한 사실이 있기 때문에, 국내의 C사로부터 발급받은 구매확인서를 외국환은행에 제출하고 국내에서 물품을 구매하였다는 사실을 입증함으로써 2차 구매확인서를 발급받을 수 있을 것이다. 다시 말하면, 「대외무역관리규정」 제2조 제18호에 규정된 구매확인서의 정의에 따라, 구매확인서는 국내에서 물품을 구매하였다는 사실과 그 물품이 외화획득용으로 사용된다는 전제로 발급되는 것이기 때문에 B사의 입장에서는 이러한 전제가 모두 충족되었기 때무에 2차 구매확인서를 발급받을 수 있다.

다만, B사는 발급받은 2차 구매확인서를 A사에게 교부함으로써 A사가 수출실적이나 부가가치세 영세율의 적용을 받을 수 있다. 그러나, A사는 1차 구매확인서를 발급받은 C사와 동일한 회사이고, C사가 이미 1차 구매확인서를 발급받음으로써 수출실적 및 부가가치세 영세율의 적용을 받은 것이기 때문에 A사가 2차 구매확인서를 받는다면 중복 수혜되는 문제가 발생한다. 따라서, A사와 동일한 회사인 C사가 이미 구매확인서를 발급받았기 때문에 A사를 위한 2차 구매확인서의 발급은 불가능하다.

따라서, 원재료를 공급한 국내의 A사와 완제품을 수출하는 C사가 동일한 회사인 경우에는, 외국환은행은 B사를 위해서만 2차 구매확인서를 발급해 주어야 한다.

■ **질의 13** 북한반출물품의 구매확인서 발급대상 여부

북한으로 반출되는 물품에 대하여는 구매확인서를 발급할 수 있는가?

응답 「대외무역법」에서 구매확인서의 발급대상은 외화획득용으로 사용되는 물품을 국내에서 구매하는 경우인데, "북한으로 반출되는 물품"은 수출실적으로는 인정되지만 수출로는 인정되지 않아 외화획득의 범위에는 해당되지 않고 따라서 구매확인서의 발급대상으로 되지 않는 것처럼 보일 수 있다. 그러나, 북한으로 반출되는 물품에 대하여는 「남북교류협력에 관한 법률」이 적용되고, 「남북교

류협력에 관한 법률」이 「대외무역법」보다 우선해서 적용되기 때문에 「남북 교류협력에 관한 법률」에서 "북한으로 반출되는 물품"을 수출로 인정한다면 구매확인서의 발급대상이 될 수 있다.

즉, "북한으로 반출되는 물품과 북한에 제공되는 용역 및 선박·항공기의 북한 항행용역에 대하여는 이를 각각 수출품목으로 본다"는 「남북교류협력에 관한 법률시행령」 제51조 제3항의 규정에 따라, 북한으로 반출되는 물품은 수출에 해당된다. 따라서 「대외무역법」상 수출은 외화획득의 범위에 해당되기 때문에 구매확인서의 발급요건인 외화획득용으로 사용되는 물품을 국내에서 구매하는 경우에 해당되어 북한으로 반출되는 물품에 대하여는 구매확인서를 발급할 수 있다.

연습문제

1. 대외무역법의 목적이 아닌 것은?

① 대외무역을 진흥하고 공정한 거래질서를 확립

② 국제수지의 균형과 통상확대를 도모

③ 궁극적인 목적은 국민경제의 발전에 이바지 하는 것임.

④ 수출의 진흥과 수입의 조정을 통한 국제수지 흑자 달성

| 정답·해설 | ④ : 대외무역법은 대외무역을 진흥하고 공정한 거래질서를 확립하여 국제수지의 균형과 통상확대를 도모함으로써 국민경제의 발전에 이바지함을 목적으로 하고 있다. 종전의 무역거래법하에서의 수출의 진흥과 수입의 조정이라는 표현은 자유무역의 근본취지는 물론 통상문제를 야기시킬 수 있기 때문에 이러한 표현은 사용하지 않고 있다.

2. 대외무역법이 추구하는 궁극적인 목적은?

① 대외무역의 진흥과 공정한 거래질서 확립

② 국제수지의 균형과 통상확대 도모

③ 국민경제 발전에 이바지함

④ 수출촉진·수입억제를 통한 경제성장

| 정답·해설 | ③ : 대외무역법의 궁극적인 목적은 국민경제의 발전에 이바지하는 것이다.

3. 대외무역법의 목적에 관한 설명중 잘못된 것은?

① "대외무역의 진흥"이란 수출촉진·수입억제가 아니라, 수출·수입의 중요성을 동등하게 인정하여 자유무역을 추구하는 것이다.

② "공정한 거래질서의 확립"이란 공정무역을 통하여 선진적인 무역관리체제의 유지를 도모하기 위한 것이다.

③ "국제수지의 균형"이란 수출을 진흥하고 수입을 조정함으로써 국제수지의 균형을 도모하고자 하는 것이다.

④ "통상확대의 도모"란 내국인에 대한 규제차원을 넘어 외국과의 통상교섭시 하나의 법적 근거를 마련한 것이다.

| 정답·해설 | ③ : 수출의 진흥과 수입의 조정을 통한 국제수지의 균형을 도모하는 것은 무역거래법의 목적이다.

4. 특정물품의 국내물가를 안정시키기 위하여 그 물품의 수입을 허용한 경우의 궁극적인 목적은?

① 불균형상태의 국제수지를 균형상태로 맞추기 위한 것이다.

② 자유롭고 공정한 무역을 추구하기 위한 것이다.

③ 국민경제의 발전에 이바지하기 위한 것이다.

④ 특정물품의 수입에 대한 대가로 수출을 확대하려고 하는 것이다.

| 정답·해설 | ③

5. 대외무역법에 관한 설명으로 틀린 것은?

① 대외무역법은 수출·수입을 통한 물품의 이동을 관리하는 법으로서, 대외무역에 관한 일반법이며 기준법이다.

② 대외무역법은 종전의 무역거래법을 개편한 것으로서, 산업설비수출촉진법 및 수출조합

법을 통폐합하여 1986년에 새롭게 제정되었다.

③ 다른 법에서 무역에 관한 규정을 두는 경우에도 다른 법을 배제하고 대외무역법의 규정이 우선적으로 적용된다.

④ 무역관리의 기본법으로서, 대외무역법, 동법 시행령 및 대외무역관리규정 등으로 구성되어 있다.

| 정답·해설 | ③ : 대외무역법은 무역에 관한 일반법이며 기준법이므로 다른 법에서 무역에 관한 특별규정이 있는 경우에는 다른 법을 우선해서 적용한다.

6. 대외무역법으로 통폐합된 법률은?

① 수출자유지역설치법　　　　　　② 수출검사법
③ 산업설비수출촉진법　　　　　　④ 농수산물 수출진흥법
⑤ 외국인투자촉진법

| 정답·해설 | ③ : 산업설비수출촉진법이 폐지되어 대외무역법으로 통합되었다

7. 대외무역법의 제정시 통폐합된 법률이 아닌 것은?

① 무역거래법　　　　　　　　　　② 수출검사법
③ 산업설비수출촉진법　　　　　　④ 수출조합법

| 정답·해설 | ② : 수출검사법은 폐지되었다.

8. 대외무역법의 목적과 관련된 설명 중 틀린 것은?

① 선진국에 비하여 제한적 규정이 많다.
② 수출입질서와 대외신용의 유지·향상을 도모한다.
③ 대외무역의 자유화 및 제한의 최소화를 원칙으로 한다.
④ 수출을 진흥하고 수입을 조정한다는 명문규정은 없으나 수출진흥제일주의를 내포하고 있다.
⑤ 계약자유의 원칙에 따라 당사자간에 합의한 계약내용이 대외무역법보다 우선해서 적용된다.

| 정답·해설 | ⑤ : 대외무역법은 강행규정이므로 당사자간의 약정에 우선해서 적용된다.

9. 대외무역법에 관한 설명으로 틀린 것은?

① 대외무역법은 수출을 촉진하기 위해 제정한 법이라는 점에서는 종전의 무역거래법과 동일하다.
② 무역에 관한 기본법으로 법·시행령·관리규정으로 구성되어 있다.
③ 대외무역법의 제정취지는 급변하는 대내외 무역환경에 능동적으로 대처하고, 민간주도 무역의 자율성을 제고하고 공정한 거래질서를 확립하여 대외 신용을 제고시키고자 하는데 있다.
④ 대외무역법은 자유롭고 공정한 무역을 조장함을 목적으로 하기 때문에 무역자유화를 증진하고 상대방 국가의 불공정한 무역행위 등에 대해 단호하고 능동적으로 대처할 수 있는 규정을 두고 있다.

| 정답·해설 | ① : 종전의 무역거래법과는 달리, 대외무역법은 수출과 수입을 동시에 진흥시키고자 한다.

10. 대외무역법의 제정동기라고 할 수 없는 것은?

① 국내외 무역환경에 능동적으로 대처한다.

② 전문화된 무역인을 양성한다.

③ 수입자유화정책의 적극추진 및 선진국의 개방압력에 대처한다.

④ 시장경제의 창달 및 민간경제체제를 확립시킨다.

⑤ 경제 및 무역규모의 확대에 능동적으로 대응한다.

| 정답·해설 | ② : 1986년에 들어서면서 국제무역환경의 변화와 무역거래법의 미흡한 점을 보완, 보충하기 위해 대외무역법을 제정하였으며, 현재는 전문화된 인력이 아니더라도 무역업의 신고만 하면 누구든지 무역업을 영위할 수 있도록 규정하고 있다.

11. 대외무역법의 제정원칙이라고 할 수 없는 것은?

① 수출입품목별 관리　　　　　② 무역업의 업종별 관리

③ 수출진흥·수입억제　　　　　④ 무역의 자유화

⑤ 공정무역의 조장

| 정답·해설 | ③ : 대외무역법은 수출과 수입을 동등하게 진흥하고자 한다.

12. 대외무역법의 기본원칙이 아닌 것은?

① 자유·공정무역의 구현　　　　② 수출입 거래질서의 유지

③ 수입자유화의 부작용 최소화　④ 민간주도에서 정부주도의 경제운용

| 정답·해설 | ④ : 대외무역법은 정부주도에서 민간주도로 경제운용을 한다.

13. 대외무역법의 특성이라고 볼 수 없는 것은?

① 위임입법성　　　　　　　　　② 국제성의 인정

③ 불공정무역의 조장　　　　　　④ 중앙집권적 관리방식

⑤ 포괄적 관리

| 정답·해설 | ③ : 대외무역법은 공정한 무역을 구현하고자 한다.

14. 무역관리의 기본법규가 아닌 것은?

① 대외무역법　　　　　　　　　② 외국인투자촉진법

③ 외국거래법　　　　　　　　　④ 관세법

| 정답·해설 | ② : 무역관리를 위한 기본법은 대외무역법, 관세법, 외국환거래법이다.

15. 산업통상자원부장관이 무역의 진흥을 위하여 취하는 조치에 해당되지 않는 것은?

① 수출산업의 경쟁력을 높이기 위한 조치

② 외화가득률을 높이기 위한 품질향상 및 국내에서 생산되는 외화획득용 원료·기재의 사용촉진

③ 민간의 통상활동 및 산업협력의 지원

④ 무역관련 시설에 대한 조세등의 감면

⑤ 통상관련 정보수집·분석 및 활용방안

| 정답·해설 | ⑤ : 통상관련 정보수집·분석 및 활용방안은 산업통상자원부장관이 수립하여야 하는 통상진흥시책에 포함되어야 할 사항에 해당되는 것이다.

16. 산업통상자원부장관이 무역의 진흥을 위하여 필요한 지원을 할 수 있는 자에 해당되지 않는 것은?

① 전략물자를 수출 또는 수입하는 자

② 무역의 진흥을 위한 자문·지도·대외홍보·전시·연수·상담알선 등을 업으로 하는 자

③ 무역전시장·무역연수원 등의 무역관련시설을 설치·운영하는 자

④ 과학적인 무역업무 처리기반을 구축·운영하는 자

| 정답·해설 | ① : 산업통상자원부장관이 전략물자수출입업자에게는 무역의 진흥을 위하여 필요한 지원을 하지 않는다.

17. 무역진흥의 지원대상이 되는 무역관련시설로 지정받기 위한 기능 및 규모가 잘못 설명된 것은?

① 무역전시장 : 무역관련 견본전시가 가능한 시설 및 그 부대시설로서 연면적이 2,000m2 이상일 것

② 무역전시장 : 무역관련 견본전시가 가능한 시설 및 그 부대시설로서 연면적이 2,000㎡ 이상이고 최대수용인원이 2,000명 이상일 것

③ 무역연수원 : 무역전문인력의 양성이 가능한 시설로서 연면적이 2,000㎡ 이상이고 최대수용인원이 500명 이상일 것

④ 컨벤션센터 : 회의용 시설로서 연면적이 4,000㎡ 이상이고 최대수용인원이 2,000명 이상일 것

| 정답·해설 | ② : 대외무역법시행령 제5조 참조.

18. 산업통상자원부장관이 물품의 수출·수입을 제한하거나 금지할 수 있는 경우에 해당되지 않는 것은?

① 교역상대국과의 경제협력을 증진하기 위하여 필요할 때

② 교역상대국이 조약과 일반적으로 승인된 국제법규에서 정한 우리나라의 권익을 부인할 때

③ 교역상대국이 우리나라의 무역에 대하여 부당하거나 차별적인 부담 또는 제한을 가할 때

④ 헌법에 의하여 체결·공포된 무역에 관한 조약과 일반적으로 승인된 국제법규에서 정한 국제평화와 안전유지 등의 의무의 이행을 위하여 필요할 때

⑤ 인간의 생명·건강 및 안전 동물·식물의 생명 및 건강, 환경보전 또는 국내자원보호를 위하여 필요할 때

| 정답·해설 | ① : 교역상대국과의 경제협력증진을 위하여 필요한 경우에는 수출입의 제한이나 금지에 해당되지 않는다(대외무역법 제5조).

19. 산업통상자원부장관이 수립하여야 하는 통상진흥시책에 포함되어야 할 사항이 아닌 것은?

① 통상진흥시책의 기본방향

② 국제통상여건의 분석과 전망

③ 통상관련 정보수집·분석 및 활용방안

④ 무역 및 통상의 진흥과 관련되는 기관 또는 단체의 통상활동계획

⑤ 민간의 통상활동 및 산업협력의 지원

| 정답·해설 | ⑤ : 민간의 통상활동 및 산업협력의 지원은 산업통상자원부장관이 물품의 수출·수입을 지속적으로 증대하기 위하여 행하는 조치에 해당된다(대외무역법 제8조 제2항 및 동법 시행령 제11조).

20. 산업통상자원부장관의 권한을 위임·위탁하는 경우 잘못 연결된 것은?

① 시·도지사 - 위임　　　　　　② 자유무역지역관리원장 - 위임
③ 중앙행정기관의 장 - 위탁　　 ④ 관세청장 - 위임
⑤ 대한상사중재원장 - 위탁

| 정답·해설 | ④ : 위임은 상하관계에 있는 자 사이, 위탁은 대등관계에 있는 자 사이에서의 위임관계를 말한다. 따라서, 관세청장은 산업통상자원부 산하에 있는 기관이 아니므로 위탁이라는 용어를 사용하여야 한다.

21. 위임 또는 위탁에 관한 설명으로서 타당하지 못한 것은?

① 위임이란 상하관계에 있는 자 사이에서의 위임관계로서, 그 권한을 위임하는 행정관청의 하급행정청 또는 보조기관에 하는 것을 말한다.
② 위탁이란 대등관계에 있는 자 사이에서의 위임관계로서, 위임행정관청과 대등한 행정관청 기타 직접적인 지휘감독하에 있지 않는 행정청이나 기관 등에 하는 것을 말한다.
③ 산업통상자원부장관이 수출입과 관련된 권한을 위임 또는 위탁하는 것은 수출입행정의 신속화와 효율적인 운영을 도모하고자 하는 것이다.
④ 산업통상자원부장관은 대외무역법에 의한 권한의 일부를 산업통상자원부장관의 새냥으로 소속기관의 장이나 법인 또는 단체 등에 위임 또는 위탁할 수 있다.

| 정답·해설 | ④ : 산업통상자원부장관은 대외무역법에 의한 권한의 일부를 대통령령이 정하는 바에 의하여 소속기관의 장, 시·도지사에게 위임하거나, 관계 행정기관의 장, 세관장, 한국은행총재, 한국수출입은행장, 외국환은행의 장, 기타 대통령령이 정하는 법인 또는 단체에 위탁할 수 있다.

22. 산업통상자원부장관의 권한의 위임·위탁사항과 그 기관이 잘못 연결된 것은?

① 외화획득용원료·기재(목재가구 제외)의 기준소요량 결정에 관한 권한 - 한국기계산업진흥회장에게 위탁
② 수출입승인면제의 확인에 관한 권한 - 세관장에게 위탁
③ 원산지표시의 판정 및 이의제기의 처리에 관한 권한 - 관세청장에게 위탁
④ 산업설비수출승인 및 변경승인의 권한(연불금융지원의 경우) - 한국수출입은행장에게 위탁
⑤ 무역분쟁에 대한 조정 또는 알선에 관한 권한 - 대한상사중재원장에게 위탁

| 정답·해설 | ① : 산업통상자원부장관은 외화획득용원료·기재(목재가구 제외)의 기준소요량 결정에 관한 권한을 국가기술표준원장에게 위임한다(대외무역법 시행령 제91조).

23. 위임 또는 위탁에 관한 설명중 잘못된 것은?

① 산업통상자원부장관은 위임·위탁한 사무에 관하여 그 위임·위탁을 받은 자를 지휘·감독하며 필요한 자료의 제출을 요청할 수 있다.
② 산업통상자원부장관은 그 권한을 위임·위탁받은 자가 대외무역법령을 위반하여 그 위임·위탁을 받은 업무를 처리한 때에는 과징금이나 과태료를 부과할 수 있다.
③ 위임·위탁받은 업무처리기준 및 절차를 제정 또는 개정하고자 할 때에는 산업통상자원부장관과 미리 협의하여야 한다.
④ 산업통상자원부장관으로부터 권한을 위임·위탁받은 자는 위임 또는 위탁받은 업무의 처리결과를 산업통상자원부장관에게 보고하여야 한다.

⑤ 산업통상자원부장관으로부터 권한을 위임·위탁받은 자는 위임·위탁받은 업무의 처리 기준 및 절차를 제정·운용할 수 있다.

| 정답·해설 | : ② : 산업통상자원부장관은 그 권한을 위임·위탁받은 자가 대외무역법령을 위반하여 그 위임·위탁을 받은 업 무를 처리한 때에는 시정조치를 요구할 수 있으며, 시정조치를 요구받은 자는 즉시 그 업무를 시정하고 그 결 과를 산업통상자원부장관에게 보고하여야 한다.

24. 산업통상자원부장관이 대외무역법에 의한 권한의 일부를 위탁받는 자가 아닌 것은?

① 국립산림과학원장
② 시·도지사
③ 대한상사중재원장
④ 세관장
⑤ 관계중앙행정기관의 장

| 정답·해설 | : ② : 시·도지사는 권한을 위임받는 자이다.

25. 산업통상자원부장관이 대외무역법에 의한 권한의 일부를 위임받는 자가 아닌 것은?

① 국가기술표준원장
② 시·도지사
③ 자유무역지역관리원장
④ 국립산림과학원장

| 정답·해설 | : ④ : 국립산림과학원장은 권한을 위탁받는 자이다.

26. 산업통상자원부장관이 관장하는 품목의 물품등에 대한 권한 중 국가기술표준원장에게 위임된 권한이 아닌 것은?

① 산업통상자원부장관이 관장하는 품목의 물품중 목재가구에 대한 외화획득용원료·기 재의 기준소요량의 결정에 관한 권한
② 외화획득용원료·기재의 외화획득이행여부에 대한 사후관리에 관한 권한
③ 시·도지사에 위임된 외화획득이행여부에 대한 사후관리 및 사용목적변경승인사무에 대한 지휘·감독 및 자료의 제출요청에 관한 권한
④ 외화획득용원료·기재의 기준소요량의 결정에 관한 권한

| 정답·해설 | : ① : 산업통상자원부장관이 관장하는 품목의 물품중 목재가구에 대한 외화획득용원료·기재의 기준소요량의 결 정에 관한 권한은 국립산림과학원장에게 위탁한다.

27. 산업통상자원부장관이 관장하는 물품에 대한 권한중 시·도지사에게 위임된 권한이 아닌 것은?

① 외화획득이행기간의 연장에 관한 권한
② 외화획득용원료·기재의 사용목적 변경승인에 관한 권한
③ 수입물품에 대한 원산지표시 검사권한 중 국내유통중인 물품에 대한 권한
④ 원산지표시를 하지 않고 유통시키거나 원산지표시의 검사를 거부한 자에 대한 과태료 의 부과·징수 등에 대한 권한
⑤ 위 네가지 권한중 자유무역지역관리원의 관할구역안의 입주업체

| 정답·해설 | : ⑤ : 시·도지사에게 위임된 권한중 자유무역지역관리원의 관할구역안의 입주업체에 대한 권한은 자유무역지역 관리원장에게 위임한다.

28. 산업통상자원부장관으로부터 세관장에게 위탁된 권한이 아닌 것은?

① 원산지표시의 판정의 권한

② 수입물품의 원산지표시 및 원산지의 확인에 대한 검사에 관한 권한

③ 원산지증명서의 제출명령에 관한 권한

④ 수출입 승인면제의 확인에 관한 권한

| 정답·해설 | ① : 원산지표시의 판정의 권한은 관세청장에게 위탁되어 있다.

29. 산업통상자원부장관으로부터 관세청장에게 위탁된 권한이 아닌 것은?

① 원산지표시의 판정 및 이의제기의 처리에 관한 권한

② 원산지표시방법의 위반에 대한 시정조치명령 또는 과징금부과에 관한 권한

③ 원산지표시방법의 범위안에서 원산지표시방법에 관한 세부적인 사항을 정하는 권한

④ 세관장에게 위탁된 사무에 대한 지휘·감독 및 자료의 제출요청에 관한 권한

| 정답·해설 | ② : 불공정수출입행위에 대한 시정조치명령 또는 과징금부과에 관한 권한은 세관장에게 위탁되어 있다.

30. 플랜트수출승인에 관한 권한을 위탁받은 기관은?

① 외국환은행장   ② 한국기계산업진흥회장

③ 국가기술표준원장   ④ 국립산림과학원장

⑤ 한국외국기업협회장

| 정답·해설 | ② : 한국기계산업진흥회장에게는 플랜트수출의 승인·변경승인·사후관리 및 국내기자재의 반출확인에 관한 권한을 위탁한다.

31. 플랜트수출승인에 관한 권한 중 연불금융지원의 경우에 그 권한을 위탁받은 기관은?

① 한국기계산업진흥회장   ② 산업통상자원부장관

③ 한국수출입은행장   ④ 공업진흥청장

| 정답·해설 | ③ : 한국기계산업진흥회장에 위탁한 업무의 권한중 연불금융지원의 경우에는 한국수출입은행에 위탁한다.

32. 산업통상자원부로부터 한국수출입은행장에의 권한 위탁사항은?

① 플랜트수출의 승인 및 변경승인

② 산업설비수출승인의 사후관리

③ 국내기자재의 반출확인

④ 한국기계산업진흥회에 위탁한 업무의 권한중 연불금융지원의 경우

| 정답·해설 | ④ : 산업통상자원부장관은 한국기계산업진흥회에 위탁한 업무의 권한중 연불금융지원의 경우에는 한국수출입은행에 위탁한다.

33. 위임·위탁업무 처리결과의 보고시기에 관한 설명중 잘못된 것은?

① 관세청장에게 위탁된 권한: 해당 분기가 끝난 후 30일 이내

② 세관장에게 위탁된 권한: 해당 분기가 끝난 후 30일 이내

③ 국가기술표준원장에게 위탁된 권한: 해당 반기가 끝난 후 45일 이내

④ 대한상사중재원장에게 위탁된 권한: 해당 반기가 끝난 후 45일 이내

⑤ 한국기계산업진흥회장에게 위탁된 권한: 해당 연도가 끝난 후 2개월 이내

| 정답·해설 | ⑤ : 한국기계산업진흥회장에게 위탁된 권한은 해당 반기가 끝난 후 45일 이내이다(대외무역관리규정 제108조 제1항).

34. 무역업과 관련하여 현재 시행되고 있는 제도는?

① 허가제도   ② 신고제도

③ 등록제도   ④ 고유번호제도

⑤ 인정신고제도

| 정답·해설 | ④ : 무역업고유번호를 부여받고자 하는 자는 한국무역협회장에게 신청하여야 하며, 한국무역협회장은 접수 즉시 신청자에게 고유번호를 부여하여야 한다(대외무역관리규정 제24조 제2항).

35. 무역업에 관한 설명 중 틀린 것은?

① 산업통상자원부장관은 전산관리체제의 개발·운영을 위하여 무역거래자별 무역업고유번호를 부여할 수 있다.

② 무역거래자는 수출(입)신고시 무역업고유번호를 수출(입)자 상호명과 함께 기재하여야 한다.

③ 무역업고유번호를 부여받고자 하는 자는 무역업고유번호를 한국무역협회장에게 신청하여야 한다.

④ 무역업고유번호의 신청 및 부여는 우편이나 팩시밀리 방법을 이용할 수 있지만, 전자메일이나 전자문서교환체제(EDI) 등의 방법으로는 할 수 없다.

⑤ 한국무역협회장은 무역업고유번호의 부여 및 변경사항을 확인하고 무역업고유번호 관리대장에 이를 기록 및 관리하여야 한다.

| 정답·해설 | ④ : 무역업고유번호의 신청은 우편·팩시밀리·전자메일·전자문서교환체제(EDI) 등의 방법으로는 할 수도 있다(대외무역관리규정 제24조)

36. 무역업을 하고자 하는 자가 무역업고유번호의 신청을 해야 하는 신청기관은?

① 산업통상자원부   ② 한국무역협회

③ 한국무역대리점협회   ④ 무역위원회

⑤ 관세청

| 정답·해설 | ② : 산업통상자원부장관의 권한중 무역업고유번호의 부여에 관한 권한은 한국무역협회에 위탁되어 있으므로 무역업고유번호의 부여기관은 한국무역협회이다.

37. 대외무역법상의 무역거래자가 아닌 경우는?

① 수출 또는 수입을 하는 자

② 외국의 수입자 또는 수출자의 위임을 받은 자

③ 수출·수입을 위임하는 자

④ 물품의 수출·수입행위의 전부 또는 일부를 위임하거나 행하는 자

⑤ 수출·수입물품의 통관을 대행하는 자

| 정답·해설 | ⑤ : 무역거래자란 수출 또는 수입을 하는 자, 외국의 수입자 또는 수출자의 위임을 받은 자 및 수출·수입을 위임하는 자 등 물품 등의 수출·수입행위의 전부 또는 일부를 위임하거나 행하는 자를 말한다(대외무역법 제2조 제3호).

38. 다음 중 수출입의 대상이 되는 "물품등"에 해당되지 않는 것은?

① 물품
② 대통령이 정하는 용역
③ 대통령령이 정하는 부동산
④ 대통령령이 정하는 전자적 형태의 무체물

| 정답·해설 | ③ : "무역"이란 "물품등"(물품과 대통령령이 정하는 용역 또는 전자적 형태의 무체물)의 수출·수입을 말한다 (법 제2조 제1호).

39. 대통령령이 정하는 용역에 해당하지 않는 것은?

① 경영 상담업을 영위하는 자가 제공하는 용역
② 법무관련 서비스업을 영위하는 자가 제공하는 용역
③ 포장업을 영위하는 자가 제공하는 용역
④ 엔지니어링 서비스업을 영위하는 자가 제공하는 용역
⑤ 국내의 법령에 의하여 보호되는 전용실시권의 설정

| 정답·해설 | ③ : "대통령령이 정하는 용역"이란 ① 경영 상담업·법무관련 서비스업·회계 및 세무관련 서비스업·엔지니어 링 서비스업·디자인·컴퓨터시스템 설계 및 자문업·문화산업진흥기본법 제2조제1호의 규정에 의한 문화산업에 해당하는 업종·그 밖에 지식기반용역 등 수출유망산업으로서 산업통상자원부장관이 정하여 고시하는 업종 등 의 사업을 넘위하는 자가 제공하는 용역, ② 국내의 법령 또는 대한민국이 당사자인 조약에 의하여 보호되는 특허권·실용신안권·의장권·상표권·저작권·저작인접권·프로그램저작권·반도체집적회로의배치설계권의 안 도, 전용실시권의 설정 또는 통상실시권의 허락에 해당하는 용역을 말한다(영 제3조).

40. 대통령령이 정하는 전자적 형태의 무체물에 해당되지 않는 것은?

① 소프트웨어산업진흥법에 의한 소프트웨어
② 디지털방식으로 제작한 만화
③ 디지털방식으로 제작한 데이터베이스
④ 디지털방식으로 제작한 전자서적
⑤ CD ROM

| 정답·해설 | ⑤ : CD ROM은 무체물이 아니라 유체물이다.

41. 우리나라 대외무역법상 수출의 원인이 될 수 없는 것은?

① 교환
② 증여
③ 임대차
④ 사용대차
⑤ 부동산의 매매

| 정답·해설 | ⑤ : 수출이란 매매·교환·임대차·사용대차·증여 등을 원인으로 국내에서 외국으로 물품을 이동하는 것을 말 한다(대외무역법시행령 제2조 제3호)

42. 수출실적으로 인정받을 수 없는 경우는?

① 대북한 유상반출
② 매매를 원인으로 하는 유상수출
③ 증여를 원인으로 하는 수출
④ 외국인으로부터 대금을 영수하고 외화획득용 시설기재를 외국인과 임대차계약을 맺은 국내업체에 인도하는 경우
⑤ 거주자가 비거주자에게 전자적 형태의 무체물을 정보통신망을 통하여 유상으로 전송하는 것

| 정답·해설 | ③ : 영 제2조 제3호에 의한 수출중 유상으로 거래되는 수출(대북한 유상반출실적 포함)은 수출실적으로 인정 을 받게 된다. 따라서 증여를 원인으로 하는 수출은 무상으로 거래되는 수출에 해당되기 때문에 수출실적으로 인정받을 수 없다(대외무역관리규정 제25조 제1항)

43. 수출실적의 인정금액에 대한 설명중 옳은 것은?

① 중계무역의 경우에는 수출금액(CIF)에서 수입금액(FOB)을 공제한 가득액

② 수출통관액(FOB가격기준)만을 수출실적액으로 인정한다.

③ 수출물품등의 제조업자에게 공급한 외화획득용 원료 또는 물품등이 수출에 공하여지는 것으로서, 내국신용장 등에 의한 공급은 외국환은행의 결제액 또는 확인액

④ 원양어로에 의한 수출중 현지경비사용분은 외국환은행의 입금액

⑤ 외국인도수출의 경우에는 외국환은행의 확인분

| 정답·해설 | ③ : 중계무역: 수출금액(FOB) – 수입금액(CIF), 원양어로의 수출중 현지경비사용분: 외국환은행의 확인분, 외국인도수출: 외국환은행의 입금액

44. 외국환은행의 장이 수출·수입실적을 확인하고 증명을 발급하는 경우가 아닌 것은?

① 중계무역에 의한 수출　　　　② 유상으로 거래되는 일반수출입

③ 외국인도수출　　　　④ 외국인수수입

⑤ 원양어로에 의한 수출

| 정답·해설 | ② : 유상으로 거래되는 일반수출입에 대하여는 한국무역협회에서 수출입실적확인증명서를 발급한다(규정 제28조 제1항).

45. 수출실적의 인정범위에 대한 설명중 틀린 것은?

① 유상으로 거래되는 수출

② 수출물품등의 제조업자에게 공급한 외화획득용 원료 또는 물품등이 수출에 공하여지는 것으로서, 내국신용장 등에 의한 공급

③ 수출입승인면제물품중 외국에서 개최되는 박람회 등에 출품하기 위하여 무상으로 반출하는 물품등의 수출로서 현지에서 매각된 것

④ 무역업자에게 공급한 외화획득용 원료 또는 물품등이 수출에 공하여지는 것으로서, 내국신용장 등에 의한 공급

⑤ 해외에서의 투자 등에 종사하고 있는 우리나라업자에게 무상으로 송부하기 위하여 반출하는 물품등으로서 해외건설공사에 직접 공하여지는 물품등의 수출중 수입신고필증에 재반입하지 않는다는 조건이 명시된 분

| 정답·해설 | ⑤ : ⑤번에서는 수출신고필증에 재반입하지 않는다는 조건이 명시된 분에 한한다.

46. 수입실적에 관한 설명 중 틀린 것은?

① 수입실적이란 산업통상자원부장관이 정하여 고시하는 기준에 해당하는 수입통관액 및 지급액을 말한다.

② 수입실적의 인정범위는 유상으로 거래되는 수입으로 한다.

③ 수입실적의 인정금액은 수입통관액(CIF가격기준)으로 한다.

④ 유상으로 거래되는 수입의 수입실적의 인정시점은 수입신고수리일로 한다.

⑤ 외국인수수입의 수입실적의 인정금액은 수입통관액(CIF)으로 한다.

| 정답·해설 | ⑤ : 외국인수수입의 수입실적의 인정금액은 외국환은행의 지급액으로 한다.

47. 수출입의 원칙에 대한 설명 중 잘못된 것은?

① 물품 등의 수출입은 이 법의 목적의 범위내에서 자유롭게 이루어져야 한다.

② 물품 등의 수출에 따른 대금의 영수 또는 지급은 이 법의 목적의 범위내에서 자유롭게 이루어져야 한다.

③ 무역거래자는 대외신용도 확보 등 자유무역질서의 유지를 위하여 자기 책임하에 해당 거래를 성실하게 이행하여야 한다.

④ 수출입업자에게는 원칙적으로 수출입행위에 따르는 자유를 보장하되 자유에 따르는 이행책임을 부과하여 필요한 경우 최소한의 국가관여 여지를 남겨두고 있다.

⑤ 수출입행위는 원칙적으로 제한되어 있으며, 예외적으로 자유를 인정하고 있다.

| 정답·해설 | ⑤ : 수출입행위는 원칙적으로 자유로워야 하며 제한은 최소화되어야 한다는 입법방향을 제시하고 있다(대외무역법 제10조)

48. 수출입을 제한할 수 있는 경우에 해당되지 않는 것은?

① 헌법에 의하여 체결·공포된 조약이나 일반적으로 승인된 국제법규상의 의무이행을 위하여 산업통상자원부장관이 지정·고시하는 물품등

② 생물자원의 보호를 위하여 산업통상자원부장관이 지정·고시하는 물품등

③ 교역상대국과의 경제협력증진을 위하여 산업통상자원부장관이 지정·고시하는 물품등

④ 국방상 원활한 물자 수급을 위하여 산업통상자원부장관이 지정·고시하는 물품등

⑤ 긴급을 요하는 물품 기타 수출 또는 수입절차를 간소화하기 위한 물품으로서 대통령령이 정하는 기준에 해당하는 물품 등

| 정답·해설 | ⑤ : 긴급을 요하는 물품등이나 절차의 간소화를 위한 물품등은 수출입승인면제대상물품이다.

49. 산업통상자원부장관이 수출입거래가 질서있고 효율적으로 이루어질 수 있도록 개발·운영하는 전산관리체제가 아닌 것은?

① 수출입통계베이스등의 구축을 위한 전산관리체제

② 무역분쟁해결의 지연을 방지하기 위한 전산관리체제

③ 불공정수출입행위를 방지하기 위한 전산관리체제

④ 부문별 무역전산관리체제의 유기적 연계를 위한 전산관리체제

⑤ 기타 무역업계의 요청에 의하여 산업통상자원부장관이 필요하다고 인정하는 전산관리체제

| 정답·해설 | ② : 무역분쟁해결의 지연을 방지하기 위한 전산관리체제는 존재하지 않는다(대외무역법 시행령 제21조 제1항).

50. 현행 우리나라의 수출입공고 제도와 관련하여 틀린 것은?

① HS방법에 의한 품목분류

② Positive List System의 채택

③ 수출제한품목과 수입제한품목으로 구분하여 공고

④ Negative List System의 채택

| 정답·해설 | ② : 우리나라는 GATT에 가입(1967년 4월)하면서 1967년 7월 25일부터 수출입품목관리체계를 Positive List System에서 Negative List System으로 전환하였다.

51. 현행 수출입공고상의 품목분류에 대한 설명중 틀린 것은?

① 수출입공고상의 품목은 수출제한품목과 수입제한품목으로 분류된다.

② 우리나라 수출입품목관리체계는 Nagative List System방식을 사용하고 있다.

③ 수출입공고는 HS상품분류체계의 분류방식을 사용하고 있다.

④ HS상품분류체계는 6단위까지는 세계적으로 통일된 분류체계이다.

⑤ 수입제한품목은 별표 1에 게기한 품목으로서, 각 품목별 수입요령에 따라 수입승인하여야 한다.

| 정답·해설 | ⑤ : 수입제한품목은 별표 3에 게기한 품목이다(수출입공고 총칙 제6조).

52. 현행 수출입공고상 품목분류방법은?

① SITC   ② BTN   ③ CCCN   ④ HS   ⑤ CIF

| 정답·해설 | ④ : 수출입공고상의 품목분류방법은 HS(Harmonized Commodity Description and Coding System) 상품분류에 의하며, 동 분류된 품목의 세분류는 관세·통계통합 품목분류표(HSK)에 의한다. 1970년까지 SITC, 1977년까지 BTN, 1987년까지 CCCN, 1988년 1월 1일부터 현재까지 HS방식을 채택·사용하고 있다.

53. 물품의 수출 또는 수입과 관련한 품목관리공고중 경제외적 목적을 달성하기 위한 공고에 해당되는 것은?

① 수출입공고   ② 수출입별도공고
③ 수입선다변화품목공고   ④ 통합공고

| 정답·해설 | ④ : 수출입공고, 수출입별도공고 및 수입선다변화품목공고는 경제정책목표의 달성을 위한 규제라고 할 수 있다. 현재 수출입별도공고는 수출입공고로 통폐합되었으며, 수입선다변화품목공고는 폐지되었다.

54. 수출입승인에 대한 사항 중 틀린 것은?

① 하나의 수출 또는 수입에 대하여 2 이상의 승인을 받아야 하는 경우에는 독립된 2개의 승인서에 각각 승인을 받아야 한다.

② 수출입승인의 유효기간은 대외신용유지관계로 연장할 수 없다.

③ 수출입승인의 유효기간은 원칙적으로 1년이다.

④ 수출입승인기관의 장은 수출입물품을 분할하여 수출입승인서를 발급할 수 있다.

⑤ 전략물자의 수출허가를 받거나 플랜트의 수출승인을 얻은 자는 수출승인을 얻은 것으로 본다.

| 정답·해설 | ② : 수출입승인의 유효기간은 연장사유에 해당되는 경우 연장이 가능하다(대외무역법 시행령 제18조 제2항 및 대외무역관리규정 제12조).

55. 수출입승인에 관한 사항 중 잘못된 것은?

① 수출입승인이란 대금결제사항이 제외된 상태로 수출입공고에 의해 수출입이 제한되는 물품등을 수출입이 가능하게 되도록 허가하여 주는 절차를 말한다.

② 대금결제에 관한 사항이 승인 및 사후관리대상에서 제외됨에 따라 수출입승인권한을 외국환은행에서 종전의 각 품목별 추천기관으로 변경하였다.

③ 통합공고에 따라 요건확인 등을 받아야 하는 물품은 해당 개별법에서 정하고 있는 바에 따라 요건확인 등을 받은 후 곧바로 세관에 수출신고나 수입신고함으로써 수출입을 이행하면 된다.

④ 수출입공고에서 제한되는 물품등을 외화획득용 원료·기재로 수입하는 경우에는 수입 승인을 받지 않아도 된다.

⑤ 수출입승인대상물품이라 하더라도 중계무역물품, 외국인도수출물품, 외국인수수입물품, 선용품은 수출입공고 등에서의 제한이 배제된다.

| 정답·해설 | ④ : 수출입공고에서 제한되는 물품등을 외화획득용 원료·기재로 수입하는 경우에는 수입승인을 받아야 한다.

56. 수출입승인에 관한 설명 중 옳지 않은 것은?

① 통합공고 대상물품은 대외무역법상 수출입승인대상에서 제외하여 각 개별법에 의해서만 관리되도록 하고 있다.

② 특정거래형태의 수출입은 승인과는 별도로 인정신고제도를 도입하여 별도로 관리하여 왔지만, 현재는 폐지되었다.

③ 플랜트수출 승인물품 및 전략물자수출입고시 대상물품은 승인간주처리하고 별도관리한다.

④ 수출입승인대상의 관리체계는 Negative system에서 Positive system으로 전환되었다.

⑤ 대인, 대물 및 거래형태에 대한 혼합적인 관리를 한다.

| 정답·해설 | ④ : 수출입승인대상의 관리체계를 Positive system(원칙규제·예외허용)에서 Negative system(원칙자유·예외규제)으로 진환함으로써, 수출입공고에서의 제한품목만 수출입승인대상이 된다.

57. 수출입승인에 대한 설명 중 옳지 않은 것은?

① 국가의 기밀을 누설하는 물품, 유가증권 위조, 국헌을 문란케 하는 물품 등이라 하더라도 수출입승인을 받을 수 있다.

② 대외무역법에서는 물품의 수출입을 원칙적으로 자유화하고 예외적으로 제한하고 있으므로, 제한되는 물품만 수출입승인의 대상이 된다.

③ 산업통상자원부장관은 필요한 경우 승인대상물품의 수량, 금액, 규격 및 수출입지역을 한정할 수 있다.

④ 대금결제에 관한 사항은 외국환거래법에서 관리하므로, 수출입승인의 대상은 물품의 이동에 관한 것만 해당된다.

⑤ 수출입승인은 수출입행위의 전제조건이다.

| 정답·해설 | ① : 수출입승인은 상대적인 금지를 해제하여 수출입을 가능하게 해 주는 것이므로, 어떠한 경우에도 해제될 수 없는 절대적 금지, 즉 국가의 기밀을 누설하는 물품, 유가증권 위조, 국헌을 문란케 하는 물품 등은 수출입승인을 할 수 없다.

58. 산업통상자원부장관이 필요한 경우 수출입승인대상물품에 대하여 한정할 수 있는 사항이 아닌 것은?

① 품목별 수량　　　　　　　　　② 규격

③ 금액　　　　　　　　　　　　④ 수출 또는 수입지역

⑤ 수출입거래의 당사자

| 정답·해설 | ⑤ : 산업통상자원부장관은 필요하다고 인정하는 경우에는 승인대상물품의 품목별 수량, 금액·금액·규격 및 수출 또는 수입지역 등을 한정할 수 있다.

59. 다음 중 원칙적으로 수출입승인사항의 변경승인대상이 아닌 것은?

① 선적전 수출단가의 인하

② 수출입물품의 용도를 변경하는 것

③ 선적후 수입단가의 인상

④ 수출의 당사자를 변경하는 것

| 정답·해설 | ② : 수출입승인사항의 변경승인대상은 물품의 수량·가격 및 수출 또는 수입의 당사자에 관한 사항이며, 변경 신고대상은 원산지, 도착항, 규격, 수출입물품의 용도, 승인조건의 변경에 관한 사항이다(대외무역법 시행령 제18조 제3항 및 관리규정 제17조).

60. 수출입공고에서 정해진 수출입승인대상물품중 수출입승인에서 제외되는 물품이 아닌 것은?

① 중계무역물품   ② 외국인수수입물품

③ 외국인도수출물품   ④ 선용품

⑤ 관광용품

| 정답·해설 | ⑤ : 산업통상자원부장관이 수출 또는 수입승인 대상물품으로 지정·고시한 물품등이란 수출입공고에 정한 물품(단, 중계무역물품, 외국인수수입물품, 외국인도수출물품, 선용품은 제외)을 말한다.

61. 수출입승인에 대한 사항중 틀린 것은?

① 물품을 수출입하고자 하는 자는 원칙적으로 수출 또는 수입의 승인을 받아야 한다.

② 특정거래형태의 수출입은 제한대상이 아니다.

③ 전략물자의 수출허가를 받은 경우에는 수출승인을 얻은 것으로 본다.

④ 플랜트의 수출승인을 받은 경우에는 수출승인을 얻은 것으로 본다.

| 정답·해설 | ① : 물품을 수출입하고자 하는 자는 수출입공고에서 제한되는 물품, 즉 수출입승인대상물품인 경우에만 수출입승인을 받으면 된다.

62. 수출입승인에 대한 사항중 틀린 것은?

① 하나의 수출 또는 수입에 대하여 2 이상의 승인을 받아야 하는 경우에는 1개의 승인서에 승인을 받으면 된다.

② 수출입승인의 유효기간은 수출·수입이 혼합된 거래로서 수출입승인기관의 장이 부득이하다고 인정하는 경우에는 연장할 수 있다.

③ 통합공고에서 제한되는 품목은 수출입승인을 받지 않는다.

④ 수출입승인기관의 장은 수출입물품을 분할하여 수출입승인서를 발급할 수 있다.

⑤ 수출입공고에서 제한되는 품목만 수출입승인을 받으면 된다.

| 정답·해설 | ① : 이상의 승인인 경우에는 하나의 승인서에 각 승인기관으로부터 모두 승인을 받아야 하며, 수출입승인의 유효기간은 연장사유에 해당되는 경우 연장이 가능하며, 수출입물품을 분할하여 수출입승인서를 발급할 수 있다.

63. 원칙적으로 수출입승인의 유효기간은?

① 6개월   ② 1년   ③ 1년 6개월   ④ 2년   ⑤ 2년 6개월

| 정답·해설 | ② : 승인대상물품의 수출 또는 수입의 유효기간은 1년으로 한다.

64. 대외무역법상의 대금결제방법에 대한 규정에 해당하는 것은?

① 취소불능화환수출입신용장에 의한 결제방법

② 취소불능화환수출입신용장 없이 계약서에 의하여 화환어음으로 대금결제를 하는 추심결제방식

③ 취소불능화환수출입신용장 또는 추심결제방법 이외의 방법으로서 사전송금방식과 COD 및 CAD

④ 위의 ①, ② 및 ③에 해당하는 방법의 혼합방법

⑤ 수출입대금은 외국환거래규정 제1-2조 제11호의 규정에 의한 외국환은행을 통하여 회수 또는 지급하여야 한다.

| 정답·해설 | ⑤ : 종전의 수출입승인제는 대금결제를 그 승인 및 사후관리대상으로 하였으나, 현재는 대금결제에 관한 사항을 관리대상에서 제외하였다.

65. 수출입승인의 유효기간을 연장하고자 하는 경우에는?

① 유효기간 연장승인을 받아야 한다.

② 변경승인을 받아야 한다.

③ 새로운 승인을 받아야 한다.

④ 변경신고만 하면 된다.

| 정답·해설 | ② : 수출입승인의 유효기간의 변경이 필요한 경우에는 변경승인을 받아야 한다.

66. 수출입승인대상물품에 해당되는 것은?

① 수출입공고에서 정한 물품
② 중계무역물품
③ 외국인도수출 물품
④ 외국인수수입 물품
⑤ 선용품

| 정답·해설 | ① : 산업통상자원부장관이 수출 또는 수입승인대상 물품으로 지정·고시한 물품등이란 수출입공고, 수출입별도공고에서 정한 물품등(단, 중계무역물품, 외국인수수입물품, 외국인도수출물품, 선용품은 제외)을 말한다(대외무역관리규정 제9조)

67. 수출입승인을 받은 사항을 변경하고자 하는 경우, 즉 수출입승인사항의 변경승인의 대상이 아닌 것은?

① 물품수량의 변경
② 물품가격의 변경
③ 물품의 변경
④ 수출의 당사자의 변경
⑤ 수입의 당사자의 변경

| 정답·해설 | ③ : 수출 또는 수입승인을 얻은 사항중 대통령령이 정하는 중요한 사항(수량·가격 및 수출 또는 수입의 당사자에 관한 사항)을 변경하고자 하는 자는 산업통상자원부장관의 변경승인을 받아야 한다. 물품의 변경은 새로운 승인을 받아야 한다(대외무역법 제11조 제3항 및 동법 시행령 제18조 제3항).

68. 다음 중 승인을 받아야 하는 경우가 아닌 것은?

① 외화획득용 원료·기재의 사용목적의 변경

② 외화획득용 원료·기재의 양도·양수

③ 플랜트수출

④ 수출입승인사항중 물품수량의 변경

⑤ 수출입승인사항중 승인조건의 변경

| 정답·해설 | ⑤ : 수출입승인사항중 승인조건의 변경은 승인대상이 아니라, 신고대상에 해당된다.

69. 수출승인면제대상에 해당되지 않는 것은?

① 긴급을 요하는 물품   ② 무상으로 수출하는 물품

③ 외국환거래가 수반되지 아니하는 물품   ④ 공공성을 가지는 물품등

⑤ 특정지역에 대하여 수출하는 물품

| 정답·해설 | ③ : 외국환거래가 수반되지 아니하는 물품은 수입승인면제대상물품에 해당된다(대외무역법 시행령 제19조 제3호).

70. 특정거래형태와 관련하여 현재 시행되고 있는 제도는?

① 신고제도   ② 등록제도   ③ 허가제도   ④ 인정신고제도   ⑤ 제한 없음

| 정답·해설 | ⑤ : 2014년 개정 대외무역관리규정에서는 특정거래형태의 수출입의 인정신고제도를 폐지하였다.

71. 대외무역법상의 중계무역에 관한 설명 중 틀린 것은?

① 중계무역은 수입, 수출 2건의 거래가 각각 발생한다.

② 중계무역은 수입후 수출함으로써 소유권이 제3자에게 이전된다.

③ 유상거래중 수입은 무상이나 수출은 유상인 경우에는 중계무역에 해당하는 것으로 간주한다.

④ 수출입물품이 거래국내에서만 이동하는 거래는 중개무역에 해당되지 않는다.

⑤ 중계무역에 의한 수출의 경우에는 수출금액(FOB가격)에서 수입금액(CIF가격)을 공제한 가득액을 수출실적의 금액으로 인정한다.

| 정답·해설 | ④ : 종전에는 A국에서 A국으로 물품이 이동하는 것과 같이 수출입물품이 거래국내에서만 이동하는 거래는 중계무역에 해당되지 않았지만, 99년 개정부터는 중계무역의 개념을 확대하여 이러한 경우에도 중계무역으로 인정하고 있다(대외무역관리규정 제2조 제11호)

72. 연계무역에 관한 설명 중 잘못된 것은?

① 물물교환은 수출·수입거래를 하나의 계약서로 작성한다.

② 물물교환은 환거래가 발생하지 않는다.

③ 구상무역, 대응구매, 제품환매는 환거래가 발생한다.

④ 대응구매의 경우에는 Back to Back LC, Tomas L/C, Escrow L/C가 사용된다.

⑤ 제품환매의 경우에는 수출·수입거래를 각각 별도의 계약서로 작성한다.

| 정답·해설 | ④ : 대응구매의 경우에는 두 개의 일반신용장이 사용된다(대외무역관리규정 제2조 제10호).

73. 외화획득용 원료·기재가 아닌 것은?

① 외화획득용 원료   ② 외화획득용 시설기재

③ 외화획득용 제품   ④ 외화획득용 설비

| 정답·해설 | ④ : 외화획득용 원료·기재란 물품등의 수출등 외화획득을 위하여 사용되는 원료·시설·기계 및 제품으로서, 외화획득용 원료·외화획득용 시설기재 및 외화획득용 제품을 말한다.

74. 다음 설명 중 잘못된 것은?

① 외화획득용 원료란 외화획득에 제공되는 물품등(물품과 전자적 형태의 무체물)을 생산하는데 필요한 원자재·부자재·부품 및 구성품을 말한다.

② 외화획득용 시설기재란 외화획득에 제공되는 물품등을 생산하는데 사용되는 시설·기계·장치·부품 및 구성품을 말한다.

③ 외화획득용제품이란 수입한 후 생산과정을 거치지 아니하는 상태로 외화획득에 제공
되는 물품등을 말한다.

④ 외화획득용제품에는 관광호텔용물품, 선용품, 군납용물품 등이 있다.

⑤ 외화획득용 시설기재에는 하자 및 유지보수에 필요한 부품 및 구성품을 제외한다.

| 정답·해설 | ⑤ : 외화획득용 시설기재에는 하자 및 유지보수에 필요한 부품 및 구성품을 포함한다.

75. 산업통상자원부장관의 권한 중 그 대상물품의 품목에 따라 해당물품을 관장하는 중앙행정기관의 장에게 위
탁된 권한이 아닌 것은?

① 외화획득용 원료·기재의 수입제한에 관한 권한

② 외화획득용 원료·기재의 기준소요량의 결정에 관한 권한

③ 외화획득이행기간의 결정 및 그 연장에 관한 권한

④ 산업통상자원부장관이 관장하는 물품등의 경우에 외화획득이행기간의 연장에 관한 권한

⑤ 시·도지사에게 위임된 외화획득이행기간의 연장에 관한 권한 및 사용목적변경승인에
관한 권한의 지휘·감독 및 자료의 제출요청에 관한 권한

| 정답·해설 | ④ 산업통상자원부장관이 관장하는 물품등의 경우에 외화획득이행기간의 연장에 관한 권한 및 사용목적변경승
인에 관한 권한은 시·도지사에게 위임되어 있다.

76. 산업통상자원부장관의 권한 중 외화획득용 원료·기재 또는 그 원료·기재로 제조된 물품으로서 산업통상자원부장관
이 정하여 고시하는 품목의 경우 사용목적 변경승인에 관한 권한은 어느 기관에 위탁되어 있는가?

① 해당물품을 관장하는 중앙행정기관의 장

② 해당물품을 관장하는 중앙행정기관의 장이 지정하는 기관의 장

③ 시·도지사

④ 국가기술표준원장

| 정답·해설 | ① : 외화획득용 원료외화획득용 원료·기재 또는 그 원료·기재로 제조된 물품의 사용목적변경승인에 관한 권한
은 시·도지사에게 위임되어 있다. 단, 외화획득용 원료·기재 또는 그 원료·기재로 제조된 물품으로서 산업통상
자원부장관이 정하여 고시하는 품목의 경우 사용목적변경승인에 관한 권한은 해당물품을 관장하는 중앙행정기관
의 장에게 위탁되어 있다.

77. 외화획득용 원료·기재 또는 그 원료·기재로 제조된 물품으로서 산업통상자원부장관이 정하여 고시하는 품
목의 경우, 해당물품을 관장하는 중앙행정기관의 장에게 위탁된 권한이 아닌 것은?

① 외화획득이행기간의 연장에 관한 권한

② 외화획득이행여부에 대한 사후관리에 관한 권한

③ 사용목적변경승인에 관한 권한

④ 양도·양수의 승인에 관한 권한

| 정답·해설 | ① : 산업통상자원부장관이 관장하는 물품등에 대한 외화획득이행기간의 연장에 관한 권한 및 사용목적변경승
인에 관한 권한은 시·도지사에게 위임되어 있다.

78. 외화획득의 범위에 해당하지 않는 것은?

① 수출에 의한 외화의 획득

② 주한 국제연합군에 대한 물품의 매도에 의한 외화의 획득

③ 용역 및 건설의 해외진출에 의한 외화의 획득

④ 관광에 의한 외화의 획득

⑤ 내국인으로부터 외화를 받고 국내의 보세지역에 물품을 공급하는 경우

| 정답·해설 |　⑤ : 외국인으로부터 외화를 받고 국내의 보세지역에 물품을 공급하는 경우에는 외화획득의 범위에 해당된다.

79. 외화획득행위에 준하는 외화획득행위에 해당하는 것은?

① 절충교역거래(off set)의 보완거래로서 외국인으로부터 외화를 받고 국내에서 제조된 물품을 국가기관에 공급하는 경우

② 외국인으로부터 외화를 받고 공장건설에 필요한 물품을 국내에서 공급하는 경우

③ 정부·지방자치단체 또는 정부투자기관이 외국으로부터 받은 차관자금에 의한 국제경쟁입찰에 의하여 국내에서 유상으로 물품을 공급하는 경우

④ 외화를 받고 외항선박이나 항공기에 선(기)용품을 공급하거나 급유하는 경우

⑤ 무역거래업자가 외국의 수출업자로부터 수수료를 받고 행한 수출알선

| 정답·해설 |　⑤ : 무역거래업자가 외국의 수입업자로부터 수수료를 받고 행한 수출알선은 외화획득행위에 준하는 외화획득행위로 본다.

80. 다음 중 외화획득의 이행의무자가 아닌 경우는?

① 외화획득용 원료·기재를 수입한 자

② 외화획득용 원료·기재의 수입을 위탁한 자

③ 외화획득용 원료·기재 또는 그 원료·기재로 제조된 물품을 양수한 자

④ 외화획득용 원료·기재 또는 그 원료·기재로 제조된 물품을 양도한 자

| 정답·해설 |　④ : 외화획득용 원료·기재 또는 그 원료·기재로 제조된 물품을 양도한 자는 외화획득의 이행의무자에 해당되지 않는다.

81. 외화획득용 원료·기재를 수입한 자가 당초의 목적외의 용도로 사용하기 위하여 승인을 얻을 수 있는 사유에 해당되지 않는 것은?

① 우리나라 또는 교역상대국의 전쟁·사변, 천재·지변 또는 제도변경으로 인하여 외화획득의 이행이 불가능하게 된 경우

② 외화획득용 원료·기재로 생산된 물품으로서 그 생산이 고도의 기술을 요하여 외화획득의 이행에 앞서 시제품의 생산이 필요한 경우

③ 평균손모량에 해당하는 외화획득용 원료·기재 또는 그 원료·기재로 생산한 물품

④ 외화획득의 이행의무자에게 책임이 없는 사유로 외화획득의 이행을 할 수 없게 된 경우

| 정답·해설 |　③ : 평균손모량에 해당하는 외화획득용 원료·기재 또는 그 원료·기재로 생산한 물품에 대하여는 목적외 사용 승인을 요하지 아니한다.

82. 외화획득용 원료·기재를 수입한 자가 당초의 목적외의 용도로 사용하기 위하여 승인을 얻을 수 있는 사유에 해당되지 않는 것은?

① 화재나 천재지변으로 인하여 외화획득 이행이 불가능하게 된 경우

② 기술혁신이나 유행의 경과로 새로운 제품이 개발되어 수입된 원료로는 외화획득이행 물품의 생산에 사용할 수 없는 경우

③ 외화획득용 원료·기재의 사후관리대상에서 제외되는 물품

④ 기타 수입 또는 구매한 자에게 책임을 돌릴 사유가 없이 외화획득을 이행할 수 없는 경우로서 사용목적 변경승인기관의 장이 인정하는 경우

⑤ 수입된 원료가 형질이 변화되어 외화획득이행물품의 생산에 사용할 수 없게 된 경우

| 정답·해설 | **③** : 외화획득용 원료·기재의 사후관리대상에서 제외되는 물품에 대하여는 목적외 사용승인을 요하지 아니한다.

83. 외화획득용 원료·기재의 사용목적변경승인기관은?

① 산업통상자원부

② 시·도지사

③ 국가기술표준원장

④ 해당물품을 관장하는 중앙행정기관의 장이 지정하는 기관의 장

| 정답·해설 | **②** : 산업통상자원부장관의 권한중 외화획득이행기간에 관한 권한 및 사용목적변경승인에 관한 권한은 시·도지사에게 위임되어 있다.

84. 외화획득용원료·기재의 사후관리 면제대상에 해당되지 않는 경우는?

① 품목별 외화획득 이행의무의 미이행률이 10% 이하인 경우

② 외화획득 이행의무자의 분기별 미이행률이 10% 이하이고 그 미이행금액이 미화 3만달러 상당액 이하인 경우

③ 외화획득 이행의무자에게 책임이 없는 사유로 외화획득의 이행을 하지 못한 경우로서 산업통상자원부장관이 인정하는 경우

④ 해당 품목이 수입승인대상에서 제외되는 경우등 산업통상자원부장관이 사후관리를 할 필요성이 소멸된 것으로 인정하는 경우

| 정답·해설 | **②** : 외화획득 이행의무자의 분기별 미이행률이 10% 이하이고 그 미이행금액이 미화 2만달러 상당액 이하인 경우에는 사후관리가 면제된다.

85. 외화획득용 원료의 수입승인에 대한 설명으로 잘못된 것은?

① 외화획득용 원료의 승인기관은 외화획득용 원료의 수입승인에 관한 권한을 위임·위탁받은 기관·단체의 장이 된다.

② 외화획득용 원료의 승인기관의 장은 외화획득용 원료의 수입에 대하여는 수입승인대상으로 지정된 물품이라 하더라도, 수량제한을 받지 아니하고 승인할 수 있다.

③ 농수산물중 국산원료의 사용을 촉진하기 위하여 제한하는 외화획득용 원료는 해당기관의 장이 정하는 수입요령에 따라 승인을 받아야 한다.

④ 외화획득용 원료의 승인기관의 장은 유통업자가 구매확인서 또는 내국신용장을 근거로 수출품생산자에게 직접 공급하기 위하여 외화획득용 원료를 수입하고자 할 경우에

는 그 수입승인에 있어서 수량제한을 받는다.

| 정답·해설 | ④ : 외화획득용 원료의 승인기관의 장은 유통업자가 구매확인서 또는 내국신용장을 근거로 수출품생산자에게 직접 공급하기 위하여 외화획득용 원료를 수입하고자 할 경우에도 수량제한을 받지 아니하고 그 수입을 승인할 수 있다.

86. 외화획득용 원료의 승인기관의 장이 외화획득용 원료의 수입승인을 할 때 확인하여야 하는 사항이 아닌 것은?

① 외화획득이행의무자의 사후관리기관

② 수입대행의 경우 실수요자의 사후관리기관

③ 농림수산물의 수입승인요령에 의한 수입승인 여부

④ 외화획득용 수입승인품목의 수입승인요령에 의한 수입승인 여부

| 정답·해설 | ④ : 외화획득용 원료의 승인기관의 장은 외화획득용원료의 수입승인을 할 때에는 외화획득용원료 수입승인신청서에 외화획득이행의무자의 사후관리기관(수입대행의 경우 실수요자의 사후관리기관), 농수산물의 수입승인요령에 의한 수입승인 여부 등의 기재사항이 적정한지 여부를 확인하여야 한다(대외무역관리규정 제35조)

87. 외화획득용 원료의 범위에 해당되지 않는 것은?

① 외화획득용 물품을 생산하는데 소요되는 원료

② 외화가득율이 20% 이상인 군납용 물품을 생산하는데 소요되는 원료

③ 해외에서의 건설 및 용역사업용 원료

④ 수출실적으로 인정되는 수출물품을 생산하는데 소요되는 원료

⑤ 위의 4가지에 해당되는 원료로 생산되어 외화획득이 완료된 물품의 하자 및 유지보수용 원료

| 정답·해설 | ② : 외화획득용 원료의 범위에는 외화가득율이 30% 이상인 군납용 물품을 생산하는데 소요되는 원료가 포함된다.

88. 외화가득율이란?

① 수출금액(FOB기준) − 외화획득용원료 수입금액(CIF기준)/수출금액(FOB기준) × 100%

② 수출금액(CIF기준) − 외화획득용원료 수입금액(FOB기준)/수출금액(CIF기준) × 100%

③ 외화획득용원료 수입금액(CIF기준) − 수출금액(FOB기준)/외화획득용원료 수입금액(CIF기준) × 100%

④ 외화획득용원료 수입금액(FOB기준) − 수출금액(CIF기준)/외화획득용원료 수입금액(FOB기준) ×100%

| 정답·해설 | ①

89. 외화획득용 제품의 범위에 해당되지 않는 것은?

① 관광호텔용 물품　　　　　　　　　② 선용품

③ 군납용물품　　　　　　　　　　　④ 기용품

| 정답·해설 | ④ : 외화획득용 제품의 범위로는 관광호텔용 물품, 선용품 및 군납용 물품이다.

90. 자율관리기업의 선정요건에 해당되지 않는 것은?

① 전년도 수출실적이 미화 50만달러 상당액 이상인 업체

② 수출유공으로 포상을 받은 업체

③ 산업통상자원부장관이 정한 수출유망중소기업지원요령에 의하여 수출유망중소기업으로 지정된 업체

④ 무역업신고를 한 후 계속하여 2년이상 경과한 업체

⑤ 과거 2년간 미화 5천달러 상당액 이상 외화획득 미이행으로 보고된 사실이 없는 업체

| 정답·해설 | ④ : 무역업신고를 한 후 계속하여 2년이상 경과한 업체는 무역업고유번호제도로 변경되면서 그 조항이 삭제되었다(대외무역관리규정 제43조 제1항).

91. 자율소요량계산서와 자율관리기업에 관한 설명 중 틀린 것은?

① 자율관리기업은 국가기술표준원장이 수시로 해당업체를 선정한다.

② 소요량자체관리기업의 지정을 받고자 하는 자는 국가기술표준원장에게 지정신청한다.

③ 국가기술표준원장이 자율관리기업을 선정한 때에는 산업통상자원부장관, 세관장에게 동 사실을 통보하여야 한다.

④ 기준소요량이 고시된 품목이라 하더라도 수출계약서 등의 관련서류에 소요원료의 품명 규격 및 수량 등이 표시된 경우에는 이에 따라 자율소요량계산서를 작성할 수 있다.

⑤ 사후관리대상품목을 외화획득용 원료등으로 사용하거나 공급한 업체는 해당 업체가 자율적으로 작성한다.

| 정답·해설 | ② : 소요량자체관리기업의 선정에 관한 규정은 삭제되었다.

92. 자율소요량계산서의 용도가 아닌 것은?

① 수출용 완제품 확보   ② 관세환급

③ 무역금융수혜   ④ 외화획득용 원료 사후관리

| 정답·해설 | ① : 자율소요량계산서는 수입한 수출용 원자재가 그 수출에 어느 정도 소요되었는지를 파악하여 소요된 수량만큼 수출용 원자재를 수입할 때 지급한 관세를 환급해 주는 경우에 사용된다.

93. 외화획득용 제품의 수입에 관한 설명 중 틀린 것은?

① 외화획득용 제품의 범위는 관광호텔용 물품, 선용품, 군납용 물품이다.

② 수출입공고에서 제한되는 물품을 외화획득용 제품으로 수입하고자 하는 경우에는 수입승인을 얻을 필요가 없다.

③ 관광호텔용 물품의 수입승인권자는 문화부장관이다.

④ 수입물품공급업자가 수입하는 선용품의 사후관리는 관세청장이 행한다.

⑤ 군납업자는 수입되는 물품을 양도 또는 폐기하고자 할 경우에는 미리 승인기관의 장의 승인을 받아야 한다.

| 정답·해설 | ② : 수입승인대상으로 지정된 물품을 외화획득용 원료·기재(외화획득용 원료, 시설기재, 제품)로 수입하고자 하는 자는 산업통상자원부장관이 정하여 고시하는 기준에 따라 산업통상자원부장관의 승인을 받아야 한다(대외무역법 시행령 제32조 제1항).

94. 전략물자의 수출입에 관한 설명 중 틀린 것은?

① 전략물자란 국제평화 및 안정유지, 국가안보를 위하여 필요하다고 인정하여 산업통

상자원부장관이 정하는 공고하는 물품을 말한다.

② 전략물자 수출허가기관은 산업통상자원부장관, 원자력안전위원회위원장 및 방위사업청장이다.

③ 전략물자수출입고시는 산업통상자원부장관이 관계 중앙행정기관의 장과 협의를 거친 후 공고하게 된다.

④ 전략물자거래부적격자에 대하여는 1년이내의 기간을 정하여 전략물자의 수출 또는 수입을 금지할 수 있다.

⑤ 전략물자수입증명서는 전략물자를 수입하는 자의 신청에 의하여 국방부장관이 이를 발급한다.

| 정답·해설 | ⑤ : 전략물자수입증명서는 산업통상자원부장관이 발급한다(대외무역법 시행령 제40조 제1항)

95. 전략물자수출입고시에 포함되어야 할 사항이 아닌 것은?

① 품목 및 규격

② 수출이 제한되는 지역

③ 수입이 제한되는 지역

④ 수출허가 및 수입증명서의 발급에 관한 절차

⑤ 기타 수출 및 수입에 관한 사항

| 정답·해설 | ③ : 전략물자수출입고시에는 수입이 제한되는 지역은 포함되지 않는다.

96. 전략물자사전판정의 유효기간은?

① 1년　　　② 2년　　　③ 3년　　　④ 4년

| 정답·해설 | ② : 전략물자사전판정의 유효기간은 2년으로 한다(영 제36조 제3항).

97. 플랜트수출과 그 승인기관이 옳게 연결된 것은?

① 일괄수주방식에 의한 수출 - 한국기계산업진흥회장

② 일괄수주방식에 의한 수출 - 국토교통부장관

③ 연불금융지원거래 - 한국수출입은행장

④ 연불금융지원거래 - 한국기계산업진흥회장

⑤ 기타 - 산업통상자원부장관

| 정답·해설 | ③ : 산업설비수출의 승인기관은 일괄수주방식에 의한 수출인 경우에는 산업통상자원부장관, 연불금융지원거래인 경우에는 한국수출입은행장, 기타의 경우에는 한국기계산업진흥회의 장이다(대외무역관리규정 제71조).

98. 산업통상자원부장관이 지정한 플랜트수출촉진기관은?

① 기술표준원　　　　　　　　② 한국기계산업진흥회 및 한국플랜트산업협회

③ 관세청　　　　　　　　　　④ 대한상사중재원

⑤ 국립산림과학원

| 정답·해설 | ② : 산업통상자원부장관은 플랜트수출촉진기관을 한국기계산업진흥회 및 한국플랜트산업협회로 지정하고 있다(대외무역관리규정 제71조).

99. 산업통상자원부장관이 지정된 플랜트수출촉진기관에 대하여 플랜트수출의 시장조사 등의 사업의 촉진과 관련하여 보고하게 할 수 있는 사항이 아닌 것은?

① 플랜트수출동향

② 플랜트수입동향

③ 플랜트수출에 관한 시장조사·정보교환·수주·협동화사업의 촉진실적 등 촉진활동에 관한 사항

④ 기타 플랜트수출에 관하여 산업통상자원부장관이 요청하는 사항

| 정답·해설 | ② : 플랜트수입동향은 플랜트수출의 시장조사 등의 사업의 촉진과 관련되는 사항이 아니다.

100. 수입물품의 생산·제조·가공과정에서 2이상의 국가가 관련된 경우, 해당 물품의 원산지로 할 수 있는 것은?

① 실질적 변형을 수행한 국가

② 운송 또는 보관 목적으로 물품을 양호한 상태로 보존하기 위해 행하는 단순한 가공활동을 수행한 국가

③ 판매목적으로 물품의 포장등과 관련된 단순한 가공활동을 수행하는 국가

④ 선적 또는 운송을 용이하게 하기 위한 단순한 가공활동을 수행하는 국가

⑤ 제조, 가공결과 HS 6단위의 변경이 발생하지 않은 단순한 가공활동을 수행하는 국가

| 정답·해설 | ① : 수입물품의 생산·제조·가공과정에서 2이상의 국가가 관련된 경우에는 실질적 변형을 수행한 국가를 해당 물품의 원산지로 한다(대외무역법 시행령 제61조 제1항).

101. 원산지표시방법의 일반원칙이 아닌 것은?

① 국가명의 약어를 사용하여 원산지를 표시하여야 한다.

② 한글·한문 또는 영문으로 표시할 것

③ 최종구매자가 용이하게 판독할 수 있는 활자체로 표시할 것

④ 식별하기 용이한 위치에 표시할 것

⑤ 표시된 원산지가 쉽게 지워지거나 떨어지지 아니하는 방법으로 표시할 것

| 정답·해설 | ① : 최종구매자가 수입물품의 원산지를 오인할 우려가 없는 경우에는 통상적으로 널리 사용되고 있는 국가명의 약어를 사용하여 원산지를 표시할 수 있다(대외무역관리규정 제76조)

102. 무역거래자 또는 물품의 판매업자가 그 물품의 원산지표시와 관련하여 금지되는 행위에 해당하지 않는 것은?

① 원산지를 거짓으로 표시하는 행위

② 원산지를 오인하게 하는 표시를 하는 행위

③ 원산지의 표시를 분명하게 식별할 수 있도록 하는 행위

④ 원산지의 표시를 손상하는 행위

⑤ 원산지의 표시를 변경하는 행위

| 정답·해설 | ③

103. 원산지오인 우려 표시물품에 관한 설명 중 잘못된 것은?

① 원산지오인 우려 표시물품이란 원산지표시대상물품이 주문자 상표부착(OEM)방식에 의해 생산된 수입물품의 원산지와 주문자가 위치한 국명이 상이하여 최종구매자가 해당 물품의 원산지를 오인할 우려가 있는 물품을 말한다.

② 원산지오인 우려 표시물품이란 원산지표시대상물품이 물품 또는 포장·용기에 현저하게 표시되어 있는 상호·상표·지역·국가 또는 언어명이 수입물품의 원산지와 상이하여 최종구매자가 해당 물품의 원산지를 오인할 우려가 있는 물품을 말한다.

③ 원산지오인 우려 표시물품은 해당 물품 또는 포장·용기의 전면에 수입물품의 원산지 표시의 일반원칙에 따라 원산지를 표시하여야 한다.

④ 원산지오인 우려 표시물품은 물품의 특성상 전후면의 구별이 어렵거나 전면에 표시하기 어려운 경우 등에는 반드시 원산지 오인을 초래하는 표시와 가까운 곳에 표시하여야 한다.

⑤ 원산지오인 우려 표시물품은 원산지오인 우려 표시물품에 해당하는 수입물품을 판매하는 자는 판매 및 스티커, 풋말 등을 이용하여 원산지를 표시하여야 한다.

| 정답 해설 | ④ : 물품의 특성상 전후면의 구별이 어렵거나 전면에 표시하기 어려운 경우 등에는 원산지 오인을 초래하는 표시와 가까운 곳에 표시하여야 한다. 다만, 인쇄지 표시에 사용된 활자체의 크기 및 색상이 주변활자체와 상당히 구별되어 최종구매자가 정상적 구매과정에서 해당 물품의 원산지를 분명하게 식별할 수 있도록 원산지를 표시하는 경우에는 그러하지 아니하다(대외무역관리규정 제77조 제2항).

104. 원산지표시방법에 관한 설명 중 틀린 것은?

① 수입 세트물품의 경우 해당 세트물품을 구성하는 개별 물품의 원산지가 동일한 경우에는 개별물품 및 세트물품에 원산지를 표시하여야 한다.

② 세트물품을 구성하는 개별 물품들의 원산지가 2개국 이상인 경우에는 개별 물품에 각각의 원산지를 표시하여야 한다.

③ 세트물품의 포장·용기에는 개별 물품의 원산지를 모두 나열·표시하여야 한다.

④ 관세율표에 따라 용기로 별도 분류되어 수입되는 물품의 경우에는 용기에 "(용기명)의 원산지 : (국명)"에 상응하는 표시를 하여야 한다.

⑤ 관세율표에 따라 용기로 별도 분류되어 수입되는 물품으로서, 1회 사용으로 폐기되는 용기의 경우에는 최소판매단위의 포장에 용기의 원산지를 표시할 수 있다.

| 정답 해설 | ① : 수입 세트물품의 경우 해당 세트물품을 구성하는 개별 물품의 원산지가 동일한 경우에는 개별물품 및 세트물품의 포장용기에 원산지를 표시하여야 한다.

105. 원산지표시방법에 대한 설명 중 틀린 것은?

① 수입물품의 원산지는 날인(stamping), 라벨(Label), 스티커(Sticker), 꼬리표(tag) 또는 이와 유사한 방식으로 원산지를 표시하는 것을 원칙으로 한다.

② 최종구매자가 수입물품의 원산지를 오인할 우려가 없는 경우에는 통상적으로 널리 사용되고 있는 국가명의 약어를 사용하여 원산지를 표시할 수 있다.

③ 관세율표에 따라 용기로 별도 분류되어 수입되는 물품의 경우에는 용기에 "(용기명)의 원산지: (국명)"에 상응하는 표시를 하여야 한다.

④ 해당 물품에 원산지를 표시하는 것이 불가능한 경우에는 물품의 포장, 용기 등에 수

입물품의 원산지표시를 할 수 있다.

⑤ 원산지오인 우려 표시물품은 원칙적으로 해당 물품 또는 포장·용기의 전면에 수입물품의 원신지를 표시하여어 한다.

| 정답·해설 | ① : 수입물품의 원산지는 제조단계에서 인쇄(printing), 등사(stenciling), 낙인(branding), 주조(molding), 식각(etching), 박음질(stitching) 또는 이와 유사한 방식으로 원산지를 표시하는 것을 원칙으로 한다. 다만, 물품의 특성상 위와 같은 방식으로 표시하는 것이 부적합하거나 물품을 훼손할 우려가 있는 경우에는 날인(stamping), 라벨(Label), 스티커(Sticker), 꼬리표(tag)를 사용하여 표시할 수 있다(대외무역관리규정 제76조 제5항).

106. 수입물품의 포장·용기 등에 원산지를 표시할 수 있는 경우가 아닌 것은?

① 해당 물품에 원산지를 표시하는 것이 불가능한 경우

② 원산지표시비용이 저렴한 경우

③ 원산지표시로 인하여 해당물품이 크게 훼손되는 경우

④ 원산지표시로 인하여 해당 물품의 가치가 실질적으로 저하되는 경우

⑤ 상거래관행상 최종구매자에게 포장, 용기에 봉인되어 판매되는 물품

| 정답·해설 | ② : 원산지표시비용이 해당 물품의 수입을 막을 정도로 과도한 경우(물품값보다 표시비용이 너 넓이 드는 경우)에는 수입물품의 포장·용기 등에 원산지를 표시할 수 있다.

107. 완전생산물품에 해당되지 않는 것은?

① 해당국 영역에서 생산한 광산물, 농산물 및 식물성 생산물

② 해당국 영역에서 번식, 사육한 산동물과 이들로부터 채취한 물품

③ 해당국 영역에서 수렵, 어로로 채포한 물품

④ 해당국 영역에서 타국의 선박에 의하여 채포한 어획물, 기타 물품

⑤ 해당국에서 제조, 가공공정중에 발생한 설

| 정답·해설 | ④ : 해당국 선박에 의하여 채포한 어획물, 기타 물품은 완전생산물품에 해당된다.

108. 다음 설명 중 틀린 것은?

① 수입물품의 생산·제조·가공과정에 2이상의 국가가 관련된 경우에는 "실질적 변형"을 수행한 국가를 해당 물품의 원산지로 본다.

② 수입물품의 생산·제조·가공과정에 2이상의 국가가 관련된 경우 "단순한 가공"을 수행하는 국가를 원산지로 하여서는 아니된다.

③ 포장용품의 원산지는 해당 포장된 내용품의 원산지와 동일한 것으로 본다.

④ 관세율표상 포장용품과 내용품이 각각 별개의 수입품으로 분류되는 품목이라 하더라도 해당 포장된 내용품의 원산지와 동일한 것으로 본다.

⑤ 촬영된 영화용 필름에 대하여는 그 영화제작자가 속하는 나라를 원산지로 한다.

| 정답·해설 | ④ : 포장용품의 경우 내수용의 원산지와 동일한 것으로 보지만, 관세율표상 포장용품과 내용품이 각각 별개의 수입품으로 분류되는 품목은 별도의 원산지를 구분 적용한다.

109. 단순한 가공활동에 해당되지 않는 것은?

① 운송 또는 보관 목적으로 물품을 양호한 상태로 보존하기 위해 행하는 단순한 가공활동

② 선적 또는 운송을 용이하게 하기 위한 단순한 가공활동

③ 실질적 변형을 행하여 그 물품의 본질적 특성을 부여하는 단순한 가공활동

④ 제조, 가공결과 HS 6단위의 변경이 발생하지 않는 단순한 가공활동

⑤ 통풍, 건조 또는 단순가열 등의 가공과 이들이 결합되는 단순한 가공활동으로서, 제조, 가공결과 HS 6단위가 변경되는 경우

| 정답·해설 | ③ : 실질적 변형을 행하여 그 물품의 본질적 특성을 부여하는 가공활동은 실질적 변형을 의미하는 것이다.

110. 원산지증명서의 제출이 면제되는 경우에 해당되지 않는 것은?

① 과세가격이 15만원 이하인 물품

② 우편물

③ 개인에게 유상 송부된 탁송품·별송품 또는 여행자의 휴대품

④ 재수출조건부 면세대상물품등 일시 수입물품

⑤ 보세운송, 환적 등에 의하여 우리나라를 단순히 경유하는 통과화물

| 정답·해설 | ③ : 원산지증명서등 관계자료를 제출하고 확인을 받아야 하는 경우라도, 개인에게 무상 송부된 탁송품·별송품 또는 여행자의 휴대품 등은 원산지증명서등의 제출을 면제한다(대외무역관리규정 제92조).

111. 현행 대외무역법 상의 수입제한조치는?

① 수입수량제한조치   ② 특별수입수량제한조치

③ 특별잠정수입수량제한조치   ④ 특별수입품질제한조치

| 정답·해설 | ① :대외무역법 상의 수입제한조치는 수입수량제한조치(법 제4장 수입수량 제한조치).

112. 산업통상자원부장관이 수입수량제한조치, 특별수입수량제한조치 또는 특별잠정수입수량제한조치의 시행 여부를 결정할 때 검토하는 사항이 아닌 것은?

① 무역위원회의 건의

② 해당 국내 산업보호의 필요성   ③ 국제통상 관계

④ 수입수량제한조치의 시행에 따른 보상수준   ⑤ 당사국의 동의

| 정답·해설 | ⑤ : 산업통상자원부장관은 무역위원회의 건의, 해당 국내산업 보호의 필요성, 국제통상 관계, 수입수량제한 조치의 시행에 따른 보상수준 및 국민경제에 미치는 영향 등을 검토하여 수입수량제한조치(특별 또는 특별 잠정수입수량제한조치)의 시행 여부와 내용을 결정한다(법 제39조 제2항, 제41조 제7항 및 제8항).

113. 수입수량제한조치의 적용기간은 몇 년을 초과할 수 없는가?

① 2년   ② 3년   ③ 4년   ④ 5년

| 정답·해설 | ③ : 수입수량제한조치의 적용기간은 4년을 초과하여서는 아니된다(법 제39조 제5항).

114. 수입수량제한조치의 적용대상 물품은?

① 조치 시행일 이전 수입된 물품

② 조치 시행일 1년 전부터 수입된 물품

③ 조치 시행일 2년 전부터 수입된 물품

④ 조치 시행일 이후 수입되는 물품

115. 수입수량제한조치의 적용기간을 연장하는 때에는 수입수량제한조치의 적용기간과 긴급관세 또는 잠정긴급관세의 부과기간 및 그 연장기간을 전부 합산한 기간이 몇 년을 넘어서는 아니되는가?

① 7년   ② 8년   ③ 9년   ④ 10년

116. 수출입질서유지에 관한 설명 중 틀린 것은?

① 선적전검사와 관련하여 수출자와 선적전검사기관 간에 분쟁이 발생한 경우, 대한상사중재원장은 조정의 신청을 접수한 경우 경미한 사항에 대하여도 이를 당사자에게 서면으로 알린다.

② 무역거래자는 외화를 도피할 목적으로 물품의 수출 또는 수입의 가격을 조작하여서는 아니된다.

③ 무역거래자는 그 상호간이나 교역상대국의 무역거래자와 물품의 수출·수입과 관련하여 분쟁이 발생한 때에는 정당한 사유없이 그 분쟁의 해결을 지연시켜서는 아니된다.

④ 대한민국대외공관의 장이 교역상대국의 무역거래자 및 무역분쟁해결기관의 장으로부터 무역분쟁의 신고를 받거나 업무수행상 이를 알게 된 때에는 지체없이 그 사실을 산업통상자원부장관에게 통지하여야 한다.

⑤ 산업통상자원부장관은 무역분쟁의 통지를 받은 경우 그 분쟁의 신속한 해결을 위하여 필요하다고 인정할 때에는 조정 또는 알선을 할 수 있다.

117. 산업통상자원부장관이 무역거래자에게 수출하는 물품의 가격·수량·품질 기타 거래조건 또는 그 대상지역 등에 관하여 필요한 조정을 명할 수 있는 경우가 아닌 것은?

① 무역에 관한 정부간 협정의 체결을 위하여 필요한 경우

② 무역에 관한 정부간 협정의 준수를 위하여 필요한 경우

③ 물품의 수출의 공정한 경쟁을 교란할 우려가 있는 경우

④ 전략물자를 수출하는 경우

⑤ 대외신용을 손상하는 행위를 방지하기 위하여 필요한 경우

118. 선적전검사와 관련된 설명 중 틀린 것은?

① 선적전검사와 관련한 분쟁이 발생한 때에는 당사자의 일방 또는 쌍방은 산업통상자원부장관에게 분쟁의 조정을 신청할 수 있다.

② 분쟁조정신청인이 수출자인 경우에는 미리 분쟁당사자인 선적전검사기관에 이의를 제기하여 이에 대한 해당 선적전검사기관의 검토결과가 표시된 후 분쟁조정을 신청하여야 한다.

③ 분쟁조정신청인은 조정비용의 예납과 함께 조정신청서 5부를 중재원장에게 제출하

여야 한다.

④ 중재원장은 조정의 신청을 접수하였을 때에는 이를 당사자에게 서면으로 통지한다.

⑤ 조정신청통지를 받은 조정의 피신청인은 3일 이내에 중재원에 서면으로 이에 대한 의견을 제출할 수 있다.

| 정답·해설 | ② : ②에 대한 규정은 삭제되었다.

119. 물품의 수출·수입의 가격을 조작한 자에 대한 벌칙은?

① 5년이하의 징역 또는 수출입물품의 가격의 3배에 상당하는 금액이하의 벌금

② 3년이하의 징역 또는 3천만원이하의 벌금

③ 2천만원이하의 벌금

④ 2천만원이하의 과태료

⑤ 1천만원이하의 과태료

| 정답·해설 | ① : 물품의 수출·수입의 가격을 조작한 자에 대하여는 5년이하의 징역 또는 수출입물품의 가격의 3배에 상당하는 금액이하의 벌금에 처한다(대외무역법 제53조 제2항).

120. 원산지표시대상물품에 대하여 원산지표시를 하지 아니한 무역거래자에 대한 벌칙은?

① 5년이하의 징역 또는 수출입물품의 가격의 3배에 상당하는 금액이하의 벌금

② 5년이하의 징역 또는 1억원 이하의 벌금

③ 3년이하의 징역 또는 3천만원이하의 벌금

④ 2천만원이하의 벌금

⑤ 2천만원이하의 과태료

| 정답·해설 | ② : 원산지표시대상물품에 대하여 원산지표시를 하지 아니한 무역거래자에 대하여는 5년 이하의 징역 또는 1억원 이하의 벌금에 처한다(대외무역법 제53조의2).

121. 5년 이하의 징역 또는 1억원 이하의 벌금에 처해지는 경우에 해당하지 않는 것은?

① 원산지 표시를 손상한 행위를 한 무역거래자

② 원산지표시대상물품에 원산지의 표시를 하지 아니한 무역거래자

③ 원산지표시방법을 위반한 행위가 있는 경우의 시정조치 명령을 위반한 자

④ 외국산 물품등을 국산 물품등으로 가장한 무역거래자

⑤ 원산지의 표시를 하여야 할 물품을 수입하여 단순 제조가공 과정을 거쳐 거래할 때 원산지표시를 하지 아니한 상태로 판매를 목적으로 유통시킨 무역거래자

| 정답·해설 | ⑤ : ⑤의 경우에는 1천만원 이하의 과태료를 부과한다(대외무역법 제59조 제2항).

122. 중대한 과실로 원산지표시대상물품에 원산지의 표시를 하지 아니하고 물품을 수출 또는 수입한 자에 대한 벌칙은?

① 5년이하의 징역 또는 수출입물품의 가격의 3배에 상당하는 금액이하의 벌금

② 3년이하의 징역 또는 3천만원이하의 벌금

③ 2천만원이하의 벌금

④ 2천만원이하의 과태료

⑤ 1천만원이하의 과태료

123. 무역분쟁의 해결에 관련되는 서류를 제출하지 아니한 자에 대한 벌칙은?

① 5년이하의 징역 또는 수출입물품의 가격의 3배에 상당하는 금액이하의 벌금

② 3년이하의 징역 또는 3천만원이하의 벌금

③ 2천만원이하의 벌금

④ 2천만원이하의 과태료

⑤ 1천만원이하의 과태료

124. 원산지표시대상물품에 원산지를 표시하였는지 여부를 확인하기 위한 검사에 대하여 그 검사를 거부·방해 또는 기피한 자에 대한 벌칙은?

① 5년이하의 징역 또는 수출입물품의 가격의 3배에 상당하는 금액이하의 벌금

② 3년이하의 징역 또는 3천만원이하의 벌금

③ 2천만원이하의 벌금

④ 2천만원이하의 과태료

⑤ 1천만원이하의 과태료

☞ 관세사 기출문제(2000년도) ☜

1. 종합무역상사에 관하여 틀린 것은?

① 우리나라에서 종합무역상사를 육성하는 것은 외국상사와의 경쟁력강화를 위해서도 필요하다.

② 종합무역상사는 중소기업과의 계열화 등을 통한 중소기업의 무역활동도 지원한다.

③ 종합무역상사로 지정 받기 위하여는 상장법인으로서 전년도 수출통관액이 전년도 우리나라 전체 수출통관액의 3% 이상이어야 한다.

④ 종합무역상사가 2년 이상 계속해서 지정기준에 미달하여 종합무역상사로서의 무역활동이 곤란하다고 인정되는 때에는 지정을 취소할 수 있다.

⑤ 종합무역상사 지정기준은 대통령령으로 정한다.

|정답| ③

2. 무역법의 고유번호부여 권한과 관계있는 기관은?

① 한국무역협회   ② 한국무역대리점협회

③ 외국환은행   ④ 대한무역진흥공사

⑤ 시·도지사

|정답| ①

3. 수출실적의 인정시점이 맞는 것은?

① 유상거래 수출 - 수출신고일   ② 중계무역 - 신고일

③ 외국인도 수출 - 입금일   ④ 외화획득용 원료 등의 국내공급 - 원료공급일

⑤ 박람회 등에 출품한 물품 중 현지 매각분 - 결제일

|정답| ③

4. 산업통상자원부장관이 일괄수주방식에 의해 산업설비 수출을 승인하고자 할 때 동의를 받아야 하는 기관의 장은?

① 국토교통부장관과 고용노동부장관   ② 고용노동부장관과 외교부장관

③ 국토교통부장관과 보건복지부장관   ④ 고용노동부장관과 관세청장

⑤ 외교부장관과 관세청장

|정답| ①

5. 불공정수출입행위의 금지대상이 아닌 것은?

① 수출 또는 수입으로 인하여 다른 사람의 영업비밀을 침해하는 행위

② 수출검사 불합격품을 생산하는 행위

③ 원산지를 허위로 표시한 물품을 수출·수입하는 행위

④ 교역상대국의 법령의 의하여 보호되는 특허권, 상표권 또는 의장권을 침해하는 물품을 수출·수입하는 행위

⑤ 선적서류를 허위로 발행하거나 위조하는 행위

|정답| ②

6. 산업피해제도에 관한 무역위원회의 역할 중 틀린 것은?

① 산업피해조사의 개시여부 결정
② 산업피해조사의 실시를 위해 필요한 경우 조사단 구성
③ 구제조치의 여부 결정
④ 재조사의 결정
⑤ 산업피해 유·무 판정

| 정답 | ③

7. 무역위원회의 피해구제조치 건의사항으로 부적합한 것은?

① 수입물품의 수량제한
② 국내산업구제를 위하여 산업통상자원부장관이 정하는 조치
③ 해당 국내산업의 근로자에 대한 재교육 또는 전직 훈련
④ 관세율의 조정
⑤ 특정무역거래자에 대한 수입금지

| 정답 | ②

8. 원산지표시에 대한 설명 중 틀린 것은?

① 외화획득용 시설기재로 수입되는 물품의 원산지는 날인(stamping), 라벨(label), 스티커 (sticker), 꼬리표(tag) 또는 이와 유사한 방식으로 원산지를 표시하는 것을 원칙으로 한다.
② 최종구매자가 수입물품의 원산지를 오인할 우려가 없는 경우에는 통상적으로 널리 사용되고 있는 국가명의 약어를 사용하여 원산지를 표시할 수 있다.
③ 관세율표에 따라 용기로 별도 분류되어 수입되는 물품의 경우에는 용기에 "(용기명)의 원산지 : 원산지 :(국명)"에 상응하는 표시를 하여야 한다.
④ 해당 물품에 원산지를 표시하는 것이 불가능한 경우에는 물품의 포장·용기 등에 수입물품의 원산지표시를 할 수 있다.
⑤ 원산지 오인우려 표시물품은 원칙적으로 해당 물품 또는 포장·용기의 전면에 수입물품의 원산지를 표시하여야 한다.

| 정답 | ①

9. 다음 중 승인을 받아야 하는 경우가 아닌 것은?

① 외화획득용 원료·기재의 사용목적의 변경
② 외화획득용 원료·기재의 양도·양수
③ 산업설비수출
④ 수출입승인사항 중 물품수량의 변경
⑤ 수출입승인사항 중 승인조건의 변경

| 정답 | ⑤

10. 규정상 무역의 진흥을 위한 조치가 아닌 것은?

① 대외산업협력 추진방안과 무역관련협상 추진방안

② 민간의 통상활동 및 산업협력의 지원

③ 지역별 무역균형을 달성하기 위한 수출·수입의 연계

④ 통상협력증진을 위한 수출·수입에 대한 조정

⑤ 수출산업의 국제경쟁력을 높이기 위한 여건조성 및 설비투자의 촉진

|정답| ①

11. 다음 중 미수범이 처벌되는 경우는?

① 외화를 도피할 목적으로 수출 또는 수입가격을 조작한 자

② 원산지표시 대상물품에 대하여 원산지의 표시를 하지 아니하고 물품을 수출·수입한 자

③ 중대한 과실로 원산지 표시 대상물품에 대하여 원산지의 표시를 하지 아니하고 물품을 수출·수입한 자

④ 허위 또는 기타의 부정한 방법으로 산업설비수출의 승인 또는 변경승인을 받은자

⑤ 중대한 과실로 원산지를 허위로 표시한 물품 또는 원산지의 표시를 손상하거나 변경한 물품을 수출·수입한 자

|정답| ②

12. 전략물자수출입고시에 포함되는 사항이 아닌 것은?

① 품목 및 규격

② 수량 및 가격

③ 수출이 제한되는 지역

④ 수출허가 및 수입증명서의 발급에 관한 사항

⑤ 기타 수출 및 수입에 관한 사항

|정답| ②

13. 군장비나 상업용 비행기 등 고도기술제품을 구매할 때 상대방에게 이러한 장비 사용될 부품의 일부를 수입국에서 생산된 특정자재, 부품 또는 기타 연관재를 구매하도록 하거나 기술이전을 요구하는 거래형태로서 우리나라의 방위산업분야에서도 널리 활용되고 있는 거래방식으로 다음 중 가장 적절한 것은?

① 절충교역거래(Off-Set Program)

② 구상무역(Compensation Trade)

③ 대응구매(Counter Purchase)

④ 산업협력(Industrial Cooperation)

⑤ 제품환매(Buy-Back)

|정답| ①

14. 대외무역법상의 중계무역에 관한 설명 중 틀린 것은?

① 중계무역은 수입, 수출 2건의 거래가 각각 발생한다.

② 중계무역은 수입 후 수출함으로써 소유권이 제3자에게 이전된다.

③ 유상거래 중 수입은 무상이나 수출은 유상인 경우에는 중계무역에 해당하는 것으로 간주 한다.

④ 수출입물품이 거래 상대국가 내에서만 이동하는 거래는 중계무역에 해당되지 않는다.

⑤ 중계무역에 의한 수출의 경우에는 수출금액(FOB가격)에서 수입금액(CIF가격)을 공제한 가득액을 수출실적의 금액으로 인정한다.

| 정답 | ④

15. 전략물자의 수출입에 관한 설명 중 틀린 것은?

① 전략물자란 국제평화 및 안전유지, 국가안보를 위하여 필요하다고 인정할 때 산업통상 자원부장관이 정하여 공고하는 물품을 말한다.

② 전략물자수출허가기관은 산업통상자원부장관, 국방부장관 및 과학기술처장관이다.

③ 전략물자수출입고시는 산업통상자원부장관이 관계 중앙행정기관의 장과 협의를 거친 후 공고 하게 된다.

④ 전략물자거래부적격자에 대하여는 1년 이내의 기간을 정하여 전략물자의 수출 또는 수입을 금지할 수 있다.

⑤ 전략물자수입증명서는 전략물자를 수입하는 자의 신청에 의하여 국방부장관이 이를 발급한다.

| 정답 | ⑤

16. 산업통상자원부장관 권한의 위임·위탁사항과 그 기관이 잘못 연결된 것은?

① 외화획득원료·기재(목재가구 제외)의 기준소요량 결정에 관한 권한-한국기계공업진흥 회장에게 위탁

② 수출입승인면제의 확인에 관한 권한 - 세관장에게 위탁

③ 원산지표시의 사전판정 및 이의 제기의 처리에 관한 권한 - 관세청장에게 위탁

④ 외화획득이행기간의 연장에 관한 권한- 시·도지사에게 위임

⑤ 무역분쟁에 대한 의견조정 또는 알선에 관한 권한 - 대한 상사중재원장에게 위탁

| 정답 | ①

17. 현행 수출입공고상의 품목분류에 대한 설명 중 틀린 것은?

① 수출입공고상의 품목은 수출제한품목과 수입제한품목으로 분류된다.

② 우리나라 수출입품목관리체계는 Negative List System방식을 사용하고 있다.

③ 수출입공고는 HS 상품분류체계의 분류방식을 사용하고 있다.

④ HS 상품분류체계는 6단위까지는 세계적으로 통일된 분류체계이다.

⑤ 수입제한품목은 별표 1에 게기한 품목으로서, 각 품목별 수입요령에 따라 수입승인하 여야 한다.

| 정답 | ⑤

18. 소요량증명서와 소요량계산서에 관한 설명 중 틀린 것은?

① 소요량증명서 발급기관은 원료 등의 종류가 다양하고 제품 제조공정이 특수하여 확정소
요량을 산출하는데 장기간이 소요될 경우 가소요량증명서를 발급할 수 있다.
② 소요량자체관리기업의 지정을 받고자 하는 자는 국가기술표준원장에게 지정 신청한다.
③ 소요량증명서와 소요량계산서는 동일한 효력을 지닌 증명서로 본다.
④ 소요량증명서는 비고시품목에 대하여 발급을 신청하거나 고시된 품목과 비고시 품목
에 대하여 1건으로 발급을 신청하는 경우에 소요량증명서 발급기관이 발급한다.
⑤ 소요량계산서는 기준소요량이 고시되지 아니한 품목 및 소요량증명서 발급기관이 소
요량증명서를 발급한 선례가 있는 경우에 한하여 해당 기업이 자율적으로 발급한다.

|정답| ⑤

19. 연불금융지원 산업설비수출의 승인기관은?

① 산업통상사원부장관   ② 한국수출입은행
③ 외환은행   ④ 한국산업은행
⑤ 한국기계공업진흥회

|정답| ②

20. 수입물품의 원산지판정기준으로서 최소가공에 해당하지 않는 것은?

① 판매목적을 위한 물품의 포장 등과 관련된 활동
② 선적 또는 운송을 용이하게 하기 위한 가공활동
③ 제조·가공결과 HS 6단위의 변경이 발생하지 않은 가공활동
④ 운송 또는 보관의 목적을 위해 물품을 양호한 상태로 보존하고자 행하는 가공활동
⑤ 제조·가공결과 HS 6단위가 변경되는 경우라도 녹방지 또는 보호를 위한 합금활동

|정답| ⑤

☞ 제12회 국제무역사 기출문제(2003년도 11월) ☜

1. 대외무역법령에 의한 수출실적과 그 인정기관에 대한 설명 중 가장 타당하지 않은 것은?

① 북한에 대한 물품을 제공하고 받은 외화인 경우 그 외국환은행의 입금액으로서 외국환은행의 장이 확인한 것

② 중계무역에 의한 수출의 경우 수출금액(FOB가격)에서 수입금액(CIF가격)을 공제한 가득액으로서 외국환은행의 장이 확인한 것

③ 외국인도수출의 경우 외국환은행의 입금액으로서 외국환은행의 장이 확인한 것

④ 전자적 형태의 무체물 수출의 경우 한국무역협회장 또는 한국소프트웨어산업협회장이 발급한 수출확인서에 의해 외국환은행의 장이 확인한 입금액

|정답| ①

2. 대외무역법령에 근거한 수출입공고상의 물품의 경우 해당 물품에 대한 수출·입 승인을 받은 이후에도 동 물품과 관련한 중요한 사항이 변경될 경우 산업통상자원부장관의 변경승인을 받아야 한다. 이러한 변경승인을 받아야 하는 중요한 사항이라고 가장 볼 수 없는 것은?

① 물품의 수량 변경

② 물품의 가격 변경

③ 물품을 수출·수입하는 당사자의 변경

④ 물품의 원산지 변경

|정답| ④

3. 대외무역법령에 의한 "원산지표시"의 일반원칙에 가장 적합하지 않은 것은?

① 콘택트렌즈처럼 원산지표시로 인하여 해당 물품이 크게 훼손되는 경우에는 동 물품의 포장, 용기 등에 수입물품의 원산지표시를 할 수 있다

② 원산지표시는 한글, 한자 또는 영문으로 최종구매자가 해당 물품의 원산지를 용이하게 판독할 수 있는 크기의 활자체로 표시하여야 한다

③ 원산지를 표시할 경우에는 "원산지 : 국명" 또는 "Made in 국명" 등 국명으로 표시하거나 "Made in N.Y."처럼 도시명으로만 표시할 수 있다

④ 최종구매자가 수입물품의 원산지를 오인할 우려가 없는 경우에는 United States of America를 USA처럼 통상적으로 널리 사용되고 있는 국가명의 약어를 사용하여 원산지를 표시할 수 있다

|정답| ③

4. 대외무역법령에 의한 "외화획득의 범위"에 포함된다고 가장 보기 어려운 것은?

① 주한 미군에 물품을 매도하고 외화를 영수한 경우

② 외항항공기에 급유를 제공하고 외화를 영수한 경우

③ 국내 외국인투자기업에 물품을 공급하고 외화를 영수한 경우

④ 외국인과 매매계약을 맺고 물품을 수출하고 외화를 영수한 경우

|정답| ③

5. 대외무역법령에 의한 설명 중 가장 잘못된 것은?

① 관세양허용 목적의 수출물품의 원산지증명서를 발급받고자 하는 경우에는 대한상공회의소에 그 발급을 신청하면 된다.

② 무역업고유번호를 발급받기 위하여는 한국무역협회장에게 우편·팩시밀리·전자메일·전자문서교환체제(EDI) 등의 방법으로 신청하고, 한국무역협회장은 접수 즉시 신청자에게 고유번호를 부여하여야 한다.

③ 중계무역에 의한 수입·수출대금을 지급하거나 영수하기 위해서는 하나의 외국환은행을 통하여야 하고, 그러지 않는 경우에는 산업통상자원부장관으로부터 특정거래형태에 대한 인정을 받아야 한다.

④ 산업통상자원부장관은 약사법에서 규정하고 있는 수출입요령이 개정되는 경우에는 수출입공고를 개정하여 이를 반영하여야 한다.

| 정답 | ④

6. 국내외 무역 관련 업무처리의 변천과정을 올바르게 설명한 것은?

① 무역서류 표준화 → 무역절차 간소화 → 무역업무 자동화 → 글로벌 전자무역
② 무역절차 간소화 → 무역서류 표준화 → 무역업무 자동화 → 글로벌 전자무역
③ 무역서류 표준화 → 무역업무 자동화 → 무역절차 간소화 → 글로벌 전자무역
④ 무역절차 간소화 → 무역업무 자동화 → 무역서류 표준화 → 글로벌 전자무역

| 정답 | ①

7. 2001년 개정된 대외무역법에서 정의된 전자무역의 내용과 거리가 먼 것은?

① 인터넷을 이용한 해외 홍보마케팅 및 거래선 발굴
② 전자화폐, 신용카드, 휴대폰 등을 활용한 대금결제
③ E-mail, 인터넷폰 등을 이용한 의사소통 및 거래협상
④ 선사, 은행, 세관 등 제3자 서비스기관 EDI 방식의 무역서류 전송

| 정답 | ②

8. 2001년 개정된 대외무역법에 의해 수출입실적으로 인정되고 있는 전자적 무체물로서의 디지털 재화와 관련이 적은 것은?

① 온라인게임　　　　　　　　　② 소프트웨어
③ 전자음반　　　　　　　　　　④ 시스템솔루션

| 정답 | ④

저자 약력

전순환

· 건국대학교 무역학과 졸업(상학사)
· 동 대학원 무역학과 졸업(경제학석사)
· 동 대학원 무역학과 졸업(경제학박사)
· Drexel University Exchange Professor
· 강남대학교 무역학과 강사
· 건국대학교 무역학과 강사
· 배재대학교 무역학과 강사
· 한국방송대학교 무역학과 강사
· 한국무역협회 무역아카데미 강사
· 관세청 전문기능자격시험 출제위원
· 관세청 관세사자격시험 선정위원
· 관세청 관세사자격시험 출제위원
· 관세청 관세사자격심의위원회 위원
· 관세청 전문관자격시험 출제·선정위원
· 관세청 무역영어자격시험 출제·선정위원
· 물류관리사자격시험 선정위원
· 한국관세학회 총무이사 겸 사무국장
· 한국상품학회 총무이사 겸 사무국장
· 국제무역학회 이사
· 한국정보기술전략혁신학회 부회장
· (현) 중부대학교 국제통상학과 교수
　　　(사)한국무역학회 회장
　　　(사)한국무역연구원 원장
　　　국제글로벌경영무역학회(IAGBT) 이사장
　　　관세청 관세국경관리연수원 외래교수
　　　관세청 관세사자격시험 출제위원
　　　한국창업정보학회 이사장
　　　아시아무역학회 이사장
　　　한국관세학회 부회장
　　　한국국제상학회 부회장
　　　한국통상정보학회 부회장
　　　국제e-Business학회 부회장
　　　한국상품학회 부회장

■ **주요저서**

· 대외무역법 제15개정판, 한올출판사
· 외국환거래법 제4개정판, 한올출판사
· 관세법 제4개정판, 한올출판사
· 국제운송물류론 제6개정판, 한올출판사
· 정형거래조건의 해석에 관한 국제규칙, 한올출판사
· 전자상거래 관련법규, 한올출판사
· 디지털시대 세계무역(공저), 무역경영사
· 무역실무연습(공저), 청목출판사
· 사이버무역, 신성출판사
· Incoterms 2000에 관한 ICC 지침(역), 두남출판사
· 신용장분쟁사례, 신성출판사
· 신용장통일규칙(UCP 500), 한올출판사
· 신용장통일규칙(UCP 600), 한올출판사
· 무역실무(제5개정판), 한올출판사
· 무역결제론, 한올출판사
· Incoterms 2010, 한올출판사

■ **주요용역**

· 선진 무역환경에 적합한 대외무역법령 정비 연구 (책임연구), 2007, 산업자원부
· 대외무역법령의 기업친화적인 정비 연구 (책임연구), 2008, 지식경제부
· 선진무역환경조성을 위한 무역제도 개선방안 연구 (공동연구), 2009, 지식경제부
· 평택·당진항 물동량 및 중부권 관세행정 수요 증가에 따른 세관운영 방안, 2018, 평택직할세관

대외무역법 <제15개정판>

1997년 8월 12일 초판 1쇄 발행
2019년 3월 5일 개정15쇄 발행

저　자　　전 순 환
펴낸이　　임 순 재
펴낸곳　　**(주)한올출판사**

등록 제11-403호
1 2 1 - 8 4 9
주　　소　서울시 마포구 모래내로 83(성산동, 한올빌딩 3층)
전　　화　(02)376-4298(대표)
팩　　스　(02)302-8073
홈페이지　www.hanol.co.kr
e-메 일　hanol@hanol.co.kr